伊朗核问题与
世界格局转型

The Iranian Nuclear Issue and the World Pattern Transformation

吴 成 ◎著

时事出版社

中国核武器问题与
世界核扩散转型

本书得到教育部人文社会科学一般项目资助
项目名称:"伊朗核问题与世界格局转型"
项目批准号:11YJA770051

本书出版得到河南师范大学出版基金资助

序

自从我 2002 年驻节伊朗及至退休五年多来，对国内的伊朗学，尤其是伊朗核问题方面的研究一直比较关注。我由衷地佩服国内许多研究中东问题的学者，他们长期持之以恒、深入研究这个世界最复杂的地缘政治课题，并取得丰硕成果。吴成就是其中的佼佼者之一。我先后从媒体上看到了吴博士的《萨达姆的悲剧是这样酿成的》、《小布什圆了霍梅尼的梦》、《打伊朗：怎过霍尔木兹海峡关？》、《美国制裁伊朗效果分析》、《"无牙虎"吃掉了苏联，还会怎样》等文章。他以独特的视角，在伊拉克战争爆发前数月就提出，这是萨达姆的悲剧和伊拉克的民族悲剧；在伊拉克战争过程中，他提出美国对萨达姆的战争是为伊朗人而打的，今天看来是不争的事实，但在当时的舆论氛围下，提出这样的预见是需要勇气的。吴博士的预见性观点不止于此，如他在《美国制裁伊朗效果分析》中提出，"国际社会制裁伊朗，世界经济承受得了吗？将意味着石油涨价、美元贬值，还可能出现新的能源联盟。"以后的事态发展被吴博士言中了。还有，他在《走进共和——伊朗伊斯兰共和国的第一个十年》的后记中写道："伊朗核问题不是外部强加给它的，是伊朗看到大国矛盾和国际格局转型，跻身政治大国的策略，伊朗还要借核问题把美国拉上谈判桌，实现关系正常化。""伊朗与美国关系正常化在小布什任内实现的可能性极小，最有可能的是美国下届总统的四年任期，美国新总统极有可能把与伊朗改善关系、实现关系正常化作为改变美国形象、凝聚国人、找回民众希望的重大外交举措。"虽然伊朗与美国没有在奥巴马的第一个任期内改善关系，从目前的形势来看，两国改善关系是大势所趋，能够在当时美国大选候选人尚未确定的情况下，对美国新总统的政策做出判断，反映了一个学者扎实的学术功底。

伊朗核问题的实质是美伊之间的对立，美国一直以来试图颠覆伊朗现政权。伊朗则将拥有核技术作为重温大国梦的一个支点，美国妄想永远称霸世界包括中东地区，这就决定两者的结构性矛盾难以消弭。看到吴博士

30多万字的《伊朗核问题与世界格局转型》书稿,对中国有学者对数年来伊朗核问题进行梳理甚感高兴。这是我迄看到的对伊朗核问题论述最全面的著述。吴博士从中国学者的角度,进行全面而客观地剖析,并得出公正的结论。通览全书,书中引用文章、专著多达数百篇(部),反映了作者对文献把握的广度,更为重要的是作者对问题深度的理解。专著紧紧围绕"伊朗核问题与世界格局转型"这一主题,不但对伊朗与美国、以色列、欧盟国家、"金砖国家"、伊斯兰国家等主要国家的关系进行了概括,还提出了自己独到的见解,如"伊朗核问题是美国与伊朗较量的一种新的斗争形式,其最终还要靠伊朗与美国之间关系的改善来实现"、"俄罗斯是伊朗核问题上的最大赢家"等。

本书重点探讨了世界经济格局转型和世界政治格局转型问题。围绕世界经济格局转型,作者回顾了石油政治的演变,通过综合美国金融危机原因,提出资本主义价值观培养起来的自私、贪婪和投机天性决定经济和金融危机不可避免,在资本主义价值观支配下的美元已不适合充当世界货币,在未来世界货币的改革中,人民币是重要的选项之一。从人民币所代表的价值观来说,它成为世界货币是大势所趋。在世界政治格局的转型问题上,作者预设,未来世界格局不应以"极"定位,而应以规则定位,国家不分大小,共同参与游戏规则的制定,共同遵守,互利共赢,告别霸权主义和强权政治。

在我看来,书中最大亮点是对科学社会主义核心价值观的论述,依据马克思和恩格斯的原著,将科学社会主义的核心价值观定位为"劳动",并提出,劳动价值观的树立从人与人的关系或从人与自然的关系上保证了和谐与幸福,为使人的幸福指数的最大化和痛苦指数的最小化提供了前提条件。不管是国际的或是国内的真正发展,必须建立在劳动之上,只有建立在劳动之上的发展才是恒久的。新中国将以劳动为核心价值观的马克思主义引入中国,使中华民族充满了活力,并充分展示了亚洲人包容进取的优秀品格。中华民族在劳动中去创造财富,共同分享劳动成果,建立合作互助的新型人际关系,从而使人类看到了可持续发展与和平的曙光。和平崛起的中国正在"威胁"受"冷战"观念支配的某些政治家以及为其服务的学者的利益,他们凭借自己的思维定式,以他们前辈靠战争、占领和掠夺而勃发,就想当然地揣度中国复兴要靠"新殖民主义",所以自感生存的空间越来越小,面临的威胁越来越大。中国的和平发展意味着一种全新的普世价值观正在为世界上爱好和平的民族和有识之士所接受,从这点看,的的确确给唯恐天下不乱、借世界乱局出售军火、从他人的悲剧中得到好处者带来了"威胁"。

总之，全书通过伊朗核问题看世界格局转型，从个案入手看国际社会的变化，又提出了自己的真知灼见，是难能可贵的。不论对想了解伊朗核问题，还是对想探究伊核问题牵扯转型之国际社会的读者来说，这都是一部不可多得的佳作。

新春肇始，万象更新，期待吴博士在国际问题学术研究上再创佳绩！

2014 年春节于北京

目　　录

第一章　伊朗的大国诉求 …………………………………………（1）
　第一节　伊朗概观 ………………………………………………（2）
　　一、悠久历史与灿烂文化 ………………………………………（3）
　　二、丰富的自然资源 ……………………………………………（7）
　第二节　伊朗人的安全观 ………………………………………（9）
　　一、文化建设 ……………………………………………………（10）
　　二、民族认同 ……………………………………………………（12）
　　三、民族安全 ……………………………………………………（13）
　第三节　世纪之交伊朗政、学界的外交战略谋划 ……………（15）
　　一、伊朗安全环境的新变化 ……………………………………（15）
　　二、安全联动战略思想 …………………………………………（18）
　　三、伊朗的具体对策 ……………………………………………（20）
　第四节　伊朗地缘战略地位与地缘政治理论 …………………（24）
　　一、伊朗国际政治转型理论 ……………………………………（25）
　　二、伊朗安全战略上的挑战与机遇 ……………………………（28）
　　三、西方地缘政治理论的演变 …………………………………（30）

第二章　伊朗推行外交政策的实践选择 …………………………（38）
　第一节　世人观念中的"核" ……………………………………（38）
　　一、核威慑 ………………………………………………………（38）
　　二、核恐怖 ………………………………………………………（42）
　　三、西方人对伊朗的核担忧 ……………………………………（44）
　　四、伊朗的科技实力 ……………………………………………（48）
　　五、伊朗真实的核意图 …………………………………………（49）

第二节　跌宕起伏的伊朗核问题 (51)
一、伊朗的核历程 (51)
二、作为战略工具的伊朗核问题 (54)
三、伊朗核问题的三个阶段 (57)

第三节　伊朗人的核态度 (79)
一、伊朗领导人的核态度 (80)
二、伊朗国内民众的核态度 (82)
三、海外伊朗人的核态度 (83)

第四节　伊朗伊斯兰共和制下的核决策机制 (86)
一、伊斯兰共和制 (86)
二、伊朗的核决策机制 (90)
三、伊朗核技术的研发 (93)

第三章　美国与伊朗在核问题上的博弈 (96)
第一节　伊朗与美国关系回顾 (97)
一、第二次世界大战前的伊美关系 (97)
二、美国成为控制伊朗的唯一大国 (99)
三、伊朗伊斯兰共和国与美国——剪不断，理还乱 (102)

第二节　战或不战：美国学界和政界的不同主张 (106)
一、主战派眼中的伊朗伊斯兰共和国和伊朗核问题 (106)
二、反战派眼中的当今世界 (110)
三、美国的伊朗政策主张 (115)

第三节　美伊在核博弈中的对策与反对策 (119)
一、制裁与反制裁 (119)
二、以军演对抗军事威慑 (123)
三、孤立与反孤立 (136)
四、美国对伊朗的秘密战争 (143)
五、美伊政策调整与双边关系的未来 (145)
六、借核问题伊朗收获了什么 (158)

第四章　以色列与伊朗在核问题上的博弈 (161)
第一节　以色列与伊朗关系回顾 (161)
一、伊朗与以色列：曾经的好兄弟与核合作伙伴 (161)
二、藕断丝连的伊以关系 (165)

第二节 伊朗与以色列在核问题上的争执 ………………………… (166)
　　一、作为伊朗推动外交政策工具的以色列 …………………… (167)
　　二、以色列与伊朗在核问题上的针锋相对 …………………… (170)
　　三、以色列与美国：谁是谁的猫爪？ ………………………… (181)
第三节 世界格局重建中的伊朗与以色列 ………………………… (185)
　　一、以色列与伊朗在宗教经典中的相互审视 ………………… (185)
　　二、目前伊以关系僵持成因及两国关系前景展望 …………… (187)

第五章 围绕伊朗核问题的俄美博弈 ……………………………… (194)
第一节 俄罗斯东向战略与俄美在伊核问题上的合作 …………… (194)
　　一、俄罗斯东向战略 …………………………………………… (194)
　　二、美国"胡萝卜加大棒"下的俄美合作 …………………… (196)
第二节 普京对美国的强硬政策 …………………………………… (198)
　　一、加强与伊朗的合作 ………………………………………… (199)
　　二、普京为何对美国说"不" ………………………………… (201)
第三节 游移于伊美之间的梅德韦杰夫 …………………………… (205)
　　一、借伊朗核问题与美争夺黑海 ……………………………… (205)
　　二、借伊朗核问题逼美在反导问题上后退 …………………… (206)

第六章 多维视角下的伊朗核问题 ………………………………… (211)
第一节 欧盟与伊朗核问题 ………………………………………… (211)
　　一、欧洲三国与伊朗的恩怨 …………………………………… (211)
　　二、欧洲人对伊朗核问题的态度 ……………………………… (216)
　　三、欧洲对伊朗核问题的政策变化 …………………………… (219)
第二节 "金砖国家"与伊朗核问题 ……………………………… (225)
　　一、俄罗斯与伊朗的核合作 …………………………………… (225)
　　二、印度在伊朗核问题上的得与失 …………………………… (230)
　　三、巴西与伊朗核问题 ………………………………………… (234)
第三节 主要伊斯兰国家在伊朗核问题上的政策变化 …………… (237)
　　一、阿拉伯人眼中的伊朗核问题 ……………………………… (238)
　　二、其他伊斯兰国家在伊朗核问题上的政策变化 …………… (246)

第七章 伊朗核问题与世界经济秩序重建 ………………………… (250)
第一节 石油政治经济学 …………………………………………… (250)

一、石油工业的兴起与石油价格演变 …………………………… (251)
　　二、在伊朗核问题上石油政治工具的运用 ……………………… (259)
　第二节　西方金融危机原因探析 ………………………………… (266)
　　一、凯恩斯主义经济学家对危机的诊断 ………………………… (266)
　　二、自由主义经济学家对危机的诊断 …………………………… (270)
　　三、西方马克思主义经济学家对危机的诊断 …………………… (272)
　第三节　经济全球化与国际货币选择 …………………………… (281)
　　一、货币的两种价值 ……………………………………………… (281)
　　二、国际货币体系的历史演变 …………………………………… (283)
　　三、改革国际货币体系的尝试 …………………………………… (284)
　　四、金融危机背景下国际货币体系的改革之声 ………………… (288)
　　五、伊朗改革结算货币的探索 …………………………………… (291)
　　六、国际货币选择与人民币国际化 ……………………………… (293)

第八章　核不扩散机制与世界政治秩序重建 ……………………… (300)
　第一节　核能利用与核灾难 ……………………………………… (300)
　　一、核能利用概况 ………………………………………………… (301)
　　二、核能利用中的重大事故及存在问题 ………………………… (302)
　第二节　核不扩散机制的历史演进 ……………………………… (306)
　　一、美国"核威慑"下的核扩散 …………………………………… (306)
　　二、美国、苏联与英国联合垄断时期的核扩散 ………………… (308)
　　三、国际上的反核运动 …………………………………………… (314)
　　四、后冷战时代美国的无核主张 ………………………………… (316)
　　五、从伊朗核问题看目前核不扩散机制的局限性 ……………… (319)
　第三节　世界格局重建的理论与实践 …………………………… (328)
　　一、世界格局的形成与演变 ……………………………………… (328)
　　二、发达国家的新世界秩序理论 ………………………………… (331)
　　三、发展中国家的世界新秩序理论 ……………………………… (336)
　　四、走进无核的世界格局 ………………………………………… (339)

第九章　人类走向美好未来的路径选择 …………………………… (343)
　第一节　透过伊朗核问题看美国 ………………………………… (343)
　　一、美国将进入后帝国主义时代 ………………………………… (344)
　　二、美帝国主义衰落的原因 ……………………………………… (349)

第二节　亚洲的崛起 ……………………………………………… (361)
  一、不同文化背景下学者们对亚洲崛起的预见 ……………… (362)
  二、从意识形态看亚洲未来 ……………………………………… (366)
第三节　中国的和谐理念与世界格局转型 …………………… (375)
  一、正确理解"韬光养晦" ………………………………………… (376)
  二、科学社会主义中国与世界未来 ……………………………… (381)
  三、和谐：人类的永恒追求 ……………………………………… (388)
  四、文明交往是通向和谐世界的桥梁 …………………………… (392)

跋 …………………………………………………………………… (398)

第一章　伊朗的大国诉求

伊朗核问题是伊朗伊斯兰共和国的"成人仪式",只不过它举行得有点漫长且充满了焦虑和不安。伊朗核问题过后,国际社会将不再对伊斯兰共和国指指点点,而是把它当作国际社会真正的一员,与之合作,与之交往,共同促进人类的繁荣与发展。为什么伊朗总是处在"十字路口"?1989年,美国西点出版社(Westview Press)出版了由资深记者米龙·李尊(Miron Rezun)主编的《十字路口的伊朗:十年激荡中的全球关系》(Iran at the Crossroads: Global Relations in a Turbulent Decade)一书。该书论述了伊朗的外交政策、伊朗与其非阿拉伯邻国之间的关系、伊朗与中东形势、伊朗与大国关系和两伊战争等问题。2001年,约翰·L. 埃斯波西托(John L. Esposito)和拉玛扎尼(R. K. Ramazani)又出版了《处在十字路口的伊朗》(Iran at the Crossroads,由Palgrave Macmillan出版)。本书对伊斯兰革命后伊朗的政治变化、改革、妇女问题、经济、外交、宗教学者在伊朗政治生活中的地位变化等进行了论述。除了这两本专著外,2003年,赖依·塔基耶(Ray Takeyh)在《中东杂志》(冬季号)上撰文《处在十字路口的伊朗》(Iran at the Crossroads),文章对伊朗的政治变化进行了论述。从这些专著和文章的名字可以看出,伊朗正发生着巨大的变化,但伊朗向何处发展,时刻为外界所关注。在这些作者的"十字路口"中,隐含的是西方价值观和判断标准。如果把人类视为不同文明之间的交往互动、扬长避短和吐故纳新的过程,伊朗的发展与所有民族的发展一样,是一个逐步上升的过程,应该用"又上一个新台阶"来表达,而不是通过"十字路口"将其放在西方的对立面。

人们之所以关注伊朗,诚如学者拉玛扎尼所说:"自古以来,伊朗一直是中东舞台上的主要玩家。阿诺德·汤因比将其描述为古代世界唯一的超级大国;伊朗对伊斯兰文明、世界文化和文明遗产做出了巨大贡献。今天,伊朗是世界最大的什叶派和由宗教人士掌权的国家。伊朗是海湾国家中人口最多、工业最发达的国家，伊朗也是世界上天然气第二大储藏国和石油资源大国。"[1] 美国外交事务分析家洛宾·怀特（Robin Wright，1948年—）在谈及伊朗的重要性时也说："简单地说，伊朗太具价值而不容忽视。首先，其地缘战略地位的重要性，尤其是对西方来说，大大超过了丰富的石油储藏。它在阿拉伯世界和印度次大陆之间起到桥梁作用的疆域是上千年来政治、军事和商业发展的中心。其位置和伊朗名字由来的印欧种族亚利安人传统使伊朗长时间成为文化和地理的十字路口。"[2] 加拿大学者托马斯·朱诺（Thomas Juneau）为伊朗学术研讨会所写综述的开篇即说：进入21世纪，伊朗伊斯兰共和国有极高的报道价值，他为世界历史上古老和繁荣的文明之一，它在新千年的国际事务中已经确立了地位。在过去50年间，它明显得到了复兴，作为能源超级大国和革命的神权政治正在成为前锋。伊朗与美国的决裂、伊朗人向加拿大的移民，这些将对地区和国际事务产生重要影响。[3] 伊朗这些成就的取得是与伊朗从上到下整个民族的努力分不开的。可以说，是伊朗这个不甘平庸、追求卓越的民族奋斗的结果。美国圣安德鲁斯大学伊朗研究所主任阿里·M. 安萨里（Ali M. Ansari）在其《大国世界观：伊朗探索中的民族认同》一文中说："对伊朗地区和国际追求的任何评价必须考虑这个国家的历史和世界观。这一视角不但与政治精英们广泛一致，而且知识分子也广泛一致，最为大众所欢迎的本质话题可能就是对违背民族尊严的抗议以及伊朗在世界上的正确地位。"[4]

第一节　伊朗概观

伊朗国土面积为164.5万平方公里，在亚洲仅次于中国和印度，排名

---

[1] R. K. Ramazani. *Iran's Revolution: the Search for Consensus*. Bloomington and Indianapolis: Indiana University Press, 1990: Ⅷ.

[2] Robin Wright. *In the Name of God: the Khomeini Decade*. New York: Touchstone, 1990: 22–23.

[3] Thomas Juneau, *Insights into the Future of Iran as a Regional Power*, A conference of the Canadian Security Intelligence Service jointly sponsored by Foreign Affairs and International Trade Canada, National Defence Canada and the Privy Council Office, Carleton University, Canada, June, 2009: 6.

[4] Ali M. Ansari. World Views of Aspiring Powers: Exploring National Identities. Iran. www.gwu.edu/~sigur/assets/docs/major_powers.../Ansari_on_Iran.pdf.

第三，在世界上按面积排名为第17位。截止到2012年12月，伊朗人口为7515万，在世界人口排名中也位居第17位。伊朗主要民族为波斯人，占全国人口总数的51%，其次是阿塞拜疆人（24%）、库尔德人（7%），另外还有阿拉伯人、土库曼人和以色列人等。[1]伊朗的人口密度为每平方公里48人。[2] 其官方语言为波斯语，国教为伊斯兰教。伊朗民族从来就没有把自己视为一个小国，而是国际大国。就历史文化资源、自然资源和伊朗目前的政治而言，它确实称得上世界大国。基于这一认识，伊朗要跻身政治大国，面对苏联解体后的国际格局转换，大国之间的矛盾，伊朗选择核为突破口，以实现自己的战略意图。2010年世界银行的统计数字表明，伊朗国民收入人均4270美元，远高于中低收入国家1905美元的平均值和中东地区2820美元的平均值。2002—2011年伊朗国内生产总值的增长率为4.73%，[3] 2011年伊朗上网人数每百人为58.7人。[4] 伊朗是一个有着悠久历史和灿烂文化的民族，有丰富的自然资源和文化资源，有亚、非、拉第三世界国家少有的符合国情的政治制度。这些成了伊朗增强国际竞争力的重要基础。

一、悠久历史与灿烂文化

伊朗（古称波斯）是世界上著名文明古国之一。伊朗学者扎比胡拉·萨法在谈及伊朗文明时，自豪地说："伊朗人在自己的生活中，在广阔的伊朗高原上，不止一次成为社会生活和文化交流的主角，对东西方世界的文明发展做出极大的贡献。"[5] 早在公元前第3千纪初，伊朗胡泽斯坦地区就形成了由当地居民埃兰人（Elam）建立的埃兰王国。它曾被西部崛起的邻国苏美尔城邦、阿卡德王国、巴比伦帝国、亚述帝国所征服，也曾击败过这些国家，重获独立。伊朗主体民族波斯人是伊朗土著与雅利安人民族融合的产物。约公元前3000年，雅利安人的一支由南俄草原迁入伊朗高原。约公元前2000年，该部落逐渐占据了今天伊朗东部地区。约公元前1500年，一部分迁入印度，称印度雅利安人；留在伊朗的仍称雅利安人。"伊朗"即雅利安之转译，最早见于大流士一世在纳克希·鲁斯坦

---

[1] 郭依峰：《世界能源战略与能源外交（中东卷）》，知识产权出版社2011年版，第38页。
[2] 百度百科，http://baike.baidu.com/view/4286.htm。
[3] 根据穆迪公司数据计算得出，http://www.indexmundi.com/g/g.aspx?c=ir&v=66。
[4] http://en.wikipedia.org/wiki/List_of_countries_by_number_of_Internet_users。
[5] ［伊朗］扎比胡拉·萨法著，张鸿年译：《伊朗文化及其对世界的影响》，商务印书馆2011年版，第6页。

（Naqsh - I Rustan）王陵的铭文，又见于《阿维斯塔》（Avest）经典之中，原意为"雅利安人"或"雅利安人的故乡"。①

公元前549年，居鲁士大帝（Cyrus the Great，前590—前529年）统一伊朗高原各部，建立阿契美尼德王朝（前550—前330年）。居鲁士击败了当时统治波斯的米底人（Median），使波斯成为一个强盛的帝国。10年后，居鲁士的军队又占领了巴比伦。到大流士一世（Darius I the Great，前558—前486年）统治时期（前522—前486年），阿契美尼德帝国成为当时世界上最大帝国。其领土东至北印度，西至色雷斯，北至黑海、里海沿岸，南至印度洋和埃及，几乎囊括了整个地中海东岸地区。帝国各地政治、经济和文化互相交流、吸收，达到空前繁荣。为了巩固东地中海地区的霸权地位，阿契美尼德王朝与希腊长期争斗，其中最著名的是希波战争（前499—前449年）。战争以阿契美尼德王朝的彻底失败而告终。公元前330年，马其顿国王亚历山大（Alexander，前356—前323年）火烧波斯波利斯王宫，标志着阿契美尼德王朝的灭亡和伊朗希腊化时代的开始。随着亚历山大帝国的灭亡，公元前312年，伊朗又成为塞琉古王国（前312—前64年）的一部分。

公元前238年，在反抗马其顿殖民统治的斗争中，伊朗东北部游牧部落阿帕勒人的首领阿萨息斯夺取塞琉古王朝的帕提亚行省，建立新政权。该政权被西方称为帕提亚王国（前247—226年），中国古籍称其为"安息"。安息王朝时期是伊朗由奴隶制向封建制过渡的重要时期，社会经济、政治和文化都较之前有很大发展，著名的丝绸之路开始兴起。

公元226年，安息王朝被新兴的萨珊王朝（226—651年）所取代。萨珊王朝在伊朗古代史上占有极为重要的地位。法国历史学家吉尔斯曼曾说："文明世界好像是由萨珊和罗马平分的。"② 诚如李铁匠先生所说，这话虽然有夸大之嫌，但从一个侧面反映出萨珊王朝在世界舞台上的重要性。萨珊王朝继承古代伊朗文化传统，并有所发展，为伊朗文化奠定了坚实基础。更为重要的是萨珊王朝在沟通东西方文化交流方面做出的贡献，正是在这一时期，基督教和摩尼教通过伊朗人传播到了遥远的地区，象棋由印度传入了伊朗，伊朗的十五子棋也传入了印度，还有大批罗马工匠为伊朗建造的房屋，深深打上了罗马人的烙印，等等。公元651年，

---

① 王兴运：《古代伊朗文明探源》，商务印书馆2008年版，第6页。
② 李铁匠：《伊朗古代历史与文化·前言》，江西人民出版社1993年版，第3页。

萨珊王朝为新兴的阿拉伯人所灭，伊朗历史开始进入伊斯兰时期。被阿拉伯征服以后，伊朗成为阿拉伯帝国的一个行省。10世纪左右，伊朗人开始建立起自己的独立政权。接着，伊朗又为塞尔柱突厥人（10世纪）、蒙古人（13世纪）和帖木尔人（14世纪）先后征服。异族占领给伊朗的社会经济造成巨大破坏，然而，伊朗的先进文化反过来征服了野蛮的征服者。

1501年，萨法维王朝（又译萨非王朝，Safavid Dynasty，1501—1722年）建立。借助突厥人的力量，开国君主伊斯迈尔一世（Isma'il I，1486—1524年）统一伊朗，并把疆界扩展到今天的阿塞拜疆、伊拉克和阿富汗境内。1502年，伊斯迈尔宣布什叶派的十二伊马姆派为国教。萨法维王朝是伊朗历史上第一个以什叶派伊斯兰教为国教的王朝，对什叶派在伊朗的发扬光大起了重要作用。萨法维王朝与奥斯曼土耳其帝国战争不断。公元1588年，阿拔斯大帝（Abbas I the Great，1571—1629年，1587—1629年在位）继位，迁都伊斯法罕，与土耳其讲和，驱逐乌兹别克人，并从葡萄牙人手中夺得波斯湾中的小岛巴林，使伊朗成为世界最重要的文化中心之一。17世纪末，萨法维王朝逐渐衰落。1722年，阿富汗的吉尔扎部落在马赫穆德（Mahemude）领导下，攻占萨法维王朝国都伊斯法罕，并自立为伊朗国王。

1736年，来自伊朗霍拉桑地区的部落首领纳迪尔率军把阿富汗人逐出伊朗，并以马什哈德为中心建立阿夫沙尔王朝（Afsharid Dynasty，1736—1796年），王朝最盛时版图东至阿富汗和印度北部，西至巴格达，北接里海，南濒波斯湾。1747年，卡里姆汗（1749—1779年在位）建立了赞德王朝（1757—1792年），定都设拉子。经过多年战争，赞德王朝掌握了除霍拉桑及其以东地区之外的阿夫沙尔王朝的土地。1779年卡里姆汗去世，赞德王朝分裂。1792年和1796年，赞德王朝和阿夫沙尔王朝先后被凯伽王朝所灭。

1779年，凯伽王朝（1779—1921年）建立，并首次定都德黑兰。凯伽王朝时期是伊朗资本主义萌芽的重要时期。西方列强加紧对伊朗的争夺，1801年，俄国兼并格鲁吉亚。此后英国、法国、奥地利、美国等相继强迫伊朗订立不平等条约。19世纪下半叶，英、俄攫取了在伊朗采矿、筑路、设立银行、训练军队等特权。随着伊朗资本主义的萌芽和发展，凯伽王朝后期，伊朗爆发了资产阶级立宪运动。在立宪运动中，伊朗颁布了《基本法》和《基本法补充条款》，它们相当于伊朗的第一部宪法。但由于英国和俄国的干涉，立宪运动最后以失败告终。

面对积贫积弱的国势和伊朗民众对富国强兵的渴望，1921年2月，军官礼萨·汗·巴列维（Reza Khan Pahlavi，1878—1944年，1925—1941年在位）发动政变，夺取政权，并于1925年建立巴列维王朝（1925—1979年）。为了伊朗的社会发展，礼萨汗政权一稳定，马上实行改革。在内政上，为发展社会经济，以土耳其为样板，以现代民族主义为指导，推行以西方化、世俗化、民族化为特征的改革，伊朗的工业现代化向前迈进了一大步，建立系统的交通和通讯网络、近代教育体系，提高了妇女地位。在外交上，1921年，伊朗与苏俄签订协议，废除了沙俄与伊朗签订的不平等条约。1927年，伊朗宣布废除所有与外国签订的不平等条约及外国在伊朗的领事裁判权，并实行关税自主。礼萨汗的改革维护了伊朗的国家主权和统一，捍卫了伊朗的独立和尊严，他本人因之成为现代伊朗的缔造者。由于他实行个人独裁和亲德的外交路线，1941年6月德国入侵苏联后，英国和苏联出兵伊朗。礼萨汗被迫退位，流亡国外，最后客死埃及金字塔下。其子穆罕默德·礼萨·巴列维（Muhammad Reza Pahlavi，1919—1980年，1941—1979年在位）继位。

第二次世界大战中，伊朗又迎来了一个新的觊觎者——美国。20世纪50年代，随着第三世界国家民族运动新高潮的到来，伊朗石油国有化意识增强，掀起了由摩萨台领导的石油国有化运动。为了染指伊朗的石油等资源，控制战略地位重要的伊朗，美国积极寻找机会。1953年，美国中央情报局在伊朗策划政变，使出走希腊的专制君主巴列维的孔雀宝座失而复得，并由此埋下了伊朗人民的仇美情绪。1952年埃及革命的胜利和1958年伊拉克革命的胜利，对美国和巴列维国王触动很大。1963年，为了巩固统治，在美国支持下，巴列维国王宣布施行"白色革命"，依照美国的蓝图来进行伊朗的经济和社会改革，例如土地改革、给予妇女选举权、森林水源国有化、工人入股、限制宗教势力等。伊朗给予驻伊美军享受司法豁免，美国人犯罪不受伊朗法庭审判，而由美国人处理等特权。对此，伊朗宗教领袖阿亚图拉霍梅尼（Khomeini，1902—1989年）竭力反对。巴列维国王将其逮捕，并于1964年11月4日予以流放。

巴列维的"白色革命"取得了巨大成就，从经济上看，1963—1977年，伊朗经济取得了长足发展。1965年，伊朗人均GDP为300美元，1977

年上升为2200美元。① 国民生产总值年平均增长率不断提高，1963—1966年为8.8%，1967—1971年为11.8%，1972—1973年为14%，1974—1975年为30%。② 从1963—1977年，伊朗的发电量增长了31倍，电视机增长了10倍。全国小学生人数1960年为27万，1977年超过1000万。③ 借改革取得的成效，特别是1973年石油大幅涨价后，巴列维国王要借石油美元把伊朗的军事实力打造成世界第五大军事强国。由于巴列维改革的主要受益者是大资本家、权贵和以美国为首的外部势力，更为重要的是巴列维国王不能使政治与经济发展同步，镇压持不同政见者，在高度集权下产生高度的腐败，这些为其覆亡埋下了隐患。1979年初，在民众的强烈抗议声中，巴列维国王重新踏上了他父亲的流亡之路，伊朗进入到了伊斯兰共和国时期。然而，伊朗的大国梦想却在新的伊斯兰共和制下进一步发展。美国学者R.K.拉马扎尼曾说："伊朗人知道其变小的边界的失与得并不意味着他们就承认了弱国地位。国王仍然是王中王，伊朗继续是'帝国'。帝国已经死了，但神话依然活着，真实的历史画卷和传统中的繁荣还在。这种过去的引诱对伊朗的外交政策产生了巨大影响。"④ 伊朗前总统艾哈迈迪·内贾德曾自豪地说："在历史上伊朗总是能找到自己的位置，并毅然挺立，成为各国科学、技术、文化和发展的旗手。"⑤ 纵观伊朗的历史，伊朗民族多次遭到异族入侵，并带来灭顶之灾，这使伊朗人在骨子里存在着不安全感，要通过强大的综合实力去捍卫伊朗的独立与尊严。

二、丰富的自然资源

伊朗是资源大国，除了丰富的石油和天然气外，还有丰富的矿产资源。2008年5月19日，伊朗石油部长诺扎里在工程项目庆祝会上说，伊朗已探明的地下石油储量达到4500亿至5000亿桶，其中可生产的为1380

---

① [伊朗]费雷敦·胡韦达著，周仲贤译：《伊朗国王倒台始末记》，广东人民出版社1981年版，第52页。
② 《世界经济百科全书》，中国大百科全书出版社1987年版，第790页。
③ [伊朗]费雷敦·胡韦达著，周仲贤译：《伊朗国王倒台始末记》，广东人民出版社1981年版，第52页。
④ Rouhollah K. Ramazani, *The Foreign Policy of Iran*, 1500—1941, Charlottesville: University Press of Virginia, 1966: 62.
⑤ "伊朗总统内贾德：美帝国主义已经走到了尽头"，http://world.people.com.cn/GB/7858996.html。

亿桶,[①] 仅次于沙特阿拉伯（26420 亿桶）和加拿大（1780 亿桶），位居世界第三。伊朗已探明的天然气储量为 27.8 万亿立方米，仅次于俄罗斯，居世界第二位。[②] 伊朗石油和天然气储量分别占世界已探明总储量的 10.9% 和 16%。[③] 石油是伊朗的经济命脉，其收入占伊朗全部外汇收入的 85% 以上，伊朗是欧佩克成员国中仅次于沙特阿拉伯的第二大石油输出国。美国伊朗学知名学者克蒂（Nikki R. Keddie, 1930 年—）女士曾说："随着 1908 年石油的发现，伊朗对外部世界的价值显著增长。"[④] 美国石油与国际问题专家丹尼尔·耶金（Daniel Yergin, 1947 年—）也说，19 世纪初伊朗人开辟了中东的石油时代，并"最终把这个地区推向国际和经济斗争的中心"，"而波斯本身……将以自从古波斯帝国和帕提亚帝国时代以来它未曾享有过的杰出形象在世界舞台上出现"。[⑤] 森林是伊朗的重要天然资源，面积达 1270 万公顷。伊朗有丰富的矿产资源，我们可以从下两个表来看伊朗矿藏的贮量。

伊朗各类矿产资源已探明的储量（单位名称：百万吨）[⑥]

名称	煤	锌	铜	盐	硅	钼	粘土
储量	7600	50	3000	158	77	0.05	14.6
名称	铬矿	霞石	石棉	石膏	氟石	白银	黄金
储量	20	147	70	2400	2.7	0.4	0.5
名称	云母	锰矿	长石	磷岩	铁矿	滑石	明矾
储量	0.2	9.7	2600	16.5	4700	0.38	1000
名称	铝土矿	石灰石	重晶石	菱镁矿	高岭土	绿松石	硼土矿
储量	116	7200	4.4	3.6	100	500（吨）	0.024

[①] "伊朗石油部长表示：伊朗石油储量达到 5000 亿桶"，国际能源网，http://www.in-en.com/finance/html/energy_ 0910091025189727.html。

[②] 郭依峰：《世界能源战略与能源外交（中东卷）》，知识产权出版社 2011 年版，第 85 页。

[③] 同上书，第 39 页。

[④] Nikki R. Keddie and Mark J. Gasiorowski. *Neither East Nor West: Iran, Soviet Union and the U-nited States.* Yale University, 1990: 3.

[⑤] [美] 丹尼尔·耶金著，上海市政协翻译组译：《石油风云》，上海译文出版社 1992 年版，第 156 页。

[⑥] 此表根据《伊朗》（张铁伟编著，社会科学文献出版社 2005 年版）、《世界统计年鉴》等整理。

伊朗有色金属主要产品和钢铁年产量（单位名称：万吨）[①]

	2000年	2001年	2002年	2003年	2004年
铜	12.85	12.6	14.29	14.57	15.25
铅	1.44	1.46	1.52	1.60	1.76
锌	0.00	6.28	6.44	6.92	7.60
电解铝	13.10	13.30	15.83	18.09	21.22
钢铁	690	750	800	900	

2008年，伊朗铜的出口量居世界首位。此外，伊朗水产、水果、干果资源也十分丰富，鱼子酱、开心果、苹果、葡萄、椰枣等远销海内外。2001年，伊朗开心果总产量为17万吨，出口量约9.3万吨，创汇2.88亿美元，成为世界上最大的开心果出口国。伊朗地毯有5000多年的历史，精湛的工艺、美丽的图案、和谐的色彩搭配使其享誉全球。在能源，尤其是石油与天然气日益严重缺乏的当今世界，这些成了伊朗推行其外交政策，提高国际地位的有力物质基础。

第二节 伊朗人的安全观

不同民族在不同时期，会围绕自己的社会问题兴起不同的社会思潮。在人类由20世纪进入21世纪之际，伊朗社会思潮中的最强音不是别的，是民族主权与安全。伊朗科学研究和中东战略研究中心主办的英文杂志《探讨》（Discourse）的编辑马哈穆德·萨里奥格拉姆（Mahmood Sariolghalam）曾说："在革命后的时期里，伊朗人不再为自己的地位指责外部。在经过很长一段时间的斗争后，民族主权——波斯人最有价值的特色——已成为所有伊朗人的政治话题。在革命后的一段时间里，伊朗思潮经历了伊斯兰主义到穆斯林一体，再到公民社会和文明对话……今天，伊朗正在寻求将伊斯兰、伊朗和现代性融为一体的方法。这是一个其先人尚未完成的艰巨任务，每一个熟悉伊朗历史的人坚信这一困难过程将翻开伊朗历史新

---

① 此表根据《伊朗》（张铁伟编著，社会科学文献出版社2005年版）、《世界统计年鉴》等整理。

的一页。"① 全球化背景下的民族凝聚离不开自身的文化建设、民族认同和民族安全。

一、文化建设

世界上很多民族都有自己的历史文化资源，但对这一资源的利用则存在着巨大差异。伊朗为世界文化贡献了琐罗亚斯德、阿维森纳、菲尔多西、霍梅尼等著名人物。伊朗民族不但有丰富的历史文化资源，而且还善于利用这些资源。伊朗伊斯兰共和国成立后，沿袭了重视民族文化的传统。从宪法对国旗的规定和国旗所反映的文化底蕴中，我们可以领略到伊朗民族的文化品位。《伊朗伊斯兰共和国宪法》明确规定："伊朗国旗为白、绿、红三色，印有伊斯兰共和国特殊标志和'伟大的真主'的口号。"（第18条）在伊朗伊斯兰共和国国旗中，白、绿、红三个长方形代表着政治现代化发展方向的三权分立，而交叉部位的花边则表明三权不是绝对的，权力之间是有一定重叠和关联的。两行花边分别用11句"真主伟大"的阿拉伯文书写，以此纪念伊斯兰革命胜利日，公历为1979年2月11日和伊朗历11月22日。中间为伊朗国徽，它由四弯新月、一把宝剑和一本《古兰经》组成：新月象征宗教；《古兰经》象征信仰；宝剑象征力量。它们又组成了阿拉伯文单词"安拉"（真主）。整个圆形图案象征地球，最上面的阿拉伯文符号象征打开的《古兰经》，放在最上面，表示"安拉"的思想普照全球。② 在一面国旗中有如此丰富的文化内涵是其他国旗所不及的。

伊朗伊斯兰共和国成立30多年来，比较注重文化发展，在发展文化的理念下，不再把经济作为衡量社会发展的唯一指标，而是强调社会中人的发展，在社会发展中怎样去保护人的尊严、人的自由，从而调动人参与社会活动的积极性，进而使社会得到全面的发展。同时，我们还要看到，重视文化不是伊朗伊斯兰共和国的个别现象，是整个发展中国家，尤其是有着悠久历史和灿烂文化的民族的共同追求，以宪法为例，《伊朗伊斯兰共和国宪法》有11处谈及文化，新总统誓词中有"做出一切努力保卫国家的边界和政治、经济和文化的独立"（第121条）。《中华人民共和国宪法》不管是1982年版还是2003年版，谈及文化皆为25处。《印度宪法》也有10多处谈及文化。这反映了第三世界国家的民族价值追求。与之相对，美

---

① Mahmood Sariolghalam. Editor's Note. *Discourse*, Vol.1, No.1, 1999: 2.
② 吴成：《社会思潮研究》，河南人民出版社2007年版，第280页。

国、英国、法国等宪法中则没有提及文化。

2005年6月，艾哈迈迪—内贾德当选为伊朗总统，从此以后，有关他的话题不断，褒贬不一，涉及其为人、能力及智慧，可谓众说纷纭。其实，内贾德的勤政思想也是比较有特色的。2007年6月3日，他在德黑兰市政厅参加了霍梅尼思想研讨会，与数百名来自不同国家的学者交流。他发表讲话说，他善于倾听来自不同方面的声音，因为只有在听到不同声音后，才能做出正确的判断。学者的正确判断是科学决策的前提，没有科学决策，就不会有执行者的高效落实。正确判断、科学决策和高效落实是伊朗伊斯兰共和国繁荣与进步的宝贵经验，伊朗政府要一如既往地坚持下去。在决策中，伊朗政府积极参考伊朗国内外学者的判断与观点。为此，伊朗政府不但定期召开有关外交等方面的有国内外学者参加的圆桌会议，还经常组织召开大型国际会议，以便听到来自不同文化背景下学者的声音。伊朗新政权借此加强了伊朗政治文化的独特性，并强化了民族内聚力。

在文化热中，文化的重要性重新为人们所认识，不论是对个人、民族、国家或是世界都是好事，但也存在认识上的误区。如，有人提到"文化安全"问题，就是一种误导。就文化的特性和对人类历史发展的促进作用而言，抽象的文化是无所谓安全与否的，必须具体到特定的文化，比如说科学社会主义的文化。文化是一个从纵向和横向学习吸收他人优秀成果的过程及其效果的集大成。我们可以说个人安全、民族安全、国家安全及世界安全，也可以说经济安全、军事安全、金融安全等，但说文化安全是不恰当的，因为以上方面如果出现了安全问题，将会使该领域受到巨大损失。文化安全则不然，发达文化既表现为繁荣稳定时期的物质文化的繁荣，也表现为动荡混乱时期的思想繁荣，中国历史上的汉、唐、明、清是前者的代表，战国和民国时期则反映了后者。抽象文化本身无所谓安全与否，对具体文化安全构成威胁的因素不是来自外部，而是文化自身对文化建设重视不够，使文化失去核心价值支撑的结果。一个国家、民族在不同方面的安全要借助文化工具和自身的发展来实现，从而使文化在国家和民族安全上超越了其他方面的所有安全，具有特殊意义。当我们把"文化安全"与上述安全等同时，文化在维护其他领域安全上的重要作用便被低估了。

谈到这里，不由得想起2006年3月底欧盟首脑会议第一天发生的一幕，正当欧洲工业及雇主联合会主席、法国人塞埃准备向欧盟成员国国家元首或政府首脑发表讲话时，在场的法国总统希拉克、外长杜斯特·布拉奇和财长布雷东等法国代表团主要成员起身离开了会场。此事立刻引起一片哗然。第二天,希拉克做了这样的解释:"我非常震惊一名法国人竟然在欧盟各国代表齐聚一堂时大讲英语!"他还表示,法国一直在为捍卫法语的地位而努力,因为这是法国的"国家利益"所在。未来世界不应该只建立在一种语言、一种文化的基础上,那将是"民主的倒退"。维护法语在世界上的地位是历届法国政府的核心理念之一,法国总统希拉克只是延续了这一传统。回想法语在欧洲历史上的地位,再看看今日法语在世界文明交往中的地位,确实令人感到遗憾。但我们不得不思考这样一个问题:语言是什么?它是人类交往的工具。决定一种语言盛衰的基本因素又是什么?它应该是隐藏在该语言使用下的文化自身的魅力,这种魅力表现在支撑文化的先进生产力和先进价值观。

二、民族认同

通过文化建设加强民族认同。国家信息中心研究员王宪磊曾说:"文化不仅是一个民族的灵魂,也是一个民族的面孔。"[1] 说文化是民族的灵魂是由于其背后的核心价值观是文化建设的轴心,说其是民族的面孔,表明民族文化建设是一个民族围绕核心价值建设的外在反映。在全球化时代和世界历史尚未从根本上改变弱肉强食的当今世界,加强民族认同是保障民族利益的先决条件。1997年,由总统办公室出面,伊朗成立了"伊朗学基金组织"(Iranology Foundation Institute)。该组织积极鼓励各种文化和文明问题的研究,致力于弘扬伊斯兰伊朗的文明和文化及其历史,为伊朗学研究营造良好的氛围。通过对伊朗学的研究,提高伊朗的民族意识,加强民族认同感。[2]

1980年,美国生物学家托马斯·洛夫乔伊(Thomas Lovejoy)在为迈克尔·叟勒和布鲁斯·威尔科克斯的专著《保护生物学:进化与生态的视角》所写的序言中首次提到"生物多样性"(biological diversity)一词。[3] 他为人们认识文化多样性和文明之间的交往提供了借鉴。20世纪90年代初,两霸之一苏联的解体和目前借核问题的伊朗这个7千多万人的国家与美国叫板,再次引起人们对文化建设在非传统安全中作用的关注。不论是传统安全或非传统安全,文化建设都起了巨大作用。文化在各领域的安全

---

[1] 巴忠倓:《文化建设与国家安全》,时事出版社2007年版,第132页。
[2] Iranology Foundation Institute. *Iranology*. No. 5, Summer, 1997:314-318.
[3] Michael Soulé, Bruce Wilcox. *Conservation Biology: An Evolutionary - Ecological Perspective*. Sunderland:Sinauer Associates Inc, 1980.

上是把双刃剑，科学使用，不论在任何领域，它都可使该领域得到发展，在发展中使该领域的安全得到保障；使用不当，可能会给相关领域带来灾难。

三、民族安全

民族安全是多种安全构成的，它们既表现为军事的、金融的，也表现为思想意识的、精神风貌的。这些因素既互相支撑，又互相连带。一方面出了问题，将影响其他方面。

同时，我们也应看到，文化工具的使用是在交往中进行的，不管是通过媒体或是通过具体人与前人或遥远的人交往，文化发展过程是人的变异过程。人的变异既有向真、善、美的变异，也有向假、恶、丑的变异。

文化建设在国家安全中起着重要作用。我们可以从下面三个层面来把握：第一个层面是物质上的，文化发展对一个国家的硬件建设起到了重要作用，一个国家的经济实力、军事实力、金融实力无一不与文化的发达有关。这是一个基础层面，也是一个国家或民族在发展过程中最先关注的。第二个层面是管理协调层面，不管是领域内部或是跨领域之间，文化发展与否看的是其管理协调能力是否有所提高。只有当管理协调能力与现有的硬件相配套和适应时，硬件才能发挥其应有的作用。所以说，管理协调层面是关键层面。第三个层面是精神层面，文化建设在这一层面上要通过先进理论的推进，鼓舞人、凝聚人。所以说，精神层面是核心。一个国家的安全系数与这三个层面的有机结合直接相关。这三者协调得越好，国家越安全，反之亦然。

1992 年，联合国教科文组织成立了世界文化与发展委员会。1995 年，该组织推出了题为《我们创造的多样性》的报告，深入论述了文化在人类发展中极其重要的作用。报告认为，脱离人或文化背景的发展是一种没有灵魂的发展，经济发展是一个民族文化的一部分。报告指出，既包括商品和服务，还包括充实的、满意的、有价值的和值得珍惜的共同生活，使整个人类的生活多姿多彩。在这里，文化被视为发展的重要手段，反对将其降到只作为经济发展的促进者这样一个次要的地位。文化发展是一个民族文化的组成部分，是一种对个人和集体产生强大的思想和精神影响的现象。所以对发展和现代化的各种问题的认识，说到底都集中在文化价值和社会科学两个方面。

1998 年，联合国教科文组织在斯德哥尔摩召开的"文化政策促进发展"政府间会议上提出《文化政策促进发展行动计划》。"计划"指出，

"发展可以最终以文化概念来定义,文化的繁荣是发展的最高目标。""文化的创造性是人类进步的源泉。文化多样性是人类最宝贵的财富,对发展是至关重要的。"它从人类进步与安全的角度使人看到了文化建设在安全上的重要性。

由于伊朗地处东西方文明交汇点,伊朗历史上曾多次遭到异族的入侵。2000年,伊朗学者贾法尔·麦赫迪尼亚(Jafar Mehdinia)出版其《2300年间对伊朗的7次占领》(Seven Times Occupation of Iran in 23 Centuries)一书。书中特别强调亚历山大、阿拉伯人、塞尔柱人、蒙古人、帖木尔人、阿富汗人和第二次世界大战中英、苏对其7次占领。因为伊朗重要的地缘战略地位,早在20世纪70年代,学者斯雷特(J. E. Slater)就称伊朗为"世界事务的中心地带"。① 加之伊朗处在拥有丰富石油和天然气资源的波斯湾地区和里海地区之间,在能源紧张的当今世界,伊朗人的不安全感更加强烈了。为了防止被"第8次占领",伊朗认为发展军备必不可少。但在全球化的今天,单纯依靠军事力量来保卫民族安全,对于一个只有7千多万人的民族来说是不容易的。同时,伊朗也是一个爱好和平的民族,它最早提出"中东无核化"倡议,在此基础上,提议联大通过"中东无核化"草案。同样,伊朗前总统哈塔米不失时机地提出了"文明对话",用来解决国际争端。这些都是伊朗在全球化时代谋求民族安全的重要举措。

伊朗民族是一个崇尚理智与理性的民族,早在1千多年前,大诗人菲尔多西(al - Firdawsi,940—约1020年)就曾说过:"理智高于一切","理智中只有幸福,而无灾厄,理智便是财富,无理智则陷入贫困"。② "谁获得知,谁便强大有力,凭借知识,老人的心灵也会焕发青春。"③ 基于文化建设上的民族认同不同于民族主义,它在强调民族认同的同时,还强调学习其他民族的先进文化成果,以发展自己的文化和社会。

美国前国家安全顾问布热津斯基(Zbigniew Brzezinski,1928年—)曾把伊朗的现状归纳为以下几个方面:伊斯兰原教旨主义的什叶派革命给民众带来的激情正在衰退,苏联的崩溃为伊朗北方新独立的邻国改变宗教信仰打开了大门,阿塞拜疆人对建立一个更大的阿塞拜疆的诉求而谋求独立会对伊朗的内聚力产生影响,伊朗的库尔德人的分离主义倾向,

---

① J. E. Slater. *Iran—Past, Present and Future*. The Aspen Institute for Humanistic Studies, 1976: 1.
② 魏庆征:《古代伊朗神话》,山西人民出版社1999年版,第197页。
③ 同上。

等等，这些都是对伊朗内聚力的挑战。① 所以，伊朗必须致力于国家事业，用国家的力量，显示多民族团结和力量。在欧亚大陆的腹地，尤其是重要的能源产地，不可能出现像世界其他一些地区那样，一个民族小国寡民、与世无争地生活在太平盛世之中。正是基于这些考虑，伊朗看准了国际环境和人类历史的发展方向，要通过自身的发展和积极参与国际社会，在全球化时代谋取自身的国际地位，从而达到更好的民族凝聚。中国学者赵广成称，伊朗政府肩负着民族复兴和抵御异族控制的双重使命；与美国对抗既符合伊朗的优良传统，也是为了捍卫国际正义。

第三节　世纪之交伊朗政、学界的外交战略谋划

世纪之交，尤其是"9·11"事件之后，伊朗一批国际关系学者提出了以"实力求和平"的理论。该理论提出伊朗有重要的地缘政治和丰富的资源，如果能利用大国的矛盾和世界格局的变化，可以提升伊朗的国力，进而实现"积极安全"，在此基础上与美国改善关系也会更实际。将政策落到实处，伊朗选择了"核"。1999年夏，由《探讨》杂志编辑马哈穆德·萨里奥格拉姆主持，伊朗学界和政界联合召开了一个有关伊朗地缘政治和民族安全的圆桌会议。参加者主要有伊朗负责亚洲和大洋洲事务的外交部副部长穆哈森·阿敏扎德（Mohsen Aminzadeh）、国防部长阿德米鲁·阿里·沙姆哈尼（Admiral Ali Shamkhani）、沙希德-贝赫什蒂大学（Shahid Beheshti University）政治学副教授穆罕默德·巴哈尔·赫什马扎德（Mohammad Bagher Heshmatzadeh）博士、德黑兰大学（Tehran University）地缘政治学客座教授帕韦兹·穆吉塔赫扎德（Parviz Mojtahedzadeh）博士、伊斯兰自由大学（Islamic Azad University）经济学教授胡赛因·阿齐米（Hussein Azimi）博士。会议围绕以下问题展开了讨论：

一、伊朗安全环境的新变化

阿敏扎德第一个发言，他谈道："我们有世界上最多的邻国……考虑

---

① Zbigniem Brzezinski. *The Grand Chessboard: American Primacy and Its Geostrategic Imperatives*. New York: Basic Books. 1997: 134.

到目前的不稳定状况,我们还没有找到可能影响我们民族安全的因素,构划出伊朗民族安全的图景。尽管我们在该地区的状况已经改善,苏联存在的因素仍然对我们的民族安全产生着影响,然而,这些发展是把双刃剑,我们必须将其视为正在向现实方向发展。"[1] 从长远来看,美国要在伊朗东部发展势力,如果美国把阿富汗当成一个基地,这对伊朗的民族安全是个严重威胁。当务之急是防止东部边界发展得像西部边界那样危险。过分强调什叶派与逊尼派之间的分歧应视为精心策划的阴谋。伊朗、巴基斯坦和阿富汗是三个有诸多共同点的伊斯兰国家,三国有很深的文化亲和力,必须明白,三国间的冲突将是伊斯兰世界,尤其是伊斯兰伊朗新的冲突。地区伊斯兰国家间的冲突是对伊朗和全世界穆斯林的巨大伤害。鉴于此,伊朗应该发展与阿富汗和巴基斯坦的关系。如果伊朗对发生在这两个国家的变化视而不见,将会出现不可逆转的情况。伊朗与两国间的冲突将会使亲者痛、仇者快,并给伊朗和伊斯兰世界带来危害。他在谈到伊朗的北部安全时说,俄罗斯可能会与北约结盟,但它更视北约为威胁。强大的邻国苏联为中亚和里海沿岸的几个国家所取代。尽管俄罗斯把中亚国家的边界当作自己的边界看待,但情况已经发生了根本变化。今天,伊朗在西方与苏联之间的缓冲作用已经发生了变化。伊朗北部的超级大国想通过与暖洋直接联系从而变得更加强大的梦想已不复存在,这对伊朗来说是积极的。伊朗在北部边界面对5个对暖洋没有要求的邻国,他们在不同的方面对伊朗有所求。这是改变伊朗状况的重要因素。显然,苏联解体对伊朗的民族安全是有利的,但同时也要看到,北约正在向苏联的加盟共和国渗透,伊朗的民族安全又面临着新的考验。他还提到了以色列对伊朗安全的影响,在他看来,中东地区另一重大问题是以色列的扩张,中东和谈在国际层面上使以色列的存在合法化,扩大了以色列在国际事务中的影响。以色列不但影响到了土耳其,它与以色列的新关系还直接危及了伊朗的民族利益。还有,以色列的触角正伸向中亚和里海沿岸国家。以色列是该地区的潜在敌人和威胁,换句话说,大部分变化来自这些国家与以色列关系的变化,以色列是美国和北约在该地区的代理人。考虑该地区的安全不能把以色列与美国分开,不能忽视它们之间的同盟关系,现在的情况是北约正在土耳其沿着以色列的边界扩展,接近美国的盟友。以色列在伊朗北邻共和国扩大影响,加强与土耳其的同盟关系是对伊朗的真正威胁。伊朗的外交政策是

---

[1] Rountable. New Regional Geopolitical Developments and the National Security of the Islamic Republic of Iran. *Discourse*, Vol. 1, No. 1, 1999: 5–46.

要阻止敌人在阿富汗势力的扩大，防止阿富汗政府与伊朗为敌。不论谁统治阿富汗，都要让其看到，与伊朗的友好合作将有利于其民族安全与稳定，与伊朗的敌人合作将不利于民族安全和发展。

阿齐米接着说，考察伊朗的民族安全首先要考虑的是内部环境因素，它包括社会亲和力、政权的合法性、经济实力、安全实力、防卫实力。伊朗伊斯兰共和国通过20多年的制度建设，实现了银行的国有化、大工业的国有化、对石油的有效控制和外汇市场的有效监管，这些是伊朗在处理国际事务中占优势的一面。他说："我的结论是民族安全和对这一安全构成威胁的危险是非常复杂的和困难的，可以说从来没有这么复杂。在如此复杂的环境下，解决如此复杂的问题需要的策略应是灵活的、深思熟虑的，更需要强有力的行政手段。""一般说来，我们要全面审视我们的内部问题，审视与我们的邻国和世界上其他地区相关的问题，以适应地区的和合理的变化。""我们也要认识到，未来20年，伊朗人口的相对高增长率和日益增长的人口的需求、未来10年信息系统和全球通讯系统惊人的发展、全球科技的巨大变化、在我们这样的国家与科技发达国家之间存在的技术上的鸿沟。"①

穆吉塔赫扎德在发言中说，在现有的地缘政治世界中，由于政治是经济的杠杆，经济起了主要作用。随着经济的变化，政治也要做相应的变化。我们生活在一个经济主导一切的世界里，意识形态已退居次要地位，国家间的经济彼此联系。我们可以看到，世界上不同国家正在形成地区组织，寻找地区共同点，建立共同市场，所有这些都以经济为导向。尽管美国表面上不赞成这一看法，但它实际上正在强化这一观念。美国试图把世界建成一个"金字塔"，在其中，美国是政策的制定者，安理会是议会，北约是警察，它们沿着这三个方向发展得很好。现在，如果伊朗认识不到这一点，就要受到伤害。世界已变成以经济为导向，生活也以经济标准来引导，政治成了达到经济目标的工具。他还谈道，"在以意识形态为特征的时代，民族国家间以意识形态为纽带形成天然的联盟。在新的环境下，没有天然的联盟，国家间的联合是以经济的相似性为导向的。现代世界是以经济导向为特征的。"② 以上就是伊朗政界和学界对世纪之交国际政治的看法。

---

① Rountable. New Regional Geopolitical Developments and the National Security of the Islamic Republic of Iran. *Discourse*, Vol. 1, No. 1, 1999: 5–46.
② Ibid.

二、安全联动战略思想

伊朗国防部长沙姆哈尼提出了"安全联动"思想，他在强调内部事务对伊朗民族安全重要性的同时，强调外部环境对伊朗民族安全同样重要。他把伊朗民族安全的外部环境分成了既独立又联系的5个部分：（1）包括前线国家（被占领土巴勒斯坦、埃及、叙利亚、约旦、黎巴嫩）、地中海南岸国家和东北非国家以及苏伊士运河区在内的地区；（2）包括阿拉伯半岛的海湾地区（国家有沙特阿拉伯、科威特、巴林、阿拉伯联合酋长国、卡塔尔、阿曼、也门和伊拉克）；（3）包括土耳其、伊拉克北部、库尔德人居住的山地伊拉克、黑海海峡、希腊、塞浦路斯、巴尔干国家和部分南欧组成的小亚细亚和巴尔干地区；（4）包括俄罗斯、独联体国家直到中国西北边境的中亚和高加索地区；（5）包括阿富汗、巴基斯坦、孟加拉、印度的北部和东部邻国及印度洋国家在内的南亚次大陆。在他看来，以上5个地区，前线国家、地中海南岸国家和东北非国家以及苏伊士运河区在内的地区充满了变数和不确定因素。波斯湾沿岸的形势也是悬而未决的，该地区受制于美国，一些阿拉伯国家和西方国家地区安全和政治安排未能满足该地区实力和安全需要。与该地区伊朗和阿拉伯合作的地区国家热心于促使实力、安全和互动的模式化，可将此称之为"软实力"。目前的情况与过去几十年不同的是，在安全和互动的模式下不可避免地用"软实力"取代"硬实力"。鉴于此，伊朗伊斯兰共和国要充分利用自身的综合优势发挥重要作用。他认为，小亚细亚和巴尔干半岛的发展受制于前面提到的其他地区形势发展的影响。因坚持凯末尔政府的信条，土耳其要在经济、文化和社会发展上与欧洲保持联系，它又是北约的成员国，这决定土耳其要让美国和北约使用其军事设施，这样做给北约带来好处，但不会给土耳其带来任何好处，这就决定了土耳其的两难境地。土耳其要加强与以色列的关系，并加强与阿曼和伊拉克的关系，这需要巨大的代价，是其承受不了的。伊朗伊斯兰共和国要充分利用这一地区在苏联解体后宗教势力的发展，将挑战转化为机遇。苏联解体为伊朗带来的机会是伊朗由一个"缓冲区"变成了"独立的玩家"。同时还要看到，像以色列和美国这样的力量进入该地区，它们又威胁了伊朗的民族利益。在南亚次大陆，印度由原来在两极之间踩平衡木，到随着苏联解体，它不得不重新审视和修订自己的安全政策。巴基斯坦将自己视为地缘战略重要的国家，并以此来发挥自己的作用。阿富汗在苏联解体的背景下，不论是内政或是外交都出现了混乱，这更加强了巴基斯坦的地缘战略地位；从另一方面来看，这也促使了外部势力对巴的战略变化，比如说美国战略对其影响的程度。以上 5 个地区中任何一个地区的变化都会对其他地区产生影响，进而直接或长远影响到伊朗。除上面 5 个地区的影响外，其他重要大国及地区联盟，如美国、中国、日本、欧盟等的影响也是不能忽视的。①

沙姆哈尼还谈到提高民族实力，要加强诸如人口、资源、民族财富、边界等独立的原动力；促进诸如组织能力、政府事务、大众化以及加强外交政策这些互相依赖的原动力。由于所有独立的原动力已经令人满意地包括在伊朗的发展计划中，伊朗需要提高国家组织能力，需要修补和完善行政权力，提高外交领域有预见的决策能力。一旦这些条件成熟了，伊朗外交政策将取得满意的效果。②

赫什马扎德首先将民族安全定义为"需求得到满足，目标和要求能够实现，危险和威胁能够化解"。③ 他进一步提出，伊朗民族安全的两个支柱是伊斯兰和石油，前者是目的，后者是手段。民族安全分积极安全和消极安全，积极安全要求政府和制度必须使目标具体化，而消极安全则要求必须能够应对和消除危险和威胁。他认为前者更重要，要求伊朗人在主观和客观上充分认识到伊斯兰和石油对伊朗民族安全的影响。数十年来，伊朗的经济主要依赖石油和石油出口，重要的是结束经济上对石油的依赖是伊斯兰革命的口号之一，伊朗不但没有实现这一目标，反而变得更加依赖石油了。在过去 20 年里，威胁对准了石油，美国对伊朗石油的制裁、扩大对邻国石油的供应以及降低油价，8 年的两伊战争，造成伊朗石油工业恶化。由此看到，石油对伊朗的民族安全来说是把双刃剑，一方面政府利用石油发展经济，另一方面国家又面临依赖石油收入带来的威胁和危险。石油成了给伊朗带来威胁和危机的原因。当人民发现他们的愿望和需求无法满足时，这对一个注重神圣精神的制度来说，是最大的威胁。国际体系中追求他们自己目标和利益的政府和政治玩家将利用地区和全球政治以及地缘政治的发展来威胁伊朗。他们将通过威胁伊斯兰和石油来这样做。这两个迄今为止维护制度安全和稳定的杠杆可能会被敌人或其他地区及国际玩家作为威胁伊朗的工具来使用。石油危机已反复出现，伊斯兰又如何呢？这一宗教是伊斯兰革命的灵魂和动员民众推翻旧政权，建设新制度的主要因

---

① Rountable. New Regional Geopolitical Developments and the National Security of the Islamic Republic of Iran. *Discourse*, Vol. 1, No. 1, 1999: 5–46.

② Ibid.

③ Rountable. New Regional Geopolitical Developments and the National Security of the Islamic Republic of Iran. *Discourse*, Vol. 1, No. 1, 1999: 5–46.

素。在该地区，石油和伊斯兰起了重要作用。首先，伊朗与中亚国家有共同的宗教，加之文化和语言上的共同性，这为伊朗进入中亚并影响该区提供了便利。其次，丰富的石油成了伊朗与中亚国家合作的基础，实际情况是伊朗现已成为世界能源的中心。考虑到该地区的石油在全球能源安全中的作用和能源安全在世界经济、社会和政治安全中的作用，这一地区可视为世界上地缘政治和战略要地。过去的国际关系玩家想方设法在这一地区发挥作用，扩大在该地区的影响。作为该地区的心脏国家，伊朗应利用自己的地位加强自己的利益。新的形势对伊朗来说是一把双刃剑，既有安全的一面，也潜藏着动荡的因素。伊朗要在国内外事务中用好伊斯兰和石油这两张牌，这对伊朗的安全来说是极其重要的。反之，地区和国际玩家将也将利用伊斯兰和石油来危害伊朗的安全，给伊朗带来威胁。[1]

三、伊朗的具体对策

（一）利用石油工具

穆吉塔赫扎德谈道，石油在全球能源消费中的比例约60%，在以后的20—30年间，这一比例将维持不变，而消费量将从目前的日用量7.5千万桶增长到将来的0.9亿—1亿桶。由于环境污染和其他因素的制约，煤和核能将不会取代石油，改变目前能源的消费结构。未来数十年，新能源将面临诸多限制和不足，也无法取代石油。目前，"欧佩克"国家拥有世界石油总储藏的75%，每天的产量只有2.5千万桶，占世界总产量的33%，而非"欧佩克"国家拥有世界石油储藏的25%，每天的产量占世界总产量的67%，或者说5千万桶。包括政治因素在内的多种因素导致了这种不平衡局面，换句话说，是大国和国际政治体系将这种情况强加给了"欧佩克"国家。问题是这种局面是可以扭转的，中长期世界范围的能源和石油安全将依赖于"欧佩克"国家，伊朗和"欧佩克"其他成员国要利用这一机会。另一个值得关注的问题是非"欧佩克"国家的石油生产能力已经接近极限，而"欧佩克"国家尚有每天增加1千万桶的余地。如果短期内石油需求剧增或非"欧佩克"国家产量下降，只有"欧佩克"国家能够保证世界的能源安全。实际上，在过去的数十年间，沙特阿拉伯已经在与以色列的冲突中使用石油武器了，伊朗为了伊斯兰革命的胜利也这样做了，当然，西方也在夸大事实。

---

[1] Rountable. New Regional Geopolitical Developments and the National Security of the Islamic Republic of Iran. *Discourse*, Vol. 1, No. 1, 1999: 5-46.

鉴于伊朗不再是东西方之间的缓冲国，人们也就容易明白为什么苏联的自然资源引起世人的注意，这是因为工业要继续消费石油和天然气，在未来的 20 年，要进口各种各样的资源，中亚和里海地区，尤其是后者，拥有稀缺资源。一个世纪以来，关于石油和天然气资源的统计数字颇具争议，以伊朗为例，30 年前，有人预计其石油可开采 20 年，可 30 年过去了，现在对其贮量的预计跟过去一样。这都是政治策略，根据政治需要公布数据。在里海地区，宣布有大量的石油和天然气贮存，当地的政治家可以得到美国的支持，可以成功地吸引外资。通过一系列资源开发协定，美国在此地的存在也大大加强了。在穆吉塔赫扎德看来，伊朗应该坚定地把里海地区的石油与波斯湾地区的石油用管道连接起来，通过建立最短的石油管道使伊朗成为该地区的中心，要让世人看到，当该地区管道的铺设线路不考虑经济成本时，政治是放在经济利益之上的，把与伊朗的政治对立与牺牲石油和天然气运输线路的经济利益画上等号，从而使其认识到自己的错误。他引用美国经济学家林茹茨（Linroz）教授的话说，政治和经济之间的任何战争都以后者的胜利而结束。以此来看，即使美国把石油和天然气管道铺到了除伊朗外的所有地区，它最后仍然是失败的。[①]

与此同时，在海湾和中东地区把石油当作武器也导致敌对势力之间设法弱化、威胁和控制这一武器。从大的方面来看，美国军事力量和政治势力在伊拉克侵略科威特后在海湾的存在变得更具体了。世纪之交，美国势力在海湾地区的存在威胁着伊朗伊斯兰共和国，控制海湾和里海地区的石油是美国和世界上其他玩家的主要目的，日本进口它所需石油和天然气近 100%，欧洲从国外进口其所需石油和天然气的 50%，这些大部分来自海湾和中东地区。实际情况是随着苏联的解体和两极体制的终结，欧洲和日本失去了在军事和政治上依赖美国的理由。在 21 世纪，军事力量也不能解决敌对和冲突，经济、金融、政治和民众这些杠杆将变得更为有效。石油是这些杠杆中最重要的一个，任何一个能够控制石油生产各个阶段和经济的国家将迫使其对手向其屈服。现在，美国正在加强在海湾、高加索和中亚地区的存在，由于北约东扩和美国在里海油气田的投资，美国将在未来 10 年控制该地区。日本和欧洲在该地区或其他领域的直接投资将有助于缓解美国给这个竞争的世界所带来的压力，作为玩家来促成该地区的稳定。伊朗可以通过与俄罗斯、日本、欧洲甚至中国加强联系而在该地区的玩家

[①] Rountable. New Regional Geopolitical Developments and the National Security of the Islamic Republic of Iran. *Discourse*, Vol. 1, No. 1, 1999: 5 - 46.

之间搞平衡。这有助于地区安全,也是阻止美国致力于建立单极世界的重要方面。穆吉塔赫扎德明确提出:"安全意味着目标和愿望的实现超过了危害和威胁。内部稳定和政治效率是抓住新地缘政治条件和化解新的危险和威胁的先决条件。不论是合在一起或是单独的,石油和伊斯兰是实现伊朗民族安全或给其带来威胁的主要工具。""伊朗必须基于自身的生存、发展和稳定对千差万别的伊斯兰做出更好的解释。为了伊朗的目的,化解危害,赢得民众,我们必须在地区和世界范围内重塑伊斯兰形象;必须正确使用石油去解决内部的、地区的和国际的问题,消除过于依赖石油的经济和制度的脆弱性。"[1] 由于重要的地缘政治,伊朗被美国前国家安全顾问兹比格涅夫·布热津斯基称为"全球的巴尔干"。[2] 巴尔干在历史上使一个个帝国走向了不归路,在伊朗这个新的"巴尔干"面前,有哪些传统的势力想试一试,这正是伊朗人透过核问题想看到的。

(二) 改善与其他伊斯兰国家的关系

伊朗国防部长沙姆哈尼称,伊朗的敌人千方百计地制造假新闻来离间伊朗与其他伊斯兰国家的关系,兜售伊朗正向外扩张并威胁其利益的思想。缓和与海湾国家的关系,与其建立信任将有助于加强伊朗的民族安全。伊朗的敌人编造了各种谎言来证明他们在海湾的军事存在是正当的,海湾国家越信任伊朗,外部势力在海湾军事存在的理由就越站不住脚。伊朗要积极与海湾国家建立双边或多边关系,提升安全级别,加强防务合作将会取得理想的效果,其中包括重新考虑外国军事力量在海湾的存在。如果在北方也实行这一政策,就可以阻止外部军事力量在中亚和高加索地区的存在。这一愿望不是靠单个力量就能实现的,需要独立的和相互依存的原动力的发展,为实现外交政策目标提供有利时机。高加索和中亚诸国在美国的"鼓励"下正在疏远伊朗,与以色列结盟。如果这些国家感受到与伊朗合作是容易的,且不会带来问题,它们的态度就会转变。它们会加快与伊朗合作的步伐而谨慎对待以色列。伊朗必须放弃模糊政策,与这些国家建立信任。这些国家正在追求自己的民族利益,当它们认识到与伊朗改善关系更有利于民族利益时,它们不会放弃改善关系的机会。如果它们认识到与伊朗的敌人合作将给民族利益带来损失,它们将不会要这样的友谊,并谨慎行事。伊朗必须寻求地区合作,并将其进一步发展为国际合

---

[1] Rountable. New Regional Geopolitical Developments and the National Security of the Islamic Republic of Iran. *Discourse*, Vol. 1, No. 1, 1999: 5 – 46.

[2] Stephen McGlinchey. The Anatomy of a Crisis: Perspectives on the 2009 Iranian Election (Introductory Notes), *E – International Relations*, No. 1, June, 2009: 4.

作。他强调说："面对我们的敌人及其带来的不安全，我们必须保持团结。"①

穆吉塔赫扎德谈道，在21世纪的头10年，伊朗将在里海地区发挥重要作用，这并不是因为这里的石油和天然气资源丰富，而是因为大国对该地区的觊觎。由于伊朗介于波斯湾和里海两大石油和天然气资源区之间，伊朗将在21世纪的地区地缘政治中发挥重要作用。北约东扩将致力于削弱伊朗在该地区的作用，伊朗的民族利益正建立在此基础之上。北约把该地区作为东扩的重要地区，由于伊朗在该地区势力的薄弱，助长了以美国为首的西方借新地缘政治反对伊朗。伊朗应该考虑自己是里海地区重要力量的事实，必须保持地区心脏地位和在地区决策中起决定作用，并积极参与该地区政治秩序和新地缘政治的重建。在与周边国家的关系上，伊朗要改变不与伊拉克改善关系的错误想法，必须尽快解决两伊间存在的问题，为两国关系营造新的氛围。他说，伊朗反对其北部相邻共和国成立联合体是绝对错误的，它应该积极参与联合体的建设，以防以色列的插足。伊朗不表明其在该地区的存在将鼓励其他力量进入该地区。他借英国前外交秘书李复林（Malcolm Riflin）的话说，伊朗是最好的石油运输通道，但西方要把所有的石油管道建在伊朗是错误的。穆吉塔赫扎德也对伊朗的东部边界安全十分重视，认为巴基斯坦向阿富汗发展势力是要与北约接近，从长远来看，这对伊朗非常不利。以色列正在挑拨伊斯兰教什叶派与逊尼派之间的关系，宣扬在巴基斯坦的大屠杀和教派冲突。伊朗必须重视阿富汗和巴基斯坦，不然的话，其东部边界将受到危害。②

阿敏扎德进一步补充道，伊拉克的北部问题与以色列和土耳其直接相关。以色列正扩大在该地区的影响。伊拉克现政府对伊朗的危害远不及以色列带来的危害大，当然，伊朗与伊拉克关系的改善要在1975年双方达成的框架协议内实现。③

（三）团结俄罗斯等大国

阿敏扎德认为，在处理国际事务问题上，伊朗可视俄罗斯为伙伴。伊朗必须考虑这一事实，在其需要没有满足之前，它不必拘泥于先前的承诺和条约。现在，俄罗斯极力防止北约东扩，积极谋求成为北约成员国。穆吉塔赫扎德则认为，"现在，我们必须看到世界上的国家是怎样在经济上

---

① Rountable. New Regional Geopolitical Developments and the National Security of the Islamic Republic of Iran. *Discourse*, Vol. 1, No. 1, 1999: 5–46.
② Ibid.
③ Ibid.

建立联系的。毫无疑问,经济利益和民族利益是最重要的因素。人们可能把意识形态的目的融入民族利益的定义,这要求我们关注一系列问题。最大的问题是西方已经用理论和观念成功为西方以外的世界设置了精神陷阱,驱使我们与我们的邻国发生冲突。我们一定要避免落入西方为第三世界设计的陷阱之中。"① 他还谈道,解决伊朗南部边界问题的最好办法是建立经济自由贸易区。过去,伊朗害怕苏联南下暖洋,现在,伊朗应该鼓励中亚和高加索地区的国家按伊朗的原则南下暖洋,这是阻碍美国和以色列在此扩张势力的最有效措施。②

此外,伊朗还非常重视与其他第三世界国家,尤其是大国之间的联系。伊朗议长穆罕默德·贾瓦德·拉里贾尼(Mohammad Javad Larijiani,1957年—)博士在谈到伊朗与中国和印度合作时说:"西方俱乐部没有中国和印度的位置,他们应该发挥自己的作用。如果他们有能力这样做,那些在世界工业品占有一定份额的国家将有一定的优先权。"③ 贝赫什蒂大学国际关系副教授马哈穆德·萨里奥嘎拉姆(Mahmood Sariolghalam)在其《伊朗伊斯兰共和国的外交政策》一文中反复强调"与印度合作对伊朗国家安全的重要性"。④ 穆哈森·米尔达马迪则主张,"伊朗文化与中亚国家、阿富汗、巴基斯坦和印度文明保持一致。"⑤ 遗憾的是,在伊朗核问题的发展过程中,美国不顾印度核扩散的实事,与印度积极合作。在以后伊朗对外政策的发展过程中,伊朗一些重要方向性政策正是这些理论的实际运用。

第四节 伊朗地缘战略地位与地缘政治理论

除了上述学者和伊朗政要的国际关系理论,伊朗核问题还得到了伊朗

---

① Rountable. New Regional Geopolitical Developments and the National Security of the Islamic Republic of Iran. *Discourse*, Vol. 1, No. 1, 1999: 5–46.
② Ibid.
③ Ali Manavi. Iranian Foreign Policy and the Iraqi Crisis. *Discourse*, Vol. 4, No. 3–4, Winter/Spring, 2002: 1–44.
④ Mahmood Sariolghalam. The Foreign Policy of the Islamic Republic of Iran: A Theoretical Renewal Nd a Paradigm for Coalition. *Discourse*, Vol. 3, No. 4, Spring, 2002: 29–64.
⑤ Ali Manavi. Iranian Foreign Policy and the Iraqi Crisis. *Discourse*, Vol. 4, No. 3–4, Winter/Spring, 2002: 1–44.

其他国际政治学者的理论支撑,尤其是伊朗的新地缘政治理论。伊朗地缘战略地位自古以来就很重要,旧石器时代晚期的考古表明,伊朗西部和北部里海沿岸是人类东西移动和石叶文化的重要通道,西亚的中石器文化也显示了伊朗西部和北部是西亚人类移动和文化交往的通道。伊朗北部是从扎格罗斯山到兴都库什山之间人类交往的走廊。中国学者王新中曾说:"伊朗所处的位置决定了它经常充当人类种族融合和文化交往的通道。"[1]在全球化时代,伊朗的地缘战略地位更显重要。

一、伊朗国际政治转型理论[2]

面对势不可挡的全球化,伊朗国际政治学者纷纷提出了自己的理论。在德黑兰大学政治学教授赛义德·胡赛因·赛弗扎德(Seyed Hossien Seifzadeh,1950年—)看来,在全球化时代,人类在全球范围的互动有两个目的:安全和福祉。在全球化尚没到来之前,"安全仅仅是外国的侵入、军事动员和消除威胁工具的运用","换句话说,从这一意义上来说,安全是消极的"。进入全球化时代后,在安全战略上有两个重要变化:"安全不但扩大到了国内的方方面面,而且竞争日趋激烈,生产加速进行;全球化背景使安全诉诸更积极的行动。""首先,威胁国家安全的是外部因素。"[3]在全球化背景下的民族国家互动中,国家按其战略地位的重要程度可划分为四类:战略地位重要国(strategically important)、战略大国(strategically power)、战略地位薄弱国(strategically weak)和战略维持国(strategically retention)。战略地位重要国是指具有影响力同时又被影响的国家,战略大国是指有影响力的国家,战略地位薄弱国是指被影响的国家,战略维持国是指既没有影响力也不被影响的国家。在他看来,伊朗是一个战略地位重要的国家,"正处于这样的环境之中,它比其他任何国家都更有能力利用其战略资源。然而,随着全球化的发展,其盛衰水平促使其在日益增强的影响战略间做出选择,是在寻找积极主动的平衡中主动产生影响,或是在消极平衡中被动应对"。[4]在他看来,伊朗在政治战略上要积极应对,积极利用敌对大国的阴谋,既防止其战略实施带来的政变和傀儡政权的建立,也要借机让世人知道,霸权主义是世界和平的最大威胁,从而提高民族国

---

[1] 王新中、冀开运:《中东国家通史·伊朗卷》,商务印书馆2002年版,第18页。

[2] 该部分根据吴成"伊朗核问题的理论解读"(载《西亚非洲》2006年第3期)整理。

[3] Seyed Hossien Seifzadeh. Political Consequences of Globalization for Foreign Strategic Policy: A Rukimentary Analysis. *Discourse*, Vol. 3, No. 4, Spring, 2002: 3–28.

[4] Ibid.

家应对各种攻击的能力,以阻止敌对势力建立霸权统治。在这里,我们可以看到,赛弗扎德巧妙地运用新的国际形势,以便伊朗在主动的平衡中实现对外政策的转型。

赛弗扎德的理论并没有到此为止,而是进一步把世界上的国家按实力分为超级大国(superpowers)、大国(great powers)、中等国家(medium powers)、小国(small powers)和微型国家(micro powers)5种类型。在这5种类型的国家中,就转变国际局势和对国际关系的影响力而言,只有超级大国是绝对的,其他4种国家都是相对的。就能力所及而言,前两种国家是全球性的,其他3种国家则是地区性、民族性和保护国性的。前两种国家致力于维护现有秩序,而后3种国家则致力于从国家内部改变现状。作为一个资源大国,有悠久的文化积淀,加之其经济发展,伊朗应该由地区性国家向全球性国家迈进。赛弗扎德把世界分成不同的部分,并看到其利益不同,在处理国际问题上的观点也不一样。这样伊朗可以在纵横捭阖的国际政治中处于游刃有余的地位。

伊朗多数学者把"9·11"事件视为国际政治的分水岭。伊朗科技和中东战略研究中心的高级研究员卡罕·巴扎尔甘(Kayhan Barzegar)称:"'9·11'以及随之而来的美国对阿富汗的进攻是国际格局的分水岭。""一方面,它们导致了国际关系中政治、经济和文化观念的转变;另一方面,从主体方面来说,它们导致了在国际格局、地区格局甚至在国家领导人、政治精英、内外政策的制定这一层面上的转型。""与冷战时代威胁来自国家联盟之间相反,后冷战时代,尤其是近来的事件(指'9·11'和美国对阿富汗用兵),一种新的威胁正在形成。'9·11'表明,暴力不再是国家的专利,其他参与者与国家一起使用暴力和强制手段。但是,不同的是不再以征服领土和疆域为主要目的,也不再用武力去获得国家权力。事实上,这种新威胁的实质来自于认同上的危机、经济鸿沟、不同社会的政治不公,尤其在中东地区。"[①]

德黑兰大学政治与国际研究所所长赛义德·穆罕默德·卡泽姆·萨贾德—普尔(Seyyed Mohammed Kazem Sajjad – Pour)认为,"9·11"事件首先是国际关系的分水岭,它不但使整个世界为之一震,还使其发生了巨大变化。"新的因素进入国际政治体系,传统的玩家要担当新的角色,老的

---

① Kayhan Barzegar. The Persian Gulf in the Post – September 11. *Discourse*, Vol. 4, No. 1, Summer, 2002: 19 – 44.

地缘政治原则重新复活,新的软因素(可变因素)进入国际舞台"。①
"9·11"以后的世界既不是过去的继续,也不会完全脱离历史,它是两者的混合。"9·11"改变了国际关系的三要素:参与者、游戏规则和游戏环境。在萨贾德—普尔看来,"9·11"以后,就参与到国际政治的因素而言,其范围扩大到了非政府组织及个人。20 世纪 90 年代以前参与者主要是民族国家和国际组织。就游戏规则而言,传统的游戏规则划分为朋友和敌人,按自己的角色在自己的范围内活动。从冷战结束到"9·11"发生之前,在联合国努力下,一系列国际条约的签订使游戏规则变得友好和多边化,但它并没有终止敌视和战争。此外,国际合作的呼声越来越高,全球化现象鼓励了多边主义和国际合作精神。"9·11"发生后,多边主义与美国的单边主义发生了冲突。至于游戏环境,它仍在变化之中,美国的霸权主义空前高涨。然而,在恐怖主义盛行的新环境中,一场有关伊斯兰和穆斯林文化道德、美国的价值观、东西方之间差异的讨论将成为人们关注的焦点。总之,三种因素的变化正在以前所未有的方式改变着地缘政治,尤其是欧亚的地缘政治。

赛义德·阿布杜尔·阿里·哈瓦姆称:"'9·11'发生在美国面对严峻的国内和国际经济、社会、政治、安全和军事危机之时。不像冷战时期,当苏联覆亡带来巨大变化之时,这个国家没有为自己在战略、外交、联盟、合作、利益、民族目标等方面制定出清晰的政策。"② 早在 20 世纪 80 年代,美国哥伦比亚大学国际关系和公共事务学院的国际关系高级研究员加里·习克(Gary Sick,1935 年—)就曾说过:"自从 1973 年第一次石油危机以后,中东政治的重心开始由地中海沿岸的阿以冲突向海湾和伊朗转移。1979 年,大大降低阿以另一场战争的埃以和平条约的签署和用阿亚图拉霍梅尼激进神权理论指导的政权取代礼萨·巴列维政府的伊朗伊斯兰革命加速了这一进程。"③ 伊朗人要借核问题实现中东热点问题的转移,并提高自己的国际地位。

---

① Seyed Mohammed Kazem Sajjad – Pour. Iran the challenge of the 11 September. *Global Dialogue*, Vol. 4, No. 2, Spring, 2002, pp. 85 – 95; Iran and September 11th: A Conceptual Framework for Understanding Foreign Policy, *Foreign Policy*, No. 4, Winter, 2002: 966 – 992.

② Seyed Abdoul Ali Ghavam. Globalization and the September 11th Event. *Foreign Policy*, No. 4, Winter, 2002: 993 – 1004.

③ Gary Sick. Iran's Quest for Superpower Status. *Foreign Affairs*, Vol. 65, No. 4, Spring, 1987: 697.

二、伊朗安全战略上的挑战与机遇[①]

在伊朗学者看来,进入新世纪,尤其是"9·11"事件之后,伊朗面临着来自西方,尤其是美国更严峻的挑战。《探讨》杂志主编赛义德·哈桑·穆萨维(Seyed Hussein Mousavi)认为,"伊朗对安全的担忧主要取决于世界最强大军事力量美国及其在中东的主要盟友以色列对伊朗的敌视政策。强化这种担忧的是美国在海湾地区不断扩大的军事存在,特别是它在海湾合作委员会6个成员国的军事存在。与此同时,还有土耳其与伊朗敌人的军事同盟。"[②] 伊斯兰宪法监护委员会委员埃拉赫·库拉伊(Elaheh Koolaee)博士认为,"近来的事态(指"9·11"及其美国采取的一系列行动)发展为美国提供一个在没有共产主义这一敌人存在的情况下找到新的敌人,以证明其国际存在合理性的机会。它剥夺了被美国视为敌对者的行动自由,它对美国的全球扩张和利益实现是必要的。"[③] 在他看来,"全球化现象及其影响,尤其是美国试图将其美国化不应被忽视。毫无疑问,我们必须清楚针对这些企图所产生的重要回应。"[④]

伊朗学者们认为,在挑战面前,伊朗也面临着机遇。巴扎尔甘称,"尽管冷战以苏联的解体而告终,作为冷战的遗产,地缘政治上的较量不但没有结束反而更加激烈。"[⑤] 与赛弗扎德的观点一样,库拉伊也认为,"伊朗伊斯兰共和国位于后冷战时代世界上的重要战略地区。它在满足世界能源需求上起着决定的和至关重要的作用。"[⑥] 在他看来,伊朗重要的地缘战略地位更为突出了,围绕着伊朗重要地缘政治的斗争也更趋激烈了。重要的是美国对待外部世界的方式发生了转变,"9·11"事件之前,美国对待其他国家主要靠"奖励"或"惩罚";"9·11"之后,美国在"奖励"或"惩罚"之外,又加进了"说服"。[⑦] 这种"说服"是美国面对复

[①] 该部分根据吴成"伊朗核问题的理论解读"(载《西亚非洲》2006年第3期)整理。
[②] Seyed Hussein Mousavi. Defense Policies of the Islamic Republic of Iran. *Discourse*, Vol. 2, No. 4, spring, 2001: 43 – 57.
[③] Ali Manavi. Iranian Foreign Policy and the Iraqi Crisis. *Discourse*, Vol. 4, No. 3 – 4, Winter – Spring, 2002: 1 – 44.
[④] Ibid.
[⑤] Kayhan Barzegar. The Persian Gulf in the Post – September 11. *Discourse*, Vol. 4, No. 1, summer, 2002: 19 – 44.
[⑥] Ali Manavi. Iranian Foreign Policy and the Iraqi Crisis. *Discourse*, Vol. 4, No. 3 – 4, Winter – Spring, 2002: 1 – 44.
[⑦] Kayhan Barzegar. The Persian Gulf in the Post – September 11. *Discourse*, Vol. 4, No. 1, summer, 2002: 19 – 44.

杂国际环境力不从心的表现。贝赫什蒂大学政治与国际关系教授阿里·马纳维（Ali Manavi）则说：“国际政治的未来是由核心国家决定的，美国及其盟友、中国、印度和俄罗斯这些核心国家决定着世界的命运。可是，伊朗伊斯兰共和国的外交政策正在经受考验，它的一些方法应该改变。这是因为，如果它不这样做，它就不能与这些核心国家相协调，后面的这些国家就不会与伊朗合作。"① 在这里，我们可以看到伊朗学者对在国际格局转型中被"边缘化"的担忧。在实现国际参与的过程中，马纳维提出："伊朗伊斯兰共和国主要的外交原则是改变国际秩序和安排。为了这一目标，伊朗伊斯兰共和国大大改变了自己的朋友"，"认识到像利比亚、叙利亚和古巴这样的小国的局限性后，中国和俄罗斯被选定为与美国斗争的朋友。今天，伊朗又把希望放在了欧洲。"② 在这里，我们看到了伊朗借助不同外部力量，实现自身目的传统"第三方外交"思想。

面对新的国际环境，特别是2002年1月29日，小布什发表"邪恶轴心"国家的讲话后，伊朗一时成为世界关注的焦点。美国在世界上高举反恐大旗，把伊朗列为支持恐怖主义国家名单之首，双方发生新的冲突。伊朗将采取什么样的对策来捍卫自身的安全，成为伊朗政府的首要抉择。在这一背景下，萨贾德—普尔认为伊朗新外交政策应着眼于以下三个方面：(1) 伊朗要积极展开多边外交活动，充分利用其他因素以保证自己的安全；(2) 在充分发挥自己文化优势的基础上，积极汲取先进的科技成果，加强伊朗的综合国力；(3) 伊朗不能挑拨欧美之间的分歧，但要让美国认识到伊朗安全将建立在伊朗与伊斯兰国家关系改善这一变化的基础之上。③

在伊朗学者看来，伊斯兰革命后，美国开始在战略上包围伊朗。这种包围给伊朗经济造成严重困难，加深了伊朗人的不安全感。美国人包围伊朗的措施有：直接或间接帮助巴基斯坦在阿富汗扶持"塔里班"（Taliban）以破坏伊朗东部边界的稳定；支持阿拉伯联合酋长国对海湾的大、小通布岛和阿布穆萨岛提出领土要求，以破坏伊朗的领土完整与统一；在伊朗的西部边界武装和鼓励伊拉克对伊朗发动战争；支持以色列和土耳其搞军事联合，从而威胁伊朗的西北边界安全。穆吉塔赫扎德认为，美国支持以色

---

① Ali Manavi. Iranian Foreign Policy and the Iraqi Crisis. *Discourse*, Vol. 4, No. 3 – 4, Winter – Spring, 2002: 1 – 44.

② Ibid.

③ Seyyed Mohammed Kazem Sajjad – Pour. Iran the challenge of the 11 September. *Global Dialogue*, Vol. 4, No. 2, Spring, 2002: 85 – 95.

列、土耳其和阿塞拜疆搞三角军事联盟的目的旨在威胁伊朗四个阿塞拜疆人居多的省——西阿塞拜疆省、东阿塞拜疆省、阿尔达比勒省和赞坚省。此外，美国还竭力阻止里海地区石油和天然气输出管道经过伊朗，旨在将伊朗与黑海、里海和中亚地区隔离开来，并威胁伊朗的北部边界。[①]

伊朗学者认为，美国人的价值观、对世界的认识和霸权心态、第三世界的崛起等因素意味着人类社会进入新世纪后，世界格局面临新的转型。1997年，伊朗前总统哈塔米（Seyyed Mohammad Khatami，1943年—）在其就职演说中称："一个自豪的、文明的和独立的伊朗展现在世界共同体的中心是所有高尚的和负责任的伊朗人的梦想。所以，捍卫民族利益，根据其历史、文化、地理和经济地位致力于促进伊朗伊斯兰共和国的一体化对政府来说尤其重要……我们基于在民族利益范围内做出决定的原则，将与尊重我们独立的所有政府建立关系。但我们反对想以主人或领袖身份来统治我们的企图。"[②]

三、西方地缘政治理论的演变

"地缘政治学"一词最早出现于1917年瑞典政治学家哲伦（Rodolf Kjellen，1864—1922年）的《论国家》一书中。拿破仑（Napoléon Bonaparte，1769—1821年）曾经说过："只要了解了一国的地理，就能判断出一国的外交政策。"[③] 在他看来，地理位置是一个民族国家对外政策的出发点，国土面积的大小是衡量其地位和力量的主要标准。上述观念虽然没有上升到理论高度，但反映出在西方对外扩张和征服的过程中，需要有新的理论来支撑与西方传统价值观格格不入的现实扩张行为。正是在西方列强向全球扩张的高潮和世界格局面临重大转型中，面对世界格局的重新洗牌，19世纪后期，为西方大国扩张服务的地缘政治理论应运而生。

第一个系统研究地缘政治学的学者是德国的拉采尔（Friedrich Ratzel，1844—1904年）。在他看来，人、国家与世界三者间的关系是权力与生存空间的关系，并提出了"生存空间论"、"国家有机体论"、"边疆动态论"三个相互关联的地理政治学概念。拉采尔的"生存空间"概念被豪斯霍弗

[①] Pirouz Mojtahed-Zadeh. Geopolitics and Reform under Khatami. *Global Dialogue*, Vol. 3, No. 2-3, Spring/Summer, 2001: 53-54.

[②] Christian Marschall. *Iran's Persian Gulf Policy: From Khomeini to Khatami*. London: Routledge Courzon, 2003: 22.

[③] 鞠京烜："新地缘政治形态下的中日关系研究"，山东师范大学2010年，学位论文，中文摘要。

(Karl Haushofer，1869—1946 年）赋予更广泛的含义。豪斯霍弗公开主张国家作为一个有机体，要么扩大，要么死亡。鉴于此，国家可以不顾"无力开发自己领土的国家"的主权，由地缘政治学规定其"生存空间"。哲伦借用拉采尔的国家有机体论，将地缘政治学进一步向前发展。他认为，国家的行为应被视为一种竞争力量，力量因素是一个国家的决定因素，竞争的结果就是少数强大的国家吞并多数弱小的国家，并将其称之为竞争的永恒法则。只有大国强国才能影响大陆及全球的政治。哲伦主要针对俄国对外扩张给瑞典等北欧国家带来巨大威胁，希望通过打造一个以德国为核心的北欧集团，共同对抗俄罗斯及后来苏联的扩张。这一思想却为后来德国的纳粹扩张提供了理论依据。上述理论成了希特勒纳粹发动第二次世界大战的舆论工具。就这样，地缘政治学一诞生就与德国的侵略政策紧密结合，为纳粹德国的领土扩张辩护。随着纳粹的败亡，拉采尔的地缘政治连同纳粹意识形态遭到唾弃。加之以意识形态为特征的苏美对峙，德国传统地缘政治学沉寂下来。然而，意识形态取代不了地缘政治，冷战本身就具有明显的地缘政治的色彩，这就决定了有朝一日地缘政治的复活。

20世纪初，欧洲列强的对外扩张由盛转衰，正在崛起的美国对加入世界竞技场跃跃欲试。1890年，美国学者马汉（Alfred Thayer Mahan，1840—1914年）发表了《海权对历史的影响，1660—1783》（又译《海权论》，The Influence of Sea Power upon History，1660—1783）一书。他从全球地缘视角对美国的国家对外战略进行了研究。通过分析海洋的历史，特别是英国一度成为全球最具影响力的国家的发迹史，马汉提出了"海上实力论"（"海权论"）。他以英国为例，提出地理位置、自然结构、国土面积、人口数量、国民特性、政府特性是影响海权的六大要素。在他看来，海权问题中最重要的是对海上通道的控制。由于海洋运输是人类主要的交通方式，控制海洋不但能确保本国的海上运输安全，还能随时切断敌国的海上通道。所以，海上力量是一个国家实力增长和繁荣的关键，控制海洋和海上交通是国家海洋和海军战略的首要目标。美国必须控制海洋，特别是重要的海上战略航道，这对保持美国的大国地位是绝对必要的。这一理论曾成为地缘战略研究中的硅镍，对美国的国家战略产生了深远影响。例如，华盛顿体系的建立，1951年杜勒斯提出的"岛链"思想，还有20世纪80年代美国提出要对世界上包括霍尔木兹海峡、马六甲海峡在内的16个重要海上通道关键时刻予以控制，都受到该理论的影响。在马汉海上实力论的指导下，大国致力于发展海军装备，实施以海军装备为基本内容的军备竞赛。

在英国，地理学家麦金德（Mackinder，1861—1947年）提出了与马汉不同的观点。他认为，陆上交通技术的发展大大改变了"人与世界上大部分地理现实的关系"，加强了欧亚大陆国家间交往的优势地位。1919年，麦金德在其著作《民主的理想和现实》（Democratic Ideals and Reality）中，提出"大陆腹地学说"（又译为"心脏陆地说"）这一全球战略概念。在麦金德看来，国际政治的"交汇点"或"腹地"位于东欧和西伯利亚平原，这一地区拥有难以估量的资源，在战略上处于中心地位。他断言，边缘地带易受来自大陆腹地的攻击，而大陆腹地则由于海权国家无法进入内陆而得以保持国家安全。为防范一战后德国与俄国的强大，他提出了如下全球战略构想："谁统治东欧，谁就统治大陆腹地；谁统治大陆腹地，谁就统治世界岛（包括欧洲、亚洲和非洲大陆）；谁统治世界岛，谁就统治世界。"① 麦金德思想的源头在哪里呢？早在1853年8月，马克思在《帕麦斯顿勋爵》的系列文章中称："谁掌握了多瑙河口，谁就掌握了多瑙河，控制了通往亚洲的大道，同时也就在很大程度上控制了瑞士、德国、匈牙利、土耳其的贸易，首先是摩尔多瓦和瓦拉几亚的贸易。"② 这正是麦金德思想的源头。以后，随着苏联和美国军事力量进入阿富汗，有人把麦金德的话演绎为："欲征服世界，先征服亚洲；欲征服亚洲，先征服中亚。"显然这是受了《田中奏折》中"欲征服世界，先征服亚洲，欲征服亚洲，先征服中国"思想的影响。令马克思没有想到的是，他用来批判资产阶级"森林法则"的东西，后来却被宣扬"森林法则"的人利用了。

美国另一个学者斯皮克曼（Nicholas John Spykman，1893—1943年）则认为，麦金德高估了大陆腹地的作用。在其著作《和平地理学》（1944，The Geography of the Peace）一书中，斯皮克曼认为，在海洋强国与陆地强国的较量中，最受重视的是出于边缘地理位置的国家。他提出具有战略意义的"边缘地带"（从波罗的海到中亚和东南亚，通过西欧、地中海和近东，将苏联和世界岛联结起来的一条弧形地带）在海上势力和陆上势力冲突中起着缓冲作用。在他看来，欧亚大陆的边缘地带较之所谓的心脏地区更为重要，因为在战略空军和其他最新武器迅速发展的情况下，大陆腹地遭受攻击的可能性大大提高了。大陆腹地没有达到世界最先进地区的经济发展水平，不论是一战还是二战中，决定性的战斗都是在边缘地带进行

---

① 唐永胜、徐欧："超越传统的地缘战略"，楚树龙、耿秦：《世界、美国和中国——新世纪国际关系和国际战略理论探索》，清华大学出版社2003年版，第114页。
② 《马克思恩格斯全集（第12卷）》，人民出版社1998年版，第458页。

的。最后,斯皮克曼得出结论:统治世界并不取决于控制东欧,而"世界命运掌握在控制边缘地带的人手里",① 只要掌握了欧亚大陆的边缘地带,就可以限制大陆心脏地带的陆权国家的扩张。他的名言是:"谁支配着边缘地区,谁就控制欧亚大陆;谁支配着欧亚大陆,谁就掌握世界的命运。"② 第二次世界大战后,麦金德的大陆腹地学说和斯皮克曼的"边缘地带"学说都受到美国政治家们的高度重视,并成为他们制定国家战略的指导思想,成了美国遏制苏联的理论依据。为了达到控制欧亚大陆的目的,美国政府制定了大西洋联盟政策,实施了马歇尔计划和对苏联东欧的遏制战略,并在亚洲的周边地区建立了一系列相互联结的军事条约集团,等等。

20世纪70年代末,苏美两大势力的存在对对方来说都是无法改变的事实,意识形态在国际政治理论中开始受到冷落,取而代之的是地缘政治学的复苏和文明冲突理论。推动地缘政治学复苏的关键人物有美国前国务卿基辛格(Henry Alfred Kissinger,1923年—)和布热津斯基。基辛格用地缘政治学理论解释美国在全球战略平衡和世界力量均衡中如何维护持久的国家利益,以实现美国外交政策向现实政治力量平衡转移。这就为美苏缓和、共同主宰世界提供了理论。在此基础上,美国和苏联走向了缓和。

1997年10月,布热津斯基出版其《大棋局:美国的首要地位及其地缘战略》一书。他在书中谈道,美国作为世界上唯一的超级大国,在军事上占据绝对优势,在尖端科技领域占领先地位。美国既是世界经济增长的主要推动力,"美国文化"又极具吸引力。但是,美国不仅是第一个唯一的超级大国,也是最后一个超级大国。他预计到2015年左右,美国将失去世界霸权地位。在美国丧失世界霸权地位之前,美国人要有充分的思想准备,要早做准备,建立符合美国利益的国际秩序。为此,美国必须防止新的超级大国的兴起,把任何一种威胁美国霸权地位的反美联盟扼杀在萌芽状态。

为了更好地阐述自己的理论,布热津斯基引用了"地缘战略棋手"概念,他将"有能力、有民族意志在其国境之外运用力量或影响去改变现有地缘政治状况以及影响美国利益的国家"称为"地缘战略棋手",这类国家有法国、德国、俄罗斯、中国和印度。他把"处于敏感地理位置以及它们潜在的脆弱状态对地缘战略棋手行为造成的影响"的国家称为"地缘政

---

① 马晓云:"地缘政治理论的演变及其影响",《科教文汇》2007(6)上旬刊。
② [美] N. 斯皮克曼著,刘愈之译:《和平地理学》,商务印书馆1965年版,第78页。

治支轴国家",乌克兰、阿塞拜疆、韩国、土耳其和伊朗则属于此类国家。① 他分别对这 10 个国家在欧亚大陆的地位、发展前景、政策走向以及同美国的利害关系予以分析,并提出美国的对策。在布热津斯基看来,美国的目标是确立在欧亚大陆的支配地位,他说:"对美国来说,欧亚大陆是最重要的地缘政治目标……美国能否持久、有效地保持这种地位,直接影响美国对全球事务的支配。"② 更为重要的是,"在欧亚大陆中部地缘政治关系不固定的广阔地区还存在着一个重要的不稳定因素。土耳其—伊朗支轴的潜在脆弱性极大地加剧了这种不稳定。从黑海的克里米亚半岛向东经过俄罗斯南部的新边界一直延伸到中国的新疆,向南到印度洋,向西到红海,再向北到东地中海并回到克里米亚半岛。这一地区大约有 4 亿人口,分布在约 25 个国家,几乎所有的国家都存在着多种民族和宗教,政治不稳定。其中有些国家可能正在获取核武器。""这个广阔的地区经受着爆炸性仇恨的冲击,又处于相互竞争的强大邻国的包围之中。它有可能成为一个主要战场,在这里可能爆发民族国家之间的战争,更可能爆发长期的种族和宗教暴力冲突。"③

在布热津斯基看来,"最大的潜在危险是中国与俄罗斯或许还有伊朗结成大联盟。"④ "世界上最主要的斯拉夫大国、世界上最好战的伊斯兰大国及世界上人口最多、力量最强的亚洲大国结合在一起,形成一个强有力的联盟。"⑤ "这一联盟在规模和范围方面同中—苏集团曾经构成的挑战有相似之处,尽管这次当头的可能是中国,而俄罗斯是随从……为了防止出现这种情况,美国必须同时在欧亚大陆的西部、东部和南部边缘巧妙地施展地缘战略手段。"⑥ 不过,这样的联盟是不容易搞起来的,"只有在美国十分短视地同时对中国和伊朗采取敌视政策时,把俄国与中国及伊朗结合在一起的联盟才能搞得起来"。⑦

布热津斯在谈及美国对伊朗的政策时说,鉴于伊朗对稳定该地区起着重要作用,它本身又具有脆弱性,所以,它"不仅是重要的地缘战略棋

---

① Zbigniem Brzezinski. *The Grand Chessboard*: *American Primacy and Its Geostrategic Imperatives*. New York: Basic Books. 1997: 39.
② Ibid.: 30.
③ Ibid.: 54.
④ Ibid.: 55.
⑤ Ibid.: 115.
⑥ Ibid.: 55.
⑦ Ibid.: 115.

手，而且是地缘政治的支轴国家"。① 他提出："美国同伊朗的敌对关系长期化不符合美国的利益。任何最终的和解都应建立在这样一种认识的基础之上：稳定目前伊朗面临的极具爆炸性的地区环境是双方共同的战略利益。当然，任何和解都必须是双方努力的结果，而不是一方给予另一方的恩惠。一个强大的、甚至其行为虽受宗教驱使但不盲目热衷于反西方的伊朗符合美国的利益。最终连伊朗的政治精英们也有可能承认这一现实。与此同时，为美国在欧亚大陆的长远利益着想，美国不应继续反对土耳其同伊朗建立更密切的、特别是在铺设石油管道方面的经济合作，也不应反对伊朗、阿塞拜疆和土库曼斯坦之间建立其他的联系。美国长期参与为这些项目提供资金，实际上也符合美国的利益。"② 在这里，布热津斯基让人们看到了一个多元文化和文明互动中的美国和伊朗，但在文明交往互动的价值理念还湮没在"森林法则"里的情况下，布氏的思想无异于幻想。布氏的设想只有在美国付出了巨大的代价后才可能被美国的当权者接受，转换成国家的外交政策。

1996年，美国学者塞缪尔·亨廷顿（Samuel Phillips Huntington，1927—2008年）将地缘政治理论发展到了新的层面。他在其《文明的冲突与世界秩序的重建》一书中提出了他著名的"文明冲突论"。其中重要观点是：伊斯兰世界正在出现人口爆炸，这造成了伊斯兰国家及其邻国的不稳定；以文明为基础的世界秩序正在出现，文化类同的社会彼此合作，文明之间的转换没有获得成功，各国围绕着其文明的领导国家或核心国家来划分自己的归属；西方国家的普世主义日益将其引向同其他文明的冲突，最严重的是同伊斯兰和中国的冲突；在区域层面的断层线上的战争，很大程度上是穆斯林同非穆斯林的战争，产生了"亲缘国家的集结"和更广泛的逐步升级的威胁，并因此引起核心国家努力阻止这些战争。③

面对纷繁复杂的当今世界，不论从传统的地缘政治，或是从布热津斯基的"棋手"理论，或是亨廷顿的"主角"理论，都可以看到伊朗的重要性。它也预示着在当今国际政治博弈中，作为一个新角色，伊朗闪亮登场，借核问题，伊斯兰共和国伊朗为世界所接纳。20世纪80年代，美国《国际战略杂志》主编阿莫斯·帕尔幕特（Amos Perlmutter）在谈及伊朗的

---

① Zbigniem Brzezinski. *The Grand Chessboard: American Primacy and Its Geostrategic Imperatives*. New York: Basic Books. 1997: 132.

② Ibid.: 206.

③ Samuel P. Huntington. *The Clash of Civilizations and the Remaking of World Order*. New York: Simon & Schuster, 1998: 1-2.

重要性时曾说:"伊朗,不管其统治者是国王、霍梅尼或者其继承人,过去、现在或将来都是波斯湾地区的决定力量。"① 伊朗人对其地理位置的优越性更是溢于言表。伊朗学者扎比胡拉·萨法曾说:"一个民族的命运在很大程度上受他们的地理环境制约。""在促成变革的诸因素中,一个民族所处的地理环境和地理位置有相当大的作用。对伊朗来说,这两个条件都是很优越的。伊朗具有各种地理环境和各种自然条件,地理条件不同和自然界的变化无疑是人们思想变化的基础。更加重要的是伊朗高原乃是古代东西方文明世界的唯一中介地区,古代东西方一切民族的迁徙和融合、征伐与侵略无不经由伊朗才得以实现。"② 丹麦学者卡特琳(Katrine)在其《伊朗的外交政策》一文中写道:"作为世界上的第二大石油出口国和在地缘政治的中东人口最多和人口密度最大的国家,不论从地区层面或是国际层面,伊朗都不能被简单地忽视。伊朗在中东、海湾地区、里海、中亚这一十字路口上的地缘政治位置使得该国不论在历史上或是现代,不论是地区层面或是国际层面,都扮演着关键角色。基于同样原因,伊朗也深深地依赖其外交关系。"③ 美国总统奥巴马的伊朗特使丹尼斯·罗斯(Dennis Ross,1948年—)在文章中写道:"如果历史告诉我们一切,制定一个有效的伊朗战略不是一件容易的事情,可能没有比这更重要的了。"④ 被美国《外交政策》评选为"100位全球顶级思想者"之一的《大西洋月刊》记者、全球著名战略预测公司 STXATFOR 首席地缘政治分析师罗伯特·D.卡普兰(Robert D. Kaplan,1952年—)曾说:"地理决定伊朗神权至上、政教合一的体制。""根据地理决定论,伊朗将对大中东和欧亚大陆的发展至为关键。"⑤

面对资深外交家的感叹和伊朗地缘战略地位重要性的阐述,人们发现,外部世界对伊朗的认识还远远不够,需要从更宽广的角度和视野认识

---

① William A. Dorman. *The U. S. Press and Iran*. Berkeley and Los Angeles: University of California Press, 1987: 1.

② [伊朗] 扎比胡拉·萨法,张鸿年译:《伊朗文化及其对世界的影响》,商务印书馆2011年版,第1—2页。

③ Katrine. The Foreign Policy of Iran: Ideology and pragmatism in the Islamic Republic. *DIIS Brief*, March, 2009: 2.

④ Thomas Juneau. *Insights into the Future of Iran as a Regional Power*, A conference of the Canadian Security Intelligence Service jointly sponsored by Foreign Affairs and International Trade Canada, National Defence Canada and the Privy Council Office, Carleton University, Canada, June, 2009: 6.

⑤ [美] 罗伯特·D. 卡普兰著,涵朴译:《即将到来的地缘战争》,广东人民出版社2013年版,第253、275页。

伊朗。

需要指出的是，在以"森林法则"为背景的西方地缘政治理论下，一个民族的邻国越多，其安全条件越差。如果从文明交往的角度来看，邻国越多，从不同邻国那里学习到的东西也越多，可以吸取的教训也越多，也就越有利于自身在扬长避短中的发展。一个主体民族的邻国较多是好是坏取决于该民族意识形态的核心价值观。

第二章　伊朗推行外交政策的实践选择

伊朗有句名言：没有实践的理论，如同不结果实的树木。伊朗人把核问题作为解决民族安全、提升国际地位的突破口不是偶然的，是在考查了国际关系理论和正在变化中的国际社会后做出的理智选择。1992年11月18日，伊朗总统拉夫桑贾尼在伊斯兰商会第十届年会的开幕式上发表讲话说："西方世界的技术进步和经济发展依靠的是全世界12亿穆斯林地区的丰富资源。""伊斯兰国家因为缺乏计划而没有使用这些杠杆。"[①] 他呼吁伊斯兰国家协调努力控制自己的资源。他强调，这样做并不意味着伊斯兰国家应停止与西方国家的合作，而是在新的平台上，以新的方式与西方国家进行互动。面对日益紧张的国际局势和中东乱局，伊朗是在以美国为首的西方国家的东西夹击下坐以待毙，或是主动出击，壮大实力，求得民族安全，毫无疑问，伊朗用核计划表明了对后者的选择。伊朗要以核为突破口，在文明互动的国际博弈中为自己求得一席之地。

第一节　世人观念中的"核"

伊朗人选择核作为突破口不是偶然的，是其在考察了核威慑理论、核恐怖阴影、西方对伊朗的核担忧、伊朗的科技实力，并结合前面提到的一些国际关系理论后的理性选择。

一、核威慑

1942年，德国掌握了世界上最先进的核技术。1943年底，随着德军在

---

① 美联社尼科西亚1992年11月19日电。

前线的不断败退,希特勒希望通过使用新式武器扭转败局,他下令增加对核武器研究的拨款。纳粹科学家们没有让希特勒失望,他们在短期内造出了原子弹。1944年秋,在德国北部的吕根岛,德国人试验了世界上第一颗原子弹。1945年3月3日21时20分,纳粹科学家又在奥尔德鲁夫进行了原子弹试爆,它比美国试爆第一颗原子弹早了4个月。① 由于设计上的缺陷,炸弹的威力并没有想象中的那么大。1945年8月6日和9日,美国把刚刚生产出来的原子弹"小男孩"和"胖子"分别投向了日本的广岛和长崎,这使日本成为人类历史上第一个也是唯一一个遭受核武器攻击的国家,人类社会正式进入核时代。

在苏联的赫鲁晓夫执政时期,他认为未来战争,即使从常规战争开始,也将演变成毁灭人类的核战争,从而提出了"世界文明共同毁灭论"。根据这一理论,社会主义和资本主义各国只能在恐怖的"和平共处"与热核战争所带来的"共同毁灭"之间做出选择,而理智的人们不会选择"共同毁灭",因此,"和平共处"是可能的,战争是可以避免的。② 在他看来,在核时代,战争已不再是政治的延续。

1983年3月,美国国防部高级官员、参谋长联席会议和美国驻世界各地高级指挥官共同制定了五角大楼的秘密蓝图"1985—1989财政年度国防指导方针",该文件指出,"决不要使美国由于常规作战能力不足而被迫在发动核战争或承认失败之间做出选择。因此,不能把核力量看作是代替常规力量的一种代价较低的办法。""可能运用核武器仍然是我们全盘威慑"战略的"一个关键因素"。美国在欧洲部署战略核武器和中程核武器的部分理由是生产和保持这些武器比保持一支庞大的常规部队后备力量花费少。③ 1983年5月6日,美国前国务卿基辛格在弗吉尼亚塞勒姆罗厄诺克县市政中心向6000名听众发表讲话说:美国应依赖核导弹建立威慑力量,因为它便宜。④ 在这种氛围中,1983年11月底,英国独立电视公司对422个青少年进行了一项民意调查表明,"在15—18岁的英国青少年中,77%的人认为核战争不可避免,52%的人认为核战争将在他们这一代发生。"⑤ 1983年底,美国自然资源委员会委员科克伦(Cochran)、霍尼克(Hock-

---

① 俄媒体爆料:"希特勒先于美国试爆原子弹",《环球时报》2006-5-19。
② 岳汉景:"苏联的核政策与国际核不扩散机制的演变",《西伯利亚研究》2010年(3):9—17。
③ 合众国际社华盛顿1983年3月17日英文电。
④ 合众国际社弗吉尼亚塞勒姆1983年5月4日英文电。
⑤ 法新社伦敦1983年12月2日英文电。

ney）和政策研究所研究员阿金（Akin）出版了名为《核武器资料》的新书，其中谈到美国推行加强核武器的大规模计划，每一个工作日生产8个核弹，到20世纪末将制成2.8万个新的核弹头。① 1985年1月，美国参谋长联席会议发表的《1986财政年度美国国防态势报告》中谈及美国的核威慑战略时说：美国核力量的根本目标是通过使任何进攻者遭到无法接受的结局完全消除对美国及其盟国发动直接进攻的刺激因素。为了对付苏联进行核战争的日益增长的潜力，美国要优先考虑使它的战略核力量实现现代化和研究防御弹道导弹进攻的办法。在争取达成均衡和可核查的裁军协议的同时，要实行武器现代化计划以达到在武器较少的水平上建立更为稳定的核均势的目标。

1986年7月27日，《华盛顿邮报》记者弗雷德·希亚特（Fred Hiatt, 1955年—）撰文称：美国政府已经制定了一个耗资400亿美元的综合计划，并得到国会的批准。按计划，美国将建立一个能承受一场持久核战争的指挥、控制、通讯系统，称之为C^3I。它包括米尔斯塔卫星群、以卫星为基地的核监测系统、秘密部署的18轮卡车队、快速膨胀气球、可从潜艇发射的通讯卫星，还有能对核攻击期间和核攻击后的行动（包括重新组织力量）提供支持的"地波紧急网"。② 1988年8月，美国防部第一次下令研制能钻入地下、炸毁苏联地下指挥所的核武器。③ 1989年1月4日，美国务卿舒尔茨在接受《华盛顿邮报》记者采访时说：美国最终必须解决核威慑逐渐削弱的问题。自第二次世界大战结束以来，是核威慑维持了大国之间的和平。"我们一直认为核威慑概念会永久存在下去。我个人认为，这是不大可能的。我的直觉是20年后会有某种别的东西代替它。我个人认为一定程度的核威慑仍能发挥作用。但是，我不认为我们现有的这种计划在25年之后还能存在。"④ 舒尔茨预测的时间点马上就要到了，事情没有像他想象的那样，人们反而在核问题上，尤其是伊朗和朝鲜核问题上争吵不休。以美国为首的国际社会阻碍伊朗核计划的借口是担心其发展核武器，世界上有9个国家已经或曾经有了核武器，为什么伊朗或朝鲜就那么

---

① "每日制8个核弹美国军国主义全面核化——到本世纪末制新核弹近3万个"，香港《明报》1984-1-11。

② Fred Hiatt. Building a Force for brochures about Its Sophisticated Product at Trade Shows. World War IV. *Washington Post*, July 27, 1986.

③ Warren Strobel. U. S. to Make Nuclear Bomb That Burrows. *Washington Times*, Sept. 12, 1988: 1.

④ Tang Aoboduofu. Schultz Said Bush Facing an Important Choice on the Problems in the Middle East and in Central America. *Washington Post*, Jan. 6, 1989.

引人注目？如果没有大国的核技术，正在或想研究核武器的国家将困难重重，正是大国，尤其美国是国际核威慑的幕后推手，它应承担不可推卸的责任。如，在苏联与美国达成中程导弹削减计划后，美国又积极致力于西欧短程核武器现代化。这一建议虽然遭到了联邦德国总理科尔的坚决反对，但得到了英国首相撒切尔夫人的竭力拥护。在科尔看来，短程导弹只能打到东德或西德，可能会给人带来错觉，即一场核冲突只局限于中欧，不影响美国和苏联。鉴于此，1989年4月的北约核计划小组会议拒绝了美英短程核导弹现代化的建议，在最后公报中称，"北约组织……将其重点转向射程比较远的核武器，其中既包括地面发射核力量也包括空中发射核力量，因为这种核力量具有更大的灵活性并能为威慑做出更大的贡献。"[1] 会后，美国防部长迪克·切尼在记者招待会上说："苏联人一直在寻求使欧洲消除核武器。使欧洲消除核武器一直是他们的战略目标……因为届时他们一边倒的常规优势就会发挥作用，而且将比现在更具有意义。"[2] 5月，北约首脑会议达成妥协，商定1992年前不对短程导弹现代化做出决定。

1992年11月，在共和党代表大会上，美国总统布什讲了一句漂亮的话，他说："我看到了使我们的儿童不再做核恶梦的机会，而且我做到了这一点！"[3] 在他讲这番话时，日本的"晓丸"号货船载着1.7吨重的钚正从法国驶向日本途中。世界上其他地区如南亚、西亚、东北亚的核问题正在酝酿之中。诚如乔纳森·谢尔所说："核危险也许从我们的梦中消失了，但是在现实的世界上，它仍然存在。在我们自满地认为核危险已消除想法的掩盖下，这种危险实际上仍顽强地存在着，甚至在名存实亡冷战的领域里仍存在着，并悄然扩大到新的领域。"[4]

美国南伊利诺斯大学学者库兹拉瑞奇（David Kauzlarich，1940年—）和克莱默（Ronald C Kramer）在评价美国的恐怖威慑政策时说："美国对广岛和长崎的核轰炸已经过去了半个世纪。我们仍然在与'炸弹'的真实性进行斗争，美国的一份核国家安全报告声明它在秘密起作用，把核武器当作了政策工具。自从日本核轰炸以来，美国利用核武器达到了各种政治目的。它们当中的大部分践踏了国际法，常常是极其恶劣的。使用包括核

---

[1] 新华社布鲁塞尔1989年4月20日英文电。
[2] 合众国际社布鲁塞尔1989年4月20日英文电。
[3] Jonathan Schell. Nuclear Threat not Disappearing. *New York Newsday*, Nov. 12, 1992.
[4] Ibid.

恐怖主义和国家犯罪两个方面。"① 正是这些核威慑言论、理论和政策,加深着人们心中的核印象。

二、核恐怖

除了核威慑,西方为了达到威慑目的,提升威慑效果而刻意制造的核恐怖也不容忽视。1983年10月1日,来自从生物学到气象学不同领域的美国科学家在华盛顿经过两天的研讨后,通过卫星与在莫斯科的苏联科学家又进行了85分钟的交流,随后将两国科学家两年来的研究成果公之于世。苏联科学院负责科学事务的秘书长格奥尔基·斯克里亚宾(Georgi Scriabin)在莫斯科通过卫星发表讲话说:"这里在座的最伟大的科学家们……一致认为,不应该打核战争,核战争意味着人类遭到浩劫和灭亡。"康奈尔大学的天文学家卡尔·萨根(Carl Sagan,1934—1996年)指出,两国的科学家从"多少是分头取得的研究结果"中得出一些同样的结论:核爆炸造成的烟雾、尘埃和气体所形成的云层将长时间把太阳与地球隔绝,以致北半球和南半球的气温都剧降。没有被冲击波和辐射毁掉的植物大部分也将因严寒和缺乏阳光而死亡。美国和加拿大极其重要的麦田将成为一片冻土。斯坦福大学的生物学家保罗·埃利希(Paul Ehrlich,1932年—)进一步补充说,活下来的人很难找到水,因为水将冰冻到2—3米深。其他科学家也纷纷提出了自己的看法,有的从臭氧层的破坏入手,有的从紫外线的增加说起,有的从免疫力下降着眼,得出相同的结论:核战打不得。② 同年12月8日,4名美国科学家和4名苏联科学家在美国参议院的秘密会议室举行了一场小型研讨会,预测了核战争将给人类带来的后果。卡尔·萨根说,如果超级大国把它们的核武器拿出1/3来使用,就将给气候带来一系列灾难性后果。苏联科学院气候模式研究所的弗拉基米尔·亚历山德罗夫则说,核战争过后,人类不会再有现在那样的生态环境了,"一场任何规模的核战争都将意味着人类不是消失就是退化到史前以下的水平"。保罗·埃利希指出,"核战争过后,光是黑暗就足以破坏生态基础",藏在地下深处掩体里的幸存者也"只不过苟延时日而已,因为他们即使出来也一无所有"。③

2004年,美国物理学家查尔斯·弗格森(Charles Ferguson)和学者威

---

① David Kauzlarich. Ronald C. Kramer. The nuclear terrorist state, *Peace Review*: *A Journal of Social Justice*, Vol. 7, No. 3, 1995: 333 – 337.
② 美联社华盛顿1983年11月1日英文电。
③ 合众国际社华盛顿1983年12月8日英文电。

廉·波特（William Potter）在他们的研究成果中这样描述恐怖分子使用核武器进攻美国城市后的情形："恐怖分子在美国城市引爆核武器将直接导致数以万计的人死亡，大量的财产和经济损失。在爆炸中的幸存者或受伤者将生活在对未来恐怖分子发动核战争中死去的恐惧之中。这种恐怖将销蚀人们对政府的信任，导致政府倒台。这种对中心城市的袭击将直接导致美国和世界其他地区的经济陷入衰退。"①

2006年12月11日，美国地球物理学学会秋季年会在旧金山举行，提交会议的两篇有关地区核冲突将如何影响世界气候和社会的文章格外引人注目，并引起了媒体的广泛兴趣。《洛杉矶时报》称之为"第一次对区域核战争进行综合分析"，美联社、《旧金山纪事报》、英国广播公司、《悉尼先驱晨报》等纷纷加以报道。研究者假设两个皆拥有50枚核弹的国家互相攻击，核弹的当量相当于二战期间美国投掷在日本广岛和长崎的两枚核弹，结果将造成该地区2000万人死亡。更重要的是环境问题，100枚1.5万吨当量的核弹爆炸后将把500万吨粉尘抛向大气层，然后粉尘升至同温层后可在上面停留至少10年，其直接后果就是造成全球气温下降数度。北美、欧洲与亚洲的农作物生长期因降温可能缩短1个月，非洲、东南亚的夏季与雨季也会被打乱，直接导致农业大规模歉收。作者得出这样的结论是受了1815年印度尼西亚的坦博拉火山爆发的启示。那次火山爆发，全球进入了一个"无夏"之年，连北美都出现了影响作物生长的"杀霜"，欧洲地区的粮食也大幅减产。100枚核弹带来的影响将是坦博拉火山爆发的10倍。这一结论使人想起了美国科罗拉多大学大气学专家图恩在20世纪80年代提出的著名"核冬天"理论。按照该理论，如果美苏爆发全面核战争，核爆炸带来的烟尘将会遮蔽阳光，让地球陷入严寒，出现"核冬天"，地球上90%的人会因此死去。② 正是这样的一个个核恐怖故事和传说，激起了人们心中的无限核恐惧。还有一系列围绕核灾难的恐怖影视，使核恐怖的阴影笼罩在人们的心头。

在帝国主义和霸权主义面前，谁放弃了核，不管是主动或被动的，都无不例外地要吃亏。从戈尔巴乔夫，到萨达姆，再到卡扎菲，这样，伊朗坚持自己和平利用核能的权利也就容易理解了。

---

① Joseph Cirincione. *Bomb Scare: The History and Future of Nuclear Weapons*. New York: Columbia University Press, 2007: XI.

② 尚未迟、林梦叶等："地球经不起任何核战争"，《环球时报》2006-12-17。

三、西方人对伊朗的核担忧

西方对伊朗的核担忧由来已久。早在1984年,美国学者詹姆斯·李(James Lee,1928年—)在其《最后要说的》一书中就谈道:"如果恐怖主义和(或)激进穆斯林国家获得核武器,这本书中阿亚图拉霍梅尼所说的哲学将是恐怖主义者狂热'圣战'的指导。""考虑到伊朗继续战争的态度,追求反对异教国家的'圣战',在追求战争行动中其理由完全非理性,可以有把握地假设,一旦拥有了核武器,伊朗将对其任何敌人引爆它。这种即将来临的使用将会使核平衡不复存在。"① 1987年,两伊战争还在进行之时,英国的《简氏防务周刊》就曾报道说,伊朗正在尽一切力量发展核武器。②

1991年7月28日,美国战地记者玛丽·科尔文(Marie Colvin,1956—2012年)在《星期日泰晤士报》上撰文谈道,德黑兰政权上一年把2亿美元投入到研制核弹的计划。文章引用所谓的1988年拉夫桑贾尼向革命卫队发表的讲话说:"我们应当把自己充分武装起来,用化学、细菌和放射性武器既可以发动攻势又可以进行防御。从现在起,他们就应利用机会执行这一任务。"③ 在两伊战争中,恰恰是以美国为首的西方支持的萨达姆使用了化学武器,造成大量人员伤亡。10月30日,杰弗里·史密斯(Geoffrey Smith,1943年—)在《华盛顿邮报》上撰文称,美国的一位官员说:"伊朗正在努力做的事情涉及最尖端的核技术;如果不把武器放在脑子里,他们就不会对此感兴趣。"④ 1992年1月26日,萨法·黑尔勒(Safari Herle)在《星期日泰晤士报》上撰文称:"现在已经出现了伊朗发动招募苏联科学家的咄咄逼人的运动的具体证据。伊朗'物色人才的人'出价20万英镑签约雇用苏联的一些核技术人才,以便帮助制造原子弹。"文章还列举了几个苏联核专家的名字,如莫斯科库尔恰托夫原子能研究所的高级研究员弗拉基米尔·库博夫、纳戈尔诺—卡拉巴赫地区的核物理学家菲利浦·古尔哈尼扬、哈萨克斯坦原子能研究所研究员阿尔森·哈米迪亚德和土库曼斯坦原子能专家艾迈迪亚德。文章还谈道:"西方政府对伊

---

① James Lee. *The Final Word*: *An American Refutes the Sayings of Ayatollah Khomeini*. New York: Philosophical Library, Inc. , 1984: Ⅷ.
② "海湾的危险",《经济周刊》1987-7-31。
③ Mary Colvin. Iran's Secret Program to Build a Nuclear Bomb. *Sunday Times*, July 28, 1991.
④ Jeffrey Smith. Officials Say Iran Is Seeking Nuclear Weapons Capability. *The Washington Post*, Oct. 30, 1991: A1, A20.

朗扩大研制核武器的计划感到恐慌。对毛拉们一旦拥有这种破坏性武器的恐惧促使布什政府上周宣布一项主动雇用苏联所有 2000 名核科学家的建议。"① 1992 年 1 月 31 日，英国《情报文摘》刊文，借以色列退役将军马蒂亚胡·佩莱德（Matiyahu Peled）的话说："巴基斯坦已接近拥有核武器，而伊朗则能够在 1993 年底之前获得这种武器。根据 1991 年的一笔交易，伊朗从苏联购得两个大型核反应堆。这项协议现由俄罗斯履行。此外，印度继续向伊朗出售类似于巴西卖给阿尔及利亚的反应堆那样的几个小型反应堆。"②

1992 年 1 月 15 日，美国中央情报局局长罗伯特·盖茨在国会发表讲话说："伊朗已经开始全面发展其军事和国防工业。这一努力包括制造大规模毁灭性武器的计划，这不仅是为对付伊拉克的特制武器再次构成的威胁做准备，也可以巩固伊朗在海湾以及西南亚的突出地位。"他还说，"伊朗继续在西方市场上购买核技术和导弹技术，并试图将那些早些时候逃离伊朗的技术专家吸引回国。"他"同意德国情报局负责人的声明，即如果允许伊朗继续巩固军事工业的话，10 年内它就有可能具备制造核武器的能力。"③ 1992 年 2 月 2 日，戴维·霍夫曼（David Huffman）在《华盛顿邮报》上撰文称："伊朗决心要重建它那饱受战争创伤的经济和军事力量，它在非洲至中亚地区开展的咄咄逼人的外交活动是对西方新的潜在挑战。"④ 1992 年 2 月初，在突尼斯出版的《安瓦尔周刊》刊登了一则消息称，已控制了在库尔恰托夫市核武器生产部门的哈萨克政府领导人同伊朗领导人达成协议，现有 50 名苏联原子能专家在伊朗工作，他们负责装配核弹头。"伊朗开始装配了 3 个核弹头，其零件是从哈萨克进口的。" 2 月 11 日，俄罗斯《消息报》发表了谢姆巴耶夫的文章予以回应，其中谈道："我们可以正式做出保证，哈萨克政府没有签订任何这类协定，也不打算签订这类协定。"他称《安瓦尔周刊》的报道是"挑衅性的"，没有一点根据，其用意是进一步扰乱原联盟各国之间的关系。同一天，俄罗斯原子能和工业部长助理梅德韦杰夫在莫斯科举行的记者招待会上说，没有发生任何掌握原子能技术的苏联学者出国的事，其中包括去中东国家。2 月初，德国《明镜》周刊也报道说，哈萨克斯坦已将两件核武器出售给了伊朗。

---

① Safari Herle. Iran Attracts Senior Scientists of the Former Soviet Union. *Sunday Times*, Jan. 26, 1992.
② Weapons Poured into the Middle East. *Intelligence Digest*, Jan. 31, 1992.
③ 美联社华盛顿 1992 年 1 月 16 日英文电。
④ David Hoffman. Iran's Drive to Rebuild Seen Posing New Challenges to West. *The Washington Post*, Feb. 2, 1992：A1.

1992年10月18日,约西·梅尔曼(Yossi Mailman)在《华盛顿邮报》上撰文称:"以色列军事情报机构负责人尤里·萨吉估计,伊朗在20世纪90年代末便可具有核生产能力。英法两国情报官员预言,伊朗甚至可能更早一点加入核俱乐部。伊朗全国抵抗委员会顾问穆罕默德·穆哈德辛在访问华盛顿期间说,伊朗在3—5年内便会有核装置。""一旦伊朗能制造核武器,那么它们是针对谁呢?""它对以色列构成了威胁,伊朗副总统穆哈杰拉尼一年前在接受《信徒日报》记者采访时已做了这方面的暗示。他说,由于核武器具有'优势',每一个伊斯兰国家都应设法拥有这种武器。'换句话说,以色列与伊斯兰国家的核作战应当均等。如果允许以色列拥有核作战能力,那么也应当允许伊斯兰国家有同样的权利。'"[①] 1991年11月初,对国际媒体有关以色列拥有核武器的报道,伊朗副总统穆哈杰拉尼称:"如果犹太复国主义政权有权拥有核武器,那么,所有穆斯林国家也都拥有同样权利。"[②] 1992年2月7日,伊朗精神领袖哈梅内伊在对伊斯兰革命卫队发表讲话时说:"美国炫耀武力对世界构成的威胁比核扩散带来的威胁更大,限制美国在世界上炫耀武力,核威胁将自动受到制约。"[③] 1992年10月,以色列总统西蒙·佩雷斯(Shimon Peres)称伊朗是"中东最大的威胁和最大的问题"。[④]

2001年年初,尼克松研究中心专家们提交了有关伊朗核研究的系统报告,这是西方较早公开的报告。这份由杰弗里·肯普(Geoffrey Kemp)主编,沙拉姆·夏宾(Shahram Chubin,伊朗裔瑞士籍)、法里德·法尔黑(Farideh Farhi,伊朗裔美国学者)、理查德·斯贝尔(Richard Speier)共同参与撰写的报告被命名为《伊朗的核武器选择:问题与分析》。尼克松研究中心的地区战略计划主任杰弗里·肯普撰写的第一章开篇就说:"在美国的政府和学者圈中,已经达成了广泛共识,伊朗伊斯兰共和国正在公开或秘密地支持一些计划,这些计划将使其在不太远的将来掌握发展或配置核武器的能力。"接下来,他将想象中的伊朗核计划分为四个方面:正在建设或计划中的民用研究和动力反应堆;秘密致力于发展铀浓缩和可能的钚分离;伊朗代理商试图从欧洲或苏联加盟共和国非法购买可用于制造核武器的裂变材料或"双重用途"的材料;伊朗的地对地导弹计划,可能

---

① Yossi Mailman. Iran's Deadly Secret: Rafsanjani Regime Moves Closer to Nuclear Weapons. *The Washington Post*, Oct. 18, 1992.
② 法新社德黑兰1991年11月2日英文电。
③ 路透社尼科西亚1992年2月7日英文电。
④ Trita Parsi. Who lost Iran?. *The Jerusalem Post*, July 27, 2005.

正在研制可携带大规模杀伤性武器的导弹。报告提出,"鉴于此,如何阻止伊朗的核武器计划对美国来说必须是重中之重。这一目标能否达到,如果达到了,能否通过调解或冲突政策或两者兼而有之的政策达到最佳状态是美国对伊朗政策讨论的重要因素。"[①]

在美国学者查尔斯·米德(Charles Meade)等人看来,"9·11"事件导致近3000人死亡,给纽约、五角大楼和世界经济带来了数百亿美元的损失,但这些损失与"核9·11"相比是微不足道的。即使一个粗糙的小核武器在纽约或华盛顿特区爆炸,将至少造成50万人死亡,损失更是超过万亿美元。根据包括哈佛大学肯尼迪政治学院前院长格雷厄姆·阿里森(Graham Allison, 1940年—)和乔治顿大学对外事务学院院长、曾任克林顿政府负责政治军事事务助理国务卿罗伯特·高鲁西(Robert Gallucci, 1946年—)在内的核不扩散专家看来,未来10年,美国遭受"核9·11"袭击的可能性超过了不可能性。这种毁灭性的"核9·11"对特拉维夫的进攻可能性更大。这种炸弹最有可能来自哪里?答案是:伊朗。[②]

2006年10月,美国哈佛大学奥林战略研究所(John M. Olin Institute for Strategic Studies)所长斯蒂芬·彼得·罗森(Stephen Peter Rosen)在美国《外交》杂志上撰文指出:"假设在今后10年内,伊朗设法获得了几枚粗制核武器;核武器可以在中东地区投射,还可以通过秘密手段投射到美国和欧洲。假设还有一种情况:出于担心或不甘落后,沙特阿拉伯和土耳其也自行研制出了核武器。在这个新世界,战略互动将如何进行?""此外,围绕伊朗可能获得核武器问题,人们最大的担心之一是,伊朗政府会把核武器送给一个恐怖组织,从而大大增加使用核武器的可能性。如果伊斯兰核国家的数量增加,核武器秘密转让给极端伊斯兰恐怖分子的可能性也会增加,仅以下原因就可以说明这一点:确定转让核武器的国家以便惩罚这个国家会变得更加困难,这就会让威慑战略失去效用。""然而,使用核武器最可信的情况是:一个核国家发现,自己正在输掉一场非核战争。这样一个国家面临的是或者接受即将来临的失败,或者大胆假定战事升级可以迅速结束战斗,而且不会遭到失败。可以相信,如果伊朗和伊拉克之

---

① Geoffrey Kemp, *Iran's Nuclear Weapons Options: No. s and Analysis*, Washington, DC: The Nixon Center, 2001: 1.

② Orde F. Kittrie. Before the United States Senate Committee on Finance Regarding: S. 970, the Iran Counter-Proliferation Act of 2007, April 8, 2008: 1-2.

间发生冲突，这种可怕的事情就有可能出现。"① 这些就是国际社会在制造出了核威慑、核恐怖之后，对伊朗等伊斯兰国家的核担忧。

四、伊朗的科技实力

自伊斯兰共和国成立以来，伊朗的科技实力取得了长足发展。

在太空领域，2005 年 10 月，俄罗斯将一颗为伊朗制造的卫星送入太空轨道。2007 年 2 月，伊朗发射了第一枚运载研究材料的火箭。2009 年 2 月 3 日，伊朗通过"使者 2"号火箭将首颗自制的"希望"号科研卫星成功送入太空轨道。据伊朗航天组织官员介绍说，该卫星每 24 小时环绕地球 15 圈；携带遥感、遥测、数据处理、卫星控制和远程通信等系统，主要用于收集数据和测试设备。卫星将在绕轨道运行 1—3 个月后返回地面，所得数据将服务于伊朗未来发射长期运行的卫星。艾哈迈迪—内贾德总统随后发表讲话说，伊朗发射了第一颗自制卫星，希望这将是迈向正义与和平的一步。2008 年 8 月 17 日，伊朗伊斯兰共和国通讯社援引军方发表的一份声明说，伊朗当天成功发射"使者"号火箭，并将一颗名为"希望"的自制人造卫星送上了太空。此次发射的目的是对卫星运载过程、远程发射系统、地面控制中心、地面信息站和指挥系统等进行全面测试。这是伊朗成功发射的首颗自行研制的人造卫星。8 月 20 日，伊朗空间组织负责人塔基普尔说，伊朗首名宇航员进入太空的具体时间将在一年之内确定。他还说，伊朗与俄罗斯、意大利等国家在和平利用太空方面有着持续的合作关系，并将继续与这些国家合作。2009 年 2 月 12 日，伊朗新闻电视台报道说，伊朗已经启动了为期 12 年的载人航天计划，预计将在 2020 年前把伊朗首名宇航员送入太空。2013 年 1 月 28 日，伊朗国防部长瓦希迪宣布，伊朗成功利用国产"开拓者"运载火箭将一只活猴送上太空。在航天领域，伊朗赶上了俄罗斯、美国、中国、日本和欧盟等国和地区组织，成为八强之一。

在军事领域，2004 年 5 月 31 日，伊朗国防部宣布，伊朗已经研制出本国历史上首枚反舰导弹。这种名叫"科萨尔"的反舰导弹属于防御性巡航导弹，由伊朗航空工业集团研制。伊朗国防部还说，这种导弹是针对波斯湾和阿曼海的地理特点设计的。"科萨尔"反舰导弹以其设计导航模式分为两种型号：一种是图像导航，它可以躲避雷达的探测；另一种是雷达

---

① Stephen Peter Rosen. After Proliferation: What to Do If More States Go Nuclear. *Foreign Affairs*, Vol. 85, No. 5, Sept./Oct., 2006.

导航，但国防部未透露导弹的射程。第二天，伊朗国防部发言人伊马尼宣布，伊朗正在制造首枚能够躲过电子仪器侦测的隐形导弹，这种以"天河"命名的导弹能够打击船只和飞机。他说，伊朗首都德黑兰正在举办关于制导和定位系统等隐形导弹技术的展示会，但展示会只对部分政府官员开放。8月11日，伊朗成功试射一枚"流星3"改进型中程常规导弹，射程达1300公里。军事专家说，这种导弹有能力对以色列和美国在海湾地区的军事基地予以打击。2006年9月6日，伊朗国防部长纳贾尔宣布，伊朗已成功研发出一种名为"使者"、重2000磅（约合900公斤）的制导炸弹。为庆祝伊斯兰革命的胜利，2012年2月6日，伊朗国防部长艾哈迈德·瓦希迪称，伊朗已建成9条生产线，包括先进激光制导炮弹、反装甲导弹、激光防御系统预警装置、3种先进雷达和1种微波灯。有包括热敏相机、激光系统、防空系统、潜艇电子通信系统等8种产品已交付伊朗武装部队使用，4个有关电子战的研究项目已经完成，将于近期投产。这些成果将大幅提高伊朗的国防能力。伊朗捕获西方的无人机技术尤为明显，截止到2013年，共捕获了包括RQ-170、扫描鹰、赫尔姆斯450、RQ-11等在内的多架无人机，这对提高伊朗无人机水平起了至关重要的作用。

在其他领域，伊朗也取得了举世瞩目的科研成就，如：2006年5月14日，伊朗自主研发的第一辆太阳能动力车开始路面运行测试；2006年8月，伊朗科学家用英国科学家培育世界首只克隆羊"多利"所用的技术培育出该国首只克隆羊，不过，小羊刚一出生就因呼吸问题而夭折；9月30日，伊朗科学家培育出该国首只活的克隆羊等。这些科技实力反映的是一个国家的综合实力，当一个国家综合实力达到一定程度，它对国际地位的诉求是自然而然的。

五、伊朗真实的核意图

1994年10月7日，黎巴嫩《事件》周刊载文《伊朗正在成为中东地区拥有最大核力量国家》。文章谈道，第二次海湾战争结束后，伊朗摘取了它未曾料到的果实，从而使它成为海湾战争的最大赢家。1991年底，苏联解体和苏联一些共和国的独立又为伊朗在国际和地区舞台上展示实力提供了契机。华盛顿的报告说，伊朗可能在5年之后试爆第一枚原子弹。伊朗伊斯兰革命前，美国把伊朗国王作为本地区的支柱而未能满足其核计划需求，因为美国希望以色列成为本地区独一无二的核武器拥有者。美国这种立场迄今为止没有改变。每一个了解核扩散历史的人都知道，所有拥有核武器的国家都是在与明确的敌人发生实际冲突的情况下决定发展这种武器的。这种战略是否正确,是历史学家们需探讨的问题。但重要的一点是,如果不存在实际的或主观想象的战略需要,没有一个国家把大量资源投入到核弹及其运载系统的建造中。那么伊朗的战略需要是什么?《德国金融时报》日前发表的一篇题为《伊朗的战略需要》的文章对其进行了解读:在巴列维国王统治时期,伊朗总是担心有一天美国会中止对其保护。在美国看来,当时的伊朗正受着苏联的威胁,伊朗人也深受此观念的影响。自苏联解体后,这种威胁不复存在。伊朗在20世纪90年代初决定发展核武器。需要用核弹对付的敌人是美国。20世纪80年代中期,霍梅尼主义小组曾在世界上30多个伊斯兰国家积极活动,并与伊拉克进行了一场生存或毁灭的战争。德黑兰领导人这时看到,有一个国家不允许他们出口革命和主宰中东,这就是美国。现在,在阿富汗的塔利班和伊拉克的复兴党政权垮台后,中东原来的力量均势被打破了。那里需要建立新的平衡。美国总统布什打算建立一个"民主"和亲西方的新中东。如果建立这样的中东,就不会有像德黑兰这样政权的立足之地。因此,伊朗决心破坏布什的计划,并相反地建立一个反美的、伊斯兰主义的和伊朗有一定影响力的中东。

  文章进一步谈道,从理论上讲,美国与伊朗两种战略诉求之间的冲突是不可避免的。美国想通过战争使伊朗屈服的唯一可能性在于使用战术核武器。因此伊朗必须通过发展核威慑力量使自己具备反击美国核优势的能力。伊朗既害怕自身不具备进行长期地面战争的能力,又怕遭到核报复而不能使用核武器的美国,会像它通常所做的那样一走了之,这样如果有了核武器,伊朗就能成为地区的超级大国。因此,把伊朗的核努力仅仅视作"发疯的毛拉们"的狂妄野心是错误的。中东正在经历自1918年奥斯曼帝国崩溃以来最重要的阶段。摆在美国人面前有3种选择:第一种选择是接受伊朗伊斯兰共和国在中东发挥重要作用,并把中东作为一个"伊斯兰超级大国"谋求全球影响的基地这样的现实;第二种选择是力争把更迭伊朗现政权作为战略目标;第三种选择就是实现中东的伊朗与美国共管。

  伊朗要把自己的国际关系新理论落到实处,就需要选择突破口。核问题无疑是最有力的抓手。借助核,伊朗既可以使西方,尤其是美国的"核威慑理论"保留下来,又可以在新的形势下对这一理论进行修订。伊朗强调和平利用核能,这既可以提高自己的科技水平,也可以加强自身安全。更为重要的是可以达到伊朗的战略目的,结束后冷战时代的单边主义和强权政治,借此建立一个多边合作的国际新机制。面对世界格局转换,在伊朗领导人看来,是伊朗人出手的时候了。正是在这一考虑下,在哈塔米时代,伊朗主动承认自己的铀浓缩成果以及让外国记者参观伊朗的地下核设施，都带有这样的目的。其目的旨在引起世人关注，从而可以在世界大国的参与下为伊朗谋求一个和平发展的环境。所以，伊朗核问题从伊朗人的角度来看，是伊朗人实现大国梦想的工具。

在伊朗核问题的发展过程中，伊朗对借核问题取得的成果不时表露出满意的心情。2006年4月，在伊朗北部赞詹省的一个集会上，内贾德强调说："现在有许多国家在生产核燃料，利用核能，但没有引起任何敏感，也没有对国际平衡产生任何影响。但伊朗人民发展和平性质的核能却有重要影响，打破了国际平衡。伊朗有潜力迅速成为国际性的超级大国。"[①]

第二节 跌宕起伏的伊朗核问题

早在20世纪50年代，伊朗就开始了其核计划，但它一直没有作为一个问题存在。伊朗核问题始自新世纪之初，它的高潮更是近几年的事情。对伊朗来说，它借核问题，用了几年的时间，走完了一个大国崛起用了多年时间才走过的路程。

一、伊朗的核历程

伊朗核计划大致分为以下三个阶段：

（一）起步阶段

早在20世纪50年代，面对苏联的威胁，巴列维国王积极寻求核威慑。伊朗与苏联有漫长的边界，伊朗一直担心苏联入侵。美国为了加强抵御苏联南下的桥头堡，积极支持巴列维国王为建立地区霸权主义而设想的核计划。1957年，伊朗与美国签署和平利用核能协议，标志伊朗核计划正式实施。根据该协议，美国于1967年为德黑兰大学提供了一个5兆瓦的反应堆，建在位于德黑兰的阿米拉巴德（Amirabad）核研究中心（现在的阿米拉巴德技术学院），用于核研究。1970年，伊朗在《核不扩散条约》上签字。20世纪六七十年代，发达国家的学者和政客认为石油资源将在下个世纪最初几十年消耗完毕，开始考虑其他能源，如煤、天然气、原子能等，并制定各自的能源政策。1973年，在石油价格翻了数倍以后，巴列维国王

---

① 余火等："美对伊朗失去耐心：要日放弃油田 对俄中发出警告"，《环球时报》2006-5-2（2）。

决定生产替代的原子能。在他看来，石油作为能源使用过于昂贵，最有利的做法是把石油作为石油化工或赚取外汇的原材料。石油的价格将逐渐上涨，原子能的代价将是稳定的，是未来的经济能源。除原子能外，伊朗的能源保障还应多元化，以应对石油资源的枯竭。按当时的估算，伊朗的石油贮藏只能再坚持30年。[①] 在伊朗核问题的发展过程中，这一观点又被重提。同时，我们也要看到，作为重要石油输出国，伊朗的石油并不是取之不尽、用之不竭的。2007年年初，霍普金斯大学地理和环境工程学专家罗杰·斯特恩（Roger Stern，1950年—）在《美国国家科学院学报》上撰文称，伊朗的石油出口每年创收约500亿美元，据估计，这项收入将以每年10%至12%的速度减少。在不到5年的时间里出口可能减半，然后在2015年时消失。石油出口不断减少、缺少对开发新油田的外国投资和糟糕的政府规划可能破坏伊朗的稳定。伊朗日产石油约370万桶，比欧佩克为伊朗设定的限额少30万桶左右，这个差额意味着伊朗每年损失约55亿美元。在2004年，伊朗出口石油所获利润占政府收入的65%。他认为，"这个差额以及炼油厂未能解决的漏油现象合计起来导致每年约100亿—110亿美元的损失。"[②]

1974年，伊朗原子能组织建立，西德帮助伊朗在布什尔建造的两个1300兆瓦轻水反应堆破土动工，总价值达35亿美元。从1975年起，阿米拉巴德核研究中心开始进行使用激光技术浓缩铀的研究。20世纪70年代中期，伊朗在伊斯法罕成立核技术研究中心。在20世纪70年代的最后5年，伊朗一直试图从美国获得激光分离技术，并于1978年10月得到了4个激光分离设备。[③] 按巴列维国王的设想，到20世纪末，伊朗要在全国建造23座反应堆并投入运行。1979年1月，巴列维国王出走之前，伊朗已与其他国家签署了建立6个核电站的相关协议，美国已向伊朗出售了8个反应堆，法国也向其出售了5个，西德帮助伊朗建设的两个布什尔核反应堆，一个完成了75%，一个完成了50%。在两伊战争中，西德帮建的布什尔核电站毁于伊拉克的袭击。[④]

[①] Z. Heyat. Iran: A Comprehensive Study of Social – Economic Condition. 1983: 86.

[②] Roger Stern. The Iranian Petroleum Crisis and United States National Security. *PNAS*（*Proceedings of the National Academy of Sciences of the United States of America*），Vol. 104，No. 1，Jan. 2，2007：377-382.

[③] 杨光：《中东非洲发展报告 NO. 11（2007—2008）》，社会科学文献出版社2009年版，第2页。

[④] 吴成：《伊朗的核步伐》，《世界知识》2006（5）：24—26。

(二) 恢复阶段

有人认为，伊朗核材料和技术要从国外进口，又地震频繁，可能使国家蒙受核辐射的危险，不宜发展核能。巴列维国王在伊朗发展20多个核反应堆的庞大计划不符合伊朗的利益。[1] 鉴于此，随着1979年伊朗伊斯兰革命的成功，以美国为首的西方国家相继与伊朗断交，伊朗与西方国家的核合作中止，伊朗新政权放弃了巴列维国王的所有核计划。

由于伊朗新政权面临来自苏美两个超级大国的威胁，加之两伊战争，以及与伊拉克、以色列激烈的军备竞赛，为了巩固伊朗新政权，伊朗政府决定恢复一度中断的核计划。1983年夏，伊朗新政权就能否完成两个反应堆中的一个征求西德人的意见。由于美国施压，西德不再与伊朗进行核合作。1984年，伊朗政府开始与阿根廷接触，寻找为德黑兰大学研究性核反应堆以及布什尔核电站提供浓缩铀的出路，伊朗核计划重新启动。1987年，伊朗与巴基斯坦签署核合作协议，后者开始为伊朗培养核专业人才。1987年，伊朗宣布在亚兹迪省（Yazd）的沙冈德（Shagand）地区建立一个铀工厂。9月，伊朗就激光分离技术举办了一次学术会议。1989年，伊朗开始在阿根廷的帮助下开采铀矿，并与其签署了建设处理铀矿石设施的协议，但在美国的干预下，阿根廷政府于1992年1月宣布中止该协议。此后，伊朗与巴西进行核技术谈判，伊朗准备重启4个核设施的建设，还是由于美国施压，谈判不果而终。同时，法国也推迟了与伊朗在核合作上的谈判。鉴于此，伊朗原子能委员会主席礼萨·阿罗姆拉希在维也纳国际原子能机构总部举行的记者招待会上说："我们将寻找有能力并具有所需条件的人，而最好的人选将是已做这一部分工作的人。"[2] 他说，印度已表示向伊朗出售自己生产的反应堆，但尚未做出最后决定。后在美国的压力下，印度也放弃了与伊朗进行核合作的尝试。[3]

(三) 全面实施

进入20世纪90年代，伊朗在核电站建设、铀矿开采和核燃料循环技术开发等方面取得一些成就。1990年2月7日，伊朗新建的贾比尔·伊本·海延实验室（Jabir Ibn al Hayyan）举行了揭幕仪式，该实验室主要为伊朗培养核专业人才。据说，当时伊朗至少有200名科学家和大约2000名工人从事核研究。1991年，伊朗开始与俄罗斯商谈恢复修建布什尔核电站

---

[1] Z. Heyat. *Iran: A Comprehensive Study of Social - Economic Condition.* Bethesda: Ibex Publishers, 1983: 352–353.
[2] 路透社维也纳1992年2月26日英文电。
[3] 吴成："伊朗的核步伐"，《世界知识》2006 (5): 24—26。

问题。1992年,双方签署了《和平利用核能协议》。随后,两国又签署了核电站以及提供核燃料等协议。

1994年10月7日,黎巴嫩《事件》周刊登载了一篇题为《伊朗正在成为中东地区拥有最大核力量国家》的文章。其中谈道:1994年7月,美国驻巴黎大使得到一份秘密报告,从1993年夏以来,伊朗为增强其军事能力,正在付出比以往任何时候都大的努力,以便落实一个在海湾地区发挥更大战略作用的计划。伊朗的这项计划是长远的,它打算使常规武器现代化,并发展包括核武器在内的全面毁灭性武器。根据特拉维夫情报机构向联合国提供的一份报告说,伊朗除在加兹温地区拥有核反应堆外,还在其他地区有秘密核反应堆。华盛顿的报道则称,伊朗可能在5年之后进行第一颗原子弹试爆。1995年1月8日,伊朗与俄罗斯签署协议,俄罗斯承诺向伊朗提供一座VVER–1000核反应堆,以便恢复原来由德国承建的布什尔核反应堆的建设,合同金额价值8.5亿美元。

2001年小布什入主白宫,其一上台就将伊朗、伊拉克和朝鲜定为"邪恶轴心"国家,美国对伊朗的强硬政策,加大了伊朗的核计划发展力度。在伊朗的要求下,2002年7月,俄罗斯决定帮助其再建5座核反应堆。这样,伊朗的核技术得以发展。伊拉克战争使伊朗进一步感到拥有核威慑的必要性和紧迫性。①

二、作为战略工具的伊朗核问题

伊朗核问题不是外部强加给它的,而是伊朗看到大国间的矛盾和国际格局转型,跻身政治大国的策略,伊朗还要借核问题把美国拉上谈判桌,实现关系正常化。② 之所以这样说,是由如下事实得出的。早在1974年,伊朗常驻联合国代表就致信联合国秘书长,要求将"中东无核区"的议案列入第29届联大议程。此后,伊朗代表又与埃及代表联合提出"在中东地区建立无核区"的决议草案,并被联大通过。

1991年6月中旬,伊朗"人民圣战者"组织(monafeghin)领导人穆罕默德·穆哈德辛在美国接受记者采访时说,自1990年3月以来,伊朗政府已拨款两亿美元用于核武器计划,该计划得到了巴基斯坦、阿根廷等国的帮助。1991年9月,该组织发言人贾法尔扎德在记者招待会上又说:伊

---

① 吴成:"伊朗的核步伐",《世界知识》2006 (5):24—26。
② 吴成:《走进共和——伊朗伊斯兰共和国的第一个十年》,线装书局2008年版,第321页。

朗研制核武器的预算已增加到8亿美元，德黑兰政府"日益接近获得一颗核弹"。美国中央情报局局长罗伯特·盖茨也说，伊朗正在设法研制核武器。随着苏联解体，人们对其核武器失控的担忧，一些传闻也不胫而走。1992年上半年，西方大量报道，哈萨克斯坦数件核武器去向不明，有可能已运到德黑兰。

面对沸沸扬扬的传闻，国际原子能机构只得对伊朗进行"核查"。在对伊斯法罕、戈尔甘东北部、达尔霍温、卡拉季、莫阿莱姆凯拉韦和亚兹德6个地点进行核查后，1992年3月，该机构总干事汉斯·布利克斯宣称："没有发现任何证据表明伊朗正在发展可以生产核武器的原子能力。"尽管如此，1992年11月30日，美国记者伊莱恩·肖利诺（Elaine Sciolino）还是在《纽约时报》上撰文，预言伊朗可能在2000年之前研制出核武器。[①]以色列军事情报机构负责人尤里·萨吉则预言伊朗在"90年代便可能具有核生产能力"。英、法两国情报官员也预言，伊朗甚至可能更早一些加入核俱乐部。正是在这背景下，伊朗"全国抵抗委员会"顾问穆罕默德·穆哈德辛推波助澜，提出伊朗再有3—5年便会有核装置。针对西方媒体有关伊朗核发展的报道，1993年2月，时任总统的拉夫桑贾尼说：伊朗没有核武器，也不想获得这种武器；伊朗只对民用核技术感兴趣。[②]

进入新世纪后，看到国际社会，尤其是美国关注伊朗核问题，伊朗人感觉时机成熟，决定实施自己的"核战略"。2001年12月14日，时任伊朗总统的拉夫桑贾尼在国家利益委员会发表讲话说："如果有一天穆斯林世界也像现在的以色列那样用核武器武装起来，帝国主义的战略将走进死胡同，因为即使使用一颗原子弹将摧毁以色列的一切，而对伊斯兰世界带来的危害则是有限的。"[③]

2002年8月15日，伊朗流亡美国的反对派组织"全国抵抗委员会"向《纽约时报》披露，伊朗在中部伊斯法罕省的纳坦兹（Natanz）和阿拉克（Arak）正在建造两个秘密核设施。9月，美国侦察卫星拍摄到一组照片，显示伊朗中部地区纳坦兹和阿拉克郊区有两处可疑建筑物。经科学和国际安全研究所专家分析，认为纳坦兹附近建筑物是一个浓缩铀加工厂，

---

① Elaine Sciolino. C. I. A. Says Iran Makes Progress On Atom Arms. *New York Times*, Nov. 30, 1992.

② 穆纳·纳伊姆："拉夫桑贾尼总统认为在内外政策上伊朗都无需作出让步"，[法]《世界报》，1993-2-2。

③ Rafsanjani. An Atomic Bomb on Israel Won't Leave Anything! http://www.spectrum.ieee.org/print/3947.

阿拉克附近建筑物为重水反应堆设施，这进一步证实了伊朗"全国抵抗委员会"所披露消息的可靠性。美国于 2002 年 12 月对外公布了有关照片。

针对美国人在 2002 年 9 月的发现，美国国务院发言人菲利普·克里指出伊朗需要立即签署并执行《核不扩散条约》的附加议定书，以使国际原子能机构对其核设施进行突击检查，同时解决有关伊朗秘密核计划其他悬而未决问题。克里称伊朗核计划对地区稳定和全球防扩散机制"构成了严重挑战"。9 月 9 日，在国际原子能机构会议上，美国驻国际原子能机构代表布里尔指责伊朗违反《核不扩散条约》，并声称准备给伊朗"最后一次机会"证明其没有秘密发展核武器。

在美国对伊朗实行强硬政策的同时，以色列计划对伊朗核设施轰炸的传闻接连不断。2003 年 8 月下旬，《华盛顿时报》披露，以色列已经秘密制定了一项轰炸伊朗布什尔核电厂的计划，并为空军战机绘出了轰炸飞行路线图。10 月 11 日德国的《明镜》周刊、12 日以色列的《耶路撒冷邮报》和美国的《洛杉矶时报》皆披露了以色列军方和以色列间谍机构摩萨德为偷袭伊朗核设施做各种准备的细节。对此，伊朗空军司令礼萨·帕尔迪斯对以色列发出严重警告说，伊朗的武装力量具有强大战斗力，如果以色列敢对伊朗发动军事打击，将会造成以色列领导人难以想象的严重后果。就这样，伊朗的核问题由其在外的流亡反对派挑起，伊朗的最大敌人美国极力渲染，成为伊拉克战争之后的国际热点问题之一。

面对伊朗成为美国下一个打击目标的可能，在伊拉克战争开战前夕，2003 年 2 月 9 日，伊朗总统哈塔米宣布，伊朗已成功开采出铀，并在伊斯法罕、卡尚两地建立了提炼浓缩铀的工厂。他还说，伊朗已经掌握了钚回收技术，将安装一系列核设施，以便建立完整的核燃料循环体系，为核发电计划服务。美国迅速做出反应，第二天，美国务院发言人鲍彻说，伊朗建立完整核燃料循环体系的计划表明，伊朗企图为发展核武器建立必要的基础设施。对此，美国人惊呼，德黑兰在制造核武器方面已经取得突飞猛进的进展，现在已经处于核弹开发的最后阶段。一些美国官员甚至大肆宣传，伊朗要在 2006 年进行核试验。伊朗真的会进行核试验吗？伊朗发展核武器是神话还是现实？从伊朗核计划的发展进程可以看出，伊朗发展核计划旨在获得核威慑力量。这种核威慑，既可能是口头上的"神话"，也可能根据需要变成现实。伊朗的计划既取决于国际社会，更取决于伊朗的社会需要。如果伊朗面对一个要消灭自己的敌人，即使伊朗这一代人不谋求核武器，它的下一代人也要发展核武器，以维护伊朗的主权与领土完整、民族尊严。

三、伊朗核问题的三个阶段

（一）解决伊朗核问题的国际原子能机构与欧盟"双轮驱动"阶段

在伊朗反对派向国际社会披露伊朗两处重要核设施和美国公布有关伊朗核设施的卫星照片后，美国指责伊朗企图发展核武器。伊朗则回应说，它只想拥有核技术，不想扩散核武器。伊朗表示，将邀请国际原子能机构总干事巴拉迪（Mohamed Elbradei，1942年—）对其进行访问，并对美国政府指责的两个所谓"可疑核设施"进行核查。2003年3月21日，巴拉迪率领两名专家对伊朗纳坦兹铀浓缩设施和阿拉克重水生产厂两处未申报核设施进行检查，并得出了伊朗核设施是"和平利用核能"的结论。4月24日，在国际原子能机构理事会会议上，美国代表布里尔正式要求巴拉迪于6月16日前向理事会提交一份有关伊朗核计划是否用于和平目的的报告。4月30日，美国务院发表《2002年度全球恐怖主义报告》，把古巴、伊朗、伊拉克、利比亚、朝鲜、叙利亚和苏丹7国列入支持恐怖主义国家黑名单，并称除伊拉克外，伊朗是支持恐怖主义"最活跃"的国家。

6月6日，巴拉迪按美国人的时间表提前10天向理事会提交了题为《伊朗伊斯兰共和国NPT保障监督协定执行情况》的报告。6月16日，理事会召开会议，对该报告进行审议。6月19日，理事会会议主席就伊朗核问题发表《总结性声明》，声明称，伊朗在报告进口核材料及其随后加工处理和使用、申报这些核材料的贮存设施和加工处理设施方面没有切实履行保障监督协定所规定的义务。《声明》敦促伊朗立即纠正报告中确认的所有事件，解决悬而未决的问题，并呼吁伊朗立即无条件在《核不扩散条约》附加议定书上签字。

6月18日，美国总统小布什发表讲话说，美国不允许伊朗拥有核武器，国际社会必须团结一致阻止伊朗制造核武器。两天后，美国负责军控与国际安全事务的副国务卿博尔顿说，美国当前的主要目标是在伊朗具有核打击能力之前阻止其实施核计划，军事打击仍将是美国防止伊朗发展核武器的手段之一。他强调，美国不能容忍伊朗从事核武器研发工作，美国将采取各种手段来防止伊朗研制核武器。9月25日，小布什又说，他已与各国领导人在纽约会谈中达成共识，不允许伊朗发展核武器，并警告伊朗将面对全球性谴责。9月28日，以色列政府官员和高级军官警告说，如果国际社会不能阻止伊朗的核武器计划，那么以色列不得不考虑采取"单边行动"来阻止伊朗的核武器计划。

2003年9月12日，国际原子能机构理事会通过决议，要求伊朗在10

月 31 日前，采取一切必要措施，以澄清其核计划，确保核计划的和平性质，立即无条件签署并执行附加议定书，等等。为此，巴拉迪数次访问伊朗，与伊朗相关方面进行谈判。

欧盟要阻止伊朗成为核国家。与美国不同的是，欧盟一开始反对对伊朗实施高压政策，反对美国将伊朗列为"邪恶轴心国"，反对美国对伊朗发动"先发制人"的打击，希望通过外交努力解决问题。为此，2003 年 10 月 21 日凌晨，德国外长菲舍尔、英国外交大臣斯特劳和法国外长德维尔潘先后乘专机赶赴德黑兰，对伊朗进行"史无前例"的联合访问。伊朗外长哈拉齐、最高国家安全委员会秘书鲁哈尼等高级官员与来访的三国外长进行数小时会谈后宣布，伊朗同意在《核不扩散条约》附加议定书上签字，完全公开其核计划，暂停铀浓缩活动和后处理活动，加强与国际原子能机构的全面合作。当天，伊朗副总统兼伊朗原子能委员会主席阿加扎德致信国际原子能机构总干事巴拉迪，告知其和谈成果。伊朗的上述让步得到了国际原子能机构和三国外长的如下保证：核查不能破坏伊朗"国家主权、尊严和安全"；伊朗拥有在核不扩散机制内和平开发核能的权利；英、法、德三国向伊朗提供相关核技术。10 月 23 日，伊朗把所有与核活动有关的文件交给了国际原子能机构。10 月 25 日，国际原子能机构核查小组抵达伊朗，对伊朗提交的核文件进行核查。11 月 10 日，伊朗原子能机构负责人致信巴拉迪，表示伊朗准备在附加议定书上签字，并决定从即日起暂停所有铀浓缩活动和后处理活动。11 月 17 日，欧盟负责外交和安全政策的高级代表索拉纳（Javier Solana Madariaga，1942 年—）称，欧盟希望国际原子能机构不要将伊朗核问题提交联合国安理会。当天，在会见伊朗最高国家安全委员会秘书哈桑·鲁哈尼后，索拉纳表示，迄今为止，伊朗在与国际社会合作，公布其核计划问题上是诚实的。[①] 11 月 22 日，与欧洲国家代表就国际原子能机构理事会会议有关伊朗核问题的决议案进行磋商后，美国同意放弃原来的立场，不在决议案中加入有关伊朗未遵守《核不扩散条约》的内容。11 月 24 日，美国与法国、德国和英国就国际原子能机构理事会会议有关伊朗核问题的决议草案达成妥协，美国放弃了此前所坚持的以所谓"触发机制"警告伊朗的立场。该机制强调，一旦发现伊朗再次违反《核不扩散条约》，则立即将伊朗核问题提交联合国安理会。欧盟三国警告说，采取对抗态度只会导致伊朗断绝与国际原子能机构的合

---

① 严锋、谭卫兵："伊朗核问题美欧唱反调"，《人民日报》2003-11-19（3）。

作。① 美国施压没有办成的事情，欧盟通过外交努力办成了，欧盟共同外交政策取得了胜利。多年来，欧盟为中东地区的和平提供了最大的经济援助，政治影响力却始终有限。伊朗是该地区重要国家，又是欧盟石油供应的主要来源国之一。如果欧盟能够在解决伊朗核问题的过程中发挥特殊作用，不仅可以加强欧盟对伊朗的影响力，保证其能源供应，还可以提高欧盟在中东问题上说话的分量。② 12 月 18 日，伊朗与国际原子能机构签署保障监督协定附加议定书，从而为国际原子能机构对伊朗核设施进行突击核查铺平了道路。

2004 年 3 月 13 日，国际原子能机构理事会通过关于伊朗核问题的决议（"3·13"决议），承认伊朗近来同其"积极合作"，但"合作还没有达到所要求的程度"。决议要求伊朗主动采取一切必要步骤，解决如第二代离心机、钋 210 实验、激光铀浓缩计划的性质和规模、两个设施低度浓缩铀和高度浓缩铀沾染等所有悬而未决问题。同时，它还提出将在当年 6 月的国际原子能理事会上进一步讨论伊朗履行决议的情况。伊朗对该决议表示反对，伊朗最高国家安全委员会秘书哈桑·鲁哈尼在随后的新闻发表会上表示，"国际原子能机构核查人员将到伊朗，但我们不会批准他们的核查行动，直到伊朗重新考虑好时间。这是伊朗对决议的一种抗议。"尽管如此，伊朗还是澄清了一些问题，同时提出暂停核查或暂时恢复核燃料活动的要求，以促使核查早日结束。4 月 4 日，伊朗宣布，积极与国际原子能机构合作，重申不仅暂停铀浓缩计划，而且停止生产和组装有关部件。伊朗同意在 5 月底以前向国际原子能机构提交关于未来核计划报告，并要求国际原子能机构在此前完成对伊朗核设施的核查，并于 6 月理事会期间最终解决伊朗核问题。

5 月 21 日，伊朗向国际原子能机构递交一份核计划，称核查人员已掌握足够信息，希望在 6 月 14 日结束对伊朗核查。6 月 1 日，巴拉迪向国际原子能机构理事会提交了《伊朗伊斯兰共和国 NPT 型保障监督协定执行情况》的报告。报告综述了 2004 年 3 月以来国际原子能机构为解决伊朗核问题所开展的核查、磋商与澄清活动，肯定 4 月初巴拉迪访问伊朗期间双方达成的协议得到了遵守，伊朗履行了暂停铀浓缩活动和后处理活动的承诺，同时提出，伊朗 3 家私营公司仍继续生产离心机部件。报告指出，伊朗核计划仍存在一些悬而未决的问题，特别是伊朗几个场所的低度浓缩铀

---

① 宋国城："美欧就伊朗核问题决议案达成妥协"，《人民日报》2003 – 12 – 26（3）。
② 姚立："争取和解伊朗核问题考验欧盟'独特作用'"，《人民日报》2004 – 9 – 17（3）。

和高度浓缩铀沾染问题，以及 P-1 和 P-2 型离心机的进口、生产和使用方面的情况等。报告要求伊朗进一步提供补充材料，允许核查人员随时进入相关场所进行核查，以尽早解决这些问题。

6月18日，国际原子能机构理事会通过一份由英、法、德三国起草的决议。《决议》指出，4月初巴拉迪访问伊朗期间商定拟采取的行动以及全面了解伊朗核计划都取得了良好进展，但伊朗没有同国际原子能机构进行"充分的、及时的和主动的"合作。《决议》要求伊朗采取一切必要步骤，立即解决所有悬而未决问题；继续澄清 P-2 型离心机部件进口、激光浓缩试验等问题；全面彻底履行其自愿暂停一切铀浓缩和后处理活动的承诺。其实，早在2003年10月，伊朗已经中止了核燃料循环，停止把气体注入离心机。伊朗对决议表示不满，6月24日，伊朗致函法、英、德三国，宣称它将恢复离心机组装和制造有关部件。6月27日，伊朗外交部发言人阿塞菲进一步解释说，伊朗这一决定是针对法、英、德三国政府没有履行2003年10月进行斡旋时所做的承诺，即国际原子能机构在6月结束对伊朗核查的回应。他正式宣布将于6月29日恢复离心机的组装，但伊朗将继续遵守暂停铀浓缩的承诺。9月7日，美国务卿鲍威尔对媒体说，有足够的证据表明，伊朗的核计划旨在制造核武器，因此，伊朗核问题应该尽快提交联合国安理会。鲍威尔还拒绝接受伊朗做出的暂停铀浓缩的承诺，称美国"更感兴趣的是伊朗停止生产有关能制造出核武器的材料"。国际原子能机构的核查人员在2003年10月—2004年6月的核查中发现，伊朗已取得了明显进步。在伊朗看来，以美国为首的国际社会正在实施一项反对伊朗的计划。9月13日，在国际原子能机构理事会会议上，欧盟三国提出议案，希望伊朗能在11月25日的国际原子能机构理事会会议前用实际行动表明其核计划不会用于军事目的。9月18日，国际原子能机构在日内瓦通过决议，要求伊朗提供核活动的文件，让核查人员进入有关核场所进行检查；暂停与铀浓缩计划有关的一切活动，包括离心机部件的制造与进口、离心机组装与试验，以及 UF6 生产；批准保障监督协定附加议定书。决议还把2004年11月25日定为伊朗核问题全面解决的最后期限，以便决定是否将其提交联合国安理会。

伊朗针锋相对，9月21日，宣布已经将37吨铀原料转化成气体，作为离心分离机的燃料。10月4日，伊朗议会举行会议，草拟法案，要求政府不要顾及国际社会的反对，恢复铀浓缩活动。10月31日，伊朗议会一致批准了该法案。但伊朗仍然留有余地，10月18日，伊朗最高国家安全委员会秘书鲁哈尼说，伊朗希望就暂停铀浓缩活动的期限进行谈判，但拒绝完全放弃进行铀浓缩活动的权利。

10月21日和27日,欧盟三国又在维也纳与伊朗代表进行了两轮会谈,向伊朗提交了三国解决该问题的建议方案。据此,欧盟要求伊朗首先全面停止铀浓缩活动,并要经过国际原子能机构核查;接着,在伊朗同意中止核活动的前提下,欧盟向伊朗提供核燃料、核技术及一座轻水反应堆;欧盟在经济上向伊朗提供援助,并加大在伊朗的投资,帮助其进行经济建设。如果伊朗拒绝接受该方案,将对其进行制裁。10月29日,为了支持法、英、德与伊朗就铀浓缩计划进行的谈判,巴拉迪承诺向伊朗的核电站提供核燃料,作为回报,伊朗要放弃铀浓缩活动。11月5—6日,德、法、英三国代表在巴黎同伊朗代表举行了第三轮专家级会谈,达成一项"初步协议",欧盟三国承认《核不扩散条约》所赋予伊朗的权利。伊朗重申:按照《核不扩散条约》第Ⅱ条,现在和将来都不试图获取核武器;保证与国际原子能机构全面合作并对其完全透明;自愿在批准附加议定书上签字之前将继续履行附加议定书规定的义务;决定在自愿的基础上继续暂停所有铀浓缩和后处理活动;在"暂停"情况下,欧盟三国和伊朗同意开始谈判,就长期安排达成一项相互可以接受的协议,以保证伊朗的核计划仅用于和平目的,并确保在核领域、技术和经济方面的合作,以及在安全方面规定明确的义务。欧盟三国在伊朗核问题上的外交努力又一次获得成功。但接下来的事情则为政治对话蒙上了阴影。

11月中旬,伊朗精神领袖哈梅内伊的高级助手、国家最高安全委员会成员拉里贾尼说,伊斯兰共和国将不会为欧洲国家的承诺而放弃铀浓缩。他说:"欧洲人想让伊朗稀里糊涂地停止铀浓缩,但他们又不想直说。欧洲人和美国人确定,伊朗已经掌握了核技术,伊斯兰共和国已经达到了目的。巴黎会谈设计了反伊朗计划,当然伊朗决策者对这一秘密目标知道的清清楚楚。""巴黎会谈表明,在避免冒险主义和一意孤行的同时,伊朗对全球的和平与稳定负有责任。我们欢迎任何证明伊朗的核计划是用于和平目的的所有决议。"[1] 11月22日,伊朗与代表欧盟的英、法、德三国签署《巴黎协议》,根据协议,伊朗中止与铀浓缩有关的一切活动,国际社会暂不将伊朗核问题提交联合国安理会。就在协议签订的当天,伊朗停止了铀浓缩活动。巴拉迪对伊朗停止浓缩铀活动给予积极评价,他说,伊朗承诺停止铀浓缩活动是积极的举措,"他们需要建立信任,暂停铀浓缩是朝着

---

[1] Mostafa Khademian. New Base for Nuke Talks. *Hamshahri*, *Daily Newspaper*, No. 3556, Nov. 16, 2004:7.

正确方向迈进的一步"。我们应该看到,伊朗与西方国家在理解停止铀浓缩上的差别:西方希望永远停止,而伊朗强调的是暂停。11月24日,伊朗表示浓缩铀离心机与其同欧盟三国达成的有关核问题的协议无关,伊朗将在不使用核原料的情况下利用20台离心机进行科学研究。这遭到了欧盟三国的反对,从而导致有关伊朗核问题的决议未能在国际原子能机构理事会11月26日的会议上获得通过。11月30日,伊朗最高国家安全委员会秘书、首席核谈判代表鲁哈尼表示,伊朗不会无限期中止铀浓缩。中止铀浓缩活动只是伊朗在核问题会谈期间的暂停行为,持续的时间应有个合理的期限,应该是几个月,而不是几年。

《巴黎协议》引起了伊朗内部的激烈争吵。2004年11月23日,伊朗新议会大厦启用。在大厦里,议员们围绕协议分成了改革派和保守派两个阵营,人数众多的保守派由伊朗伊斯兰发展联盟(Islamic Iran Developers Alliance)的领导人艾哈迈德·塔瓦库利(Ahmad Tavakoli)领导。他们批评说,协议为伊朗走西方资本主义道路扫清了障碍。在他们看来,伊斯兰共和国以中止铀浓缩来换取未来世界贸易组织成员国资格不会给伊朗带来任何好处,接受受限制的承诺将对伊朗的政治和经济地位是一个沉重打击。[1] 他们还提出,组成谈判小组的伊朗外交官们应接受批评,将该组织予以解散。[2] 决议使伊朗的保守派分成了激进保守派和温和保守派两个部分,前者已经在议会和德黑兰城市委员会中赢得了多数席位。

从《巴黎协议》的签订到2005年7月底,伊朗与欧洲"三驾马车"围绕协议的落实一直进行谈判,由于美国作祟,没有取得任何进展。

正当人们为和平对话解决伊朗核问题取得的成就感到高兴之机,为了使伊朗核问题进一步升温,2005年4月30日,伊朗总统哈塔米亲自把30多名外国记者带到伊斯法罕的地下核设施参观。一时间,伊朗引来了世人更多的目光,同时也给世人留下更大的疑问:伊朗搞如此庞大的地下工程干什么?

2005年5月底,伊朗与欧盟三国达成新的协议,三国表示将在两个月内提出一个一揽子方案,以推进与伊朗在技术和核能领域的合作,并进一步解决伊朗核问题。内贾德当选总统后,欧盟建议,将提出一揽子提议的时间推迟到内贾德就职后的8月7日,伊朗加以拒绝。7月31日,伊朗外

---

[1] Rohani Defends Nuclear Deal with EU. *Sharq*, Daily Newspaper, No. 343, Nov. 17, 2004: 1 - 2.

[2] Mohammad Javad Rouh. Iran - EU Deal Controversial. *Sharq*, Daily Newspaper, Vol. 2, No. 345, Nov. 20, 2004: 6.

交部新闻发言人阿塞菲表示，7月31日17点是欧盟提出解决伊朗核问题一揽子方案的最后期限，如果欧盟继续拖延时间，伊朗就将重启作为铀浓缩活动准备阶段的铀转化活动。① 8月1日，伊朗宣布，将于当天晚些时候重启位于伊斯法罕的铀转化设施。它虽然不违反《核不扩散条约》，但有悖于《巴黎协议》，这加剧了伊朗与欧美的紧张关系。欧美开始联手，寻求把伊朗核问题提交联合国安理会以求对伊朗进行制裁。8月2日，伊朗最高国家安全委员会发言人阿里·阿迦·穆罕默迪说："伊朗已经做出政治决定，重启将不可逆转。"代表欧盟与伊朗谈判的英、法、德三国表示，伊朗重启核计划将意味着双方对话的破裂。欧盟外交政策和安全事务高级代表哈维尔·索拉纳和欧盟三国代表致函伊朗首席谈判代表哈桑·鲁哈尼说："如果伊朗近期重启已经暂停的（核）活动，我们的谈判将就此终止，我们除寻求其他行动方案外别无他法。因此，我们呼吁伊朗不要重启已经暂停的活动或者采取其他单边措施。"② 8月5日，欧盟提出解决伊朗核问题的一揽子建议，主要内容包括承认伊朗享有和平利用核能的权利，向伊朗承诺在经济、政治、安全、技术、贸易等领域与伊朗合作，保证伊朗从欧盟或俄罗斯获得必需的核燃料等，而条件是伊朗不退出《核不扩散条约》，伊朗放弃与铀浓缩有关的一切活动。8月6日，阿塞菲在参加艾哈迈迪—内贾德总统宣誓就职仪式时说，欧盟没有履行对伊朗的承诺，提议中没有确保伊朗的合法权利，明显有悖于《核不扩散条约》的规定和双方此前达成的协议，因此是无法接受的。③ 8月10日，伊朗原子能机构主席阿加扎德发表电视讲话说："今天，（伊斯法罕核工厂）所有的封条都将由国际原子能机构核查人员拆除，所有的铀转化活动将可以重新进行。"④ 同时，他谈道，拆封行动将在国际原子能机构安装完最后一台监测摄像机后，由该机构人员亲自进行，以显示伊朗和平利用核能的诚意。它标志欧盟与伊朗就核问题的谈判告一段落。从此以后，伊朗核问题由伊朗的政策工具演变成了整个国际社会的政治事件。国际原子能机构在其报告中反复强调伊朗的核计划没有军事目的，核查人员已经向全世界表明，他们未发现伊朗核计划与军事有关的蛛丝马迹。伊朗领导人更是一再反复强调和平利用核能，不寻求核武器，然而，美国人和欧洲人却不正视现实。它表明，欧盟在处理伊朗核问题上失去了方向，欧盟三国成为一个没有方向的

---

① 陈一鸣："伊朗敦促欧盟按期行动"，《人民日报》2005-8-1（3）。
② 邓玉山："伊朗要重启核活动，重大危机开端？"，《新华每日电讯》2005-8-4（5）。
③ 张胜平、陈文均："伊朗拒绝欧盟核问题提议"，《新华每日电讯》2005-8-7（4）。
④ 田辉："俄罗斯突然发话叫伊朗立即收手"，《东方早报》2005-8-11（A11）。

"三驾马车"。8月11日,国际原子能机构理事会召开紧急会议,并通过决议,要求伊朗停止与铀浓缩有关的一切活动。决议遭到伊朗拒绝。8月25日,英、法、德三国宣布放弃原定与伊朗举行的新一轮谈判。这预示着伊朗将在核问题上采取强硬的外交政策。内贾德上任伊始,立即免去了伊朗核问题最高谈判代表、伊朗最高国家安全委员会秘书鲁哈尼的职务,换上极端保守派人物拉里贾尼。他还果断地撤换了约40名伊朗驻外大使,驻德、法、英三国大使首当其冲。内贾德的核政策使以美国为首的西方在伊朗核问题上"以压促变"的政策彻底破产。

就在伊朗揭去伊斯法罕铀转化设施上封条的当晚,欧盟正式向国际原子能机构递交决议草案,并再次呼吁伊朗中止所有核活动。草案谈道:"伊朗应完全中止所有铀浓缩及其相关活动,包括生产(铀浓缩)必备材料、测试伊斯法罕铀转化设施的运转。"草案呼吁国际原子能机构总干事穆罕默德·巴拉迪在9月3日以前"提交一份伊朗实施《核不扩散条约》的全面报告"。[①] 9月19—24日,国际原子能机构理事会就伊朗核问题举行会议。欧盟先拿出一份措辞强硬的决议草案,试图说服国际原子能机构理事会成员一致同意,指出伊朗多次不履行和违反《核不扩散条约》,要求伊朗立即中止与铀浓缩有关的一切活动,否则将把伊朗核问题提交联合国安理会,以讨论是否对其进行制裁。但决议没有明确要求立即将伊朗核问题向联合国安理会报告,为恢复谈判留下余地。草案遭到俄罗斯、中国及多数不结盟成员国反对后,欧盟态度由硬变缓,一度放话,"暂时放弃"立即将问题提交安理会。9月23日晚,由英国代表欧盟提出的最终决议草案将伊朗核问题提交安理会的时间由最初的"立即"改成了"在未来不确定的时候"。9月24日,国际原子能机构理事会以22票赞成、1票反对、12票弃权的结果通过了德、法、英提出的欧盟关于伊朗核问题的决议草案,委内瑞拉投了反对票,中国与俄罗斯投了弃权票。该议案的主要内容除了以较为强硬的言辞批评伊朗不遵守《核不扩散条约》外,还提出将伊朗核问题在"未来不确定的时候"提交到联合国安理会。[②] 伊朗认为该决议既不合法,又不合理,因此拒绝接受。尽管如此,在"9·24决议"后,伊朗表示希望恢复与英、法、德的谈判,并积极配合国际原子能机构的核查。鉴于此,国际原子能机构在宣布伊朗违反核不扩散协议的同时,将提交安理会的决定推迟到11月25日表决。10月上旬,俄罗斯建议允许伊朗

---

① 马晓燕:"欧盟对伊硬要求:中止所有核活动",《新华每日电讯》2005-8-12(5)。
② 姚立:"伊朗核问题欧盟态度缘何多变",《人民日报》2005-9-27(7)。

从事铀转化活动，而将后续的铀浓缩活动转移到俄罗斯境内完成，以确保其核技术不会用于军事目的。

2005年11月6日，伊朗最高国家安全委员会秘书、首席核谈代表拉里贾尼正式要求与欧盟恢复有关伊朗核问题的双边谈判。拉里贾尼委托英、法、德三国驻伊朗大使转交一封致三国外长的信。他在信中说，双方应立即在国际原子能机构有关条约和规定的框架内，以解决问题为宗旨，本着合理的态度尽快恢复双边谈判。他同时强调，伊朗政府将坚决在有关国际法规定范围内维护伊朗和平利用核能的权利。11月24日，国际原子能机构理事会决定暂不将伊朗核问题提交联合国安理会，以使伊朗与欧盟就俄罗斯提出的妥协方案进行磋商。11月27日，欧洲三国同意与伊朗恢复中断4个月的谈判。

2006年新年伊始，伊朗向国际社会表明了坚决发展核技术的决心。1月3日，伊朗宣布将重启核燃料研究。1月10日，伊朗正式启封纳坦兹核燃料研究设施。1月18日，正在华盛顿访问的欧盟负责外交与安全事务的高级代表索拉纳说，俄罗斯建议在将伊朗核问题正式提交安理会之前，安理会对伊朗核问题进行一次非正式讨论，欧盟正就这一建议进行研究，并与俄方协商，但各方尚未做出决定。索拉纳还说，欧盟已收到伊朗方面的一封信，伊朗表示愿意与欧盟重新恢复谈判。但是，欧盟对此予以拒绝，因为即使恢复谈判，伊朗方面提不出任何新的东西，这样的谈判将毫无意义。他还说，欧盟与美国的立场一致，即国际原子能机构理事会就伊朗核问题召开一次紧急会议，然后将这一问题提交联合国安理会。① 当天，伊朗最高国家安全委员会秘书、核问题首席谈判代表拉里贾尼在接受英国广播公司（BBC）采访时说："对话是解决任何复杂国际问题的最佳方法，但通过单方面施加压力的方式来进行对话不是建设性的。"②

（二）解决伊朗核问题的联合国阶段

2006年2月1日下午，欧盟三国正式向国际原子能机构理事会成员散发关于伊朗核问题的决议草案，提议将伊朗核问题向联合国安理会报告。草案建议国际原子能机构向伊朗提出4个要求，并将其设为欧盟与伊朗谈判的"底线"。它们分别为：重新冻结所有铀浓缩及相关活动；考虑停止建设重水反应堆，以防止伊朗提取制造核武器所需的钚；正式签署赋予国

---

① 冯俊扬："伊朗又放'软话'，美欧坚拒复谈提议"，《新华每日电讯》2006-1-20（5）。
② 同上。

际原子能机构更大监督权的协议；允许国际原子能机构在核查过程中享用更多权力，包括直接讯问个人，审查有关黑市购买核材料的文件，核查所有设备和可用作核活动场所的特定军工厂。① 2月4日，国际原子能机构理事会通过决议，决定把伊朗核问题提交联合国安理会。伊朗核问题的解决进入到了联合国安理会阶段。

欧洲寻找外交解决伊朗核问题的失败表明，欧洲人还没有认识到伊朗核问题的实质。当欧洲人认识到伊朗核问题是以美国为首的西方与以伊朗为代表的第三世界之间的发展权之争，且背后带有根本性的利益冲突时，欧洲人才明白，自身利益也需要维护，而最好的办法是与美国一起，遏制第三世界的发展，于是把伊朗核问题及时提交了联合国安理会。

4月9日，伊朗宣布有能力进行"工业规模"核燃料生产，并开始向3000台离心机灌注用于铀浓缩的六氟化铀气体。5月2日，伊朗副总统兼国家原子能组织主席阿加扎德称，伊朗最近生产的浓缩铀纯度已达到4.8%。这一纯度能够满足伊朗目前的核燃料需要。他还谈道，伊朗还没有将浓缩铀纯度提升到5%以上的计划。他进一步透露，伊朗已经在其南部地区新开采一座铀矿，预计年产量将达30吨"黄饼"。

鉴于伊朗核问题事态的急剧变化，2006年3月29日，联合国安理会通过了一项由英、法起草，经过多次修改的"主席声明"，要求伊朗在30天内中止一切核活动，并把伊朗核问题报告联合国安理会。4月28日，巴拉迪向联合国安理会和国际原子能机构理事会提交报告，称伊朗没有遵从安理会令其在30天内中止铀浓缩活动的要求。伊朗则用军事演习回答安理会的"主席声明"。在2006年伊朗核问题最紧张之年，伊朗举行了5次大规模军事演习，4次围绕霍尔木兹海峡进行。

2006年4月29日，索拉纳在接受德国《星期日图片报》记者采访时强调，反对以武力解决伊朗核问题，主张通过外交方式解决危机。他表示，对伊朗没有在联合国安理会规定的30天期限内中止铀浓缩活动感到失望。他说："我们仍然致力于通过外交途径解决危机。联合国安理会现在必须行动。"②

5月15日，欧盟提出解决伊朗核问题新方案，内容包括给予伊朗更多的经济援助和政治合作，并支持伊朗发展安全、可持续和防扩散的民用核计划，还提出美国向伊朗提供安全保证，以换取伊朗放弃铀浓缩活动。索

---

① 吴黎明："欧盟提议提交安理会，伊朗强硬作答"，《新华每日电讯》2006-2-3（3）。
② EU and US Strike Different Tones on Iran. Reuters, Saturday, April 29, 2006, 2:49 PM.

拉纳说,这份新方案"既全面又慷慨",并寄希望于5月19日美、俄、中、英、法、德6国外长在伦敦就伊朗核问题再次讨论之前完成,并在月底递交伊朗。5月17日,伊朗总统内贾德在阿拉克发表讲话,坚决拒绝了欧盟提出的"激励措施"。他说,由于和欧盟代表法、德、英三国进行谈判,"我们已经将核计划搁置了两年,但最后欧盟仍然要求伊朗彻底放弃铀浓缩活动,这已经让伊朗人民吃尽了苦头,现在伊朗不会在一个坑里跌倒两次。"① 5月21日,阿塞菲在德黑兰举行的新闻发布会上表示,对伊朗来说,美国愿不愿意向其提供安全保证都无所谓,伊朗根本不相信美国的承诺。过去美国从未兑现过它的承诺,"所以我们认为这样的安全保证没有任何意义"。他同时表示,欧盟提出的任何措施都不可能促使伊朗放弃铀浓缩计划。同一天,美国务卿赖斯在接受福克斯电视台采访时说,美国不会通过向伊朗提供安全保证来换取伊朗中止铀浓缩活动,到目前为止,欧盟也没有向美国提出这样的要求,并以此作为向伊朗提出的一揽子计划的一部分。② 5月31日,赖斯在华盛顿表示,如果伊朗停止铀浓缩及核燃料回收活动,美国准备与欧盟一道同伊朗通过谈判解决伊朗核问题。就这样,欧盟的计划遭到了来自美国和伊朗双方的反对而"流产"。

同时,伊朗的核政策也不乏灵活性。2006年5月初,伊朗最高领袖哈梅内伊的代表、前首席核谈代表哈桑·鲁哈尼致信美国《时代》周刊,提供了打破当前伊朗核僵局的可能方式。5月10日,《时代》周刊援引该信内容说,伊朗将考虑批准国际原子能机构的一项协议,以便其核查人员对伊朗核设施进行突击检查。此外,伊朗还将就如何避免伊朗退出《核不扩散条约》进行讨论。5月9日,伊朗最高国家安全委员会秘书、现任首席核谈代表阿里·拉里贾尼向外界表示,伊朗无意退出《核不扩散条约》,如果伊朗核问题继续在国际原子能机构框架内解决,而不是提交联合国安理会,伊朗将同国际原子能机构继续合作。③

2006年5月14日,伊朗总统艾哈迈迪-内贾德在接受伊朗国家电视台记者采访时说:"他们应该知道,他们提出的任何计划,如果是要求我们结束我们和平利用核能的行动,那么这个计划就是毫无价值,也是无效的……他们想用所谓的'奖励措施'来换取我们放弃自己的权利。"④ 第二

---

① 韩曙:"伊朗核问题仍难摆脱僵局",《法制日报》2006-5-18(4)。
② 杨晴川等:"伊朗美国给'一揽子'方案泼冷水",《人民日报》2006-5-23(3)。
③ 林颖:"欧盟将提解决伊朗核问题'一揽子方案'",《工人日报》2006-5-12(8)。
④ 邓然:"伊朗不愿为'胡萝卜'弃核 内贾德拒绝欧盟方案",《新闻晨报》2006-5-15。

天，索拉纳在布鲁塞尔说，欧盟正为解决伊朗核问题酝酿一个大胆的方案，除了帮助伊朗和平发展核能和提供经济援助外，还可能包括对伊朗的安全保证。5月17日，内贾德表示，伊朗将拒绝欧盟正在酝酿的解决方案。他强调，伊朗将拒绝任何要求伊朗中止铀浓缩活动的要求和方案。同一天，美国国务院发言人麦科马克在新闻发布会上说，美国不会为了让伊朗放弃核计划而向伊朗提供安全保证。同时，美国还对欧盟关于伊朗与美国最终实现直接对话的呼吁不感兴趣，对欧盟试图保护与伊朗有商业往来的欧洲企业持反对态度。5月下旬，欧盟提出美国提供安全保证换取伊朗中止铀浓缩的建议，再次遭到伊美双方的强烈反对，美国认为有必要保留对"支持恐怖主义活动"的伊朗动武的权利，伊朗则认为美国的承诺"根本不值得信任"。5月21日，美国务卿赖斯在接受美国全国广播公司（NBC）的访谈节目时说："伊朗是国际社会的麻烦制造者，是一个支持恐怖主义的重要国家，也是中东地区的不稳定因素，我们不能向这样的国家提供安全保证。"[①]

　　由于伊朗不买账，6月1日，美、俄、中、英、法、德6国外长齐聚维也纳，就欧盟提出的解决伊朗核问题一揽子方案进行磋商，最后通过了"六国方案"。根据该方案，如果伊朗停止铀浓缩活动，伊朗可以得到以下实惠：主要国家承认伊朗拥有和平利用核能的权利，同意帮助伊朗建造新的轻水反应堆，欧洲和俄罗斯的公司将是反应堆的主要承包商，美国将允许向伊朗出售零部件；伊朗可以继续铀转化；在严格满足安理会要求的前提条件下，伊朗可以在自己境内进行铀浓缩活动；以法律约束的方式，保证伊朗能拥有核燃料，包括成为俄罗斯的一个国际核燃料中心的成员国，在伊朗建立一个能储存5年用核燃料的新设施；谈判一旦启动，安理会将中止针对伊朗核问题的对策考虑；主要国家将支持伊朗融入包括世界贸易组织在内的国际经济框架，为增加对伊朗的直接投资和贸易创造条件；恢复民用航空方面的合作，包括取消对伊朗民航客机的出口限制；在伊朗与欧盟及其他自愿加入的国家之间建立长期战略性能源合作伙伴关系；建立地区性论坛，推动安全方面的对话，为伊朗寻求得到美国的安全保证提供一个平台。如果伊朗"不合作"，"可能的惩罚措施"包括如下内容：禁止向伊朗出口核设施及核技术；冻结与核计划有关的伊朗个人或组织的财产、金融往来，禁止其入境；中止伊朗与国际原子能机构在核技术上的合作；禁止伊朗人在国外学习与核计划、弹道导弹相关的课程；冻结与伊朗

[①] 冯俊扬："拒欧盟建议：美与伊朗罕见的一致"，《新华每日电讯》2006-5-23（5）。

的双边政治接触；禁止特定伊朗官员入境；冻结接近伊朗政府的个人和组织的财产；对伊朗实行武器禁运；禁止向伊朗出口精炼油、天然气制品等特定产品；不再支持伊朗加入世贸组织；禁止在一些领域向伊朗投资；全面冻结伊朗金融财政机构的财产；缩小对伊朗贸易和出口信用保证的政府支持。① 为避免刺激伊朗，方案没有提"制裁"，还放弃了根据《联合国宪章》第 42 条对伊朗动武的可能性。方案要求伊朗在 7 月 15 日以前做出答复，但伊朗将其推迟至 8 月 22 日。

这一奖惩分明的"六国方案"在国际社会引起了强烈反响。6 月 2 日，德国总理默克尔（Angela Merkel，1954 年—）在会见到访的约旦国王阿卜杜拉二世后表示："我向有理性的各方发出呼吁，正视这个机遇并以此作为解决伊朗核问题的基础。""这是个积极的信号。我们要竭尽全力让伊朗重回谈判桌，同时还要保证通过谈判使伊朗能有个美好的未来。"② 奥地利外长普拉斯尼克表示："伊朗应该抓住援救之手，并回到谈判桌前……我们从来没有剥夺伊朗进行核活动的权利，只要这些核活动只是用于制造能源。"③

5 月 30 日，美国总统小布什分别与法国总统希拉克、俄罗斯总统普京和德国总理默克尔通电话。5 月 31 日晚，美国务卿赖斯与中国外交部长李肇星通电话。同一天，赖斯在华盛顿说，如果伊朗停止铀浓缩及核燃料回收活动，美国准备与欧盟一道同伊朗通过谈判解决核问题。讲话透露出美国愿意与伊朗进行直接谈判的意愿，表明美国在伊朗核问题上的立场开始发生变化。6 月 1 日，伊朗外交部立即对美国的表态做出回应，欢迎同华盛顿就核问题举行直接谈判，但拒绝了美方要求搁置铀浓缩计划的前提条件。伊朗外长穆塔基发表电视讲话说："伊朗欢迎在公正条件下的对话，但我们不会放弃我们的核权利。""我们不会就伊朗正常的核权利进行谈判，但我们准备在一个不受歧视的前提下，在一个定义明确、公正的框架内就共同关心的事情进行对话。"④ 6 月 16 日，伊朗总统内贾德称，该方案是解决伊朗核问题的积极步骤。

6 月 1 日，国际原子能机构前总干事和联合国监核会前主席汉斯·布利克斯领导撰写的在新形势下如何消除大规模毁灭性武器建议的"布利克斯报

---

① "伊朗核问题奖惩清单公布 奖励前提是停止铀浓缩"，《新闻晨报》2006 - 6 - 11。
② 时翔："德总理认为六国方案为解决伊朗核问题提供机遇"，http://www.rednet.cn 2006 - 6 - 3，7：22：26。
③ 庄北宁："六国就伊朗核问题在维也纳首度达成协议"，《新京报》2006 - 6 - 3。
④ 范辉："伊朗核问题'4 + 1'模式浮出水面"，《新京报》2006 - 6 - 2。

告"出炉,受到多方重视。在报告中,布利克斯反对任何使用武力颠覆政权来解决伊朗和朝鲜半岛核问题的企图。他说:"就这些国家的情况来说,外界应与其建立正常关系,保证不对其实施旨在改变政权的军事干涉或颠覆行为,从而减少他们获取核武器的动力。"① 报告认为,有关伊朗核问题和朝鲜半岛核问题的任何谈判,有关方面应考虑到这些国家的安全关切。

6月26日,伊朗最高领袖阿亚图拉阿里·哈梅内伊下令,成立一个外交政策委员会,帮助政府制定重大外交政策,并且"寻求伊朗外交事务的新地平线"。委员会成员包括曾经在伊朗前总统穆罕默德·哈塔米政府中担任外交部长的卡迈勒·哈拉齐。哈拉齐力主伊朗缓和同西方国家的紧张关系,通过"不同文明的对话"解决相互间的分歧。这表明,伊朗在对话问题上将迈出实质性步伐,但国际社会忽略了这一信号。而是为伊朗回应"六国方案"设定了期限。第二天,哈梅内伊在德黑兰与来访的塞内加尔总统瓦德会谈时说,获得核技术并使用它是伊朗无可辩驳的权利,"我们不会就获取和开发核技术与任何人谈判,但是,如果他们承认我们的核权利,我们准备讨论国际控制、监督和保障问题","与美国谈判对我们没有好处,我们不需要这种谈判"。②

7月2日,伊朗外交部发言人阿塞非在例行记者会上说,西方"所谓的最后期限不值得讨论,我们不认为西方发表这样的声明是建设性举动"。③ 针对伊朗的消极反应,7月12日,六国外长在巴黎发表声明,决定将伊朗核问题重新提交联合国安理会。在美欧推动下,2006年7月31日,联合国安理会以14票赞成,1票(卡塔尔)反对的表决结果,通过了有关伊朗核问题的第1696号决议。决议要求伊朗在8月31日前暂停所有与铀浓缩相关活动,否则将考虑根据《联合国宪章》第7章第41条采取相应的制裁措施。对此,美国驻联合国代表博尔顿高兴地说:"在伊朗核问题上,终于有了第一份安理会决议。"在他看来,这份决议表明,伊朗核问题正像美国一再强调的那样严重,同时也反映了国际社会的一致和伊朗的孤立。8月22日,在正式回复"六国方案"中,尽管伊朗提出了愿意立即恢复谈判,但回避了铀浓缩这一关键问题。8月31日,就在安理会规定大限数小时前,总统内贾德通过伊朗国家电台表示:"伊朗永远也不会放弃和平利用核能的权利。"④

---

① "以色列可能有200件核武器",《中国国防报》2006-6-6。
② 史先振:"伊朗最高领袖哈梅内伊:与美谈判无用",《北京青年报》2006-6-29。
③ 刘强:《伊朗国际战略地位论》,世界知识出版社2007年版,第90页。
④ 吴建友:"美欧在伊朗核问题上再现分歧",《光明日报》2006-9-4(8)。

11月10日，伊朗首席核谈判代表拉里贾尼在莫斯科表示，俄罗斯提出的有关建立伊俄铀浓缩联合企业的建议从未遭到伊方拒绝，就此问题的磋商并未终止。他说，俄罗斯是伊朗的坚定盟友，他此次访俄就是为了寻求解决伊朗核计划引发的各种问题。伊朗核问题可以在六国方案框架内得到解决，如果联合国安理会通过任何不利于伊朗的决议，将对伊朗与国际原子能机构的关系产生消极影响。他重申，谈判是解决伊朗核问题的最佳方式，即使联合国安理会决定制裁伊朗，伊朗也不会改变发展核技术的决定。11月12日，伊朗外交部发言人穆罕默德·阿里·侯赛尼在回答有关伊朗是否仍决心在2007年3月之前安装3000台离心机的问题时称："伊朗官员和专家正试图这样做。"此时，伊朗已安装了两个由164台离心机组成的离心机组。正在美国访问的以色列总理奥尔默特在接受《华盛顿邮报》记者拉里·韦莫斯采访时则警告说，如果在核问题上拒绝与国际社会合作，伊朗将付出沉重代价。当被问到以色列是否会以武力阻止伊朗发展核武器时，奥尔默特表示，以色列有多种选择，绝对不会接受"核伊朗"的威胁。[1] 11月13日，伊朗总统内贾德在内阁会议上说："西方国家创造出这个犹太复国主义政权，目的主要是为了加强对这一地区的控制。这个政权每天都在屠杀巴勒斯坦人民。不过，由于该政权违背自然，因此我们很快将看到它消失或者毁灭。"[2]

11月14日，国际原子能机构发布报告称，在伊朗一座核废料设施中发现钚和浓缩铀的新痕迹。鉴于这两种物质都可用于生产核武器，因此国际原子能机构的相关人员表示他们无法确定伊朗发展核能完全出于和平目的。同一天，伊朗总统内贾德在德黑兰说："在不久的将来，也许在今年，我们将庆祝自己完全掌握核技术。国际社会届时将完全承认伊朗的核权利。"[3] 内贾德称，伊朗计划的下一步是在2006年年底前安装3000台离心机，从而开展更大规模的铀浓缩活动。伊朗最终要安装6万台离心机，用于生产浓缩铀。有关专家认为，伊朗可能只需要1500台离心机就可以制造核武器了。

12月23日，鉴于伊朗未按要求停止核活动，联合国安理会一致通过了第1737号决议。决定对伊朗实行包括与核计划和弹道导弹项目有关的禁运、冻结资产和监督相关人员出国旅行等项目在内的一系列制裁措施；要

---

[1] 法新社华盛顿2006年11月12日电。
[2] 伊斯兰通讯社德黑兰2006年11月13日电。
[3] 江玮："内贾德：与核伊朗共存已成为世界唯一选择"，《中国青年报》2006-11-16。

求伊朗立即停止所有与铀浓缩、重水反应堆有关的活动。如果伊朗拒绝停止其核计划，安理会将根据《联合国宪章》第 7 章第 41 条进一步采取除武力以外的措施。伊朗总统内贾德称决议为"废纸一张"。不仅如此，伊朗还宣布将从 12 月 24 日开始安装 3000 台离心机，并声称将调整与国际原子能机构的合作关系。需要指的是，这一决议的草案只在六国之间进行了讨论。同一天，伊朗原子能组织副主席赛义迪在谈到安理会第 1737 号决议时说，该决议的基础是《联合国宪章》第 7 章，其针对的处理对象是对和平与安全构成威胁的行为，而这显然与国际原子能机构的相关报告内容不符。他说，在国际原子能机构有关伊朗核问题的诸多报告中，都未提到伊朗和平利用核技术领域的活动转移到了其他领域，因此这份安理会决议不具有法律价值。他说，至今没有任何国际权威机构认为伊朗核计划发生了转移，唯一指控伊朗核活动具有威胁性质的报告是美国情报部门炮制出来的。①

2007 年 2 月 25 日，伊朗总统艾哈迈迪 - 内贾德说，伊朗已经取得了生产核燃料的技术，在这条道路上，伊朗如同一列拆除了倒车挡和刹车的火车，"这辆列车已经无法停止"。当天，美国务卿赖斯回应说："他们不需要倒车挡。他们需要一个停止键。然后大家可以坐下来谈判。"②

3 月 24 日，联合国安理会又一致通过了六国与其他理事国进行充分讨论后的第 1747 号决议，决议扩大了制裁范围。决议要求国际原子能机构对伊朗是否遵守安理会决议进行核查，并在 60 天内向安理会提交报告；新增了包括赛帕银行和革命卫队控制的 3 家实体在内的 28 个制裁对象，禁止伊朗的武器出口等。伊朗用强硬的方法回应决议，就在第 1747 号决议通过的第二天，伊朗宣布从当月的 28 日起部分中止与国际原子能机构的合作。2007 年 11 月 15 日，国际原子能机构通过了新的伊朗核问题报告，称伊朗在澄清其核计划方面与原子能机构的合作是"足够"的；同时指出，伊朗仍没有按安理会的要求停止铀浓缩活动，仍有大约 3000 台离心机在运转，并已开始实验更新型、更高效的离心机。11 月 24 日，伊朗开始对伊斯法罕核设施制造出来的燃料芯块和燃料棒进行测试。

2007 年 1 月 26 日，正在瑞士达沃斯参加世界经济论坛年会的国际原子能机构总干事巴拉迪说，为避免伊朗核问题出现新的对抗，伊朗和西方

---

① 新华社德黑兰 2006 年 12 月 25 日电。
② 殷赅："六国伦敦闭门磋商进一步制裁伊朗"，《第一财经日报》2007 - 2 - 27（A5）。

国家应当宣布"暂停"对抗：前者应中止铀浓缩，后者应暂缓执行安理会制裁措施。只有双方同步做出友好姿态，冲突才能避免，才能进一步避免在中东地区酿成灾难，而安理会设立的谈判前提无助于打破僵局。他强调，美国一些官员考虑武力解决伊朗核问题的想法"绝对疯狂"，那将产生"灾难性"后果，外交手段是解决问题的唯一途径，动武言论只会适得其反。他建议，美、伊双方应停止对抗，展开直接对话。他警告说，如果国际社会不能和平解决伊朗核问题，那么后果将比现在"糟糕10倍"，他希望"停止谈论动武，集中精力寻找解决方案"。2007年9月14日上午11点半，巴拉迪在维也纳联合国国际原子能机构总部接受了《环球》杂志记者采访时说："国际社会有权利自行决定外交政策，但我的立场非常明确，制裁本身并不能解决问题，只有谈判和对话才有助于问题的解决。""伊朗核问题也是非常复杂。伊朗与原子能机构于8月21日达成协议，承诺将按照时间表向该机构提供有关伊朗核问题的敏感信息，这是向正确方向迈出的一步。伊朗核问题，从不为人知的地下活动，开始逐步向国际社会公布相关信息，这就朝着问题的解决更近了一步。"① 2008年2月22日，巴拉迪向国际原子能机构和安理会提交了一份新的报告。报告承认伊朗已回答了涉及其核计划的绝大部分悬而未决的问题，但对伊朗是否拥有未申报的核材料拿不准，因此，无法断言伊朗的核计划是否真的只用于和平目的。报告还说，伊朗不但没有停止，反而加快了铀浓缩活动。鉴于此，2008年3月3日，联合国安理会以14票赞成，1票弃权（印度尼西亚）的表决结果，通过了第1803号决议。与以前的决议相比，该决议进一步扩大了对伊朗的制裁范围，包括扩大对伊朗人的旅行限制，扩大冻结资产对象名单，禁运敏感双用途物资，呼吁各国对伊朗金融活动保持警惕，在机场和港口检查伊朗航空公司的货物等。正当国际社会落实这些决议之时，西方金融危机爆发了，它进一步向其他地区扩展，伊朗核问题被淡化在世界金融危机之中。6月，索拉纳向伊朗递交美国、俄罗斯、中国、英国、法国、德国提出的伊朗核问题复谈新方案。新方案增加了一些对伊朗的鼓励性措施，提出如果伊朗6周内把铀浓缩活动限定在当前水平，将免遭更严厉制裁。7月4日，伊朗向索拉纳递交答复函，回应复谈方案。美国和欧洲官员说，伊朗的答复函缺乏诚意。

针对《纽约时报》关于美国和以色列对伊朗动武的报道，6月20日，国际原子能机构总干事穆罕默德·巴拉迪在阿拉伯卫星电视台播出的采访

---

① 金晶："伊朗核问题：请不要火上浇油"，《环球》2007（10）。

节目中说:"现在对伊朗实施军事打击将让我无法继续工作"。"依我看,一次军事打击将比任何可能的事都糟糕。它将把这一地区变成一个大火球","如果你们发动军事打击,它将意味着,如果伊朗没有准备好制造核武器,它将加速制造核武器,并将得到所有伊朗人,甚至一部分西方人支持"。同一天,俄罗斯常驻联合国代表维塔利·丘尔金称,威胁对伊朗采取军事行动可能破坏六国为解决伊朗核问题所做的外交努力。巴拉迪曾说,伊朗技术专家能够在3—8年时间里生产出核武器。[1] 2008年秋,他又说:按照《核不扩散条约》的义务,德黑兰又提交了详细的已申报的核材料,没有停止铀浓缩,只要它是用于民用核电站的,这样做就不违背条约。[2]

2009年2月19日,巴拉迪向国际原子能机构理事会提交关于伊朗核活动的新报告。该报告重申伊朗与国际原子能机构继续合作,伊朗的核活动没有出现偏离。与以往报告最大不同之处是该报告特别强调伊朗长期与国际原子能机构的合作。他提出了这样一个问题:为什么其他国家提炼浓缩铀,世界没有提出任何抗议,而我们对伊朗却进行这样的炒作?[3] 9月14日,巴拉迪在维也纳国际原子能机构大会开幕式上又说:"对于那些我们与之有问题要解决的国家,我们必须保持开放的沟通渠道,而不是寻求孤立他们。"他在接受媒体采访时说:"伊朗现在有低度浓缩铀,这意味着只要他们在国际原子能机构的核查之下,只要他们不武器化,明天他们不会拥有核武器。"国际社会与伊朗存在信任危机,但这不应该过分张扬,有很多国家正在从事铀浓缩活动,只不过世界没有大惊小怪而已。[4]

2009年9月,伊朗原子能委员会主席萨利希证实伊朗在德黑兰和圣城库姆的山区正建造第二座铀浓缩工厂。西方很快做出强烈反应。美国总统奥巴马说,伊朗方面破坏了"所有国家都必须遵守的规则",构成对国际核不扩散努力的直接挑战。他称,这一核设施的规模和装置情况与民用设施不相符。11月18日,伊朗政府拒绝了国际原子能机构起草的建议:伊朗将其75%的低浓缩铀运往俄罗斯和法国,在上述两国进行再加工后,返

---

[1] Anthony Newkirk. Dipomacy and Hypocrisy: The Case of Iran. *Middle East Policy*, Vol. 15, No. 1, Spring, 2008: 31.

[2] Report by the Director General, Implementation of the NPT Safeguards Agreement and Relevant Provisionsof Security Council Resolutions in the Islamic Republic of Iran. Vienna: IAEA, May 23, 2007 (GOV/2007/22): 4. http://www.iaea.org/Publications/Documents/Board/2007/gov2007 - 22. pdf.

[3] 伊朗伊斯兰通讯社华语台2009年2月20日。

[4] Juliet Levine, Ideen Rahvar. *Academy Model United Nations* 2010. Bergen County Academies, Oct. 11, 2009: 6.

还给伊朗用于医用核反应堆；伊朗可以在浓缩铀依然保留在伊朗境内接受监管的前提下，考虑交换高浓缩铀燃料。伊朗外长穆塔基在接受伊朗学生通讯社采访时说："我们肯定不会把纯度为3.5%的浓缩铀运往国外，但可以考虑在境内与高纯度铀交换。"[①] 伊朗坚持在本国境内进行交换，且同步进行，这导致双方谈判陷入僵局。

2010年6月9日，联合国安理会通过针对伊朗核问题的第1929号决议，决定对伊朗实行自2006年以来的第四轮制裁。决议主要内容包括：禁止伊朗在国外参与核领域的投资活动；禁止各国向伊朗出口坦克、战斗机和军舰等重型武器装备；禁止伊朗进行任何与可运载核武器弹道导弹有关的活动等。第二天，伊朗外交部发言人梅赫曼帕拉斯特指责西方在对伊朗制裁问题上欺骗国际社会，称伊朗将继续实施其"和平"核计划。6月16日，伊朗总统内贾德称，伊朗赞同就其核问题进行谈判，但必须是有条件的。伊朗原子能组织主席萨利希也说，伊朗将再建一座比德黑兰核反应堆"更加先进、更加强大"的研究型核反应堆，以满足国内对放射性同位素的需求。6月23日，萨利希又说，伊朗已生产出17公斤纯度为20%的浓缩铀。

2010年6月29日，伊朗外长穆塔基宣布，伊朗不久将恢复与土耳其、巴西之间的核谈判，这是伊朗为重返伊朗核问题国际谈判而迈出的第一步。9月24日，内贾德总统在纽约称，伊朗可以有条件考虑停止铀浓缩活动。10月17日，他在西北城市阿尔达比勒发表演讲时称，伊朗愿意有条件与六国就有争议的伊朗核问题恢复谈判。条件是六国需明确自己是否遵守国际原子能机构相关规定，表明对以色列拥有核武器的看法，并强调谈判必须在公正与尊重的基础上进行。10月29日，伊朗首席核谈判代表贾利利致信欧盟外交与安全政策高级代表阿什顿，表示伊朗同意与六国就有争议的伊朗核问题恢复谈判。11月7日，伊朗外交部长穆塔基称，伊朗已经同意与六国在土耳其举行核谈判。12月6日，阿什顿和六国代表在日内瓦就伊朗核问题与伊朗首席核谈判代表贾利利开始闭门会谈。第二天，内贾德总统在伊朗中部城市阿拉克发表演讲时说，如果六国能拿出诚意，尊重伊朗"不容剥夺"的权利，伊朗愿与其举行谈判。当天，贾利利在日内瓦宣布，通过本轮会谈，各方达成一致，将在下轮会谈中"本着合作精神，努力寻求共识"。

2011年1月21—22日，六国与伊朗代表在伊斯坦布尔就伊朗核问题举行谈判。双方在伊朗的核发展、铀浓缩和制裁等3个重要问题存在严重分

---

① 杨宁："伊朗军演展实力"，《人民日报海外版》2009-11-25 (2)。

歧，伊朗在上述问题上均提出了先决条件，谈判没有取得任何成果。11月18日，正在维也纳举行的国际原子能机构理事会会议通过了"伊朗核问题六方"共同提出的决议草案，强调在对话机构框架内解决伊朗核问题。

伊朗为何坚持自己的核计划，对联合国的一个又一个决议不理不睬，主要受以下因素影响：伊朗认为，联合国安理会决议是在美国压力下，屈从了美国意志的结果；安理会的决议没有从根本上解决伊朗有权发展和平利用核能问题。美国是伊朗发展核计划的关键，2008年的一次有关伊朗政府的研讨会上，美国国家情报委员会主席托马斯·芬加（Thomas Fingar）坦承，伊朗的行为是可以用"他们的安全环境评估来解释的"，"要认识到伊朗对安全的实际关心……是一个有用的出发点……因为我们是伊朗感到不安全的部分原因"。[1]

（三）西方对伊朗的制裁阶段

美国对伊朗的单边制裁自伊朗伊斯兰共和国成立后不久就开始了，一直持续了数十年。西方国家在核问题上对伊朗的单边制裁早在安理会致力于解决伊朗核问题的过程中就已经开始了。2010年3月13日，芬兰外交部长斯图布称，如果联合国安全理事会未能通过对伊朗实施新一轮制裁的决议，欧盟可能会单方面实施制裁。第二天，法国外长贝尔纳·库什内在芬兰表示，如果联合国未能在6月份之前就制裁伊朗问题达成决议，欧盟准备对伊朗进行单方面制裁。这是欧盟官员首次发表在联合国框架外对伊朗实施制裁的声明。[2]

2011年11月21日，英国、美国、加拿大等西方国家相继宣布对伊朗的金融及能源领域实施新制裁。法国宣称，要对伊朗采取包括冻结伊朗央行资产以及停止买入伊朗石油在内的"前所未有"的严厉措施。2012年1月23日，欧盟外长会议做出决议，禁止成员国从伊朗进口石油，并对伊朗央行实施制裁。1月26日，伊朗总统内贾德称，西方国家对伊朗央行的制裁是"白费力气"，不会奏效。2月6日，美国白宫宣布，总统奥巴马已下令冻结伊朗政府和包括伊朗央行在内的所有金融机构在美国境内的所有资产。同时，美国政府公开表示，现阶段仍寻求通过外交途径解决伊朗核问题。6月23日，欧盟同意对伊朗实施新的制裁措施，禁止伊朗的国家银行在欧洲运营，该制裁措施在欧盟的农业和渔业部长卢森堡会议上得到批准。

在制裁的同时，美国大举增兵波斯湾。2012年新年伊始，美国海军声

---

[1] David Boaz. *Cato Handbook for Policymakers* (7th Edition). Cato Institute, 2009: 524.
[2] 杨子岩、李佳佳："伊核问题仍在升温"，《人民日报海外版》2010-3-17（2）。

明,"卡尔·文森"号航母战斗群到达美国在中东最强大的海上力量第五舰队的职责区域。该区域范围北起波斯湾,南到印度洋,东起阿拉伯海,西到东非肯尼亚,司令部设置在巴林。1月11日,美国海军宣布,隶属美国第七舰队的尼米兹级核动力航空母舰"亚伯拉罕·林肯"号航母战斗群结束了对泰国的访问,正在驶往中东的途中,将在波斯湾附近海域与"卡尔·文森"号航母会合,由美军中央司令部统一指挥。加之尚未返回的"约翰·斯坦尼斯"号航母战斗群,美国在同一区域同时存在3艘航母战斗群,这在和平时期是十分罕见的,再次引起人们对伊朗与美国之间会不会开战的猜测。9月中旬,美欧国家与沙特阿拉伯和阿联酋等25国在波斯湾地区举行了该地区历史上规模最大的联合军演,旨在对伊朗施压。

2012年7月1日欧盟对伊朗正式实施石油禁运。10月15日,欧盟卢森堡外长会议宣布,欧盟禁止从伊朗进口天然气,并禁止一切欧洲与伊朗银行间的交易,还加大了对伊朗的出口限制。

针对美欧的制裁与军事恐吓,伊朗积极应对。经济上,伊朗央行行长巴赫马尼表示,将动用1500亿美元的国家外汇储备。政府和议会表示将建立联合委员会,协调应对西方石油制裁。伊朗议会起草法案,要求伊朗政府部分封锁霍尔木兹海峡,以阻止输往制裁伊朗国家的油轮通过。军事上,伊朗伊斯兰革命卫队举行军演,并发射了射程覆盖以色列的地对地导弹。2月15日,伊朗政府通过宣布已研制成功并启用新一代用于提炼浓缩铀的国产离心机的方式予以回答。

特拉维夫大学国家安全研究所资深研究员艾米利·B. 兰道(Emily B. Landau)针对伊朗核问题的曲折发展不无感慨地说:"伊朗与5+1在(2009年)10月份的谈判——美国在核燃料计划上最近发挥了关键作用——只能描述为'又一轮幻觉'。在过去的7年中,我们有了太多的这种经历。我们见证了伊朗同意,不同意,然后有点同意,接着再拒绝,随后说需要更多的时间考虑,然后再答应一点,接着再拒绝,随后说需要更多的时间考虑,然后提出一个反建议,并说想合作,接着又说它从不放弃自己的权利,如此这般。"[1]

制裁对伊朗的影响两方面兼而有之。不利方面主要表现在经济发展上,2011年伊朗的石油收益增速与历史上相比已经放缓,而欧盟2012年7月1日开始的石油禁运,使伊朗石油出口在9月份一度下降到每天

---

[1] Emily B. Landau. Lessons for Dealing more Effectively with Iran. http://www.bitterlemons_international.org/inside.php? id =1198.

90 万桶,① 2010 年日出口石油 258.3 万桶,2011 年上半年日出口量为 220 万桶。制裁使伊朗损失了石油出口市场,对伊朗经济造成严重伤害,加剧了伊朗国内积蓄已久的经济问题,如增速放缓、失业率上升、物价上涨、通货膨胀加剧等等。有利方面主要表现在:有利于民族凝聚,因为核计划是伊朗从上到下的共同愿望,是民族的心声,在核问题上对伊朗的制裁将加强伊朗的民族凝聚,有利于社会稳定,其结果与以美国为首的西方所设想的让愤怒的民众推翻现政权恰恰相反;有利于伊斯兰民族的价值观重建,对伊朗的制裁使整个穆斯林世界看到,该问题表面上是伊朗与西方的矛盾,其实质是发展中国家与西方发达国家在发展权上的利益冲突,西方的价值观与伊斯兰的价值观是格格不入的,是穆斯林世界告别西方价值观的时候了;有利于伊朗改变生活中的陋习,如生活中的浪费现象严重问题,借此一些人学会了节俭;在西方对伊朗的制裁过程中,伊朗的经济结构发生了重大变化,石油收入在外贸中的比重下降,其他产品出口收入上升,伊朗的非石油出口,2004 年为 75 亿美元,2010 年超过 100 亿美元,2011 年超过了 300 亿美元,② 而伊朗在 2012 年头 7 个月,伊朗非石油产品出口为 563.8 亿美元,③ 2012 年 7 月伊朗的石油出口下降了 45%。④ 与之相对,美国和欧洲对伊朗的制裁则延缓了美国经济的复苏,诱发了欧盟的主权债务危机。针对西方的金融制裁,伊朗有意绕开美元、欧元等金融工具,而直接借当地货币与黄金挂钩,实现石油出口,如伊朗在与土耳其的石油交易中,用石油换取土耳其货币里拉,再换成黄金,经迪拜转运回国,从而实现伊朗金融系统在西方制裁之下的正常运作。制裁加强了伊朗与亚洲国家的经济联系,以石油出口为例,仅对日本、韩国、印度和中国四国的出口就占到了伊朗石油出口的 60% 以上,且用交易国的货币结算,对于加强亚洲国家间的经济交流极为有利。

从产生的效果来看,以美国为首的西方对伊朗的一系列措施彻底失败。2004 年 12 月,布什总统就美国多年来对伊朗制裁收效甚微发出感叹:"我们依赖他人,因为我们制裁了自己而对伊朗没有影响。"⑤ 2010 年 2 月

---

① Iran Crude Oil Exports Hit Highest Level Since EU Sanctions. *Tehran Times*, Jan. 31, 2013:2.
② 数据来源于伊斯兰通讯社华语台伊朗过去一周时事回顾。
③ Iran's trade turnover tops $56b in 7 months. *Tehran Times*, Oct. 28, 2012:1.
④ Tennille Tracy, Paul Vieira. Iran Oil Exports Fall, Embassy Shut. *The Wall Street Journal*, Sept. 8, 2012:A7.
⑤ Elaine Sciolino. United States and Europe Differ Over Strategy on Iran. *New York Times*, Jan. 29, 2005.

22日,伊朗宣布,计划1年内建造两处新的铀浓缩设施,并且正在为新建10座铀浓缩工厂选址。① 7月24日,伊朗原子能组织主席萨利希宣布启动伊朗核聚变研究。8月15日,萨利希表示,伊朗将于2011年3月前后新建一处铀浓缩设施。4月10日,伊朗原子能组织主席费雷敦·阿巴西·达瓦尼称,伊朗将在福尔多铀浓缩工厂安装离心机。9月4日,伊朗声像组织网站报道,布什尔核电站已于头天晚上并网发电。2012年2月26日,达瓦尼说,伊朗首座核电站布什尔核电站将于伊朗新年初(伊朗新年始于3月21日)满负荷发电。2012年8月30日,国际原子能机构总干事发表报告,称伊朗已生产出6876公斤纯度为5%的六氟化铀(UF$_6$)和189.4公斤纯度为20%的铀235。② 2007年12月,伊朗驻华大使贾瓦德·曼苏里在接受《环球时报》记者采访时表示,美国一手制造的伊朗核问题"是本世纪最大的谎言",毫无依据,只是为了控制中东的石油才不断插手中东事务,军事打击伊朗根本不可能解决任何问题,只会使石油价格上升到每桶150美元。③ 对伊朗的制裁,使欧洲的主权债务危机提前到来,并诞生了"笨猪五国"。

第三节 伊朗人的核态度

时任美国印第安纳大学的埃及裔政治学教授、中东研究中心主任,现任美国防大学政治学教授瓜达特·巴哈特(Gawdat Bahgat)曾说:多年来,伊朗存在着多个派别,他们可分为温和派和保守派,在很多国内和外交等重大问题上总是能听到不同的声音,但在核问题上是少有的例外。发展核能是民族尊严问题,在这一问题上广大民众空前团结在政府的周围。④ 了解不同阶层伊朗人的核态度,有利于把握伊朗政府的政策和伊朗核问题的走向。

---

① 杨子岩、李佳佳:"伊核问题仍在升温",《人民日报海外版》2010-3-17(2)。
② The Director General (of IAEA). *Implementation of the NPT Safeguards Agreement and Relevant Rrovisions of Security Council Resolutions in the Islamic Republic of Iran*. GOV/2012/37, 30 Aug., 2012: 3-4.
③ 马小宁等:"布什的'鹰派时代'走到尽头伊朗核问题期待转机",《环球时报》2007-11-7。
④ Gawdat Bahgat. Nuclear Proliferation: The Islamic Republic of Iran. *Iranian Studies*, Vol. 39, No 3, 2006: 323.

一、伊朗领导人的核态度

2004年11月5日，伊朗最高领袖哈梅内伊发表讲话说："伊朗反对生产、储存和使用核武器"，伊朗并不想发展核武器。他说，问题的核心不是核武器，而是美国不想看到伊朗在技术上取得进步。[①] 2009年9月11日，他又在德黑兰大学星期五聚礼日集会上发表讲话说："我们必须坚决维护自身权利。无论是核权利还是其他权利，我们一旦放弃，都将导致衰落。""如果我们不能……追求科技与道德进步，我们就将传播罪恶；如果我们不能与侵略者、傲慢自大者和国际强权针锋相对，我们就会在他们面前因虚弱而连连退却。"[②] 坚持核权利，和平利用核能，不发展核武器是伊朗精神领袖哈梅内伊一以贯之的态度。2013年2月16日，他在东阿塞拜疆省会大不里士表示："伊朗伊斯兰共和国不打算制造核武器，这个决定不是由于美国的不满，而是基于（占有和使用）核武器对人类犯罪的信念。需要强调的是它们不应该被产生，伊朗寻求无核武器的世界。"[③] 他庄严宣布：生产、储存和使用核武器为伊斯兰教所禁止。这是自伊斯兰革命胜利后伊朗高层领导人一以贯之的立场。

针对1992年初围绕伊朗的核传闻，2月16日，身为伊朗总统的拉夫桑贾尼在伊斯兰国家首脑会议开幕式上发表讲话说："伊朗认为，有必要在世界实现持久和平和全面销毁将为世界强国所拥有的原子、细菌和化学武器。"[④] 2004年12月3日，身为伊朗确定国家利益委员会主席的拉夫桑贾尼在穆斯林星期五聚礼日的祷告中说，伊朗不会放弃在核能利用上的权利，希望成为拥有核能技术的国家之一，但决不会制造核武器。

2005年6月25日，内贾德当选伊朗总统，他在当选的新闻发布会上说："伊朗用于和平目的的技术是伊朗年青一代科学家所取得的结果。我们需要将和平的核技术应用于能源、医学、农业和科学领域。我们将继续发展下去。"[⑤] "伊朗人希望拥有民用核技术。这个世界应当知道它不能遏制这一努力。获取用于和平目的的核技术是伊朗全民族的要求。作为这个

[①] 新华社德黑兰2004年11月5日电。
[②] 路透社德黑兰2009年9月12日电。
[③] Leader. U. S. Will Receive A Proper Response if It Acts Logically. *Tehran Times*, Feb. 17, 2013: 1-2.
[④] 法新社德黑兰1992年2月16日英文电。
[⑤] 张胜平、陈文："伊朗新总统：不怕美国不弃核"，《新华每日电讯》2005-6-28（5）。

民族的代表，统治者必须尽其全力满足这一要求。"① 2009 年 10 月，连任总统的内贾德在接受美国国家广播公司记者安·柯里（Ann Curry）采访时说："我们不需要核武器，我们认为这种武器一点用处都没有。现在，全世界正在接受我们的观点。如果核武器有影响的话，它们将阻止苏联解体，同样也可以阻止犹太复国主义政权的灭亡。"②

2006 年 6 月上旬，针对"六国方案"，伊朗领导人纷纷表态。正在委内瑞拉访问的伊朗石油部长哈马内接受委内瑞拉电视台采访时说："我们绝不会就核燃料的循环过程进行谈判，我们已经能够依靠国内科学家完成这一过程。"③ 6 月 2 日，伊朗前总统哈塔米在周五祷告中称："伊朗已经准备付出任何代价来保卫其（使用核技术的）权利。你试图用既成事实的……经济制裁来威胁我们，我们已经在经济制裁之下获得了我们的核计划。"伊朗原子能组织副主席穆罕默德·赛义迪告诉伊朗学生通讯社："伊朗决定继续从事用于和平目的的铀浓缩活动。伊朗民族不会允许我们放弃它。"拉里贾尼在接受意大利《共和国报》记者的采访时说，伊朗是一个重要国家，只有理智地与伊朗对话，方可就各种问题达成谅解。伊朗的所有核活动都是在国际原子能机构框架内进行，而且伊朗的核活动受到该机构的严密监控，鉴于此，我们怎能接受我们的核活动用于军事目的的说法呢？

2004 年 9 月 28 日，时任外长的哈拉齐在接受美国有线新闻网采访时说："伊朗不打算发展核武器。这不是我们防卫战略的一部分，我们并不认为，那将增加国家的安全。"2009 年 9 月 12 日，伊朗国防部长瓦希迪表示，大规模杀伤性武器有悖于伊朗的"宗教原则、人道原则和国家原则，制造核武器从来就没有被列入工作日程"。④

2008 年 7 月 1 日，伊朗议会发表声明称，如果伊朗因为其有争议的核项目遭到新的制裁，将停止与国际原子能机构的合作。这一声明由 201 名议员签名，声明呼吁欧盟采取外交方法而不是实施制裁，压力只会使伊朗加速其核进程。声明写道："六大国应当知道，如果它们通过针对伊朗的新制裁决议案，这将不会起到任何效果，这将使议员们做出保卫伊朗权利的新决定，例如停止对国际原子能机构做出的履行核不扩散条约附加议定书的保证。"

2013 年 11 月 7 日，伊朗外长扎里夫在接受美国有线电视新闻网记者

---

① "伊朗政坛小字辈当总统 核问题上将趋强硬"，《新闻晨报》2005 - 6 - 26。
② Ann Curry. Iran's President Mahmoud Ahmadinejad. *The Yachad Report*, Oct., 2009: 2.
③ 范辉："伊朗核问题'4+1'模式浮出水面"，《新京报》2006 - 6 - 2。
④ 郑兴、崔玲："伊朗核问题下的力量博弈"，《人民日报海外版》2009 - 9 - 16（2）。

采访时说："伊朗人民通过选举鲁哈尼为总统已经打开了解决伊朗核问题的'机会之窗'，这个机会应被抓住。""我们可以谈判所有问题，但不会中止铀浓缩计划。"① 11月10日，鲁哈尼在议会发表讲话说，人民的权利和国家利益是伊朗的"红线"，特别是合法的核权利以及在本国进行铀浓缩的权利。他还说，伊朗不会因为威胁、制裁、羞辱或者歧视而向任何大国妥协。②

虽然伊朗领导人在核计划上存在共识，但在具体操作上有时也会出现分歧。2006年10月，伊朗前总统、时任国家利益委员会主席的拉夫桑贾尼重提已故精神领袖阿亚图拉霍梅尼的一封信。这封写于两伊战争结束后不久的信，主要内容是阿亚图拉霍梅尼向伊朗领导人解释为何同意与伊拉克停火。他在信件中说，伊朗军方领导人告诉他，如果伊朗想赢得与伊拉克的战争，就必须拥有核武器。这场持续8年的战争已经造成伊朗20万人丧生，20万人致残，国民经济严重衰退，外汇储备全部耗尽。霍梅尼说，伊朗在政治上和经济上都无力继续承受代价高昂的战争，于是他决定和伊拉克停火。这封信在伊朗掀起轩然大波。在分析家看来，拉夫桑贾尼此举是在给伊朗政坛的强硬势力发出警告，希望他们三思而行，能像阿亚图拉霍梅尼那样做出了"明智的选择"。内贾德总统对拉夫桑贾尼公布信件做出强烈反应，他说，如果有人试图利用这封信来动摇伊朗发展核计划的决心，那就打错了算盘，表明这些人"缺乏智慧，不愿承担义务"。③ 这进一步加重了外界对伊朗的核担忧。

二、伊朗国内民众的核态度

在谈及核态度时，2006年12月，伊朗最具影响力的报纸之一《使命报》的主编穆罕默德·卡齐姆·安巴尔鲁先生斩钉截铁地向《环球时报》记者说："我百分之百支持核计划。""伊朗核计划代表的是伊朗的国家利益，全国人民都想要它，没有一个政府可以漠视人民的这一要求。"④ 他认为，为了实现核计划，伊朗人值得去冒风险。在伊朗有这样一个传说：一次，总统内贾德去伊朗西北部一个偏远地区视察。直升机降落后，内贾德来到河边洗手，突然听到几个当地农民向他高喊："保卫伊朗的核权利！保卫我们的权利！"从这些身处穷乡僻壤、终日忙于劳作的边民身上，人

---

① Zarif. Iran Will not Suspend Uranium Enrichment in Entirety. *Tehran Times*, Nov. 7, 2013: 2.
② 'Uranium Enrichment within Iran, a Redline'. *Tehran Times*, Nov. 11, 2013: 3.
③ 冯俊扬："伊朗反对派借霍梅尼信件敲打内贾德"，《新华每日电讯》2006-10-7 (3)。
④ 李佩翰、吴冰冰："伊朗人怎样看核计划"，《环球时报》2006-12-14 (2)。

们就可以看到伊朗人对核计划的坚定态度。

改革派报纸《民族信任报》主编卡斯拉·努里在接受《环球时报》记者采访时也说："拥有核能是我们的权利，而且是无可置疑的权利。"他同时表示："但是毕竟存在着国际社会，我们不可能率性而为，不能为了获得核能而让人民受到损失。我们应当以国际社会能够接受的方式来发展我们的核计划。比如通过一个一揽子计划，包括我们的核计划在内，这可能是一种更为聪明的好方法。"① 他认为，除非解决了与美国之间的问题，否则所谓的伊朗核问题不太容易找到解决办法。如果美国和伊朗之间仍然处于敌对状态，那么即便伊朗核问题得到解决，肯定还会有别的问题出现。② 据说，伊朗九成以上的民众拥护"和平利用核能"。③

2007年10月，当内贾德总统结束参加联大会议的美国之行回国后，InterMedia公司通过电话对德黑兰、伊斯法罕、设拉子和大不里士4个城市进行了民意调查。调查结果表明，68%的受访对象支持伊朗追求核武器技术。④ 2009年伊朗总统大选前夕，5月11—20日，美国"消除明天恐怖"民意中心（Terror Free Tomorrow：The Center for Public Opinion）和新美国基金组织（the New America Foundation）通过电话采访等形式联合进行了民意调查。在核问题上，52%的伊朗人支持伊朗发展核武器，40%的人反对，82%的伊朗人强烈支持伊朗使用核能。⑤ 2013年11月初，盖洛普的一项调查表明，68%的受访伊朗人表示，尽管外部制裁给伊朗人的生活带来了一定的困难，但伊朗人和平利用核能的权利是不可剥夺的。⑥

从这些谈话、民意调查来看，伊朗坚持核计划是全体生活在国内伊朗人的共同愿望，或者说是大众意志。

三、海外伊朗人的核态度

2008年6月25日，美国《亚利桑那共和报》报道，50岁的伊朗裔美

---

① 李佩翰、吴冰冰："从报纸看伊朗：对政府评价不一　谈中国观点一致"，《环球时报》2006 - 12 - 5（3）。

② 同上。

③ 李佩翰、吴冰冰："伊朗人怎样看核计划"，《环球时报》2006 - 12 - 14（2）。

④ New InterMedia survey finds Iranians see war with U. S. less likely even though more favor nuclear program since Ahmadinejad visit. www. intermedia. org.

⑤ Results of a New Nationwide Public Opinion Survey of Iran before the June 12, 2009 Presidential Elections, Terror Free Tomorrow：The Center for Public Opinion and the New America Foundation, 2009：11.

⑥ Gallup Poll. Most Iranianssay Nuclear Program Should Continue Despite Sanctions. *Tehran Times*, Nov. 9, 2013：1.

国工程师阿拉维头一天在亚利桑那州地方法庭上承认,他曾将从美国核电站中窃取的软件带到伊朗,从而触犯了美国法律。阿拉维曾在亚利桑那州帕洛弗迪的一个核电站工作了17年。2006年,他从核电站辞职后,曾携带着一个笔记本电脑前往伊朗,其中装有一个关于该核电站详情和图表的软件。根据规定,他不能私藏这个软件,因此构成盗窃罪。① 加里·习克曾说:"现在面临的棘手问题之一是已经出现的伊朗核问题,它也是个历史遗留问题。所有拥护伊朗国王的人和正在写回忆录的人告诉我们,他们同意伊斯兰共和国的唯一一件事就是核政策。"②

当然,也有反对伊朗核计划的,"人民圣战者"组织就是代表。2009年10月,针对伊朗回应"六国方案"的立场,该组织的领导人玛亚姆·拉贾维(Maryam Rajavi)发表讲话说,伊朗现任领导人这样做的目的旨在通过追求核武器实现政权的延续。伊朗借口在科技和医学领域和平利用核能只是为发展核武器找借口。她呼吁安理会通过外交、技术、军事和石油禁运等手段进一步对伊朗政权采取措施,并将这些措施视为阻止伊朗发展核武器的重要一步。她还说,20多年来,伊朗政权一直在秘密实施核武器计划,希望通过与伊朗政权谈判的缓和政策将使伊朗的"恐怖主义政权"接近拥有核武器,把中东和整个世界引入战争。③ 伊朗裔英国人类学家马牛车尔·萨纳德坚(Manuchehr Sanadjian)则称:强化核材料的使用使伊朗民众与其伊斯兰领导人之间的关系变得难以忍受,伊朗与世界其他民族的关系变得不协调。国际机构对伊朗核问题调停不力推迟了伊朗社会民族化的进程,延缓了伊朗政治共同体的出现。从这一点来看,核产品通过担当公民角色并用核产品作为民族认同取代零碎的中产阶级认同,给伊朗人提供了避免参与伊朗特色政治建设的危险道路。其结果是伊朗在寻求核技术上的失败和公共安全问题将变成伊朗人忙于应付的国内和国际问题。④ 2010年8月1日,埃及电视台报道,前伊朗巴列维王后批评伊朗政府但反对西方对伊动武。

鉴于伊朗核问题背后如此复杂的因素,伊朗借核问题要达到的目的也

---

① 杨晴川、王薇:"伊朗裔美工程师承认窃核电软件带到伊朗",《新华每日电讯》2008 - 6 - 27 (5)。

② Symposium. Iran's Strategic Concerns and U. S. Interests. *Middle East Policy*, Vol. 15, No. 1, Spring, 2008: 2.

③ Maryam Rajavi. Calls for Comprehensive UN sanctions against Iranian Regime. *News Bulletin of the Foreign Affairs Committee of the National Council of Resistance of Iran*, Nov. 2, 2009: 4.

④ Manuchehr Sanadjian. Nuclear fetishism, the fear of the 'Islamic' bomb and national identity in Iran. *Social Identities*, Volume 14, No. 1, 2008: 77 - 100.

是明确的：首先，从当下来说，把核问题作为推行外交政策的工具，以期达到提升伊朗国际地位的目的，至少伊斯兰共和制实体要得到国际承认。其次，从长远来看，把世界拉到和平发展的轨道上来，伊朗主要通过核技术来实现，要拥有一夜之间生产出核武器的能力，接下来看世界对伊朗的态度，如果世界与之为友，还需要核武器干什么？就不追求核武器。但伊朗的敌人如果拿着致命的武器威胁和恐吓伊朗，为了民族生存，伊朗可能一夜之间就有了核武器。所以说，伊朗是否发展核武器，取决于国际社会中伊朗与他国的关系。在核问题上，其实早在 20 世纪 80 年代就有人提出过，1987 年 3 月 23 日，罗伯特·H. 曼宁（Robert H. Manning，1919—2012 年）在《美国新闻与世界报道》上撰文指出："使美国对以色列的核能力最感不安的是它对中东的影响。人们普遍认为，对以色列的恐惧可能激起那一地区其他国家搞核武器的抱负。"[1]

2009 年 3 月 30—31 日，在加拿大举行的伊朗问题研讨会上，与会者最不能确定的是伊朗的核计划，人们对伊朗的核意图和核能力知之甚少。不过，有一点是明确的，它对未来伊朗的实力和自信心是必要的，作为一个有核武器的或有核能力的伊朗可以更有信心地去追求地区雄心。再者，核计划，像其他外交政策工具一样，被政府熟练地用来支持自身的合法性并激起民族主义情感。[2]

在核问题上，伊朗人不管国内或是国外，除了极个别人或组织，对伊朗拥有和平利用核能的权利上的一致性是西方没有料到的。借核能的利用，伊朗能够促进自己的高科技发展，这将是凝聚伊朗人的重要手段，也是一个资源大国、历史悠久的民族振兴的希望，更是伊朗民族安全的保证。伊朗人的核态度决定了伊朗政府必须坚持核权利，否则在选民的眼中，它将失去合法性。美国战略与国际问题研究中心（CSIS）学者希琳·T. 亨特（Shireen T. Hunter，1945 年—）女士曾说："其他一些问题，尽管在本质上是非意识形态的，在过去几年已经变得神圣起来。争吵不休的核问题就是这类问题。绝大部分伊朗人，不管是对或是错，已经达成了共识，核计划是伊朗追求科技进步和树立民族自信心不可分割的一部分，西方的反对与历史上他们希望伊朗保持落后局面是一致的。这意味着，伊朗

---

[1] Robert H. Manning. Has Pakistan the Bomb? New Evidence Shows It Is True. *U. S. News & World Report*, March 23, 1978.

[2] Thomas Juneau, *Insights into the Future of Iran as a Regional Power*, A conference of the Canadian Security Intelligence Service jointly sponsored by Foreign Affairs and International Trade Canada, National Defence Canada and the Privy Council Office, Carleton University, Canada, June 2009: 6.

的任何政府都要坚持铀浓缩活动。"① 这也决定了美国尼克松战略研究中心专家杰弗里·肯普（Geoffrey Kemp）所说的："伊朗对地区安全的感觉——美国在其身边的军事存在——无论谁当政都一样。换句话说，下一届政府，即使是对美国友好的，亲以色列的，仍然希望追求现政府追求的同一个目标。"② 美国学者查尔斯·弗格森评论说："解决伊朗核问题贵在双方建立互信。核谈代表必须明白，伊朗领导人要忠于他们向伊朗民众做出的承诺，坚持伊朗铀浓缩的权利。"③ 他也是基于伊朗人对核权利的追求做出此评论的。上海外国语大学中东研究所研究员孙德刚则说："伊朗80%的民众支持国家发展核技术，并认为这是伊朗科技振兴的重要里程碑。"④

第四节　伊朗伊斯兰共和制下的核决策机制

任何一个政府的第一使命就是把民众的夙愿转化为国家政策，但不同政治体制下，决策的程序和机制存在巨大差异，同时也对政策的实效性产生重大影响。本节将通过对伊朗伊斯兰共和制以及围绕核问题伊朗的决策机制予以探讨。

一、伊斯兰共和制

长期以来，受西方观念和宣传的影响，很多人印象中的伊朗伊斯兰共和制是"宗教专政"、"政教合一"的制度，是历史的倒退。伊斯兰共和制究竟是一种什么样的政治体制？伊朗的政治体制非常复杂，为了防止权力过于集中，伊斯兰革命成功后，按照《伊朗伊斯兰共和国宪法》，伊朗设立了精神领袖、总统和总理等职务，在机构设置上，除了西方政治中的一般机构外，还设立了专家委员会以及宪法监护委员会、国家利益鉴别委员会等各种委员会。这是一个比较复杂的政治体制。在这一体制下，虽然精

---

① Shireen T. Hunter. *Iran's Presidential Elections: What Impact on External Relations?*. Institute Affair Internazionali Documenti, No. 910, May 25, 2009: 4.
② Geoffrey Kemp, Shahram Chubin, Farideh Farhi and Richard Speier. *Iran's Nuclear Weapons Options: Issues and Analysis*. The Nixon Center, Jan. 2001: 11.
③ Charles D. Ferguson. A New Approach to Iran's Nukes. *Christian Science Monitor*, Sept. 8, 2008.
④ 孙德刚："以色列与伊朗关系评析"，《现代国际关系》2009（5）：25—31、52。

神领袖既是国家的最高领导人和武装部队的最高领袖，但伊朗不是个人专制的体制。实际上，精神领袖要服从集体一致的原则，对竞争中的不同派别负责。伊斯兰共和国成立之初，决策的过程是特别的和不正规的，有时在国家最高安全委员会做出，有时在精神领袖的办公室做出。依照《伊朗伊斯兰共和国宪法》，"伊朗的政体是伊斯兰共和国政体制"（第1条）。[①]"统管伊朗伊斯兰共和国的最主要权力机构是：立法、行政和司法三权机构。这三个机构均由人民的领袖根据以后的法律原则所领导。这三个机构相互间是独立的。"（第57条）由此可知，它是指精神领袖与三权分立相结合的政治体制。这一体制介于君主立宪制和共和制之间。与共和制相比，它多了一个精神领袖；与君主立宪制相比，其精神领袖是通过一定的民主程序产生、不再是代表家族利益的、可以世袭的君主。在剧烈的社会转型期，这一制度通过奇里斯马式的精神领袖既可以避免在"自由名义"下的混乱，实现政治转型的平稳过渡，也可以避免家族的世袭统治，为伊朗政治制度的和平发展奠定了基础。为了确保伊斯兰道路，通过民选的专家委员会来选举精神领袖，确定国家利益委员会和大阿亚图拉来约束精神领袖；由宪法监护委员会确保议会通过的法律不违背伊斯兰原则。

　　一种社会制度是否先进，要看其是否符合所在国的具体国情，能否保证一个民族在长期稳定中实现可持续发展。专制制度可以求得暂时的稳定，但不可能长久，也就谈不上先进性。民主实现的路径要因民族的发展水平和整体民族素质而定，以"三权分立"理论的诞生地法国为例，它给法国带来了什么呢？首先是法国大革命和它的3次高潮，法兰西共和国建立，接着是拿破仑战争和拿破仑帝国的建立，再以后是波旁王朝的复辟、七月革命和"七月王朝"的建立、1848年欧洲革命中的"二月革命"和"六月起义"、法兰西第二共和国的建立、1852年法兰西第二帝国的建立、法兰西第三共和国、法兰西第四共和国、法兰西第五共和国。如果说这还不够的话，普法战争和第二次世界大战中的两次灭顶之灾更是法国人永远的伤痛。在三权分立理论诞生时，法国是欧洲最发达的国家，在当时的西方大国里，它是最为强大的。美国学者曼库尔·奥尔森（Mancur Olson，1932年—）在其《国家兴衰探源》中总结说："法国在过去两个世纪内曾经经历了人类历史上最深刻与持久的多次革命，法兰西宪法像期刊似的不

---

① 引用版本为伊朗伊斯兰共和国伊斯兰文化联络局翻译出版社1997年版。

断翻新，而且曾 4 次全部或部分地被外国军队所占领。"① 与法国相比，英国政治走上了君主立宪制之路，它使其成为日不落帝国，主宰世界达两个多世纪。三权分立首先在美国进行实践，成了美国走向超级大国的重要保证，然而，再看看第三世界国家在政治转型中，由于一些国家一味地追随西方的"三权分立"，在贪婪、自私政治家的折腾下，整个民族被带进了"政治百慕大"旋涡，使民族在动荡和混乱中不能自拔。伊朗的伊斯兰共和制通过"精神领袖"和三权分立的有机结合，既保证了伊朗政治现代化的连续性，也避免了伊朗的政治改革误入"政治百慕大"旋涡，是伊朗民族由制度模仿到制度创新的结晶，并使伊朗在由传统政治向现代政治转型的成本降至最低。伊朗的伊斯兰共和制以及伊朗伊斯兰共和国 30 多年的实践表明，制度的"先进性"不在于理论阐述得多么完美，而在于一种制度是否适合自己的国情、民情。能够使民族在稳定中求得最大发展的制度是最好的制度。

美国学者埃克巴尔·迈赫迪（Akbar Mahdi）认为，在伊朗伊斯兰革命取得胜利之初，伊朗试图将自己的伊斯兰政府作为伊斯兰世界合法的政府模式为那些东西方"腐败仆从"政府的替代方案，但并未获得普遍承认或理解，因此，"除了不再有苏联这个竞争的超级大国之外，新的世界秩序与旧的相比没有什么不同。从世界体系的角度来看，变化仅仅是政治方面的，世界经济体系仍然未变。"② 怎样看待伊斯兰原教旨主义，早在 1926 年，伊斯兰思想家毛杜迪就曾宣称："伊斯兰是一种革命意识形态，是一种革命实践，其目标在于摧毁世界所有的社会秩序并从零开始重建。"③ 中国学者陈安全认为，"伊斯兰原教旨主义所主张的并不是什么宗教，而是在当代伊斯兰复兴的社会条件下出现的一种政治主张，是一种要求推翻现存秩序的、革命的意识形态。"④ 在谈及伊朗伊斯兰革命的影响时，埃斯波希托（John L. Esposito）等学者认为，伊朗革命以 4 种方式影响全球：（1）伊朗直接介入一些国家的事务，如黎巴嫩和巴林；（2）伊朗的榜样作用加速了伊斯兰国家本已存在的伊斯兰政治化趋势；（3）极大地刺激了伊斯兰政治思想和意识形态复兴；（4）伊朗的表率作用促使一些政府加强对政治

---

① ［美］曼库尔·奥尔森著，吕应中译：《国家兴衰探源——经济增长、滞胀与社会僵化》，商务印书馆 1999 年版，第 8 页。
② Akbar Mahdi. Islam, the Middle East, and the New World Order. From Hamid Zangeneh. *Islam, Iran, and World Stability*. New York: St. Martinps Press, 1994: 85 – 86.
③ Said Amir Arjomand. *The Turban for the Crown*. Oxford: Oxford University Press, 1988: 140.
④ 陈安全：《伊朗伊斯兰革命及其世界影响》，复旦大学出版社 2007 年版，第 44 页。

反对派的镇压和控制,强化了专制统治,阻挠了民主化进程,如伊拉克等国。① 美国学者理查德·库塔姆(Richard Cottam,1925—1997年)称:"伊朗革命是人类历史上最大的民粹主义大爆炸之一。它标志着具有伊朗特色的群众运动的开始,并预示着第三世界主要变化的开始。它也预示着世界力量平衡的变化,为预言这种变化提供了实例,并为人们所理解。"② 1979年,时为澳大利亚国立大学政治学研究员(后为美国密执安大学国际关系学教授)的穆罕默德·阿尤布(Mohammed Ayoob,1942年—)则评价说:"无论从把美国的势力排除出去的角度或是从抵抗苏联控制的角度,伊朗革命已为第三世界的自信和自尊起到了非常积极的作用。近来伊朗为第三世界,尤其是穆斯林同伴提供经验中最大的一课表现在,不管从内部或外部,也就是说内部秩序的重构或外部干预的拒斥,都可以由本民族来完成而不需要有影响和合法性的外来势力干涉。这就是伊斯兰在群众动员方面和赋予新政权合法性方面所取得的不可否认的成就。即便这一政权将发生变化(非常有可能),伊斯兰在伊朗1978—1979年革命中所起的作用决不能视为不及历史上那些由于没有把革命建立在'伊斯兰革命'基础之上而在革命后没有出现新秩序的革命差。"③ 伊朗学者纳塞尔·马扎赫里·德黑兰尼(Nasser Mazaheri Tehrani)称:"毫无疑问,伊马姆霍梅尼的革命起义使伊斯兰一神学说和宗教虔诚的人生信条在经历了数世纪安于现状和冷落后,已为世界根本转变和在政治事件中发挥积极作用做好了准备。从全球层面和20世纪最后数十年不可预知的胜利着眼,伊斯兰革命计划引领了世界体系框架的基本转换和突变,还有在世界正在发生的政治平衡的变化。"④ 伊朗学者穆罕穆德 - 里达·达赫希里(Muhammad - Rida Dehshiri)则称:"伊朗伊斯兰革命是这一百年里的新现象,是由像伊马姆霍梅尼这样的奇里斯玛式的和独一无二的伊斯兰世界领导人领导的一个神权的、乌

---

① John L. Esposito, James P. Piscatori. The Global Impact of the Iranian Revolution: A Policy Perspective. From John L. Esposito. *The Iranian Revolution: its Global Impact*. Miami: Florida International University Presses, 1990: 318.

② Richard Cottam. Inside Revolutionary Iran. // R. K. Ramazani. *Iran's Revolution: the Search for Consensus*. Bloomington and Indianapolis: Indiana University Press, 1990: 3.

③ Mohammed Ayoob. Two Faces of Political Islam: Iran and Pakistan Compared. *Asian Survey*, Vol. 19, No. 6 Jun., 1979: 535 - 546.

④ Nasser Mazaheri Tehrani. *Imam Khomeini and the International System: A Collection of Articles*. Tehran: International Affairs Department, the Institute for Compilation and Publication of Imam Khomeini's the Works, 2006: V.

托邦的、泛伊斯兰主义的、普世的和世界主义的革命"。① 他在《从伊马姆霍梅尼的观点看伊斯兰外交原则和基础》一文中提出：能够说明伊斯兰外交基础和原则的概念，如维护独立、反对非伊斯兰国家的控制、邀请非穆斯林加入穆斯林、把真主的朋友视为自己的朋友和反对真主的敌人、善待他人、履行国际协议和惯例等，都可以在伊马姆霍梅尼这里找到根据。② 他在《从伊马姆霍梅尼的观点看达到理想国际秩序的方法》一文中提出，"他试图构建一个国际体系，从结构上，不再出现一些国家依赖其他国家的情况，从功能上，在实践上它可以防止傲慢自大的大国染指弱小国家的事务和命运。"③ 随着伊朗伊斯兰共和制为越来越多人所认知，它为世界的政治秩序和经济秩序转型提供了一座桥梁，正是一座座的桥梁，使人类走进世界新格局。

二、伊朗的核决策机制

伊朗的核决策机制深受其政治体制影响，作为政府事务运行的衍生品，它又以原则和效力为指导，做到了原则性与灵活性相统一，从而体现出伊斯兰共和制的优越性。所以，对其机制的探讨，对其他文明也有一定的启发和借鉴作用。

2003年伊朗核危机出现之前，成立于1974年的伊朗原子能机构是负责处理与核有关的权威机构。伊朗的核计划曾因伊斯兰革命一度中断，原因很简单，伊斯兰革命的领导人伊马姆霍梅尼称核武器为"魔鬼的工具"。随着两伊战争的久拖不决，伊朗开始重新考虑研发核燃料循环技术。在试图从外部获得核技术受阻的情况下，在20世纪末，伊朗国家领导人决定加大提升本国核研发能力的力度。为此赋予伊朗原子能机构前所未有的权力，使该机构在资金管理、采购和制度方面享有较为广泛的自由，以防止

---

① Jafar Razi Khan. *Imam Khomeini and the Islamic Revolution*: *A Collection of Articles*. Tehran: International Affairs Department, the Institute for Compilation and Publication of Imam Khomeini's Works, 2008: 1.

② Muhammad - Rida Dehshiri. Principles and Fundamentals of Islamic Diplomacy From Imam Khomeini's Viewpoint, from Nasser Mazaheri Tehrani. *Imam Khomeini and the International System*: *A Collection of Articles*, Tehran: International Affairs Department, the Institute for Compilation and Publication of Imam Khomeini's Works, 2006: 1 - 2.

③ Muhammad - Rida Dehshiri, Ways of Attaining the Ideal International Order from Imam Khomeini's Viewpoint, from Nasser Mazaheri Tehrani. *Imam Khomeini and the International System*: *A Collection of Articles*, Tehran: International Affairs Department, the Institute for Compilation and Publication of Imam Khomeini's Works, 2006: 51.

伊朗其他部门和各种规章制度的过多干预。对此，伊朗时政评论家赛义德·雷拉子（Saeed Leilaz）曾说："我们知道，核问题导致的协议和妥协比其他任何问题都严重。因为从一开始，甚至由哈塔米政府控制的外交部被排除在谈判大门之外，没有为维护伊朗的利益起任何作用。"[①] 关于伊朗发展核武器的较早报道出自英国媒体，1982年10月28日，英国的《外事报道》载文称：阿亚图拉霍梅尼出人意料地决定恢复伊朗国王的核计划。由霍梅尼、总统哈梅内伊、议长拉夫桑贾尼、霍梅尼的侄子（名叫帕桑迪德的工程师）和另外两名科学家组成的一个小组，原则上通过了制造核弹的决定。随着2003年国际原子能机构理事会正式讨论伊朗核问题，伊朗外交部与伊朗原子能机构之间就如何处理核问题出现了严重意见分歧。伊朗原子能机构认为，伊朗核问题不是一个重要问题，它能在国际原子能机构的会议上成功解决。伊朗外交部则强烈警告：伊朗核问题不是简单的核能利用问题，而是以美国为首的西方策划的旨在颠覆伊朗现政权的阴谋，伊朗核问题的解决将有一段非常漫长的路要走。

鉴于此，伊朗最高国家安全委员会成立了3个专门委员会处理核问题，它们分别是"领导委员会"（Council of Heads），包括精神领袖、总统与议长，是最高层面的；其次是"决策委员会"（Policymaking Committee），由各部部长、精神领袖的两位代表鲁哈尼、拉里贾尼以及包括前外长维拉亚提和伊朗原子能机构主席在内的列席者；再次是"专家委员会"（Expert Committee），由与核问题相关各机构的专家组成。外交部长负责决策委员会和专家委员会会议，同时负责与国际原子能机构的谈判。2004年11月，前驻德大使、伊朗安全监督委员会外交政策委员会秘书侯赛因·穆萨维（Hossein Mousavi）在回答记者的问题"谁是伊朗核计划的决策人时"称："我们在3个层面上做出决定。最低层面是来自各部门的专家，第二个层面的人物包括各部部长，最高层面由国家领导人组成。前总统拉夫桑贾尼在最高层面。没有一个特殊的个人对核计划做出决定是非常理智的。最高国家安全委员会秘书参加会议。"[②]

2003年9月12日，国际原子能机构理事会通过决议，要求伊朗与国际原子能机构加强合作，在10月底以前采取必要行动，澄清其全部核活动，以使国际原子能机构全面了解并核实其核计划，包括其浓缩铀计划的

---

① Saeed Leilaz. Honorable compromise. *Sharq*, *Daily Newspaper*, No. 347, Nov. 22, 2004: 1.

② Mehdi Mohammadi. Iran Bracing for Referal to UN (PART. Ⅲ). *Kayhan*, *Daily Newspaper*, No. 18092, Nov. 9, 2004: 12.

"全部历史"。面对国际社会的压力和内部分歧，9—10月，伊朗外交与安全部门的领导人开始考虑，由一个权威人物来协调相关机构，统筹负责核问题。于是，时任外长的卡迈勒·哈拉齐推荐国家安全最高委员会（the High Council for National Security，简称HCNS）秘书鲁哈尼担任这一工作。起初，鲁哈尼表示拒绝，并提议由外交部负责，国家最高安全委员会提供支持。在经过了近一周讨论后，鲁哈尼在精神领袖和总统的坚持下，最终接受了使命。在以后伊朗与国际原子能机构和欧盟的核谈判中，鲁哈尼又被任命为首席谈判代表。这表明在伊朗核问题决策机制中，3个层级的委员会以及首席核谈判代表的地位和权威得到提高，原子能机构和外交部的地位相对有所下降。

在伊朗核问题上，我们可以看到伊朗的集体决策，以《巴黎协议》的签订为例，2004年11月，在伊朗与欧盟三国的谈判过程中，在巴黎起草协议文本和参与谈判的伊朗专家一直与在德黑兰的鲁哈尼保持联系。当谈判结束，准备在协议上签字时，鲁哈尼告知谈判代表，暂不签字，并要求将协议的文本送交伊朗领导人。同时，他告诉欧洲人，签署最终协议尚待伊朗议会的批准。鲁哈尼坦言："我感到这一问题极端重要，并不是我独自可以做出最终决定的事情。"[1] 从中我们可以看到，在伊朗核问题的决策中，最重要的决定通常由议会或领导委员会做出。诚如鲁哈尼所说："实际上，所有重要的、战略性的决定和根本原则都要由领导委员会批准。""决策委员会的决定在实施前也要向最高领导人（精神领袖）和总统报告。"[2]

伊朗核问题的最终裁决在领导委员会，其决策依据是下层的讨论。在大多数情况下，核问题决策是由下而上形成的。在具体问题上，先是学者的争论，接着是专家委员会根据这些争论给出自己的决定，再由领导委员会批准。在一些重大问题上，领导委员会与专家委员会商讨后做出决定，如核燃料循环应为伊朗的"红线"的决定就是双方讨论的结果。伊朗伊斯兰共和国重视学者的判断、决策者的科学决策和执行者的高效落实，并将此视为国家综合实力的一个重要方面。伊朗不仅重视本民族的学者，还善于倾听来自不同文明的学者的意见。伊朗精神领袖哈梅内伊的高级助手、国家最高安全委员会成员拉里贾尼在回答记者的提问时曾说："我们谈判的小组是值得尊敬的，巴黎谈话是独特的。我们应该用开放的心态走在前

---

[1] 高新涛："伊朗核问题决策的基本路径与关键角色"，《西亚非洲》2008（11）：42—48。
[2] 同上。

面，让精英进入其中。我们的谈判小组应该乐于向专家和科学家请教。我相信为有效的核外交进行外交的、技术的和科学的动员。我们应该依靠民族的决心。"① 印度前总理拉吉夫·甘地（Rajiv Gandhi，1944年—）曾说："有时，有一个强硬的少数要比有一个软弱的多数要好。"在政治上，让渡权力本身是政治游戏的一部分，这一点只有真正的专家才能做到。② 所以，在伊朗核问题上，并非像有些人所认为的那样，宗教领袖哈梅内伊以及国家安全委员会的拉里贾尼是最终决策者，③ 其决策机制体现了民主原则。伊朗领袖顾问阿拔斯·马利基（Abbas Maleki）在谈及参与伊朗核决策的成分时说："参与伊朗外交决策机制的主体有外交部、国家安全最高委员会、总统和最高领袖。另外，还有一些组织的领导人在伊朗的外交进程中起着非正式但很重要的作用。"④

2013年9月5日，伊朗新总统鲁哈尼宣布，将由伊朗外交部主导与伊核问题六国（美国、英国、法国、俄罗斯、中国和德国）的下一轮谈判。它表明，伊朗外交部将取代最高国家安全委员会，主导与六国的核问题谈判。

三、伊朗核技术的研发

2008年2月22日，《中东时报》刊文称，47岁的穆桑·法克里扎德·马哈巴迪是全权负责伊朗核项目的总指挥。他是伊朗所有核项目的负责人，还负责制定核计划的预算以及评估核项目的进展。鉴于此，英国《泰晤士报》载文称其为伊朗的"核武器之父"。伊朗核计划指挥与控制中心成立于1983年，1993年成为伊朗革命卫队的武器研究所，不久，这里的所有活动又全部划归伊朗国防工业教育和研究中心下属的国防工业研究所管理。2003年，在拉维赞研究中心被怀疑是伊朗核武器研究基地并遭到国际原子能机构的核查后，该机构的所有研究工作转移到了拉维赞二号基地，并改名为战备和新式国防技术研究所。2007年4月，随着国际社会给伊朗施加的压力日益增大，在伊朗国防部的主导下，该机构改名为先进技术部署实验场。该机构的部分工作对外称担任马立克·阿斯塔尔大学的正

---

① Mostafa Khademian. New Base for Nuke Talks. *Hamshahri*, *Daily Newspaper*, No. 3556, Nov. 16, 2004：7.
② Saeed Leilaz. Honorable compromise. *Sharq*, *Daily Newspaper*, No. 347, Nov. 22, 2004：1.
③ 楼阳："伊朗在核问题上有多少牌可打？"，《新京报》2006-5-18。
④ Abbas Maleki. Decision Making in Iran's Foreign Policy：a Heuristic Approach. *Political Science*, Vol. 5 No. 20, 2003：24-44.

常科研任务，因为它与该大学近在咫尺。实际上，该大学与核技术指挥与控制中心秘密合作，成了一个重要核技术研究基地。

由于伊朗核项目属于国家最高机密，因此伊朗官方对核专家们的身份及背景严格保密。伊朗核技术指挥与控制中心由安全保卫部门全天候警戒和监视，这里的所有工作人员，即使对自己的家人，也不得透露该机构的存在。伊朗核项目的经费预算更是顶尖机密，由伊朗国家最高安全委员会直接负责，具体负责人是革命卫队的伊扎迪准将。

根据"人民圣战者"组织公布的报告，有400多名科学家在伊朗国防部、革命卫队和参谋长联席会议下属的单位从事核研究，他们多以大学教授的身份出现，如中心负责裂变材料研制工作的分别是伊马姆侯赛因大学物理系的费雷敦·阿巴西教授和核物理学家曼苏尔·阿斯加里，他们皆是革命卫队成员。[1]

除了自身研制，伊朗还采取各种办法获得核技术。2012年8月15日，德国联邦检察院发表声明称，4名德国人因涉嫌向伊朗出售核部件于当天被捕。这4人中1人为德国公民，另3人有德国和伊朗双重国籍。德国联邦检察院指控他们4人在2010—2011年间，以土耳其和阿塞拜疆的一些公司为中介，向伊朗提供可用于建造重水反应堆的阀门部件，从而违反了德国对伊朗的出口禁令和武器控制法。声明还说："这是一笔数百万欧元交易的一部分，伊朗试图通过这笔交易获取重水反应堆的阀门技术。"[2]

伊朗与法国的核合作则带有戏剧性。2007年4月9日，《星期日先驱报》报道称，在国际社会强烈要求伊朗停止铀浓缩活动的同时，伊朗却从其持股的欧洲气体扩散公司（Eurodif）获得了巨额红利，仅2005年，伊朗与法国合资的Sofidif公司就获得了1200万英镑的红利。此外，在合作中，伊朗铀浓缩技术获得极大发展。[3]

中国学者朱芹在谈及朝鲜核问题时曾说了这样一段话："从历史来看，核武器从无到有，从一国到八国，正在扩散。尽管从历史规律来看核武会走向终结，但就可以预见的未来，核武仍是维护国家生存的最有效的武器。如果因为核武将会走向终结而放弃对核武的寻求，那么，也许尚未等到核武走向终结，该国已成为历史，而且，核武的继续发展与维护，比起不断发展先进常规武器更为经济……以一个国家来说，首先是生存问题，

---

[1] 赵青海："伊朗核专家内幕"，《世界知识》2008（9）：44—45。
[2] 唐志强："4名德国人涉嫌向伊朗出售核部件被捕"，http://news.xinhuanet.com/world/2012-08/16/c_123588556.htm。
[3] 李毅："伊朗拥有法国铀浓缩设施的股份"，《国外核新闻》2007（6）：16。

其次才是发展问题。如果一个国家的安全、生存没有保障，发展之后也会成为他国的美餐。"① 美国已退休的国际战略研究专家马克·福兹帕特里克 (Mark Fitzpatrick) 在谈及伊朗的核动机时说："伊朗核计划的动机包括'赢得威望、培养民族自豪感和对海湾地区的安全保障'。伊朗宗教领导人还把核能力作为对抗外部威胁和内部反对派的最好方法。"②

伊朗裔伊利诺斯大学全球研究中心主任哈迪·萨勒黑·伊斯法罕尼 (Hadi Salehi Esfahani) 曾说："追求核技术已经变成了强化内部信心，巩固伊朗政权的重要工具。它没有必要建立核武库。"③ 马牛车尔·萨纳德坚则说，伊朗核问题是国家铀浓缩、国际社会对潜在的伊斯兰核弹的担忧和多数伊朗人把核放射物作为民族文化目标的身份标志的混合物。与这个国家把已经创造出的伊朗在全球化进程中自给自足的形象视为伊斯兰美德相对照，核技术为其提供了成为核能国际消费国的机会，核能是表明伊朗科学家和工程师能力优秀的全球产品。作为政治空间表象的民族认同与塑造手段的核能利用是把核崇拜具体化。④ 一位伊朗学者曾对在德黑兰采访的中国记者说："美国想用核问题把我们搞垮。"他说，伊朗核问题本质上是一个政治问题，是伊美敌对的一个表现。即便伊朗在核权利问题上做出让步，美国也不会停止对伊朗的敌视，肯定还会拿别的问题说事。⑤

---

① 朱芹："六方会谈：猎鹿博弈的困境"，《世界知识》2009（11）：30。
② Mark Fitzpatrick, Lessons Learned from Iran's Pursuit of Nuclear Weapons, *The Nonproliferation Review*, Vol. 13, No. 3, 2006：527 – 537.
③ Hadi Salehi Esfahani. The Economic Consequences of U. S. —Iran Relations. *Policy Brief*, No. 2, Sept. 2008：2.
④ Manuchehr Sanadjian. Nuclear fetishism, the fear of the 'Islamic' bomb and national identity in Iran. *Social Identities*, Volume 14, No. 1, 2008：77 – 100.
⑤ 李佩翰、吴冰冰："伊朗人怎样看核计划"，《环球时报》2006 – 12 – 14（2）。

第三章　美国与伊朗在核问题上的博弈

　　美国乔治·华盛顿大学中东问题专家拉姆·鲁尼在接受采访时说：伊朗核问题说到底是美伊之间的斗争，美国的终极目标是改变伊朗的伊斯兰政权，核问题只是一个切入点。[①] 国际原子能机构总干事巴拉迪在接受《洛杉矶时报》采访时也说："对伊朗来说，说到底，这个问题（伊朗核问题）是一个安全和与美国在中东权力竞争的问题之一。"[②] 伊朗裔卡内基国际和平基金会高级研究员沙赫拉姆·库宾（Shahram Chubin）曾说："自从1979年伊朗革命以来紧张的伊朗与美国关系在过去的6年间，由于伊朗核计划的暴露和美国侵略伊拉克达到了从未有过的紧张互动。美国视伊朗为潜在的战略对手，德黑兰视美国在中东的存在为潜在的威胁。"[③] 伊朗核问题实质上是伊朗提高国际地位与美国霸权主义的冲突。在美国看来，其中东战略利益的最大威胁来自伊朗。美国一直担心伊朗与叙利亚、黎巴嫩真主党、巴勒斯坦哈马斯联合，加上伊拉克反美武装和阿富汗塔利班遥相呼应，形成反美统一战线，在帕米尔高原到地中海的广袤地带，掀起空前的反美浪潮，这将给美国在中东乃至全球的利益带来灾难性后果。因此，全面削弱伊朗是美国的既定方针。遗憾的是美国一直没有找到合适的路径实现自己的愿望。早在2002年夏天，美国企业家协会（American Enterprise Institute）研究员瑞尔·马克·格雷希特（Reuel Marc Gerecht）曾撰文称："自'9·11'以来，尽管奥斯马·本·拉登（Osama bin Laden）、阿富汗、以色列和伊拉克占据了我们的很大精力，我们要在认识上保持清醒的头脑，在穆斯林中东最具影响的国家是伊朗。千余年来，除了几个间断，这是不争的事实。自从阿亚图拉鲁霍拉·霍梅尼和他的1979年革命以来，伊

[①] 肖光："交出设计图，伊朗兵行险招"，《中国国防报》2007-11-20（2）。
[②] Mohamed Elbradei. Policy Toward Iran a Failure. *NPQ*, Winter, 2009：60.
[③] Shahram Chubin. Iran's Power in Context. *Survival*, Vol. 51, No. 1, Feb./Mar., 2009：165.

朗已经占据了当代穆斯林大剧的中心舞台。"① 2011年10月，美国副国务卿詹姆士·斯滕贝格（James Steinberg，1953年—）和以色列副外长丹尼尔·阿亚隆（Daniel Ayalon，1955年—）发表联合声明称：伊朗是中东稳定的最大挑战之一，美国和以色列竭尽全力阻止其发展核武器。"伊朗在核计划问题上继续不履行国际义务，继续支持国际恐怖主义组织引起了我们两国和国际社会的严重关切。"② 他们没有说这种"严重"到了什么程度，从进入21世纪以来媒体的关注度来看，没有哪一个问题比伊朗核问题更受世人注目。

第一节 伊朗与美国关系回顾

美国学者威廉·A. 杜尔曼（William A. Dorman）曾说："在我们看来，美国与伊朗的关系是学者研究或者精英、媒体及其外交政策制定的特别重要基础，自第二次世界大战以来，没有哪个第三世界国家像伊朗这样在美国受到重视。"③ 美国民族立法友好委员会（Friends Committee on National Legislation）行政秘书乔·沃克（Joe Volk）曾说，对大多数美国人来说，伊朗与美国的关系史始于1979年的伊朗伊斯兰革命对美国盟友巴列维国王的废黜和伊朗学生占领美国驻德黑兰使馆；对于伊朗人来说，伊朗与美国的关系史至少可以追溯到1953年美国中央情报局通过阴谋搞垮摩萨台民族政府，把一个独裁者巴列维国王重新扶上孔雀宝座。④ 上述评论表明了伊朗与美国关系的重要性和特点，在探讨伊朗与美国围绕伊朗核问题的博弈之前，对伊朗与美国关系予以梳理，有助于我们更好地理解双方新的博弈。

一、第二次世界大战前的伊美关系

与英、俄、德等老牌帝国主义相比，美国势力到达伊朗可谓姗姗来

---

① Reuel Marc Gerecht. Regime Change in Iran. *The Weekly Standard*, Aug. 5, 2002: 30.
② Jalil Roshandel. *Iran, Israel, and the United States: Regime Security vs. Political Legitimacy*. Santa Barbara: ABC–CLIO, LLC, 2011: 1.
③ William A. Dorman. *The U. S. Press and Iran*. Berkeley: University of California Press, 1987: 2.
④ Joe Volk. Standing in the Gap, from Words, Not War with Iran: A Study and Action Guide for People of Faith. www.wordsnotwar.org.

迟。伊美关系具有划时代意义的大事是1856年12月13日两国在君士坦丁堡签订《友好与商业条约》(Treaty of Friendship and Commerce)，美国通过这一有8项条款的条约，获得了在伊朗自由贸易、治外法权等特权。条约签订后，美国曾着手在伊朗设立使馆，但被国会拒绝了。直到1883年夏，美国政府始任命本杰明（S. G. W. Benjamin）为驻伊朗公使，并负责建设使馆事宜。本杰明到任后，伊朗国王纳赛尔丁表示，愿加强伊朗与美国的关系，在贸易和开矿方面向美国提供优惠政策，由于美国的外交政策深受门罗主义影响，美国政府并未对伊朗的提议做出积极回应。5年后，国王纳赛尔丁任命哈吉·侯赛因·戈利·汗·萨德尔萨尔坦内为伊朗驻美国首任大使。19世纪，美国对伊朗的渗透主要表现在文化领域。截止到1900年，美国在伊朗共有42名传教士，设立了128个布道点，创办了108所学校、3家医院和10个施药所。[①]

进入20世纪，西方，尤其是美国加强了对中东的渗透。1909年12月，美国务院设立了近东事务处（Division of Near Eastern Affairs），中东问题专家埃文·伊·扬为首任处长。他主张，在不违背门罗主义精神的前提下，积极扩大美国在该地区的影响。美国"门户开放"的伊朗版就是其助理国务卿德宁（Dearing）所说的：美国所追求的是（伊朗）对世界上所有人提供"均等的石油机会"。[②] 为了限制英国人和俄国人势力在伊朗的发展，在美国的诱使下，伊朗新任首相阿哈默德·卡瓦姆（Ahmad Qavam）决定把美国势力引进伊朗。1921年6月，上任仅两周的卡瓦姆就得到国会通知：不失时机地聘用美国人做财政顾问，以抑制英伊石油公司的势力；把北部一些油田租让给美国石油公司，以抗衡俄国人。伊朗聘请的美国顾问团主要有两个——舒斯特顾问团和米尔斯普顾问团。前者为伊朗制定了海关法，对伊朗稳定税收做出了一定贡献。随着美国势力在伊朗的扩大，到米尔斯普时，美国人的傲慢开始显露出来，米尔斯普最终于1927年被赶回美国。在第一次世界大战后的英伊冲突中，美国坚决站在伊朗一边，提高了美国人在伊朗人心目中的地位。[③] 1935年，由于伊朗驻美国公使戈法尔·贾拉尔·阿拉在华盛顿违规驾车被美国警察扣押和1936年初美国期刊《纽约镜》（New York Mirror）刊登攻击礼萨汗的文章，招致礼萨汗于1936年3月30日召回伊朗驻美公使。这是伊美间第一次重大外交冲突，直到

---

① 范鸿达：《美国与伊朗：曾经的亲密》，社会科学文献出版社2006年版，第29—30页。
② Reza Ghods. *Iran in the Twentieth Century.* Boulder：Rienner Lynne Publishers，1989：72.
③ ［伊朗］阿布杜尔礼萨·胡尚格·马赫德维著，元文琪译：《伊朗外交四百五十年》，商务印书馆1982年版，第297—298页。

1939年1月，两国才恢复正常外交关系。

第二次世界大战为美国进一步控制伊朗提供了契机。战争爆发后，由于伊朗与德国关系密切，为了防止德国占领伊朗，在中东势力进一步壮大，对苏联形成南北夹击之势，为保证盟军对苏联后勤补给的畅通，1941年8月25日，英国和苏联军队以驱逐德国在伊朗的间谍为名，从南北两路同时进攻伊朗，导致阿里·曼苏尔内阁辞职，在英、苏的逼迫下，礼萨汗将王位传给王储穆罕默德·礼萨·巴列维。1942年，美国从英国手中接管了盟军从德黑兰到波斯湾的主要运输线，并通过"租借法案"向伊朗提供人员和物资。由约翰·杰尔坎领导的美国会中东部拟订的专门文件强调，伊朗应成为一个为"小国创造公平条件"的"试验场"，"为了美国的利益，任何强国都不能干涉其在伊朗的石油利益"。[1] 随着苏联与英国占领伊朗，在美国看来，扩大其在伊朗的影响势在必行。为此，美国总统富兰克林·罗斯福答应巴列维国王保证盟国履行诺言的请求，并向伊朗派遣了有关军事、经济等方面的6个顾问团。1942年年底，美军以英属"波斯湾后勤司令部"的名义第一次踏上伊朗领土。同时，美国国务院决定加强美伊间的商业往来，并决定首先从提升经贸关系开始。为此，1943年春，美伊签订贸易协定，为美国在伊朗的投资奠定了基础。这样，借第二次世界大战的机会，美国在伊朗的势力大大加强。为了维护既得利益，美国开始制定伊朗政策，这就促成了"杰尼根备忘录"的出台。1943年1月，约翰·杰尼根（John Jernegan，1911—1980年）提交了一份题为《美国在伊朗的政策》的文件，在文件中，他不但分析了战争中的伊朗形势，还对以后伊朗由战时转向和平提出了建议，因而受到美国政府的欢迎。1943年底的德黑兰会议，既是第二次世界大战的重大事件，也是美国对伊朗关系的转折点，《德黑兰宣言》重申战后盟国从伊朗撤军，尊重其主权，为日后美国独家控制伊朗做了准备。它表明，自近代以来，在伊朗的大国势力不仅有英国和苏联，现在还多了个美国。

二、美国成为控制伊朗的唯一大国

二战后期和二战结束后的一段时间里，英国、苏联和美国在伊朗的势力不分伯仲，但三国在伊朗博弈的最终结果是前两个势力退场，美国牢牢控制伊朗。二战后，美国借阿塞拜疆和库尔德危机把苏联的势力排挤出伊朗。根据1943年底在德黑兰英、美、苏三巨头签订的协议，盟军应在战争

---

[1] 冯宜瑛、石维高："伊朗和美国关系的历史与现状"，《社科纵横》1999（5）：18—20。

结束后 6 个月内撤出伊朗。英美军队于 1945 年冬如约撤出，但苏联军队却迟迟不动。为此，在美国的建议下，伊朗将问题提交给了新成立的联合国。美国驻联合国代表向苏联发出最后通牒：如果苏联不在确定的时间内撤军，将会引起第三次世界大战。在美国的压力下，苏联只得从伊朗撤军。伊朗巴列维王朝"萨瓦克"头目侯赛因·法尔都斯特在谈及此事对伊美关系的影响时说："阿塞拜疆事件使穆罕默德·礼萨转向了更强大的一方即美国。"[1]

1947 年，美国驻伊朗大使艾伦曾就伊朗的资源表态说："伊朗的资源属于伊朗……美国人民完全支持（伊朗人）自己做出的选择。"[2] 他就伊苏石油协定问题在"伊美友好协会"发表讲话说："爱国的伊朗人"在维护其民族利益时可以放心，"美国人民一定会全力支持他们做出自己选择的自由"。[3] 1947 年 6 月，伊美达成协议，美国为伊朗提供 2500 万美元，用于购买美国军备。同年 10 月，美国驻伊朗大使与伊陆军部长签署协议，重申美国在军事上帮助伊朗维护独立的承诺。1948 年 2 月，美国派代表到伊朗进行全面考察。10 月，双方签约，美向伊提供价值 1.2 亿美元的武器。1949 年，美国又向伊朗贷款，资助其七年计划。[4]

把苏联势力排挤出伊朗后，美国的下一个目标就是英国。由于石油大国伊朗并未从石油中得到多大好处，如 1950 年，英伊石油公司的纯利润近 2 亿英镑，伊朗政府从石油产地使用费和税款中仅获得 1600 万英镑，不到 1/10，这引起了伊朗人民的强烈不满。在收回石油权的强烈呼声和民众的压力下，1951 年 5 月，巴列维国王签署了石油工业国有化法案。接下来，首相摩萨台要把英伊石油公司收归国有，伊朗和英国之间遂起争端。杜鲁门政府积极斡旋，表面上将摩萨台视为伊朗抵制"共产主义威胁"的唯一合适领导人，暗地里却把他看成是美国排挤英国势力出伊朗的最佳人选。摩萨台的石油国有化使英国在伊朗的势力大大削弱。英国人不甘心势力受损，在巴列维国王与摩萨台之间制造矛盾。双方斗争的第一回合以国王出走希腊告一段落，美国看到了机会。

面对伊朗日益强烈的民族主义，美国决定"倒摩"，换上一个更能为美国利益服务的人。美国总统艾森豪威尔（Dwight David Eisenhower,

---

[1] 伊朗外交研究所著，李玉琦译：《巴列维王朝的兴衰——伊朗前情报总管的揭秘》，新华出版社 2009 年版，第 77 页。
[2] 范鸿达："美国与伊朗 1953 年政变"，《百年潮》2002（6）：73—76。
[3] 资中筠：《战后美国外交》，世界知识出版社 1994 年版，第 175 页。
[4] 同上书，第 176 页。

1890—1969 年，1953 年 1 月 20 日—1961 年 1 月 20 日在位）称"中东是世界上战略地位最重要的地区"，[1] 他一上台就制订了推翻摩萨台政府的计划，由中央情报局中东行动处处长克米特·罗斯福负责。为此，美国中央情报局拨专款 100 万美元，[2] 最后，花了 39 万美元使巴列维重新坐上孔雀宝座。[3] 美国人对自己策划的这次政变深感自豪。1954 年，美国防部军事援助局局长在国会的一次听证会上就此事作证时，直言不讳地说："（在政变）几乎就要失败时，我们违反了我们的常规，采取了一些行动，其中之一就是立即（向伊朗）军队供应物资……他们手中所持的枪械，他们所乘的卡车，他们驾驶着穿过街头的装甲车以及他们借以进行指挥的无线电通讯器材等，完全是以军事防御援助计划的方式供应给他们的……如果没有这项援助计划，一个对美国不友好的政府可能现在还在掌权"。[4] 一席话把美国在这次政变中的关键作用表达得淋漓尽致。美国路易斯安纳大学政治学专家马克·J.卡西欧鲁斯基（Mark J. Gasiorowski, 1954 年—）曾说："美国煽动的反对首相穆罕默德·摩萨台的 1953 年 8 月 19 日政变是伊朗现代史和伊朗与美国关系的转折点。""政变扼杀了摩萨台的民主化尝试，重新建立了穆罕默德·礼萨·巴列维国王的专制统治。"[5] 美国记者兼学者史蒂芬·金泽尔（Stephen Kinzer）评价此次政变的影响时说："1953 年介入伊朗可视为 20 世纪历史的转折点。"[6] 在 1953 年政变中，在伊朗深得民心的摩萨台政府被推翻。政变使伊朗的民主化进程遭到重大挫折，不但影响了伊朗的历史进程，还影响了整个世界。从此，巴列维国王在美国的庇护下，专制独裁日甚一日。美国把一个充满希望的民族推向了专制、恐怖的深渊。对美国来说，它利用摩萨台结束了英国在伊朗长达一个多世纪的半殖民统治，使伊朗成为美国一家的势力范围。这次政变彻底改变了伊朗民众对美国的看法，使美国失去了在伊朗民众中的美好形象，埋下了伊朗人民仇恨美国的种子。随着这颗种子的孕育，最终结出了伊朗伊斯兰革命的果实。一位伊朗裔女作家曾抱怨说："我们一向热爱美国，对我们来说，

---

[1] Phyllis Bennis, Michel Moushabeck. *Beyond the Storm*：*A Gulf Crisis Reader*. New York：Olive Branch Press，1991：77.

[2] 范鸿达："美国与伊朗 1953 年政变"，《百年潮》，2002（6）：73—76。

[3] ［法］热拉德·德·维利埃著，郭伊译：《巴列维传》，商务印书馆 1986 年版，第 239 页。

[4] 范鸿达："美国与伊朗 1953 年政变"，《百年潮》，2002（6）：73—76。

[5] Mark J. Gasiorowski, Malcolm Byrne. *Mohammad Mosaddeq and the 1953 Coup in Iran*. New York：Syracuse University Press，2004：261.

[6] Stephen Kinzer. *All the Shah's Men*：*An American Coup and the Roots of Middle East Terror*. Hoboken：John Wiley & Sons.，2008：X.

美国是一个伟大的国家、完美的国家,当其他国家压迫我们的时候来帮助我们的国家,但是,从那以后,在伊朗没有人再信任美国了。"[1]

为了进一步方便美国对伊朗的掠夺,1961 年,肯尼迪总统又以 3500 万美元为诱饵,让巴列维国王任命阿米尼为首相。[2] 为填补英撤退后的真空,阻止苏联南下,保证波斯湾石油畅通,尼克松政府实施与伊朗和沙特在经济和安全方面进行合作的"两根支柱"政策。为了把这种政策落到实处,美国诱使巴列维大量购买美国武器,仅从 1972—1974 年这短短的 3 年间,伊朗就从美国购买了价值达 689 亿美元的军火,[3] 其中 80 架 F-14 战斗机是最先进的,当时美国只对伊朗出售。这为巴列维独裁专制制度的巩固提供了物质技术基础。

借伊朗"白色革命"之机,美国人如潮水般涌入伊朗,从顾问到技师 4000 多名美国人充斥在政府或秘密警察组织"萨瓦克"的岗位上,对伊朗人民进行掠夺,施以淫威。在伊朗人民推翻专制统治的整个 1978 年,美国想尽一切办法维持巴列维国王的统治,给他送去了燃料,以帮助其对付石油工人的罢工,还向其派遣了大量间谍。

纵观以上事实,我们可以看到,战后,美国以退为进,把苏联、英国从其传统势力范围排挤出去。最后通过巴列维把伊朗牢牢控制在自己的手中。自 1953 年伊朗政变以后的 1/4 世纪里,借国王巴列维,美国实现了独享伊朗的目标。

三、伊朗伊斯兰共和国与美国——剪不断,理还乱

伊朗伊斯兰共和国建立后,流亡国王巴列维辗转来到美国,由于担心 1953 年国王重返伊朗,恢复孔雀宝座一幕重演,1979 年 11 月 4 日,伊朗学生占领美国驻伊朗大使馆。10 天后,美国总统卡特下令美伊关系进入"紧急状态"。同时,他禁止向伊朗出售已由国王付了货款的军事装备,并解释说,这是因为美国已同伊朗断绝了贸易关系。1980 年 4 月 7 日,美国宣布与伊朗断绝外交关系。伊朗前外长韦拉亚蒂曾说:"革命前,美国竭力阻止革命。革命后,根据间谍窝提供的文件,美国人一刻也没有闲着,一直在与他们心目中的人进行联系,试图推翻政府,制造混乱,危害革

---

[1] Stephen Kinzer. *All the Shah's Men: An American Coup and the Roots of Middle East Terror*. Hoboken: John Wiley & Sons., 2008: XXV.

[2] [美] 威廉·赫·沙利文著,邱应觉等译:《出使伊朗》,世界知识出版社 1984 年版,第 187—202 页。

[3] 彭树智:《二十世纪中东史》,高等教育出版社 2001 年版,第 339 页。

命。对"间谍窝"的占领损害了两国关系，他们工作不能再继续开展下去了。所以，这正是伊朗伊斯兰革命的利益所在。有些人说，这中断了（伊朗的）对外关系，不然的话，伊朗就不可能继续进行革命。"当美国人指责伊朗人违背国际法时，伊朗人则把自己的革命看作是在国内消除专制，在国际上赢得民族独立。对此，亚里桑纳缓和基金会负责人贾培·尤素费（Jappe Yousofi）说，伊朗伊斯兰革命胜利后，"阿亚图拉霍梅尼是唯一从伊朗的当代史中吸取教训的人，也就是说，解决伊朗问题，要靠自己国民的支持，而此前靠的是外国势力"。他"明智地阻止了二战后伊朗政治家错误的重演"，"不论是礼萨汗，或是摩萨台，或是巴列维，都没有从困境中拯救伊朗"。"在过去50年的危机中，伊朗与大国妥协并保持一致，最后大国背叛伊朗政府或孤立伊朗成了伊朗战略的重要内容，反映的是伊朗政治家的软弱"。[1] 把"民主"、"人权"喊得震天价响的美国为什么要大力支持一个专制国王（在世界上不止巴列维国王一人）呢？澳大利亚学者亚当·特罗克（Adam Tarock）一语道破了天机：对美国来说，与一个权力集中的人打交道要比权力分散的多个机构容易得多，[2] 从中我们可以看到美国"人权外交"的实质之所在，也可以理解为何高喊"民主"、"自由"的美国与当今世界上为数不多的王权关系那么近了。

1980年4月24日，美国实施由陆军"蓝光"反恐特种部队顾问梅多斯策划的"蓝光行动"计划。按计划，美国突击队员做两手准备，直接解救人质或绑架阿亚图拉霍梅尼，然后迫使伊朗政府用人质来"赎回"。为此，美国动用了停在霍尔木兹海峡附近的美国"尼米兹号"航空母舰上的8架RH-53直升机、6架C-130运输机和120名突击队员。由于行动中3架飞机发生故障，并导致机上8人当场死亡、4人受伤，"蓝光行动"以失败结束。为了挽回面子，4月29日，美国的两架F-14战斗机拦截了伊朗一架飞机。一开始就反对该计划的国务卿万斯在行动失败后，正式挂冠而去。

1985年夏，内战正酣的黎巴嫩突然刮起一股"绑架风"，7名美国公民被黎巴嫩民兵组织绑架。由于伊朗与该组织关系密切，在没有双边关系的情况下，美国政府只好通过中间人试探，希望通过与伊朗改善关系，解决人质问题。此时，深陷两伊战争的伊朗，正饱受缺枪少弹的困扰。7月

---

[1] Jappe Yousofi. Iran-US Relations Revisited. *Aftab*, Step. 2001: 30-37.
[2] Adam Tarock. *Iran's Foreign Policy Since 1990: Pragmatism Supersedes Islamic Ideology*. New York: Nova Science Publisher, Inc. 1999: 39.

底,一批驻欧洲的伊朗大使回国述职,前往霍梅尼住所汇报工作。霍梅尼在与大使们寒暄几句后,便直截了当地谈起伊美关系。他说:"为了伊朗的国家利益,如果华盛顿愿意改变它的政策,同美国接触是可以的。不过大家必须保密,因为这关系到伊朗的声望与尊严。"[1] 就这样,伊朗与美国的新一轮接触开始启动。为保险起见,伊朗人决定通过以色列传达信息。很快,美国总统里根便从以色列外交部办公厅主任金奇那里得到一条绝密口信:温和而有政治影响力的伊朗人告诉以色列,伊朗温和派领导人想与美国恢复外交关系,愿意劝说黎巴嫩的真主党武装释放7名美国人质。

里根总统立即与当时的国家安全事务助理麦克法兰、中情局局长凯西等人商量。在他们看来,同伊朗接触不仅可解救人质,还可以借此打开同伊朗恢复关系的大门。鉴于此举直接影响美国人质安全和美国在整个中东的利益,必须严格保密。最后决定,把与伊朗打交道这件事落实给麦克法兰。

通过以色列人斡旋,伊朗迅速开出了"军火换人质"的第一张订单:能击穿600毫米厚装甲的陶式反坦克导弹。鉴于美国法律禁止向伊朗售运武器,麦克法兰只得设计"暗度陈仓"的方案:伊朗先将资金打入指定的瑞士银行账户,然后以色列将其库存导弹提供给伊朗,美国再补充以色列库存,伊朗得到导弹后,在24小时内促成美国人质获释。为此,以色列情报机关"摩萨德"组织了一个军火交易网络。麦克法兰则指定国家安全委员会的诺思中校化名"威廉·古德",进入军火交易网络,实施具体计划。1985年9月14日,伊朗政府的500万美元一打入瑞士银行账户,一架装有508枚陶式导弹的以色列专机就降落在了伊朗机场。伊朗人说话算话,第二天,被真主党绑架了7个月的美国神父本杰明·韦尔获得自由。"军火换人质"大获成功,美国政府欣喜若狂,里根总统当天就打电话给以色列总理西蒙·佩雷斯,表示感谢。

麦克法兰从军火交易中尝到了甜头,他想借此改善美伊关系。1986年5月,麦克法兰及4名助手持爱尔兰护照,扮装成机组人员乘飞机秘密抵达德黑兰,他还随身携带了里根总统给伊朗领导人的信件和礼物,信件就是一本由里根总统签名的《圣经》,签名的那一页说的是各种不同宗教的信徒要和睦相处。礼物是象征性的:一支手枪和做成钥匙形状的蛋糕,手枪表明美国可以向伊朗提供武器,蛋糕则是打开美伊大门的钥匙。麦克法

---

[1] 陈肇祥:"美曾向霍梅尼偷偷卖军火 差点搞垮里根政府",《环球时报》2006-11-10。

兰同伊朗高官举行了5天会谈，他答应美国继续向伊朗提供武器及配件，并表示如果伊朗温和派上台，美国愿恢复两国关系。麦克法兰回国后不久，4架美军运输机秘密飞抵伊朗，带来了1000枚陶式导弹和数量不详的霍克式防空导弹；接着，第二名美国人质获释。据事后统计，美国以3000万美元的价格向伊朗出售了价值2000万美元的武器，这些武器中除了作战飞机、坦克、雷达等装备外，还有2000枚陶式反坦克导弹和235枚霍克式防空导弹。美国净赚了1800万美元，其中有350万美元经中情局转交给了尼加拉瓜的反政府武装。

1986年秋，伊朗政权内部斗争异常激烈。10月27日，黎巴嫩《帆船周刊》主编萨卜利采访了伊朗伊斯兰解放运动办公室主任哈什米，他口无遮拦地向萨卜利披露了一条惊天新闻：美国正通过以色列秘密向伊朗出售武器，甚至连麦克法兰的德黑兰之行也给透露出来。11月4日，即美国驻德黑兰大使馆被占领7周年纪念日，《帆船周刊》靠美伊秘密武器交易的报道成为贝鲁特的畅销杂志，2.5万册很快便销售一空。这条消息在全世界引起轩然大波，使一再声言不与"支持恐怖主义的霍梅尼政权"打交道的里根政府极为尴尬，里根的声望急剧下降，记者们把它等同于尼克松"水门"丑闻，称为"伊朗门"事件。为查清真相，美国参众两院组成了特别调查委员会。虽然里根最后勉强保住了总统职位，但其亲信却纷纷落马。国家安全事务助理波因德克斯特引咎辞职，中情局局长凯西也挂冠而去。最倒霉的还是诺思中校，他被判处3年徒刑。在听到法官的宣判后，诺思无奈地说："我只是一个在棋盘上任人随意摆布的小卒子。"[①] 1989年，就伊朗帮助美国在黎巴嫩的人质获释一事，美国总统老布什在就职演说中说："善有善报，美好的信念会像螺旋一样，不断上升，永无止境。"[②] 从这些点滴中我们可以看到伊朗与美国关系的复杂性。

失掉伊朗是必然的，因为这是世界历史发展的大势所趋，但并非说美国在处理与伊朗的关系上没有失误。阿富汗裔澳大利亚国立大学政治学教授阿敏·赛卡尔（Amin Saikal，1950年—）在谈到美国对伊朗政策失误时曾说："不能理解革命的实质、反对国王统治的深度和广度、什叶派伊斯兰在伊朗民众中的力量，或者说霍梅尼和他激进的支持者将其作为工具来引导革命的方向等一系列事件表明了美国的孤陋寡闻，也使其在事件面前

[①] 陈肇祥："美曾向霍梅尼偷偷卖军火　差点搞垮里根政府"，《环球时报》2006-11-10。
[②] Adam Tarock. *Iran's Foreign Policy Since 1990: Pragmatism Supersedes Islamic Ideology*, New York: Nova Science Publisher, Inc. 1999: 31.

震惊和无所事事。卡特政府未能与反对派建立联系，既不能在内部支持他们，也没有与其领导人物霍梅尼展开对话，以便使其明白政府的立场。"① 这些证明了一个道理，在全球化时代，交往是正确判断对方的前提。

第二节 战或不战：美国学界和政界的不同主张

美国为何盯住伊朗的核不放？1994 年 10 月，黎巴嫩《事件》的文章道破了天机，文章称："尽管美国曾在 1967 年帮助伊朗建立了第一个核研究中心，但伊朗国王为获得更先进的核技术却把脸转向了其他国家。看来，美国把伊朗国王作为本地区的支柱而未能满足其核需求，因为美国希望以色列成为本地区独一无二的核武器拥有者。美国这种立场迄今没有改变。最近，美国情报局的官员对伊朗呼吁伊斯兰国家努力拥有核武器不止一次地表示不安。"② 文章使人们看到，伊朗核问题是伊朗领导人推行国家战略的工具，旨在维护新政权，加强其内外影响，尤其是在中东地区的影响。伊朗政府扩大地区影响的目标与要建立世界霸权的美国在中东地区的利益发生了冲突，伊朗核问题就是这种冲突的载体。冲突的本质以及双方对冲突的反应又由于美国在历史上对伊朗和该地区事务的介入而大大强化。③ 在美国，如何化解美伊间的冲突，尤其是在伊朗核问题上，仁者见仁，智者见智，形成了打或不打两大阵营。

一、主战派眼中的伊朗伊斯兰共和国和伊朗核问题

2004 年 11 月 19 日，《纽约时报》载文指出，小布什第二任期面临的最大挑战是如何遏止伊朗的核计划，而小布什政府近日针对伊朗的言论和举措，与伊拉克战争前进行的舆论造势"惊人的相似"。文章说，白宫和国会的"鹰派"大肆渲染，以营造"必须消除伊朗威胁"的声势。11 月 21 日，英国《观察家报》发表文章谈道：虽然美国已明确表示，如果伊朗不履行义务，将寻求通过联合国对其实施制裁而不会动武，但美国的鹰派

---

① Amin Saikal. *Islam and the West: Conflict or Cooperation?* . Basingstoke: Palgrave Macmillan, 2003: 75.
② "伊朗正在成为中东地区拥有最大核力量的国家"，[黎]《事件》1994 - 10 - 7。
③ Hadi Salehi Esfahani. The Economic Consequences of U. S. – Iran Relations, *Policy Brief*, No. 2, Sept. 2008: 1.

人物开始考虑用包括军事打击和支持政权更迭的手段来解决伊朗的核威胁，这令英国、法国和德国的官员们深感不安。①

美国著名记者，曾多次获得普利策奖（Pulitzer Prize）、国家杂志奖（National Magazine Award）、波尔克奖（Polk）和乔治·奥威尔奖（The George Orwell Award），曾在2004年因报道阿布格莱布虐囚丑闻而引起世界关注的西摩尔·迈伦·赫什（Seymour Myron Hersh，1937年—）积极向世人传达战争信息。2005年1月，赫什称，美国正在伊朗进行秘密行动，以确定打击目标。他还说，巴基斯坦和美国正在进行一场"汗换伊朗"的交易，美国将寻求其他方式对待巴基斯坦的核扩散问题，不再要求交出巴基斯坦的"原子弹之父"阿卜杜勒·卡迪尔汗，以换取巴基斯坦在伊朗核问题上的中立。对此，美国和巴基斯坦政府官员皆予以否认。2006年4月17日，他在《纽约客》上撰文称，布什政府正在为空袭伊朗做准备。他在文章中特别强调，美国第一次核打击旨在消除伊朗的地下铀浓缩设施。② 11月20日，他又在《纽约客》上撰文称，以副总统切尼为首的一批鹰派仍在致力于扫清对伊朗动武的障碍。在美国中期选举前的一个月，切尼召集了一次有政府官员和情报人员参加的秘密国家安全会议。切尼认为，尽管民主党可能赢得中期选举，但布什政府不会轻易放弃对伊朗的军事行动，不管是否得到国会批准，布什政府一定要摧毁伊朗的核设施。③ 自2005年，美国重要的伊拉克核查专家威廉·斯科特·里特（Jr. William Scott Ritter，1961年—）也不时发话，称美国要对伊朗动武。2005年2月18日，里特在华盛顿奥林匹亚中心告诉观众，乔治·布什已下令准备轰炸伊朗核设施，并在2005年6月完成。④ 3月30日，他又重申了上述观点。2005年10月21日，里特在接受媒体采访时说："我很清楚，根据我掌握的信息，它是100%准确的，即在2004年10月，美国总统命令五角大楼准备于2005年6月对伊朗发动军事打击。这意味着，所有的资源到位，如果总统下令，就可以立即轰炸。"⑤ 2006年年初，他在其专著中称，欧盟三国与伊朗的谈判是为美国与伊朗交战寻找借口。他写道："如果伊朗'不接球'

---

① Peter Beaumont, Gaby Hinsliff. Pentagon Turns Heat up on Iran. *The Observer*, Nov. 21, 2004.
② Seymour M. Hersh. The Iran Plans: Would President Bush go to war to stop Tehran from getting the bomb？. *The New Yorker*, April 17, 2007.
③ Seymour M. Hersh. The Nest Act. *The New Yorker*, Nove. 27, 2006.
④ Scott Ritter. Sleepwalking to Disaster in Iran. *Aljazeera*, March 30, 2005.
⑤ Scott Ritter on the Untold Story of the Intelligence Conspiracy to Undermine the UN and Overthrow Saddam Hussein. *Democracy Now*, Oct. 21, 2005.

（不接受以美国为首的西方提出的停止铀浓缩活动），按美国政策制定者们的设想，伊朗政权将不允许存在下去。那么，世界将发现它再一次濒临另一场中东战争的边缘，在这场战争中，美国将用捏造的假的大规模杀伤性武器威胁作为开战的理由去掩盖其真正的改变伊朗现政权的真实政策动机。"① 美国总统布什称这些战争传言为"无稽之谈"。②

豪尔赫·E. 赫希（Jorge E. Hirsch, 1953 年—）是阿根廷裔美国加州大学物理学教授。2006 年 1 月 9 日，他在 Antiwar.com 网站上撰文《怎样停止伊朗的核计划》，文章列举了美国军事打击伊朗的 15 个理由，特别强调拥有核武器的伊朗将是灾难性的。"美国人怎样阻止伊朗的核计划呢？"按其设想，先动用电台、电视台、报纸、网络等各种媒体制造反对伊朗核计划的舆论，组织反战人士就该问题组织一些抗议活动，最主要的是通过组织示威游行促使小布什总统对伊朗发出最后通牒。有少数个别人发起的运动如同食物链的最上游，逐渐形成共识，并在政府内部引起讨论。如果这一切仍不能阻止伊朗核计划的话，他向国会议员们提出一个具体建议：通过一项《核责任法》（Nuclear Responsibility Act），国会赋予总统全力使用核武器的紧急法案。③ 在他看来，美国要在不久的将来，对伊朗发动一场核攻击。2 月 20 日，他又在同一网站发表《美国与伊朗：正处于战争边缘》的文章。文章称，如果美国与伊朗之间发生军事冲突，美国是否使用核武器对付伊朗，恰如 1948 年国家安全委员会章程第 30 条说的，"在战争态度下，当总统认为必要时，他可以决定使用核武器"，决定权就在总统布什一人手中。对抗一旦开始，布什不需要征求国会和公众的意见，不管是否是战术核武器，只要是捍卫美国的权利，都可以用来对付伊朗。④ 不过，随着势态的发展，2006 年 4 月 17 日，赫希和另外 12 个物理学家联名写信给美国总统乔治·W. 布什，针对《纽约客》和《华盛顿邮报》提出的使用战术核武器打击伊朗的报道，警告使用战术核武器进攻伊朗的危险，他又从主张对伊朗使用核武器转向了反对对伊朗动用核武器，但从舆论宣传效果上来看，美国强权威慑的氛围营造了出来。

---

① Scott Ritter. *Target Iran*: *The Truth about the White House's Plans for Regime Change*. New York: Nation Books, 2006: 201.

② David Stout. Bush Calls Reports of Plan to Strike Iran 'Speculation'. *The New York Times*, April 10, 2006.

③ Jorge Hirsch. How to Stop the Planned Nuking of Iran. http://www.antiwar.com/orig/hirsch.php? articleid = 8359.

④ Jorge Hirsch. America and Iran: At the Brink of the Abyss. http://www.antiwar.com/orig/hirsch.php? articleid = 8577.

2005年8月，美国中央情报局前官员和反恐专家飞利浦·吉拉迪（Philip Giraldi，1946年—）写信给副总统切尼，提醒他另一场"9·11"式的袭击，为防止伊朗卷入针对美国的恐怖行动，美国无条件地对伊朗发动一场包括常规的和战术核武器在内的大规模空中打击是必要的。[1] 美国犁头基金会（Ploughshares Fund）[2] 主席约瑟夫·奇林乔内（Joseph Cirincione，1949年—）在其《核武器的历史与未来》一书中谈道："核武器阻止了核国家之间的战争，它通过扼制冒险和侵略行为而加强了世界的稳定性。有证据可以证明这一观点，比如，从1900年到1950年，有1亿人死于战争，从1950年到2000年，只有2千万人死于战争。"[3] 由此我们可以看到美国人在核问题上的悖论，照此推断，世界上拥有核武器的国家越多，越稳定，死于战争的人越少。这样，西方将用新的理由解释，有的国家宜拥有核武器，有的国家不宜拥有核武器。这种核垄断的思想本身就是霸权主义思想，这正是造成当今世界动荡混乱的主要原因之一。

2006年年初，阿根廷《民族报》刊发了哈佛大学历史学教授尼尔·弗格森（Niall Ferguson，1964年—）的文章，其中谈道：鉴于伊朗已拥有核武器，海湾地区将具备发生战争的3个条件：该地区作为石油产地的相对重要性在增加；伊斯兰国家的高出生率和人口的迅猛增长，尤其是年轻人的大量增加，为战争做好了准备；在文化上，自1979年以来，伊斯兰世界的统治普遍受到了极端宗教势力的强大压力。他还谈道，在2007年以前，伊斯兰激进分子认为除了通过恐怖主义同敌人战斗以外，没有别的方法。从加沙到曼哈顿，2001年的"英雄"是自杀性恐怖分子。但是，内贾德希望得到一个比藏在衣服内的炸弹威力更大的武器。他决心加快实施伊朗的核计划，其目的是让伊朗拥有朝鲜在东亚已经具备的那种威力。这是一种能向美国挑战的威力，一种能削弱美国在该地区最亲密的盟国的威力。西方无论是通过外交途径，还是采取强硬立场都无法缓和同伊朗的矛盾。他预言，到2007年，海湾地区将会爆发一场大战。这年8月的毁灭性核战争将不仅是外交努力的失败，而且意味着石油时代的结束。同时，他还表达了对西方衰落的担忧。

---

[1] Philip Giraldi. Deep Background. TAC, Aug. 1, 2005. http://www.theamericanconservative.com/articles/deep-background/.

[2] 该组织成立于1981年，旨在防止核武器和生化武器的扩散和战争，捐款主要来自个人、家庭和基金会。

[3] Joseph Cirincione. *Bomb Scare: The History and Future of Nuclear Weapons*. New York: Columbia University Press, 2007: X.

2006年11月19日，美国企业研究所专家乔舒亚（Joshua Muravchik）在《洛杉矶时报》撰文说："我们必须轰炸伊朗，外交和制裁都没有取得成果……我们目前只剩下两个选择，要么准备与一个核伊朗共存，要么动用武力阻止。"[1] 美国全球安全网站主任约翰·派克对法国媒体说："我想布什将会这样做，美国将在明年夏天轰炸大规模杀伤性武器设施。"这里的"大规模杀伤性武器设施"指的是伊朗核设施。同时，派克认为，美国将发动有限的军事行动来摧毁伊朗的核设施，但不会入侵伊朗。[2]

2012年3月12日，美国哥伦比亚广播公司旗下的CBS网站与《纽约时报》的一项联合民意调查显示，如果伊朗发展核武器，51%的受访者支持美国武力打击伊朗。[3] 3月13日，路透社报道，据该社与益普索（IPSOS）举行的一项联合民意调查表明，如果有证据表明伊朗有发展核武器计划，56%的受访者支持美国军事打击伊朗，39%的人表示反对。[4] 这一数字在第二天的《耶路撒冷邮报》上又变成了62%的支持者。[5]

2012年10月24日，小布什政府和奥巴马政府的中东问题顾问丹尼斯·罗斯（Dennis Ross，1948年——）在华盛顿研究所的网站上撰文称："依目前伊朗的核步伐，到2013年底，伊朗核计划将达到临界点，中低度的铀浓缩将发展到使美国有信心在阻止伊朗领导人屹立在世界这一既成事实变得困难——意味着伊朗人很快就能生产出核武器而我们没有时间去阻止它。"[6]

总之，在主战派的眼中，伊朗的核计划要用武力来解决，且宜早不宜迟。

二、反战派眼中的当今世界

针对小布什总统在伊朗核问题上的明确表态：多用"大棒"，少用

---

[1] Joshua Muravchik. Bomb Iran. *The Los Angeles Times*，Nov.19，2006.

[2] 尚未迟等："三大智库做动武预测 美可能明年夏天炸伊朗"，《环球时报》2006-11-26。

[3] Lucy Madison. Poll：Most Support U.S. Military Action to Stop Iran from Getting Nuclear Weapons. http：//www.cbsnews.com/8301-503544_162-57395830-503544/poll-most-support-u.s-military-action-to-stop-iran-from-getting-nuclear-weapons/.

[4] Poll：Most Americans Support US Strike on Iran. http：//www.jpost.com/IranianThreat/News/Article.aspx? id=261748.

[5] Jeff Mason. A majority of Americans Would Support Military Action Against Iran if There Were Evidence That Tehran Is Building Nuclear Weapons. http：//www.reuters.com/article/2012/03/13/us-usa-iran-poll-idUSBRE82C19Y20120313.

[6] Dennis Ross. Iran and the Next U.S. President. http：//www.washingtoninstitute.org/policy-analysis/view/iran-and-the-next-u.s.-president.

"胡萝卜"。2004 年 11 月 22 日,《纽约时报》发表社论警告:美国入侵伊朗"将是一个灾难性的错误"。社论称:"我们希望布什总统从伊拉克战争的冒失行动中吸取教训,知道利用假情报制造国家安全面临危险这种错觉的危险性。入侵伊朗这个拥有 7000 万人口的国家将是一个灾难性的错误。"① 文章认为,在德、法、英三国的外交努力下,伊朗决定冻结铀浓缩计划是一个"值得欢迎的举措"。

2006 年 6 月 19 日,美国语言学家诺姆·乔姆斯基(Noam Chomsky,1928 年—)在 ZCOM 网站上撰文称,20 世纪 70 年代,当《核不扩散条约》生效时,能源与核武器之间存在相当大的差距;但是,随着技术的进步,这种差距越来越小,怎样在和平利用核能的同时,防止核扩散问题日益凸显? 2003 年,为解决这一问题,国际原子能机构总干事穆罕默德·巴拉迪提出了一个合理建议:所有可用于核武器的材料的生产和加工都在国际控制之下,并"保证合法的使用者可以得到供应"。他将其视为朝着全面贯彻落实 1993 年联合国决议《禁止生产裂变材料条约》的第一步。在乔姆斯基看来,截止到 2006 年,巴拉迪的建议只有一个接受者,那就是伊朗。2006 年 2 月,在接受记者采访时,伊朗首席核谈代表阿里·拉里贾尼表示赞同这一主张。布什政府拒绝了可验证的《禁止生产裂变材料条约》。2004 年 11 月,联合国裁军委员会投票的结果是 147∶1,这一票就是美国,另外两个国家以色列和英国投了弃权票。2005 年的大会投票结果是 179 票赞成,2 票弃权(以色列和英国)。这次,美国也加入了该条约。他提出了结束包括伊朗核危机在内的有效办法是分 3 步走:首先要消除美国和以色列的威胁,正是这种威胁促使伊朗把发展核武器作为一种威慑;其次是世界各国接受可核查的《禁止生产裂变材料条约》,以及巴拉迪的建议,或类似的东西;再次是遵守《核不扩散条约》第 6 条,即核武器国家做出"善意"努力,消除核武器。作为世界上现有的核国家尚未履行该义务,但美国在违反该义务方面走得更远。② 2010 年 6 月 28 日,他又撰文指出,一项研究表明,伊朗的威胁不是军事。与该地区的其他国家相比,伊朗的军事开支是相对较低的,不到美国的 2%。伊朗的军事学说是严格的"防御性",旨在降低入侵的强度,通过外交解决敌对行动。伊朗的核计划和愿望是保持发展核武器的可能性,并作为威慑战略的一个重要部分。虽然

---

① Editorial. *The New York Times*, Nov. 22, 2004.
② Noam Chomsky. A Negotiated Solution To The Iranian Nuclear Crisis Is Within Reach. http://www.zcommunications.org/a-negotiated-solution-to-the-iranian-nuclear-crisis-is-within-reach-by-noam-chomsky-1.

伊朗的威胁不在军事，但这并不意味着它可以忍受华盛顿。伊朗的威慑能力是非法行使主权，干扰美国的全球设计。具体而言，它威胁美国控制中东资源，尤其是石油。它还试图扩大影响力。在美国人看来，伊朗是地区稳定的破坏者。美国入侵和军事占领伊朗的邻国是为了"稳定"，伊朗努力扩大其在周边国家的影响就"不稳定"，因此是不合法的。[①] 2012年9月5日，乔姆斯基又在ZCOM网站上撰文谈道，以色列拒绝在《核不扩散条约》上签字和国际原子能机构的核查，不顾联合国决议，屠杀巴勒斯坦人，并占领其领土，对黎巴嫩进行战争，美国支持巴列维国王发展核计划，支持原教旨主义的沙特阿拉伯，与海湾的专制国家结盟，所以，"美国和以色列是和平的最大威胁"。[②]

面对日益升级的战争传闻，2006年8月17日，包括美国中央司令部前总司令约瑟夫·霍尔和美国国务院前政策计划办公室主任莫顿·霍尔珀林在内的21个美国前外交官和退役将军发表联名信，呼吁布什政府尽快与伊朗举行谈判，并警告一旦美国对伊采取军事打击将给该地区带来灾难。信中写道："我们呼吁布什政府立即与伊朗进行直接对话。政府不应考虑动用武力来解决伊朗核问题。当前的危机应当寻求外交手段予以解决，而不是军事行动。"信中警告说，如果布什政府对伊朗动用武力，将给该地区乃至美国驻伊拉克军队带来惨重损失，将激起当地民众的仇美心理和暴力活动。[③]

巴哈特称："20年多年来，伊朗在核计划上投入了大量人力物力，除了外国的技术、资源和设备，伊朗还培养了自己的核专家。伊朗的这些技术是不可能被拿走的，该国可能要保持一定的核设施。诚如乔治·帕科威奇（George Perkovich）所说：'希望伊朗放弃其核计划在政治上太天真了。'""解决伊朗核野心的成功战略将不得不考虑核方程式两边的供需两个方面，对外国政府和公司施压以停止与伊朗的合作是不够的，要考虑伊朗对安全的考虑。在海湾乃至整个中东提高伊朗的安全环境将有助于减少德黑兰对核能的诉求。这样做需要大国（美国、欧盟、俄罗斯和中国）的密切合作。""与德黑兰达成和解将有助于提高中东的安全环境，强化全球

---

① Noam Chomsky. The Iranian Threat. http：//www.zcommunications.org/the-iranian-threat-by-noam-chomsky.

② Noam Chomsky. Why America and Israel Are the Greatest Threats to Peace. http：//www.zcommunications.org/why-america-and-israel-are-the-greatest-threats-to-peace-by-noam-chomsky.

③ 新华社华盛顿2006年8月18日电。

的核不扩散机制。"① 他还说，"在地理上与伊朗接近的几个核国家的出现增强了伊朗的易受攻击性。很多分析人士认为，伊朗寻求核武器的能力旨在消除其不安全感。换句话说，伊斯兰政府的生存和伊朗边界的安全统一是德黑兰核野心的主要动力。巴基斯坦、伊拉克、以色列和美国是战略经常提到的威胁伊朗安全的主要潜在势力。"② 这一切与伊朗的国际关系学者提出的地缘战略、国际政治等理论不谋而合。

2008年3月，美国中央司令部负责人在接受《骑士》（Esquire）杂志记者采访时表示，他反对与伊朗的战争。3月11日，海军上将威廉·法伦（William Fallon）辞职，部分原因是他的反战言论。

美国斯坦福大学国际安全与合作中心（CISAC）政治学教授、高级研究员斯科特·D.萨根（Scott D. Sagan）认为，以更迭伊朗政权或武力相威胁，不但不能阻止伊朗的铀浓缩计划，反而将使其采取更为过激的政策。所以，美国应该抛弃使用武力，并为伊朗提供有限的安全保证。通过有限的安全担保，美国保持一定的威慑力。如果美国承诺不对伊朗使用核武器，与伊朗达成框架协议，这可能是解决伊朗核问题行之有效的方案。一个安全的框架可能有助于德黑兰认识到核弹既不是全部安全，也不是安全的目标。③ 前面提到的2007年年初罗杰·斯特恩在《美国国家科学院学报》上发表的有关伊朗石油收入快速减少的文章，旨在反对以美国为首的西方对伊朗使用战争或制裁政策。他提出，战争与制裁不但不能减少专制和战争带来的危害，而且还将加剧暴力和不稳定，甚至其他问题。④ 还有学者提出：如果美国用核武器摧毁伊朗的核设施，核放射性尘降物极具破坏性和持续性。那种使用不会导致千万公民死亡的核武器的想法是一种危险的幻想。一份医疗研究报告预言，核进攻伊朗核设施可能在48小时以内造成260万人死亡。⑤ 考虑用核武器阻止伊朗发展核武器的计划是伪善的。

---

① Gawdat Bahgat. Nuclear Proliferation: The Islamic Republic of Iran. *Iranian Studies*, Vol. 39, No 3, 2006: 309.

② Ibid. : 313.

③ Scott D. Sagan. How to Keep the Bomb from Iran. *Foreign Affairs*, Sept. /Oct. , 2006: 45 - 59.

④ Roger Stern. The Iranian Petroleum Crisis and United States national security. *PNAS* (*Proceedings of the National Academy of Sciences of the United States of America*), Vol. 104, No. 1, Jan. 2, 2007: 377 - 382.

⑤ "Medical Consequences of a U. S. Attack on Iran. Physicians for Social Responsibility. May, 2006. Available online at *Physicians for Social Responsibility*. http: //psr. convio. net/site/PageServer? pagename = security_ main_ iranfactsheet.

核武器是一种不道德的大规模杀伤性武器,核武器攻击不是一种选择。[1] 蒂姆·古迪曼称:"尊重和尊敬是所有解决方式的先决条件,必须给伊朗留面子,不能从外部给其施压。政府不会屈服,但它能够避免公开的冲突并对所有的公开选择采取暧昧的态度。"[2]

2008年5月8日,美国众议员小科尼尔斯(John Conyers, Jr, 1929年—)写信给总统布什,警告他,如果没有国会授权,对伊朗发动进攻,他将遭到弹劾。瑞尔·马克·格雷希特在伊朗问题上一直处强硬立场,他在接受美国PBS电视台前线节目记者采访时说:"伊朗人在骨子里存在着恐怖主义。"[3] 但他主张在军事打击前,美国先与伊朗改善关系。[4] 史蒂芬·金泽尔反对对伊朗动武,说:"各路美国精英将2003年小布什入侵伊拉克的决定形容为其国家史上最糟糕的战略决策,现在,进攻伊朗将被证明比这还要糟糕。它将把这个国家现在很不得人心的反对派领导人转变为伊斯兰抵抗英雄;赋予他们在全世界使用暴力反对美国利益的动力;大大强化伊朗的民族主义、什叶派的复兴主义、穆斯林极端主义,从而引发无穷无尽的恐怖恶果;破坏伊朗的民主运动,并破坏至少另一代人的政治变革;把现在中东最亲美的伊朗人民变为美国的敌人;使美国无限期地深陷波斯湾。"[5] 2008年夏,美国在如何应对伊核问题上仍存在分歧。美国前政府要员、新美国基金会中东问题专家利维里特称,副总统切尼仍希望对伊朗采取军事行动,国务卿赖斯则倾向采取政治解决。曾在美国中央情报局工作多年的中东问题专家里迪尔称,布什政府与伊朗开战将导致公众和国会的强烈不满。2008年6月20日,在美国是否军事打击伊朗问题上,美国常驻联合国代表扎勒迈·哈利勒扎德说,至少在现阶段,美方赞成通过外交途径解决伊朗核问题。他说:"我们处在外交努力阶段,我们希望通过外交途径解决这一问题。我们的观点是,伊朗拥有核武器将不可接受。"美国的一篇关于伊朗核计划的硕士论文中这样写道:"从法律上讲,伊朗有权掌握取得核燃料循环的每一项技术。"[6]

---

[1] Joe Volk, Standing in the Gap, from Words, Not War with Iran: A Study and Action Guide for People of Faith, www.wordsnotwar.org.
[2] Tim Guldimann. The Iranian Nuclear Impasse. *Survival*, Vol. 49, No. 3, 2007: 169-178.
[3] http://www.pbs.org/wgbh/pages/frontline/showdown/themes/irannext.html#gerecht.
[4] Reuel Marc Gerecht. Attack Iran, With Words. *The New York Times*, Feb. 20, 2008.
[5] Stephen Kinzer. *All the Shah's Men: An American Coup and the Roots of Middle East Terror*. Hoboken: John Wiley & Sons., 2008: Ⅻ.
[6] Nicholas R. Tyler-Hashemi. Predicting State Decision-making: a Case Study of the Iranian Nuclear Controversy. The University of Georgia, 2007: 23.

三、美国的伊朗政策主张

早在1950年美国国家安全委员会第68号文件中,美国的战略就明确定义为"为促进一个使美国制度得以在其中生存和繁荣的世界环境而设计的战略"。文件的制定者们深信,美国的安全与繁荣取决于世界秩序,所以,他们强调:"试图建立一个健康的国际社会的政策是一项我们在即使没有来自苏联威胁情况下也可能实行的政策。"老布什的"世界新秩序"主张,克林顿与此呼应,宣称美国的安全要求美国帮助确保"世界出现正义的、持久的、更加民主的和平"。这一切表明,美国的"冷战"战略在新的背景下又得以肯定了,而不是重新考虑。① 1991年8月,苏联解体前夕,美国发表了《美国国家安全战略报告》(1991),报告的开篇谈道:"世界新秩序尚未成为事实,它是一种希望——也是一次机会。我们已经获得了一次非同寻常的机遇——随着旧模式和既成事实在我们周围化为乌有,我们可以按照我们的价值观和理想建立一个国际新体系。这种机遇没有几代人能够享有。"在建立世界新秩序的过程中,"美国的领导是必不可少的"。"我们的价值观联系着我们的过去和未来,联系着我们的国内生活和对外政策,也联系着我们的实力和目标。""我们不但要保护自己的人民和利益,还要帮助创造一个新世界。""在这个新世界上,我们的基本价值观不仅要得到保存而且要发扬光大。我们必须与他人合作,但是,我们还必须是一个领导者。"② 1992年6月7日,吉尔伯特·卢斯韦特在《巴尔的摩太阳报》上撰文指出:"布什政府的长期战略是在三个主要贸易区——德国领导的欧洲、日本领导的亚洲和美国领导的美洲——之间建立更加密切的关系。"③

1993年,美国记者、政治评论家查尔斯·克劳特哈默(charles krauthammer,1950年—)曾说:"伊朗是世界上新共产国际的中心。它同样是以救世主自居的、有思想性的、残酷无情的和严守纪律的,而且是十分敌视西方自由主义的(虽然是出于不同的原因),因此不受它通常的道德规范的约束……最后的目的是建立一个统一的伊斯兰阵线来对付西方的'傲慢'。眼前的目的是推翻亲西方的政权,夺取海湾及其弱小但盛产石油的酋长国,消灭以色列。""必须像对待苏联共产主义那样遏制这种新的以

---

① Christopher Layne, Benjamin Schwarz. American Hegemony—Without an Enemy. *Foreign Policy*, No. 92, Fall, 1993: 5-23.
② *National Security Strategy Report of the United States*. The White House, 1991: V.
③ Gilbert Lucewet. Can U. S. lead the world economy? . *Baltimore Sun*, June 7, 1992.

救世主自居的信条。也就是说，要对那些为遏制伊朗及其影响而斗争的人提供物质援助和政治援助，至少要阻止在双重用途的先进技术方面同伊朗进行不顾一切后果的交易。"① 在伊朗核问题上，西方找不到伊朗领导人要制造核武器的言论，引用较多的是伊朗伊斯兰革命卫队司令叶海亚·拉希米·萨法维（Yahya Rahim Safavi）的一段话。

1993年6月1日，美国传统基金会公开发表名为《靠安全繁荣的美国——美国外交、国防政策蓝图》的建议书，就美国外交和国防政策向克林顿政府提出建议。建议书中提出了保护美国利益最优先的5项内容：（1）保护美国的领土和领空；（2）遏制对欧洲、东亚、波斯湾的威胁；（3）确保对外贸易通道的畅通；（4）保护美国国民的安全；（5）确保获得天然资源的通道。建议书还列举了美国面临的最大威胁：远程核武器、俄罗斯民主的崩溃、伊拉克和伊朗的扩张政策、世界性的贸易战争、与朝鲜和中国有关的亚洲安全问题、恐怖主义、石油供给的不稳定化和美国边境地带的不稳定化。② 同一天，时任国务卿的克里斯托夫在接受公共广播公司的麦克尼尔—莱勒采访时说："我认为，克林顿主义有一些非常重要的内容。我马上想起来的最重要的内容可能是美国必须发挥领导作用。我们必须在各个方面发挥领导作用。当我们保护我们自己的重要利益时，有必要的话，我们将单独率先行动。""我认为，我们将全力以赴在全世界推广民主，这将是克林顿政府的基本原则之一。""克林顿强调说，美国的利益要求美国带头努力建立一个按美国价值标准建立的世界秩序。"他还说："必须在一方面是政府实行中央集权并具有潜在压制性、局势动荡不安且实行高度民族主义的国家和另一方面是民主的国家这两者之间做出抉择。如果美国不能完成其神圣职责，美国将错过创造一个更加民主和稳定的世界的机会。""五角大楼在臭名昭著的《1994—1999财政年度防务计划指导》草稿中指出，华盛顿必须保持它在世界政治中的杰出地位。这一文件断言，为了保证有一个有利于美国的国际环境，美国必须防止其他国家'对我们的领导地位提出挑战或试图推翻已确立的政治和经济秩序；我们必须保持这些机制使潜在的竞争国甚至不敢抱有扩大其地区或全球作用的想法'。"③ 从中可以看出，对于美国霸权主义来说，外部势力不要说向其挑战，就连想都不要想。

---

① Charles Krauthammer. Iran: Orchestrator of Disorder. *The Washington Post*, Jan. 1, 1993.
② 横山裕史："美国保守派智囊机构提出有关外交和国防政策的建议书"，[日]《世界日报》，1993-6-5。
③ 美新署华盛顿1993年6月3日英文电。

2006年8月18日，美国中央情报局情报政策小组委员会（Subcommittee on Intelligence Policy）主席迈克·罗格斯（Mike Rogers）及其同事鲁狮·霍尔特（Rush Holt）向美国有关部门提交了一份题为《作为战略威胁认识伊朗：对美国的情报挑战》的报告，其中谈道：自2005年12月以来，伊朗无视国际社会的反对、指责、孤立和经济制裁，已恢复旨在发展核武器的铀浓缩活动。值得注意的是一些外部专家认为，伊朗高层领导人在是否发展核武器问题上出现了分歧，一些伊朗官员主张在核不扩散机制的框架内进行核研究，以保持伊朗与国际社会的商业联系。这些外部专家坚持认为，在知道这些领导人的意图和决定之前，很难断言伊朗已经开始追求核武器了。[1] 报告指出，拥有核武器的伊朗将给美国带来严重的战略威胁，主要有：伊朗极有可能加大伊朗领导人在地区内外，直接或通过恐怖主义分子的扩张野心，这将对美国的朋友和盟友的安全和稳定带来严重威胁；认为核武库将保护其免遭报复的伊朗领导人可能更倾向于对美军及其在该地区、更大的中东地区、欧洲和亚洲的盟国使用武力，核武器可能降低伊朗使用传统武器的门槛；伊朗可能恶化地区紧张局势，以色列会发现很难与有核武器的伊朗相处，可能采取针对伊朗核设施的军事行动，一个精心策划或误断的进攻可能遭到对方的报复，从而导致地区不稳定和恐怖主义进攻的升级。[2]

2006年3月16日，设在美国华盛顿特区的核不扩散教育中心常务理事亨利·索科尔斯基（Henry Sokolski）提交了名为《准备与伊朗长期竞争》的政策报告。他在报告中建议：提高伊朗及其邻国退出或破坏《核不扩散条约》的成本；通过帮助沙特阿拉伯提高能力，减少波斯湾地区石油和天然气生产和分配体系的脆弱性，以应对恐怖主义造成的可能性中断；强化国际条约提高国际海军航空兵在海湾地区的存在规模和范围；通过解除霍尔木兹海峡的武装来限制伊朗对石油和天然气运输的威胁和海上突发事件；通过鼓励以色列首先采取封存生产裂变材料，呼吁阿尔及利亚和埃及效仿的措施来孤立该地区生产放射性材料和不恰当地追求核能力的伊朗。在索科尔斯基看来，这些措施并不能消除伊朗的核威胁，但可以借此达到如下目的：在外交上、经济上和军事上大大推迟伊朗追求核武器带来的危险，可以加强美国与其盟友之间的关系，这既可以减弱伊朗在美国与

---

[1] Mike Rogers, Rush Holt. Recognizing Iran as a Strategic Threat: An Intelligence Challenge for the United States. Staff Report of the House Permanent Select Committee on Intelligence, Subcommittee on Intelligence Policy, Aug. 23, 2006: 6.

[2] Ibid.

其盟友之间制造的不和及反对伊朗不恰当行为的努力,也有助于最终通过施压使现政权让位给一个较少敌意的政权;不但可以遏制伊朗的邻国效仿伊朗,还能迫使他们考虑接受《核不扩散条约》的保护;最后,可以通过核查而不是情报来实现中东地区的无核化目标。①

2007年10月22日,美国海军分析中心(CNA)的伊朗计划(Project Iran)课题组主持召开了一个有关伊朗核问题的研讨会,参加者有政府官员、学者和军界人士。他们提出了如下对策:"我们应该走得轻一点,手里拿一根大棒",美国的政府官员应避免使用过激的语言。伊朗不是德意志第三帝国,它不会因获得核技术甚至核武器而导致"第三次世界大战"。极端语言只能使美国与其地区盟友或国际盟友更疏远,把自己困在墙角。"军事选择不是最佳选择",伊朗核计划问题不能通过军事上的"外科手术"打击来解决,这种打击对美国在中东,尤其是在伊拉克和阿富汗的存在将带来严重且长远的影响。"我们需要在思想观念上挑战伊朗",伊朗威胁美国在中东利益的不是军事,而是思想观念。伊朗正在削弱美国在中东的声誉,所以,美国需要做更多的工作去赢得阿拉伯人,这样做的一个方法是结束与伊朗的单边行动,代之以与我们在该地区或以外盟友的密切合作。"伊朗经济是其致命弱点。"伊朗的经济存在着制度缺陷,包括通货膨胀、国有部分效率低、经济单一、宏观经济层面管理混乱。尽管石油价格高升,伊朗继续受到长期通货膨胀和高失业率的困扰。伊朗还面临着直接吸引外资的困难。这些因素增大了经济制裁所带来的外部压力的影响。不过,要想使制裁成功,必须瞄准政府,而不是惩罚伊朗人民。"不知道还是不知道",尽管伊朗给美国提出了战略挑战,这个国家对于美国的决策来说仍然是个谜。伊朗领导人是如何决策的,影响其决策的战略因素是什么,他们的长期和短期地区目标是什么。政府要有一个连贯的政策,军事和情报部门要克服专家和语言学家不足的状况。②

2009年3月4日,美国华盛顿近东政策研究所发表报告,认为美国对伊朗加强外交攻势的同时还要强调军事威慑,甚至可能包括核威慑。报告认为,美国如果只空谈威慑而缺乏强有力的行动,那么这种言论可能被看成美国向伊朗做出重大妥协的信号。美国军事威慑力应能起到降低伊朗领导人对核计划的兴趣的作用,让他们怀疑核计划是否"在军事上奏效或者

---

① Henry Sokolski. Preparing for a Long-term Competition with Iran. *Transatlantic Institute's "U. S. - European Cooperation on the Iranian Nuclear Program"*, Brussels: Belgium, March 16, 2006: 3.

② Michael Connell, Alireza Nader, Jacob Boyars. *Iran's Strategic Interests in the Middle East*. A Project Iran Workshop of the CAN Corporation, Oct. 22, 2007: 6-7.

在政治上起作用"。"美国的核保护伞将如何发挥作用，或者这种保护伞在中东是否适用，这是需要进一步考虑的事……任何核威慑都将需要可靠、安全和有效的美国核武器。"报告编撰小组成员、美军战略司令部前司令尤金·哈比杰在关于这份报告的讨论会上说："核威慑这把保护伞保护范围已经延伸，我认为它今后会在伊朗核问题上发挥重要作用。"他还说，威慑不仅是冷战时期的概念，"它现在仍然是一种有效学说"。从中我们可以看到，美国和伊朗在核问题上打转，伊朗核问题正是对西方核威慑理论及其制造出来的核恐怖气氛的利用，美国要用新的威慑来对付伊朗的核计划，从而给伊朗发展核计划以更多、更充分的理由。伊朗与美国在核问题上成了套在磨上的两头驴，不论跑得多快，或是叫得多响，始终走不出这个圈子。

第三节　美伊在核博弈中的对策与反对策

美国对伊朗的政策一直处在变化之中。伊拉克战争刚结束时，美国对伊朗的政策表现出强硬有余而妥协不足。这主要由以下因素决定：美国认定伊朗是其实现中东战略的最大障碍；美国认为，伊朗发展核计划对美国本身及其正在进行的反恐战争都是潜在威胁；美国把伊朗看作是它推行大中东计划的一大障碍；美国担心伊朗什叶派势力对伊拉克局势的影响；美国对中东石油的觊觎。[①] 自伊朗核问题出现以来，美国借助经济制裁、军事恐吓、外交孤立、秘密战争等多种方法和手段来遏制伊朗，伊朗则积极应对。

一、制裁与反制裁

自 1979 年伊朗伊斯兰政权建立以来，美国会已经通过多个制裁伊朗的法案，仅最近十多年来就对伊朗采取了下述制裁行动。1996 年美国国会通过《达马托法》，对伊朗和利比亚进行制裁，内容包括禁止外国公司对伊朗的能源产业进行大规模投资，凡一年之内投资超过 4 亿美元（后改为 2 亿美元）的企业将受到制裁。被制裁者的名字将被列入美国联邦政府制定的黑名单之中。到 1997 年秋，该法案受到了来自法国、马来西亚和俄罗斯

[①] 唐宝才、刘爱成："美国对伊朗核问题态度为何日趋强硬"，《环球时报》2004-11-24。

石油界的挑战。他们与伊朗签订协议，帮助其恢复石油和天然气交易。由于1997年秋和1998年春的东亚和俄罗斯经济危机，为了美国的国家利益，克林顿政府缓和了对伊朗的制裁。小布什政府也没有给予该项制裁更多的热情，只是在2001年将制裁延长了5年。[①] 2002年，美国国会通过的《禁止两伊军备扩散条例》(Iran – Iraq Arms Non – Proliferation Act)，禁止向伊朗出售核设备、核材料以及双重用途的商品。2003年12月，伊朗以保留和平利用核能为条件在核不扩散附加议定书上签字使美国感到很不是滋味。美国要求伊朗彻底放弃核计划。2004年3月11日，美国总统小布什签署命令，以伊朗没有在"支持国际恐怖主义、破坏中东和平进程、获取大规模杀伤性武器及运载工具"等方面消除美国的疑虑，伊朗政府的行动和政策继续对美国的国家安全、外交和经济构成"非同寻常的威胁"为由，将美国对伊朗实施的石油禁运（1995年3月15日宣布实施）再延长1年。根据这项制裁，美国公民和企业不得与伊朗进行石油交易。2006年9月美国宣布对伊朗的"萨德拉特银行"(Bank Saderat系伊朗国有银行，在中东和世界其他地方设有多个分支机构)实施制裁。美国指控伊朗从2001年开始，一直通过该银行向巴勒斯坦的哈马斯和黎巴嫩的真主党等组织提供资金。2007年1月，美国又把赛帕银行(Bank Sepah，系伊朗第五大国有银行)列入制裁黑名单，指控该银行资助武器扩散活动。2007年10月25日，美国宣布对包括伊朗国防部、伊斯兰革命卫队及下属机构"圣城旅"在内的20多个政府机构、银行和个人实施制裁，规定美国私人团体或个人不得与这些机构或个人进行金融往来，伊朗的一些组织也处于美国制裁范围之内。美国认为，"圣城旅"支持恐怖主义，伊朗革命卫队则从事扩散大规模杀伤性武器活动。美国的制裁措施不仅针对美国的公司，还涉及同伊朗做生意的他国公司。

出人意料的是，2007年12月3日，美国情报部门就伊朗核问题发表了《国家情报评估报告》。报告由美国16个情报部门联合撰写，其要点为，伊朗虽在铀浓缩上取得了进展，但早在2003年已中止核武器研制计划，且截止到2007年年中没有重新启动该计划。此报告一出，马上有美国学者提出反对。詹姆士·菲利浦斯（James Phillips）在《背景》上撰文指出："美国致力于遏制伊朗和阻止其拥有核武器的努力已经因最近公布的

---

① Joseph Cirincione, Jon B. Wolfsthal, Miriam Raikumar. *Deadly Arsenals: Nuclear, Biological and Chemical Threats.* Washington D. C.: Carnegie Endowment, 2006: 305.

关于伊朗核计划的《国家情报评估报告》而受挫。"① 他批评报告在做出2003年伊朗已经停止核武器研发的结论过于绝对,淡化了伊朗的民用铀浓缩在发展核武器上的重要性,并提醒说,伊朗假情报的使用可能使报告大打折扣。他还提出,报告没有涉及伊朗的军事发展,如伊朗的弹道导弹计划。② 复旦大学国际问题研究院常务副院长沈丁立先生这样评价该报告:"这个报告的核心在于给布什解套,但继续套牢伊朗和其他国家,并且塑造布什正面的历史地位。"③

2008年1月25日,美国纽约大学全球事务研究中心(Center for Global Affairs)组织召开了一个有关伊朗的研讨会,参加者有美国的政府官员、学者和学生,最后以《伊朗2015年》(Iran 2015)为题在该中心网站上发表了会议综述。其中谈道,"到2012年,美国通过在一定程度上模仿与苏联打交道的经验,已经组织起一个遏制伊朗的联盟。孤立和内部压力促使出现伊朗的'戈尔巴乔夫'——一个西方人可以与之打交道的人——是长远目标。"④ "在解决伊朗核计划方面,美国将再授权国际原子能机构,这样就可以在不用军事介入的情况下在法律上取得对伊朗更严厉的制裁。"⑤ 2008年5月22日,众议员加里·阿克曼(Gary Ackerman,1942年—)援引美国国会362号法案,提交议案,敦促总统采取行动,通过国际努力,采取包括禁止向伊朗出口精炼石油产品,禁止伊朗有关人员参与国际事务,禁止伊朗车辆、船舶、飞机、火车和货物进入或离开伊朗等措施,加强对伊朗的经济、政治和外交压力,迫使其停止铀浓缩活动。提案有261人签名。伊朗裔美国学者马尼·法尔西(Mani Parsi)和哈佛大学政治学教授斯蒂夫·A. 耶蒂夫(Steve A. Yetiv)建议:要对伊朗不顺从原因进行分析,使对其行动最有效,更重要的是伊朗把放弃核看得比已经强加和可能进一步强加在其上的任何代价都大。他们也认识到,基于不对称经济依赖的政策是不可能取得成功的。外部的参与者必须改变过去20年的范式,考虑伊朗的坚强决心。胡萝卜或大棒必须使胡萝卜充分有利,威慑更为有效,提高不顺从的成本,增加合作的利益。⑥ 美国中东伊朗问题专家伊兰·伯尔曼

---

① James Phillips. The Iran National Intelligence Estimate: A Comprehensive Guide to What Is Wrong with the NIE. *Backgronuder*, No. 2098, Jan. 11, 2008: 1.
② Ibid.
③ 沈丁立:"伊核报告暗藏三重玄机",《东方早报》2007 – 12 – 8。
④ *Iran* 2015, CGA Scenarios, No. 2, Spring 2008: 6. www.scps.nyu.edu/cga.
⑤ *Iran* 2015, CGA Scenarios, No. 2, Spring 2008: 6 – 7. www.scps.nyu.edu/cga.
⑥ Mani Parsi, Steve A. Yetiv. Unequal Contest: Iranian Nuclear Proliferation Between Economic and Value Symmetry. *Contemporary Security Policy*, Vol. 29, No. 2, 2008: 322 – 337.

(Ilan Berman)提出,"在美国对伊朗政策的讨论中,经济战思想——贸易禁运、通货膨胀和社会经济压力一起使用——还没有引起足够的重视。考虑到目前伊朗经济存在的脆弱性,从对外国精炼石油的严重依赖到经济的中央集权化,这是令人吃惊的。美国的政策制定者能够通过经济方法使伊朗当权者明白其追求核计划的代价可能超过其拥有核武器所带来的利益。"①

2011年11月21日,美国总统奥巴马签署总统令,下令对伊朗重要石化产品行业实施制裁,同时扩大对伊朗油气行业的制裁。② 2012年7月31日,奥巴马宣布追加对伊朗的制裁,美国财政部发表公告称,根据新的制裁措施,美国禁止中国昆仑银行和伊拉克埃拉法伊斯兰银行直接进入美国金融系统。

在传统的伊美对峙中,伊朗积极利用美国的反伊政策培养伊朗人的仇美情绪,如1998年4月26日,伊朗伊斯兰卫队司令萨法维在库姆的一个军官闭门会议上发表讲话说:"我们能用缓和的政策抵挡美国的威胁和极权态度吗?我们能够通过对话消除美国带来的危险吗?我们能够通过与国际犹太复国主义者签订禁止化学武器和核武器扩散条约来保卫伊斯兰共和国吗?"③

伊朗更是通过与其他外国公司的合作来积极应对美国的制裁。2007年1月28日,伊朗与西班牙雷普索尔公司和英荷壳牌石油集团达成价值约100亿美元的协议,合资开采和生产液化天然气。2008年3月,伊朗与瑞士能源贸易公司签署了一项价值高达数百亿美元的协议,根据协议,瑞士在未来25年内每年可从伊朗购买约55亿立方米天然气。④ 此外伊朗还与俄罗斯在核电站建设方面开展密切合作。

2012年9月25日,内贾德总统在纽约接受美联社记者采访时说:"自2005年执政以来,伊朗已由世界第22大经济体上升为第17大经济体,非石油产品出口增加了7倍,商品生产基本翻了一番,人均收入增加了4000美元。"⑤

---

① Ilan Berman. Toward an Economic Strategy against Iran. *Comparative Strategy*, Vol. 27, No. 1, 2008: 20 – 26.
② 王恬:"美国—英国加大对伊朗制裁力度",《人民日报》2011－11－23 (21)。
③ Geoffrey Kemp. *Iran's Nuclear Weapons Options: Issues and Analysis*. Washington, DC: The Nixon Center, 2001: 35 – 36.
④ 王京烈:"伊朗:在抗争中寻求外交突破",《当代世界》2008 (5):29—32。
⑤ Christopher Chester, Maria Sanminiatelli. Ahmadinejad Pushes New World Order in AP Interview. http://www.usnews.com/news/world/articles/2012/09/26/ahmadinejad-pushes-new-world-order.

二、以军演对抗军事威慑

1997年6月3日,由美国"新保守主义教父"之称的克里斯托(Irving Kristol,1920—2009年)为发起人,"新美国世纪计划"(Project for the New American Century,简称PNAC)非政府政策智囊机构在华盛顿成立。该机构在其宣言中明确指出,其宗旨就是要确保21世纪仍是"美国世纪",并将借助一切军事、政治和经济手段,将潜在威胁者和挑战者消灭于萌芽状态,向全世界推进符合美国利益和理想的价值观。在宣言的签署者中有后来成为布什政府阁员的切尼(副总统)、拉姆斯菲尔德(国防部长)、沃尔福威茨(国防部副部长、世界银行行长)、利比(副总统办公室主任)、弗莱德伯格(副总统安全政策助理)、克恩(国务院高级顾问)、伯耐特(国家安全委员会成员)。另外还有福布斯杂志的发行人福布斯、著名学者福山、佛罗里达州长、小布什的弟弟杰卜·布什等一些政、经、学界的精英。这是冷战结束后,美国战略精英们第一次明确、系统和赤裸裸地展示一种"帝国的思维方式"。宣言为以后布什政府在反恐战争中"先发制人"、"非友即敌"的布什主义提供了理论依据。2000年初,该组织抛出了一个称之为《新美国世纪计划》的新国家安全战略,要求增加军费到1000亿美元,促使伊拉克改朝换代等。考虑到该决议过于激进,计划进行了重大修改,8月,又推出了以《重建美国的国防:面向新世纪的战略、力量和资源》为名的新报告。报告中谈道:"目前的国际安全秩序对美国的利益和理想极为有利。未来的挑战就是如何维持和加强这种'美国式的和平'。如果美国不能维持足够的军事力量,就会失去这个良机。"为了使美国军队更好地为维护美国的全球利益服务,它必须围绕以下4个方面进行建设:保卫美国本土;赢得地区大战的胜利;在重要地区履行"警察"职责;对军队进行改革。为此,美国政府要保证足够的国防军费,因为"军队的资金不足只能逐步削弱美国维护全球重要利益的能力"。[①] 报告还新增了"武装外太空,发展卫星武器并布置到战略要地;发起军事革新将新科技引入军事领域,如微波武器、声波武器等,并用之于地面战场及外太空"等内容。正是在这一背景下,"不得不帝国主义"出笼。2002年,美国对外关系委员会负责国际经济的保罗·沃尔克(Paul Volcker,1927年—),高级研究员、《华盛顿邮报》专栏作家塞巴斯蒂安·麦雷贝(Sebastian Mallaby,1964年—)在《外交》季刊上发表《不得

---

① 唐岚、俞晓秋:"美国新世纪计划介绍",《国际资料信息》2002(6):17—21。

帝国主义》一文。在他们看来，要消除苏丹、阿富汗、塞拉利昂和索马里这样的国家对国际社会的威胁，必须对它们实行帝国主义政策。[1] 该文以及在其讨论基础上产生了"失败国家论"和"新帝国主义论"两大理论。紧接着，哈佛大学教授、世界和平基金会主席罗伯特·罗特伯格（Robert I. Rotberg, 1935 年—）在美国《华盛顿季刊》(2002 年夏季号) 上刊登了《民族国家失败的新实质》一文。在他看来，在世界 191 个民族国家中，有少数可以归类为失败或崩溃国家，像阿富汗、安哥拉、布隆迪、刚果民主共和国、利比里亚、塞拉利昂和苏丹 7 个国家就是这样的国家。另有几十个国家处境艰难，可列入候选失败国家。西方的当务之急是防止这些衰落中的国家演变成为失败国，这样要比这些国家失败或崩溃后再去复兴它容易得多。[2] 2002 年 4 月 7 日，英国首相布莱尔的外交政策顾问罗伯特·弗朗西斯·库珀（Robert Francis Cooper, 1947 年—）为英国《观察家报》撰稿《我们为什么仍需要帝国》，为救助失败国家提出了具体方案。文中，他把世界上的国家分为：前现代国家（pre-modern states），主要指前殖民地，如索马里和阿富汗这样的国家；现代国家（modernstates），如印度、巴基斯坦或中国这样的国家；后帝国或后现代国家（postimperial states, postmodern states），主要指西方国家。在库珀看来，失败国家组成的前现代国家给世界带来了严重威胁，解除这种威胁有多种办法，但卷入是危险的，干预是旷日持久的。最好的办法，也是过去最经常使用的办法是对这些国家实行殖民化。从目前看，建立一个有效地、井井有条地输出"稳定和自由的世界"显然是可取的。[3] 这就是新帝国主义论，它们为梦想建立全球性帝国的美国提供了理论依据。伊朗核危机正是在这一背景下愈演愈烈的。

2004 年 5 月 6 日，美国众议院通过第 398 号决议，要求美国政府"使用适当的手段遏制、阻止和防止伊朗获取核武器"。如果参议院通过类似决议，就意味着授权美国总统在认为必要的任何时候对伊朗核设施发动先发制人的打击。11 月 28 日，科威特《祖国报》报道，美军中央司令部司令阿比·扎耶德在接受媒体采访时警告伊朗，不要无视美国的军事力量。

---

[1] Sebastian Mallaby. the Reluctant Imperialism. *Foreign Affairs*, Vol. 81, March/April, 2002: 2-7.

[2] Robert I. Rotberg. The New Nature of Nation-State Failure. *The Washington Quarterly*, Vol. 25, Summer, 2002: 83-96.

[3] Robert Francis Cooper. Why We Still Need Empires. *The Observer*, April 7, 2002.

他说，美国有足够的能力集结更多的兵力，这一点是不容置疑的。① 12月13日，阿拉伯文版《中东日报》披露，美国总统国家安全顾问赖斯曾主持了一个特别会议，会上国防部长拉姆斯菲尔德提出关于军事打击伊朗的计划。该计划分3步走：第一步，空袭伊朗伊斯兰革命卫队驻地和伊朗重要的军事设施，对伊朗领导人实施"斩首行动"；第二步，空袭伊朗核设施，对与生产核、生化武器有关的125个目标进行空袭；第三步，美军地面部队通过伊拉克、海湾、阿塞拜疆、阿富汗进入伊朗境内，用2周时间推进到德黑兰城下。该计划的最终目的是在伊朗建立一个亲美政府，计划受到了国务卿鲍威尔的质疑。他认为，如果开战，伊拉克及海湾地区将变成地狱，还有美国的军力也不够。美中央情报局局长波特·戈斯支持鲍威尔的观点。经过不同观点的交锋，会议最后决定，建议总统布什避免对伊朗实施军事打击。②

面对美国的威胁，伊朗也提出了自己的理论。伊朗认为有6大武器可与美国周旋，这6大武器即人口众多、土地广袤、石油丰富、武器相对精良、美国仍陷于伊拉克泥潭不能自拔及欧盟、俄罗斯和许多联合国成员国不同意美国对伊朗的蛮横做法。鉴于此，伊朗认为美国不敢轻易对伊朗动武。伊朗文化与伊斯兰指导部的一位官员曾说，伊朗不是伊拉克，也不是阿富汗，至少有4个原因使美国不敢对伊朗动武：（1）伊朗人民支持政府而且团结。不像分成逊尼派、什叶派和库尔德人的伊拉克，伊朗人民对政府的支持率远高于当初伊拉克的萨达姆政权和阿富汗的塔利班政权；（2）有利的地缘政治，1000多公里的漫长海岸线，美国在中东的驻军，还有伊朗对霍尔木兹海峡的控制；（3）伊朗的武装力量训练有素，纪律严明；（4）伊朗的武器装备一直在不断进步。③

针对美国的动武传言，伊朗积极应对，制定了自己的计划，其主要内容为：（1）将战火蔓延到周边地区，伊朗将袭击美国在伊朗周围的军事设施，伊朗拥有射程为1300公里"流星-3"型地对地导弹，改进型射程增加到2000公里，美国建在伊朗周围的诸多军事设施在伊朗导弹射程之内，战火烧到伊朗边界之外，势必危及到本地区一些国家的安全，从而引起这些国家对美国攻打伊朗的不满和反对，集体向美国施加休战压力；（2）封锁霍尔木兹海峡；（3）实施先发制人的军事打击，伊朗不

---

① 汤水富、宋国城："欧盟与伊朗磋商核问题取得进展"，《人民日报》2004-11-29（3）。
② 张晓春："拉氏攻打伊朗计划曝光 2周推进到德黑兰城下"，《文汇报》2004-12-14（6）。
③ 李佩翰、吴冰冰："伊朗人怎样看核计划"，《环球时报》2006-12-14（2）。

止一次警告美国，伊朗不排除对美国在本地区军事设施进行先发制人军事打击的可能性；（4）对以色列核设施及军事目标进行报复性打击；（5）全民皆兵，抗击美军，一旦爆发战争，将其发展为抗击侵略者的"圣战"。①

2006年12月20日，内贾德总统在伊朗西部城镇发表演讲时说："那些压迫势力将会消失，而伊朗人民将会存留下来。任何靠近真主的力量都会生存下来，任何远离真主的力量都会像埃及法老一样消失。就今天而言，美国、英国和以色列这三个国家，由于他们远离真主的教导，将注定从这个世界上消失。这是一个神圣的承诺。"②

2007年1月14日，科威特著名的英文日报《阿拉伯时报》和阿拉伯文日报《政治报》均在头版头条登出"美军2007年4月前打击伊朗"的爆炸性新闻。报道称，美国将在2007年4月前从海上发动对伊朗的军事打击。《阿拉伯时报》载文称，据"可靠人士"的消息，美国总统布什最近在白宫召开的会议上，与副总统切尼、国防部长盖茨、国务卿赖斯及多名助手共同酝酿了这一惊人计划。他们还仔细研究了军事打击计划的每一个细节，排除了与伊朗对话的可能性。鹰派人物切尼坚持认为，"如果让伊朗顺利发展，它将变得更为强大，对海湾地区，特别是沙特构成威胁，并影响地区的石油安全，伊朗不仅是在玩政治游戏，也是在利用宗教影响来实现其地区扩张的政治野心。"③ 之所以选择在4月，是因为英国首相布莱尔届时任期已满。此时，美国已增派战舰开赴海湾地区，并很快部署完毕。5月下旬，美国派出了包括两个航空母舰战斗群和1个两栖攻击舰战斗群在内的共9艘军舰，进入波斯湾水域，与已在海湾的美军"艾森豪威尔"号航母战斗群一起，进行空战、潜艇和水雷等训练。这是自2003年伊拉克战争以来美国在海湾地区进行的规模最大的军事演习。演习的目的剑指伊朗。

针对不断传出以色列和美国要对伊朗采取军事行动的传言，伊朗军方反应强烈。2008年6月28日，伊朗革命卫队司令贾法里威胁说："如果以色列胆敢对伊朗发动军事打击，那么以色列应该明白，伊斯兰世界，特别是本地区的什叶派会对其进行致命打击，以色列在伊朗导弹射击范围之内。""伊朗在海湾、霍尔木兹海峡和阿曼海有漫长的海

---

① 张晓春："伊朗定抗美计划：全民皆兵将战火烧向境外"，《文汇报》2005-2-2（6）。
② 法新社德黑兰2006年12月21日电。
③ 柯里恩等："科媒体预言美4月前打伊朗 核设施成为重点"，《环球时报》2007-1-16（3）。

岸线，有人敢进攻或支持敌人进攻伊朗，就必将遭到伊朗的有力反击。""当然，敌人的军事打击会使伊朗的核计划推迟几年，但伊朗还是有能力发展自己的核计划。"① 这是伊朗领导人少有的将核计划与外部威胁相联系。

两天后，美国驻波斯湾海军第五舰队司令科斯格里夫（Cosgriff）中将发出警告称，不会允许伊朗封锁霍尔木兹海峡，截断重要的石油通道。关于以色列将武力打击伊朗的传言，美国国防部官员分析称，战争可能被"两条红线"触发。所谓"两条红线"是指伊朗核设施生产出足够制造核武器的浓缩铀和伊朗从俄罗斯获得 S－300 防空导弹系统。② 美国和以色列情报部门估计，伊朗可能于 2008 年年底或 2009 年获得足够生产出核武器的浓缩铀。7 月 2 日，海湾地区战云密布，以色列、伊朗和美国三家频频隔空放话，局势仿佛一触即发。

在 20 世纪 80 年代的两伊战争中，伊朗多次声称要封锁霍尔木兹海峡。1984 年夏，日本人就封锁霍尔木兹海峡算了一笔账，当年的 6 月 9 日，《读卖新闻》发表文章，标题即《霍尔木兹海峡一旦封锁，石油供应将减少 53%，估计大约能维持半年左右》。在伊朗核问题日趋紧张的情况下，霍尔木兹海峡更是成了人们关注的焦点。在众目睽睽之下，伊朗在霍尔木兹海多次进行军事演习，以显示其对世界经济的影响力。2008 年夏，美国五角大楼新闻发言人杰夫·莫雷尔说："封锁霍尔木兹海峡……是一种自找苦吃的做法。现阶段，伊朗经济脆弱，严重依赖石油出口。"③ 莫雷尔还说，美国认为，封锁霍尔木兹海峡不符合伊朗利益。但他指出，这并不意味着美国将容忍伊朗封锁海湾"油路"。伊朗革命卫队总司令穆罕默德·阿里·贾法里则说，凭借现有的军事装备，伊朗可以"轻松地"封锁霍尔木兹海峡。他在接受保守派报纸《贾麦贾姆报》采访时说，当一个国家遭到攻击的时候，很自然就会利用所有的能力进行反抗。伊朗面对这种情况肯定会对海湾地区和霍尔木兹海峡进行控制，从而引发石油价格暴涨。这也是伊朗威慑敌人的手段之一。

2008 年 9 月 8 日，《华盛顿邮报》报道，在美国下任总统为期 4 年或者 8 年的任期内，对伊朗动武将不可避免，而且这场战争很可能会以下列

---

① 安国章："伊朗威胁称如遭军事进攻就封锁霍尔木兹海峡"，http://news.sohu.com/20080629/n257808404.shtml。

② 康娟："'两条红线'恐引大战 美声称要保护霍尔木兹海峡"，http://news.qq.com/a/20080702/000862.htm。

③ 韩建军："美国称伊朗回复'无法接受'"，《新华网》2008-8-7。

3种方式进行：第一种，由于外交努力失败，美国新总统将按照议会要求，对伊朗发出最后警告，要求其立即停止研发核武器。随后，美国将对伊朗核设施实施"外科手术"式的军事打击。第二种，意识到生存危机的以色列对伊朗发动先发制人式的军事打击，以破坏伊朗的核能力。第三种，也是最可能发生的一种，已经拥有核武器的伊朗对以色列发动核打击，或者支持恐怖分子用核或电磁脉冲袭击美国，然后这两个国家对伊朗实施报复性打击。尽管以色列当时可能已经全部失去了陆基核打击能力，但它的潜射核能力仍然可以完成这一任务。①

美国尼克松中心反恐与国家安全研究部门负责人阿尼克斯-德巴特（Ani Alex-de Bathe）在接受记者采访时称，在美国国防部制定的针对伊朗的作战计划中，已经明确地将伊朗的2000个目标列入打击范围，并计划在3天时间内利用闪电战快速摧毁伊朗的全部军事实力。美国军方的战略是不要只针对伊朗的核设施进行小规模打击，而是要全面摧毁伊朗军方的全部军事实力。他说："目前，美国军方认为，无论美国对伊朗是进行局部打击，还是发动一场全面的军事行动，伊朗做出的反应将完全相同。"②美国政府内部希望对伊朗动武的呼声正在升温，布什总统已经将他的这一立场态度通知给了美国政府的数个相关机构。

伊朗用"两种政策"对付美国的"双重标准"。所谓两种政策，即一方面与欧洲和国际社会谈判，一方面继续其核计划。哈塔米总统时期的政府发言人阿布杜拉·拉玛赞扎德（Abdollah Ramerzanzadeh）曾说："我们有一套公正的政策，即谈判和建立信任，同时，也有一套秘密的政策，就是继续我们的行动。"③针对美国的武力威胁，2006年4月26日，伊朗最高领袖哈梅内伊说，如果美国对伊朗发动军事进攻，将遭到伊朗人双倍的报复。伊朗将损害美国在全世界的利益。④2008年9月25日，美国《民主正此时》（Democray Now）节目主持人、著名反战人士艾米·戈德曼（Amy Goldman）和胡安·冈萨雷斯（Juan Gonzalez，1947年—）对伊朗总统艾哈迈迪—内贾德进行了专访。戈德曼在采访中问道，美国现在正

---

① David Kay. What's Missing From the Iran Debate: Building a Security Framework for a Nuclear Tehran. *The Washington Post*, Sept. 8, 2008.

② It Has Nuclear Weapons. http://oa.cnready.com/bbs/viewthread.php?tid=480584&extra=page%3D1&frombbs=1.

③ Dore Gold. *The Rise of Nuclear Iran: How Tehran Defies the West*. Washington DC: Regnery Publishing, Inc., 2009: 15.

④ 杨晴川等："伊朗和美国再度交锋"，《人民日报》2006-4-28（3）。

在制定对伊朗发动战争的计划，您对这一消息做出的反应是什么？内贾德回答说，我们没有任何理由对这样的消息做出反应。当然，如果布什想发动战争，他面临着两大难题，其一是他没有能力付诸行动，其二是在美国有许许多多的有理智的人，他们绝不会允许布什做出这样的决定。他强调说，发动一场新的战争就等于是美国彻底完蛋。他接着说，布什的任期已经结束，但是，他依然有机会弥补自己过去的失误，我奉劝他利用有限的剩余时间做几件好事，以便将其载入自己的档案之中。当问及他的纽约之行给美国人民带来什么信息的提问时，内贾德回答说："我带给美国人民的信息就是平安。伊朗人民带给美国人民的信息就是和平、友谊和平等。"[①] 内贾德就伊朗核计划的本质问题做答时指出，伊朗的核计划是和平的，核武器的时代已经结束，请问核武器是否拯救了苏联免遭瓦解的厄运？核武器给美国在伊拉克和阿富汗提供了什么样的帮助了吗？他说，一个民族如果将自己的财富用于制造核武器，那是巨大的错误。他说，这些钱应该用于国家和民族的社会、文化和科技进步与发展的事业上。

一批美国资深军官强调，需要加大对伊朗的外交努力，同时也不能放弃使用武力。参谋长联席会议主席、海军上将迈克尔·马伦（Michael Mullen，1946年—）在接受《华盛顿邮报》记者采访时说："至于军事方面，我认为这是一个重要的因素，必须把它放在桌子上。它是最后的选择。"[②] 早在苏美冷战结束不久，印度裔英国学者卡里姆·西迪奎（Kalim Siddiqui，1931—1996年）就谈道："西方害怕伊朗今天的伊斯兰力量。他们认识到，如果他们在伊朗冒险，这将是他们的越南和滑铁卢。"[③]

针对以美国为首的西方军事威胁，伊朗在军事上积极应对，主要表现为大规模军演。

[①] Iranian President Mahmoud Ahmadinejad on the Threat of US Attack and International Criticism of Iran's Human Rights Record. Democracy Now, September 25, 2008. http：//www.democracynow.org/2008/9/25/iranian_ president_ mahmoud_ ahmadinejad_ on_ the.

[②] Karen DeYoung. Gates：U. S. Should Engage Iran with Incentives, Pressure. *The Washington Post*, May 15, 2008：A4.

[③] Kalim Siddiqui. Moslims and the New World under the Influence of Imam Khomeini. *Paper to 9th Islamic Thought Conference*, Jan. 29/Feb. 1, 1992：3.

2006—2012年伊朗军演简表

时间	代号	背景	地点	参加者及规模	其他
2006年3月31日—4月6日	"伟大先知"	3月29日，安理会通过主席声明，要求伊朗弃核	波斯湾和阿曼湾	伊斯兰革命卫队海军、空军、导弹部队、各类民兵和警察部队，共1.7万人和1500艘舰船	试射了"流星-2"型导弹等多种新式导弹和鱼雷；展示了伊自行研制的"黄蜂"无人机
2006年5月21—23日	"851"	5月21日，布什政府宣布，美国将与土耳其举行海陆空三军联合演习，以"展示其制止伊朗和其他国家掌握导弹及核技术的决心"	伊西南部霍拉姆沙赫尔海军司令部辖区、胡齐斯坦省和波斯湾西北部的阿巴丹湾	伊朗海军的大小舰只、直升机、水上飞机、潜艇、岸炮部队、"蛙人"突击队和海军陆战队	海上演习，重点练习"如何打航母"
2006年8月19日—9月下旬	"左尔法格哈打击"（伊史上一备受尊敬教长所佩剑名）	安理会1969号决议要求伊朗在8月31日前停止铀浓缩活动，否则予以制裁	从伊东南部的锡斯坦—俾路支斯坦省开始，进一步扩展至东北、西北、西部和南部14个省	陆、海、空三军，总兵力为20万人	用F-14A型"雄猫"战斗机试射了"霍克"改进型空对空导弹、代号"闪电"的短程战术导弹、由潜艇发射的远程反舰导弹和"空雷"防空武器等多种"新式武器"

续表

时间	代号	背景	地点	参加者及规模	其他
2006年11月2—11日	"伟大先知-2"	10月底，美、英、法、意、澳与巴林海军在巴林公海举行代号为"突出边缘"的军演	波斯湾、西阿塞拜疆省、德黑兰等14个省	伊斯兰革命卫队陆、海、空部队以及民兵	成功试射可以覆盖以色列的"流星-3"型导弹
2007年1月21—23日	无代号，伊朗媒体称之为"试射"	2006年12月23日，安理会一致通过第1787号决议；美国"约翰—斯坦尼斯"号航母为核心的航母打击群驶向波斯湾	伊朗塞姆南省的加姆萨尔城附近，在首都德黑兰以东约100公里处	伊斯兰革命卫队的地面武装力量	演习中试射了国产的"扎尔扎尔（闪电）"导弹和"法基尔（曙光）-5"型导弹等新式武器
2007年2月7—8日	海上为"惊雷"；空中为"霹雳"	美国与以色列军事打击伊朗传闻不断	海上和空中	伊斯兰革命卫队	演习中试射了从俄进口的"托尔-M1"型防空导弹
2007年2月19—21日	"庄严"	"约翰—斯坦尼斯"号航母逼近海湾	伊朗16个省	伊斯兰革命卫队6万人	试射"法基尔-3"型、"法基尔-5"型和"扎尔扎尔"导弹

续表

时间	代号	背景	地点	参加者及规模	其他
2007年3月22—30日	"威力"	3月27—30日，由"艾森豪威尔"号和"约翰—斯坦尼斯"号两艘航母领军，美军出动上万人、15艘战舰、100多架战机，以伊朗沿岸为假想目标，进行自伊拉克战争以来最大规模军演	波斯湾水域	伊朗海军部队	演习中使用了小型导弹舰艇、大型战斗和军需舰艇等各种装备，展示了伊朗军队"保卫波斯湾水域的决心与力量"
2007年5月22—24日		纪念西南部城市霍拉姆沙赫尔解放25周年	法尔斯省	17所地面部队军事院校的学员和教官	使用反直升机武器、肩扛式导弹发射器和多种穿甲武器等新式国产武器
2008年7月7—26日	"伟大先知3"	美国、英国和巴林在海湾举行代号为"围网"的联合军事演习	海湾和霍尔木兹海峡	伊斯兰革命卫队海军和空军导弹部队	试射了改进型"流星-3"型中程弹道导弹。发射不同型号的地对海、地对地与海对空导弹

续表

时间	代号	背景	地点	参加者及规模	其他
2008年9月15日	"神圣天空保卫者"	国际原子能机构向联合国提交报告	全国大部分军事基地	伊朗空军和革命卫队	目的在于"协调相互配合，提高防空能力"
2008年10月16—20日		回应以色列6月举行的大规模空军演习	西北部大布里士	伊朗空军	除演示伊朗自制的炸弹外，还演练了飞机飞越地面目标和击中这些目标的飞行技术
2008年12月2—7日	"联合87"	针对美国和以色列的军事威胁	波斯湾和阿曼湾	伊朗海军和空军。	驱逐舰、导弹快艇、潜水艇、直升机和无人机等参加
2009年9月28日—10月2日	"伟大先知4"	10月1日，"六方"与伊朗就核问题在日内瓦举行会谈	波斯湾和阿曼湾	伊斯兰革命卫队	试射了包括"泥石"和"流星-3"在内的各种型号的导弹
2009年11月22—26日	"神圣天空保卫者2"	美国和以色列举行代号为"杜松眼镜蛇"的军演	布什尔省、伊斯法罕省和首都德黑兰等地区	伊斯兰革命卫队和巴斯基民兵	试射了"流星-3"型等导弹，旨在测试保护国内核设施的能力
2010年4月22—24日	"伟大先知5"	针对美国和以色列的军事威胁	波斯湾与霍尔木兹海峡	伊斯兰革命卫队	展示了自制新型军舰，试射了5枚导弹

续表

时间	代号	背景	地点	参加者及规模	其他
2010年5月5—12日	"神圣89"	针对美国和以色列的军事威胁	波斯湾到阿曼海以及印度洋北部	伊朗陆、海、空三军	展示伊朗海军在南部海域的防御和威慑能力
2011年6月27日—7月6日	"伟大先知6"	美国等西方国家对伊制裁不断强化	霍尔木兹海峡	伊斯兰革命卫队	试射了"波斯湾"、"泥石"、"征服者"、"吉亚姆"、"流星-1—3"等国产新型远、中、近程和短程导弹
2011年11月16—20日	"神圣天空保卫者3"	针对以色列进行的模拟打击伊朗的军事演习	全国范围	伊朗空军、伊斯兰革命卫队、警察和民兵。	测试雷达系统
2011年12月24日—2012年1月2日	"守卫90"	回应美国和欧盟对伊朗实施多项制裁措施,双方关系紧张	波斯湾、阿曼湾、亚丁湾和印度洋北部	伊朗海军	试射了自行设计制造的"卡德尔"、"努尔"导弹,展示了国产导弹驱逐舰、潜艇、无人机等
2012年1月6—10日	"联合殉难者"	美国3个航母战斗群聚焦海湾	伊朗与阿富汗边界地区	伊斯兰革命卫队陆军	提升伊朗边境地区的安全

续表

时间	代号	背景	地点	参加者及规模	其他
2012年2月4—6日	"神圣支持者"（"拥护监护者"）	以色列将在4—6月份对伊朗实施军事打击	南部海湾水域	伊斯兰革命卫队	演练了防空、夜袭及突击战术等
2012年2月19日	"黎明"	美国拟向海湾派出第四艘航母	中部沙漠地区和亚兹德省	伊斯兰革命卫队陆军和巴斯基民兵	此次军演为提高非地区敌人武力威胁能力
2012年7月2—4日	"伟大先知7"	5月7—28日，美国主导的代号为"渴狮"2012的联合军事演习，17个国家的1.2万名士兵参加	全国范围	伊斯兰革命卫队	展示多枚弹道导弹、多种中短程导弹、无人机
2012年10月21—22日	"圣城行动"	10月21日，以美启动代号"严峻挑战2012"的导弹防御演习	伊朗西部克尔曼沙阿省	伊斯兰革命卫队1万人	展示伊斯兰革命卫队的战斗力和保卫能力
2012年10月31日—11月2日	"阿里之剑—91"	以美"严峻挑战2012"军演	伊朗西部地区	伊朗陆军和空军	展示伊陆军实力、提升个人和部队的技能及空军战备和协调能力

续表

时间	代号	背景	地点	参加者及规模	其他
2012年11月12—18日	"神圣天空保卫者4) "	2012年9月宣布军演	中南部和东部8省	伊朗常规部队和伊斯兰革命卫队近8000人	识别和消灭空中来犯的假想敌战机
2012年12月28日—2013年1月2日	"守卫91"		霍尔木兹海峡以东印度洋北部海域	伊朗海军	年度例行军演；测试新装备和现代化设备

通过伊朗核问题演变过程中一次又一次的军事演习，伊朗从上到下对自己的军事实力充满了自信。2006年，一家名为"伊朗军事论坛"的网站就"谁是中东军事实力最强的国家"进行网上投票，结果伊朗排在土耳其之后，居第二位，以色列则排在第三位。2006年5月，伦敦战略研究所公布的《2006军力平衡报告》认为，伊朗凭借其数量庞大的军队、导弹以及日益强大的国防工业，即便没有核武器，也可以打败除以色列之外的任何一个中东国家。[1] 这话虽然有挑拨伊朗与其他中东穆斯林国家之间关系的嫌疑，但反映了伊朗的真实军力。

三、孤立与反孤立

孤立伊朗是美国自伊朗伊斯兰共和国成立以来一以贯之的政策。主要表现在以下几个方面：

妖魔化伊朗。美国记者杰克·克里默（Jack Cramer）在伊斯兰革命胜利之初，撰文称："霍梅尼反启蒙主义者的宗教声明，其反美主义……所有这些预示着一种熟知的由秘密的共产主义运动所带来的混乱。"[2] 美国人乔治·鲍尔（George Bauer）评价说："霍梅尼从未认识到自己是在领导着一个政治实体，而是认为他自己是被神任命的不知道有国家边界的伊斯兰什叶派的先知。他不是通过政治手段而是通过一个神职机构来统治人民的。这个神职机构残酷地实行了一种包括严厉规章制度和控制生活各个方

---

[1] 李佩翰、吴冰冰："伊朗人怎么看核计划"，《环球时报》2006-12-14（2）。
[2] Jack Kramer. If Khomeini Comes to Power in Iran. *Business Week*, Feb. 5, 1979：50.

面的专制信条的包罗万象的体制"。① 美国人杰弗里·戈德塞尔评价说："霍梅尼是一个绝对论者，这种绝对论使他到了盲目的境地，不管谁，只要向他提供有关这种危机或那种危机的形势报告，他都会做出反应。有时，他发现自己不得不在发出特别恶毒的诅咒或斥责之后又后退几步。这在很大程度上解释伊朗革命的路线为什么摇摆不定"。② 美国《时代》周刊把阿亚图拉霍梅尼评为 1980 年的风云人物，在对他的评价中，使用了这样的词汇："傲慢的"、"虔诚的"、"顽固的"、"复仇心重的"、"不屈的"，并得出结论"他是一个相信真主直接告诉他怎样把《古兰经》和伊斯兰法运用到生活和政治的神秘主义者"。③ 伊朗学者贾拉拉代·马达尼（Jalalad-Dine Madani）针对这一现象发出了这样的感慨："在革命的第一个 10 年大量文献反对伊斯兰革命，为了歪曲事实，数百个电台用不同的语言和数千篇文章来反对伊斯兰革命。"④ 这些宣传旨在给人一种印象，伊朗伊斯兰共和国及其革命领导者是另类，提醒世人要远离。

以美国为首的西方为何妖魔化伊朗伊斯兰革命及其领导人阿亚图拉霍梅尼？因为第三世界的崛起是西方殖民主义者不愿看到的。在 20 世纪的政治家中，特别是中东的政治家们，多把权力传授给自己的子弟，为自己和家人积累了大量的钱财，享受奢华的生活。阿亚图拉霍梅尼不让子女参政，没有给家人留下财富，一生俭朴，致力于伊朗的现代化建设，把自己的一生献给了伊朗民族，为伊朗人民留下了一个伊斯兰共和国。他为伊朗的政治发展做出了杰出贡献，是真主赐给伊朗民族的礼物。正是具有优秀品质的阿亚图拉霍梅尼这面镜子，照出了西方金融寡头、投机政客、不法商人、不良学者的丑陋面貌，所以他们竭力对其丑化，以遮挡这面镜子，让人看不到他们的丑陋。

伊朗核问题出现以来，美国更是在外交上积极孤立伊朗，以显示其消灭伊朗核武器的决心。2000 年，美国《〈新世界世纪计划〉2000 年度报告》中称，伊拉克、伊朗和朝鲜是"邪恶轴心国"，报告的撰稿人主张对这些国家严加看管。"9·11"事件以后，布什政府开始对这些国家公开采

---

① George Bauer. Iran's uncertain future. *The Washingtion Post*, Aug. 19, 1981.
② Jeffrey Godsell. Attacking on the US Embassy: whats Iran's religious hardliners for. *Christian Science Monitor*, Nov. 5, 1979.
③ James Bell. Man of the Year-Ayatollah Khomeini. *Time*, Jan. 22. 1980.
④ Jalalad–Dine Madani. *Islamic Revolution of Iran*, Tehran: International Publishing Co., 2002: 10.

取敌视政策。① 2002 年 1 月 29 日，在其国情咨文中，小布什将伊朗、伊拉克和朝鲜公开称为"邪恶轴心"。他说："当伊朗未执政的少数派仍在激励伊朗人民自由希望的同时，伊朗却在积极寻求研制大规模杀伤性武器，并出口恐怖。伊朗仍在炫耀它对美国的仇视，仍在支持恐怖主义。"② 从此以后，美国从上到下，对伊朗展开了新一轮大规模口诛笔伐。核问题更是成了美国人关注的焦点。

挪威国际事务研究所（Norwegian Institute of International Affairs）的丹尼尔·赫拉德斯特威特（Daniel Heradstveit）和美国锡拉丘兹大学马克斯韦尔学院（Maxwell School of Syracuse University）的马修·波恩汉姆（G. Matthew Bonham）在民调的基础上得出结论：小布什的"邪恶轴心"讲话，对伊朗的妖魔化是美国地缘政治设计的一部分，缺乏理性分析，反映的是危险的超级大国的扩张主义。它将加强伊朗的民族凝聚力，强化伊朗的外交政策，并扼杀伊美之间的文明对话。③ 詹姆士·斯滕贝格评价小布什的"邪恶轴心"论说："谈及邪恶轴心，今天的我们比 4 年前更好了吗？在朝鲜和伊朗的核扩散问题上比 4—6 年前更糟了，我要强调的是，由于伊拉克的局势，我们的安全形势更加恶化了，这是清清楚楚的现实。"④

2011 年 10 月 11 日，美国司法部长霍尔德、联邦调查局局长罗伯特·米勒和纽约曼哈顿区联邦检察官普里特·巴拉拉共同举行新闻发布会，宣布美国挫败了一起伊朗企图暗杀沙特阿拉伯驻美国大使的恐怖阴谋。密谋者包括伊朗籍美国人曼苏尔·阿巴布希尔和伊朗伊斯兰革命卫队成员吴拉姆·沙库里。9 月 29 日，阿巴布希尔已在纽约被警方逮捕。该发布会以及 10 月 13 日美国总统奥巴马的表态在国际上引起轩然大波。由"暗杀门"引起的伊朗与美国关系的种种猜测跃然纸上。美国人的动机非常明显，首先，挑拨伊朗与沙特阿拉伯之间的关系。在伊朗核问题演变的过程中，美国试图通过制造伊朗有核，并将威胁周边阿拉伯国家的舆论来挑拨伊朗与其周边阿拉伯邻居的关系，但没想到，事与愿违，阿拉伯国家非但没有把伊朗核计划视为威胁，反而把伊朗的核发展视为穆斯林世界发展的一部

---

① Anthony DiFilippo. US Policy and the Nuclear Weapons Ambitions of the "Axis of Evil" Countries. *New Political Science*, Vol. 28, No. 1, 2006: 101 – 123.
② 布什《国情咨文》全文，人民日报网站 2002 – 1 – 30, http: //www. people. com. cn/GB/guoji/22/86/20020130/659082. html。
③ Daniel Heradstveit, G. Matthew Bonham. How the Axis of Evil Metaphor Changes Iranian Images of the USA. Norsk Utenrikspolitisk Institute, 2003.
④ Glenn Kessler, Peter Baker. Bush's 'Axis of Evil' Comes Back to Haunt United States. *Washington Post*, Oct. 10, 2006: 12.

分，阿拉伯国家与伊朗的关系不是愈来愈紧张，而是走得越来越近了，这是美国始料未及的。进入 2011 年，随着阿拉伯局势的发展，沙特阿拉伯和伊朗皆认识到，虽然制度不同，但双方的合作对于中东社会的稳定是至关重要的，如果双方继续发展关系，将大大减少外部势力插手阿拉伯或穆斯林世界的机会。因此，外部势力要想插手该地区，最好把对该地区具有重要影响的两国关系搞僵。所以，事情一出现，内贾德等伊朗领导人就强调，美国制造"暗杀门"事件是为了挑拨伊朗与沙特的关系，转移民众对美国国内经济困境的关注。同时，美国不愿看到伊朗坐大，自身在中东影响力下降。伊朗伊斯兰共和国建立以来取得的成就是有目共睹的。在伊朗核问题演变的过程中，美国本想借此敲打伊朗，结果事与愿违，伊朗的国际地位不降反升。与此相对，美国在中东的影响反而每况愈下。还有就是，美国不愿对霸权主义说再见。近年来，围绕国际关系出现的一系列问题，其根源是美国霸权主义不再适应世界历史发展方向。在世界格局的转型中，美国统治者不愿接受这一现实，而美国人的所作所为恰恰表明了这一时代的到来。

为了突围，伊朗积极发展与自己利益关系密切国家的关系，与朝鲜的关系是重要一例，伊朗的核计划得到了朝鲜的积极支持。朝鲜人民会议常任委员会委员长金永南公开支持伊朗的核计划说："我们认为，核开发是伊朗拥有的理所应当的权利。"① 他还说："联合国安理会通过逼迫伊朗的决议，并对以色列入侵黎巴嫩保持沉默，这是一种双重标准，显示它已经被一些国家当作工具。"他强调："我们已被美国逼到了事态无法预测的程度。作为遏制力，我国只能拥有核武器。"②

2006 年 7 月 11 日，以色列对黎巴嫩的袭击为伊朗和叙利亚强化西方所谓的"什叶派新月联盟"提供了条件和机会。黎以冲突伊始，西方各界就称真主党在战场上使用的许多新式武器来自伊朗。并且，伊朗还长期训练真主党武装，并在该党控制的黎巴嫩南部地区建立了情报网络。6 月，伊朗和叙利亚签订了防务协议，规定如一方遭进攻，另一方有责任出兵协防。伊朗还将伊拉克什叶派和黎巴嫩什叶派政党编在自己麾下。伊拉克什叶派与伊朗的关系更是非同一般，伊拉克什叶派的 9 大家族中，8 个都源自伊朗且曾长期居住在伊朗。

---

① 张卫中、余火："反美大腕一路拉盟友 内贾德强硬立场获多国支持"，《环球时报》2006 - 9 - 19 (16)。

② 同上。

2006年和2007年岁末年初，针对美国务卿赖斯的中东之行，在不到4个月的时间内，内贾德对委内瑞拉进行了两次访问。在与内贾德会晤后，查韦斯说："这将使我们可以加强向……那些正努力砸碎美帝国主义枷锁的国家的投资。"他还说："美帝国主义见鬼去吧！"借此访问，两国政府还签署了11项协议，在诸如旅游、教育和矿产等领域展开合作。内贾德还访问玻利维亚、尼加拉瓜和厄瓜多尔3国。玻利维亚总统莫拉莱斯是该国历史上第一位掌管国家命运的印第安人。他说，古巴领导人卡斯特罗是"拉丁美洲所有革命者的祖父"，查韦斯是他的好友。从当选为总统的第一天开始，莫拉莱斯就宣称他领导的"争取社会主义运动"是"美国的噩梦"。尼加拉瓜当选总统奥尔特加在失去政权16年后重新执政，是美国的老对手，他表示将继续反对美国的霸权主义政策。厄瓜多尔总统科雷亚在竞选中对美国在厄瓜多尔的军事基地表示不满，还称布什是十足的"傻瓜"。在2006年不结盟运动峰会期间，内贾德两次会见在病榻上的菲德尔·卡斯特罗。内贾德强调美国对他国的干涉和侵略表明美国正面临失败，受压迫民族的反抗正在兴起，卡斯特罗则称赞内贾德同殖民主义做斗争的坚定立场。伊朗在此次不结盟运动峰会上取得了可喜成就，9月16日，不结盟运动国家领导人在哈瓦那发表联合声明，支持伊朗和平利用核能，并相信伊朗核问题能够通过外交与和平对话的途径得到解决。内贾德在2006年9月的拉美之行取得的成就使美国感到措手不及，对此《环球时报》的记者做了这样的评论："面对伊朗的针锋相对，及这种由内贾德主导下的反美国家空前团结的形势，美国人似乎有点缺乏准备。美国迫切想拿下伊朗，一直对伊朗进行战略欺骗和战略试探，但没想到现在却面临越来越艰难的抉择。"[1]

更重要的还是密切与周边国家的关系。在2005年选举获胜后，内贾德一上台就把以色列抬出来，同时又宣布，其政府不但优先考虑发展与邻国的关系，而且重点发展伊朗文明曾经影响到的地区。[2] 2007年1月16日，内贾德表示，他已给沙特阿拉伯国王阿卜杜拉发了一封信，提议两国在帮助稳定伊拉克方面进行合作。美国正试图拉拢阿拉伯盟友，孤立伊朗，内贾德此举是最好的回应。

针对美国与印度的核合作，伊朗核谈判代表阿里·拉里贾尼（Ali Lari-

---

[1] 张卫中、余火："反美大腕一路拉盟友 内贾德强硬立场获多国支持"，《环球时报》2006-9-19（16）。

[2] Dore Gold. *The Rise of Nuclear Iran: How Tehran Defies the West*. Washington DC: Rengnery Publishing, Inc., 2009: 22.

jani，1958 年—) 批评说:"如果美国真正关心核不扩散条约,为什么它与已经生产出核武器的印度合作? 所有组织规则以与美国结盟为条件。如果一个国家要成为一个超级大国,它必须尊重其他国家,而不要想着让其他国家做自己的奴仆。"① 这是对美国在核问题上"双重标准"的最好批判。

揭露西方人的背信弃义。2004 年 11 月,胡赛因·穆萨维在接受记者采访时指责西方的强权政治说:"德国与伊朗签订了 800 万马克的协议去建设布什尔核电站,但它放弃了该计划。我们拿出了 20 年前的协议,但国际上拒绝起诉柏林。所有的事情都建立在专制与绝对之上。自美国占领后,伊拉克已有近 10 万平民死亡,但什么也没出现。面对这些,我们应该恢复我们的权利。"当记者问及怎样看待西方时,他回答说:"有很多例子表明,在 1980 年萨达姆·侯赛因侵略伊朗时,西方开了绿灯,萨达姆得到了包括化学武器在内所需要的武器。伊朗是第二次世界大战后第一个化学武器的受害国,西方难辞其咎。我们与西方人会谈,并不意味着我们信任他们。我们坐在一起,彼此挑战。由于存在争议,我们结束了谈判。但是,我们试图得到欧洲在伊朗的投资。日本同意在阿扎德干 (Azadegan) 油田投资 30 亿美元。""与欧洲、日本和其他工业化国家的经济合作促使我们向他们让步。我们也赢得了他们的让步。"②

2011 年 10 月,针对美国人制造的"间谍门"事件,伊朗领导人将其视为又一个展示自身形象的机会。伊朗的两个反映特别引人关注:一个是伊朗精神领袖哈梅内伊有关伊朗政治体制的讲话,一个是伊朗外长萨利希有关浓缩铀的讲话。2011 年 10 月 16 日,伊朗最高领袖哈梅内伊在克尔曼沙赫省说,伊朗将坚决回应任何美国针对伊朗的破坏性措施。同时,他又就伊朗政治体制发表看法说,目前,总统由公民直接投票选举产生是一种很好的、有效的总统选举方式。他接着说:"但是,如果有一天,很可能是在将来的某一天,如果议会制度被认为是选举政府高层(包括总统)的有效方式,伊朗将改变目前的选举体制。"他还说,伊朗政治体制和政策的任何改变都将遵守伊斯兰准则。哈梅内伊的这番话明白无误地向世人表明,伊朗的伊斯兰共和制是一个行之有效的伊斯兰民主政体,它在伊朗政治现代化进程中已经取得了显著成效,而且自身有很大的发展空间,可以随着社会的发展而与时俱进,从而向伊朗周边的阿拉伯兄弟国家发出信

---

① Gary Sick. Iran's Strategic Concerns and U. S. Interests, *Middle East Policy*, Vol. 15, No. 1, Spring, 2008:13.

② Mehdi Mohammadi. Iran Bracing for Referral to UN (PART. III). *Kayhan*, Daily Newspaper, No. 18092, Nov. 9, 2004:12.

号,在阿拉伯的政治转型中,伊朗的经验值得借鉴。10 月 17 日,伊朗外长萨利希发表讲话说,2010 年 11 月,伊朗核科学家马吉德·沙阿里亚里被暗杀,给伊朗核工业带来巨大冲击,因为他培养了 20 名该领域的专家。他说,伊朗已生产出约 70 公斤纯度为 20% 的浓缩铀,并将在数月内开始用这些浓缩铀生产燃料板,为德黑兰研究用核反应堆提供核燃料。由于伊朗需要 120 公斤纯度为 20% 的浓缩铀,还要加快生产进度。他还表示:"现在,伊朗拥有数千名核工程师,我可以说,在核领域里,基本上没有我们想做却做不到的事。"作为外交部长,萨利希说这番话是颇耐人寻味的,其潜台词是什么?伊朗核问题从外交上看是一个工具,是为维护伊朗的民族利益和实现伊朗的战略目标服务的;暗杀伊朗核科学家算不算恐怖主义行为,如果算,背后是谁操纵,矛头直指美国和以色列;和平利用核能是伊朗不可剥夺的权利,在敌对背景下,它很容易向核武器方向转变,即使这一代人不这样做,只要大敌当前,这种转变的可能性就一直存在,所以解决伊朗核问题的关键在于美国与伊朗关系的改善。

  伊朗领导人还不失时机地向外界表明伊朗核问题的实质。2012 年 9 月 25 日,伊朗总统内贾德在纽约接受美联社记者采访时说:"国际社会在伊朗问题上的强烈抗议只是西方主宰其国家的一个借口。美国从来不接受 1979 年伊朗伊斯兰革命后人民对政府的选择。大家都知道,核问题是美国将其意志强加于人的表现。在我看来,这是一个不是问题的问题,它已成为一种胜人一筹的表现形式。"①

  以上这些反映出了伊朗政治领导人的政治智慧。美国约翰·霍普金斯大学中东研究专家马利娜·奥塔威(Marina Ottaway,1946 年—)评价美国的伊朗和海湾政策时说:"美国一直寻求建立一个反伊朗的联盟,而不是欢迎伊朗和海湾国家之间的关系正常化。这一政策在过去完全失败了,将来很可能失败。随着在伊拉克战争中的觉醒,海湾国家不再信任美国为他们提供保护的能力,所以他们不太可能比以前对伊朗更具挑战性。美国不应该抵制这种趋势,而应该接受它。"② 两伊战争期间,美国积极建立与阿拉伯国家,尤其是海湾阿拉伯的联盟。1986 年,资深媒体评论员马丁·沃克(Martin Walker)曾说:"不管有可能缔结多少项条约,都不如有一

---

① Christopher Chester, Maria Sanminiatelli. Ahmadinejad Pushes New World Order in AP Interview. http://www.usnews.com/news/world/articles/2012/09/26/ahmadinejad-pushes-new-world-order.

② Marina Ottaway. *Iran, the United States, and the Gulf: The Elusive Regional Policy*. Washington, DC: Publications Department for Carnegie Endowment for International Peace, 2009: 1.

个现成的盟国。这毕竟是国际外交中一个重要原则。"① 在伊朗核问题的发展过程中，伊朗进一步强化意识形态凝聚，并取得了明显成效。以伊朗与阿拉伯世界的关系为例，在历史上，双方的矛盾和冲突远大于合作，但是，随着伊朗核问题的发酵，尽管西方媒体有意识地宣传伊朗的发展会对阿拉伯世界构成威胁，但在多数阿拉伯人眼中，伊朗的发展是穆斯林世界发展的一部分，反映了穆斯林世界的进步。这是以美国为首的西方始料未及的。回顾意识形态在外交中的作用，起始是美国最早打意识形态这张牌的，但当整个世界都注重意识形态建设之时，美国的意识形态则显得落伍了。

2012年8月26—31日，伊朗成功举办了第十六届不结盟运动首脑会议，24位总统、3位国王、8位副总统、80位外长、110多个国家代表团与会，使伊朗成为大赢家，其和平利用核能获得国际支持。② 这是自1979年伊斯兰革命胜利以来，伊朗承办的最大规模的国际会议。会议发表的《德黑兰声明》中谈道，与会国和国际组织对伊朗和平利用核能给予支持，同时批评美国对伊朗所采取的单边制裁。这是伊朗取得的一项重大成果。伊朗议会国家安全与外交委员会成员贾拉里称，此次会议"证明西方孤立伊朗的图谋已经失败"。③

与之相对，2011年12月28日，正在古巴治病的委内瑞拉总统查韦斯称，巴拉圭总统费尔南多·卢戈、巴西现任总统迪尔马·罗塞夫、巴西前总统卢拉、阿根廷总统克里斯蒂娜和他本人皆患癌症，美国可能与此有关。④ 鉴于美国中情局曾对多个站在反对美国阵营中的国家领导人实施过暗杀，一时间，加重了人们对这一指责的猜测。还有"棱镜门"事件等，这使美国在国际社会越来越孤立。

四、美国对伊朗的秘密战争⑤

中国有句俗话，不怕贼偷，就怕贼惦记。以色列记者兼学者鲁能·伯格曼（Ronen Bergman, 1972年—）在其《与伊朗的秘密战争》（The Secret War with Iran）中称，"西方情报机构，尤其是美国和以色列的，对伊

---

① Martin Walker. The Middle East and Gorbaciof. *The Middle East*, No. 11, 1986.
② 李明波："不结盟峰会：这个世界谁怕谁"，《世界知识》2012 (18)：44—46.
③ 牟宗琮："伊朗称外交突围取得'胜利'"，《人民日报》2012-9-2 (3).
④ "美国向拉美左翼总统下毒手？"，《长沙晚报》2011-12-31 (C11).
⑤ 本段根据吴成"美国对伊朗的'秘密战争'"（载《洛阳师范学院学报》2012年第10期）整理而成。

朗的情报战已持续了 30 多年。"①

2005 年 5 月 16 日，伊朗自由基金会（IFF）在美国开始进行为期 12 天的"伊朗自由行进"活动，路程从费城的自由钟到华盛顿特区。《洛杉矶时报》报道，美国每年耗费 1470 万美元用于支持伊朗的"反对派广播"。2005 年，布什政府请求增加 570 万美元的资金，用于 2006 年增加播放时间。美国国际开发署（USAID）经常打着人道主义的幌子，对外秘密输送资金。立法机构批准 1000 万美元的拨款，资助支持民主、对抗伊朗政权的非政府组织。《金融时报》报道称，"美国批准资助反对派神职人员"，立法委员要求通过一项法案，为针对推翻伊朗政府的计划增加拨款 5000 万美元，这还不包括经由美国国务院的中东合作议案提供的成千上万美元。②

2008 年 6 月 29 日，美国《纽约客》杂志载文称，美国会 2007 年末批准了布什总统的用于颠覆伊朗政府秘密活动经费的 4 亿美元巨款请求。美国中央情报局和联合特种作战司令部一直负责策划、指挥针对德黑兰的分裂、颠覆活动。据说，从 2007 年开始，美军特种部队从伊拉克南部越境进入伊朗，开展秘密行动。对此，美国驻伊拉克大使瑞安·克罗克声称，美国特种部队在伊朗境内只是在秘密抓捕受到德黑兰庇护的伊拉克反美武装的头目，将他们带回伊拉克受审。这一说法也间接承认了美国确实在展开越境行动。7 月 25 日，英国《每日电讯报》报道，7 月 19 日伊朗一艘护卫舰神秘爆炸，造成至少 15 人死亡和数十人受伤。据传，这可能是美军在展开越境行动。③ 在伊朗核问题演变的过程中，伊朗陆续发生数起原因不明的爆炸。2008 年 4 月 12 日，伊朗南部历史名城设拉子一座举办军事展览的清真寺发生爆炸，造成 13 人死亡，200 多人受伤。5 月 7 日，伊朗情报部长埃杰伊说，这是一起炸弹袭击事件，并指责英国和美国同该爆炸事件有染。另外，还有一个导弹基地发生的爆炸导致数十名伊朗科技人员死亡。伊朗政府此前一直指责英美等西方国家支持伊朗反政府组织并在伊朗部分地区制造动乱，但他们予以否认。

2008 年 5 月 14 日，时任美国防部长的罗伯特·M. 盖茨在美国外交协会的一个会议上，对退休的外交官发表讲话时说："在与伊朗打交道时，美国应该恩威并施，也许已经失去了与伊朗对话的有利的机会。""我个人认为，我们应该在政府之外寻找途径，打开渠道，让更多的人来往。"值

---

① Ronen Bergman. The Secret War with Iran. Yew York：FreePress, 2008：x - xi.
② 冷剑："布什吹响号角　美国欲在伊朗导演颜色革命"，《江南时报》2005 - 7 - 7（16）.
③ Con Coughlin. Iranian Military Convoy Rocked by Mystery Explosion. The Daily Telegraph, July 25, 2008.

得注意的是"相当数量的"伊朗人有规律地访问美国,"我们应该加强美国访问伊朗的另一条道路"。①

2009 年伊朗第十届总统大选引发的被称为"绿色推他革命"(Green Twitter Revolution)或"伊朗推他革命"(Iran's Twitter Revolution)的政治危机,② 正是以美国为首的西方对伊朗"惦记"的结果。罗伯特·D.卡普兰(Robert D. Kaplan,1952 年—)曾说:"在伊朗,尽管绿色革命暂时失利,未来政权和平更迭或演化的可能性仍然大于前苏联。"③ 这就是为什么自奥巴马上台后伊朗政府一直拒绝美国人递过来的橄榄枝的重要原因,伊朗领导人认识到了美国与伊朗改善关系的真正意图。

五、美伊政策调整与双边关系的未来

2002 年,时任伊朗精神领袖顾问的拉里贾尼说:"我们与美国之间存在着很多分歧,但这并不意味着就不能基于我们的民族利益采取一项符合原则的政策。"④ 它表明两国改变双边关系的可能性。2005 年,哥伦比亚大学国际与公共事务学院教授、富布赖特专家比尔·伯克利(Bill Berkeley)在访问伊朗后得出结论:走近伊朗所看到的与远距离观察的伊朗是不一样的。⑤ 3 月 11 日,美国务卿赖斯在国务院网站上发表声明称,为了推动欧盟与伊朗进行的核谈判,布什总统已决定美国不再反对伊朗申请加入世界贸易组织,并将考虑在逐案审议的基础上允许欧盟等向伊朗出售民航飞机零配件。她还说,美国与欧洲国家一样希望通过和平外交手段争取伊朗履行在核问题上承担的义务。美国虽然在政策上做了些调整,但"美国的中东战略没有改变,伊朗目前仍然被认为是美国实现其大中东计划的重要障碍",⑥ 因此,美国对伊朗的基本政策不变。美国继续指责伊朗以"和平利用核能"为掩护秘密发展核武器,并强调伊朗彻底放弃铀浓缩活动是

---

① Karen DeYoung. Gates: U. S. Should Engage Iran With Incentives, Pressure. *The Washington Post*, May 15, 2008: A4.

② Evgeny Morozov. Iran: Downside to the "Twitter Revolution". *Dissent*, Fall, 2009: 10.

③ [美]罗伯特·D.卡普兰著,涵朴译:《即将到来的地缘战争》,广东人民出版社 2013 年版,第 277 页。

④ Ray Takeyh. Re - Imaging U. S. - Iranian Relations. *Survival*, Vol. 44, No. 3, Autumn, 2002: 26.

⑤ Bill Berkeley. Bloggers vs. Mullahs: How the Internet Roils Iran. *World Policy Journal*, Spring, 2006: 71.

⑥ 冯坚、宋国城:"伊朗核问题降温:美给欧俄面子",《新华每日电讯》2005 - 3 - 4 (14)。

表示其诚意的"唯一客观标准"。① 德国官员则提出，美国不仅要与德黑兰直接磋商，更重要的是，许给伊朗方面"安全保障"。也就是说，如果伊朗限制它的核计划，布什政府就要保证不对伊朗现政权发动军事打击。伊朗已经暗示，一旦获得"安全保障"，它可以在一定框架内发展核计划。②

从 2006 年年初开始，美国务卿赖斯一直试图在伊朗问题上使美国外交政策朝着更为灵活的方向发展，她的努力遭到了副总统切尼和其他美国高级官员的反对，其中包括主管国家安全委员会中东事务的艾略特·亚伯拉姆斯。

2006 年 5 月 8 日，伊朗总统艾哈迈迪·内贾德致信美国总统布什，就缓和两国间紧张局势提出"新方案"。这是自 1979 年两国断交以来官方的首次接触。它在美国引起了新一轮政策之争。对话派主要代表人物有美国外交事务委员会主席理查德·卢格、前总统卡特、克林顿的国家安全顾问桑迪伯格等。卢格呼吁，美国应以此为契机与伊朗展开直接对话。共和党的一位参议员在接受《时代周刊》采访时表示，"真不理解为什么不去采取所谓的我们与伊朗之间的所有外交选择，这些都将由对话开始。外交的实质就是对话。"《洛杉矶时报》称，白宫在伊朗问题上应该接受一下"学前教育"："连幼儿园的孩子都能够学习如何解决冲突，为什么美国偏偏不能对伊朗采取符合常识的举动呢？"前国务卿亨利·基辛格也撰文指出，布什应就内贾德的信予以回应。伊朗总统在两国对峙 25 年后，首次采取如此直接的方式致信一位美国总统也许"还有着超越战术和宣传做秀以外的目的"，而这一目的是不应该被白宫所忽视的，"这封信中那些蛊惑人心的言辞也许是让伊朗公众中那些极端分子与美国对话的一种方式。"③ 反对对话的主要代表有布什前高级助手理查德·阿米蒂奇（Richard Armitage）、美国著名智囊机构传统基金会主席菲由尔那等。在接受《时代》周刊记者采访时，阿米蒂奇说："政府似乎认为与伊朗领导人对话就等同于软弱，因为无论是伊朗还是朝鲜，我们把这些国家都称作是邪恶国家，因此我们的态度就是不与他们对话。还有一些人则声称谈话就意味着承认这些政权的合法化。"菲由尔那则说："伊朗总统用这种已经过了时的方法让他的信息传遍全世界，美国也应该有所回应……我们应该向联合国和伊朗都清楚地表示，美国绝不会允许伊朗拥有核武器。是到了该提醒我们敌人的时候

---

① 姜平、钱慰曾："伊朗与欧盟再度斗法 伊朗核问题骤然升温"，《人民政协报》2005 - 8 - 6（A4）。
② 周轶君："德黑兰来信，伊朗'先发制人'孤立美国？"，《新华每日电讯》2006 - 5 - 10。
③ James Carney. Why not Talk. *Time Weekly*, May 14, 2006.

了，我们已经随时准备好用行动来保卫自己。"《波士顿先驱报》在一篇题为《甭理伊朗的小把戏》的社论中写道，"白宫对伊朗总统那封信不理不睬的态度是非常正确的"，并认为白宫不回信也就表明不与伊朗展开"一对一的谈话"。①

5月14日，美国著名战略分析家、卡特总统的国家安全事务助理布热津斯基在美国有线电视新闻网的《晚间话题》中说："这太具讽刺性了，我们没同伊朗谈判，但我们正在谈判，跟谁谈呢？跟那些在同伊朗谈判的国家谈，这种情况真荒谬……事实是，美国和伊朗间存在严重分歧，在安全问题上有冲突，在财政问题上也一样，指控与反驳……我们需要对话以制定安全措施，我们需要参与。"② "在朝核问题六方会谈中，美国作为六国之一参与了与朝鲜的直接对话，美国现在不与伊朗直接对话就是因为担心直接对话会抬高对方身份。有这个担心的必要么？"他认为，美国政府应该尽快与伊朗就核问题展开对话，并称当时欧盟与伊朗的"核谈"是"荒唐可笑的"。在他看来，由于美国和伊朗在众多问题上存在分歧，美国应该和伊朗开展直接对话来消除这些分歧。美国对于伊朗核计划过于敏感，伊朗距离有能力制造核武器可能还需要10—15年。他说："由于伊朗不可能在短期内制造出核武器，我们可以利用这段时期与伊朗展开双边，或是多边的谈判，届时我们会就关心的问题与伊朗方面磋商。"③

6月15日，美国参议院以99票支持、0票反对的结果通过了拜登等人提出的一项修正案，同意美国总统布什对伊朗采取新政策，与伊朗就核问题进行直接谈判，同时呼吁伊朗暂停浓缩铀活动。此前布什表示同意。这也是布什对伊新政首次在国会接受考验。民主党参议员拜登在一份声明中称："总统改变策略，与我们欧洲盟友、中国、俄罗斯一道，同伊朗直接对话的做法是正确的。"④ 美国务卿赖斯表示美国愿与伊朗就核问题进行直接对话。此前，美国一直坚持不与伊朗接触的策略，现在之所以发生改变，是因为美国政府感受到了本国温和派和现实主义者的压力，那些人意识到，与伊朗直接对话是解决伊朗核问题的最好方法。不过，美国为与伊朗直接对话设置了一个前提：伊朗中止铀浓缩活动。伊朗认为这一要求不

---

① Editorial. Ignore Iran's Tricks. *The Boston Herald*, May 14, 2006.
② 马震："美国新老国家安全事务助理激辩伊朗核问题"，《新闻晨报》2006-5-16。
③ 左峤："美前国家安全事务助理呼吁政府与伊朗开展对话"，《新华网》2006-5-15, http://news.xinhuanet.com/world/2006-05/15/content_4547728.htm。
④ 信莲："美参议院批准布什对伊朗新政支持直接对话"，《中国日报》2006-6-16。

切实际，拒绝了美国的提议。

9月，在第61届联大会议期间，曾在老布什总统手下担任国务卿、被称为美国政坛三朝元老的詹姆斯·贝克一直在为开启美国与伊朗直接对话而奔波忙碌。9月19日，他在美国多家智囊机构联合组织的新闻发布会上首次透露，他已经得到了白宫的同意，可以与伊朗高层进行直接接触。就在2006年年初，詹姆斯·贝克研究中心曾发表了一份报告，指出布什政府"必须检讨与伊朗进行交涉的方式，以讨论未来核能的发展"。[1] 美国防大学教授法里布尔兹·马赫塔里（Fariborz Mokhtari）指出："他们（伊朗领导人）用于推动他们利益的不是人们所想象的宗教，而是民族主义，它可以提供一个解释伊朗坚持自己的铀浓缩的框架。拥有核能力，而不是拥有核武器是鼓舞力量，鼓励伊朗的集体信念，这种能力可以提供一道屏障，保护它免遭敌人进攻，与美国签订行之有效的协议。"[2]

11月15日，美国务卿赖斯的高级顾问戴维·萨特菲尔德在参议院军事委员会举行的听证会上表示，美国"原则上"准备同伊朗就伊拉克问题进行直接谈判，正在考虑同伊朗就伊拉克问题进行谈判的时机问题。美国白宫曾表示，美国驻伊拉克大使哈利勒扎德被授权同伊朗就伊拉克问题进行会谈，但是会谈与伊朗核问题没有关系，而且哈利勒扎德的权限非常有限。美国在会谈中将向伊朗表明对其向伊拉克武装分子提供土制炸弹部件等问题的关注。11月29日，伊朗总统内贾德通过联合国总部向全体美国人民致公开信，以兑现本月初他表示"要跟美国人民谈谈"的许诺。他在信中严厉抨击美国总统布什的外交政策，要求美国立即从伊拉克撤军，并希望与美国人民一道改变这一政策。[3]

2008年6月21日，伊朗首席核谈判代表、最高国家安全委员会秘书贾利利在纽伦堡安全会议上发表演讲时表示，伊朗愿在双赢原则的基础上与有关国家就伊核问题展开谈判，并将其视为促进中东地区乃至整个世界和平、稳定与安全的"黄金机会"。贾利利还说，为了促进伊朗和欧盟的合作，最好的选择就是把注意力集中在六国新方案和伊朗一揽子建议中的"共同点"上。这不仅有利于伊朗和欧盟双方，也将有利于中东地区乃至

---

[1] 王晋燕："内贾德的后现代政治营销学"，《环球》2006（19）。

[2] Fariborz Mokhtari. Mahmud Ahamadinejad's Presidency: What Does Iran Really Want? . *American Foreign Policy Interests: The Journal of the National Committee on American Foreign Policy*, Vol. 28, No. 5, 2006: 355 - 365.

[3] Michael Slachman. Iran's President Criticizes Bush in Letter to American People. *New York times*, Nov. 30, 2006.

整个世界。贾利利同时强调,作为《核不扩散条约》的签字国和国际原子能机构的成员国,伊朗将继续履行自己的义务,但在推行本国核计划方面不会屈服于"任何非法的压力"。①

7月14日,伊朗总统内贾德在伊朗电视台发表讲话称,欢迎伊朗及美国在"平等基础"下展开直接双边会谈。这类会谈可能于"不久的将来"举行。同时,他还表示,伊朗与欧盟官员会谈时,他不会接纳任何对其国家核计划的条件。他还对伊朗驻海湾地区国家的大使们说,美国指责伊朗威胁海湾地区是"毫无根据"的,是挑拨伊朗同海湾地区国家关系的"谎言"。美国迅速做出反应,7月16日,《华盛顿邮报》援引美国务院一高级官员的话说,美国助理国务卿伯恩斯将出席索拉纳与贾利利的会谈。伯恩斯不会以谈判者的身份出现在会谈中,也不会与贾利利单独会面;伯恩斯将在会谈中重申美国政府立场,即伊朗必须在核谈恢复前停止铀浓缩活动。这名官员还说:"伯恩斯将再次强调,美国的谈判条件未发生改变","这是一次友情出演……旨在显示世界大国在伊朗核问题上团结一致"。②

2008年夏,有关美国将在8月份在伊朗首都德黑兰设立美国利益代表处的传闻不胫而走。7月初,美国有线电视新闻网(CNN)报道,伊朗外长穆塔基在伊朗核计划的协商中表示,可能会考虑开放美国在德黑兰的外交基地的建议。据伊朗伊斯兰共和国新闻社报道,穆塔基称,"伊朗人和美国人的接触,将会促进两国之间的了解。"对此,美国家安全事务助理赖斯表示,美国同意对这一要求进行考虑和研究。但美国务院官员称,此时与伊朗建立外交联系条件不成熟,为时尚早。

9月15日,美国5位前国务卿基辛格、贝克、克里斯托弗、奥尔布赖特和鲍威尔在乔治·华盛顿大学举行的论坛会议上认为,下届美国政府应当与伊朗进行谈判,以阻止伊朗研制核武器。克里斯托弗说,如果美国对伊朗动武,将是个"很糟糕的"选择,美国不应当走这条道路。奥尔布赖特认为美国应当与伊朗进行接触,鲍威尔对此表示赞同。贝克认为,美国同伊朗谈判是一种方法,不过如果伊朗研制出了核武器并瞄准美国和以色列,那么美国也应将战略核武器瞄准伊朗。③ 11月6日,奥巴马当选美国总统,伊朗总统内贾德给他写信以示祝贺,同时,呼吁奥巴马修正布什政

---

① 新华网德黑兰2008年6月21日电。
② 赵毅:"美官员将出席欧盟与伊朗的核问题会谈",《人民日报》2008-7-17(3)。
③ "美5名前国务卿建言伊核",《羊城地铁报》2008-9-17(5)。

府执行的内政外交政策。奥巴马在竞选总统期间曾表示，解决伊朗核问题，借助外交途径同伊朗领导人直接对话比单纯通过制裁等强硬手段更具建设性。内贾德的信是伊朗总统首次给美国当选总统写信。内贾德的举动引来了伊朗议会的批评。11月10日，伊朗一些议员表示对此事"非常关心"，要对内贾德展开调查，并阻止内贾德与美国"媾和"。他们认为，这次他主动给美国新总统写信，"让人不可理解，容易搞乱民众思想"，① 并认为内贾德此举有失伊朗尊严。而其支持者则对内贾德此举大加赞赏，11月10日，伊朗官方报纸《太阳日报》（Khorshid）载文，称赞内贾德用书信方式攻击了美国的错误观点。伊朗独立派报纸《原子能报》（Etemaad）则载文称："这封信对双方来说，都将开创一个新局面。"

11月7日，奥巴马举行当选后第一场新闻发布会，称他"不能接受"伊朗发展核武器，不过会"适当回应"内贾德的贺信。如何处理美伊关系，成为奥巴马当选后所遇首场外交考验。11月12日，伊朗伊斯兰革命卫队副司令侯赛因·塔伊布批评奥巴马说："戴上'友好'面具却意在背信、以（支持）无条件谈判的天使姿态介入者更为危险。""美国新政府掌权者正试图靠外交政策战术变革重新夺得他们失去的影响力。他们正从'硬冲突'转向'软攻击'。"②

奥巴马上任后，改变了前任乔治·W. 布什对待伊朗的强硬姿态，表示愿意与伊朗进行直接对话。伊朗总统内贾德表示，美国政府必须做出真正改变而不是战术性改变，伊朗愿意在公平和相互尊重的基础上与美国进行对话。

伊朗对奥巴马的"变革"口号原本持积极态度。内贾德的顾问吉塔巴·萨马赫·哈希米说，内贾德之所以祝贺奥巴马当选，原因之一是奥巴马承诺做出从伊拉克限期撤离美军等政策调整。在他看来，是奥巴马的外交政策立场赢得美国选民的支持。他说："所有问题化成一个口号'变革'。它意味着改变现有政策、改变军国主义政策、改变令人无法接受的干涉其他国家事务做法……如果这些政策调整得以落实，伊朗与美国之间的鸿沟和距离会缩短。"他还谈到了奥巴马亲赴伊朗的可能性，并说，奥巴马以美国总统的身份来伊朗可能不会受到欢迎，但可"以游客身份"前来。数天后，内贾德"期待变革"的口气变了调。11月12日，他发表讲

---

① 张乐："伊朗总统内贾德致信　奥巴马遭议会调查"，《新京报》2008-11-12。
② 伊朗迈赫尔通讯社2008年11月12日电。

话说:"对我们而言,(美国白宫的主人)谁走谁留没有任何差别。"①

奥巴马有关当选后与伊朗总统会谈的言论已经招致批评,促使他谨慎处理与伊朗的关系。美国务院前伊朗问题政策顾问苏珊娜·马洛尼说,如果奥巴马对贺信做出回应,会承受"国内政治风险"。美国智库外交关系委员会的伊朗问题分析师加里·萨莫雷说,如果回应内贾德,奥巴马可能落入"圈套",导致他在美国国内的支持率下降,并提高内贾德在伊朗国内的威望。马洛尼建议奥巴马在宣誓就职后再向伊朗发出"善意信号",如指派一名高级别外交代表单独负责与伊朗打交道,以表达与伊朗方面直接对话的意向;奥巴马政府与伊朗最高领袖哈梅内伊,而不是总统内贾德展开对话。

11月19日,美国务院发言人麦科马克在例行记者会上说,美国不反对伊朗拥有"和平的核能",但美国同联合国安理会以及俄罗斯、中国、英国、法国和德国等5国都反对伊朗拥有"完整的燃料循环",美国不允许伊朗获得未来可被用于其核武器计划的技术和材料。美国认为由美国、俄罗斯、中国、英国、法国和德国6国参与的对话机制是解决伊朗核问题的合适途径。同一天,《华盛顿时报》报道,奥巴马计划在新政府中设置一个负责协调美国同伊朗关系的协调员职位,该想法是12月初奥巴马同被提名出任下届政府国务卿的希拉里会谈时提出的。美伊关系协调员将负责协调两国就伊朗核计划、伊朗在阿富汗和伊拉克活动等问题的沟通。曾出任克林顿政府和布什政府中东问题特使的丹尼斯·罗斯和现任美国驻伊拉克大使瑞安·克罗克是该职位的热门人选。

12月7日,奥巴马在美国全国广播公司(NBC)的《与媒体见面》访谈节目中说,他准备推行一系列"胡萝卜加大棒"政策来说服伊朗停止敏感的核活动。第二天,伊朗外交部发言人加什加维在伊朗外交部例行记者招待会上说,伊朗不能接受美国当选总统奥巴马在伊核问题上的"胡萝卜加大棒"政策,事实已证明"胡萝卜加大棒"政策是徒劳的,是一项令人无法接受的"失败"政策。

2009年1月26日,美国总统奥巴马在接受阿拉伯卫星电视台采访时表示,如果伊朗愿意"松开拳头",美国将向它"伸出手"。同一天,美国新任常驻联合国代表苏珊·赖斯表示,美国将会对伊朗开展强有力的外交行动,其中包括与伊朗进行直接接触。不过赖斯也表示,在开展对话和外交行动的同时,国际社会还必须向伊朗发出强硬的信息,即伊朗必须履行

---

① 吴铮:"伊朗首考奥巴马",新华网2008年11月15日,http://news.china.com/zh.cn/hews100/11038989/20081115/15188461.html。

安理会相关决议中规定的义务,否则其将面对更大压力。① 第二天,伊朗政府发言人伊尔哈姆表示,伊朗正在等待美国新政府在对伊政策上做出"实际改变"。他说,伊朗总统内贾德已在多个场合说过,美国必须改变政策。目前伊朗正在观望美国政策是否会出现变化。他同时强调,美国必须承认自己是一个自身有局限性的政府,"而不是一个帝国"。

除了言论,奥巴马还在行动上对伊朗发动猛烈的"缓和攻势"。先是副总统拜登在慕尼黑安全会议上表示,美国新政府"愿意与伊朗举行谈判",并提出条件,只要伊朗放弃其目的不明的核计划,并"停止资助恐怖主义","就可以得到有意义的回报"。接着奥巴马总统在首次记者会上表示,其安全班子正在对伊朗现行政策进行评估,美国将寻求同伊朗进行面对面的谈判。

伊朗也做出了谨慎而积极的回应,派议长、前核谈首席代表拉里贾尼出席慕尼黑安全会议。尽管未与拜登直接接触,但他表示只有美国从根本上改变战略,才能为伊美两国直接对话创造条件。2月10日,伊朗总统内贾德在演说中称:"伊朗准备在相互尊重和公平的气氛中与美国展开对话,伊朗人民欢迎美国政府做出根本的而非战术性的改变。"②

2月11日,正值伊朗伊斯兰共和国举行伊斯兰革命胜利30周年盛大庆典之际,美国务卿希拉里·克林顿在华盛顿与捷克外长施瓦岑贝格举行联合新闻发布会,希望伊朗与美国能够打开直接对话的大门,能更好地认识对方。③ 同一天,正在伊拉克访问的伊朗外长穆塔基在新闻发布会上说:"我们积极看待奥巴马竞选时提出的口号。世界已确实改变。"美国政府假如能跟上世界变化脚步,将得到机会改善同别国关系,这对伊朗而言,是"令人高兴的消息"。"作为外交官,我们注定需要乐观,我们希望这会成为现实。"当天,伊朗外交部发言人哈桑·加什加维在德黑兰也以缓和态度评价伊美关系。他说,伊朗方面正等待奥巴马正式就对话途径提出建议。2月20日,正在阿塞拜疆访问的伊朗外长穆塔基在巴库接受记者采访时说:"我们正在认真研究与美国进行面对面直接对话问题,伊朗希望美国新政府的政策发生实质性变化,这种变化不只是口头上的,而是实际行动。"他强调,"我们要看一看奥巴马政府与布什政府的区别,如果奥巴马能采取具体措施,那么伊朗会做出积极回应,也采取具体措施。"

---

① 2009年1月28日7点,央视一套节目《朝闻天下》。
② 李学江:"美伊互动有玄机",《人民日报》2009-2-13 (6)。
③ 新华网华盛顿2009年2月10日电。

2月27日，由美国电影艺术和科学学会组织的美国电影人代表团抵达伊朗，这是奥巴马发出愿意与伊朗对话的信号后，首个大型美国民间代表团访问伊朗。

在伊朗核问题上，奥巴马强调确保伊朗不生产核武器，伊朗拥有核武器是不能接受的，决不允许伊朗成为威胁。他既没有提停止铀浓缩一事，也没有提安理会的几个关于制裁伊朗的决议，如联合国安理会从2006—2008年的5个决议都要求伊朗停止在阿拉克建造的重水反应堆。观察家们指出，奥巴马政府不再坚持不切实际和难以达到的要求。①

6月14日，美国副总统约瑟夫·拜登在参加美国全国广播公司访谈节目时说，尽管伊朗总统选举结果令他感到惊讶，美方尚需更多时间来分析此次选举，但美方准备同伊朗政府进行对话，以说服其放弃核计划。如果奥巴马总统认定同伊朗政府进行对话符合美国的最高利益，那么同伊朗对话将仅是"一种结果"，而不是"对良好行为的褒奖"。拜登说："我们准备对话。"美方希望伊朗停止对核武器的追求。②

随着伊朗核问题的发展，在美国人用尽了所有的招数无法达到目的的情况下，2012年夏，美国萨尔兹曼战争与和平研究所的高级研究员肯尼斯·N.华尔兹（Kenneth N. Waltz，1924年—）在《外交事务》上撰文称："大多数美国、欧洲和以色列的评论员和政策制定者警告说，一个拥有核武器的伊朗将是目前的僵局可能出现的最坏结果，不应该得出这样的结论。事实上，它很可能是最好的结果：最有利于中东恢复稳定。"③ 9月24日，伊朗总统内贾德发表讲话说：核问题是伊朗与美国之间的问题，必须通过谈判加以解决。"核问题不是问题，美国对待伊朗的方式是重要的。我们准备对话，准备问题的基本解决，但要建立在公正和互相尊重的基础之上。我们不希望仓促解决美伊之间存在了33年的老问题，但是，除了对话，没有他路可走。"④ 在接受美国有线电视新闻网记者法里德·扎卡里亚（Fareed Zakaria，1964年—）采访时，内贾德又说，围绕伊朗核问题的谈

---

① Oded Brosh. The Emerging US Strategy on Iran's Nuclear Program Containment. *Herzliya Analytical Note*，May，2009：1.

② 新华网华盛顿2009年6月14日电。

③ Kenneth N. Waltz. Why Iran Should Get the Bomb：Nuclear Balancing Would Mean Stability. *Foreign Affairs*，July/Aug.，2012：2-5.

④ Louis Charbonneau. Ahmadinejad says Iran ready to Defend against Israeli Attack. http：//www.reuters.com/article/2012/09/24/us-un-assembly-ahmadinejad-idUSBRE88N0HF20120924.

判将在 11 月 6 日美国总统大选后取得突破。① 11 月 8 日，参加印度尼西亚巴厘民主论坛的内贾德举行专场新闻发布会，他在会上说："伊朗核问题是一个政治问题，应该在伊朗与美国之间解决。"②

2013 年 2 月 2 日，正在德国慕尼黑参加安全会议的美国副总统拜登在回答记者提问时说："当伊朗领导层和最高领袖（哈梅内伊）严肃对待对话的时候……我们不会仅仅为了练习而准备对话。"他的讲话表明美国打算与伊朗直接对话，以打破伊朗核计划的僵局。2 月 3 日，参加会议的伊朗外长萨利希称："现在是寻找（如何达致）双赢局面的时候了。我们（伊朗）已经准备好了，我是以伊朗外长的身份来表达这一立场。我们理解另一方的担忧，这一点很重要。"该讲话表明伊朗将积极考虑拜登有关伊美直接对话的提议。但他又说："他们一方面说要谈判，一方面向我们施加压力。""但以往的经验证明，美国每次都不履行承诺。"③ 2 月 5 日，内贾德总统在埃及首都开罗接受媒体采访时说："美国官员说的话是新的和积极的，我们希望他们在行动上有所变化。如果他们在行动上有所变化，我们将考虑用积极的态度去应对。"④ 伊朗外交部发言人迈赫曼帕拉斯特在新闻发布会上称，"如果美国想与伊朗进行直接谈判，它应该拿出具体行动。"⑤ 2 月 6 日，美国宣布进一步扩大对伊朗的制裁，将更多伊朗企业、个人和政府机构列入制裁黑名单。2 月 7 日，伊朗精神领袖哈梅内伊在向伊朗空军指挥官发表演讲时说："你们（美国）一方面说要谈判，一方面又企图通过制裁令伊朗经济陷入瘫痪，这到底是善意还是恶意？"⑥ 他还说，伊朗不会屈服于外部压力，只有各方都表现出诚意，谈判才有可能进行。⑦ 他的话透露出，只要美国继续对伊朗进行制裁，伊朗与美国就不可能直接对话。

---

① Breakthrough in Nuclear Talks Likely after U. S. Election: Ahamadinejad. *Tehran Times*, Oct. 1, 2012: 1 - 2.

② Ahmadinejad. Tehran Nuclear Issue Should Be Resolved Between Iran and U. S. . *Tehran Times*, Nov. 10, 2012: 2.

③ Iran Will Positively Consider U. S. Proposal for Direct Talks: FM. *Tehran Times*, Feb. 4, 2013: 1 - 2.

④ Iran Will Consider U. S. Offer of Talks if It Sees Positive Changes: Ahmadinejad. *Tehran Times*, Feb. 7, 2013: 1 - 2.

⑤ U. S. Should Act to Resolve Iran Nuclear Issue if It Wants Direct Talks. *Tehran Times*, Feb. 7, 2013: 2.

⑥ Farnaz Fassihi. Iran Leader Rebuffs Direct Talks With U. S. . *The Wall Street Journal*, Feb. 8, 2013: A9.

⑦ U. S. proposal for direct talks is not sincere: Leader. *Tehran Times*, Feb. 11, 2013: 1 - 2.

2月24日，一年一度的奥斯卡盛典将最佳影片奖颁给了以对伊美关系产生重要影响事件为题材的《逃离德黑兰》。这一结果，既在意料之外，因为里面的一些情节违背史实，但也在情理之中，因为美国急于找到一个改善伊美关系的突破口。美国第一夫人米歇尔·奥巴马在白宫宣布《逃离德黑兰》获奖，明白无误地向人们表达，美国想与"朗"共舞。她在短短90秒钟的讲话中称，9部提名最佳影片振奋了人们的精神，开阔了人们的眼界，把人们带到了人们从未想象过的地方，让人们回到了旧世界，让人们懂得了爱能容忍一切，并以意想不到的方式改变人们的生活，还提醒人们有能力克服一切障碍。只要人们为之探究和努力，找到自信，不论你是谁，有什么样的外表，来自何方，不论你爱谁，尤其是年轻人，通过艺术熏陶，张开理想的翅膀，树立更远大的理想，并不懈努力，终将把理想变为现实。将这些话放在伊朗与美国关系的特定背景中，我们将发现她坦率地表示，生活在新世界里的人们，要用新的价值观去提振精神，改变人际关系，学会和谐相处。它反映出伊美两国较量进入了新的阶段。[1]

早在2008年1月4日，哈梅内伊在伊朗中部城市亚兹德对学生发表讲话说："中断与美国的关系是我们的基本政策之一，我们从没有说过要永远断绝这种联系，但美国的情况表明，目前恢复关系将对伊朗有害。"恢复关系将为美国"提供机会进行间谍活动"，危害伊朗的国家安全，"对伊朗人民没有好处"。他同时表示，如果时机成熟并对伊朗人民有益，他将"第一个站出来支持恢复两国关系"。[2] 这些表明，伊美关系的最终解冻，最终由伊朗最高领袖阿亚图拉赛义德·阿里·哈梅内伊表态，而他的表态则基于美国人对待伊朗人态度的变化。

新美国基金会成员阿夫欣·穆拉维（Afshin Molavi）非常形象地描述了伊斯兰共和国伊朗与美国的关系："要说美国的外交手段没有效果，那就错了，因为美国从来没有尝试过这些手段。20世纪90年代至今，当伊朗已经准备好'跳舞'时，美国拒绝了；当美国准备'跳舞'时，伊朗又拒绝了；如今，我们面对的是这样一种情况：伊朗准备穿过舞池，而美国却把脸转开。"[3] 伊朗裔美国高级学者、外交关系委员会的高级研究员雷·塔基叶（Ray Takeyh）称，伊斯兰共和国正在就其核发展方向进行激烈争

---

[1] 吴成：《社会主义核心价值与当代中国社会思潮》，河南人民出版社2013年版，第221—223页。

[2] 孟祥青、华黎明："悬念2008：伊朗核问题将走向何方"，中央电视台《今日关注》2008–1–5。

[3] Afshin Molavi. On Negotiating with Iran. *The Guardian*, Feb. 10, 2007.

吵。伊朗要做的可能依赖于它与美国的关系模式、波斯湾的安全构建及其国内政治发展。随着赞助者和盟友的变化,掌握核权力者的政策和地位的变化,华盛顿有机会在伊朗向错误方向动作之前直接影响其核计划。通过双边安排和双方互让,美国可以使宗教政府内部的一些人呼吁核克制。在解决伊朗核危机的过程中,美国的领导地位和积极参与是不可缺少的。①

伊朗核问题正是要建立全球帝国的美国与要成为地区大国的伊朗之间的博弈,诚如上海国际问题研究院中东研究室主任李伟建先生所说:"问题很清楚,伊朗核问题的实质是美伊关系问题。伊朗虽然在核问题上始终不愿屈服美国的压力,甚至不惜采取硬碰硬的立场,但实际上一直是愿意并期待改善与美国关系的。""从这些年伊朗和国际社会在核问题上多次交锋所一贯坚持的立场看,伊朗的底线似乎已经很清楚:拥有自主的核技术。在伊朗看来,掌握核技术,一是圆伊朗几代人的强国梦,二是增加应对美国压力或与之交易的筹码。这个目的不达到,伊朗不会轻言放弃。"②《环球时报》记者林木真、黄培昭等认为,"从根本上说,伊朗核问题是一个政治问题,而不是技术问题。"在谈及联合国安理会的制裁决议时,他们称:"对伊朗核制裁可以从技术上延缓其核计划的进程,却无法从根本上解决这一问题。只有从政治上找出妥协的办法,才是解决之道。单靠制裁解决不了问题,进一步的经济和航运等制裁更不可能。"③英国前军情六处官员和外交官阿拉斯泰尔·克鲁克(Alastair Crooke,1950年—)称:"这对总统奥巴马的意义在于他面对的不只是一个伊朗核计划问题,而是该计划涉及了更为实质和敏感的问题。更为实质的问题,即伊朗内心的谈判之路,是否能把核武器问题放在一边,以色列与美国能够与地区的准大国伊朗达成妥协。"④伊朗核问题是美国与伊朗较量的一种新的斗争形式,其最终还要靠伊朗与美国之间关系的改善来实现。亚当·塔罗克(Adam Tarock)曾说:"即使伊朗的核问题解决了,伊朗与美国27年的冲突不可能在近期内结束。因为华盛顿游戏的名字是'改变伊朗政权',或通过军事手段,或通过煽动国内混乱,寄希望于内部爆发。考虑到目前美国在阿

---

① Ray Takeyh. Iran Builds thd Bomb. *Survival*:*Global Poltitics and Strategy*, Vol. 46, No. 4, 2004:51 – 63.
② 李伟健:"伊朗究竟要干什么?",《解放日报》2006 – 5 – 19。
③ 林木真等:"制裁能否约束伊朗:禁运无法落实美国处境两难",《环球时报》2006 – 12 – 26(2)。
④ Alastair Crooke. The RealIssue Is Iran's Emergence as a Regional Power. *NPQ*, Winter, 2010:54.

富汗和伊拉克的军事困难,这两种选择都值得怀疑。"① 在这样的背景下,有人对伊朗的核问题前景持失望心态,称其为"没有终点的故事"。这说明了问题的复杂性。我们要看到的是,舞台由伊朗搭建,故事的长短和结局由美国决定,这正是伊朗核问题的诱人之处。在伊朗核问题上,人们不必悲观,美国的政治发展在历史发展的霸权主义时代产生盲目自大的心态是很正常的,一旦发现文明交往时代需要向其他文明学习时,美利坚民族不会轻易失掉机会,它会与其他民族一样,积极融入到文明交往的时代潮流之中,这时,倒显得一些迷信美国霸权主义的政客文人远远落伍于时代。对包括中国人在内的第三世界国家的人来说,真正困难的是放弃对美国的迷信,从内心深处接受一代伟人毛泽东那句:"别了,司徒雷登!"

美国为何竭力阻止伊朗核计划? 1987年年初,面对美国和英国等西方国家对巴西制造原子弹的喧嚣,巴西全国原子能委员会主席雷克斯·纳萨雷特肯定地表示:"巴西没有,不想和不期待拥有原子弹。巴西希望南太平洋实现无核化,成为一个和平与合作地区。"他拿出了巴西生产的防射线玻璃说:"当一家多国公司的经理们看到这种玻璃时,他们会急得冒汗。这意味着他们要少赚数亿美元,而这笔钱由我们巴西企业获得。""这归功于我们的核计划。""不要弄错了,美国和英国担心的不是我们是否拥有原子弹,它们担心的是赚我们的钱会减少。"② 这只是经济层面的原因。更深的原因则隐藏在意识形态层面和文化层面。恩道尔曾说:"20世纪90年代,在自由市场可以通向富裕和繁荣的许诺之下,克林顿政府和他的华尔街盟友将一个又一个地区带入市场经济的轨道之国。名义上是'全球化',但实际上,这个全球化过程是通过美国的银行业、金融业以及公司的权力不断巩固美国的权力和地位的过程。"③ 苏联解体以后,美国不再把社会主义当作干预他国内政的借口,尤其是当它看到伊斯兰原教旨主义的伊朗与以美国为首的西方渐行渐远时,美国要想尽一切办法来制止这种势头的进一步发展,因为在伊朗的背后有一个十多亿人的穆斯林世界。2006年5月,俄罗斯能源地理政治信息研究所专家安德烈·基耶夫曾在其文章中指出:"美国认为,2020—2025年,世界舞台上可能出现第二个强国,这将与美国追求在世界舞台的绝对领导权发生冲突,因此美国千方百计地削弱

---

① Adam Tarock. Iran's Nuclear Programme and the West. *Third World Quarterly*, Vol. 27, No. 4, 2006: 645 – 664.
② "巴西已拥有原子弹吗?",[巴西]《标题》1987 – 1 – 24。
③ [美]威廉·恩道尔著,赵刚等译:《石油战争:石油政治决定世界新秩序》,知识产权出版社2008年版,第212页。

自己在未来世界舞台上的竞争者。"①

六、借核问题伊朗收获了什么

借核计划,伊朗收获了丰硕成果。以其人之道,还治其人之身,伊朗在核问题演变过程中积极使用美国的"边缘政策"。1956年1月,美国务卿杜勒斯首次提出"边缘政策",并把它作为国家外交策略来使用,他宣称,"美国不怕走到战争的边缘,但要学会走到战争边缘、而又不卷入战争的必要艺术。如果不能掌握它,你将无法避免地进入战争。如果试图躲开它,或因害怕而不敢走到边缘,你将失败。"这种主张又称为"战争边缘政策"。② 杨明星评价伊朗的核战略说:"在伊朗核问题中,伊朗却对美国采用边缘政策,加快发动核研发列车,通过使用炫耀武力、全民动员、中断谈判、退出核不扩散机制等威胁和强制性手段,显示自己比对手更强的决心和意志,试图在法理、道义、心理和民意等方面形成有利于伊朗的软力量平衡。"③ 其实,美国对伊朗核计划的目的是非常清楚的。美国反对伊朗和平利用核能的核计划理由有三:伊朗发展核武器;伊朗侵略其他国家;伊朗将核武器交给恐怖分子。关于第一点,伊朗不同时期的所有领导人反复表示,伊朗不追求核武器,并把核武器放在不符合伊斯兰原则的意识形态高度。关于第二点,看一看自近代以来的伊朗历史就会明白,伊朗不是一个侵略性的民族,没有对外侵略的记录。关于第三点,乔治顿大学和平与安全研究中心主任丹尼尔·巴曼(Daniel Byman)称:"伊朗不可能将化学武器、生物武器和核武器交给恐怖主义组织基于以下几个原因:首先,向恐怖组织提供这些非传统武器,当这些组织掌握了生产技术和武器时,不会给伊朗带来战术上的好处;第二,近年来,伊朗在支持恐怖主义上是非常谨慎的;第三,伊朗已经充分认识到,每当它扩大对恐怖主义支持时,就招致美国的愤怒和国际社会的谴责。"④ 伊朗不发展核武器,即使有一天,由于外部势力的威胁或国际环境发生了变化,伊朗要发展核武

---

① 玉鹏·俄罗斯《红星报》:"美国阻挠中国在中亚找能源",《环球时报》2006 – 5 – 19 (6)。

② Thomas Schelling. Arms and Influence. New Haven: Yale University Press, 1966: 99 – 105. Paul H. Nitze. A Shaky Balance of Brinkmanship. in Ivo Duchacek, ed., Conflict and Cooperation Among Nations, New York: Holt, Rinehart&Winstone, 1963: 394.

③ 杨明星:"'第三方外交'理论与实践——伊朗外交研究",上海外国语大学,学位论文,2009: 49。

④ Daniel Byman. Iran, Terrorism, and Weapons of Mass Destruction. Studies in Conflict & Terrorism, Vol. 31, No. 3, 2008: 169 – 181.

器，也不可能将其交给恐怖分子。所以，在核问题上，当国际社会刻意与伊朗过不去时，明显暴露出主导目前国际社会新秩序的价值观已不再适应全球化时代文明交往的需求，需要新的适合文明交往的价值观，在新的价值观引领下去实现适合人类发展方向的世界格局。在伊朗核问题下人们的思考将对人类未来产生深远影响。

2009年3月30—31日，在加拿大举行的一个有关伊朗问题的学术研讨会上，与会者对伊朗的核计划普遍感到茫然，但认为伊朗不会轻易做出决定，它可能成为一个"门槛国家"（threshold state），拥有制造核武器的能力，但不制造。国际社会继续猜测，这对伊朗有利，部分原因是公开获得核武器可能是危险的。伊朗可能继续在核问题上保持模糊政策，最后秘密生产出武器。另一种比较小的可能是公开发展核武库。最后的假定是美国总统奥巴马追求中东地区无铀浓缩和该地区无核化的目标，这意味着给以色列施加压力和一流的核查机制。① 更有学者提出，"伊朗核计划自身不会结束，只是达到目的的一种手段，比如成为大国。"②

2006年11月，以色列专家巴利·鲁宾在以色列一家杂志上发表文章认为，伊朗比过去任何时候都强大，伊朗确实已变成该地区一个拥有势力范围的地区强国。③ 美国乔治敦大学公共政策研究所专家劳伦斯·哈斯说："被贴上'邪恶轴心'标签4年后，伊朗有一种地位上升的感觉，而美国和西方国家则不断衰落。"④ 诚如有中国学者所说的，在美国点菜式地对阿富汗和伊拉克进行战争的背景下，美国不对伊朗动武本身就是伊朗的胜利。

珍妮弗·卡内帕（Jennifer Knepper）从战略文化入手，提出伊朗追求核武器包括4个方面的因素：(1) 对什叶派伊斯兰的全面信仰构成了伊朗政权合法性和民族认同的基础；(2) 超民族主义信仰把伊朗放在了伊斯兰文化领导者和地区霸权主义的位置；(3) 内外脆弱的观念深入人心；(4) 美国想控制或摧毁伊斯兰文化的观念根深蒂固。综合上述因素可以肯定，拥有核武器的伊朗因害怕报复和受其政权政治结构的限制，不可能冒昧地使用它。更准确地说，它追求核武能力旨在为伊朗提供防御威慑，借其实

---

① Thomas Juneau. *Insights into the Future of Iran as a Regional Power*. A conference of the Canadian Security Intelligence Service jointly sponsored by Foreign Affairs and International Trade Canada, National Defence Canada and the Privy Council Office, Carleton University, Canada, June, 2009: 27.
② Ibid.: 11.
③ Why Iran Become a Regional Power. *Jerusalem*, Nov. 1, 2006.
④ "伊朗'耍太极'前景陷迷茫"，《广州日报》2006-8-24。

现地区霸权的愿望和减轻其由来已久的不安全感。①

2009年2月,在库姆举行的伊斯兰革命30周年纪念活动中,伊朗伊斯兰议会国家安全与对外政策委员会主席布鲁杰迪说,伊朗的力量和尊严已经实现了,今天在世界关系中,伊朗已成为一个有影响力的重要国家。独立、自由、不要东方不要西方是伊斯兰革命取得的重要成就。伊朗伊斯兰革命是稳固的,没有任何力量能够破坏伊朗的体制。②

借伊朗核问题升温,石油价格暴涨,伊朗的石油和天然气收入大幅增加。根据伊朗中央银行的报告,2007财政年度(2007年3月21日—2008年3月20日),伊朗石油和天然气收入达817亿美元,比上一年增长31%。根据伊朗中央银行2008年9月发表的统计报告,伊朗拥有的国外资产已增加了29%,从上年的9728.5亿里亚尔(1000亿美元)增加到了1290亿美元。③ 伊朗《世界报》主编胡赛因·沙里亚马达里(Hossein Shariatmadari)形象地比喻说:"中东成了表明美国失败和消失的平台。"与之相对,"许多伊朗人认为,他们的国家在战略上到了一个拐点,达到了新的高度。"④

---

① Jennifer Knepper. Nuclear Weapons and Iranian Strategic Culture. *Comparative Strategy*, Vol. 27, No5, 2008: 451-468.
② 伊朗伊斯兰通讯社华语台2009年2月2日。
③ 李俊:"受高油价支持伊朗国外资产已超过1290亿美元",国际能源网,http://oil.in-en.com/html/oil-1803180368242625.html。
④ Shahram Chubin. Iran's Power in Context. *Survival*, Vol. 51, No. 1, Feb./Mar., 2009: 170.

第四章 以色列与伊朗在核问题上的博弈

2003年9月25日，国际原子能机构检查人员称，在伊朗一处核设施内发现了武器级浓缩铀的痕迹，以色列政府官员和高级军官立即发出警告：如果国际社会不能阻止伊朗的核武器计划，那么以色列不得不考虑采取"单边行动"来阻止伊朗的核武器计划！这是以色列对伊朗发出的最明确的恐吓信号。此后，以色列与伊朗围绕核问题的较量是国际社会关注的重头戏。以色列声称，不惜对伊朗动武；伊朗总统内贾德则三番五次称，要将以色列"从地图上抹去"。从两个民族关系的历史回顾、现实矛盾产生的根源思考问题，有助于更好把握在中东政治格局中举足轻重的两个国家间的关系及对中东未来政治的影响。

第一节 以色列与伊朗关系回顾

伊朗与以色列的关系经过从亲密到微妙，再到仇视的变化。伊朗伊斯兰革命成功之初，虽然伊朗在言语上对以色列是非常残忍的，但面对共同的敌人，双方还是比较克制，甚至暗地里做了一些与表面完全相反的动作。

一、伊朗与以色列：曾经的好兄弟与核合作伙伴

以色列和伊朗的友好关系至少可追溯到公元前6世纪，公元前586年，新巴比伦国王尼布甲尼萨二世攻陷耶路撒冷，灭犹太王国。数十万犹太人被掳到巴比伦，集体沦为巴比伦人的奴隶，史称"巴比伦之囚"。公元前538年，波斯国王居鲁士灭掉新巴比伦王国，让巴比伦的犹太人重返耶路撒冷。犹太人将这段历史称为"受难时代"，而解放者正是波

斯人。所以，有人说，没有波斯帝国就没有今天的以色列。① 这话并非没有道理。目前，伊朗生活着约3万名犹太人，这是历史上犹太人与伊朗人友好关系的明证。

在犹太人的《圣经》中，提到了如下伊朗国王的名字：

名字	在位时间（BC）	《圣经》中的名字	出现的章节
Cyrus	539–530	Cyrus（居鲁士）	Isaiah 45，Daniel，Ezra 1–3
Cambysses	530–521	Ahasruerus（亚哈随鲁）	Ezra 4–6
Pseudo Smerdis	521	Artaxerxes（亚达薛西）	Ezra 4：7–23
Darius the Great	521–486	Darius（大流士）	Ezra 5，6
Xerxes	486–465	Ahasurerus（亚哈随鲁）	Esther 1–10
Artaxerxes I	464–423	Artaxerxes（亚达薛西）	Nehemiah 1–13，Ezra 7–10

资料来源：http://www.farsinet.com/iranbibl/kings.html。

二战期间，驻欧洲的伊朗外交官又从纳粹屠刀下救出数以千计的犹太人。1948年以色列建国后不久，巴列维国王统治下的伊朗与其建交，并帮助众多生活在阿拉伯国家的犹太人逃往以色列。巴列维国王时期，伊朗与以色列一直保持着友好关系。这一时期的阿拉伯人对以色列和伊朗人同时构成威胁，伊朗的战略是与周边的沙特、科威特等阿拉伯国家保持友好关系的同时，更注重与以色列的友好关系。20世纪60年代，巴列维政府将攻击以色列、攻击国王、说伊斯兰处于危险中一起列为交谈的三大禁区。②20世纪70年代初，阿拉伯国家开始把波斯湾称作阿拉伯湾，伊拉克声称对伊朗的胡齐斯坦省和波斯湾北岸大片伊朗土地拥有主权。伊朗担心，如果阿拉伯国家团结起来，将给伊朗带来麻烦。处于对阿拉伯邻居的担忧，伊朗与以色列保持密切关系是再自然不过的事了。1973年第四次中东战争中，伊朗冒险派军舰护送以色列油轮闯过埃及的封锁线，将石油运往以色列。巴列维时期的伊朗同以色列有广泛的贸易往来，以色列商品在德黑兰市场出售，如烫着"以色列"字样的以色列柑橘在德黑兰随处可见，以色列人还向伊朗传授柑橘生产技术。双方还在军事和情报方

---

① 陈肇祥："以色列帮伊朗国王造核弹"，《环球时报》2006–11–2（13）。
② *Palestine from the viewpoint of Imam Khomeini*. Tehran：The Institute for the Compilation and Publication of the Works of Imam Khomeini，1999：25.

面进行合作，伊朗购买以色列武器，请以色列"摩萨德"专家帮助伊朗建立情报组织"萨瓦克"，双方还交换情报。亲西方的巴列维国王将以色列视作稳定的军火和情报来源，而以色列则视伊朗为牵制阿拉伯国家的"安全盟友"。鉴于此，以色列和伊朗在政治、经济、军事等领域互通有无，互相帮助。以色列投桃报李，积极向巴列维政权提供技术支持，1960—1965 年，以色列情报组织"摩萨德"接替美国中情局训练伊朗秘密警察组织"萨瓦克"，监视伊朗反对派，以色列兵工厂也不断向伊朗军队供应各种先进武器。

双方的核合作更是深入充分。20 世纪 70 年代，伊朗要加大发展核计划步伐，从美国和西德订购了 8 座核反应堆。美国人怕伊朗拥有核武器对自己不利，将其提供的所有核技术资料都进行处理。无奈，伊朗把目光转向巴基斯坦和以色列。1976 年，巴列维国王接见新任以色列驻伊朗大使时，拿出美国《新闻周刊》有关以色列秘密发展核武器的报道说："有 4 个国家的原子弹都是犹太科学家负责研制的，你们也在发展核武器，为什么我们不能联手呢？"[①] 新大使立即将巴列维国王的意图转达给以色列政府。以色列政府迅速商议此事，正好"摩萨德"也搜集到了伊朗正寻求巴基斯坦核技术援助的情报。

经过充分讨论，以色列人认为，既然伊朗的核决心已定，不如借双边合作，既可以把握伊朗的核动向，也可以获得大笔资金，还可以加深伊朗与以色列的关系，避免伊朗被巴基斯坦拉走。于是，以色列表示同意巴列维国王的伊朗与以色列核合作请求，条件是伊朗必须中断与巴基斯坦的核合作，并对外严格保密。巴列维国王爽快地答应了这些要求。1977 年 7 月中旬，伊朗国王巴列维的嫡亲、时任伊朗国防部副部长的 H. 图凡尼扬秘密访问以色列，伊朗与以色列签署核技术合作协定。协定的代号为"鲜花工程"，主要包括 3 大内容：以色列接受伊朗核物理留学生到迪莫纳（Dimona）核反应堆接受培训，两国共同从事核弹开发及小型化研究；两国在以色列伽伯列反舰导弹基础上研制一种射程约 200 公里的巡航导弹；以色列向伊朗提供现有杰里科 - 1 型弹道导弹技术，并在此基础上发展一种可携带核弹头、射程达 1500 公里的导弹，伊朗人甚至提前为这种导弹选定了名称——"居鲁士大帝"。

为了落实"鲜花工程"，在以后的 1 年间，巴列维国王向以色列提供了价值 2.8 亿美元的石油和 0.5 亿美元现金用作计划的财政担保。

---

① 陈肇祥："以色列帮伊朗国王造核弹"，《环球时报》2006 - 11 - 2 (13)。

伊朗秘密警察"萨瓦克"严格挑选了370多名伊朗核工程人员,他们以游客身份,分批乘飞机经欧洲前往以色列。抵达后,他们的伊朗护照被换成欧洲国家的护照,并被蒙上眼睛,由"摩萨德"特工直接送往沙漠腹地的核技术培训中心。为防泄密,所有伊朗工程人员均不得携带任何宗教物品,也不许用波斯语讲话,许多人还被强制剃掉大胡子,连头发也染成黄色,一名伊朗工程师打趣说:"连我们呼吸的空气也被过滤了。"[1]

据以色列前原子能委员会成员内曼教授回忆,以色列不但让伊朗学员进入迪莫纳核反应堆学习核物质的提炼及深加工技术,还将刚掌握的激光铀浓缩方法传授给了伊朗技术人员。这还不够,以色列还派专家亲临伊朗布什尔核电站,帮助其建设可提炼重水的工厂,不过,他们的护照上写的是奥地利人或德国人。在伊朗的萨汉德军事基地,以色列专家还帮助伊朗制造生产浓缩铀的离心机。

双方还在核运载工具研制上积极合作。到1977年底,伊朗从以色列获得了杰里科-1型弹道导弹和伽伯列反舰导弹的全套设计图纸。在以色列的帮助下,伊朗在克尔曼省的锡尔延建成了导弹制造厂,把该省拉夫桑贾游牧区选定为导弹试验基地。为确保工程顺利进行,"萨瓦克"通过各种恐吓手段将当地部落赶走。

1978年,伊朗爆发伊斯兰革命。以色列总理贝京意识到了问题的严重性,他下令"摩萨德"制订以色列专家的秘密撤离计划,并特别强调把所有与核武器及远程导弹相关的技术设备和图纸带走。当年8月,"摩萨德"头目霍菲少将找到了"萨瓦克"负责人法杜斯特将军。法杜斯特设法将以色列专家隔离保护起来,然后分批撤回以色列。撤退中,以色列专家仅从锡尔延带走的"居鲁士大帝"导弹的设计图纸就装满了两个集装箱。

两伊战争(1980—1988年)期间,面对从伊拉克不断袭来的飞毛腿导弹,伊朗人想起了"鲜花工程"。当他们查阅档案时却惊讶地发现,以色列的"釜底抽薪"做得干净利落,没有给伊朗新政权留下任何可供参考的资料和设备。锡尔延导弹装配车间改成了医院,布什尔核电站在伊拉克导弹袭击下成为废墟。当年接受以色列培训的伊朗核科技人员,或被镇压,或流亡海外,或留在以色列为其核工业服务。

---

[1] 陈肇祥:"以色列帮伊朗国王造核弹",《环球时报》2006-11-2(13)。

二、藕断丝连的伊以关系

1979年1月16日,在众叛亲离的情况下,巴列维国王仓皇出逃。2月1日,在群众热烈欢呼声中,阿亚图拉霍梅尼在流亡了15年后重返德黑兰。4月1日,伊朗宣布成立伊斯兰共和国。伊朗与以色列关系急转直下。在伊朗伊斯兰共和国精神领袖霍梅尼看来,"以色列(问题)是东西方资本主义国家勾结和妥协的产物"。① 伊斯兰的所有问题都与美国有关,而存在于美国与穆斯林世界之间的就是以色列。他说:"目前,我们的所有问题皆来自美国,穆斯林的所有问题皆来自美国。正是美国支持犹太复国主义达到了如此程度,且还要继续下去,把我们的兄弟一批批杀害。"② 霍梅尼把人类分为"压迫者"和"被压迫者",这既有什叶派的根源,又有现实性。他认为,压迫者是敌人,被压迫者必须得到解放。在中东和国际社会,以色列、美国和苏联是压迫者,穆斯林世界是被压迫者,被压迫者只有通过团结才能求得解放,伊朗伊斯兰共和国建立之初"不要东方,不要西方"的外交政策就是基于此制定出来的。伊朗伊斯兰共和国建立后,霍梅尼高举反美、反苏和反以大旗,完全是为了维护伊朗伊斯兰共和国政权的需要。以色列同伊朗既没有宗教上的、领土上的矛盾,也没有历史和民族上的瓜葛,但伊朗反以色列比阿拉伯人还起劲。伊朗新政权建立后,马上与以色列断绝外交关系,以色列大使馆被改成了巴勒斯坦驻伊朗办事处,向以色列订购的800枚地对地导弹也不要了。

为了保护在伊朗的3万名犹太人,防止伊朗投入苏联的怀抱,以色列早在1979年伊朗伊斯兰政府建立之初就试图与伊朗新政权建立联系。在两伊战争期间,以色列是伊朗新政权的主要武器供应者。两伊战争初期的头两年,以色列通过荷兰和阿根廷向伊朗提供价值2亿美元的武器和弹药,③前以色列驻德黑兰武官雅各布·尼姆逻迪于1981年7月达成的一笔交易价值就达1.35亿美元。1982年以后的5年里,以色列又向伊朗提供了价值约2.5亿美元的武器弹药。④ 有迹象表明,1981年以色列轰炸伊拉克奥西拉克(Osirak)的核设施得到了伊朗情报部门的支持。此外,20世纪80年代,尽管阿亚图拉霍梅尼时常对其放出狠话,以色列还积极游说华盛顿与

---

① *Palestine from the viewpoint of Imam Khomeini*. Tehran: The Institute for the Compilation and Publication of the Works of Imam Khomeini, 1999: 16.

② Ibid.: 18.

③ Iran and Israel. *Foreign Affairs*, Oct. 28, 1982.

④ Jack Andson. Supply Weapons to Iran Again. *Washington Post*, April 30, 1986.

伊朗改善关系。1985年，以色列成就了伊朗与美国的军火交易。[1] 这些努力在"伊朗门"丑闻中达到了顶点。[2]

两伊战争结束后的一段时间里，由于担心伊拉克、沙特阿拉伯、埃及和约旦形成一个阿拉伯轴心，影响伊朗和以色列，双方都降低了攻击对方的调子。伊朗报纸上几乎没有攻击以色列的文章了，只有对以色列攻击黎巴嫩的指责。霍梅尼攻击美国和苏联，也不再提以色列了。以色列电台则称两伊战争为"伊拉克对伊朗的战争"。由于苏联和阿拉伯人的威胁继续存在，以色列与伊朗的关系在伊朗新政权时期继续维系。

随着苏联的解体和1991年萨达姆的失败，中东地缘政治发生了深刻变化，以色列和伊朗或明或暗的合作不复存在。在新中东的形成过程中，两个非阿拉伯国家在安全问题上不再遵守相关的规则。[3] 随着美国势力在波斯湾地区的增大，伊朗反对以色列的呼声重起。1991年8月18日，伊朗已故精神领袖霍梅尼之子艾哈迈德·霍梅尼发表讲话说："如果西方人是人权的真正捍卫者，那么他们就应该向犹太复国主义政权施加压力，以便使数千万计的穆斯林人质能从该国的监狱获释。"[4]

世纪之交，美国处于对国内政治考虑，搞"双重标准"，明显偏袒以色列，引起中东阿拉伯国家和伊朗的警惕。阿拉伯人经过反思认识到，要改变"以强阿弱"的不利战略态势，除加强自身团结外，还要寻求新的战略依托。伊朗也认识到，要打破"孤立"状态，应主动改善与海湾国家的关系。双方在抗衡以色列问题上找到了共同语言。1999年3月，伊朗以以色列搞间谍活动和危害国家安全等罪名将13名伊朗籍犹太人逮捕，并于2000年3月和5月对他们进行审判，借此加强与阿拉伯国家的关系。

第二节　伊朗与以色列在核问题上的争执

自近代殖民主义者将伊朗变为半殖民地以来，伊朗的真正民族独立就

---

[1] Thomas L. Friedman. Isreael Aide Traces U.S. - Iran Dealings. *New York Times*, Nov. 22, 1986: A1: 1.
[2] Trita Parsi. Iran and Israel: The Avoidable War. *Middle East Policy*, Vol. 14, No. 3, Fall, 2007: 79.
[3] Ibid.: 79-80.
[4] News of Associated Press Nicosia, Aug. 18, 1991.

成了一个重要问题，阿亚图拉霍梅尼的"不要东方，不要西方，只要伊斯兰"从某种意义上说，就是争取民族真正独立的口号之一。鉴于大国染指中东和伊朗多借用以色列这一工具，伊朗自然也将其作为推动外交政策的工具，并贯穿于伊朗伊斯兰共和国的外交实践之中。

一、作为伊朗推动外交政策工具的以色列

伊朗伊斯兰共和国建立后，为了伊斯兰共和国的稳定，伊朗把与以色列保持距离作为其走伊斯兰路线、加强与穆斯林世界关系的重要举措之一。反对以色列成了伊朗伊斯兰共和国缔造者阿亚图拉霍梅尼的口头禅。1979年8月，阿亚图拉霍梅尼号召斋月的最后一个星期五为"耶路撒冷日"（古都斯日），直到今天，伊朗人一直坚持纪念这一日子。

内贾德上台后，处于国际政治斗争的需要，作为斗争策略，反对以色列的声音比以前更大了。2005年10月26日，伊朗新总统艾哈迈迪—内贾德在德黑兰的"没有犹太复国主义的世界"集会上说，"以色列必须从地图上抹掉"，以色列最近从加沙撤离是"花招"，其目的是让伊斯兰国家承认以色列，伊斯兰世界绝不允许宿敌在心脏地带存在，谁签协议承认以色列，谁就是投降。① 后来，他又说以色列应该"搬到欧洲去"。12月14日，他又说纳粹德国屠杀犹太人是"神话"。2006年4月14日，在德黑兰举行的第三届支援巴勒斯坦人民权利大会上，内贾德称："以色列的存在是对伊斯兰世界的一大威胁，这个复国主义国家已经腐烂了、干枯了，很快将会被风暴所摧毁。"②

尽管这些言论遭到了强烈的批评，但内贾德的这张牌还是达到了以下目的：内贾德的反以言论暗示，德国等一些欧洲国家因为犹太人在第二次世界大战中受到的不公平待遇而心怀愧疚，正是这种负罪感使得这些欧洲国家帮助以色列于1948年在巴勒斯坦建国。在内贾德看来，这些欧洲国家协助以色列建国侵犯了巴勒斯坦人的土地，并不是恰当的弥补方式。他说："一些欧洲国家坚持说，在二战期间，希特勒杀死了数以百万计的犹太人，将他们关进了集中营，但为什么以色列要建立在巴勒斯坦的土地上？就让这些有罪恶感的欧洲国家在德国或者奥地利拿出一块土地来，让以色列到那里去建国，我们就不会处处针对以色列政府了。"③ 如果考虑到

---

① 陈克勤："伊朗平民总统——旧调新弹弦外之音"，《光明日报》2005-11-18（10）。
② 王锁劳："内贾德：我有我的核对策"，《世界知识》2006（18）：41—43。
③ 寒暑："内贾德再次语出惊人称以色列应迁往欧洲"，《工人日报》2005-12-10（8）。

内贾德讲这番话时,欧盟三国正在与伊朗就核问题进行谈判这一背景,这首先让欧洲人思考,犹太人的命运是谁造成的,谁该为其苦难承担责任,为什么要把犹太人的苦难转嫁到巴勒斯坦人身上。既然欧洲人承认犹太人悲剧的存在,那造成这一悲剧的元凶是谁呢?正是欧洲人一手酿成了犹太人的灾难,他们不但要为犹太人的灾难承担责任,还要为阿拉伯巴勒斯坦人今日的灾难承担责任。这无疑为正在与欧洲进行有关核问题谈判的伊朗增加了筹码。2006年5月,内贾德总统在接受德国《明镜》周刊记者采访时说:"如果大屠杀发生过,那么欧洲人应当承受由此带来的后果,而不应当由巴勒斯坦为此付出代价。如果这没有发生过,那犹太人必须从哪来回哪去。"① 2009年9月23日,在纽约召开的新闻发布会上,内贾德总统反问:"伊朗伊斯兰共和国反对在第二次世界大战期间发生的所有罪行,但是为什么巴勒斯坦人民就必须要为其他人的罪行埋单呢?"② 内贾德总统言论所要达到的第二个目的是团结其阿拉伯穆斯林兄弟,为伊朗以后的稳固发展建立起一道安全屏障。这番话的第三个目的是让世人看到,以色列是美国在中东的"人质",只要美国胆敢对伊朗轻举妄动,伊朗就把以色列作为重点打击的目标,使西方在中东的据点受到重大损失。这番话的第四个目的使世人看到,一个民族的好与坏决不是单纯的民族问题,而是国际社会民族之间互动的产物。同样是欧洲人,尤其是德国人,不是一成不变的,第一次世界大战后德意志民族的政策,使希特勒法西斯成了魔鬼,而今天的德意志民族成为世界上爱好和平的使者。美国以研究中东政治见长的国际关系学者史蒂芬·赞斯(Stephen Zunes,1956年—)评价说:"美国人非常关注伊朗的一般政策,尤其是艾哈迈迪—内贾德的言论。然而,只要美国的政策建立在双重标准的机会主义之上,而不是一以贯之的原则,艾哈迈迪-内贾德煽动性的言论就会找到自己的听众。"③ 中东媒体研究所(Middle East Media Research Institute,简称 MEMERI)主任尹嘎尔·卡蒙(Yigal Carmon,1946年—)这样评价内贾德的反以言行:"伊朗政权否认大屠杀并非是没有理智的仇恨,而是预先安排好的达到目的的冷

---

① 赵卓昀:"伊朗总统:有人不让我去看世界杯",《新华每日电讯》2006-5-29(5)。
② "伊朗伊斯兰共和国总统在纽约举行新闻发布会",伊朗伊斯兰通讯社华语台 2009-9-23。
③ Stephen Zunes. My Meeting with Ahmadinejad. FPIF (foreign Policy in Fucs), Sept. 28, 2007. http://www.fpif.org/articles/my_meeting_with_ahmadinejad.

血工具。"①

伊朗裔以色列特拉维夫大学伊朗研究中心主任大卫·麦纳什利（David Menashri）评价内贾德总统的上台说："作为结果，哈塔米推动的文明对话为文明冲突所取代；改革进程为日益增长的保守主义让路，地区和国际关系中的缓和政策向日益紧张让路……加之总统最近的反犹言论，加剧了伊朗与邻国和遥远国家的冲突。"② 1999—2004年瑞士驻伊朗大使、法兰克福大学的政治学教授蒂姆·古迪曼（Tim Guldimann，1950年—）说："德黑兰与其视伊朗核活动为什叶派和波斯人的霸权诉求的阿拉伯邻居的关系紧张起来。埃及、海湾合作委员会、沙特阿拉伯、土耳其和约旦都声称他们发展核电的民用目的。伊拉克与黎巴嫩的逊尼派与什叶派冲突加剧了。与阿拉伯人的这些紧张关系强化了美国人试图建立的反伊朗地区阵线，这进一步加剧了伊朗的孤立。"③ 2005年冬，卡内基国际和平基金会核政策项目副总裁乔治·帕科威奇（George Perkovich）在其报告中，将伊朗与海湾其他国家对立，把这些国家视为美国的盟友，提出伊朗越强调核计划，与其阿拉伯邻国的关系越紧张，这些国家与美国走得越近。④ 其实不然，在伊朗，2005年和2009年内贾德当选和再次当选伊朗总统表明了伊朗政策的连贯性和伊朗核政策取得的效果。伊朗的核战略就是要用一种强硬的路线把伊朗民族引向安全和地区大国的地位，内贾德顺利实现了伊朗人的上述目标。可以想见，如果世界是一个和平的世界，内贾德的个人言论将受到全世界的孤立，正是由于美国和以色列的强硬政策，使内贾德的言论不但没有造成伊朗的孤立，反而加强了伊朗这个以波斯民族为主的国家与阿拉伯人、土耳其人、阿富汗人、巴基斯坦人等邻居的关系。

伊朗的态度如此强硬，一方面与捍卫自己的合法权利直接相关，另一方面也与伊朗人预见到了美国和以色列不会对其轻易动武相一致。2007年11月18日，内贾德总统在记者招待会上非常自信地说："我认为海湾地区不会发生新的战争，事实上现在也没有发生战争的任何迹象。人们没有必要担心，说海湾地区局势紧张是媒体的误导。另外，美国也希望加剧海湾

---

① Yigal Carmon. The Role of Holocaust Denial in the Ideology and Strategy of the Iranian Regime. *MEMRI*, www.memri.org.

② David Menashri. Iran's Regional Policy: Between Radicalism and Pragmatism. *Journal of International Affairs*, Vol. 60 No. 2, Spring/Summer, 2007: 153-167.

③ Tim Guldimann. The Iranian Nuclear Impasse. *Survival*, Vol. 49, No. 3, 2007: 169-178.

④ George Perkovich. *Toward Transatlantic Cooperation in Meeting the Iranian Nuclear Challenge*. Winter, 2005: 11.

(紧张)局势,因为美国不希望伊朗核问题取得进展。美国的海湾政策已经失败。美国肯定要从海湾地区撤出。美国不断在海湾地区制造混乱并使局势紧张,其目的是为了保持在这一地区的存在。"① 中国学者王晋燕评价内贾德的外交成就时说:"有西方评论家认为,内贾德的政治营销具有强烈的后现代主义色彩,他用一个个容易被媒体炒作的新闻瞬间拼出了如同波斯地毯一样的迷幻图景,不仅扰乱了美国传统的结盟优势,而且让美国的军事大棒难以落下。"② 在这一问题上,拉里贾尼曾说:"事实上,伊斯兰思想的复兴和巴勒斯坦抵抗运动一起会给西方的心脏以强烈打击。我们不能失去这一机会。"③ 这也是在伊朗核问题上,西方人一旦对伊朗动武,整个穆斯林世界与西方将爆发全面冲突的最先预言。如果真是这样的话,亨廷顿所说的"文明的冲突"时代也就到来了。

二、以色列与伊朗在核问题上的针锋相对

在伊朗核问题的发展过程中,以色列与伊朗之间大打心理战,互相发表威胁性言论。双方都扬言,如果对方胆敢发动进攻,必将遭到毁灭性打击。自 2003 年伊朗核问题出现以来,以色列历经了 3 个总理,他们分别是阿里埃勒·沙龙(Ariel Sharon, 1928 年—; 2001 年 3 月 7 日—2006 年 1 月 14 日在位)、埃胡德·奥尔默特(Ehud Olmert, 1945 年—; 2006 年 1 月 14 日—2009 年 3 月 31 日在位)和本雅明·内塔尼亚胡(Benjamin Netanyahu, 1946 年—; 2009 年 3 月 31 日—)。

早在 2002 年,沙龙在接受英国《泰晤士报》记者采访时就呼吁,在伊拉克战争结束后,国际社会将打击目标转向伊朗。他说:"伊朗是世界恐怖中心,在不择手段地追求大规模杀伤性武器。伊朗是中东的威胁,是以色列的威胁,也对欧洲安全构成威胁。"④ 2003 年 7 月 27 日,沙龙访问美国,与美国总统布什就落实中东和平"路线图"计划举行会谈。他在访问中直言不讳地对布什说,伊朗制造核武器的可能性比美国情报部门估计得要大,以色列不得不认真考虑"先发制人"的打击方案。⑤ 9

---

① 肖光:"交出设计图,伊朗兵行险招",《中国国防报》2007 - 11 - 20 (2)。
② 王晋燕:"内贾德的后现代政治营销学",《环球》2006 (19)。
③ Gawdat Bahgat. Nuclear Proliferation: The Islamic Republic of Iran. *Iranian Studies*, Vol. 39, No 3, 2006: 318.
④ 孙晓慧:"阿拉伯媒体:伊朗——'自由'的下一个受害国?", http://world. people. com. cn/GB/41219/3143371. html。
⑤ 石雨:"以色列偷袭计划现雏形",《北京青年报》2003 - 10 - 13 (A15)。

月,以色列安全官员称,伊朗核计划是以色列5年军事战略发展围绕的重点,沙龙已下令"摩萨德"密切注视伊朗的核动态。沙龙的手下索瓦尔称:"任何伊朗政权都知道以色列拥有对付军事威胁的能力和资源。我们希望军事威胁能在萌芽状态时就被消除。这就是美国所能发挥的作用。"①

2003年10月11日德国《明镜》周刊、10月12日以色列《耶路撒冷邮报》和美国《洛杉矶时报》皆用大篇幅报道,以色列军方和以色列间谍机构"摩萨德"正在为偷袭伊朗核设施做准备。《明镜》周刊报道说,以色列情报机构"摩萨德"的一个特别行动小组已将一份完备的偷袭伊朗核设施的方案交给了以色列空军。根据方案,以色列空军需要同时彻底摧毁伊朗的6处核设施,其中3处尚不为外界所知。只有将这6处核设施彻底摧毁,伊朗才会像当年的伊拉克那样彻底失去核研发能力。以色列的态度非常明确:决不允许"以色列的敌人"拥有大规模杀伤性武器。以色列退役将军罗姆说:"如果有人问我,以色列能对伊朗实施先发制人的打击吗?我肯定地回答说:当然能。"英国《简氏防务评论》称:"几乎可以完全肯定地说,在伊朗制造出核导弹之前,以色列一定会对其进行先发制人的打击。"② 以色列国际部长莫法兹(Shaul Mofaz,1948年—)称:"拥有核武器的伊朗是不能容忍的,将对以色列的战略构成威胁。"③ 以色列"摩萨德"局长梅厄·达甘(Meir Dagan,1945年—)在议会发表讲话说:"伊朗给以色列带来致命的威胁。"④ 12月21日,以色列《国土报》报道,莫法兹在接受电台采访时表示,尽管伊朗政府已正式在《核不扩散条约》附加议定书上签字,但以色列正在制定计划,必要时将采取行动摧毁伊朗核设施。这是以色列高官首次对伊朗核问题发表威胁性言论。梅厄·达甘给以色列国会的一份报告中指出,在伊拉克萨达姆政权倒台后,伊朗已经变成以色列的头号敌人。他说:"以色列发现伊朗已经接近建成铀浓缩工厂,这将使它最终具备制造原子弹的能力。"⑤

针对以色列高官对伊朗发动军事打击的传言,伊朗高官纷纷发表

---

① "以色列威胁称准备采取军事行动终结伊朗核计划",http://news.enorth.com.cn/system/2003/09/10/000630951.shtml。
② 石雨:"以色列偷袭计划现雏形",《北京青年报》2003-10-13(A15)。
③ Nicole Gaouette,"Israel: Iran is Now Danger No.1," *Christian Science Monitor*, Nov. 28, 2003.
④ Ibid.
⑤ 王辉:"利比亚效应不起作用 以色列威胁摧毁伊朗核设施",《新闻晨报》2003-12-23。

讲话,警告以色列不要对伊朗核设施轻举妄动,否则以色列将为其错误行动付出沉重代价。伊朗国防部长沙姆哈尼说,如果以色列把对伊朗的威胁付诸行动,它将不会有任何安全。伊朗将坚决回击危及伊朗国家安全和利益的任何威胁。伊朗空军司令礼萨·帕尔迪斯警告说,伊朗的武装力量具有强大战斗力,如果以色列敢于对伊朗发动军事打击,将造成以色列领导人难以想象的严重后果。[①] 2004年9月,在纪念两伊战争爆发24周年的阅兵式上,伊朗展示了能够运载核弹头的"流星-3"导弹,并在一枚"流星-2"导弹上写下"必须把以色列从地图上抹去"的标语。9月21日,以色列《国土报》援引美国会的一份报告说,美国计划向以色列出售总值为3.19亿美元的5000枚各式炸弹,包括500枚重达1吨、能够摧毁地下核设施的"掩体炸弹",2500枚重达1吨的常规炸弹,1000枚重半吨和500枚重0.25吨的炸弹。这是近年来,美国对以色列数量最大的一次军售。以色列安全部门官员称,该军售超出了帮以应对巴勒斯坦武装分子威胁的意义,比如"掩体炸弹"就是为了帮其对付伊朗或叙利亚。[②] 伊朗国防部发言人对此指出,以色列从美国获得了更先进的武器,不仅仅是"掩体炸弹",美国这种行为是在对伊朗进行心理战。

2005年10月27日,以色列外长沙洛姆在巴黎发表讲话称:"伊朗正在研制比以色列导弹射程远得多的导弹。伊朗的新导弹射程达3000公里,包括巴黎、柏林、伦敦、罗马、马德里等在内的欧洲主要城市,都在其射程范围内。"[③] 他呼吁国际社会尽快采取行动,从而可以看出以色列对伊朗的恐惧心理。12月1日,以色列总理沙龙在特拉维夫编辑工作者大会上发表讲话说,以色列不能接受伊朗在获取核能力方面的发展,称这是以色列政府在该问题上的一贯立场,但不会牵头挑战伊朗的核计划。他说:伊朗的核计划"不仅使以色列受到威胁,也让整个中东地区及其他国家受到威胁",但"以色列不会出面领导国际社会(遏制伊朗核计划),而会同那些反对伊朗发展核计划的国家密切磋商"。同时,他呼吁国际社会尽一切努力迫使伊朗放弃核计划。12月初,《星期日泰晤士报》报道,据以色列军方消息人士披露,以军已经接到总理沙龙的战备令,可能在2006年3月底前对伊朗的秘密核设施进行军事打击,以军已经提高了警戒级别,并在伊

---

① 新华社德黑兰2003年12月22日电。
② 孙玉庆:"伊朗开始处理37吨铀原料,美向以色列售5000枚炸弹",http://www.chinadaily.com.cn/gb/doc/2004-09/22/content_376864.htm。
③ 陈克勤:"伊朗平民总统——旧调新弹弦外之音",《光明日报》2005-11-18(10)。

拉克与伊朗边境地区收集有关伊朗核设施的情报,随时准备发动对伊朗核设施的袭击。12月11日,以国防部高级官员吉拉德在接受以电台采访时说,目前国际社会应该通过外交努力解决伊朗核问题,以色列没有准备对伊朗核设施使用武力的打算,但他表示,一旦一切外交努力均告失败,武力可能是彻底解决伊朗核问题的唯一渠道。

2006年4月24日,莫法兹在出席特拉维夫大学伊朗研究中心成立仪式时宣称,"在我们面临的所有威胁中,伊朗的威胁是最大的。世界必须采取果断措施和所有必要的外交手段制止伊朗的核活动。自希特勒以来,我们还没有遇见过这样的威胁。"① 他敦促国际社会采取一切可能的手段,制止伊朗的核活动。他还透露,以色列将在4月25日发射一颗卫星,收集伊朗核计划和远程导弹的情报,卫星能够拍摄到地面上小到70厘米的物体,有极高的拍摄能力和分辨率。

5月2日,伊朗革命卫队高级指挥官宣称,一旦遭到美国发动的"邪恶攻击",伊朗将把以色列作为首个报复对象。8月15日,伊朗强硬派教士卡塔米在接受电视台采访时警告称:"如果他们(美国和以色列)真的要对伊朗发起进攻,他们应该感到害怕,我们射程2000公里的导弹可以直击特拉维夫市中心。""真主党射程70公里的导弹就已经将以色列的城市变成了人间地狱。布什和奥尔默特应该从中吸取教训,伊斯兰人民不是那么好欺负的。"② 5月21日,正在美国访问的以色列总理奥尔默特称,有关伊朗的关键问题不是伊朗何时制造出核武器,而是何时掌握制造核武器技术。他说:"伊朗与这种技术门槛的距离比我们此前预期的要近,这是因为他们已经认真地进行铀浓缩活动。伊朗到技术门槛的距离非常接近了,不能用年而应该用月来计算了。"他同时表示,以色列不会单独对伊朗采取军事或者外交行动。他相信美国将与其他国家采取必要措施,防止伊朗成为核武器国家,"将在伊朗跨越技术门槛前将其制止"。③ 8月25日,《耶路撒冷邮报》发表了对以色列前国家安全顾问吉奥拉·埃兰德的专访。在访谈中,埃兰德说,目前,67岁的哈梅内伊是伊朗的最高领袖,他还"相对理性",但内贾德很有可能接替哈梅内伊。如果这样,以色列将面临

---

① Conal Urquhart, Ian Travnor. Iran biggest threat since Nazis, says Israel as Ahmadinejad provokes new outrage. *The Guardian*, 25 April, 2006.
② 章田、雅龙:"伊朗威胁:如果遭美以进攻导弹将直击特拉维夫",http://news.xinhuanet.com/world/2006-08/15/content_ 4965718.htm.
③ 凌晨:"以色列总理:伊朗差数月掌握制造核武技术",http://www.jewcn.com/ShowArticle.asp?ArticleID=2545。

一个非常危险的局面。他认为，49 岁的伊朗总统内贾德具有一种宗教信念：他把消灭以色列作为恢复穆斯林辉煌的基础；犹太复国主义者这根扎在伊斯兰国家心脏上的刺一定要拔掉；他会不惜一切代价来把以色列赶出中东。如果他成为伊朗的最高领袖，同时伊朗又拥有了核能力，那将是一个"真正威胁"。① 从这番话可以看出来，以色列政治家对伊朗的无知，内贾德不具备成为最高领袖的条件。从另一个侧面反映出文明交往的必要性和迫切性。11 月 11 日，奥尔默特接受美国《新闻周刊》采访时说，伊朗如果在核问题上拒绝与国际社会合作将会付出沉重代价。当被问及以色列是否会用武力阻止伊朗计划时，他表示，以色列有多种选择，绝不会接受"核伊朗"的威胁。② 11 月 14 日，正在美国访问的奥尔默特呼吁阿拉伯国家以及国际社会团结起来，共同阻止伊朗的核计划，否则中东和其他地区将陷入"前所未有的动乱"。③

在伊朗核危机的关键时期，以色列的一官员说："以色列绝不容忍伊朗制造出核武器。如果伊朗人制造了，我们将在他们发射一枚导弹之前，把他们炸回到石器时代。"④ 11 月，以色列国会外交和防务委员会主席雅沃尔·斯泰尼兹（Yuval Steinitz，1958 年—）说："伊朗拥有核武器之时，正是在以色列、中东和整个自由世界降下'黑幕'（black curtain）之日。"⑤ 在这些结论的背后有两个重要的考虑："一是有了核武器的伊朗可能采取更具侵略性的外交政策，这可能包括支持真主党（Hezbollah）、哈马斯（Hamas）和杰哈德（Jihad）；拥有核武器的伊朗可能鼓励诸如埃及、沙特阿拉伯等该地区的国家效仿它去追求——即通常所说的多米诺效应。这可能点燃中东的核竞赛，使整个中东变得更为不稳。"⑥ 鲁能·伯格曼在谈及以色列竭力反对伊朗核计划的原因时说了这样一段话："以色列情报部门认为，必须竭尽全力阻止伊朗拥有核武器。以色列承受不起核武器落入比哈梅内伊务实的人手里；就其微小的规模而言，以色列不可能从哪怕一枚核弹的袭击中恢复过来，这使得依赖伊朗政府理性的风险变得难以忍受。还有，核武装的德黑兰将支持恐怖主义，尤其是反对以色列的恐怖主

---

① 伊莲、余火："伊朗高调启动重水厂 传美国明年要炸伊朗"，《环球时报》2006 - 8 - 30。
② 黄培昭："以总理访美意在'伊核'"，《人民日报》2006 - 11 - 15。
③ 江玮："内贾德：与核伊朗共存已成为世界唯一选择"，《中国青年报》2006 - 11 - 16。
④ 周戎："伊朗核危机解析"，《光明日报》2006 - 11 - 10 （9）。
⑤ Nina Gilbert. "Iran Nuke Program Nearly Self - Sufficient". *Jerusalem Post*, Jan. 25, 2005.
⑥ Gawdat Bahgat. Nuclear Proliferation: The Islamic Republic of Iran. *Iranian Studies*, Vol. 39, No. 3, 2006: 316.

义而不用担心报复。最后,伊朗炸弹将促使地区主要国家埃及、约旦和沙特阿拉伯等展开地区核军备竞赛。"①

针对2006年11月伊朗"伟大先知2"军事演习,11月10日,以色列副国防部长埃弗拉伊姆·斯内告诉《耶路撒冷邮报》记者,他认为对伊朗的军事行动将是"最后选择,但最后选择有时是唯一选择"。他的言论被认为是以色列官员就不排除因伊朗核活动而对伊朗发动军事打击的最新表态。第二天,伊朗军演发言人法兹利准将在接受记者采访时称:"伊朗武装部队将对任何军事和威胁行动做出坚定的反应。伊朗武装部队意识到它面临不同的威胁,它拥有应对这些威胁的能力。""伊朗的敌人过于虚弱,它们无法对强大的伊朗构成威胁。"② 伊朗最高领袖哈梅内伊在德黑兰东北部的沙阿鲁德发表讲演时说:"敌人在过去的27年里一直在策划针对伊朗的阴谋……但伊朗的敌人从未得逞。"与此同时,伊朗驻联合国大使扎里夫就斯内的"威胁"言论向安南秘书长和安理会提出上诉。伊朗伊斯兰共和国通讯社称:"大使的信件强调了斯内和其他以色列官员的威胁,认为这些言论是非法和荒谬的,是犹太复国主义政权犯罪政策和恐怖图谋的一个迹象。不幸的是,由于安理会未对以色列政权的恐怖行为采取行动,这个政权更加大胆地继续它的犯罪行为,它根本无视国际社会的原则和联合国公约。安理会应当就这样的言论和以色列政权的恐怖行为采取行动,应当首先谴责以色列政权对伊朗的威胁。"③ 11月12日,伊朗外交部发言人穆罕默德·阿里·侯赛尼在新闻发布会上说:"如果以色列采取这种愚蠢的行动,发动进攻,伊朗及其革命卫队的回应将是迅速的、有力的和毁灭性的。这一切将发生在数秒之间。"④

2007年1月2日,特拉维夫大学国家安全研究所完成《中东战略平衡》年度报告发布,该报告被称为"军事分析家的《圣经》"。这份长达260多页、内容庞杂的报告,结论非常简单:"如果不采取军事行动,伊朗获得核武器只是时间问题。"报告认为,"以色列完全有能力独自征服伊朗",国家安全研究所智囊团宣称"和平阻止伊朗为时已晚,如果没有武

---

① Ronen Bergman. Letter from Tel Aviv: Netanyahu's Iranian Dilemna. Foreign Affairs, June10, 2009. http://www.foreignaffairs.com/features/letters-from/letter-from-tle-aviv-netanyahu%E2%80%99s-iranian-dilemma.

② 昆仑:"伊朗军队发誓将对以色列任何袭击进行反击", http://www.chinadaily.com.cn/hqkx/2006-11/12/content_730767.htm。

③ 法新社德黑兰2006年11月12日电。

④ 新华社德黑兰2006年11月12日电。

力干预，伊朗迟早会有核武器。"以色列在"技术上"有能力用武力打击伊朗。① 1月7日，《星期日泰晤士报》报道，两个以色列空军小分队正在等待轰炸伊朗核设施的命令。② 当天，伊朗外交部发言人侯赛尼在每周例行记者招待会上就有关传闻发表评论时表示，伊朗将对任何针对伊朗的军事打击行动进行反击。他说，任何敌对行动都将导致伊朗进行反击，"侵略者很快会对自己的行动感到后悔"。他还说，有关打击伊朗的消息只能证明对方的虚弱，丝毫不会影响伊朗继续从事和平利用核能的活动。据以色列媒体报道，其国防部已经将新的间谍卫星送入轨道用以进行弹道导弹的测试。③ 1月18日，伊朗国防部长纳贾尔在与到访的苏丹国防部长侯赛因联合举行的新闻发布会上指出，所谓以色列对伊朗进行核袭击的传言是"心理战"，以方如果胆敢这样做将是"自杀性"行为。他说："我相信他们（以色列人）没有愚蠢到袭击伊朗的地步，因为他们朝这个方向走出的任何微小一步，都将招致伊朗最严厉的回击，他们将为此举而永远后悔。"④ 4月25日，奥尔默特在耶路撒冷对一个来自美国的犹太团体说，伊朗总统艾哈迈迪—内贾德消灭以色列的言论"是无法容忍的"，但伊朗核威胁"可通过非军事手段"加以解决。伊朗虽自称是有核国家，但其核能力并非外界所猜测的那样先进，国际社会不应过高估计伊朗核项目的发展水平。⑤

2008年4月6—10日，以色列举行了其历史上最大一次疏散演习，冠名以"转折点2"，演习以来自加沙地带、伊朗、黎巴嫩和叙利亚的常规武器、化学武器和非常规武器为假想。4月15日，以色列《耶路撒冷邮报》报道，以色列基础设施部长本—埃利泽警告说，如果伊朗对以色列发动任何进攻，都将导致伊朗的毁灭。当天，伊朗武装部队副司令阿什蒂亚尼在德黑兰回应说："如果以色列对伊朗采取任何行动，我们将把以色列从世界上铲除。"他表示："由于其特殊环境，以色列易攻难守，如果发动侵略，必将遭到毁灭性打击。"以色列总理奥尔默特发言人马克·雷格夫不以为然地说："很遗憾，伊朗领导层经常发出这种可恶的极端言论。令人悲哀的是，这暴露了德黑兰领导人的想法和政治议程。"以色列外交部发言人则呼吁，国际社会需要更坚定地采取行动，阻止威胁要摧毁联合国成

---

① 刘欣伟、汪析："以色列宣称能单独打伊朗会动手吗？"，《环球时报》2007-1-6。
② Uzi Mahnaimi & Sarah Baxter. Revealed: Israel plans nuclear strike on Iran. *Sunday Times*, Jan. 7, 2007. http://www.timesonline.co.uk/tol/news/world/article1290331.ece.
③ Yaakov Katz. Israel Launches Ofek 7 Spy Satellite. *The Jerusalem Post*, June 11, 2007.
④ 新华社德黑兰2007年1月18日电。
⑤ 郑金发等："伊朗与欧盟就伊核问题谈判获进展"，《人民日报》2007-4-27（3）。

员国的伊朗获得核武器。以色列国防部长巴拉克在以中部的一个空军基地对记者说,以色列将继续推进反制伊朗核威胁的努力。他说:"我们必须准备,如有必要,就采取行动,而非坐视不管。"5月19日,奥尔默特会见包括众议院佩洛西(Nancy Pelosi)议长在内的美国众议院代表团,要求美国对伊朗实施海上封锁。5月21日,以色列新闻局长席曼在谈及中东局势时说,布什不应把伊朗核武问题交给下任总统处理,他极有可能在美国总统选举结束后,于任期仅剩一个多月的时间内,对伊朗发动攻击。

5月28日—6月12日,以色列在希腊克里特岛附近海域,举行了代号"光荣斯巴达08"演习,内容包括空中侦察和情报交流,希腊空军参加了这次演习。此次军演共有100多架F-15和F-16战斗机参加,以往例行军演军机数量不超过30架。以色列空军在演习中重点演练了远程袭击战术,距离超过1440公里。更加引人注目的是,曾经参加过空袭伊拉克巴格达核反应堆的以色列空军F-16中队也出现在这次演习中。6月3日,奥尔默特说,要采取"一切可能手段"阻止伊朗核计划;如果伊朗谋求拥有核武器,将面临毁灭性后果。这是奥尔默特就伊朗核问题发表的最强硬言论。6月6日,以色列副总理兼运输部长沙乌勒·莫法兹在接受以色列《新消息报》记者采访时说,鉴于制裁措施不能阻止伊朗核计划,以色列攻击伊朗核设施似乎"不可避免"。"如果伊朗继续实施旨在发展核武器的计划,我们会加以攻击。制裁没有效果,为阻止伊朗核计划而实施攻击将不可避免。"① 6月下旬,莫法兹在接受以色列《青年报》采访时重申,"如果伊朗继续进行核计划,那么袭击伊朗不可避免。"莫法兹的这番话遭到以色列其他政治家们的猛烈抨击,以色列官员也通过相关渠道告诉美国官员,莫法兹所说的并不代表以色列的官方立场。2007年9月6日,以色列的F-16战斗机进入叙利亚北部领空,摧毁了叙利亚东部的一个可疑核设施。于是,人们纷纷猜测,伊朗可能是下一个袭击目标。

2008年夏,各种消息和文章表明,以色列不仅已经做好了挫败敌对国家核武努力的准备,而且也有这样的实力。在致奥地利总理阿尔弗雷德—古森鲍尔的信中,以色列国防部长巴拉克写道,伊朗距成功研制核武器已为时不远。以色列情报官员认为,伊朗核武工程师将在2009年之前获得足够制造一枚核弹头所需的浓缩铀。6月16日,德国《明镜》周刊报道,以色列就攻打伊朗核设施行动已达成广泛共识。以色列人认为,如有必要,以色列应在没有美国参与的情况下对伊朗核设施进行"外科手术"。以色

---

① 新华社:"以副总理:可能攻击伊朗核设施",《成都商报》2008-6-7(10)。

列前总理拉宾的军事顾问亚托姆称："我们已不再相信制裁的有效性。如果世界想制止伊朗，那么就有必要采取军事行动。"以色列移民吸收部部长埃德里也说："（以色列）内阁的大多数成员现在都认为制裁不会说服伊朗总统内贾德改变路线。"以色列政府内部已就空袭伊朗核设施达成共识，只是在时机上存在分歧。其鹰派认为，随着2008年11月美国大选的到来，以色列将失去机会，只有布什政府才会帮助以色列。民主党总统候选人奥巴马在竞选中称，赞成与伊朗举行直接谈判。在他们看来，即便是共和党总统候选人麦凯恩赢得总统选举，他也不会对伊朗采取军事行动。

2008年4月8日，内贾德总统宣布，伊朗已开始在纳坦兹铀浓缩基地安装6000台新的离心机。针对以色列可能会对伊朗核设施发动袭击的传言，伊朗则宣布，已经开发了能够打击以色列和美国在中东基地的弹道导弹。6月2日，内贾德总统说："我必须宣布，以色列政权将很快消失，很快将失去地理上的统治。今天，邪恶力量美国垮台的时刻到了，灭绝帝国主义权利和财富的倒计时已经开始。"[①] 6月6日，伊朗驻联合国大使穆罕默德·哈扎伊向联合国秘书长潘基文递交一封信，要求联合国安全理事会就以色列威胁攻击伊朗的言论采取行动。6月9日，伊朗国防部长纳贾尔（Mostafa Mohammad Najjar）在送别到访的伊拉克总理马利基时对媒体说，如果以色列袭击伊朗，伊朗将攻击以色列的迪莫纳核反应堆。6月15日，伊朗伊斯兰革命卫队警告说，如果美国准备攻打伊朗，将面对"悲剧式"的后果。革命卫队高级指挥官穆罕默德·赫贾兹对伊朗官方通讯社说："我们建议美国军官小心别陷入一场悲剧。我们最后能奉劝的就是，如果你们真的想来伊朗，一定要带着拐棍和假肢，以备你们回家的时候会发现已经没有腿可用了。"6月22日，伊朗议长阿里·拉里贾尼说："我们准备好应对一切可能，但如果他们（以色列）真的计划采取这种不明智行动，那么他们将面临比我们更严重的损失。"第二天，伊朗外交部发言人阿里·侯赛尼在例行记者招待会上就犹太复国主义政权的军事演习对记者说，该政权现在正面临内部官员腐败和诸多危机。犹太复国主义政权一贯采取的政策之一就是企图将内部危机转移到外部。6月27日，伊朗外交部发言人在纪念伊朗伊斯兰共和党总部爆炸（导致72位伊斯兰共和党高官遇难）纪念日时指出，伪信士恐怖组织犯下的这些罪行及造成数百名伊朗平民遇难就是证明该组织从事犯罪活动的证据，该组织自那时至今一直得

---

① 关新："内贾德再次语出惊人重申'以色列将很快消失'"，http：//news.qq.com/a/20080603/001833.htm。

到人权卫士自居者的支持。令人遗憾的是，尽管这个恐怖组织劣迹斑斑，罪孽深重，但是我们看到，部分西方国家尤其是英国一直致力于将伪信士组织名字从恐怖组织黑名单中删除。6月29日，伊朗武装力量总司令部寻找失踪士兵委员会主席巴克尔扎德准将宣称，伊朗正在边境省份为未来的阵亡入侵者挖掘大约32万座坟墓。伊朗新闻电视台援引他的话说，伊朗武装力量总司令部已经批准了这项为入侵者挖掘坟墓的计划。他同时强调，伊朗并不希望敌军士兵的家人体验美国人在越南战争中的痛苦经历。他说，上述决定是伊朗依据《日内瓦公约》以及伊朗和国际红十字会的相关合作协议做出的，这种措施将使埋葬敌军士兵尸体的速度大大加快。

6月29日，英国《泰晤士报》报道，伊朗已将"流星－3B"型弹道导弹部署至发射阵地，在可能的袭击目标中有位于以色列内格夫沙漠的迪莫纳核反应堆。所透露的信息就是如果伊朗的核设施遭到袭击，他们就将采取报复行动。外界估计，"流星－3B"型导弹的射程超过1250英里（约2011公里）。一旦遭到袭击，伊朗将向以色列的迪莫纳核反应堆发射导弹，这里存放着以色列的核武器。伊朗革命卫队司令贾法里将军在接受《德黑兰日报》采访时说，"这个国家（以色列）完全在伊朗导弹的射程之内，我们导弹实力会让这个复国主义政权无法面对。"伊朗官方媒体也在社论中称，伊朗的反击将会正中"他们的太阳穴"。"流星－3B"型弹道导弹的射程为1400—2500公里。这意味着，如果它部署在伊朗的西部地区，在中东和南欧地区的所有以色列和美军的目标就都在其打击范围之内。截止2008年夏，伊朗已组建了数个"流星－3B"型导弹中队。每个中队至少有6个直立式运输发射架，由梅塞德斯卡车作为该导弹的运输车辆。

7月1日，在以色列军方高官的陪同下，以色列总理奥尔默特视察了位于以色列南部沙漠的迪莫纳核设施。以色列媒体普遍认为奥尔默特此举意在对伊朗发出警告。对此，伊朗通过各种渠道宣称"流星－3B"型导弹已经部署到位。11月19日，《今日以色列》报道，以色列空军做好了袭击伊朗核设施的准备。以色列空军司令伊多·内胡什坦对德国《明镜》周刊记者说，以色列是否袭击伊朗核设施仅仅是个政治问题，而不是军事能力问题。内胡什坦表示，以色列空军有能力袭击伊朗核设施并且造成严重破坏，目前已经不存在未解决的后勤或技术问题。他说："（以色列）空军是一支非常有力、适应性很强的部队。不论发生什么事情，我们已做好了准备。"一时间，有关以色列与伊朗间战争的猜测再次升温。12月中旬，内贾德总统与其政府成员视察胡齐斯坦省时，在艾赫瓦兹人民集会上发表讲话说：根据伊朗的外交政策原则，犹太复国主义政权是非法的，该政权根本不具合法性。伊朗希望根除犹太复国主义政权的种族主义思想，永远也不会承认犹太复国主义政权。①

2009 年 3 月 4 日，伊朗革命卫队总司令穆罕默德·阿里·贾法里告诉伊朗学生通讯社："（以色列）犹太复国主义政权领土上的一切核设施都在伊朗导弹防御系统射程之内。""我们（导弹）系统遵循防御原则，但假如包括犹太复国主义政权在内的任何敌人有所行动，我们会坚决回应，用导弹阻止（敌人）进攻。今天，伊朗伊斯兰共和国拥有射程 2000 公里的导弹，以色列全境包括核设施在内都在我们导弹打击范围内。"② 当天，伊朗宣布，首座核电站将在 9 月之前启用发电。同一天，伊朗驻国际原子能机构代表阿里·阿斯加尔·苏丹尼耶说，假如美国改变对伊态度，解决伊朗核问题或能取得突破。9 月 22 日，内贾德总统在纪念两伊战争爆发 29 周年的阅兵式上发表讲话说："伊朗武装力量将在那些进犯者扣动扳机前就砍下他们的手……世界上没有哪股力量有足够胆量进犯伊朗，因为我们比以往更加经验丰富，更加强大。"③

2009 年初夏，以色列特拉维夫大学伊朗研究中心的民意调查表明，3/4 的以色列人认为美国阻止不了伊朗拥有核武器，一半以色列人主张对伊朗直接采取军事行动。④ 美国总统奥巴马警告正在华盛顿访问的以色列总理内塔尼亚胡，不要对伊朗实施突然袭击。对于以色列能否在一轮进攻之后就对伊朗分布广泛的核设施造成足够破坏，美国和欧洲军方官员提出了质疑。

2012 年 9 月 11 日，《耶路撒冷邮报》报道，内塔尼亚胡在耶路撒冷与保加利亚总理鲍里索夫举行会谈前表示："那些拒绝为伊朗划红线的国家在道义上没有为以色列亮红灯的权力。他们必须明白只有'红线'存在他们才能这么做。"内塔尼亚胡称，"到目前为止我们能够肯定的是外交手段和制裁还没有发挥作用。""制裁削弱了伊朗经济，但是没有能够叫停伊朗的核项目。"9 月 27 日，在联合国大会的发言中，以色列总理内塔尼亚胡称，他"相信伊朗有能力在 2013 年夏或秋天不可逆转地制造出原子弹，

---

① "伊朗过去一周时事回顾"，伊斯兰通讯社华语台，2008 年 12 月 23 日。
② "伊朗导弹'剑'批以色列"，《今日早报》2009 - 3 - 6（A35）。
③ 李卉："内贾德：将在进犯者扣动扳机前就砍下他们的手"，《中国青年报》2009 - 9 - 23。
④ Ronen Bergman. Letter from Tel Aviv: Netanyahu's Iranian Dilemma. Foreign Affairs, June10, 2009. http://www.foreignaffairs.com/features/letters - from/letter - from - tle - aviv - netanyahu%E2%80%99s - iranian - dilemma.

一个比他过去估计精确得多的时间"。在这个发言之前，他呼吁，必须画出一条"清晰的红线"，警告伊朗，在此前面必须停止铀浓缩活动。①

至于以色列是否敢像1981年突袭伊拉克核设施那样对付伊朗，伊朗人认为根本不可能。美国和以色列一直没有进攻伊朗，不是他们不想，而是不敢，"如果有这个能力他们早就动手了。10年前他们不敢，现在更不敢，因为伊朗越来越强大"。②伊朗人认为，在美国中期选举中共和党失利后，小布什在剩下的两年任期内不可能对伊朗动手。以色列用武力解决伊朗核问题存在着以下困难：（1）面对外部敌人的入侵，众多的伊朗人将空前团结在政府周围；（2）伊朗的核设施不同于伊拉克的核设施，它们得到了很好的保护，而且分散在全国各地，有些还接近人口稠密区；（3）伊朗的核技术、设备和原料经过多年发展，已经本土化，即使以色列成功轰炸后，伊朗也有能力很快将其恢复；（4）伊朗将被视为以色列侵略的牺牲品，这将使以色列已经与其改善的埃及和沙特等阿拉伯国家的关系复杂化；（5）伊朗可能退出《核不扩散条约》，中止与国际原子能机构的合作，这将进一步削弱全球核不扩散机制，中止国际社会对伊朗核设施的监督；（6）伊朗有能力报复以色列的进攻，其导弹可以打到以色列。③伊朗国防部长阿里·沙姆哈尼（Ali Shamkhani，1955年—）早在2004年就警告，优先权没有被以色列垄断，伊朗将攻击以色列在迪莫纳的核设施作为以色列攻击伊朗核设施的报复。④

三、以色列与美国：谁是谁的猫爪？

在伊朗核问题的发展过程中，以色列和美国都想让对方充当猫爪，让对方替自己去火中取栗。2006年9月，美国总统布什在会晤法国总统希拉克时表示，美国的中东盟友以色列可能会对伊朗的核设施发动军事打击。对此，布什还表示，如果以色列的确对伊朗发动军事进攻，他会完全理解以色列的行动。以色列的核压力无疑是伊朗对核武器如此热心的原因之一。美国人曾建议以色列坐下来与伊朗就核问题进行讨论，但以色列态度比较坚决：中东永久性和平实现之前自己绝不会坐到核问题谈判桌边。部

---

① Rick Gladstone, Davide E. Sanger. Nod to Obama by Netanyahu in Warning to Iran on Bomb. *The New York Times*, Sept. 28, 2012: A1.
② 李佩翰、吴冰冰："伊朗人怎么看核计划"，《环球时报》2006-12-14（2）。
③ Gawdat Bahgat, Nuclear Proliferation: The Islamic Republic of Iran, *Iranian Studies*, Vol. 39, No. 3, 2006: 317.
④ Ibid.: 318.

分美国官员也赞同这个观点，认为在以色列被敌对的阿拉伯国家团团包围的形势下把以色列核武器拿出来和伊朗讨价还价还为时尚早。要看到，强硬政策只会加强伊朗发展核计划的决心，对于解决伊朗核问题百害而无一利，只能使伊朗核问题由神话变为现实。11月14日，以色列驻美国大使戴尼·阿龙表示，一旦其他措施不能奏效，美国总统布什将毫不犹豫地动用武力。以色列总理奥尔默特也表示，伊朗发展核武器是为了实现消灭以色列的目的，而以色列决不能容忍这样的图谋。他在讲话中赞扬了布什阻止伊朗获得核技术的决心，称布什是"以色列伟大的朋友"。[1]

2008年6月18日，针对以色列"光荣斯巴达08"军演，美国中央情报局资深中东问题专家里迪尔说："以色列可能认为采取行动的时间有限，它已从美国政治家那里获得了攻击伊朗的许可。此外，以色列空军以善于创造性地解决军事难题而闻名。以色列军事行动策划人员告诉我，这是一项可以操作的军事行动。我认为以军在获得美国政府同意的情况下采取军事行动是最可能的情况，但是后果与美国发动袭击并没有什么不同。以色列的攻击将被视作是美国的攻击，伊朗将对以色列和美国采取报复措施，我们将看到整个中东地区变成火海。"[2] 6月20日，《纽约时报》援引美国防部一不愿公开姓名的官员的话说，此次军演可能是为空袭伊朗核设施和远程导弹基地做准备。以色列已经制定了空袭伊朗核设施的计划，如有必要，以色列会随时发动攻击。6月22日，以色列《新消息报》军事记者亚历克斯·菲什曼撰文指出，以色列的一次军事演习消息由美国军方"泄露"出来，表明美国希望借此向伊朗施加更大压力。他说："伊朗政权拒绝欧盟代表有关停止核计划的激励方案后，美国人选择通过以色列空军施加更大压力。"[3]《耶路撒冷邮报》援引一不愿透露姓名的美国官员的话说，布什在上周访问以色列期间召开的一次闭门会议上表示，美国计划在今后几个月内攻打伊朗。美国白宫发表声明，否认以色列《耶路撒冷邮报》这一说法，声明重申了美国对伊朗的政策，即美国将团结其国际盟友向伊朗施加外交和经济压力，促使伊朗方面停止铀浓缩计划。声明还表示，在处理伊朗核问题上，布什作为美国总统将不排除采取任何选择，但优先选择和平外交手段。美国和以色列争相报道对方将军事打击伊朗，这不禁使人们想起了猫脖系铃的故事。

---

[1] 江玮："内贾德：与核伊朗共存已成为世界唯一选择"，《中国青年报》2006-11-16。
[2] 黄欢："以色列：如有必要将在无美国参与下攻打伊朗核设施"，http://news.qq.com/a/20080618/000649.htm。
[3] 新华社2008年6月22日电。

8月31日,以色列新闻网 Thinkprogress 报道,民意调查表明,63%的美国人支持以色列打击伊朗。2011年7月中旬,美国中情局前官员罗伯特·鲍尔(Robert Baer)在接受洛杉矶一家电台采访时说,以色列将于当年秋进攻伊朗。① 在对伊朗动武问题上,诚如鲁能·伯格曼所说:"以色列政府官员们相信,以色列的任何进攻,哪怕是在外交失败以后,也需要有美国的明确授权。"② 在他看来,美国把以色列看成是在与伊朗进行谈判时的一个筹码。

在伊朗核问题发展的过程中,以色列核问题也浮出了水面。以色列的核问题由来已久,早在1984年,美国一研究所的相关人士称,以色列可能有50—100件核武器。③ 2008年初,科威特美国学院的安东尼·纽柯克(Anthony Newkirk)称:"以色列至少有100枚核弹头。"④ 但迄今为止,以色列尚未在《核不扩散条约》上签字。自奥尔默特总理开始,以色列主要领导人皆将伊朗核计划描述为"以色列人无法接受的威胁"。⑤ 2006年12月11日,以色列总理奥尔默特在接受德国媒体采访时出现"口误",首次把以色列与其他核武器国家并列。媒体认为,这是奥尔默特作为总理,首次放弃以官方对发展核武器模棱两可的态度,暗示以色列拥有核武器。12月19日,伊朗驻联合国大使贾瓦德·扎里夫向安理会递交一封信。他在信中说:"在国际和平核安全面对这种实际威胁的情况下,奥尔默特的暗示消除了安理会继续无所作为的任何理由,如果曾经有理由的话。"他"要求以色列政府迅速将其核设施置于国际原子能机构的完全防控之下"。这是伊朗首次正式呼吁安理会对以色列核武器采取行动。此后,伊朗的核谈条件之一是伊朗核问题与以色列核问题挂钩。奥尔默特的言论同样引起了阿拉伯国家的广泛批评。阿拉伯国家指责西方在核问题上采取双重标准,一方面要求伊朗中止核活动,另一方面却对以色列的核武器听之任之。

---

① Eli Clifton. *Robert Baer Backtracks*: 'Don't Bet On Israel Bombing Iran On My Speculation'. July 21, 2011. http://thinkprogress.org/security/2011/07/21/275509.

② Ronen Bergman. Letter from Tel Aviv: Netanyahu's Iranian Dilemma. *Foreign Affairs*, June10, 2009. http://www.foreignaffairs.com/features/letters – from/letter – from – tle – aviv – netanyahu%E2%80%99s – iranian – dilemma.

③ 法新社华盛顿1984年12月1日法文电。

④ Anthony Newkirk. Dipomacy and Hypocrisy: The Case of Iran. *Middle East Policy*, Vol.15, No.1, Spring, 2008: 33.

⑤ 信莲:"以加紧游说俄罗斯 奥尔默特:要让伊朗感到害怕",《新闻晨报》2006 – 10 – 20。

2012年9月28日，就在以色列总理内塔尼亚胡在联合国讲话的第二天，伊朗外长阿里·阿克巴尔·萨利希呼吁联合国安理会就伊朗核科学家遇害案采取行动。萨利希认为这些案件都出自以色列之手。萨利希称，伊朗一直是"核恐怖主义"的受害者，安理会应当停止把人们对核武器的恐惧"当成是自己扮演立法机构的借口"，安理会应当"利用自身权威，反对那些对和平利用核能的设施进行网络攻击和破坏，并且杀害别国核科学家的国家"。他说："一个国家的任何此类行径——如同某些国家继续在我国犯下的类似罪行——就是核恐怖主义的体现，因此是对《联合国宪章》及国际法原则的严重违背。"[①]

在伊朗核问题发展过程中，以色列苦于没有伊朗进程的准确情报。2003年8月，一名以色列少将称："如果伊朗的核武器研发计划不能被阻止的话，那么明年夏季将是一个转折点。一旦闯关成功的话，伊朗两年内将拥有核武器。"[②] 2005年8月16日，以色列军事情报局局长扎埃维在议会的一个闭门会议上对议员们说："除非出现不可预见的拖延，否则伊朗将于2008年成为核国家，而不是美国媒体最近报道的10年之后。" 2006年12月18日，以色列情报机构"摩萨德"官员梅厄·达甘在以议会外交与国防委员会发表讲话时称，伊朗自当年6月起一直致力于铀浓缩活动，并计划在2007年安装3000台离心机，照此速度，伊朗将于2009年或者2010年之前拥有核武器。[③] 2008年2月5日，他在接受记者采访时又说，伊朗将在3年内拥有核武器。2008年夏，美国和以色列的情报部门估计，伊朗可能于2008年年底或2009年获得足够生产出核武器的浓缩铀。2009年3月11日，美国以色列委员会（the American Israel Public Affairs Committee）有关伊朗核现状的评估结论是：伊朗已取得了2200多磅低浓缩铀，用现有的离心机，只需2—3个月，伊朗就能够将铀浓缩提高到生产武器水平。美国家情报部（National Intelligence）主任丹尼斯·布莱尔（Dennis Blair，1947年—）在国会作证时说："伊朗已经有了生产核武器的科学技术和工业能力"。最快到下一年，伊朗可能生产出足够的制造核弹的高浓缩铀。在过去的3个月，伊朗完成了近1500台新离心机的安装，增长速度超过40%。伊朗已经开始为阿拉克（Arak）的重水反应堆生产燃料棒，其废料可以经过再加工得到高质量的钚。美科学和国际安全研究所（the In-

---

① "伊朗外长萨利希批美国以色列搞'核恐怖主义'"，http：//military.china.com.cn/2012-09/30/content_26681617.htm。
② 石雨："以色列偷袭计划现雏形"，《北京青年报》2003-10-13（A15）。
③ 黎晓云："以预测伊朗可能2009年造出核武器"，《环球时报》2006-12-22（2）。

stitute for Science and International Security）的大卫·奥尔布莱特（David Albright）则称，该反应堆每年能够生产17—22磅钚，为1—2件核弹提供核燃料。① 2012年初，以色列总理办公室的两名成员撰写的一份报告表明，伊朗将在2013年初试射核弹。

第三节　世界格局重建中的伊朗与以色列②

毫无疑问，伊朗核问题与"阿拉伯之春"等一系列事件对以后的中东形势将产生重要影响，从长远来看，一些事件可能是里程碑式的。在全球化大背景下看伊朗与以色列关系，人们会发现，两国关系是世界文明交往的一部分。两国的冲突不是别的，是帝国主义强加于两个民族的，是与其传统文明信仰相悖的。

一、以色列与伊朗在宗教经典中的相互审视

一个民族的经典是民族认同、自我塑造的指针，包含了一个民族的核心价值，因此，从经典中可以看到在眼花缭乱的纷繁现象中看不到的东西，有时，正是这些东西决定了未来。《旧约》和《古兰经》分别是犹太人和穆斯林的经典，从它们所包含的价值理念以及《旧约》对波斯文明的审视和《古兰经》对犹太人的认识，我们可以更好地把握历史上的双边关系以及未来双边关系的走向。

这两部经典都包含了文明交往的价值理念。《旧约》的"摩西十戒"本身就是一个指导人们进行文明交往最基本的行动准则。此外，有关国与国之间和平相处、文明交往的内容随处可见。如："君王不能因兵多得胜，勇士不能因力大得救；靠马得救是枉然的，马也不能因力大救人。"③ "他必在多国的民中施行审判，为远方强盛的国断定是非。他们要将刀打成镰刀。这国不举刀攻击那国，他们也不再学习战事。人人都要坐在自己葡萄树下和无花果树下，无人惊吓。""万民各奉己神的名而行，我们却永永远

---

① The American Israel Public Affairs Committee. Action Needed as Iran Passes Key Nuclear Threshold. www.aipac.org.
② 本节在吴成"犹太民族与中东穆斯林世界关系演变及其前景展望"（载《阿拉伯世界研究》2011年第3期）的基础上整理而成。
③ 《新旧约全书》，中国基督教协会1994年版，第527页。

远奉耶和华我们的神而行。"① 在《古兰经》中,也有类似的话:"每个民族各有一个使者。当他们族中的使者来临的时候,他们要被秉公判决,不受冤枉。"② 中国学者张宗奇评价说:"这就保证了各民族不但在信仰上平等,民族的地位上也平等,否定了一部分民族认为自己是'上帝的选民'的说法,取消了他们自以为是的优越感或所谓的在真主面前的优先地位。"③ 在他看来,《古兰经》是通过提倡遵守盟约、反对残酷惩罚、主张赈济俘虏、温和地退避不信道的人、劝导偶像崇拜者等措施来实现社会和谐的。

在114章的《古兰经》中,有17章共40节谈到了"以色列",主要反映了以下几个方面的内容:首先,承认以色列人是"有经典的"优秀民族。其次,表现了穆斯林对以色列人背井离乡的生活表示同情,并将犹太人背井离乡的原因归结为背约和不团结两个方面。第三,借以色列人表达"团结"思想。第四,批判犹太人的傲慢。第五,肯定了以色列人的"应许之地"思想。"在他(埃及法老)灭亡之后,我对以色列人说:'你们居住这个地方吧!当后世的约期来临的时候,我要把你们杂沓地召集来'"(第一七章夜行104)。有9章22节谈到了"犹太"。首先,借"犹太"宣扬虔诚信教思想,称真心信教者将有好的归宿,口是心非者将没有好下场,以警示穆斯林。如经文中有:"信道者、犹太教徒、基督教徒、拜星教徒,凡信真主和末日,并且行善的,将来在主那里必得享受自己的报酬,他们将来没有恐惧,也不忧愁。"(第二章黄牛62、第五章筵席69)其次,否定犹太教的"选民"思想,具体经文为:"他们说:'除犹太教徒和基督教徒外,别的人绝不得入乐园。'这是他们的妄想。你说:'如果你们是诚实的,那末,你们拿出证据来吧!'"(第二章黄牛111)第三,称犹太教徒不信道,影响了犹太教的传播。第四,与谈以色列人一样,批判犹太教徒高傲自大,如"你必定发现,对于信道者仇恨最深的是犹太教徒和以物配主的人;你必定发现,对于信道者最亲近的是自称基督教徒的人;因为他们当中有许多牧师和僧侣,还因为他们不自大。"(第五章筵席82)

从上面在谈及"以色列人"和"犹太教"两种不同的用语可以看出,穆罕默德时代的穆斯林对以色列人和犹太教的态度是不一样的。对以色列人是肯定的、是同情的,对犹太教则是否定的、是批判的。之所以会出现

---

① 《新旧约全书》,中国基督教协会1994年版,第847页。
② 《古兰经》,马坚译,中国社会科学出版社,1981年版,第158页。
③ 张宗奇:"《古兰经》的宗教和谐思想",《中国民族报》2008-3-25 (6)。

这种情况，可能是早期穆斯林对以色列人和犹太教的矛盾心理所决定的。从人类学的角度来看，阿拉伯人和犹太人同属闪米特人，是带有共同血缘的兄弟。从宗教上来说，由于伊斯兰教使用大量犹太教经典中的内容，深受其影响，要防止伊斯兰教的犹太教化，所以又要对其进行批判，以坚定伊斯兰教信仰。

在《旧约》中，则有大量描写波斯人的地方。在《历代志》（下）最后和《以斯拉记》的开篇，谈到了波斯帝国的兴起，犹太人"巴比伦之囚"的结束，让犹太人重返巴勒斯坦，建立第二圣殿，并将尼布甲尼撒从犹太人手中抢走的物品归还给犹太人的史实。① 在《以斯帖记》中，谈到犹太人与波斯人的联姻情况。在《以西结书》中，谈到波斯人在推罗时代为犹太人做雇佣军的情况。在《但以理书》中谈到波斯人严格执法和向希腊发动进攻的情况，还有上面谈到的波斯国王们。从《旧约》的字里行间，不难看出犹太人对波斯人的好感和帮助其重返巴勒斯坦的感恩之情。

二、目前伊以关系僵持成因及两国关系前景展望

以色列与伊朗双边关系紧张的性质是什么？孙德刚先生称："以伊对抗性关系不只是以伊双方的问题，还涉及双方尤其是伊朗一方同西方大国、国际体系、核不扩散机制、中东格局等诸多复杂问题。就以伊双边关系而言，其对抗性本质上反映了中东霸权国以色列同正在崛起的霸权挑战国——伊朗之间的结构性矛盾，因而具有长期性与尖锐性。以伊之间对抗性关系的根源主要不在于两国价值观的差异，而在于安全利益冲突。"②

以色列与伊朗矛盾激化的根源是多重的，具体可归为以下几个方面：

首先，以色列追求绝对安全与伊朗提升国家地位之间的矛盾使然。在孙德刚看来，两国关系紧张的根源在于"中东核垄断与反垄断斗争，焦点是伊朗核问题，其深刻背景则是以色列在中东的核垄断地位"。③ 1990 年 3 月 29 日，法国《世界报》载文"伊拉克的核野心"，其中谈道：只有拥有核武器，伊拉克在拥有同样王牌的那个犹太国家面前就会成为占统治地位的地区性大国。其实，这适用于所有中东国家，反映出了犹太人的霸权意识与价值观。内贾德批评说："一国不能以毫不相干的借口阻止另一个国

---

① 《新旧约全书》，中国基督教协会 1994 年版，第 450、451 页。
② 孙德刚："以色列与伊朗关系评析"，《现代国际关系》2009（5）：25—31，52。
③ 同上。

家的科技进步。"① 伊朗的核计划不管从民用或是军用对于追求绝对安全的以色列来说都是巨大的挑战。对于伊朗来说,核计划是民族发展的象征,是在国际社会能否谋到一席之地的重要举措,它关乎民族命运,不可能轻易妥协,从而导致两国关系空前紧张。

其次,双方的较量反映了两个民族的价值追求。历史上,犹太人为世界贡献了一部《旧约》,又以"摩西十戒"为行动指南,围绕"公义"核心价值使犹太教发扬光大,对以后兴起的基督教和伊斯兰教,直到今天人们的信仰,产生了深远影响。在西方近代化的过程中,犹太人在经济、政治、军事、文化、科技和社会等各个方面培养了一大批以马克思、弗洛伊德和爱因斯坦为代表的杰出人物,还在"流散"两千多年后,重返巴勒斯坦建国。这些强化了犹太人的优越感和"超人感"。伊朗在历经了1905—1911年的立宪运动、20世纪50年代摩萨台的民族主义运动和巴列维国王的"白色革命"之后,看到了现代人类在高科技和经济高速发展面前存在的一系列问题,通过对传统文化的梳理,希望找到一条解决生产力发展与人的幸福指数下降这一矛盾的方法。在这一探索过程中,伊朗人看到了民族共同意志对提升国家地位的重要性,当哈塔米总统的"文明对话"得不到以色列和美国的回应后,他们看到了隐藏在矛盾双方背后的价值观的巨大差异。当双方在价值观上缺乏共识的情况下,双方的矛盾只会加剧,难以缓和。

再次,目的性与工具性的不对称。在历史上,西方一浪高过一浪的反犹运动,尤其是希特勒的反犹导致800多万犹太人被杀,给犹太人带来的心灵创伤是短时间内难以愈合的。正是西方的迫害和杀戮造成了犹太人性格的扭曲,这强化了其在巴勒斯坦为自己建立家园的意志,并最终实现了建国的梦想,可谓是20世纪人类历史上的奇迹。对犹太人来说,建国和捍卫国家的独立是民族的基本目标,目的性是显而易见的。犹太复国主义是犹太人摆脱民族压迫和屠杀的根本解决办法,其目的是要争取民族独立。对于其他民族,尤其是大的民族来说,它们把犹太复国主义看成了实现对外战略、建立某种霸权、取得某种利益的工具,从英、法、德,到苏联与美国,无不这样。在伊朗伊斯兰共和国建立和巩固的过程中,同样也把犹太复国主义当作自己在中东扩大影响的工具。这种目的性与工具性的不对称,也在加深着以色列与伊朗之间的矛盾。

---

① Alireza Jafarzadeh. *The Iran Threat*: *President Ahm adinejad and the Coming N uclear Crisis*. New York: Palgrave Macmillan, 2007: 192 – 193.

我们要看到，两国利益的根本保障不在双边关系的恶化之中，而要由双方在文明互动中实现。

首先，双方缓和关系是符合当今世界和平与发展时代潮流的。伊朗核问题之后的中东政治格局和世界政治格局将发生新的变化。如果我们看一看伊拉克新修订的教科书，会发现以色列与伊朗之间依然存在着和解的可能性。萨达姆倒台后，伊拉克新的中学历史教科书把以色列视为世界上所有问题的根源，消灭以色列是值得付出生命代价的。在谈到两伊战争问题时，教科书称，1980年9月4日，霍梅尼政府用加农重炮袭击伊拉克边界，发动了对伊拉克的侵略战争。接着，伊朗人轰炸机场和村庄，萨达姆的战争抵御了伊朗政府推行扰乱伊斯兰原则的霍梅尼思想，阻断了伊朗试图控制伊拉克和阿拉伯国家的企图，从而拯救了伊拉克和阿拉伯民族及整个伊斯兰世界。同样，这场战争也是解放巴勒斯坦战争，因为同样的战士正走向耶路撒冷。这些伊拉克战士从波斯人和犹太复国主义的分裂阴谋下拯救了阿拉伯民族。[1] 它使我们朦胧中看到了未来中东的新格局。中东面临着新一轮外交洗牌。这种思想在阿拉伯世界有多大的市场，需要进一步研究，但至少在伊拉克的教科书中出现了，考虑到教科书对国民的重要影响，人们不能忽视它带来的后果。

其次，缓和关系有一定的民意基础。2006年初，正当世人把目光锁定在以色列和伊朗将要发生冲突之时，侨居加拿大多伦多的伊朗记者侯赛因·德拉哈善（Hossein Derakhshan，1975年—）来到了以色列，在此，他感受到了"很多以色列人对伊朗人是友善的"。他的评论更耐人寻味：绝大多数以色列人表示愿意与伊朗改善关系。[2] 此外，1987年，以色列前总理拉宾在新闻发布会上说："伊朗是以色列最好的朋友，我们不想改变我们的地位。"[3] 这使我们不得不思索伊朗与以色列关系的未来。2008年7月21日，伊朗副总统伊斯凡迪亚尔·拉希姆·马沙伊在与伊朗法尔斯新闻社和《信心报》记者谈话时说："今天，伊朗是美国和以色列人民的朋友。世界上没有任何一个国家是我们的敌人，这是种荣幸。"[4] 2008年10月10日，以色列为伊朗男孩赴以治病大开绿灯。以上这些使我们不得不重新思

---

[1] Christina Asquith. 4 Lessons Learned From a 'Saddam Education'. *Special Middle – East Correspondent for EducationNews*. Jan. 20, 2004.

[2] http://hoder.com/weblog/archives/014951.shtml#37198.

[3] Sushmita Meka, David Johnson and Caitlin McAdam. Don't believe every opinion piece. *Daily Trojan online*, April 27, 2006.

[4] "伊朗称美以人民是朋友，美催伊合作"，《新华每日电讯》2008-7-22（8）。

索以色列与穆斯林世界未来的关系。

再次，伊朗与以色列改善关系需要将目的与工具分开。国际社会和当事国都认识到了以色列问题的复杂性。以色列问题对于伊朗人来说同样是工具性的，是在险恶的国际环境中实现民族安全的需要。面对美国军事力量对伊朗的包围，阿拉伯人不正是伊朗人的铜墙铁壁吗？伊朗与以色列关系的改善将在世界文明交往中逐渐推进。在伊朗和平发展的外部环境得不到保障的情况下，它不会轻易与以色列改善关系。一旦伊朗和平发展的国际环境出现了，它也不会为自己在国际社会树立一面墙。伊朗与以色列改善关系需要双方转变观念，与传统的斗争观念说再见，把斗争用于实现和平，而不是为了冲突而斗争。要考虑双方实现和平是双赢的事情，而不能强调自身一方而不顾另一方，要学会换位思考，这也是全球化时代文明交往的原则。同时，以色列要从根本上解决自身的安全问题，在阿以问题上，要考虑阿拉伯人的利益，与阿拉伯爱好和平的民众实现和平共处，在解决地区问题上实现双赢。以色列人不能长期生活在充满仇恨的阿拉伯人包围之中。如果借化解积怨实现了以色列人与阿拉伯人、穆斯林世界的和平共处和文明交往，人类将进入文明交往的新时代。从某种意义上来说，阿以和平真正实现之日，是世界和平实现之时。鉴于此，伊朗与以色列改善关系不是针对阿拉伯人，或者其他什么人，而是为了融入和平与发展的世界时代潮流之中。目前，伊朗距离借核问题跻身政治大国，将美国拉上谈判桌，实现伊美关系正常化的目标越来越近。随着伊朗与美国关系的正常化，其与以色列之间的寒冰也将逐渐消融。

关于两国的关系前景，认为两国关系看好的观点越来越占上风。美国国家立法友好委员会（Friends Committee on National Legislation，简称 FCNL）前会长乔·沃尔克（Joe Volk）在谈及伊朗与以色列的关系时说："外交并不意味着只适应于我们同意的友好国家。从长远来看，保证以色列安全的最好方式是抛开诸如此类（指内贾德总统的反以言论等），直接与伊朗政府展开对话。"[①] 2009 年夏，特拉维夫大学国家安全研究所进行的另一项调查表明，绝大部分以色列人认为从长远来看，伊朗不是以色列的威胁。只有 1/5 的人认为，从长远来看，伊朗拥有核武器将给以色列带来威胁；4/5 的人认为不必为伊朗的核计划担心。这一调查表与上面

[①] Joe Volk. Standing in the Gap, from Words, Not War with Iran: A Study and Action Guide for People of Faith, www.wordsnotwar.org.

提到的以色列伊朗研究所的调查结果大相径庭，也表明了以色列公众观念与政府决策之间存在的巨大差异。在更早的一个调查中，有59%的以色列支持对伊朗动武。① 梅厄·达甘表示，谈论以色列进攻伊朗是"我听过的最愚蠢的事"。② 以色列安全情报部门的现任官员们在与其欧美同僚会晤时，也表达了类似的疑虑。伊朗裔美国学者垂它·帕西则认为，以色列政策制定者更倾向于与伊朗在核问题上的缓和，因为一场战争将给以色列的安全带来严重后果。③ 连以色列的鹰派人物利库德集团领导人内塔尼亚胡（Netanyahu）和奥尔默特政府的几个强硬派阁员也认同这一看法。2007年10月，外交部长利夫尼（Tzipi Livni）告诉记者，伊朗核武器"不会威胁以色列的生存"。④ 在美国布鲁金斯学会参加活动的以色列前情报部长埃夫拉伊姆·哈勒维（Efraim Halevy，1934年—）说："以色列有足够的军事力量保证伊朗不会动摇其在中东的地位。"他又补充说，以色列的外交"必须像毛拉的那样更事故和更细致地"把政府生存放在首位。⑤ 如果考虑到他们两个都不是"鸽派"人物，我们就可以看到以色列对伊朗政策正在发生变化。2012年3月，成为反对党领袖后，莫法兹在接受媒体采访时说：过早进攻伊朗是灾难性的，且效果有限。2012年4月，他在接受媒体采访时又说："对以色列国最大的威胁不是核伊朗。"⑥ 一些以色列学者没有把问题看得太暗淡。特拉维夫大学贾菲战略研究中心（Jaffee Center for Strategic Studies）学者以法莲锦（Ephraim Kam）承认说：伊朗拥有核武器对以色列来说是一重大事件，因为这将产生一个新的环境，自1948年以来，一个敌对国家有了使其受伤的能力。然而，"伊朗政府会不会用核武器反对以色列是值得怀疑的"。⑦ 许多分析家认为，伊斯兰共和国和犹太国

---

① Most Israelis see no threat from Iran: poll, *SBB/MD*, June 16, 2009.

② Philip Stephens. Don't play politics with the bomb. http://www.ft.com/intl/cms/s/0/a93f34a8-6911-11e1-9931-00144feabdc0.html#axzz28TP6N75x.

③ Gareth Porter, "Politics: Israeli Realism on Iran Belies Threat Rhetoric," *Inter Press Service* (*IPS*), Jan. 30, 2007, http://ipsnews.net/news.asp? idnews=36369.

④ Gidi Weitz & Na'ama Lanski, "Livni behind Closed Doors: Iranian Nuclear Arms Pose Little Threat toIsrael," *Haaretz*, October 26, 2007, http://www.haaretz.com/hasen/spages/916777.html.

⑤ David Ignatius, "The Spy Who Wants Israel to Talk," *The Washington Post*, Nov. 11, 2007, http://www.washingtonpost.com/wp-dyn/content/article/2007/11/09/AR2007110901941.html.

⑥ Isabel Kershner. New Partner Offers Moderate Voice on Iran. *The New York Times*, May 9, 2012.

⑦ Gawdat Bahgat, Nuclear Proliferation: The Islamic Republic of Iran, *Iranian Studies*, Vol. 39, No. 3, 2006: 316.

之间不可能发生武力冲突。①

相反的观点则认为,伊朗对未来的以色列乃至整个中东构成了威胁。以色列公共关系委员会(Jewish Community Relations Council,简称 JCRC)中东计划(Middle East Project)项目部主任伊扎克·桑蒂斯(Yitzhak Santis, 1957 年—)称:"根据国际共识,如果伊朗成功研发出核武器,这将改变中东局势,尤其是盛产石油的海湾地区的力量平衡,进而危及整个世界石油市场。进一步发展下去,拥有核武器的伊朗将促成该地区危险的核军备竞赛,对整个中东的稳定将带来威胁。"② 针对 2007 年 11 月《美国国家情报评估报告》,桑蒂斯通过英国和以色列的媒体报告给出了不同的评估:伊朗正在寻求核武器。在以色列的多数人看来,伊朗的计划目的就是拥有核武器。在以色列学者吉奥拉·埃朗德(Giora Eiland, 1952 年—)看来,伊朗的核计划就是追求核武器,并将伊朗试图拥有核武器的理由概括为 4 个方面:"首先是自卫工具",20 世纪 80 年代的两伊战争给伊朗带来了巨大伤亡,如果当时伊朗拥有核武器,伤亡会大大降低;"第二,核武器能够保护现政权,阻止美国对其颠覆的企图;第三,核武器能够提高伊朗的地区影响和地位";"最后,伊朗拥有核能力出于宗教考虑。在伊朗人看来,都有核武器了:基督教徒、印度教徒、佛教徒(指中国)、犹太教徒,甚至逊尼派穆斯林(巴基斯坦),为什么什叶派就不能拥有呢?"③ 诚如有文章所说的:"以色列最担心的是:其人口主要集中在从阿什克隆(Ashkelon)到海法(Haifa)的 3 个主要沿海地区,极易受到核攻击。"以色列不是最早注意到这种不对称的,早在 1999 年,伊朗前总统拉夫桑贾尼就曾说:"即使是一颗原子弹将摧毁以色列境内的一切。然而,它只会给伊斯兰世界带来危害。希望这种结果是不理智的。"④ 特拉维夫大学政治学系讲师刘文·帕德慈(Reuven Pedatzur)称:"作为萨达姆倒台、卡扎菲取消大规模杀伤性武器计划和叙利亚军事力量削弱的结果,对以色列生存构成唯一战略威胁的是伊朗的核计划。伊朗追求核武器可能改变中东的战略平衡,迫使以色列改变其常规的军事安全计划,尤其是核政策。以色列的

---

① For example, see Shahram Chubin. Does Iran Want Nuclear Weapons? *Survival*, Vol. 37, 1995: 86 – 104; Shahram Chubin and Robert S. Litwak. Debating Iran's Nuclear Aspirations. *Washington Quarterly*, Vol. 26, No. 4, 2003: 99 – 114.

② Yitzhak Santis, Iran's Nuclear Weapons Program: What Can Be Done about It, *JCRC*, Vol. 1, No. 3, (July 22), 2008: 1.

③ Giora Eiland. Israel's Military Option. *The Washington Quarterly*, Jan., 2010: 116.

④ Israeli Military Calculations towards Iran. *Strategic Comments*, Vol. 12, No. 9, Nov. 2006: 1 – 2.

决策者们可能采取单纯的或混合的从先发制人打击到公开核地位的措施。"① 美国前国务院官员雷·塔基赫（Ray Takeyh）则认为，"对伊朗来说，以色列可能是意识形态上的冲突和文化上的挑战，而不是核武器背景下的现实威胁。"②

世界正在进入一个文明交往的新时代。中国学者彭树智先生在其《文明交往论》中谈道："文明交往所追求的目标是人与人之间的和睦相处，是人和自然界的平衡和谐，是民族之间、国家之间的平等互利，是对自身文明的自尊、欣赏和对其他文明的尊重、宽容、乃至欣赏，是抱着爱其所同、敬其所异的胸怀和人类共同美好理想的人性追求，归根结底是对自己文明和异己文明的理性探索和深刻理解。"③ 费孝通先生曾说："美己之美，美人之美，美美与共，天下大同。"④ 中国前驻伊朗大使刘振堂先生曾说："世界在变，中东也在变。但愿有这么一天，波斯人与犹太人，两者与阿拉伯人，共捐前嫌，握手言和，让久经战乱的中东地区吹进和谐的春风。"⑤ 犹太人在历史上遭受的苦难值得同情，穆斯林世界谋求民族发展和民族安全也是可以理解的，作为爱好和平的中国人，真诚希望以色列和穆斯林世界实现文明交往，一起张开双臂，共同拥抱世界和平！

---

① Reuven Pedatzur. The Iranian Nuclear Threat and the Israeli Options. *Contemporary Security Policy*, Vol. 28, No. 3, 2007: 513 – 541.
② Ray Takeyh, "Iran Builds the Bomb," *Survival*, Vol. 46, No. 5, 2004: 51 – 64.
③ 彭树智：《文明交往论》，陕西人民出版社2002年版，第505页。
④ 同上书，第45页。
⑤ 刘振堂：《伊朗零距离》，上海辞书出版社2009年版，第36页。

第五章 围绕伊朗核问题的俄美博弈

有人说："伊朗核问题实质是俄美之争。"[①] 在伊朗核问题上，俄罗斯与美国并非从一开始就冲突。在伊朗曲折的核历程中，俄罗斯与美国既合作又冲突，把国际关系中维护民族利益的实质演绎得淋漓尽致。通过对俄罗斯与美国在伊朗核问题上的博弈，我们可以更好地把握当今的国际政治。每一个国际问题都是对国际事务参与者的一场考试，不论是大国或是小国，抓住者是机遇，失去者是挑战。伊朗核问题不但是伊朗与以美国为首的西方的博弈，同时也是国际社会不同政治势力之间的博弈。不同政治势力通过不同方式的参与，以实现自身利益最大化。一个国家的综合国力，既表现在其经济发展的水平之中，也表现在其维护自身核心价值的制度之中，还表现在其文化对其他文化的影响力之中，而一个国家对其他文化的影响力是通过处理国际问题时的外交智慧表现出来的。

第一节 俄罗斯东向战略与俄美在伊核问题上的合作

随着亚洲的崛起，战略东移几乎是所有国家不得已而为之的调整。俄罗斯与美国更是勇于担当，引领潮流，把伊朗核问题作为舞台，充分展示自身的软、硬实力。

一、俄罗斯东向战略

如前所述，伊朗核问题本身就是伊朗国际政治东向理论的一个具体落

[①] 王丹蒂："伊朗核问题实质是俄美之争 俄罗斯不会对美国让步"，《国际先驱导报》2005－2－25。

实。美国、俄罗斯的战略东移更是明显。俄罗斯的东向战略早在苏联时期就已经开始了。1986 年 7 月 28 日,苏联领导人戈尔巴乔夫在符拉迪沃斯托克发表讲话说:"苏联也是一个亚洲和太平洋国家……我们准备扩大同印度尼西亚……菲律宾、泰国、马来西亚、新加坡和文莱……以及该地区政治生活的所有年轻而独立的参加国的联系。"① 1992 年 11 月 19 日,正在韩国访问的叶利钦宣布在今后 3 年内,停止制造核潜艇。第二天,俄罗斯第一副总理瓦列里·马哈拉泽在参观位于北德文斯克市的俄罗斯最大核潜艇制造厂时说,俄罗斯指的是在俄东部制造核潜艇,"至于北德文斯克,11 月 8 日,已签发了在这里制造核潜艇的总统令"。② 这表明俄罗斯的战略重心由西部将向远东和太平洋地区转移。

俄罗斯战略重心东移,并与美国等势力在解决亚太地区事务问题上发挥影响力,增加了亚太地区热点问题的复杂性和不确定性,成为影响世界局势走向的重要因素。实际上,俄罗斯"向东转"及其在亚太地区的作用和影响力具有多重含义。俄罗斯的东向战略具有明显的机会主义和实用主义色彩,在伊朗核问题上借紧张局势,左右逢源,最大限度地保护了俄罗斯的战略利益。

1993 年 2 月 5 日,时任美国霍普金斯大学教授的布热津斯基在东京富士产经集团国际问题研讨会上发表讲话说:"俄国无论在多大程度上具有独裁和帝国主义的性质,在今后几十年内都不可能成为全球性的竞争对手。"③ 没想到,不到 10 年,俄罗斯以新的风貌和姿态与美国开始较量了,并且充分利用了伊朗核问题提供的舞台。

苏联解体之初,俄罗斯的外交重点是建立欧洲—大西洋共同体。在 1992—1994 年间,西方把俄罗斯影响苏联共和国看作是反对伊斯兰教原教旨主义扩张的堡垒。然而,1993 年底在俄罗斯议会选举中出现的反映俄罗斯人恢复大国意愿的"日里诺夫现象",成为俄罗斯与西方关系的不祥之兆。西方与俄罗斯开始围绕独联体国家展开较量,西方国家希望这些共和国走土耳其之路,而俄罗斯要继续保持对这些国家的领导地位,④ 为此,

---

① Kenneth Conboy. After Vladivostok: Gorbachev's Asian Inroads. *The Heritage Foundation*, Jan. 25, 1988. http://www.heritage.org/research/reports/1988/01/after-vladivostok-gorbachevs-asian-inroads.

② 法新社莫斯科,1992 年 11 月 21 日英文电。

③ 布热津斯基:"中国具有侵略能力",[日]《产经新闻》1993-2-6。

④ Shireen Hunter. Iran, Russia and the southern Republics of ex-Russia. *Goftegoo*(《对话》),Quarterly Magazine, Summer, 1996: 57-71.

俄罗斯希望重返中东实现自己的目标,与伊朗的核合作成为主要内容之一。

二、美国"胡萝卜加大棒"下的俄美合作

由于美国积极致力于北约东扩,发动北约对南联盟的侵略战争,部署反导弹防御系统计划,坚持在美国市场上实行对俄产品的歧视性政策等,俄罗斯希望通过与伊朗的核合作寻找突破口。同时,为了借伊朗来掌控独联体国家,并实现俄罗斯经济交往的多元化,发挥俄自身在高科技向民用技术转化上的优势,1995 年 1 月 8 日,伊朗与俄罗斯签订了价值 8 亿美元的核合作协议。鉴于自伊朗伊斯兰共和国建立以来,美国对伊朗主要政策目标之一是防止伊朗拥有核技术,①俄罗斯与伊朗的核合作协议立即遭到美国反对。5 月 10 日,叶利钦与克林顿会晤,针对克林顿的指责,叶利钦反驳说,"合同是合法的,是在国际法的框架内,不违背其他法律的情况下签订的"。但迫于美国的压力,他还是做了让步,进一步解释说:"合同包括了民用和军用核能的内容,现在,我们同意将两者分开。只要涉及军事或武器方面的燃料或其他东西——离心机、交换机,我们决定将其从合同中去除。这样,军事用途就不存在了。"② 10 多天后,俄罗斯原子能部长米哈罗夫针对美国反对俄罗斯为伊朗培养核科技人员一事,批评美国和西欧说:"当俄罗斯核能部因邀请 20—40 名伊朗专家来接受核能培训而受到批评时,数千名伊朗人正在美国和西欧的该领域学习。"③ 他提议俄伊马上签订建立核研究性反应堆合同。

由于俄罗斯在资金和技术上有求于以美国为首的西方,为了减少因与伊朗核合作给俄美关系带来的不利影响,俄罗斯与美国很快秘密签订了《戈尔—切尔诺梅尔金协定》,协定规定,俄罗斯停止与伊朗签订新的武器出售合同;美国向俄罗斯提供经济援助;美国用俄罗斯的装置发射部分卫星。④ 据此,俄罗斯对伊朗的军售只能延长到 1999 年底,不过,它可得到 20 亿美元的年收入,更为重要的是俄罗斯将从被禁止提供相关技术的名单

---

① Mohammad Ismail Amini. Tripartite Concern of Moscow, Tehran and Washington. *Hamshahri*(《公民》), Daily Newspaper, Vol. 10, No. 2807, Aug. 11, 2002: 13 – 15.

② Saideh Lotfian. Russia's Non – Proliferation Policies: The Case of Iran – Russia Nuclear Cooperation. *The Iranian Journal of Central Asian Studies*, Vol. 5, No. 7, Winter, 2001: 375.

③ Saideh Lotfian. Russia's Non – Proliferation Policies: The Case of Iran – Russia Nuclear Cooperation. *The Iranian Journal of Central Asian Studies*, Vol. 5, No. 7, Winter, 2001: 374.

④ Michael Eisenstadt. Halting Russian Aid to Iran's Nuclear and Ballistic Missile Programs. *Policy Watch*, No. 1267, Sept. 25, 1997.

中去掉。① 该协定为以后几年俄美在伊朗核问题上的合作奠定了基础。

1997年，伊朗为布什尔核电站向乌克兰订购了价值4500万美元的涡轮机。为了阻止合同的执行，美国与乌克兰签订了为期30年的核技术合作协议，美还向乌提供卫星技术。② 为了履行与伊朗签订的协定，俄罗斯只得求助于圣彼得堡的一家工厂。同年，在美国副总统戈尔访俄期间，俄原子能部长米哈罗夫建议俄美两国共同监督布什尔核电站。

1998年初，美国政府试图通过向俄罗斯提供更多的发射商业卫星机会，换取俄罗斯中止向伊朗提供核技术。③ 同年底，美国警告说，如果俄罗斯不中止与伊朗在核与导弹方面的合作，美国将采取新措施，限制俄罗斯在国际市场上发射外国卫星。美国会也试图通过以美国航空航天局与俄罗斯联合建立国际空间站为诱饵使俄改变其与伊朗的核合作政策。针对俄罗斯空间站陷入困境的传言，美国家航空航天局发言人说，在美国财政支持下，俄罗斯已经积累了丰富的航天技术，这是俄美两国都可以利用的。④ 面对美国的"胡萝卜加大棒"，俄罗斯把与伊朗的核合作限定在较小规模和较低层面上。

当俄罗斯发现以美国为首的西方不希望俄罗斯东山再起时，它试图通过扩大与伊朗的核合作来弥补与西方交往中期望得到而没有得到的那部分损失。1999年1月，俄罗斯原子能部部长阿达莫夫宣布，布什尔第一台核反应堆已完成30%—40%，它有望于2003年5月完成。为实现这一目标，俄罗斯将把在布什尔核电站的俄工作人员由目前的约300人增加到1000人。⑤ 尽管俄罗斯外长伊万诺夫再三强调不向伊朗出售敏感技术，但美国还是不放心，并做出决定，对俄罗斯的10个向伊朗提供技术的研究所采取惩罚措施。俄罗斯杜马与之针锋相对，迅速做出强烈反应，以320票对零票通过了谴责美国对其企业制裁的决议。阿达莫夫称，如果美国取消了对这10个核研究所的制裁，俄罗斯将中止与伊朗在核方面的合作。他早些时候曾说，尽管美国反对，俄罗斯将继续与伊朗核合作，从中可以看出，俄罗斯有意对美国做出让步。

1999年2月，俄罗斯原子能部发言人伯斯帕库称，在2001—2002年间，

---

① Mohammad Ismail Amini. Tripartite Concern of Moscow, Tehran and Washington. *Hamshahri*（《公民》），Daily Newspaper, Vol. 10, No. 2807, Aug. 11, 2002: 13-15.

② Milevsko. Will Definitely not Export to Bushehr. *Tehran Times*, Nov. 21, 1998: 3.

③ Michael R. Cordon. U. S. is Pressing Moscow on Iran and Missile Aid. *The New York Times*, March 9, 1998.

④ Steven Erlanger. U. S. gets Russia's Firm Vow to Halt Missile Aid to Iran. *The New York Times*, Jan. 16, 1998.

⑤ Adam Tanner. Russia to Triple Number of Nuke Workers in Iran. Reuters, Jan. 14, 1999.

俄将帮助伊朗建造另外3座核反应堆,希望能赚到4亿美元。4月,伊朗与俄罗斯签署合作备忘录,把双方合作的领域扩大到了石油和天然气以及相关设备、人员培训、建立联合企业。为此,伊朗按计划一次派往俄罗斯40人接受为期1年的培训。美国再次发难,要俄罗斯停止与伊朗的核合作。俄罗斯则坚持,伊朗的核电站没有军事目的。俄罗斯向一个《核不扩散条约》的签字国转让核技术是合法的。但在美国压力下,俄罗斯再次做出让步,4月,它保证减少与伊朗的核合作,以换取美国解除对俄罗斯两个研究所的制裁。

5月20日,美国会众议院代表吉尔曼、戈金森和伯尔曼向众院提交《伊朗核不扩散议案》,主要内容有:美国总统有义务向众、参两院报告向伊朗转让危险技术的外国企业,总统有权对这些企业实施制裁;在向俄罗斯航天局追加资金时,总统必须确保俄罗斯没有向伊朗扩散大规模杀伤性武器,并为此采取必要措施,且俄罗斯航天局没有与伊朗的合作计划。该议案在众、参两院一致通过,并由克林顿总统签署。

7月,伊朗试射"流星-3"型导弹后不久,美国又以帮助伊朗发展弹道导弹计划为由,对俄罗斯7家公司实施制裁。俄罗斯政府官员坚持,有关研究所已经停止了与伊朗的合作,他们研究所的激光主要用于科学和医学等商业目的,与伊朗生产能够制造核武器的浓缩铀无关。11月,阿达莫夫宣布:"我们正在严格按照计划行事",俄罗斯准备为伊朗的布什尔核电站再提供几台1000兆瓦的轻水反应堆。[①] 他宣布,布什尔第二台反应堆建设工作已经开始,1500多人正在为此忙碌。[②]

总之,在叶利钦时期,俄美双方在伊朗核问题上总的特征是合作大于冲突。俄罗斯与伊朗的核合作虽然有所发展,但基本上在《戈尔—切尔诺梅尔金协定》的框架内进行,俄罗斯主要目的是完成与伊朗签订的合同。[③]

第二节 普京对美国的强硬政策

1999年12月31日,体弱多病的俄罗斯总统叶利钦宣布辞去总统职

[①] Saideh Lotfian. Russia's Non-Proliferation Policies: The Case of Iran-Russia Nuclear Cooperation. *The Iranian Journal of Central Asian Studies*, Vol. 5, No. 7, Winter, 2001: 368.

[②] Ibid. : 369.

[③] 吴成:"俄罗斯同美国在伊朗核问题上的合作与冲突",《西亚非洲》2006 (6):36-40。

务，由普京出任代总统，这是俄罗斯与美国关系的转折点。俄罗斯要复兴其传统的大国地位，与伊朗的合作，尤其是核合作是达到目的的重要手段之一。正是基于这一考虑，俄罗斯国防部长伊万诺夫访问德黑兰，这在俄历史上是第一次，哈塔米称之为"俄伊关系发展史上的里程碑"。①

一、加强与伊朗的合作

上台伊始，普京就下令放宽对伊朗的核设备出口，称只有俄罗斯才能决定谁可以购买其核设备、技术和服务。这被看成是俄罗斯利用其经济实力在国际政治体系中复兴俄罗斯大国地位的重要举措。2000年1月，美国国会两院全体一致通过了新的《防止伊朗核扩散法案》（2000年版）。3月，普京参观了斯讷津斯基已关闭的核工厂，并发表讲话，强调俄罗斯应重振核工业。俄罗斯人称"这是俄罗斯在核不扩散问题上的革命性变化"。② 俄罗斯原子能部副部长拉兹霍夫也说，只要不与俄罗斯签订的国际条约相抵触，得到国不谋求发展核武器，俄罗斯将向任何国家出口核技术和设施。③ 由此看来，俄罗斯把新的民族安全放在了核力量之上，并采取了对美国及其西方盟国的强硬路线。11月24日，以在美国总统竞选过程中将秘密协定曝光为由，俄罗斯宣布终止《戈尔—切尔诺梅尔金协定》，俄罗斯不再为美国口惠却实不至的承诺而束缚手脚，这标志俄美在伊朗核问题上的关系进入了一个新时期。美国政府在俄罗斯退出协定后，立即宣布对俄进行经济制裁。

"9·11"事件为俄罗斯重返国际舞台担当重要角色提供了契机，普京不失时机地加以利用，他以国家元首的身份第一个给布什打电话，并告诉布什俄撤销了战备状态。④ 这使俄罗斯实现了在俄美关系上由"被动"向"主动"的转变。同时，俄罗斯在新的国际环境中积极参与，把提高俄罗斯的国际地位放在向美国争取的下列实惠之中：结束美国和北约在车臣恐怖主义问题上的双重标准；与北约拉近距离；吸引美国的投资和能源合作；让美国减轻俄罗斯的债务负担；阿富汗战争一结束，美国立即离开中

---

① Mohammad Ismail Amini. Tripartite Concern of Moscow, Tehran and Washington. *Hamshahri*（《公民》），Daily Newspaper, Vol. 10, No. 2807, Aug. 11, 2002：13 – 15.
② David Hoffman. Russia to Allow Nuclear Export. *The Washington Post*, May 12, 2000：A38.
③ Celestine Bohlen. Putin Vows Russia will Reinvigorate its Nuclear Force. *The New York Times*, April 1, 2000.
④ 赵鸣文："'9·11'事件后俄美关系的发展趋势"，《东欧中亚研究》2002（2）：67.

亚。① 但请神容易送神难，对俄罗斯来说，要把美国在中亚的存在给俄罗斯带来的损失降到最低点，借伊朗核问题不失为一种补偿选择。

"9·11"事件表面上给美国和俄罗斯的合作提供了契机，但在"战略伙伴"关系背后是两国更激烈的斗争。随着伊拉克战争爆发，北约东扩，美国继续推行单边主义全球战略，并加紧对独联体国家的政治、安全与经济的渗透，俄罗斯采取多种措施以维护其安全利益和在原苏联地区的"特殊利益"。更为重要的是，俄罗斯看到了当今国际社会追求"和平与发展"这一时代主题的趋势越来越明显，建立在经济与军事实力之上的美国军事霸权主义正在走下坡路。正是在这种情况下，尽管美国向俄罗斯施以巨大压力，俄罗斯与伊朗的核合作不但没有中止或减弱，反而进一步加强了。"9·11"事件以后，美国曾向俄罗斯承诺，如果俄中止与伊朗的核合作，美国则对俄罗斯因此带来的损失予以补偿。同时，美国还警告说，"如果俄罗斯继续与伊朗亲近，伊朗继续支持恐怖主义，追求核武器"，美俄关系就不会向前发展。② 为了使俄罗斯不再与伊朗合作，美国国防部答应向俄罗斯购买直升机用于阿富汗战争，美国政府还同意俄罗斯从中国台湾、韩国和日本进口核材料，并承诺让美国航空航天局从俄罗斯得到更多的航空航天服务项目，为国际空间站提供更多的工作。俄罗斯与伊朗的核合作使得2002年5月的莫斯科—圣彼得堡高峰会议争吵激烈。普京强调与伊朗的核合作严格限定在国际义务范围之内，并遵守了《核不扩散条约》的有关规定。他说，是西方公司而不是俄罗斯的帮助使伊朗完成了导弹和核技术。他还讽刺说："美国有义务在布什尔和朝鲜建立核电厂。"③ 同时，他建议对俄援建的布什尔核电站进行更严格的核查。

进入21世纪的俄罗斯已经不再简单地追求经济效益，在2002年6月底加拿大八国集团峰会上，西方七国答应向俄罗斯提供200亿美元的援助，美国一国就答应提供100亿美元的援助以换取俄罗斯停止与伊朗的核合作。7月，俄罗斯却宣布将完成价值8.4亿美元的布什尔核反应堆。同时，俄罗斯议会杜马突然通过决议，批准俄罗斯在未来10年，为伊朗在布什尔和阿瓦士新建5个核反应堆。俄罗斯的这一举动，无异于正式拒绝以美国为首的西方国家的要求。俄罗斯原子能部还宣布，到2020年，俄罗斯要使伊

---

① Kayhan Barzegar. The Persian Gulf in the Post – September 11 Ear: Threats and Opportunities. *Discourse*, Vol. 4, No. 1, Summer, 2002: 27.

② Felgenhauer. *Who Will Be Russia's Best Friend in the Future*. http://www.bellona.no/en/international/russia/nuke_industry/waste_imports/28221.html.

③ Ron Hutcheson. Putin Offers Inspectors in Iran. *Philadelphia Inquirer*, May 27, 2002.

朗的核能达到6000兆瓦。① 俄罗斯外长伊万诺夫称，即使伊朗不签署《核不扩散条约》附加议定书，俄照样向其提供核燃料。② 2003年5月，在美俄首脑会晤新闻发布会上，布什与普京更是公开就俄伊核合作展开争论。布什就俄罗斯援建布什尔核电站问题向普京公开发出警告，要求其尽快停止。俄总统普京则多次明确表示，伊朗作为国际社会的一员，有权开发并和平利用核能，俄伊两国在核领域中的合作不存在任何障碍。

2004年3月，保加利亚等7国正式加入"北约"，5月，欧盟正式接纳波兰等10国为其成员国，这为美国向独联体扩张创造了有利条件。面对欧美在自己家门口圈定势力范围，俄罗斯本能的反应就是借伊朗核问题来实现自身的安全。俄罗斯联邦核检查领导人马尔瑟夫公开表示："伊朗方面告诉我们，他们需要更多的核反应堆，如果政治上没有什么危害的话，俄罗斯将在此建设更多的反应堆。"③ 11月17日，俄罗斯原子能署署长鲁缅采夫在莫斯科举行的记者招待会上说，俄与伊朗在核领域的进一步合作取决于伊朗与国际原子能机构和整个国际社会的关系发展。他说，伊朗在两年前宣布要新建6个核电机组，这些电站的建设可能由俄来承担。根据同伊朗方面商定的进度，目前正在建设的布什尔核电站的第一台机组计划在2005年实现物理启动，2006年正式发电。

二、普京为何对美国说"不"

2005年3月，俄罗斯与伊朗签署核电站燃料供应协议，为伊朗布什尔核电站投入运行扫清了障碍。当美国人得知此事后，共和党参议员麦凯恩指责普京"不按常理出牌"，就像"喜欢捣乱的孩子"给美国制造种种麻烦，他甚至以拒绝俄罗斯参加下次八国峰会相威胁。④ 10月15日，美国务卿赖斯飞抵莫斯科，劝说俄罗斯放弃与伊朗的核合作。次日，俄罗斯外长拉夫罗夫发表电视讲话，在肯定伊朗享有和平利用核能权利的同时，称"在我们建设布什尔核电站这一权利问题上，包括美国在内，没有国家能与我们挑战。"⑤ 这表明赖斯白跑了一趟。

---

① Russia Close to Delivering Nuclear Fuel to Iran, Minister Says. *The Russia Journal Daily*, July 3, 2003.

② Russia Insists it will Send Nuclear Fuel to Iran. *Gazetta*, June 6, 2003.

③ Mousa Hosseini: *Russia Said Unreliable. Aftab - e - yazd*（《太阳报》），No. 1351, Oct. 18, 2004：1 - 2.

④ 冯俊扬："俄罗斯伊朗签核燃料协议 美议员提强硬报复措施"，《新民晚报》2005 - 2 - 28。

⑤ Claire Bigg. *Russia/Iran：Moscow Takes Tougher Stance On Iran Nuclear.*

在伊朗核问题上，为什么俄罗斯与美国越走离得越远呢？这是由俄罗斯的民族利益和民族安全所决定的。在伊朗核问题上，俄罗斯的民族利益包括以下几个方面战略上，保障俄罗斯南部地缘战略空间的安全，中国改革开放的总设计师邓小平曾说，"国家的主权、国家的安全要放在第一位"。① 此外，俄罗斯还要争夺对里海石油资源及其输送管道的控制权，利用伊朗在伊斯兰世界和中亚地区的影响解决地区和国内问题，为结束美国的单边主义寻找盟友，表明俄罗斯是第三世界的朋友。鉴于此，有人称俄罗斯对伊朗核问题的态度"是对美国在国际体系中排斥和挤压俄罗斯所做出的必然反应"。② 经济上，伊朗是中东的主要市场，在全球的核工业里也占比较大的份额。通过伊朗，俄罗斯可以进一步打开中东的广阔市场。③ 前俄罗斯军控、核不扩散和全球安全专家韦科多·敏滋因分析说：由于制度腐败、办事效率低下和社会经济结构不合理，俄罗斯吸收西方投资的能力有限，只有凭借向印度、叙利亚和伊朗等国出售军火来满足对投资的需要。④ 在俄罗斯领导人看来，美国建议俄罗斯中止与伊朗的合作是美国为了占领伊朗市场玩弄的阴谋。政治上，进入21世纪后，能源紧张问题在国际上日益凸显，俄罗斯与伊朗同属资源大国，双方有更多的共同利益，关键是双方都被美国视为最大的敌人，合作对双方都有利。正是由于这样的利益考虑，2007年10月，普京"冒死"访问伊朗，这是自1943年德黑兰会议以来，俄（苏）领导人第一次对伊朗的访问。普京访问前的一番"不怕暗杀"的讲话，除了说明伊朗与俄罗斯关系的重要性外，没有别的意思，结果一些人顺着恐怖主义的思路去考虑问题了。俄学者马尔辛·卡兹马尔斯基（Marcin Kaczmarski）称，普京"访伊是伊俄关系的新开端"。⑤

同时，俄罗斯的态度也与俄罗斯地位的上升直接相关。作为能源大国俄罗斯，随着伊朗核危机中能源价格，尤其是石油价格的直线上升，俄罗斯的实力迅速膨胀，国内生产总值和投资增长迅猛，通货膨胀得到有效遏制，预算实现平衡，卢布汇率保持稳定，军事实力得以巩固。在此情况下，普京政府一改叶利钦政府对美国妥协有余、强硬不足的政策，在"伊

---

① 《邓小平文选（3）》，人民出版社1993年版，第348页。
② 唐贤兴："美俄'新冷战'：知觉错误的代价"，《国际先驱导报》2006-3-31。
③ Mousa Hosseini. Russia Said Unreliable. *Aftab-e-yazd*（《太阳报》），No. 1351, Oct. 18, 2004, pp. 1-2.
④ Victor Mizin. The Russia-Iran Nuclear Connection and U. S. Policy Options. *Middle East Review of International Affairs*, Vol. 8, No. 1, March, 2004.
⑤ Marcin Kaczmarski. Iran's Position in Russia's Foreign Policy and Russian-American Relations. Center for East Studies, No. 24, 2009: 1-6.

朗核问题"上坚持自己的原则，拒绝让步。对美国而言，不得不考虑俄罗斯是世界上唯一的资源总量超过美国的国家，是全球性的能源和核超级大国，同时，俄罗斯在保障欧洲、中东、亚洲安全方面发挥着不可替代的作用。2006年11月中旬，美国总统布什赴越南出席亚太经合组织领导人"河内峰会"途中，所乘专机在莫斯科"加油"，其含意非常明显。[1]

不过，我们还要看到，由于俄美地位的巨大差异，从自身利益考虑，俄罗斯会根据国家经济和战略需要，必要时进行适度调整。如2000年，美国以解除1998年7月对俄罗斯公司制裁为诱饵，使其下令停止为在波罗的海国立技术大学的伊朗学生授课，俄罗斯把它与伊朗的核合作限定在1000兆瓦特之内。[2] 2003年8月，俄罗斯总统经济顾问伊拉里奥诺夫称，只有在确信伊朗没有发展核武器计划后，俄罗斯才会与其展开全面深入的经济合作，这被视为俄罗斯在伊朗核问题上将要改变以往政策的重要信号。俄罗斯又在2003年9月的国际原子能机构对伊朗的强硬决议中投了赞成票，这既出乎人们的意料，更让伊朗人感到意外。

由于俄罗斯人把伊朗核问题看作是实现其外交战略的工具，鉴于国际政治的复杂性，它也存在着矛盾心态。正如俄罗斯外长拉夫罗夫所说，作为伊朗的邻国，俄罗斯远比美国更希望伊朗无核化，绝不希望在其家门口出现一个拥有核武器的国家。[3] 这一矛盾心态的形成还基于对以下几个方面的不确定性：首先，未来的世界格局将发生怎样的变化？作为能源出口大国俄罗斯与超级大国美国怎样相处？其次，美国目前的主要战略目标是赢得反恐战争的胜利，战胜了恐怖主义之后，美国对外政策向何处去？再次，如果没有伊朗这面旗帜，源于境外激进伊斯兰原教旨主义思想渗透和传播的车臣问题是否将得到解决？自2006年3月29日将伊朗核问题报告给联合国安理会后，俄罗斯既强调伊朗中止铀浓缩活动，又反对西方国家的经济制裁，更反对美国以武力解决该问题，正反映了俄罗斯的这一心态。对俄罗斯人来说，其国家利益高于一切。这一点伊朗人看得更清楚，伊朗国家最高安全委员会外交政策委员会秘书穆萨维曾说："我们不能把任何国家看成是一个安全可靠的伙伴，这是规则。德黑兰与莫斯科核合作上可称道的是他们接过了德国人放弃的计划"，"但俄罗斯领导人受到来自

---

[1] 韩显阳："'伊朗核问题'与俄美关系"，《光明日报》2006-11-7 (12)。
[2] Mohammad Ismail Amini. Tripartite Concern of Moscow, Tehran and Washington. *Hamshahri*《公民》, Daily Newspaper, Vol. 10, No. 2807, Aug. 11, 2002: 13-15.
[3] Talal Nizameddin. *Russia and the Middle East: Towards New Foreign Policy*. Hurst & Co., 1999: 237-239.

美国的压力"。①

2006年5月3日,俄罗斯常驻联合国代表维塔利·丘尔金重申,制裁和武力不能化解目前的伊朗核危机。丘尔金强调,俄国坚持认为武力无法解决伊朗核问题。针对俄罗斯的这一态度,俄罗斯专家萨法罗夫指出,除了经济考虑外,在世界舞台上重获优势对俄罗斯极为重要。如果俄罗斯能在伊朗核问题上做调停,那么西方国家在处理伊朗核问题时就得仰仗莫斯科。他说:"俄罗斯(现在)得到了一个独特和历史性的契机,作为复兴的超级大国重返世界舞台,发挥关键作用……如果俄罗斯在这场冲突中紧紧地与伊朗的利益站在一起,就能立即在穆斯林世界和世界舞台重新获得失去的声望。"②

7月19日,俄罗斯一改反对制裁伊朗的态度,其外长拉夫罗夫在接受"莫斯科回声"电台的采访时说,如果第一个呼吁伊朗回答国际原子能机构的决议不起作用,那么俄罗斯就不得不同意在一段时间后研究对伊朗采取补充措施,其中包括经济方面的措施。③

11月7日,联合国安理会就英、法、德三国提出的对伊朗制裁草案举行了闭门磋商,俄罗斯不顾美国人的反对,对草案进行了大幅度删减,删掉了包括所有与布什尔核电站有关的、约一半的内容,使会议无果而终。在《环球时报》记者马剑看来,俄罗斯反对制裁伊朗基于两个原因:保障俄罗斯的经济利益,俄罗斯与伊朗合作建设的布什尔核电站价值超过8亿美元,预计将于2007年投入使用,如果联合国制裁伊朗,且不说制裁将使伊朗以后不再信任俄罗斯,双方已有的防空导弹交易及其他军事合作都将陷入困境,给俄罗斯带来重大经济损失;随着国力的大幅提升,俄罗斯正积极调整地缘政策,希望在世界上发挥更大作用,不再一味对西方妥协,而是争取国家利益最大化,这也是俄罗斯在伊朗问题上坚持不同立场的主要原因。④

12月25日,拉夫罗夫在莫斯科表示,联合国安理会日前通过的有关伊朗核问题的决议充分考虑了俄经济利益。他还说,俄方此前曾提出,这份决议应体现三个目标,即维护不扩散大规模杀伤性武器机制,为同伊朗谈判创造条件,防止俄罗斯与伊朗在各领域的合作遭受破坏。从决议的最

---

① Mehdi Mohammadi. Political Hostage – Taking in Iran's Nuclear Case. *Kayhan*(《世界报》),Nov. 6, 2004:1 – 2.
② "俄坚决反对制裁伊朗 分析指俄此举为制衡美国",《现代快报》2006 – 5 – 5。
③ "伊总统'神秘'致信德总理 俄欲支持讨论制裁伊朗",《新闻晚报》2006 – 7 – 20。
④ 马剑:"俄罗斯为何'死保伊朗'",《环球时报》2006 – 11 – 12。

后文本来看，这三个目标均得到了体现。同一天，俄罗斯副外长基斯利亚克在莫斯科对媒体说，俄方希望伊朗不要对联合国安理会日前通过的有关伊朗核问题的决议持否定态度。

总体来说，在普京总统的第一、二任期，俄罗斯在伊朗核问题上对以美国为首的西方的政策以强硬著称。[①]

第三节 游移于伊美之间的梅德韦杰夫

2007年3月2日的俄罗斯总统选举投票率为69.81%，梅德韦杰夫获得5253多万张选票，以70.28%的得票率战胜了俄共中央委员会主席久加诺夫（得票率为17.72%）、俄自由民主党主席日里诺夫斯基（得票率为9.35%）和俄民主党主席波格丹诺夫（得票率为1.3%），当选为俄罗斯新总统。2008年5月7日，梅德韦杰夫宣誓就职，成为俄罗斯新一任总统。2007年3月3日凌晨，梅德韦杰夫在新闻发布会上称，他将继续执行俄现任总统普京的政策。然而，他在伊朗核问题上的政策还是与普京的有所不同。

一、借伊朗核问题与美争夺黑海

黑海是俄罗斯的传统势力范围，也是俄罗斯南下地中海唯一的出海口，又是俄罗斯能源运输管线的重要通道。2008年夏，北约和美国的10多艘军舰来到黑海，这是美军和北约舰队在历史上首次大规模进入黑海，引起了俄罗斯的强烈反对。面对北约咄咄逼人的军事挑衅，俄罗斯海空军进行了强势回应。8月25日，素有"航母杀手"之称的俄黑海舰队旗舰——"莫斯科"号导弹巡洋舰和两艘导弹快艇驶往黑海，并于8月27日进入阿布哈兹的苏呼米港。此外，包括"库兹涅佐夫"号航母和4艘随行核潜艇在内的所有正在地中海巡弋的俄战舰与潜艇均划归黑海舰队指挥。2008年8月26日，俄罗斯总统梅德韦杰夫宣布承认南奥塞梯和阿布哈兹独立。

俄罗斯与格鲁吉亚因南奥塞梯发生军事冲突后，美国多次直接表态将加快北约的东扩步伐，向格鲁吉亚派遣美海军第六舰队旗舰"惠特尼山"

[①] 吴成："俄罗斯同美国在伊朗问题上的合作与冲突"，《西亚非洲》2006（6）：36–40。

号，同时还承诺将提供 10 亿美元的援助。美国的这些举动触怒了俄罗斯，俄官员怀疑美国此举是为了重新武装这些苏联的加盟共和国，并将严重威胁俄罗斯的国家利益。为应对美国推动北约东扩并派遣战舰前往黑海，俄罗斯用向伊朗的核研发活动提供更多支持予以回应。俄罗斯考虑向伊朗派遣多组核武专家，同时邀请伊朗的核科学家前往莫斯科培训。这将使美国对伊朗和俄罗斯的疑虑进一步加深。

为保护伊朗布什尔核设施，俄罗斯答应向伊朗提供性能先进的 S–300 防空导弹系统，首批系统最快将于 9 月初运抵伊朗，用 6—12 个月将其部署在核设施周围，以防遭到美国或以色列先发制人的军事打击。该系统能够同时跟踪 100 个目标，击中 75 英里外的飞机。美国情报机构担心，如果美国让俄罗斯亲西方的邻国格鲁吉亚和乌克兰成为北约成员，俄将向伊朗提供尖端的 S–300 系统。五角大楼顾问丹·古尔称，这将"改变游戏规则"，大大提高伊朗保护其核场所免遭空袭的防御能力，让西方空军感到害怕。2008 年 9 月 18 日，俄罗斯不顾美国的反对，宣布计划向伊朗和委内瑞拉出售武器。这些引起了美国和以色列政府的担忧。俄罗斯还考虑向伊朗的核研发活动提供更多的支持。

俄罗斯一家国有武器出口公司的负责人说，他正不顾美国的反对就出售防空武器系统一事与伊朗谈判。根据 2005 年与伊朗签订的一项价值 7 亿美元的合同，俄罗斯已经向伊朗交付了 29 套托尔–M1 导弹系统。在南非的一次武器交易展上，俄罗斯国防产品出口公司总裁阿纳托利·伊赛金对俄新社记者说："我们两国间的接触仍在继续，而且我们觉得没有任何理由中断这种接触。"① 同一天，美国务卿赖斯称，要阻止俄罗斯加入一些关键性国际机构。她说，俄罗斯的政策将使其无法加入世界贸易组织和经济合作与发展组织。在德国马歇尔基金会上发表的讲话中，赖斯说："目前的局面是俄罗斯在国内越来越独裁，在国外越来越咄咄逼人。"② 俄罗斯的举动标志着华盛顿和莫斯科的关系出现了严重恶化。

二、借伊朗核问题逼美在反导问题上后退

奥巴马上台后，为了缓和与俄罗斯的关系，2009 年 2 月 10 日，美国务卿希拉里·克林顿在同到访的欧盟轮值主席国捷克外交部长卡雷尔·施

---

① Tony Halpin, Alexi Mostrous. Russia Ratchets up US tensions with Arms Sales to Iran and Venezuela. *The Times*, Sept. 20, 2008.
② Ibid.

瓦岑贝格会晤后对新闻界说,伊朗追求核武器的举动促使美国在东欧部署导弹防御系统,如果美国认为伊朗采取切实行动改变现行路线,美国将重新考虑在导弹防御系统问题上的"既有立场"。① 2月16日,伊朗国防部长纳贾尔应俄罗斯国防部长谢尔久科夫的邀请访俄,计划与俄方讨论包括发展两国军事合作和落实已签署的两国军事技术合作协议等事宜。伊朗希望能尽快从俄罗斯进口5套S-300远程防空导弹系统,以保护布什尔核电站。俄媒体发表文章称,由于政治原因,俄罗斯不急于向伊朗出口该系统,以此表示对美国政策转变的回应。为了使美国政策尽快转变,2月19日,俄罗斯原子能公司表示,该公司将于年内完成伊朗布什尔核电站的建设。3月1日,俄罗斯总统梅德韦杰夫在出访西班牙前宣称,期待美国新政府"以更具创造性和更友好的方式处理在欧洲部署反导系统的问题"。3月2日,《纽约时报》载文称,2月初,美国总统奥巴马的特使亲手转交给梅德韦杰夫一封信,内容是希望俄美间"用伊朗做一笔交易",如果莫斯科能劝说伊朗放弃开发远程导弹系统与核武器,美方将停止在东欧地区部署导弹防御系统。信件表明,美国希望能与俄罗斯一道"联手遏制伊朗",并想用停止部署导弹防御系统的"好处"来让俄罗斯与其合作。第二天,奥巴马总统在白宫会见到访的英国首相布朗后对记者说,他写给梅德韦杰夫的信中没有像媒体报道的那样就美俄合作遏制伊朗研发远程导弹提出交换条件,美国的导弹防御计划"是用来对付伊朗的威胁,而不是俄罗斯的威胁"。②

9月11日,俄总理普京在莫斯科郊外住所会见多名俄罗斯问题外国专家时说:"这(军事打击伊朗)相当危险,也不可接受,可能引发恐怖主义盛行,助长极端势力气焰。""我十分怀疑这类打击能否实现预期目标。"同时,普京也呼吁伊朗谨慎行事,在核问题上"自我克制",避免刺激中东其他国家乃至整个国际社会。他说:"我们告诉过伊朗,它的确拥有发展民用核能的权利,但它同时应当知道自己身处世界哪个区域……(中东)危机重重,伊朗应当承担责任,尤其要考虑以色列的担心……伊朗关于摧毁以色列的言论同样完全不可接受。"③ 在伊朗核问题上,俄罗斯一直主张通过外交渠道解决,反对向伊朗施加新制裁,态度较为温和。此时,俄罗斯之所以有此突然改变,与以色列总理内塔尼亚胡的秘密访问有关。

---

① 新华网华盛顿2009年2月10日电。
② Peter Baker. Obama Offered Deal to Russia in Secret Letter. *New York Times*, march 3, 2009.
③ 塔斯社莫斯科2009年9月12日电。

9月7日，内塔尼亚胡秘密访问莫斯科，希望俄罗斯不要将S-300型防空导弹卖给伊朗，并希望俄罗斯支持国际社会制裁伊朗。同时，梅德韦杰夫的态度改变也与其一周后将开始其担任总统以来的首次美国之行，参加联合国大会，在美国匹斯堡举行的讨论全球金融危机的二十国峰会有关，这样可以缓和俄罗斯与西方国家的关系。9月15日，梅德韦杰夫在莫斯科谈及伊朗核问题时说："制裁并非对解决所有问题都有效，但有时候采取制裁的办法乃无奈之举，这也未尝不可。"① 这是俄罗斯在美国对伊朗实施新制裁上第一次表示支持。这与其之前坚决反对制裁伊朗的一贯立场产生了极大反差。几天前，俄罗斯外长拉夫罗夫还说，俄罗斯反对对伊朗实施新制裁，也不赞同奥巴马为伊朗制定的时间表。俄外长拉夫罗夫还在《俄罗斯报》上撰文指出，除政治外交手段解决伊朗核问题外没有其他选择。要想从外部对伊朗产生影响，最好的办法不是封锁，也不是以武力相威胁，而是吸引其全面参与合作。② 9月19日，俄罗斯外交部发表声明，强烈谴责内贾德先前质疑二战间犹太人遭屠杀的言论。俄外交部发言人安德烈·涅斯捷连科称，内贾德的言论"绝对不可接受"，是对二战受害者的侮辱，"这对重启和开展伊朗核计划富有成效的谈判创造有利国际氛围毫无益处"。③

9月17日，美国总统奥巴马发表电视讲话说，根据对伊朗导弹威胁的最新评估，伊朗的短程和中程导弹威胁更为紧迫，美国放弃在东欧部署导弹防御基地计划。9月23日，俄罗斯总统梅德韦杰夫在纽约与美国总统奥巴马会晤，在谈及伊朗核问题时，梅德韦杰夫首次向美国表态，愿意支持以美国为首的国家制裁伊朗。他特别强调，某些时候制裁确实是必要的。如果说服伊朗放弃核武的外交努力失败，俄罗斯愿意加入制裁伊朗的行列。他说："我认为，在伊朗问题上，制裁不是最有效的办法……尽管如此，如果所有可能改变当前局面的方法都已用尽，那么我们也可以采取国际制裁的手段。""在某些情况下，制裁是不可避免的、必要的。"④ 正是在这一背景下，10月上旬，俄罗斯在是否向伊朗出售S-300防空导弹系统问题上出现了不同声音。10月9日，外交部发言人涅斯捷连科表示，俄罗斯不准备向伊朗提供该系统，但俄新闻社援引"秘密消息"报道说，俄罗斯正在就该系统与伊朗达成协议。11月7日，梅德韦杰夫在接受德国《明

---

① 董立斌："伊朗频出硬招示'强大'"，《文汇报》2010-3-10（6）。
② 新华网北京2009年9月27日电。
③ 闫亮、韩墨："美俄相继'弃弹'，幕后交易难言"，《新华每日电讯》2009-9-21（5）。
④ Russia Says It Will Join Sanctions against Iran. *Times*, Sept. 24, 2009.

镜》周刊采访时说:"假如伊朗领导人持缺乏建设性立场,那么理论上任何事情都可能发生,我不希望这一切以国际制裁结束,因为制裁通常使事情朝复杂和危险的方向发展。但假如没出现进展迹象,没人可以排除这样的方案。"①

2010年3月19日,在与到访的美国务卿希拉里·克林顿举行的联合记者招待会上,俄外长拉夫罗夫说,俄罗斯赞成对伊朗实施不影响百姓生活的制裁,以迫使其在核问题上与大国合作。② 希拉里的此次俄罗斯之行主要为下一步俄美之间签署削减战略核武器与俄领导人进行谈判。

6月9日,联合国安理会就伊朗核问题通过第1929号决议,禁止各国向伊朗出口坦克、战斗机和军舰等重型武器装备;禁止同伊朗进行任何与可运载核武器弹道导弹有关的活动。9月22日,俄总统梅德韦杰夫正式签署命令,禁止向伊朗出售S-300防空导弹系统等现代武器。伊朗议会国家安全和对外政策委员会主席布鲁杰迪称:"若俄拒绝交付S-300导弹,(伊朗)将起诉俄罗斯。我们希望俄方能信守承诺。"伊朗国防部长瓦希迪则指责说:"俄方的决定表明,莫斯科没有能力独立自主地解决一个简单问题,这对俄罗斯来说是极大的耻辱,俄方用自己的行动表明他们不值得信任。"俄罗斯国家杜马外交关系委员会主席康斯坦丁·科萨切夫反击说:"俄罗斯拒绝向伊朗供应S-300防空导弹系统,是伊朗一系列错误外交政策导致的结果。这是伊朗做出的选择,并非俄罗斯,俄方不应承担责任。"③

俄罗斯对伊朗政策的突变使人们充分认识到了伊朗在俄罗斯对美国战略中的地位,即与美国博弈的战略筹码,借"伊朗牌"与美讨价还价,可以说,这是自叶利钦以来这种政策的继续。俄罗斯在伊朗经营多年,目前在军工、经贸和核开发等市场拥有重要利益,不可能完全放弃伊朗。随着"阿拉伯之春"的出现和阿拉伯世界局势的进一步升级,尤其是俄罗斯在阿拉伯世界唯一友好国家叙利亚局势动荡的加剧,俄罗斯认识到与伊朗进一步合作对维护自身在中东地区利益的重要性。伊朗作为中东的重要国家,对于加快重返中东步伐的俄罗斯来说,是其扩大在中东地区影响的主要据点和重要地缘伙伴。在美国与伊朗的天平上,俄罗斯重新向伊朗倾斜。2011年1月17日,俄总统梅德韦杰夫与伊总统内贾德通电话,就俄

---

① "俄总统:如伊朗不合作,不排除制裁",《新华每日电讯》2009-11-9(5)。
② 2010年3月20日中央电视台《朝闻天下》节目报道。
③ 陈小茹:"俄罗斯拒绝交付S-300导弹 伊朗威胁起诉",http://www.022net.com/2010/9-30/42384240308125-2.html。

伊关系发展交换了意见,强调继续发展两国在各个领域,尤其在核能领域的合作。① 11月9日,俄副外长嘉提洛夫(Gatilov)在接受国际文传电讯社记者采访时说:"任何新的针对伊朗的制裁都将被国际社会视为一种改变德黑兰政权的工具,这种方式对我们来说是无法接受的,俄罗斯不会考虑这种方式。"② 针对美国和欧洲对伊朗单边制裁,俄罗斯更是坚决反对。

我们可以看到,借伊朗核问题,俄罗斯取得了巨大成果。经济上,通过紧张的国际局势带来的石油价格飙升,其作为石油出口大国,这比其他任何东西都更能促进俄罗斯的经济增长,而且这种增长是以削弱石油进口国的经济实力为前提的。在整个世界经济中,俄罗斯经济地位将得到进一步提高。外交上,通过积极参与国际事务,俄罗斯使国际格局朝着结束美国单边主义、建立多边合作机制的世界新秩序又向前迈进了一步,其国际地位得到了空前提高。2012年底,俄罗斯外交和国防政策委员会主席鲁克亚诺夫在接受"俄罗斯之声"广播电台记者采访时称:美国与伊朗断绝关系是错误之举,两国一直没有恢复友好关系,大大降低了美国对该地区局势的影响力。与之相对,阿拉伯国家的觉醒使伊朗在中东地区局势变化中发挥的作用日益突出。在伊朗核发展的过程中,俄罗斯取得的成果部分满足了俄国人的大国愿望,有助于俄国内政治稳定和社会发展。从伊朗核问题的演变来看,不管情况发生怎样的变化,俄罗斯将永远是伊朗核问题上最大的赢家。

束缚于定式思维的人担心俄美之间出现新的"冷战",这是多余的。冷战是"两极"世界的产物,在向"规则"转型的多极世界中其存在的可能性很小。我们的时代是一个在全球化浪潮中,国际社会正在由以"极"来定位的政治体制转向以"规则"定位的国际政治体制。国际社会将通过制定大小国家都能接受的游戏原则,并按其行事来实现世界的和平与发展,鉴于此,"冷战"的生存土壤是非常贫瘠的。

---

① 魏大方:"俄罗斯—伊朗就多边解决伊核问题达成一致",《人民日报》2011-1-19 (21)。

② Russia Rules out New Iran Sanctions over Nuclear Report. *BBC News*, Nov. 9, 2011: 19: 45 GMT.

第六章　多维视角下的伊朗核问题

面对伊朗核问题以及伊朗与美国和以色列的叫板，不同文化背景下和不同利益追求的民族国家发出了不同的声音，采取了不同的对策。通过对不同声音和对策的梳理，尤其是倾听通常不被重视的小国的声音，及其参与国际竞争的方式，有助于更好把握当今世界，也有利于全球化时代的文明交往。同时，我们还要看到，随着世界民主化进程的加快，政府政策与民意之间的差距越来越小，国家外交政策正在成为民族的共识。本章将从全球多个视角，分析民族国家或国家集团怎样借伊朗核问题在国际政治舞台上展示自身的实力，维护自身利益。

第一节　欧盟与伊朗核问题

在伊朗核问题上，虽然成员国间存在一定的分歧，但欧盟终于做到了"用一个声音说话"。从英国、法国和德国"欧盟三驾马车"与伊朗的关系演变，我们可以看到它们在伊朗核问题上的立场差异。同时，通过对欧盟一系列针对伊朗决议的形成，我们可以看到欧盟各国利益的一致性和欧盟的政策变化。

一、欧洲三国与伊朗的恩怨

（一）英国与伊朗关系

英国与伊朗的积怨既有历史原因，也有现实原因。历史上，英国长期控制伊朗，第二次世界大战又与苏联出兵对其占领，是伊朗人刻骨铭心的7次异族占领之一。英国通过英波（伊）石油公司，仅在第一次世界大战期间就从伊朗劫掠了2亿美元，仅通过租借税就使伊朗损失了600万美元。

丘吉尔曾说，由于英波石油公司的收益，英国在1912—1914年间建立的舰队，没有花纳税人一个便士。① 英国还支持巴列维王朝。伊斯兰革命后，英国与伊朗的外交关系虽然维持了下来，但两国分歧一直很大，从而波折不断。1980年9月9日，英国响应美国与伊朗断绝外交关系的号召，英国外交部宣布关闭英国驻伊朗大使馆，但没有与伊朗断绝外交关系。1988年，英国与伊朗恢复全面外交关系。1989年3月7日，为抗议英国作家萨曼·拉什迪出版的小说《撒旦诗篇》"亵渎宗教"，伊朗与英国断交；1990年9月，两国再次恢复外交关系。1994年4月28日，英国指责伊朗与爱尔兰共和军有染，同年6月，两国互逐外交官，外交关系降级为代办级；1999年5月，恢复为大使级。2001年9月，为加强"9·11"恐怖袭击事件后国际间反恐合作，英国外交大臣杰克·斯特劳访问伊朗。2009年6月，因怀疑伊朗研制核武器，英国冻结价值约10亿英镑（约合16亿美元）的伊朗资产。紧接着2009年伊朗总统大选引发骚乱，伊朗指责英国支持其国内反对派，企图颠覆伊朗现政权。美国斯坦福大学中东问题研究教授阿巴斯·米拉尼（Abbas Milani，1949年—）在接受《纽约时报》记者采访时说，在伊朗人看来，"过去150年的历史中，每一次伊朗的重大事件背后总有一只'英国人的手'"。②

英国是最早关注伊朗核问题的国家之一，早在1982年，英国的《外事报道》就载文称，伊朗已经启动了核弹发展计划。1985年，英国宣布，不向伊拉克和伊朗出售提高其军事能力的产品。1993年3月1日，英国外交大臣赫德声明，英国贸易和工业部不再批准除与飞机安全性能和医用放射性物质有关的军用设备和核设备国际清单上的物品发放出口许可证，以此加强对伊朗有关军用设备和所谓"两用"技术的出口控制。③

2007年3月23日，在联合国就制裁伊朗的1747号决议表决的前一天，伊朗以侵入其领海为由，扣押了15名英国在波斯湾的官兵。在事件处理过程中，女兵特尼承认错误的录像最先由伊朗的阿拉伯语电视台播放。在特尼分别给英国议员和英国人民的信中，质疑英国的伊拉克政策，称自己是布莱尔和布什伊拉克政策的替罪羊，并呼吁英国从伊拉克撤军。这无

---

① 王伟伟："英国政府与伊朗石油的开发"，首都师范大学学位论文，2005：27。
② Robert F. Worth and Rick Gladstone. Iranian Protesters Attack British Embassy. *New York Times*, Nov. 29, 2011.
③ 叶文："英国加强对伊朗'两用'技术出口的控制"，《国外核新闻》1993（4）：5。

疑有助于伊朗团结阿拉伯穆斯林兄弟。①

2008年6月16日,与到访的美国总统乔治·布什会谈后举行的新闻发布会上,英国首相戈登·布朗称:"英国今天将敦促欧洲,欧洲将同意对伊朗进一步采取制裁措施。""我们今天将采取行动,冻结伊朗最大银行伊朗国家银行的海外资产,其次,今天将进入对(伊朗)石油和天然气领域制裁的新阶段。"② 这是美国财政部2007年10月冻结伊朗国家银行在美资产,中止该银行在美国交易之后的又一重大金融制裁行动。伊朗积极应对,2008年6月16日,伊朗新闻周刊《当代公民》援引外交部副部长穆赫辛·塔洛伊的话说:"伊朗在欧洲境内部分银行资产已转化成黄金和证券,另一部分转移到亚洲的银行。"报道还说,根据总统内贾德的指示,伊朗已转移存在被冻结风险的750亿美元资产。③

2011年8月,针对伦敦的骚乱事件,伊朗总统内贾德发表讲话说:"这样野蛮对待民众绝对无法接受,英国政治家必须倾听民众的声音……帮助民众,而不是入侵阿富汗、伊拉克和利比亚,掠夺石油。"④ 11月8日,国际原子能机构发布报告称,情报显示,伊朗可能从事核武器研发活动。对此,11月22日,英国财政大臣奥斯本宣布切断英国与伊朗银行的全部金融往来。11月27日,伊朗议会以87%的压倒性多数票通过了降低与英国外交和经贸关系级别的议案。根据议案,伊朗将伊英双边外交关系从大使级降至代办级,伊朗外交部在两周内驱逐上月刚刚到任的英国驻伊朗大使希尔科特,同时召回伊朗驻伦敦大使。⑤ 11月29日,为纪念伊朗核科学家沙赫里亚里被暗杀1周年,德黑兰数千名高校学生和民众在英国驻伊朗大使馆门前集会,举行哀悼活动,活动很快就转化为针对英国政府近期对伊朗采取单边制裁措施的抗议示威,参加者高喊"英国大使馆应该被接管"等口号,并冲击使馆,与防暴警察发生冲突。第二天,英国外交大臣黑格宣布,为了回应伊朗示威者冲击英国驻伊使馆,英国已下令驻英国的伊朗外交官在48小时内全部离境,同时关闭伊朗驻英使馆。此前,英国驻伊朗使馆全体人员已经撤出伊朗。⑥ 随着2013年11月伊朗核谈判取得

---

① 李鹏:"解救英军大兵 英国—伊朗外交拉锯战",《中国新闻周刊》2007(12):32—33。
② "英国宣布冻结伊朗银行资产",《国外核新闻》2008(7):16。
③ 同上。
④ "伊朗总统训英国不能野蛮待民众",《新华每日电讯》2011-8-12(5)。
⑤ 方晓:"伊朗最终批准与英国外交降级",《东方早报》2011-11-29(A16)。
⑥ 周晶璐:"英国驱逐所有伊朗驻英外交官",《东方早报》2011-12-1(A16)。

进展，11 月 11 日，英国外交部宣布，任命资深伊朗问题专家阿杰伊·夏尔马为非常驻伊朗临时代办。同一天，伊朗外交部也宣布，任命穆罕默德－哈桑·哈比布拉扎德为非常驻英国临时代办。这意味着英国和伊朗在断交两年后恢复两国外交关系。

在英国与伊朗断绝外交关系的同时，挪威以安全考虑为由，暂时关闭了驻伊朗大使馆。德国、法国、意大利外交部纷纷宣布，召回驻伊朗大使。匈牙利拒绝了前往荷兰参加防止核扩散国际会议的伊朗外交部长萨利希所乘坐的飞机入境。伊朗学生冲击英国驻伊朗使馆成为 2011 年 12 月 1 日欧洲理事会欧盟外长会议的中心议题，英国外交大臣黑格提议欧盟国家继续强化对伊朗的经济制裁。

（二）法国与伊朗关系

法国与伊朗关系在欧洲国家中是最为引人注目的。让法国人引以为豪的是他们首创了自治避难权，这也是法国大革命时期宣布的民主原则之一，对伊朗伊斯兰共和国来说，关键人物阿亚图拉霍梅尼在此政治避难达数月之久，巴黎作为伊朗政治流亡者的集散地和法伊之间便捷的通讯条件，为伊朗伊斯兰革命胜利创造了良好条件。这些似乎没有给两国关系的发展带来正面影响，随着伊朗伊斯兰共和国的建立，法国与伊朗的关系反而日益恶化。

两国的争端始于 1979 年夏。1975 年，资金上捉襟见肘的法国核计划，欧洲扩散公司特里长斯坦气体扩散厂急需资金，于是，伊朗巴列维政府向欧洲扩散厂投资 10 亿美元，借此参与了法国的核工业。1979 年 8 月，伊朗新政权决定不再向欧洲扩散公司投资，在法国看来，这是一种违约行为，并带来了 95 亿法郎（约合 17 亿美元）的损失。于是，欧洲扩散公司向巴黎商业法院提起诉讼，法院做出了冻结伊朗在法国 10 亿美元资产的判决。随后，受理伊朗起诉的巴黎上诉法院撤销了巴黎商业法院的判决。在法国人看来，废除与伊朗政府签订的合同造成法国损失了上百亿法郎，出口保险公司还要支付 25 亿法郎的保费。在伊朗人看来，其债权是不容侵犯的。[①]

1981 年 7 月 29 日，伊朗伊斯兰共和国第一任总统巴尼萨德尔与"人民圣战者"组织领导人马苏德·拉贾维飞抵法国，要求政治避难，引起了法国与伊朗之间一场新的风波。从 7 月 30 日起的以后几天中，伊朗群众高

[①] 阎淑敏："法国和伊朗在欧洲扩散厂投资问题上的纠纷"，《国外核新闻》1982（11）：9—10。

喊"打倒法帝国主义"等口号,到法国驻伊朗大使馆前示威游行。伊朗一些宗教领导人发表讲话,威胁要像占领美国使馆那样占领法国使馆,法国总统密特朗决定召回大使。为防止两国关系进一步恶化,8月1日,法国宣布向伊朗移交巴列维国王时期向法国订购的3艘巡逻艇,密特朗还借伊朗新总统拉贾伊就职之际,发去了封热情洋溢的贺电。8月5日,伊朗外交部勒令法国大使居伊·乔治72小时内离境。8月6日,风波得以缓和。正当人们舒口气之时,8月13日,由拥护巴列维国王的前海军总司令哈比博拉希领导的"伊朗自由运动"在西班牙附近的公海上,劫持了3艘巡逻艇中的"战斧号"。劫持者偏偏又把它开回了法国海岸,并要求政治避难。为平息事态,法国政府将巡逻艇交还伊朗,拒绝劫持者的避难请求,只答应保障其人身安全,这场风波得以化解。①

在以后的事态发展中,法国在两伊战争中支持伊拉克,大量伊朗政治流亡者云集巴黎,还有法国冻结伊朗10多亿美元的资产等等,这些最终导致了两国关系走向破裂。而引发两国断交的是古尔吉事件。古尔吉是伊朗裔法国侨民,在法国交际广泛,曾因在法国搞"革命活动"一度被驱逐。伊斯兰革命胜利后,他担任了伊朗驻法国使馆的译员,并参与法伊间重大外交活动,被法国视为伊朗驻法使馆的"二号人物"。1987年3月,法国警方抓获去年9月恐怖活动的案犯,得知古尔吉与之有关。于是,法国司法部门于6月初正式传唤古尔吉。古尔吉不知所踪,伊朗驻法使馆称此人已不在法国,但法国得到的情报是他藏身伊朗使馆,法国警方遂封锁伊朗使馆。作为报复,伊朗封锁了法国驻伊使馆。7月16日,伊朗向法国发出最后通牒,要求其在72小时内解除对伊朗使馆的封锁,否则断交。第二天,法国宣布与伊朗断绝外交关系。

1991年10月25日,法国外长罗朗·迪马在电台发表讲话,当谈及伊朗谈判代表穆罕默德·瓦艾齐将到法国访问时说:"我们看到了谈判的终点,谈判代表已完成了他们的工作。今天,我们将仔细审阅所有文件,并于当天完成这项工作。"② 这使人们看到了中断已5年的法国与伊朗关系走向正常化的曙光。伊朗与法国之间关系正常化的谈判屡谈屡败,主要障碍是伊朗力求从法国获得浓缩铀得不到保证。现在,法国人终于改变了希望伊朗退出欧洲扩散公司的想法,不再争取就该问题达成协议,而是争取伊朗做出保证:事实上或法律上放弃行使特权。

---

① 耿成:"法国与伊朗的摩擦",《世界知识》1981(18):21。
② "法国外长宣布法国和伊朗的纠纷已解决",[法]《世界报》1991-10-25。

(三) 德国与伊朗关系

德国与伊朗的关系是三国中最轻松的，这与德国人第二次世界大战后对国际关系的理解密切相关。二战前后，"以霍克海默、阿多诺、马尔库塞、哈贝马斯等为代表的法兰克福学派，以其鲜明的社会批判理论著称，它对人类解放主旨的弘扬、对工具理性的贬低、对实证主义的反驳、对知识批判功能的推崇、对各种形式的意识形态的讨伐，不仅引发了20世纪中期关于认识论的哲学大辩论，也对包括国际政治学在内的整个社会科学产生了重大影响。"① 20世纪70年代以后，德国的新现实主义把和平研究作为重点研究对象，强调"德国特色"的国际关系理论，从而为德国和平外交政策提供了理论基础。

德国的外交政策保持自身的个性，如在美国孤立伊朗问题上，德国持反对态度。1996年6月，正在美国访问的德国外长金克尔发表讲话说："我们认为，最好是继续与伊朗进行对话，而不要断绝接触，不要实行制裁，不要孤立伊朗，因为这只会导致伊朗变得更加激进。"②

另外，德国积极与伊朗发展双边关系。2000年7月中旬，伊朗总统哈塔米对德国进行了为期3天的访问，这是伊朗国家元首33年来首次对德国进行访问。德国总理施罗德与伊朗总统哈塔米会谈后发表讲话说，德国愿与伊朗进一步加强合作，并决定将对伊朗贸易提供的国家担保金由2亿马克（约0.97亿美元）提高到10亿马克（约4.88亿美元）。③

2001年5月，欧盟决定加强与伊朗的关系。2002年12月，伊朗与欧盟在布鲁塞尔启动了旨在签署经贸合作协议的谈判。欧盟与伊朗贸易投资工作小组也举行了多次会议，讨论扩大双边经济往来。2001年，双边贸易额为130多亿欧元，欧盟成为伊朗的主要贸易伙伴。④

二、欧洲人对伊朗核问题的态度

2004年1月24日，德国总理施罗德指出，要解决有争议的伊朗核问题绝不能使用武力，也不能进行军事干预，并且强调寻求政治解决的努力必须继续下去。11月，英国外交大臣斯特劳称，"与伊朗的战争是不可想象的。" 2005年1月，在莫斯科举行一年一度的法俄安全合作会议上，法俄两国外交部长和国防部长在不同场合多次表示，在伊朗核问

---

① 吴志成、赵晶晶："20世纪德国的国际关系研究评析"，《教学与研究》2010（8）：56—64。
② 章敏："伯林审判和德国政府的苦衷"，《国际展望》1997（8）：9—10。
③ 吕鸿："伊朗国家元首33年来首次访问德国"，《新华每日电讯》2000-7-12（6）。
④ 冯坚："在伊朗核问题上，欧盟很尴尬"，《新华每日电讯》2004-9-16（5）。

题上，法俄意见完全一致：与布什"不排除武力解决伊朗核问题的可能性"相反，法俄重申伊朗核问题只能谈，不能打，只要继续谈，就有希望政治解决。

2005 年 1 月 19 日，针对美国总统布什"没有排除对伊朗采取军事行动的必要"的表态，1 月 21 日，正在中国访问的英国外交大臣斯特劳（Jack Straw, 1946 年—）在中国社科院回答记者提问时指出，对于伊朗问题，英国一直主张通过外交途径解决，并就此问题与德国和法国达成了一致。① 出于对布什政府可能会寻求英国支持军事打击伊朗的担心，斯特劳在名为"伊朗核项目"的文件中表示，英、法、德三国所倡导的和平解决伊朗问题"符合伊朗和国际社会的最高利益"。文件排除了对伊朗动武的可能性，要求政治解决伊朗核问题。② 2 月 26 日，德国驻伊朗大使保罗·凡·马尔扎恩（Paul von Maltzahn, 1945 年—）在由伊朗科技研究和中东战略研究中心组织的圆桌会议上说："尽管存在困难，欧盟认为解决问题的最好方法是建立在尊重已达成协议基础上的对话与协商。欧盟希望倾听对方的观点和建议，请求继续支持对话。"③ 11 月 13 日晚，在伦敦市长举行的宴会上，英国首相布莱尔表示他希望通过与伊朗和叙利亚进行对话，建立"新的伙伴关系"，以此实现伊拉克的和平。他还首次明确表示排除对伊朗动武的可能性。他说："我们应该着手处理以巴问题，这是核心；然后我们应该在黎巴嫩问题上取得进展；我们应该团结所有温和的阿拉伯（国家）……推动这些国家的和平，包括伊拉克在内；我们应该支持、加强、尊重那些温和、现代的观点。"④

2006 年 5 月，正在美国访问的德国总理默克尔表示，她仍然希望通过外交手段解决伊朗核问题。在与布什会晤后，默克尔说："我们完全同意，在任何条件下都不能允许伊朗拥有核武器。"但是，她也强调指出，希望通过外交手段解决伊朗核问题，逐步推进外交措施至关重要。⑤ 5 月 4 日，法国总理德维尔潘在每月举行的新闻发布会上明确表示："我确信军事行动决不是解决问题的办法"，因为武力不仅解决不了任何纷争，反而会增加危险，伊拉克问题就是一个最好的例子。他还呼吁国际社会在应对伊朗

---

① 杨晓："英外相：伊朗问题不会跟美国走"，《北京青年报》2005 – 1 – 22（A11）。
② 徐驰："盟友分歧：美国若出兵伊朗英国不再帮忙"，《北京晚报》2005 – 1 – 24（9）。
③ Ronudtable. Iran's Nuclear Program: Future Scenarios. *Discourse*, Vol. 6, No. 3 – 4, 2005: 1.
④ "布莱尔欲与伊朗结'伙伴'"，《广州日报》2006 – 11 – 15。
⑤ "俄坚决反对制裁伊朗 分析指俄此举为制衡美国"，《现代快报》2006 – 5 – 5。

核问题时保持"团结"和"坚定"。① 9月18日，法国总统雅克·希拉克在前往纽约出席联合国大会前接受法国欧洲第一电台记者采访，就伊朗核问题等国际局势发表看法说："首先我们必须确定目标，然后再开始谈判。我建议谈判过程中，一方面，六国不要把伊朗核问题提交安理会，另一方面，伊朗放弃铀浓缩。"②

2007年1月30日，法国外交部发言人马泰在例行记者会上说，法国外长杜斯特—布拉齐曾明确表示，只有外交手段才能解决伊朗核问题，法国这一立场"不存在模糊"。③ 第二天，法国总统府发表公报说，法国和法国总统在伊朗核问题上立场一直是坚定的。法国和国际社会不能接受伊朗拥有核武器，要求伊朗信守就《核不扩散条约》做出的有关承诺，同时重申伊朗有权拥有用于和平目的的核技术。④ 2008年4月28日，杜斯特—布拉齐发表公报称，国际原子能机构总干事巴拉迪令人遗憾地发现伊朗没有停止反而加紧铀浓缩活动，"但是我们仍然要对伊朗说谈判的大门依然敞开"。他说，伊朗领导人需要做出姿态，恢复国际社会对其核计划的信任，法国仍相信伊朗核问题应通过外交手段解决。6月23日，正在以色列访问的法国总统萨科齐在以色列议会发表演讲时说，不仅仅是以色列，整个欧盟都在关注着伊朗的核计划，"如果伊朗发展核武器，那么对法国来说是不可接受的"。他还表示，当以色列的安全、存在受到威胁时，法国总是站在以色列一边。2009年2月11日，正在科威特访问的萨科齐在新闻发布会上说："我们希望美国通过对话解决伊朗核问题，但是在谈判时还是要强硬些。"⑤ 2月25日，英国《金融时报》披露，它和意大利《改革者》报获知一份机密文件，英、法、德有意制裁涉及伊朗秘密研发核武器和生物武器计划的10个重要人物和34家伊朗企业或机构，这10个人物包括伊朗志愿者准军事组织"动员穷人组织抵抗力量"正副指挥官，所有上榜个人均首次面临制裁。部分上榜机构和企业已受到制裁，首次被列入名单的有谢里夫理工大学、伊朗保险公司、伊朗航天局、血浆及疫苗产商拉齐研究所、伊朗商业银行等。第二天，欧洲数国外交官证实，英、法、德三国提议将制裁伊朗范围扩大至伊朗商业银行等一批伊朗著名企业、机构和个

---

① "俄坚决反对制裁伊朗 分析指俄此举为制衡美国"，《现代快报》2006-5-5。
② 史先振："希拉克提出解决伊核问题新建议：不提交安理会"，《中国青年报》2006-9-19。
③ 法新社巴黎2007年1月30日电。
④ 新华社巴黎2007年2月1日电。
⑤ 新华社科威特2009年2月11日电。

人。三国想借此向美国新总统奥巴马施压,以免美伊关系迅速升温,同时,三国也是为对伊谈判准备筹码。①

2009年9月,针对伊朗建造第二座铀浓缩工厂一事,英国首相布朗称,国际社会被伊朗欺骗多年,现在已别无选择,必须和伊朗划清界限。如果伊朗在10月1日前不能证明它是国际社会的伙伴,"就会被进一步孤立……英国不会坐视此事,也准备采取进一步更严厉的制裁。"法国总统萨科齐说,伊朗隐匿库姆的核武设施多年,已直接违背了安理会与国际原子能机构(IAEA)的决议,"我们正陷入非常严重的信心危机,面临了一项对全体国际社会的挑战。"他说,不能让伊朗领导人"在引擎仍转动的时候获取时间",强调伊朗如果到12月没有具体改变,"就要采取制裁"。

欧洲人担忧伊朗核计划向核武器方向发展。2008年5月26日,英国已退休的核物理与安全教授、一度任美国参议院外交委员会首席科学顾问的彼得·D. 齐默尔曼(Peter D. Zimmerman, 1941年—)在《波士顿环球报》上撰文质问:为什么伊朗用烈性炸药引爆重金属的半球壳?这种试验完全用于轻量级的核武器试验;为什么伊朗研发用于核武器的各种型号的雷管?为什么伊朗反复设计可以携带核武器的弹道导弹?② 2011年,英国国防大臣福克斯(Liam Fox, 1961年—)称,西方应当假定伊朗将在2012年前拥有核武器,并根据这一时间表采取相应行动。他多次在公开场合表达对伊朗核项目的担心。

英国布拉福德大学和平研究院教授保罗·罗杰斯(Paul Rogers, 1943年—)认为,欧洲国家之所以积极倡导在伊朗核问题上使用外交手段,部分原因在于担心战争带来的风险。不管是以色列或是美国对伊朗发动军事进攻,对欧洲都将带来负面影响。如果美国打伊朗的话,会使已因阿富汗和伊拉克两场战争而显得疲惫不堪的美国变得更加疲惫。尽管如此,在他看来,如果罗姆尼赢得2012年美国大选,可能在2013年的头几个月里发动对伊朗的战争。③

三、欧洲对伊朗核问题的政策变化

在伊朗核问题的演变过程中,欧盟经历了从积极斡旋到积极制裁的

---

① "欧盟酝酿制裁伊朗新方案",《宁波晚报》2009-2-27 (A11)。
② Peter D. Zimmerman, Time for Iran to face more sanctions, Boston Globe, July 6, 2007. http://www.boston.com/bostonglobe/editorial_opinion/oped/articles/2008/07/06/time_for_iran_to_face_more_sanctions/.
③ "美国或明年攻打伊朗",《法制文萃报》2012-7-7 (4)。

转变。

　　在伊朗核问题上，欧盟的基本政策受制于其中东政策。欧盟的中东政策要点为：政治解决中东地区冲突；控制军备，实现地区安全与稳定；利用优越的地理位置，加强欧洲同中东地区的经济合作。① 在欧洲人看来，中东的稳定与石油资源对欧洲的繁荣发展至关重要。中东，特别是北非国家一向被欧洲视为"后院"和战略要地。历史上，这一地区曾是欧洲国家的殖民地，与欧洲国家有着千丝万缕的联系。进入21世纪后，欧盟重新重视对中东地区的战略，北非、中东地区被列为欧洲近邻政策框架的重要对象。2004年，欧洲制定"近邻政策"（European Neighbourhood Policy, ENP），旨在避免扩大后的欧盟和其近邻之间出现新的分界线和危机，以实现共同繁荣、稳定和安全。该政策框架下的19个国家，中东地区占了10个（约旦、叙利亚、黎巴嫩、巴解组织权力机构、以色列、埃及、利比亚、阿尔及利亚、摩洛哥、突尼斯），其他国家也大多为中东邻国。2008年，欧盟启动"地中海联盟伙伴国计划"，也涉及了中东地区的一些重要国家。另外，不稳定的中东引发的民族和宗教仇视、社会动荡、难民潮和恐怖袭击，首当其冲的是欧洲。鉴于此，欧洲对中东的稳定要比美国强烈得多。针对"阿拉伯之春"给中东，特别是非洲带来的变化，2011年3月10日，欧洲理事会主席范龙佩在讲话中称："正在欧洲南部边界发生的事情具有真正重大意义。埃及和突尼斯已经发生了不可逆转的变动。欧洲理事会要讨论如何以积极心态看待整个北非地区，如何帮助把此次'阿拉伯之春'变为真正新的开端。这对欧洲具有战略性意义。"② 欧盟石油消耗总量的52%来源于中东。③ 美国前国防部及能源部部长詹姆斯·罗德尼·施莱辛格（James Rodney Schlesinger，1929年—）曾说："在最近的将来，西方所有的自由国家，乃至自由本身的命运仍然依赖于能否得到这个变化莫测地区的石油资源。"④ 中国学者王京烈先生在谈及中东石油资源对欧洲的重要性时说："西欧的安全与繁荣仰赖于中东，特别是中东的石油战略资源。"⑤ 以上这些直接影响到了欧洲对伊朗核问题的政策。在欧盟看来，伊朗发展核武器将直接引发地区军备竞赛和武装冲突，特别是以色列多次扬

---

① 李援朝：《中东问题研究》，黑龙江教育出版社1996年版，第223页。
② 房乐宪："北非中东政局对欧盟的挑战及欧盟的政策应对"，《当代世界》2011（4）：33—35。
③ 王冀平等："伊朗核问题与大国关系"，《美国研究》2004（1）：78—90。
④ 赵国忠：《海湾战争后的中东格局》，中国社会科学出版社1995年版，第64页。
⑤ 王京烈：《动荡中东多视角分析》，世界知识出版社1996年版，第79页。

言要对伊朗核设施发动攻击,这将使本来就动荡的中东局势变得更为动荡,为世界石油市场增添了不稳定因素。所以,欧盟在伊朗核问题上的态度要比美国温和得多,希望发挥国际原子能机构的主导作用,通过"核查"、谈判等和平方式解决危机,不希望美国像对待伊拉克那样,过分利用军事威胁,对伊朗采取军事行动。欧盟更担心美国的强硬政策,其效果适得其反,反而强化伊朗保守派的势力,进一步助长了中东和北非的恐怖主义。[1] 同时,欧盟也担心美国推行单边主义,主导国际事务,这不利于欧盟国家在国际问题上拥有更大发言权。从而就出现了自伊朗核问题出现以来,美国态度一直强硬,拒绝考虑任何"软弱的政策选择",法、德、英三国则力主通过外交手段解决伊朗核问题,反对动辄以惩罚和制裁相威胁。

由于欧盟三国的积极斡旋,2003年10月20日,在国际原子能机构给伊朗设立的最后期限即将到来的关键时刻,英、法、德三国外长联合访问伊朗。11月26日,国际原子能机构理事会通过了由英、法、德三国起草的有关伊朗核问题的决议草案。据报道,在35个国际原子能机构理事会成员国中,只有加拿大、澳大利亚和日本赞同美国的立场,其余绝大部分国家都对英、法、德三国的提案表示支持。美国的铁杆盟友英国站在法、德一边,这是很少见的,并最终迫使美国从原有立场后退,同英、法、德三国就决议达成妥协。这使美国感觉到了从未有过的孤立。

2005年3月,经过最后10多天的密集商谈,美与法、德、英等欧盟国家终于在伊朗核政策上达成一致。3月11日,美国务卿赖斯宣布:美国将以和解方式调整自己的伊朗政策,如果伊朗在核问题上采取合作态度,美国将给予伊朗一定的经济鼓励。美国政府将放弃反对伊朗加入世贸组织的立场,并根据个案处理的原则,将考虑为伊朗购买民航零部件发放许可证。她强调说:"我们支持欧洲政府希望通过和平及外交方式说服伊朗履行自己义务的愿望,今天发表的声明显示,我们为支持欧洲在这方面的努力而准备采取实际步骤。"[2] 在欧盟的努力下,美国终于改变了立场。

2005年8月8日,伊朗恢复铀转化活动,导致其与欧盟的核谈判出现僵局。2006年1月10日,伊朗以进行核科学研究为由,开始小规模铀浓缩加工活动,伊朗与欧洲关系开始恶化。美欧决定将伊朗核问题提

---

[1] Fawaz A. Gerges. *America and Political Islam: Clash of Cultures or Clash of Interests?*. Cambridge: Cambridge University Press, 1999: 119.

[2] 吴建友:"美国跟上了欧盟的节奏",《光明日报》2005-3-14 (C4)。

交联合国安理会，2月4日，国际原子能机构理事会通过决议，决定把伊朗核问题提交联合国安理会，从而使伊朗核问题进入联合国阶段。虽然把伊朗核问题提交了联合国，但欧盟仍然积极斡旋，并提出了一些可操作的方案，如2006年5月24日，欧盟准备提出一个包括向伊朗提供一座轻水反应堆和安全保证等内容的一揽子计划，以促使伊朗中止核计划。2008年1月，代表欧盟的英、法、德三国向联合国安理会正式提交有关伊朗核问题的草案，草案在强调继续寻求通过外交手段解决伊朗核问题的同时，适度加大了对伊朗的制裁。安理会通过的5个决议，草案皆由欧盟代表提出。西方国家对伊朗的裁制通过安理会的决议，披上了合法化的外衣。

2008年6月23日，欧盟外长在卢森堡召开会议，同意对伊朗实施进一步制裁，包括冻结伊朗金融机构的资产、禁止与伊核计划相关人员进入欧盟或在欧盟开展商务活动。制裁于第二天正式生效。6月25日，欧盟负责外交和安全政策的高级代表索拉纳表示，欧盟将继续对伊朗采取谈判和制裁双重策略，以促使其停止铀浓缩活动。

在联合国安理会还在对伊朗进行紧锣密鼓制裁的同时，欧盟已经开始酝酿对伊朗的单独制裁了。2008年6月23日，在卢森堡召开的欧盟部长级会议上，欧盟官员同意对伊朗实施进一步制裁，包括冻结伊朗最大银行的资产、禁止与伊核计划相关的人员进入欧盟或在欧盟开展商务活动。由于新的制裁措施是在6月中旬举行的欧美峰会上敲定的，因此它在当天召开的欧盟部长级会议上未经讨论就获得通过。① 6月14日，索拉纳向伊朗递交了六国提出的伊核问题复谈方案。伊朗政府当天表示，将"仔细研究"方案后做出答复。如果方案包括将暂停铀浓缩活动作为复谈前提的内容，伊朗将"不予考虑"。

2009年1月26日，伊朗外交部发表声明，强烈谴责欧盟将伊朗反政府组织"人民圣战者"从国际恐怖主义黑名单中删除。声明称，欧盟理事会无视国际法，违背自己在国际反恐文件，如安理会1373号决议中所做的承诺，将双手沾满成千上万伊朗人鲜血的伊朗反政府组织"人民圣战者"从欧盟恐怖组织黑名单中删除，此行为是失信的行为，应受到谴责。②

2011年11月，英国、美国、加拿大等西方国家相继宣布对伊朗的金融及能源领域实施新制裁。欧盟是这样解释自己对伊朗的单边制裁的：

---

① 新华网布鲁塞尔2008年6月23日电。
② 伊朗伊斯兰通讯社2009年1月27日德黑兰电。

"2011年10月（实为11月）国际原子能机构的报告表明，伊朗从事了发展军事核技术的相关活动，加强了人们对伊朗核计划性质的担忧。在此背景下，由于伊朗缺乏与欧盟最高和谈代表的建设性谈判，因此，欧盟最终决定代表六国，从2011年底开始，扩大对伊朗的制裁。""制裁的目的旨在说服伊朗履行其国际义务，并限制其发展支持核和导弹计划的敏感核技术。"①

"阿拉伯之春"对欧盟的影响是巨大的，它使人们看到了民族精神的重要性。石油资源已经退居第二位，围绕民族灵魂塑造的意识形态远远超过了当下的石油需要，围堵伊朗刻不容缓。2012年1月18日，针对即将进行的欧洲外长制裁伊朗的表决，核专家、欧洲议会负责伊朗事务的塔里·克隆伯格（Tarja Cronberg，1943年—）反对欧盟对伊朗进行石油禁运。她说，权力政治可能会导致霍尔木兹海峡的军事冲突，"这个世界现在并不需要采取军事行动"。欧盟外长将公布的对伊朗的制裁将是西方实施的"经济自杀"行为。② 1月23日，在经过数周艰难谈判后，欧盟27个成员国外长终于就制裁伊朗达成一致，确定了制裁伊朗石油产品的具体细则及时间表。根据协议，欧盟成员不得再进口伊朗原油及石油产品。对已订合同，欧盟成员国须在2012年7月1日前完成交易。协议还规定，冻结欧盟与伊朗中央银行及其他伊朗国营机构的一切交往，停止黄金等贵金属交易，停止钻石交易，停止向伊朗交付委托铸造和印制的金属货币和纸币。

3月17日，全球最大的电子银行系统——总部设在比利时的环球银行金融电信协会（SWIFT）决定从当天下午4时开始，终止伊朗多家银行通过其网上交易系统跨境汇兑。3月15日，协会首席执行官坎波斯发表声明称，终止伊朗银行跨境汇兑的决定是根据欧盟制裁做出的。他说："就SWIFT而言，阻断银行业务是非同寻常和前所未有的举措。这是国际和多边行动的直接结果，以达到强化对伊朗金融制裁的目的。"奥巴马政府的专家杜博维茨称："如果SWIFT坚持履行禁止伊朗银行参与的承诺，伊朗政权的金融生命线可能被切断。该协会在金融方面的作用相当于联合国。"

特拉维夫大学国家安全研究所的主要研究人员马克·海勒（Mark

---

① The European Union and Iran. Brussels: Presse 15 of Council of the European Union (5555/6/12 REV 6), Oct. 16, 2012: 1-2.

② Méabh Mc Mahon. EU sanctions would rally support for Iran regime, MEP warns. http://euobserver.com/videos/114932.

A. Heller，1946年—）评价欧盟对伊朗的经济、金融制裁说：石油收入超过伊朗政府收入的一半，硬通货的80%。石油出口占伊朗政府收入的50%以上，占约80%的硬通货收入。而作为一个集团，欧盟是伊朗第二大客户，占伊朗出口的1/4左右。因此，除非其他客户中和欧盟行动，加强自己从伊朗采购——来自中国、日本和韩国的迹象表明，这种情况是不太可能的——欧盟加上现有美国的措施，诚如美国国务卿希拉里·克林顿所威胁的，将实行"严厉制裁"，但不能没有欧洲的合作。如果真是这样的话，伊朗政权在应对高通胀和迅速贬值的货币上，将感到压力。它可能投降，完全取消核武器计划，这正是欧洲和其他制裁所希望的结果；也有可能，绝望地关闭霍尔木兹海峡，但这超出了伊朗的能力。伊朗可能困兽犹斗，对沙特阿拉伯的炼油厂、管道及其他设施进行破坏或发动火箭弹袭击。如果这样的话，许多欧洲人都力求避免的军事对抗将不可避免。[①]

10月15日，欧盟卢森堡外长会议发表的声明称，欧盟禁止从伊朗进口天然气，并禁止一切欧洲与伊朗银行间的交易，还加大了对伊朗的出口限制。声明指出，欧盟此举旨在通过进一步向伊朗施压，以外交手段解决伊朗核问题。如果伊朗政府采取负责任的行动，欧盟将结束对其制裁，否则，欧盟将联合国际社会继续对伊朗施压。声明强调，制裁旨在减少伊朗用于核计划的资金，并非针对伊朗民众。新制裁措施的出台标志着欧盟对伊朗施压政策的转变。此前欧盟对伊朗的制裁措施大都是针对特定人群或公司实体，新制裁措施将给伊朗普通民众的生活带来更大危害。同一天，德国《明镜》周刊报道，伊朗伊斯兰革命卫队拟定一个计划，在霍尔木兹海峡制造环境灾难，封锁海上原油运输以迫使西方解除对伊朗的经济制裁，此外，一些伊朗企业还可以从清理行动中获利。报道还称，计划实施只需获得伊朗最高领袖哈梅内伊的批准。这样的政策只有西方人才能想得出来，对于伊朗来说，外部的制裁已经给国民经济带来了巨大的灾难，在自己的家里或家门口制造生态灾难，这与自杀有什么区别？欧洲对伊朗的制裁，要通过遏制伊朗来遏制穆斯林世界，弱化伊斯兰文明的发展势头。

当我们看到欧盟日益协调一致之时，经济却出现了衰退。2013年2月5日，欧洲统计局网站公布的数字表明，2012年12月欧元区和欧盟零售总额环比分别下跌0.8%和0.6%；零售指数则分别下降3.4%和2%。2012年平均零售指数与上年相比，分别下跌1.7%和0.6%。从环比来看，12月欧元区和欧盟的食品、饮料和香烟销售分别减少0.8%和0.6%，非食品

---

① Mark A. Heller. A Europe-Iran War. *International Herald Tribune*, Jan. 26, 2012.

部门销售则分别下跌1%和0.7%。由于对伊朗实行石油禁运制裁,希腊的主权债务危机在2013年初演变成了能源危机。2013年1月8日,希腊环境部发表声明称,为了应对零下15摄氏度的低温,无钱买油燃料的家庭只得非法砍伐树木取温,上一年共查获13088吨木头、425辆运木车辆及426件砍伐工具。大量使用木材燃料还造成空气质量的大大降低。更具讽刺意味的是,在欧洲的主权债务危机中,爱尔兰、葡萄牙、希腊、意大利和西班牙先后出现了政府更迭。

第二节 "金砖国家"与伊朗核问题

美国学者戴维·S. 梅森(David S. Mason, 1947年—)这样评述"金砖四国":"欧盟和中国是美国的两大最强挑战者,两者在全球的实力、影响力和吸引力各具优势。但此外还有其他国家可随着美国全球实力的削弱而成为大国,这些国家包括所谓的'金砖四国'除中国以外的其他三国巴西、俄罗斯和印度(一些分析家预计到2050年'金砖四国'将发展为六大经济体)。由于这四个国家在经济上的互补,如中国的制造业、印度的服务业、俄罗斯的能源、巴西的原材料,四国的合作将成为本世纪中叶世界上最强的经济集团。即使没有这种合作,'金砖四国'中的任何一国也可能成为超级大国。"[①] 以后,人们又把南非放进"金砖国家",使其成为五国。一个国家的崛起由多种因素决定,对国际重大事务的判断和决策是一个国家软实力的重要内容。本节重点梳理除中国外其他"金砖国家"在伊朗核发展过程中,围绕自身利益的国际参与。

一、俄罗斯与伊朗的核合作

俄罗斯与伊朗的官方交往可追溯至16世纪中期,俄国人安东尼·金肯松与伊朗使臣一道从莫斯科到达伊朗,这是伊朗国王沙赫·塔赫玛斯普(1524—1576年在位)与俄国沙皇伊凡四世(1533—1584年在位)之间有关两国交往的最早文献记载。此时的伊朗正在与奥斯曼土耳其帝国进行战争,而俄罗斯为争夺波罗的海出海口和波罗的海东岸土地正与立窝尼亚骑

---

① [美] 戴维·S. 梅森著,倪乐雄、孙运峰译:《美国世纪的终结》,上海辞书出版社2009年版,第182页。

士团、波兰、立陶宛、瑞典和丹麦进行战争。从两国关系的起点来看,双方一开始就把对方视为制约敌手的重要工具。在以后数百年的历史中,俄罗斯(苏联)的扩张给两国关系带来的大多是紧张。如:1724年6月,俄罗斯与土耳其签订瓜分伊朗西部和北部领土的《君士坦丁堡条约》;1732年,伊朗与俄罗斯签订《拉什特条约》,伊朗国王塔赫马斯普二世(1722—1732年在位)答应肃清外高加索土军后把库拉河以北地区归还俄罗斯,以换回吉兰省;1828年2月,双方签订《土库曼恰伊条约》,伊朗宣布放弃在南高加索的一切权力;1907年,英俄签订分割伊朗的协定;1909年,俄军进入伊朗的大不里士,并于1912年占领伊朗北部大部分地区;1941年8月,苏联和英国军队进入伊朗;1946年,苏联人策动伊朗的阿塞拜疆人建立阿塞拜疆共和国。加之其他西方列强在扩张的过程中,往往染指地缘政治地位和战略资源重要的伊朗,使伊朗人对西方列强产生了强烈的不信任感。伊朗已故精神领袖阿亚图拉霍梅尼曾说:"我们绝不信任霸权主义,即便他们说真话,我们也会认为他们是处于某种利益而别有用心地蒙蔽人们。"[1] "伊朗人民不想依靠东方和西方,而要独立自主,要依靠自己民族的资源和财富。"[2] "我们不用美国庇护,不用苏联庇护,不用其他任何列强庇护。"[3]

　　随着苏联解体,俄罗斯看到了伊朗与其在反对美国霸权主义上的共同利益,双方积极合作。核合作是俄伊双边合作的重要内容。1991年,伊朗开始与俄罗斯洽谈恢复建造布什尔核电站问题。次年,双方签订《和平利用核能协议》,据此,俄罗斯将为伊朗建造1座核电站,并与伊朗在核燃料循环处理、核废料再处理、供科学和医学研究的同位素的生产等方面进行合作。1993年,俄外长科济列夫访问伊朗,伊俄双方达成了由俄向伊出售两座440兆瓦核反应堆的核合作项目议定书。1995年1月8日,伊俄又签订了价值8亿美元的核合作合同,据此,俄罗斯为伊朗建造4座商用轻水核反应堆。从1995年10月开始,俄罗斯帮助伊朗在布什尔建设两座核反应堆,并为电站运转提供核燃料。伊俄之间的核合作招致了美国的反对,同年,俄美两国便秘密签订了《戈尔—切尔诺梅尔金协定》。2000年9月,借出席联合国千年首脑大会之机,俄罗斯总统普京与伊朗总统哈塔米在纽约进行会晤。11月,俄罗斯中止了《戈尔—切尔诺梅尔金协定》。

---

[1] 《伊马姆霍梅尼箴言集》,德黑兰:伊马姆霍著作整理与出版机构(国际事务处)1997年版,第169页。
[2] 同上书,第127页。
[3] 同上书,第174页。

12月，俄国防部长谢尔盖耶夫访问伊朗，双方讨论了恢复俄伊军事技术合作等问题，两国双边关系迅速升温。2001年3月12—15日，伊朗总统哈塔米应邀对俄罗斯进行正式访问，这是伊朗总统首次访问俄罗斯。3月12日，俄罗斯总统普京与伊朗总统哈塔米在克里姆林宫签署了《关于俄罗斯和伊朗两国相互关系基础及合作原则条约》。条约主要内容为：俄罗斯和伊朗将在主权平等、合作、相互信任、尊重主权、领土完整和独立、不干涉内政的基础上发展两国之间的友好关系。双方保证在相互关系中不使用武力或以武力相威胁，不利用本国领土对另一方进行侵略、颠覆和分裂活动。在一方遭受他国侵略的情况下，另一方不为侵略者提供任何帮助。[①]此外，2002年7月，俄罗斯不顾美国反对，宣布它将完成伊朗布什尔核反应堆建设，并在未来10年内为伊朗建设另外5座价值100亿美元的核反应堆（1座在布什尔，另4座在纳坦兹）。[②]令人不解的是，俄罗斯的这一决定是在上个月加拿大八国集团峰会上，西方七国答应向俄罗斯提供200亿美元援助，以换取俄罗斯停止与伊朗的核合作的背景下做出的。显然，俄罗斯在国际舞台上，已经不再单纯追求经济效益了。以后，双方在军事、核能、经济、民航、电信等领域的合作日益加强。2004年，伊俄贸易额突破了200亿美元。[③]

在伊朗核问题上，俄罗斯主基调是积极支持伊朗和平利用核能。2006年4月12日，俄罗斯外长谢尔盖·拉夫罗夫发表声明说，俄罗斯希望通过政治和外交途径解决伊朗核问题，以武力解决伊朗核问题的方案是不存在的，武力解决方案只会在中东造成极其危险的态势。他说，伊朗从来没有声称自己将力求拥有核武器，而是希望和平利用核能。俄罗斯的主要任务是制止违反《核不扩散条约》的行为。目前，国际原子能机构尚未确定伊朗违反了该条约。[④]

2006年8月25日，针对西方国家制裁伊朗的提议，俄罗斯国防部长谢尔盖·伊万诺夫说："现在谈论对伊朗进行制裁至少为时尚早并且没有根据。""以前的经验表明，制裁从来没有达到过预期目标，而且也不是行

[①] 韦政强："俄罗斯伊朗越来越热乎"，《新华每日电讯》2001-3-13（6）。
[②] Peter Baker. Russia unyielding on Iran Nuclear Project. *Washington Post*, Aug. 16, 2002。
[③] 左凤荣：《重振俄罗斯：普京的对外战略与外交政策》，商务印书馆2008年版，第403页。
[④] 韩显阳、李力："俄罗斯欧盟希望通过外交途径解决伊朗核问题"，《光明日报》2006-4-13（12）。

之有效的。"① 俄更反对在核问题上对伊朗动武。10月18日,拉夫罗夫称,国际社会对伊朗的核计划做出反应是必要的,但反应必须适当,即应以国际原子能机构的报告为基础。值得注意的是,国际原子能机构对伊朗核问题的报告并未指出伊朗对国际和平与安全构成威胁。11月初,他批评欧盟三国提出的方案"远离六国协议",并呼吁由国际原子能机构,而不是安理会来解决伊朗核问题。2007年4月3日,俄第一副外长安德烈·杰尼索夫警告,俄罗斯不接受美国对伊朗发动军事打击。他说:"打击可能对伊朗军事和工业潜能造成破坏,但无法赢得战争,打击后果将波及整个世界。"他提醒说:"我们的战略伙伴已经在阿富汗和伊拉克陷入泥潭",如果对伊朗开战,国际社会可能看到美国"作为世界上最强大国家"的衰落。② 9月18日,拉夫罗夫在会见法国外长贝尔纳·库什内之后说:"我们认为,武力无法解决当今任何问题,对伊朗核问题亦如此。"10月10日,俄总统普京在莫斯科与到访的法国总统萨科齐会谈后说,俄不认为伊朗有生产核武器的计划,俄将继续同联合国成员国一道致力于伊朗核问题的解决。2012年9月初,俄罗斯副外长雅伯科夫称:"我们警告那些对军事解决方案感兴趣的人……这将是有害的,对地区稳定来说,简直就是灾难性的。"攻击伊朗"在安全和经济领域将引发深度冲击,影响范围将远远超出中东地区"。③

我们也要看到,俄罗斯在支持伊朗和平利用核能,积极与伊朗核合作的同时,也反对伊朗发展核武器。2008年2月13日,俄外长拉夫罗夫在讲话中说:"我们不同意伊朗不断试图发展火箭技术,并进行铀浓缩活动。"尤其是当俄罗斯发现面对强硬的伊朗,西方拿它没办法时,害怕西方后撤,伊朗核危机趋向缓和,于是它把反伊的调门打开。2005年8月9日,俄外交部发表声明称:"明智的决定就是一刻不耽误地停止……铀转化活动","我们相信,目前的形势还没有发展到无法回头的地步。"④ 2006年1月10日,伊朗揭去纳坦兹核设施上的封条,俄罗斯的态度也发生了转变。第二天,俄外交部发表声明,对伊朗违反和欧盟签署的协议,恢复和浓缩铀有关的核研究感到"极其失望"。1月12日,《华盛顿邮报》报道,

---

① 冯俊扬:"核问题美欧现分歧,中德黑兰离间计?",《新华每日电讯》2006-8-27(3)。
② 巴卢耶夫斯基:"俄罗斯:向伊朗开战,将导致美国衰落",《新华每日电讯》2007-4-5(5)。
③ Russia says strike on Iran would be disastrous for regional stability. *Tehran Times*, Sept.8, 2012: 1-2.
④ 田辉:"俄罗斯突然发话叫伊朗立即收手",《东方早报》2005-8-11(A11)。

俄外长拉夫罗夫在与美国务卿赖斯进行电话交谈时承诺，如果美欧决定在国际原子能机构中提出将伊朗核问题提交联合国安理会的议案，俄罗斯将不再反对。① 俄罗斯总统外交顾问谢尔盖·卡拉加诺夫也警告伊朗说，"这是伊朗的倒数第二个机会。"他说，伊朗拥有核武器"是该地区其他国家和一些超级大国所无法接受的，特别是俄罗斯，因为它与伊朗最为接近，一旦伊朗拥有了核武器，俄罗斯便处于射程之内"，"伊朗拥有核武器将煽动沙特阿拉伯和埃及也去制造核武器"，这将埋葬"战略稳定"这一概念。摆在伊朗面前有两种选择：要么接受俄斡旋，以摆脱"国际孤立局面"，这样才能"吸引大量投资，刺激其发挥经济潜力"；要么就任凭"制裁拖累其经济发展，即使不四面树敌，也会令国家深处冰冷的境地，并等待对其核设施的持久的预防性轰炸，甚至其工业设施也有可能变成轰炸目标"。② 因此，伊朗必须在"胡萝卜"与"大棒"之间做出选择。4月29日，拉夫罗夫呼吁伊朗暂停铀浓缩试验活动，并采取具体步骤恢复国际社会对伊朗的信任。9月5日，俄罗斯总统助理舒瓦洛夫在莫斯科对新闻界说，俄国不排除参与制裁伊朗的可能性，但对伊朗采取行动时必须慎重；在考虑对伊朗实施经济制裁或军事打击时，必须意识到类似行动可能会增强伊朗政府的凝聚力，会使更多伊朗国民支持政府落实铀浓缩计划。③ 最典型的要算前总统梅德韦杰夫了，他一上台，就给人一种俄罗斯伊朗政策有所改变的感觉。2009年9月15日，梅德韦杰夫在莫斯科对俄罗斯专家发表讲话时表示，西方国家对伊朗的核计划普遍感到不安，其实不仅是西方国家，俄罗斯和中东地区国家也对伊朗核活动的目的感到不安。他说："尽管对伊朗的制裁作用不是很大，但许多时候制裁还是必要的。而对伊朗实施新制裁已经不是很远的事情了，但国际社会在讨论对伊朗实施新制裁问题时应该特别谨慎。"④ 这与一个月前俄外长拉夫罗夫反对制裁伊朗的声音大相径庭。

俄罗斯在伊朗核问题上的政策有时给人一种摇摆不定的感觉，但绝不是为了取悦他人或无原则的，而是积极借国际热点问题，展示自身的硬实力和软实力，从而谋取自身利益最大化，俄罗斯也把伊朗核问题当

---

① 冯俊扬："伊朗揭核封，美欧发难俄也很恼火"，《新华每日电讯》2006-1-13（5）。

② Alfred Harryfulamer. Russian Roulette, Chinese Checkers and Texas Revolver in the Iran Crisis. *Daily Newspaper*, Feb. 19, 2006.

③ 赵毅："布什重申不允许伊朗拥有核武器"，《新华每日电讯》2006-9-7（5）。

④ 李延长："冷战后俄罗斯的中东政策及其特点浅析"，《当代世界与社会主义》2010（3）：104—108。

作了推行外交政策的工具与手段。可以说，俄罗斯与伊朗在核能领域的合作是两个政治大国的联手。2012 年 9 月 28 日，美、英、法、俄、中和德六国在美国纽约出席联合国大会期间举行部长级会议，再次商讨伊朗核问题。俄罗斯外长拉夫罗夫因"紧急事务"没有参加，由俄常驻联合国代表维塔利·丘尔金代其参加，被视为俄与西方国家在伊朗核问题上分歧明显。10 月 19 日，俄罗斯世界武器贸易分析中心主任伊戈尔·科罗特琴科说："除金砖国家和越南外，当前俄罗斯最明显的合作伙伴应是伊朗。"[1]

为此，伊朗与俄罗斯积极致力于天然气能源联盟。最早提出建立天然气联盟的是伊朗，它向俄罗斯提议成立一个类似于欧佩克的天然气联盟，得到了俄罗斯的积极支持。2006 年 6 月 26 日，俄罗斯天然气工业股份公司总裁阿列克谢·米勒在位于莫斯科的公司总部与伊朗石油部副部长内贾德·侯赛尼安会谈，商讨成立共同开发、运输、销售石油和天然气资源的联合企业。2008 年 10 月 21 日，俄罗斯天然气工业公司新闻中心发表公告称，伊朗石油部长诺扎里、卡塔尔石油工业部长阿提亚和俄罗斯天然气工业公司总裁米勒在磋商后联合对外宣布，因在世界天然气市场合作前景方面持有相近立场，三国决定成立"天然气欧佩克"组织。12 月 23 日，由 12 个国家参加的"天然气出口国论坛"（The Gas Exporting Countries Forum，简称 GECF）第七届部长级会议在俄罗斯首都莫斯科举行。时任俄罗斯总理普京亲自主持会议，并宣称，廉价天然气时代将一去不复返。会议通过了组织宪章，标志着该论坛向长期化、正式化的能源组织方向发展又迈进一步。会后，俄罗斯总统梅德韦杰夫称："这对天然气市场来说，是一个重大的事件。出口国、运输国、消费国之间的能源安全和利益分配，都取决于出口国的一致立场。"[2]

二、印度在伊朗核问题上的得与失

印度与伊朗的关系既有血缘的，也有文化的，更有现实利益的。从血缘上来说，印度人与伊朗人都是雅利安人与当地居民融合的结晶。从文化上来看，"从成书于公元前 1500 年的印度古代文献《吠陀》和稍后成书的伊朗《阿维斯塔》中可以发现两个民族早期神话的某些共同因素。其中许

---

[1] 刘世东："美国伊朗首次原则上同意直接对话"，《中国青年报》2012 - 10 - 22（4）。
[2] "'天然气欧佩克'初步成立"，《光大资讯》2008 - 12 - 26：5。

多神话故事和人物都彼此呼应和互相印证。"[1] 两个民族都有积极吸收异族先进文明成果的特点，一些印度的琐罗亚斯德教徒至今还保留着伊朗古代遗风。从现实利益上来说，两国分别为能源大国和能源进口大国，经济互补性极强，又都属于发展中国家和不结盟国家，在国际事务中有很多利益共同点。但由于国际政治斗争的原因，虽然两国早在1950年3月就已建交，广泛交往则是苏美冷战结束以后的事了。1993年9月，印度总理拉奥访问伊朗，成为伊朗伊斯兰革命后首位访问伊朗的印度总理。1995年4月，拉夫桑贾尼访问印度则是伊朗首位访问印度的总统。这种高层互访，带动了印伊双边关系的全面发展。

2003年1月，伊朗与印度发表《新德里宣言》称，为了建设更稳定、更安全、更繁荣的西南亚，增加两国在地区和全球事务上的合作，两国同意建立战略伙伴关系。2005年1月，伊朗与印度签订价值400亿美元的天然气购买合同。6月，两国再度签订了价值220亿美元的液化天然气购买合同。[2]

2005年9月14日，印度呼吁伊朗暂停核活动，呼吁国际社会通过谈判使伊朗放弃核计划，并表示印度不倾向于获得绝对多数而宁愿获得一致多数。6月28日，美国防部长拉姆斯菲尔德与到访的印度国防部长慕克杰在华盛顿签署美印防务关系协定，协议允许印度通过美国支持其航天计划，获取高精尖导弹技术。7月18日，美国总统乔治·布什和印度总理曼莫汗·辛格（Manmohan Singh，1932年—）在华盛顿草签了《印美民用核协议》。2006年3月初，美国总统布什对印度进行为期3天访问，期间，正式签署核合作协议。它彻底结束了美国对印度长达30年的高科技制裁，印度可名正言顺地从国际市场获得核燃料和核技术，标志着印美战略信任与合作达到了新高度。在这次访问中，曼莫汗·辛格在华盛顿发表讲话说："请注意，印度的外交政策由新德里决定。我们与伊朗之间存在着良好的关系；我们对伊朗有着巨大的能源需求；印度有1.5亿穆斯林，其中大多数是什叶派穆斯林。"[3] 他声明印度在伊朗核问题上的立场是在国际原子能框架内解决，反对将其提交联合国安理会。

由于印度在国际原子能机构理事会的"9·24决议"通过时投了赞成票。伊朗驻维也纳大使马上向他转达了伊朗核问题首席谈判代表拉里贾尼

---

[1] 张鸿年：《列王纪研究》，北京大学出版社2009年版，第9页。
[2] 赵建明："试析印度在伊朗核问题中的平衡外交"，《南亚研究》2009（4）：55—65。
[3] 张力："从伊朗核危机看印度—美国战略关系"，《南亚研究季刊》2007（4）：1—7。

的话，称伊朗将取消两国间的能源合作项目，① 并指责印度为不可靠的战略伙伴。伊朗外长穆塔基"因黎以冲突升级"而取消了原计划对印度的访问。更为重要的是，一些发展中国家对印度成了安理会常任理事国后，能否维护发展中国家的利益产生了怀疑。

伊朗核问题直接影响印度的能源外交。印度是世界上第六大能源消费国，但其油气资源匮乏，进口石油超过了国内所需石油的 70%。2010 年，印度从伊朗进口原油占其进口总量的 13%，两国年均石油贸易额高达 110 亿美元。② 按国际货币基金组织的统计，印度进口石油分别为：2007/2008 年度为 868 亿美元、2008/2009 年度为 985 亿美元、2009/2010 年度为 994 亿美元、2010/2011 年度为 1207 亿美元、2011/2012 年度为 1465 亿美元、2012/2013 年度为 1539 亿美元。③ 作为天然气进口大户，印度一直盘算着怎样以最低廉的价格满足国内需求。为此，印度考虑了 4 条输气线路。1996 年，伊朗、巴基斯坦、印度三国签署备忘录，建设横贯三国的 IPI（三国国名英文第一个字母缩写而成，以下同）输气管道。管道长 2775 公里，其中 760 公里通过巴基斯坦，原计划 2009 年建成，以后又改为 2013 年通气。工程预算起初为 43 亿美元，以后扩大为 75 亿美元。建成后，它将成为世界第二大天然气管道。如果该项目能够落实，不仅三国会取得巨大的经济效益，而且给西南亚地区和平带来的影响更是不可估量的。2008 年 4 月 24 日，土库曼斯坦、巴基斯坦、阿富汗和印度四国签署协议，建设天然气输气管道 TAPI。按规划，管道总长 1680 公里，每天输气能力最终可达 3.5 亿立方米，其中，阿富汗计划购买 1400 万立方米，其余由印度和巴基斯坦平均分配购买。按计划，这条管线最迟将在 2010 年动工建设，2015 年建成，预算为 76 亿美元。④ 第三条输气管道是连接缅甸、孟加拉国和印度的 MMI。2004 年底和 2005 年初，印度、孟加拉国和缅甸就共同修建一条天然气管道，以便将缅甸丰富的天然气输送到印度境内进行磋商。计划中的管道线路有几种方案可供选择，其长度在 600 公里至 1200 公里之间。这一计划由于印度与孟加拉之间的政治争吵而搁浅。除了 3 条陆路管道外，印度还考虑从伊朗到印度，在阿拉伯海底铺设管道，并聘请了多家公司进行勘测。2010 年 9 月 8 日，伊朗石油部副部长兼伊朗天然气公司总

---

① 田辉："伊朗取消 210 亿天然气项目报复印度"，《东方早报》2005-9-29（9）。
② 孙建平："印伊石油贸易遭遇'支付危机'"，《中国石化报》2011-2-11（5）。
③ India: Staff Report for the 2012 Article IV Consultation. IMF Country Report No. 12/96, April, 2012: 34.
④ 渠洋："能源让印度舍美取伊朗"，《世界报》2008-5-7（6）。

裁奥乌泽向媒体公布这一想法。

《中国能源报》记者王海霞在谈及美国在 IPI 管道建设上的悖论时说："美国一直反对印度加入这一管道计划。早在 2005 年 3 月中旬，时任美国务卿的赖斯访问印度时就曾强烈建议印度不要选择 IPI 管道。为了安抚印度，同年美国决定向印度提供新的核反应堆。从这里我们可以看到美国对伊朗政策中的悖论。美国为了防止伊朗发展核武器而拉拢印度，印度由此得到了美国制造的核设施。另一方面，伊朗纵有巨大的天然气储量但无法得到全面开发，而美国百般制裁伊朗的原因恰恰是因为伊朗的天然气和石油资源丰富。"① 印度对伊朗的政策，在美国学者看来，坚守了自己的底线。印裔美国记者法里德·扎卡里亚（Fareed Zakaria, 1964 年—）评价印度外交政策的原则性时说："印度感谢美国支持其核大国地位的合法化，但在关键的安全问题上仍然寸步不让。"② 尽管美国施压，印度始终没有把伊朗列为威胁国。印度曾有一次在国际原子能机构里投票支持美国，但仍与伊朗保持着全面交往，还一度举行了联合军演。

2008 年 4 月 29 日，内贾德在结束对斯里兰卡访问的回国途中，飞行员要求在新德里落地加油。印度政府立即向内贾德发出邀请，把 5 小时的短暂停留变成了一次正式国事访问。访问中，内贾德与印度总理辛格就伊朗—巴基斯坦—印度天然气管道等问题进行了会谈，并就伊朗向印度出口天然气达成了新的协议。按照协议，伊朗在未来 25 年内向印度出口 500 万吨液化天然气，总价值超过 200 亿美元。③ 这对提升两国关系起到了至关重要的作用。自 2005 年以来，由于印度政府支持国际原子能机构有关伊朗未履行国际核能义务的报告，印度和伊朗关系开始日益变冷。

2008 年 9 月，在布什政府的授权下，核供应国集团（NSG）部分解除了对印度核出口禁令。该决定几乎把与印度的核商业决定权赋予了各国政府。自核供应国集团这一决定后，印度与外国供应商签订了一系列核合作协议。④

2010 年底，印度央行——印度储备银行突然宣布，印度企业将不再通过亚洲清算联盟（Asia Clearing Union，成立于 1974 年）支付对伊朗的

---

① 王海霞："伊朗再邀印度与巴共建输气管道"，《中国能源报》2009-11-23 (5)。
② [美] 法里德·扎卡里亚著，赵广成、林民旺译：《后美国世界：大国崛起的经济新秩序时代》，中信出版社 2009 年版，第 14 页。
③ 渠洋："能源让印度舍美取伊朗"，《世界报》2008-5-7 (6)。
④ Paul K. Kerr. U. S. Nuclear Cooperation with India: Issues for Congress. *CRS Report for Congress*, June 26, 2012: 2.

贸易款项，伊朗与印度之间的贸易必须寻找新的结算方式。亚洲清算联盟由印度、孟加拉国、马尔代夫、缅甸、伊朗、巴基斯坦、不丹、尼泊尔和斯里兰卡9个国家的央行组成，它们分别代表所属国家企业，使用美元和欧元，实施双边贸易结算。由于美国与欧洲的银行拒绝再向亚洲清算联盟提供结算支持，印度与伊朗无法再通过亚洲清算联盟进行石油贸易结算。

2012年6月，标准普尔评级服务机构（Standard & Poor's Ratings Services）以《印度将是"金砖国家"第一个坠落的天使》为题，发表了对印度的评级报告。报告把印度的长期信誉等级定为"BBB-"，原因为印度在向自由经济发展中出现了挫折和逆转，政府改革未能跟进，原有土地法律阻碍了投资，能源问题日益严重，这些成了削弱企业信心的日益严重的瓶颈。印度GDP增长率，2004—2008年为9.7%，2009—2011年为7.8%，而2012年第一季度仅为5.3%。[1] 实际原因是印度参与西方对伊朗的制裁所致。报告在谈及造成这一局面的原因说："事实上，由于种种原因，包括内部冲突，不合作联盟和反对派的阻挠反对，政府一直无法推进经济改革。"[2] 2012年，在西方的压力下，印度宣布减少从伊朗进口石油的11%。[3] 这无疑使印度的经济雪上加霜。

三、巴西与伊朗核问题

巴西和伊朗的关系可以追溯到1903年。1957年签署，1962年12月底生效的文化协定促使了伊巴双边关系达到了新的高度。在协议的基础上，1961年，巴西在德黑兰建立了大使馆。1965年，巴列维国王访问巴西，进一步促进了两国的文化交流。两伊战争（1980—1988年）中，巴西中立，但它向双方提供军事培训和武器装备。2003年，路易斯·伊纳西奥·卢拉·达席尔瓦出任总统后，重新加强巴西在中东的影响力，深化与该地区有关国家的关系，伊朗被视为重要合作伙伴，伊朗成为中东地区巴西的第二大进口国。

2007年9月，巴西总统卢拉说："伊朗有权继续进行和平利用核能的研究，不应因为西方怀疑它要拥有原子弹就受到惩罚。""迄今为止，伊朗

---

[1] Joydeep Mukherji. *Will India Be the First BRIC Fallen Angel*. New York: Standard & poors Ratings Direct on the Global Credit Portal, June 8, 2012: 1-3.

[2] Ibid.: 11.

[3] Kenneth Katzman. Iran: U. S. Concerns and Policy Responses. *CRS Report for Congress*, Sept. 5, 2012: 56.

没有偏离联合国在核武器问题上的指导方针。"① 2008 年 11 月，巴西外长塞尔索·阿莫林称："无论来自美国或欧盟，巴西不承认对伊朗的单方面制裁，伊朗政府最好与该机构充分合作以避免制裁。"② 2009 年 11 月 23 日，伊朗总统内贾德抵达巴西，对其进行为期 1 天的访问。2010 年 3 月 3 日，美国务卿希拉里·克林顿在巴西访问期间，试图劝说巴西支持联合国对伊朗的进一步制裁。巴西总统卢拉重申："把伊朗逼入死角，绝不是理智的做法。"③ 卢拉总统再三声明，巴西反对国际社会对伊朗实施制裁。此外，土耳其和黎巴嫩也早已表明了和巴西同样的立场。④

2010 年 5 月 17 日，经过将近 20 个小时的谈判后，伊朗与巴西、土耳其签署协议。协议承诺，伊朗将把 1200 公斤纯度为 3.5% 的浓缩铀运往土耳其境内。作为交换条件，伊朗将在一年之内得到在俄罗斯和法国加工提纯的 120 公斤浓度为 20% 的浓缩铀，用于医学研究和核电燃料。这项协议打破了伊朗核问题面临的僵局。协议签订后，伊朗外长穆塔基发表了 10 点声明：伊朗同意把本国 1200 公斤纯度为 3.5% 的浓缩铀运往土耳其，换取有关国家向伊朗提供 120 公斤纯度为 20% 的浓缩铀；伊朗将在未来 1 周内通过官方渠道向国际原子能机构通报该决定；如美国、俄罗斯、法国以及国际原子能机构予以积极回应，伊朗将进一步与各方讨论制订一份书面协议，以明确核燃料交换的细则；书面协议达成后，各方应切实履行，伊朗将在书面协议达成后 1 个月内，把 1200 公斤低纯度浓缩铀运往土耳其，而其他各方应确保在 1 年内将伊朗核反应堆所需的较高纯度的浓缩铀运往伊朗；一旦交换过程中出现违约情况，土耳其将应伊朗要求，迅速、无条件地将低纯度浓缩铀运回伊朗。⑤

伊朗外交部发言人梅赫曼·帕拉斯特强调，伊朗此前之所以不接受联合国的核燃料交换协议草案，是因为担心本国的浓缩铀有去无回，而通过与土耳其和巴西的磋商，伊朗获得了可靠的安全保证。他说，核燃料交换的全过程将在国际原子能机构的监督下进行，"伊朗愿意向外界表明，伊朗核计划是出于科学研究等和平目的，而不是为了发展核武器"。⑥ 2012

---

① Brazil's Lula Defends Iran's Nuclear Rights. Reuters, Sept. 25, 2007.
② Brazil Doesn't Recognize Unilateral Sanctions on Iran. *Tehran Times*, Nov. 10, 2008.
③ 宋冰："希拉里游说进一步制裁伊朗 巴西说'不'"，《第一财经日报》2010-3-5 (A8).
④ 杨子岩、李佳佳："伊核问题仍在升温"，《人民日报海外版》2010-3-17 (2).
⑤ 牟宗琮等："伊朗核燃料交换协议出笼"，《人民日报》2010-5-18 (21).
⑥ 同上。

年6月,有关伊朗核问题六国莫斯科会谈前夕,伊朗总统内贾德曾明确表示,如果西方保证为德黑兰提供相似的浓缩核燃料,伊朗将停止铀浓缩。①10月2日,内贾德总统又说,若伊朗能获得外界提供的20%纯度浓缩铀,伊朗就没有必要自行生产该纯度的浓缩铀;当伊朗领导人表示愿意购买20%纯度浓缩铀时,西方国家为什么不积极与其配合,伊朗的这一让步是很大的,《使命报》主编穆罕默德先生曾对《环球时报》记者说,"伊朗有一个谚语,叫做'不要用邻居的炉灶烤面包',在核问题上我们更应如此。"② 现在,伊朗人要用别人的炉子烤面包了,但国际社会对伊朗人的心思了解得太少,或者说太缺乏换位思考。

2010年5月17日,巴西总统卢拉在巴西全国广播电台节目中称,伊朗、土耳其和巴西三方达成的协议"是外交上的胜利"。他强调,"对话才是可行的道路。核燃料交换协议就是一个例证";"我们有成千上万条理由来建设一个和平的世界,却没有任何一条理由去推进战争"。巴西舆论认为,卢拉这次出访伊朗,成功说服伊朗接受核燃料交换协议,有利于增强巴西"和平使者"的国际形象。巴西圣保罗大学政治学教授埃利卡认为,"这是巴西第一次参与调解国际社会一个极为复杂的国际争端,伊朗核问题的和平解决势必会提升巴西的国际地位。"③ 巴西媒体分析说,巴西和伊朗都有发展两国关系的强烈愿望,2009年卢拉顶住美国和以色列的压力,邀请内贾德访巴,双方就伊核问题充分交换意见。此后,巴西一直强调伊朗拥有和平利用核能的合法权利,强调政治解决伊朗核问题。2009年9月初,巴西总统卢拉在接受媒体采访时强调指出,伊朗核问题必须在实施更严厉的制裁举措之前通过外交手段来解决。他说:"伊朗伊斯兰共和国有权像其他国家一样继续奉行自己的核政策,获取和平核能源。"④ 9月25日,在二十国集团领导人第三次金融峰会闭幕后举行的新闻发布会上,卢拉又说,西方国家与伊朗应通过对话来解决伊朗核问题。他强调,巴西是世界上唯一一个宪法规定禁止生产核武器的国家。在核问题上,伊朗和巴西一样,都可以开发核能源,用于和平目的。但如果伊朗或其他国家在开发核能源后,又开发核武器,巴西将坚决反对。他呼吁美国、法国和伊朗

---

① 迟野:"俄伊想把叙利亚问题与伊核问题捆绑起来谈",《中国青年报》2012-6-21 (4)。
② 李佩翰、吴冰冰:"伊朗人怎么看核计划",《环球时报》2006-12-14 (2)。
③ 牟宗琮等:"伊朗核燃料交换协议出笼",《人民日报》2010-5-18 (21)。
④ 伊通社华语台2009年9月5日电,"巴西支持伊朗利用和平核能"。

领导人通过对话促使伊核问题得到解决。①

2009年10月3日零点53分,在比原计划推迟了20多分钟后,国际奥委会主席罗格宣布,巴西的里约热内卢赢得了2016年第31届奥运会的主办权。巴西总统卢拉流下了眼泪,并说:"如果我现在就死了,我也感到人生的值得。""巴西需要有这个机会,世界终于承认现在是巴西的时候了,是巴西的机会了。"② 在这一瞬间,我们看到了卢拉的责任心,作为一位总统,他要把巴西引向世界。从他的泪水中,我们也可以看出,在全球化的当今世界,每一个民族都在自己的领导人的领导下追求现代化的快车。对于一些第三世界国家来说,它们是背着沉重的历史包袱来赶现代化快车的。它们所取得的成就能够为世人所承认,特别是发达国家所承认更是不易。其实,第三世界国家有很多领导人怀着振兴民族的愿望努力工作着。此次申奥的成功,给了一个世界认识巴西、认识拉美、认识第三世界的机会。

第三节　主要伊斯兰国家在伊朗核问题上的政策变化

埃斯波西托在其《伊斯兰威胁:神话或是现实》中谈道:"伴随着民主化运动在东欧的胜利和苏维埃帝国的解体,伊斯兰教构成了世界上最具弥漫性的和最强大的跨国力量,它有10亿信徒分布在全球各地。穆斯林占多数的国家约有45个,它们分布在从非洲到东南亚的广阔地区,而穆斯林人口在美国、苏联和欧洲仍在不断增长,数目已经相当可观。对于西方世界——由于它长期习惯于一种全球意识,习惯于根据超级大国竞争全球性的影响(如果不是全球统治的话)来预定其外交政策——美苏冲突经常被描绘为善与恶、资本主义与共产主义之间的一场较量,而认定另一个全球性的意识形态威胁以填补由于共产主义死亡而造成的'真空',实在是太有诱惑力的一件事情。"③ 什么是伊斯兰?对中国人来说,它是一个既熟悉又陌生的概念。伊斯兰是一种宗教,是世界三大一神教之一(其他两个为

---

① 新华社美国匹兹堡2009年9月25日电。
② 新华社哥本哈根2009年10月3日电。
③ John L. Esposito. Islamic Threat: Myth or Reality. New York: Oxford University Press, 1999: 1-2.

犹太教和基督教），7 世纪上半期，由穆罕默德创立。伊斯兰教信奉安拉为唯一神，认为除了安拉外，别无神灵，反对信仰多神和偶像崇拜。伊斯兰是阿拉伯语"顺从"一词的音译，意即顺从安拉旨意的人，或安拉的"顺从者"。穆斯林是指信仰伊斯兰教的人，是信仰伊斯兰教者的通称。历史上，阿拉伯征服者高举伊斯兰教大旗，对外"圣战"，建立了地跨欧、亚、非三洲的阿拉伯帝国，不但为伊斯兰教的发展和伊斯兰世界的形成奠定了基础，还为今天基督教、伊斯兰教和东亚文明三足鼎立、文明互动奠定了基础。随着文化的交往与传播，伊斯兰教又扩大到其他国家和地区。世纪之交，穆斯林"分布在 172 个国家和地区，有 29 个国家奉伊斯兰教为国教，有 52 个国家加入伊斯兰最大的国际性组织——伊斯兰会议组织，信教人数超过 10 亿"。① 据伊斯兰组织网站 2006 年公布的统计数据，该组织现有 57 个成员国。世界上，穆斯林分属不同的民族，如在阿拉伯、土耳其、巴基斯坦等地区或国家。穆斯林作为一个民族只有在巴尔干半岛的科索沃，他们原来属于塞尔维亚人，20 世纪 60 年代，为了降低塞尔维亚人在整个前南斯拉夫各民族中的人口比例，他们在人口普查时被单列为穆斯林人，以民族形式出现。世界上，以民族而论，信仰伊斯兰教最多的是阿拉伯人，全世界共有 7 亿多。

一、阿拉伯人眼中的伊朗核问题

"阿拉伯之春"实现了第三世界社会运动由温饱型向公正公平型的变化。运动的深层原因与伊朗有关，运动的诱因同样也与伊朗有关。伊朗伊斯兰革命对穆斯林世界的影响是深远的。早在 1992 年底，一位资深的西方外交官就说过："尽管伊朗的波斯人，其统治者是什叶派，而非逊尼派穆斯林，伊朗成为一个伊斯兰国家时，震撼了阿拉伯世界。"② 2009 年初夏，伊朗最高领袖哈梅内伊发表讲话说："这一地区的民族打心眼里恨美国，因为他们看到的是暴力、军事干预和歧视……新的美国政府试图加以改变。我肯定地说，通过谈话、发表演说和口号将取得不了成果。"③ 目前的现实表明，社会运动是社会变革的路径。阿拉伯人既受伊朗影响，也对伊朗，尤其是核问题有自己的主张。

从历史上来看，伊朗与波斯湾沿岸的阿拉伯国家存在着矛盾。主要表

---

① 刘一虹：《当代阿拉伯哲学思潮》，当代中国出版社 2001 年版，第 4 页。
② Chris Hedges. Recession Pushing Algeria Islamization. *The Guardian*, Dec. 30, 1992.
③ Jay Deshmukh. Iran's Khamenei slams US as Obama reaches out. *AFP*, June 4, 2009.

现在以下几个方面：

领土之争。在波斯湾入口处有阿布穆萨岛和大、小通布岛，它们像3颗明珠镶嵌在波斯湾上。虽然三岛面积仅几十平方公里，人口也只有1千多人，但由于这里渔业、矿产资源丰富，加之扼霍尔木兹海峡的重要地理位置，它们成了兵家必争之地。20世纪初，三岛属英国的保护国哈伊马角和沙迦（今属阿拉伯联合酋长国）。1970年7月，英国派遣特使威廉·卢斯去海湾解决三岛主权问题，并安排英国与海湾各酋长国的未来关系等事宜。1971年11月29日，卢斯代表沙迦与伊朗国王巴列维就阿布穆萨岛签订谅解备忘录。它规定伊朗与沙迦共同拥有阿布穆萨岛，并划定了分界线。备忘录规定伊朗有权在岛上建立军事基地；沙迦有权选择外国石油公司在附近海域勘探石油，其收入与伊朗平分；伊朗同意在9年内，每年向沙迦提供价值150万英镑（约合350万美元）的援助，直到沙迦的石油年收入超过300万英镑为止。按照备忘录，1971年11月30日晨，伊朗利用英国军队撤出海湾之机，出兵占领了阿布穆萨岛和大、小通布岛。此举在阿拉伯世界引起强烈反响。伊朗坚持三岛的主权不仅引起伊朗与阿联酋关系紧张，也造成与其他阿拉伯国家关系的紧张。

民族矛盾。伊朗的主要居民是波斯人，而伊朗的邻国则分别属于阿拉伯人、土耳其人、阿富汗人、阿塞拜疆人、巴基斯坦人等。伊朗西部的胡齐斯坦省主要居民是阿拉伯人，所以阿拉伯人又称其为"阿拉伯斯坦"。从1960年开始，伊拉克人鼓动胡齐斯坦省脱离伊朗，组建了"阿瓦士民族人民阵线"。1969年，伊拉克招募了6000多名胡齐斯坦省的阿拉伯人，对其进行训练，旨在推翻伊朗中央政权。同年4月，伊拉克内政部长马赫迪称胡齐斯坦为伊拉克领土。1975年，伊拉克放弃了对该省的主权要求，但并没有完全丧失对这一地区的野心，而是支持该地区的阿拉伯人争取自治。1980年9月，萨达姆发动对伊朗的侵略战争，借口之一就是解放胡齐斯省的阿拉伯兄弟，收复阿拉伯人的领土。

宗教纠纷。宗教纠纷可以上溯到16世纪伊朗萨法维朝的建立。为了巩固新建立的伊朗民族政权，反对以逊尼派为国教的奥斯曼土耳其帝国，萨法维朝的第一代国王伊斯迈尔一世把伊斯兰教的什叶派十二伊马姆派定为伊朗国教。随着萨法维朝的壮大，伊朗与奥斯曼帝国为争夺伊拉克进行了长达数世纪的战争。其间，盛极一时的阿拔斯大帝大败奥斯曼帝国。两国争霸皆以护教名义进行。目前，在海湾国家，伊拉克70%、巴林75%以上和伊朗90%的居民是什叶派，伊朗其他邻国的穆斯林多信仰逊尼派。当年,伊拉克报纸曾对阿亚图拉霍梅尼的逝世做了如下报道:"霍梅尼的逝世意味着以牺牲伊拉克和阿拉伯民族为代价,集中全部时间和精力,致力于无法实现的建立新波斯帝国梦想的邪恶暴君的离去。"[1]

海湾名称之争。2007年新年伊始,埃及外长阿布·盖特称,阿拉伯湾是阿拉伯的,埃及极其关注阿拉伯湾的未来,因为这是一个阿拉伯地区,应当保持阿拉伯特性,埃及准备就此提供任何帮助和支持。讲话引发了新一轮伊朗与阿拉伯关于"波斯湾"或"阿拉伯湾"的名称之争。阿拉伯国家政府坚称海湾为"阿拉伯湾",一些阿拉伯国家的贸易公司也纷纷给"波斯湾"更名,如巴林、阿联酋的出口商要求买方伊朗将到货港口写成"阿拉伯湾阿巴斯港",否则贵贱不卖,还有一些阿拉伯国家的进口商要求在其购买的伊朗商品上避免出现"波斯湾"字样。伊朗对阿布·盖特的讲话立即做出回应,副总统马沙伊表态说,关于"波斯湾"的名称是没什么可争执的,世界现存丰富的各类史料足以证明"波斯湾"的归属。他讽刺说:"波斯湾南岸的统治者陷入了身份危机,由于这些国家没有什么历史,为了达到民族团结的目的,只能求助于制造争议,提出这样的问题,以此获得虚假的身份。"[2] 他还强调,关于波斯湾的称谓,伊朗的立场非常明确,伊朗不会坐下来就此问题同阿拉伯国家谈判。伊朗采取了针锋相对的举措,成立了禁止标有"阿拉伯湾"商品进出口的技术委员会,严格禁止标有"阿拉伯湾"字样和图样的商品进出口。

"麦加事件"。1987年7月31日,15.7万伊朗朝圣者在麦加举行示威游行,同沙特警方发生激烈冲突,导致402人死亡,其中有275人为伊朗人,另有649人受伤。该事件引起了穆斯林世界的恐惧,一些国家担心伊朗的伊斯兰原教旨主义革命蔓延开来。8月5日,当运送58名伊朗朝圣者遗体和35名受伤者的飞机从沙特阿拉伯飞抵德黑兰时,伊朗人有节奏地高呼"美国该死"等口号。伊朗总理穆萨维(Mir-Hossein Moccsavi,1941年—)发表讲话说:"毫无疑问,这一野蛮罪行是事先策划的。我们将一如既往,继续揭露沙特阿拉伯和美国的罪犯。"[3] 事件发生后没几天,伊朗总统哈梅内伊召见了伊斯兰国家驻伊朗大使,敦促他们"不要对这次屠杀无动于衷"。但是,一些阿拉伯国家明确表示,不会同什叶派的波斯人站在一起反对逊尼派的阿拉伯人。事件发生后,约旦、伊拉克、埃及、摩洛哥

---

[1] Christopher Walker. Khomeini's revolution left a legacy of Arab loathing; Death of Ayatollah Khomeini. *The Times*, June 7, 1989.
[2] 张晓春:"'阿拉伯湾'还是'波斯湾'",《文汇报》2007-1-3。
[3] 路透社阿布扎比1987年8月5日电。

和突尼斯立即表示支持沙特阿拉伯,而其他伊斯兰国家则表示遗憾,对于双方关于事件的说法不置可否,没有一个国家真正替伊朗说话。伊朗的传统朋友中,阿尔及利亚只对"自相残杀的暴力事件"表示痛心,利比亚则要求对沙特阿拉伯的这些圣地"国际化"。只有叙利亚表示支持伊朗,总统阿萨德派出了外交部长法鲁克·沙雷前往哀悼死难者。与此同时,阿萨德又致信沙特国王法赫德,对他表示支持。对此,美国驻中东记者布罗德发表评论说:"伊朗经过了 8 年的革命统治,经过了同伊拉克将近 7 年的战争和经过同世界其他地方打交道方面的一段有希望的和比较务实的时期之后,它似乎又回到激进主义、孤立和对抗,不仅同西方对抗,而且还同它的阿拉伯穆斯林邻国对抗。分析家们认为,这种转变使伊朗变得对它的邻国来说甚至更加危险,对美国来说,更加不可捉摸。美国现在卷入波斯湾的程度越来越深。"[①] 8 月 15—16 日,伊朗外长韦拉亚提对阿曼进行访问。他在访问中表示:伊朗欢迎旨在加强同其他海湾国家合作的一切努力。这一地区的安全是沿岸各国的责任。"麦加事件"后,伊朗担心事件的后果使它在穆斯林世界孤立,向非阿拉伯伊斯兰国家发起了外交攻势。8 月 3 日,哈梅内伊派特使萨利姆前往巴基斯坦。接着,萨利姆前往土耳其。土总统埃夫伦对"在圣城举行示威"的做法表示遗憾,称伊朗与沙特阿拉伯"不应当追究是谁的责任",而应当"想办法实现和解"。与此同时,伊朗总理府派穆哈杰拉尼前往印度尼西亚,雅加达只对事件表示关注。

在核问题发酵的过程中,伊朗积极采取措施,改善与阿拉伯兄弟的关系。以最紧张的 2006 年为例,1 月 19 日,总统内贾德访问叙利亚,并会见了哈马斯、杰哈德等巴勒斯坦武装派别驻叙利亚的领导人,黎巴嫩真主党总书记纳斯鲁拉和阿迈勒运动主席兼黎议长贝里专程赶来与内贾德会面。1 月 22 日,伊拉克什叶派宗教领袖萨德尔突访伊朗,接着,他又赶赴叙利亚与巴沙尔总统会晤。这些表明,伊朗正在强化中东的反美阵线。2005 年 9 月 30 日,丹麦《日尔兰邮报》登了 12 幅以伊斯兰教先知穆罕默德为主题的讽刺漫画。2006 年年初,一些欧洲国家媒体以"支持言论自由"为由,转载了这些漫画,在伊斯兰世界引发强烈抗议。伊朗顺应穆斯林民意,宣布撤销转载漫画国家的经济合同,并威胁断绝与丹麦的经济往来,甚至提出举办"欧洲犹太大屠杀漫画大赛",来"考验"欧洲国家"对新闻自由的宽容度"。伊朗提出向伊斯兰世界转让核技术,并强调以色列拥有核武器,旨在消除阿拉伯国家在伊朗核问题上的疑虑,将伊朗核技

[①] Jonathan Broder. Frenzy Swept through Iran. *Chicago Tribune*, August 9, 1987.

术定义为伊斯兰世界的核成就,从而塑造伊朗为"伊斯兰世界的保卫者"的形象。为了成为"伊斯兰世界的旗手",伊朗积极改善与阿拉伯国家的关系,如将德黑兰以 1981 年刺杀埃及总统萨达特的刺客的名字命名的"哈立德·伊斯兰布利大街"更名为以纪念巴勒斯坦"阿克萨起义"的"起义路";伊朗还提出以观察员身份加入阿盟;并明确表示不反对巴以达成和平协议,反对外来干涉,表示愿致力于海湾地区稳定。正是这些努力促成了伊朗与阿拉伯国家间的关系明显改善。

2006 年 9 月,内贾德和查韦斯的演讲,阿拉伯媒体大多在显著位置予以报道。《中东报》在头版头条位置登出了两人的发言。《生活报》则以《内贾德:西方武器库的目的是巩固和平还是威胁人民》为题发表文章,称内贾德在联大的讲话主要集中在国际上的"双重标准"上,批评"伊拉克的占领者正加剧伊拉克的不稳定,扩大社会内部的分歧,挑起内战"。[①]对于伊斯兰世界来说,内贾德高举反美大旗,已成了穆斯林心目中的英雄。委内瑞拉前总统查韦斯在黎以战争期间召回委驻以大使,与阿拉伯世界站在一起,在阿拉伯民众中声名鹊起。椰枣是伊斯兰世界斋月期间的重要食品,2006 年埃及椰枣市场上椰枣的命名反映了阿拉伯民众的好恶。他们把最好最贵的椰枣叫作"纳斯鲁拉"(黎巴嫩真主党领导人),其次是"内贾德",第三名则是"查韦斯";便宜的椰枣命名为"布什"和"布莱尔",最劣质、最便宜的叫"奥尔默特"(以色列总理的名字),价格只有"纳斯鲁拉"的 1/20。[②]

伊朗核问题帮助和加快了阿拉伯世界由传统的民族主义向伊斯兰主义的转型。美国学者威廉·布朗曾对阿拉伯传统的民族主义做过这样的描述:"从政治上说,中东的老体制所依赖的是阿拉伯民族主义原则。按照这一原则,从海湾到大西洋只有一个民族,享有共同的语言、文化、宗教和历史。这个民族的抱负是:这些人民最终可以在一定程度上作为一个单一的政治实体来表达他们的意见,并拥有足以使其他国家尊敬他们的力量。"[③] 阿拉伯国家的领导人一度借阿拉伯民族主义来实现国家的凝聚,但面对中东问题等一系列令人尴尬的事态,使阿拉伯国家的领导人不敢也不愿再提阿拉伯的民族主义。

伊朗核问题为阿拉伯人找到了解套的出路,追求自身发展,壮大自身

---

① 杨磊等:"查韦斯内贾德嬉笑怒骂 反美大腕成世界焦点",《环球时报》2006-9-28。
② 同上。
③ William Brown. New Middle East. *Christian Science Monitor*, Jan. 4, 1983.

实力。通过一系列措施，尤其是在核问题发展的过程中，结束了其海湾邻国的"恐伊（朗）心理"。"伊朗武装力量雄视西亚和中东地区，不能不引起地区国家的极大关注，特别是'伊斯兰革命'后，不断输出伊斯兰革命，主张推翻君主制，推行伊斯兰神权治国，其势咄咄逼人，'恐伊（朗）心理'自不待言。""伊拉克战争后，海湾地区少了一个军事威胁，尽管多数国家都与伊朗签订了安全协定，但由于伊朗的革命理念和美国的宣传作用，'恐伊（朗）'心理依然存在。"① 借核问题，伊朗积极展开外交攻势，与周边国家，尤其是与海湾的邻国互动，逐渐建立了互信。

2006年5月13日，正在科威特访问的约旦首相巴希特说，约旦希望以对话和谈判的方式解决伊朗核问题。他说："我们希望国际社会给一个机会，以便与伊朗进行对话和谈判，因为本地区不能再承受更多的不稳定了。"② 他同时说，必须努力使中东地区成为无核地区。5月23日，科威特副首相兼外交大臣谢赫·穆罕默德在与来访的俄罗斯外长拉夫罗夫会谈后举行的联合记者招待会上说："对伊朗核问题寻求一种和平、政治、外交的解决办法是十分重要的，特别是本地区目前需要稳定，以便能够进行经济建设和落实发展计划。""对科威特来说，我们准备向这个民选政府伸出援助之手，以帮助它实现这个兄弟国家的繁荣。"针对2006年6月1日通过的"六国方案"，6月2日，沙特国王阿卜杜拉·阿齐兹和埃及总统穆巴拉克反对向伊朗采取任何军事行动，还呼吁国际社会寻求外交途径解决伊朗核问题。沙特阿拉伯驻美国大使土尔基·费萨尔王子在华盛顿警告说："在波斯湾任何为阻止伊朗获得核技术的军事冲突，我们都将坚决反对。因为这将首先导致全球石油价格暴涨，谁也不知道未来将涨价多少。其次，伊朗在遭到进攻后，肯定将采取反制措施，而海湾国家最先遭难，整个世界也将承担战争的后果，波斯湾经受不了一场新的战争。"卡塔尔外交大臣说得更明确："不要说战争，哪怕持续的紧张气氛我们都难以承受。"③

2007年1月10日，布什不顾共和党在中期选举中的失败，在国情咨文中指责伊朗支持伊拉克的什叶派极端分子，伊朗会更加大胆地谋求核武器，并为"美国的敌人"提供安全庇护所，与叙利亚一起支持恐怖主义。1月14日，在接受哥伦比亚广播公司电视台"60分钟"访谈节目采访时，

---

① 刘强：《伊朗国际战略地位论》，世界知识出版社2007年版，第160—161页。
② 新华社科威特2006年5月13日电。
③ 周戎："美伊唇枪舌剑 海湾胆战心惊"，《光明日报》2006-6-6（12）。

布什再次警告伊朗总统内贾德："如果我们在伊拉克发现他们的人危害美国公民或伊拉克公民，你要知道我们会收拾他们。"① 当天下午，副总统切尼在华盛顿接受福克斯电视台采访时警告说，伊朗领导人"应该把家里人看好"。切尼还说，伊朗的威胁是全方位的，对伊拉克、黎巴嫩、巴勒斯坦乃至整个中东地区的安全构成了威胁。"如果你顺着现在的局势往前看几年，预测一下有核武器的伊朗，你会看到，拥有丰富石油的伊朗可以对全球经济造成负面影响，会使用恐怖组织和核武器恐吓邻国和世界上其他国家，这样的前景真是严峻。不能让这一切发生，这很重要。"② 切尼还说，是伊朗把伊拉克推向了内战的边缘。同时，美国总统国家安全事务助理哈德利也表示，不排除"对伊朗采取军事行动的可能性"。

同一天，针对赖斯即将访问中东一事，科威特议长霍拉菲在议会对新闻媒体说，非外交手段介入不利于世界局势的稳定，而政治对话是解决伊朗核问题的最佳选择。他说："如果外交手段失败，中东地区将承受不了（军事打击）的灾难性后果。"他警告说，任何非政治手段的解决办法都将造成消极后果，这不仅仅是对发动者，而是对整个地区。1月16日，美国务卿赖斯与8个阿拉伯国家（海湾六国和埃及、约旦）的外长在科威特会晤后，呼吁"不要干涉伊拉克内政"，尽管她并未指名道姓，但其矛头主要指向伊朗。③ 赖斯认为，伊朗对伊拉克事务的干涉是伊拉克不稳定的重要因素。在美国与八国的联合公报中，各方希望伊拉克摆脱"地区或国际权力"之间的对抗，表明阿拉伯国家对伊拉克成为美国与伊朗之间爆发冲突战场的担忧。

伊朗则针锋相对，伊朗革命卫队司令萨法维称，美国、英国和以色列才是"邪恶轴心"，他们正试图破坏什叶派和逊尼派穆斯林的团结。第二天，伊朗政府发言人说，伊朗正在加紧安装至少3000台离心分离机，用于民用核燃料的生产。

1月11日，美国驻伊拉克军队袭击了伊朗驻伊拉克北部城市阿尔比勒领事馆，并抓走5名伊朗人，布什政府颁布命令，允许美军采取措施对付伊朗间谍，还有传闻布什政府正在策划攻打伊朗。对此，1月31日，伊拉克总理马利基告诫美国与伊朗，不要在伊拉克境内开战。他说，"我们已经告诉过伊朗人与美国人，我们知道你们之间的斗争。""假如可能的话，

---

① 周戎："美伊唇枪舌剑　海湾胆战心惊"，《光明日报》2006－6－6（12）。
② 同上。
③ "强硬内贾德三面受敌　中东局势趋于紧张"，[法]《世界报》2007－1－18。

我们愿意为解决美国与伊朗之间的问题而积极努力。可是我们不准伊朗在伊拉克境内攻击美军,我们也不准美军在伊拉克境内对付伊朗部队。每个人都应该尊重伊拉克的主权。"[1] 他还强调,美国和伊朗要到伊拉克以外地区去解决它们的问题。他明确表示不希望美军把伊拉克当作攻击伊朗或是叙利亚的战场,同时也不接受伊朗把伊拉克当作攻击美军的战场。

1月30日,沙特阿拉伯外交大臣沙特·本·费萨尔说,沙特正与伊朗展开合作,试图解决伊拉克和黎巴嫩的危机。沙特是逊尼派国家,伊朗为什叶派国家;沙特是美国在中东地区的主要盟友,而美国政府至今仍坚持对伊朗采取孤立政策,并不断指责伊朗支持伊拉克和黎巴嫩的武装组织。在这一背景下,沙特与伊朗之间的合作非同寻常。费萨尔说,合作提议是伊朗提出的,"旨在消除伊拉克和黎巴嫩的逊尼派和什叶派之间的冲突","沙特唯一希望的就是在本地区实现和平","利雅得和德黑兰之间为此积极联络"。[2] 为此,沙特派特使前往伊朗,"研究所有有助于稳定伊拉克和黎巴嫩局势、有助于消除危机的措施",并"审视伊朗能为此做出何种贡献"。

与此同时,伊朗总统内贾德表示,他曾向沙特传递希望双方合作的信息,并得到沙特方面"积极"回应。双方合作的意愿表明,双方都对伊拉克和黎巴嫩局势日益恶化感到担忧,害怕引发中东地区出现逊尼派和什叶派之间的全面危机。

3月3日,在六国就制裁伊朗加紧磋商之时,内贾德总统前往沙特,对其进行两天访问,双方就如何阻止愈演愈烈的由伊拉克动荡引发的穆斯林教派冲突展开了讨论。这也是他就任总统以来首次访问沙特。

在伊朗核问题上,阿拉伯联盟主张通过政治途径解决伊朗核问题,反对伊朗将核项目用于军事目的,认为伊朗不能拥有核武器。阿盟立场主要由3个因素决定的:首先,阿盟的22个成员国皆没有核武器,所以阿盟一直坚决反对中东地区的伊朗、以色列和土耳其等非阿拉伯国家拥有核武器。其次,阿盟坚持反对美国对伊朗动武,因为动武不仅可能殃及海湾地区的阿拉伯国家,还可能引起中东大乱。对阿盟来说,过去几十年中威胁并损害阿拉伯人利益的是以色列,而不是伊朗。再次,尽管以色列不承认也不否认拥有核武器,而且也未签署《核不扩散条约》,阿拉伯世界普遍认为以色列是中东地区唯一拥有核武器的国家,这也一直是阿拉伯国家的

---

[1] 新华社2007年2月1日电。
[2] 同上。

一块"心病",并认为这对阿拉伯国家的安全是一个严重威胁。阿盟利用美国反对伊朗核项目之际,向美施压,要求以色列放弃核武器和核项目。中国学者于毅在分析阿拉伯世界对伊朗的态度时说:"尽管阿拉伯国家普遍主张中东地区成为无核区,但阿拉伯专家们认为,只要阿以争端存在一天,已拥有核武器的以色列的威胁就远远大于尚未拥有核武器的伊朗。只要伊朗对阿拉伯世界不抱野心,也许其拥核对阿拉伯和伊斯兰世界并非坏事,因为伊朗总统内贾德多次放言,要把阿拉伯的敌人以色列从地图上抹掉,至少伊朗拥核可以对以形成钳制。伊朗拥有核武对以的威胁是现实的,而对阿拉伯的威胁是潜在的。包括海湾国家在内的阿拉伯国家不会支持美国对伊朗动武。"①

二、其他伊斯兰国家在伊朗核问题上的政策变化

巴基斯坦对伊朗核问题的态度。2003 年 11 月,国际原子能机构发表调查报告称,伊朗核项目曾得到巴基斯坦的技术支持。巴安全部门调查后发现,卡迪尔·汗曾向伊朗、利比亚和朝鲜泄露核机密,并在一份长达 12 页的调查报告上签上了自己的名字。2004 年 1 月 31 日,巴政府宣布解除卡迪尔·汗所担任的总理科学顾问职务。2 月 4 日,卡迪尔·汗向总统穆沙拉夫表示,愿对核泄密事件负全部责任,同时请求总统对其宽恕。当天下午,他通过电视向全国公众发表讲话说:"许多媒体报道过的泄密活动通过调查已经被证实确实发生过,这些活动都是在我的命令下进行的,我的责任不可推卸。""这些(泄密)行为没有得到任何形式的政府授权,我将对此事负全部责任并请求你们的原谅。"② 第二天,穆沙拉夫在拉瓦尔品第举行新闻发布会上宣布,他已宽恕了卡迪尔·汗,并称不会允许任何机构对此展开独立调查。在穆沙拉夫总统的领导下,巴政府成功化解了危机。这件事情的背后反映出来了巴基斯坦人的穆斯林情结。

政府决策往往受制于民意。作为伊朗的邻国和拥有核武器的伊斯兰国家,巴基斯坦对待伊朗核问题的态度一直区别于美国等西方国家,已在多个场合明确表示尊重伊朗和平利用核能的愿望,反对使用制裁和武力解决伊朗核问题。③ 针对 2006 年 6 月 1 日的"六国方案",6 月 2 日,巴基斯坦总理阿齐兹在巴国防学院发表讲话指出:伊朗的目的是明朗的,因此伊朗

---

① 于毅:"伊核问题:战争还是和谈",《光明日报》2008 – 6 – 22(8)。
② 王伟华:"巴基斯坦'核弹之父'核泄密事件",《国际形势年鉴(2005)》上海社会科学院出版社 2005 年版,第 282 页。
③ 陈一鸣:"伊朗发起外交新攻势",《人民日报》2006 – 5 – 29(3)。

有权利使用出于发展和平目的的核技术。他还强调说：伊朗的核问题必须通过外交途径解决。

针对联合国安理会通过有关伊朗核问题的第 1737 号决议，2006 年 12 月 26 日，巴基斯坦公共措施委员会主席胡赛因·艾哈迈迪在伊斯兰堡接受伊朗广电局记者采访时说：美国与犹太复国主义院外集团及其欧洲盟友不仅敌视伊朗，而且公开敌视世界穆斯林。巴基斯坦议会代表阿斯拉姆对联合国安理会在美国和强权国家的要求下通过制裁伊朗的决议草案提出强烈批评。他说，巴基斯坦清楚地知道伊朗不会寻求核武器，而它们的目的是想阻止一个独立的伊斯兰国家如伊朗取得发展。巴基斯坦政治活动人士穆尔特扎在接受伊朗广电局记者采访时对联合国安理会通过制裁伊朗决议草案提出强烈批评，他说，联合国安理会在执行自己工作时再次证明该机构是隶属于美国的一个机构，它在世界民族和独立自主的国家面前没有任何效力。[①] 2012 年 11 月 20 日，巴外长拉巴尼·霍尔称，巴基斯坦支持国际法，但反对任何强加于他国的单边制裁。[②]

土耳其对伊朗核政策的转变。在伊朗核危机的过程中，土耳其的转向最为突出。土耳其是以色列在这一地区难得的穆斯林朋友。双方一度把合作关系扩大至军事领域。但是，在伊朗核问题的解决过程中，土耳其极大地修补了同曾经的敌人伊朗和叙利亚的关系。2006 年 7 月 27 日和 8 月 8 日，在以色列的请求下，土耳其将两架飞往叙利亚的伊朗客机迫降至土南部城市迪亚尔巴克尔，在两架飞机上都没有发现任何军事设备。土耳其政府试图将此事保密，因为担心可能会影响同伊朗的外交关系。[③] 2009 年 1 月 29 日，在瑞士达沃斯参加世界经济论坛年会的土耳其总理雷杰普·塔伊普·埃尔多安与以色列总统希蒙·佩雷斯就加沙问题进行辩论时发生争执。佩雷斯在当天的辩论中为以色列在加沙地带的军事行动辩护，而埃尔多安在辩论中批评以色列封锁加沙地带并在军事行动中造成大量平民伤亡。当佩雷斯发言时，他转向埃尔多安，用手指着埃尔多安说，如果伊斯坦布尔遭遇火箭弹袭击，土耳其会和以色列做出同样回应。轮到埃尔多安发言时，他说："我很难过有人为你鼓掌，你们杀人，我认为那完全错误。"当辩论接近尾声时，埃尔多安说："佩雷斯先生，你比我年长，你的声音太大了。我记得在海滩上丧生的儿童，记得你们的两位前总理说过能

[①] 伊通社 2006 年 12 月 26 日电，见《巴知名人士谴责安理会通过制裁伊朗决议草案》。
[②] Pakistan Condemns Unilateral Sanctions against Iran. *Tehran Times*, Nov. 21, 2012：2.
[③] 法新社安卡拉 2006 年 8 月 18 日电。

在坦克上进入巴勒斯坦很高兴。"当会议主持人、《华盛顿邮报》专栏作家伊格内修斯打断他时,他认为伊格内修斯未能主持一场公平的、不偏不倚的讨论会,因而气愤地扬长而去。埃尔多安发火说:"别打断我,你们不让我说话。我再也不会来达沃斯了。"埃尔多安退场后解释说,自己离场并不是因为与佩雷斯发生争执,而是因为主持人没给自己足够时间来回应佩雷斯的发言,主持人给了佩雷斯25分钟,而只给了自己12分钟。显然,土耳其与伊朗、伊斯兰国家走得更近了。伊朗是怎样把昔日的对手转化为盟友的呢?伊朗通过强化伊斯兰认同,加强与周边国家的关系,借阿富汗战争、伊拉克战争等一系列事态的发展激起穆斯林的仇美情绪和伊斯兰认同。

作为伊朗的邻国,土耳其在对待伊朗核问题上一直采取区别于美国等西方国家的折衷政策,在多个场合表示理解伊朗和平发展利用核能的愿望,但同时敦促伊朗政府同国际社会合作,进行透明的核活动。这使两国的关系日益发展。单从经贸上来看,据2010年海关公布的统计数据,土耳其在伊朗对外贸易伙伴中的份额和地位显著增加,从第6位上升到第4位。贸易额约为100亿美元。双方计划在5年内将两国贸易额提高到300亿美元。①

其他伊斯兰国家也多表明在伊朗核问题上的立场。2005年1月23日,针对美国总统布什关于不排除对伊朗动武的声明,马来西亚国防部长兼代总理纳杰布·拉扎克说,伊朗和伊拉克都是伊斯兰会议组织(OIC)成员,目前马来西亚是主席国,马来西亚强烈反对美国侵略伊拉克,对另一个伊斯兰国家的任何打击都会引起伊斯兰国家和世界的极大关注,他并不认为伊朗对世界构成威胁。② 2006年4月26日,阿塞拜疆总统阿利耶夫在美国外交学会发表演讲时说,他不允许美国利用阿塞拜疆的领土对伊朗发动军事打击。③ 2006年5月,印度尼西亚总统苏西洛在接见到访的内贾德总统时表示:"印尼相信,伊朗和平利用核技术等问题可通过外交谈判,在国际层面上让更多方参与,来达到解决目的。"④ 2006年5月13日,内贾德在印尼巴厘岛参加伊斯兰发展中八国集团首脑会议时,得到了与会的印度尼西亚、巴基斯坦、尼日利亚、土耳其、马来西亚、埃及和孟加拉国家元首、政府总理和政府部长的支持。会后八国发表声明,支持各国发展用于

---

① 伊朗过去一周时事回顾2011年2月8日。
② 法新社吉隆坡2005年1月23日电。
③ 李学军:"阿塞拜疆不允许利用其领土对伊朗实施打击",《人民日报》2006-4-28(3)。
④ 管克江、李宏伟:"内贾德演讲再批西方称美攻击伊朗说法是心理战",《环球时报》2006-5-14。

和平目的核能的权利。① 2006年6月21日，伊斯兰会议组织成员国外长理事会第33次会议在阿塞拜疆首都巴库发表宣言，解决伊朗核问题的唯一出路在于无任何先决条件地恢复谈判，并根据国际原子能机构的准则扩大有关方面的合作。宣言重申了各国在履行相关义务的同时，和平研究、生产和利用核能的基本权利，并指出，围绕伊朗核计划的所有问题都应当通过和平途径来解决。参加会议的除57个成员国代表外，欧盟等一些国际组织的代表也参加了会议。俄罗斯作为观察员国出席会议。

不过，伊斯兰世界仇美情绪的培养还有更深层的原因，那就是历史上的最后一个穆斯林帝国——奥斯曼土耳其帝国是在西方殖民主义扩张的过程中解体的，从此以后，三分天下有其一的穆斯林世界开始沉寂下来。随着欧洲的衰落，美国充当了霸权史上欧洲的角色，在全球化和文化交往的时代，这是一个不讨好的角色，在人类社会的转型中，国际社会既需要这一角色，同时，这样的角色由于夹杂在处于不同层次的民族之间而成为"强势的被打击者"，其越张扬越讨人嫌。这样的角色只有将自己融入到全球化时代文明交往的大潮之中，使自己成为国际游戏规则制定者的同时，又是一个国际游戏规则的遵守者，放弃传统的霸权心态，才能化解其他民族对自身的积怨，通过与其他文明的正常交往实现自身利益的最大化。布热津斯基在谈及全球政治觉醒时说："所谓全球政治觉醒，它具有反帝的历史向度，反西方的政治向度，以及日益反美的情感向度。在此过程中，它推动了国际政治重心的重大转移。这又反过来改变了全球权力分配，对美国在世界上的角色产生了巨大影响。"②

2011年7月29日，埃及的自由广场（Tahrir Square），愤怒的人们喊出了这样的口号："奥巴马，奥巴马，我们都是奥萨马。"一个大标语上写道："您永远活在我们心中，我们永远不会忘记您。"③ 同时，挥动着奥萨马·本·拉登、亚辛以及穆斯林兄弟会创建人等穆斯林领导人的照片。这只是"阿拉伯之春"中穆斯林反美的一个不起眼的镜头。在利比亚的班加西，当美国的大使馆遭遇有计划的袭击之时，美国国务卿希拉里·克林顿所表现出来的困顿，不但让所有的美国人反思，也让所有想参与全球化进程的人反思。

---

① 王辉："内贾德拒绝欧盟新提议 挖苦欧美生活在殖民时代"，《现代快报》2006-5-15。
② [美] 布热津斯基著，陈东晓等译：《第二次机遇：三位总统与超级大国美国的危机》，上海人民出版社2008年版，第163页。
③ Nonie Darwish. *The Devil We Don't Know: The Dark Side of Revolutions in the Middle East*. Hoboken: John Wiley & Sons Inc., 2012: 2.

第七章　伊朗核问题与世界经济秩序重建

早在20世纪80年代中期，巴西学者就提出："世界正处于一个急剧变化的时代，过去已一去不复返。当我们从旧的国际社会过渡到新的国际社会时，我们处于动荡之中。一个国家不再可能单独控制世界经济，不管它的财力多雄厚和能力多强。"① 进入新世纪，石油、金融、货币给人们带来了太多的思考，对世界货币选择的话题更是不绝于耳，本章将通过对石油危机和金融危机的梳理，看未来世界货币的选择。

第一节　石油政治经济学

伊朗最后一位国王巴列维曾说："要理解伊朗和中东其他地区的大动荡，人们必须懂得石油政治学。""世界石油的发展史是人类知道的最残酷无情的历史。在这个历史发展中，基本的道德准则和社会原则都受到了嘲弄，如果强大的石油托拉斯不再掠夺和侮辱我们的国家，这并不是因为这些强盗变得人道了，而是因为我们已经取得了本世纪以来所进行的艰苦斗争的胜利。"② "假如自由世界各国骤然失去中东石油的供应，那么一些石油消费国和石油生产国的经济将陷入极度的混乱。"③ 在他看来，"伊朗石油是第一次世界大战中协约国获胜的极其重要的因素之一。"④ 学者贾拉拉

---

① "外债：一颗定时炸弹"，[巴西]《圣保罗州报》，1984-5-27。
② [伊朗] 穆罕默德·礼萨·巴列维著，刘津坤、黄晓健译：《对历史的回答》，中国对外翻译出版公司1986年版，第91页。
③ [伊朗] 穆罕默德·礼萨·巴列维著，元文琪译：《我对祖国的职责》，商务印书馆1977年版，第359页。
④ 同上书，第366页。

德—丁·马达尼（Jalalad-Dine Madani）在其《伊朗伊斯兰革命》一书中也说："石油在人们的日常生活中已占据了重要地位。它已经深入到与科学、技术、经济和政治相关的人类活动的所有领域。"[1] 正是石油的重要性，一个新兴的学科"石油政治经济学"正在越来越受人关注。

1615年，法国重商主义的代表人物安徒万·德·蒙克莱田（Antoine de Montchretien, 1575—1621年）发表了《献给国王和王后的政治经济学》，这是人类历史上第一次使用"政治经济学"一词。一个半世纪以后，英国最后一个重商主义者詹姆士·斯图亚特（James Steuart, 1712—1780年）用"政治经济学"一词为自己的专著命名，政治经济学作为一门研究生产、交换和分配的学科越来越受到人们的重视。1890年，阿尔弗雷德·马歇尔（Alfred Marshall, 1842—1924年）出版其《经济学原理》（Principles of Economics），他在此书中将心理因素、进化论、均衡等概念引入政治经济学，借"边际增量"分析法、"连续原理"等来淡化社会冲突，强化社会安定，为资本主义的发展提供了理论依据。进入21世纪后，随着能源问题日益突出，围绕目前占举足轻重地位的石油的政治经济学引起了学者们的广泛兴趣。美国著名地缘政治学家威廉·恩道尔（Frederick William Engdahl, 1944年—）将其石油与政治关系的专著命名为《战争世纪：英美石油政治与世界新秩序》（A Century of War: Anglo-American Oil Politics and the New World Order, 国内翻译为《石油战争：石油政治决定世界新秩序》），它使人看到了石油对现当代国际政治的影响。石油政治经济学则为人们打开了另一个审视自身行为的窗口。

一、石油工业的兴起与石油价格演变

人类早在数千年前就发现了石油，把石油的附属品沥青用于日常生活在中外文献中都有记载，但石油工业的历史则不到200年。1859年8月28日，在美国宾夕法尼亚州泰特斯维尔的石油溪旁，塞尼卡石油公司的代表埃德温·德雷克用蒸汽机驱动的一台冲击钻机钻出了油流，并用蒸汽机驱动的泵抽油生产，它预示了石油时代的到来。1901年，伊朗政府将石油租让权授予了威廉·诺克斯·达西（William Knox D'Arcy, 1849—1917年），虽然他没有取得理想中的收获，但他的努力成了以后英伊石油公司的开始。1908年，在经过一系列失败和挫折之后，在马斯吉德—苏莱曼（Mas-

---

[1] Jalalad—Dine Madani. *Islamic Revolution of Iran*. Tehran: International Publishing Co., 2002: 254.

jid-i-Sulaiman，以后又以 Maidan-i-Naftun 闻名），石油钻机终于穿透了油层上面的岩石，打出了伊朗现代意义上的石油，它标志着一个新时代的到来。①

丹尼尔·耶金曾说："20世纪国际石油的历史是一部'新来者'继续不断闯入已经建立起来的老秩序的历史。"② 就石油政治来说，其价格的波动是背后控制价格者博弈的结果。石油走向世界市场后头几十年，其价格是由市场决定的。1882年，洛克菲勒创建标准石油公司，并把总部迁至纽约。1888年，公司收购油田，开始进入上游产品领域。8年后，它成为美国最大的原油生产商，垄断了美国95%的炼油能力、90%的输油能力和25%的原油产量，并向西欧扩大市场。洛克菲勒成了名副其实的"世界石油大王"。1911年，在美国政府反托拉斯的过程中，标准石油公司被最高法院拆解成34个独立公司。以后，从标准石油公司分出来的埃克森公司、莫比尔公司、雪佛龙公司与另外两家美国公司德士古公司和海湾石油公司与英荷壳牌石油公司、英国石油公司形成了"石油七姐妹"，在国际石油界扮演着重要角色，直到欧佩克在世界石油界产生影响。

导致欧佩克产生的直接原因是西方石油公司的两次石油降价。1959年年初，英国石油公司降价18美分，约10%。1960年8月9日新泽西标准石油公司擅自降价14美分，约7%，其他公司纷纷跟进，这些引起了产油国的极大不满。针对第一次降价，1959年4月在埃及首都开罗召开了阿拉伯石油代表大会。会上签订的"君子协定"，把原来石油公司与产油国的利润"对半分成"改为"六四分成"。在第二次石油降价以后，1960年9月10日，伊朗、伊拉克、科威特、沙特阿拉伯和委内瑞拉的代表聚会巴格达，决定采取联合行动，共同对付西方石油公司，维护石油收入。9月14日，五国宣布成立石油输出国组织（Organization of Petroleum Exporting Countries，简称OPEC，即"欧佩克"）。该组织的宗旨为协调和统一成员国的石油政策，维护各自的和共同的利益。1962年11月6日，欧佩克在联合国秘书处备案，成为正式国际组织。其成员国最多时达12个，现有11个：沙特阿拉伯、伊拉克、伊朗、科威特、阿拉伯联合酋长国、卡塔尔、利比亚、尼日利亚、阿尔及利亚、安哥拉、厄瓜多尔和委内瑞拉。欧

---

① John Cadman. Middle East Geography in Relation to Petroleum. *The Geographical Journal*, Vol. 84, No. 3, Sept., 1934: 204.

② [美] 丹尼尔·耶金著，上海政协翻译组译：《石油风云》，上海译文出版社1992年版，第659页。

佩克成立后的最初十年仅限于提出一些主张和呼吁,丹尼尔·耶金称,"欧佩克在它的第一个十年很少有所作为。"①

欧佩克成立后的第二个十年是其左右国际市场油价的十年。原油在1953—1970年的实际平均售价每桶仅1.15美元。进入20世纪70年代,石油输出国组织为维护其共同利益,开始行使定价权。1970年的石油基准价格是1.8美元,以后,经过十多次提价,到1980年6月9—11日,欧佩克部长会议把基准价提高到32美元。②

欧佩克成立后的第三个十年是国际石油市场价格战的十年。1980年4月,由于伊朗伊斯兰革命引发能源危机,油价第一次冲破每桶100美元,达到每桶101.7美元,但这一价格昙花一现,很快掉头直落。③ 1981年12月15—16日,在巴厘,欧佩克部长会议把基准价定为每桶34美元,并同意把这一价格维持到1982年底。④ 由于西方石油开采国和跨国石油公司推行倾销政策,人为制造世界市场的石油过剩,主要大国的石油进口商不仅降低了石油价格,而且还提高了工业产品的价格。苏联和英国竞相降价,由1982年的每桶36美元最后降至1983年2月中旬的29.25美元,从而结束了20世纪70年代初以来,欧佩克决定石油价格的历史。1983年3月14日,欧佩克达成价格协议,将油价降至每桶29美元。⑤ 埃及更是将其最优质的苏伊士原油价格降至27.25美元,以同苏联降价向西欧出口石油的做法相抗衡。1985年11月20日的油价一度恢复到每桶31.7美元,但1986年1月31日,纽约交易所原油价格又跌至每桶18.5美元,这是7年来首次跌破19美元以下。⑥ 7月,石油价格跌到了自1973年以来的最低点,每桶不到8美元。1990年,伊拉克入侵科威特以及引发的海湾战争,油价最高才达到每桶34美元。由于国际能源署释放储备石油,国际市场原油价格得以稳定。

关于20世纪80年代石油降价的原因众说纷纭,有人认为,这是由于世界经济增速放缓,居高不下的石油价格减少了对石油的需求,国际能源署成功安排了"共同应付危机计划"等促成的。⑦ 也有人将其归咎于伊朗伊斯兰革命,"把石油输出国组织目前的困难归咎于1979年的伊朗革命——

---

① [美]丹尼尔·耶金著,上海政协翻译组译:《石油风云》,上海译文出版社1992年版,第649页。
② Benchmark Price by OPEC since 1973. *Business Daily*,March 15,1983.
③ 顾玉清:"'独特组合'推升油价",《人民日报》2007-11-7(7)。
④ Benchmark Price by OPEC since 1973. *Business Daily*,March 15,1983.
⑤ Ibid.
⑥ 美联社1986年2月1日英文电。
⑦ 明金维、王波:"国际油价似脱缰马四大因素背后发力",《经济参考报》2007-11-8。

点也不过分。因为伊朗革命发生在经历了 1973 年阿以战争以后短短几年，它使工业国家产生了一种新的恐惧，担心再次出现石油供应的中断，于是，它们采取了一项严格的贮存政策，这项政策在 1979—1982 年间动摇了石油市场。就这样，随着伊朗危机的加深，石油公司争先恐后地进货，工业国家的石油储备达到了空前的水平，开始是作为对付捉摸不定的供应情况的一种预防措施。1979 年，每桶石油的价格由 20 美元猛涨到 36 美元。在以后的一个阶段，贮存变成以投机为目的，因为估计劣质油的价格将上涨，与优质油的价格相适应。"[1] 美国学者认为，此次石油降价是沙特阿拉伯为了遏制伊朗的政治安排。"从沙特阿拉伯的观点来看，通过政治安排使油价下降的办法正在大见成效。""只有在工业化的西方国家人们才仍然认为石油价格问题是经济学范畴的问题。在石油输出国组织成员政府中，特别是在沙特阿拉伯和伊朗之间，这是有关国家的实力、国家的声望，而且可以设想，甚至是国家的生存问题。"[2]

此次石油降价的真正原因则是美国将其当作对付苏联的工具。美国学者彼得·施瓦茨尔（Peter Schweizer，1964 年—）在其《胜利——美国政府对苏联的秘密战略》（Victory: The Reagan Administration's Secret Strategy That Hastened the Collapse of the Soviet Union）一书中，透露了美国政府秘密策划瓦解苏联的内幕。为了搞垮苏联，里根政府和中央情报局曾雇佣包括心理学、历史学和国际政治经济学等方面的一批专家，拟定瓦解苏联的"软战争"战略。根据该战略，美国政府借苏联怕遭侵略的恐惧心理，推行"星球大战"计划，逼迫其片面发展军事工业以消耗经济实力。同时，针对苏联对石油出口的依赖，设法压低石油价格以耗尽苏联的外汇储备，迫使其陷入经济困境，进而瓦解苏联人对自身制度的信心，这也是计划的重点所在。在计划实施过程中，美国先压低石油价格，造成苏联经济衰退。接下来，通过新闻媒体，美国大肆宣扬戈尔巴乔夫的"新思维"，把西方的政治、经济理论灌输给苏联人。美国政府和中央情报局用培植精英人物的方法，来影响戈尔巴乔夫和叶利钦的改革，如俄罗斯驻国际货币基金组织代表卡加洛夫斯基，苏联时期曾接受哈耶克基金会的精心培训，同西方上层政界人物保持直接联系，后来被安插在重要部门。美国还蓄意误导俄罗斯走上自杀性改革之路，一度给俄罗斯带来了巨大的社会灾难。美国的计划在苏联解体中起了一定的作用，而石油作为战略物资的重要性为

---

[1] "石油输出国组织正进入'咬自己指头'的阶段,《未来》（周刊）1983-2-12。
[2] Oil Prices, the Reputation of Oil Countries. *The Washington Post*, Feb. 22, 1983.

人们所领教。①

1986年4月6日，美国财政部长詹姆斯·贝克在接受记者采访时说，石油价格下跌将给世界带来巨大好处，大部分第三世界债务国将发现油价下跌改善了它们的前景。② 美国《新闻周刊》更是以《一切顺利——世界上大多数国家经济的好日子再次来临》为题谈油价下跌对世界经济的促进作用。文章谈道："1986年将是富国更富，而且大多数穷国也会富的一年。""由于利率下降、通货膨胀消失和世界股票市场的价格上升到新纪录水平，工业化世界看来即将进入自60年代'兴旺'时期以来最令人欢快的不断增长和繁荣的时期。"③ 遗憾的是，世界经济没有像文章作者想象的那样很快走上繁荣。7月21日，保罗·刘易斯在《纽约时报》上撰文《世界经济呈现疲软》，让人感受到了一丝凉意。他在文章中写到，当油价下跌和通货膨胀下降看来肯定会促使世界经济上升之时，它却突然出人意料地出现疲软迹象。美国、西德和日本当年头三个月的经济增速意外下降，使得全球经济前景整个看来暗淡无光。"在世界经济越来越相互依赖的时代，世界三个经济大国增长速度的下降使世界上其他发展中国家和工业国感到扫兴。因此，许多经济学家担心，那些业已受到原料价格暴跌影响的债台高筑的穷国会进一步被迫拖延其债务，从而使人们再度担心会出现一次国际银行危机。"④ 在分析这种情况产生的原因时，他写道："石油出口国正迅速采取行动取消投资和减少来自全球石油消费地区的进口，一般消费者看到物价下跌，自己收入的购买力上升，正在储存而不是消费掉这些收益。例如，在今年第一季度里，德国人把自己的储蓄从平均占收入的12%增加到14%。"⑤ 石油价格战给世界经济带来了极大危害。1983年2月18日，美国能源专家、计划和预测咨询公司经理戴尔·斯特弗斯在谈及这次油价之战的后果时说："这是我所见到过的最令人啼笑皆非的事情。1973年时我们认为高价石油将会破坏世界经济。现在我们发现，如果有什么情况会破坏世界经济的话，那就是石油价格下降。""发展中国家所欠的债约6000亿美元。发展中国家现在是指望以这些蕴藏的石油来偿付债务。如果油价下降的话，这些债务就不一定能偿付了。"⑥ 这次石油降价直接引

---

① 吴成："'无牙虎'吃掉了苏联，还会怎样"，《世界知识》2007（22）：41。
② 法新社华盛顿1986年4月6日英文电。
③ "一切顺利——世界上大多数国家经济的好日子再次来临"，《新闻周刊》1986-4-7。
④ Paul Lewis. The World Economy Appears Weak. *The New York Times*, July 21, 1986.
⑤ Ibid.
⑥ 合众国际社休斯顿1983年2月19日英文电。

起了第三世界的债务危机，债务危机又影响了整个世界经济的发展。银行停止或减少了向发展中国家贷款开采石油，而那些依赖石油蕴藏量来支付国债和提高生活水平的发展中国家受到损害。

针对此次石油价格的暴跌，日本记者称，美国是最大的受益者。"从美国战略角度来看，这次石油形势有很大的好处。首先，运用价格战略给沙特阿拉伯以恩惠，同时减少对不稳定的中东原油的依赖程度。""这一年里，美国依靠从中东进口的程度已经从过去的17%减少一半，把这减少的部分转向了墨西哥、中南美。这既是石油战略，同时又是对付发端于墨西哥的国际金融危机的措施。而且，这样做的结果，一举加强了过去同美国划清界限的墨西哥、巴西、阿根廷的影响力。"①

石油价格的波动给国际政治带来的影响才刚刚开始。在油价暴跌下，沙特阿拉伯开始考虑与苏联的关系了。沙特阿拉伯的二号人物、王储阿卜杜拉暗示，"如果确信这种合作（与苏联）有助于实现阿拉伯国家和伊斯兰世界的目标的话，利雅得将考虑恢复这种关系。"② 这次石油价格下降直接影响了东欧经互会成员国之间的关系。经互会成员国除罗马尼亚外，所需石油均主要依赖苏联供应，仅在依赖程度上有所差别，从东德的65%到捷克斯洛伐克的95%。因此，石油价格问题是影响苏联与东欧经互会成员国关系的一个重要问题。当时，苏联供应东欧各国石油价格的定价原则是参照近5年内国际石油市场的石油平均价格，每年东欧国家与苏联协商当年从苏联进口的石油价格。这种作价办法可以保证价格的稳定。如，1980年石油输出国组织石油价格上涨一倍，而苏联向东欧国家出口的石油价格仅上涨了4%。但是，当国际市场石油价格大跌时，上述作价办法对石油供应国苏联有利。1982年，国际市场油价下跌了12.5%，但苏联供应东欧国家的石油价格却上涨了16%。这直接影响了苏联同东欧国家的关系，价格成了经互会成员国间突出矛盾之一。西方学者看到，"几乎所有的东欧国家都需要向西方出售更多的商品，以便偿还它欠西方的贷款和购买西方更多的技术。有些东欧国家已经在用各自不同的方法检验俄国发号施令的权利到底有多大。匈牙利正在悄悄地扩大经济改革的范围。东德正在谨慎地与西德拉关系。捷克斯洛伐克和东德对俄国在它们的国土上部署新导弹一直表示不安。波兰是一颗未爆炸的炸弹。所有这些国家都可以利用老大

---

① 嶋翔："石油输出国组织原油降价，最大胜利者是美国"，[日]《每日新闻》1983-3-16。

② James McManus. The Kingdom at the Crossroads. The Guardian, Dec. 20, 1982.

哥怕这个大家庭解体的不安心情。"①

　　石油价格下降导致尼日利亚财政出现困难。1983年，尼日利亚的石油收入不到100亿美元，不足1980年224亿美元的一半。② 这对石油收入占外汇收入90%的一个国家来说意味着什么可想而知。正是在这一背景下，尼日利亚发生了政变。

　　1986年2月15日，墨西哥总统德拉马德里给联邦德国、沙特阿拉伯等国领导人写信，其中谈到各石油生产国不能以"内部调整"的方法去承担石油价格下跌、高利率和贸易保护主义所带来的后果，因为这会使"人民的生活水平下降到不可容忍的地步"。他在当天会见美国记者时说：由于石油价格暴跌，国际市场"迟早会造成石油短缺和价格投机"。③

　　每次石油价格大的波动过后总会有人得势，同时，也会有人失势。1986年11月，沙特阿拉伯外交大臣亚马尼被解职，可视为此次石油价格波动的最大受害者。24年来，亚马尼一直是国际舞台上著名和有影响的人物。在过去一年半的时间里，亚马尼执行的沙特阿拉伯两项政策失败。第一项政策是通过减产来设法保持油价，其结果，沙特的石油出口量一度下降到一天大约200万桶，是1979年最高水平的1/4。加之其他石油输出国组织成员国打破其限额和非石油输出国组织国不进行合作，造成沙特的石油收入大幅减少。第二项政策是沙特要求增加石油的产量以降低油价，促使工业国使用更多的石油，停止使用其他价格较高的能源，以稳定油价，也可借此对伊朗施压，以缓和地区紧张局势。其结果，石油价格的暴跌使沙特的石油收入大大减少，更为重要的是沙特对于石油价格的调控作用大大降低。在这一背景下，亚马尼的政治命运也就注定了。亚马尼的离职也表明沙特政府的变化。美国国际关系学者希林·亨特称，亚马尼被解职"是一个时代的结束和一个时代的开始"。"它可能表明沙特阿拉伯对其在这个地区及地区以外的安全和对外政策开始做出基本的重新估计。"④

　　在解决20世纪80年代的石油价格问题上，也有人提议，稳定石油市场的唯一办法是伊拉克人用导弹摧毁伊朗的主要石油中转基地哈格岛。⑤

---

① Chernenko's Objectors: Russian Allies Dissatisfying with Russia Increasing Oil Prices. *The Economists*, April 21, 1984.

② C. H. Farnsworth. Oil Revenues Reducing Is One Factor of Nigeria's Coup. *The New York Times*, Dec. 31, 1983.

③ 埃菲社墨西哥城1986年2月15日西班牙文电。

④ Shireen T. Hunter. The Saudian Making New Policy on Oil and the Region's Stability. *The Los Angeles Times*, Nov. 2, 1986.

⑤ 法新社伦敦1983年2月21日英文电。

这更暴露了石油的政治工具特性。

早在20世纪80年代，德国学者就曾指出："通过美国在海湾存在的加强可能引起一系列的升级，最后受到危害的恰恰是美国舰队声称要保护的东西，即西方工业国的石油供应，从而危及整个世界经济的健康。"①

1974年11月，国际能源署（International Energy Agency，简称IEA）成立。创始会员国由爱尔兰、奥地利、比利时、丹麦、联邦德国、荷兰、加拿大、卢森堡、美国、日本、瑞典、瑞士、土耳其、西班牙、意大利和英国16个国家组成，随着2008年波兰的加入，将成员国扩大为28个。该组织成立以来，3次宣布释放战略原油储备。1991年海湾战争爆发，国际能源署通过释放储备石油，保持了国际市场原油价格的稳定。2005年，在"卡特丽娜"飓风影响美国石油生产后，该组织在一个月内每天向市场投放200万桶原油。2011年6月23日，该组织宣布，未来30天将每天释放200万桶，共6000万桶储备石油。消息一出，北海布伦特原油价格应声下跌，幅度超过7%。纽约石油期价报收于91.23美元/桶，刷新了近4个月来的新低，回归至2010年底的水平。

国际能源署宣布释放石油储备两天后，欧佩克开始摒弃分歧，统一立场，一致谴责国际能源署决定，与此同时，他们还表示，石油生产国可能会采取对抗措施支撑油价。6月25日，伊朗驻石油输出国组织代表穆罕默德·阿里·哈提比公开指责美国及其欧洲盟友试图操控国际原油市场，"人为"降低油价，并称国际原油市场过去几天的价格变动"完全不是基于市场供需变化，而是政治压力的副作用，尤其是美国一方施加压力"。②

1917年10月，在第一次世界大战激战正酣之时，英国殖民地事务国务大臣沃尔特·朗警告英国下院说："你们可以有人、军火和金钱，但是如果没有今天所用的动力石油，那么所有其他有利条件都将没有价值。"③在战争结束之际，法国石油委员会会长贝伦格尔说："石油这个'地球之血'，是'胜利之血……德国对它的铁和煤的优势太自负了，它没有充分考虑我们的石油优势。'"他预言说："因为石油曾是'战争之血'，所以它将是'和平之血'。至此和平开始之时，我们的平民百姓、我们的工业、我们的商业、我们的农场主都在要求更多的石油，愈来愈多的石油和愈来

---

① "海湾的危险"，[德]《经济周刊》1987-7-31。
② 何光海、王新华："伊朗成立国际原油交易所"，《中国石化报》2011-8-5（5）。
③ [美] 丹尼尔·耶金著，上海政协翻译组译：《石油风云》，上海译文出版社1992年版，第208页。

愈多的汽油。"①

1957 年,著名地质学家赫伯博士用其赫伯曲线推算出,世界石油产量将在 2010 年达到顶峰,然后逐步减少,新油田的发现无法跟上老油田产量的下降,开采成本会越来越高,同时,发展中国家的原油需求将直线上升,如中国的汽车销售量正在成倍的增长,因此石油危机是无法避免的。越是发达的国家越依赖石油,因为工商业运作需要动力和能源,而动力和能源主要来自原油。1992 年,保罗·沃佛维茨(Paul Wolfowitz, 1943 年—)等起草一份新的国家安全战略报告,这就是《防御部署参考》,其中提到:"为了防止有其他国家的崛起对美国领导地位的威胁,美国必须取得对重要资源的控制权,尤其是中东和西南亚的石油。"② 1995 年《美国中东安全战略》中写道:"美国尤其关注霍尔木兹海峡的畅通与否,因为这直接关系到能否从国际石油市场获得石油。"③

二、在伊朗核问题上石油政治工具的运用

威廉·恩道尔在其《战争世纪》一书的开篇即谈道:"过去 100 年的历史,是为攫取和控制世界石油储备而战斗的历史,任何其他因素都不能与此相提并论。首先是英国,后来是美国,主要受这两个国家的利益影响,围绕着原材料、石油,形成了世界政治与经济的权力版图。"④ 在恩道尔看来,"20 世纪就是一部石油战争史,石油政治决定世界新秩序。"美国前国务卿亨利·基辛格曾断言:"如果你控制了石油,你就控制住了所有国家;如果你控制了粮食,你就控制住了所有的人;如果你控制了货币,你就控制住了整个世界。"⑤

1996 年 1 月 2 日,雅各布·赫布伦(Jacob Heilbrunn)和米歇尔·琳达(Michael Lind)在《纽约时报》撰文《美利坚第三帝国》。两位作者回顾了美国近百年历史,指出美国每战胜一个对手,就在其势力范围内建立一种"宗主国"关系。1898 年打败西班牙后,美国在古巴、波多黎各和菲律宾建立了"美利坚第一帝国"。二战后,美国在欧洲建立了北约,在东

---

① [美]丹尼尔·耶金著,上海政协翻译组译:《石油风云》,上海译文出版社 1992 年版,第 215 页。

② Defense Planning Guidance:FY 1994 – 1992 (U). 1992 – 4 – 16:23.

③ Department of Defense. *United State Security Strategy for the Middle East*. 1995:6.

④ [美]威廉·恩道尔著,赵刚等译:《石油战争:石油政治决定世界新秩序》,知识产权出版社 2008 年版,第 21 页。

⑤ 邓新华:"石油:推动地缘政治经济发展的动力",《中国石油报》2011 – 4 – 26(4)。东

亚搞了一系列双边防卫条约，这是它的"第二帝国"。冷战结束，苏联解体，美国军事力量直接介入中近东和巴尔干地区，要扮演一个从波斯湾到巴尔干的伊斯兰国家非正式联盟的领袖角色。美国要在该地区建立美利坚"第三帝国"。在放弃越南之后不久，美国就通过不断加强它在中东的努力而为"第三帝国"奠定基础。在伊朗伊斯兰革命和苏联入侵阿富汗之后，1980年1月，卡特提出了一条原则："任何外部力量试图获得对波斯湾地区的控制权的尝试都被视为对美国的重要利益的侵犯。"[1] 随后，美国又很快在波斯湾组建了快速反应部队。阿富汗战争和伊拉克战争是美国为建立新帝国的又一尝试。美国的这次努力是想牢牢控制伊拉克乃至整个中东的石油资源。尽管小布什政府一再强调"发动战争的原因与石油无关"，是为了解除伊拉克大规模杀伤性武器，并结束萨达姆政权对恐怖主义的支持。前美联储主席格林斯潘还是一语道破天机："令我感到悲哀的是，发动伊拉克战争主要是为了石油。这是人所共知的事实，但（政府）在政治上又不便承认。"[2] 面对今日伊拉克的混乱与暴力，可以说美国建立"美利坚第四帝国"或"第五帝国"彻底失败了，石油是其"终结者"。伊拉克目前的局势表明，在和平与发展已为时代主旋律的今天，人类历史上的帝国时代一去不复返了。

在两次世界大战期间，石油和波斯湾是英国在伊朗最关心的两大利益，美国军官是伊朗1921年政变的幕后黑手。[3] 虽然伊朗是重要的石油储存国和生产国，但在历史上，它一度是一个石油进口国。1923年，伊朗消费的石油85%是由俄罗斯提供的，1929年这一数字下降到70%，1933年进一步下降到50%。到1939年，伊朗停止从俄罗斯进口石油。[4]

1992年11月18日，伊朗总统拉夫桑贾尼在伊斯兰商会第10届年会开幕式上呼吁，伊斯兰国家应利用其手中的石油资源作为对抗西方的经济杠杆。他说："西方世界的技术进步和经济发展依靠的是全世界12亿穆斯林地区的丰富资源。伊斯兰国家因缺乏计划而没有使用这些杠杆。伊斯兰国家应积极协调，努力控制它们的资源。"[5] 这次石油价格的波动也与以美

---

[1] Jacob Heilbrunn, Ichael Lind. The Third American Empire. *New York Times*, Jan. 2, 1996.

[2] Alan Greenspan. The Age of Turbulence: Adventures in A New World. New York: The Penguin Press, 2007: 463.

[3] Nikki R. Keddie and Mark J. Gasiorowski. *Neither East Nor West: Iran, Soviet Union and the United States*. Yale University, 1990: 3.

[4] Alexander Melamid. Petroleum Product Distribution and the Evolution of Economic Regions in Iran. *Geographical Review*, Vol. 65, No. 4, Oct., 1975: 513.

[5] 美联社塞浦路斯尼克西亚1992年11月19日英文电。

国为首的金融投机分子借伊朗核问题进行投机炒作有关。

伊朗核问题发展过程中的石油价格波动更是扣人心弦。2003年伊朗核危机爆发前的2002年国际原油年平均价为每桶23.74美元,2003年为26.78美元,2004年则猛涨到33.64美元,2005年达49.35美元,2006年接近60美元。① 具体的发展情况为,2004年8月上、中旬,纽约市场的原油期货价格16个交易日中,14个创下历史新高,20日达到每桶49.4美元,逼近50美元关口;9月27日,电子交易价每桶超过50美元,达50.12美元,创21年来最高价;10月6日,纽约商品交易所11月份原油期货最高达每桶52.05美元;10月8日,达到53.31美元。2006年4月11日,伊朗副总统兼国家原子能组织主席阿加扎德宣布伊朗已成功生产出低纯度浓缩铀。总统内贾德发表讲话说,伊朗将很快加入国际核技术俱乐部。当天,纽约商品交易所5月份交货的轻质原油期货价格达到每桶69.45美元,伦敦国际石油交易所5月份交货的北海布伦特原油期货价格每桶达69.37美元,是1988年该产品推出以来的最高收盘价。面对两石油期货市场的价格上涨,其他油品价格也全线上涨。两天后,伦敦市场5月份交货的北海布伦特原油期货价格突破每桶70美元大关,收于70.57美元。7月14日,纽约商品交易所原油期货价格创下每桶78.4美元的新纪录。以后逐渐回落,到2007年1月18日,降至每桶49.9美元。2007年2月14日,美国能源部宣布,美国原油商业库存和成品油库存上周全面下降。这样,纽约石油期货市场上每桶原油曾跌至50美元以下的价格很快回到了60美元以上。在以后的日子里,每当美国能源部宣布美国原油或成品油库存下降,国际期货市场的原油价格每桶就要应声上涨2—3美元。8月2日,伊朗总统艾哈迈迪-内贾德发表讲话说,伊朗已经是一个"核国家",将继续推行其和平利用核能的计划。美国又将伊朗伊斯兰革命卫队定为"国际恐怖主义组织"。8月15日,美国再次宣布原油和汽油库存双双下降,以上这些使一度下跌的石油价格重新上涨。9月12日,纽约石油期货价格突破每桶80美元大关。从此,纽约石油期货价格高于北海布伦特的价格,且出现每当美国宣称库存减少,石油即闻风而涨的局面。10月25日,美国务卿赖斯和财政部长保尔森在国务院联合召开新闻发布会,宣布美国对包括伊朗国防部在内的20多个伊朗政府机构、银行和个人实施制裁。第二天,纽约石油期货价格猛涨,由10月23日的每桶85.27美元升至26日收盘时的每桶90.64美元,中间一度达到每桶92.22美元。10月

---

① 顾玉清:"'独特组合'推升油价",《人民日报》2007-11-9(7)。

31 日，美国再次宣布原油库存持续下降，美联储决定减息，次日油价突破 96 美元。

2008 年 1 月 2 日中午 12 点 13 分，纽约石油期货价格突破每桶 100 美元，这与 2007 年 4 月罗杰斯认为年底石油价格将达 100 美元的预言基本吻合。随后几天，国际石油价格围绕 100 美元上下波动。1 月 23 日，油价一度降到 86.99 美元。2 月 20 日，国际油价正式再次破百。3 月 12 日，纽约商交所原油期货达到每桶 110 美元。5 月 5 日，纽约市场油价在盘中创出 120.36 美元的新高（8 月 1 日，北海布伦特原油价格首次突破 120 美元）。5 月 21 日，纽约商交所原油期货达到每桶 130 美元。6 月 6 日，纽约商交所原油期货价格出现井喷式上涨，一天上涨超过 10 美元，创出了原油期货市场有史以来最大单日涨幅。7 月 11 日，国际油价达到每桶 147.27 美元。7 月 15 日，纽约石油期货价格下降 9 美元多，是 17 年来单日跌幅最大的一天。

对于伊朗核问题会给国际市场的油价带来巨大影响，不论伊朗人、国际社会的学者，还是政治家都有预见。2004 年 11 月，伊朗安全监督委员会外交政策委员会秘书侯赛因·穆萨维在回答记者的提问时警告说："目前的油价已经使世界无法忍受，就不要说对伊朗实行石油禁运了。如果这种情况发生，世界应该为 100 美元的油价做准备。如果西方制裁伊朗，他们要面对比伊朗更大的损失。在过去的 25 年中，如果美国人和欧洲人能够做到的话，他们会毫不迟疑地进一步惩罚我们的国家。我们获得了自信，制裁危害不了我们的经济。整个世界也没有能力反对伊朗。我们做好了最坏的打算，但我们采取外交措施去避免任何冲突。伊朗不是伊拉克，我们勇敢的人民将反对任何专制和进攻。"[①] 伊朗学者赛义德·雷拉子（Saeed Leilaz）称，西方对伊朗施压的最重要杠杆是把核问题提交安理会，这将导致油价直线上升，要超过一桶 50 或 60 美元。[②] 6 月 24 日，伊朗石油部长哈马内称："如果我们的利益遭到侵犯，那么伊朗将会运用所有可能的手段来应对，其中当然包括石油武器。"[③]

2006 年 6 月 20 日，沙特阿拉伯驻美国大使在美国能源协会主办的新闻发布会上称，如果伊朗核问题的外交僵局恶化为军事冲突，世界原油价格将涨到目前的 3 倍，即达到约每桶 200 美元。美国能源部长博德曼则说，

---

① Mehdi Mohammadi. Iran Bracing for Referral to UN (PART. III). *Kayhan* (Daily Newspaper), No. 18092, Nov. 9, 2004：12.
② Saeed Leilaz. Honorable Compromise. *Sharq* (Daily Newspaper), No. 347, Nov. 22, 2004：1.
③ 王锁劳："内贾德：我有我的核对策"，《世界知识》2006 (18)：41—43.

即使西方与伊朗的核问题争端导致伊朗切断石油出口，美国也有足够的紧急石油供应。"我相信，通过使用我们的战略石油储备，我们的情况不会有问题。"据路透社报道，当时，美国拥有约7亿桶的应急原油储备。当美国人为自己有丰富的石油储藏而洋洋得意时，忘记了世界经济是一个整体的链条，一个环节的断裂，破坏的是整个世界经济。

2007年下半年的石油价格飞涨对于美国来说，如同小孩子放氢气球，一松手放了出去，但却无力收回。面对高油价，美国总统小布什呼吁欧佩克增加产量，其主席以高油价纯属投机所致而加以拒绝。2008年3月底，安理会通过制裁伊朗的1803号决议，伊朗宣布停止用美元结算石油贸易，并敦促欧佩克也停止以美元结算。这一切使纽约期货市场油价在短时间内突破每桶130美元大关。6月6日，受美国和伊朗军队在波斯湾发生"接触"的影响，美国7月份交货的轻质原油突破历史记录达到每桶139.01美元。6月20日，美国《纽约时报》援引五角大楼消息人士的话说，以色列6月初在地中海东部海域举行大规模军事演习，100多架F–16和F–15战斗机参加，可能在为空袭伊朗核设施做准备。受其影响，石油期货价格一度超过147美元，直逼150美元。

在石油价格步步攀升的过程中，虽然有伊拉克局势变化、尼日利亚石油管道被破坏、自然灾害等因素存在，但是，没有美国与伊朗之间的叫板，石油价格不可能涨得如此高。

当人们担心美国与伊朗之间的战争一旦爆发，石油价格将上涨至若干美元时，是否想到了20世纪80年代世界上两个石油出口大国伊朗和伊拉克进行战争时，除了战争刚开始石油价格上升外，战争绝大部分时间里世界石油价格一直在低位运行，还有伊拉克战争爆发第一年世界油价也一直很低。据美国剑桥能源咨询公司估计，石油价格每上升5美元，伊朗每周的石油输出所得将增加8500万美元。这也正是美国越想削弱伊朗，伊朗变得越"牛"原因之所在。

受高油价的影响，2008年9月12日，英国第三大旅游运营商XL休闲集团突然宣布破产，旗下航空公司航班全部停运致使数万旅客滞留国外。英国民航局不得不启动"20年来最具挑战性的紧急空运"，租用航班把这些旅客接回英国。XL休闲集团是英国近20年来倒闭的最大旅运商。在英国，不少机场因它倒闭陷入混乱，大约20万旅客改变了出行计划。XL休闲集团旗下的XL航空公司、Excel航空公司和Meddle酒店服务公司等多家企业受到影响。该集团上财务年度亏损2400万英镑（约合4300万美元），宣布破产时确认亏损1.4亿英镑（2.38亿美元）。英国维珍集团董事长理查德·布兰森则认为,旅游和航空业眼下面临的危机堪比"9·11"恐怖袭击。

起伏不定的油价对社会的影响巨大,高油价对石油进口国带来一定的危害。以印度为例,70%的能源依赖进口,也没有能源战略储备,印度政府还向所有中低收入家庭发放能源补助,每年仅此项开支就高达120亿美元。当原油价格升至100美元时,印度政府将被迫取消对老百姓的补贴。①同时,高油价也对石油出口国带来一定的影响,短时间内出现巨大贫富差距问题,如安哥拉,石油价格上涨使其国家收入在2007年比2004年增长了2.5倍。2007年,安哥拉经济增长率为24%,成为全球经济发展最迅速的国家。然而,安哥拉天主教大学研究中心的研究结果表明,就在国家经济高速增长的同时,该国每3人中仍有2人每天的生活费在2美元左右,和2002年时相比没有任何区别。②"阿拉伯之春"正是在这种情况下发生的。伊朗的伊斯兰革命不是发生在伊朗经济不景气之时,而是发生在20世纪70年代伊朗经济的高速增长之中。

2008年8月18日,新加坡学者蔡良乾(1943—2010年)为《联合早报》撰文,谈到美国次贷危机给下列银行带来的损失情况:美国花旗银行损失407亿美元,瑞士联合银行为389亿美元,美林证券为317亿美元,汇丰银行为156亿美元,美国银行为149亿美元,摩根士丹利为26亿美元,皇家苏格兰银行为120亿美元。

1983年1月24日,美国前国务卿亨利·基辛格在美国《新闻周刊》上撰文《拯救世界经济——挑战不仅是经济性的,它关系到自由社会的生存》。其中谈到导致西方经济在20世纪70年代出现衰退的原因是多方面的,包括"国家福利的增长比生产率的增长快得多;通货膨胀加快了;高课税减少了刺激力量;20、30年的经济增长减少了工业道德"。"但是,使这些结构性问题变成一场危机的是石油价格在1973—1980年之间上涨了十多倍。开头它使通货膨胀上升到无法控制的程度,当各国政府采取相应的严格限制时,它就触发全球性衰退。"③中国学者沁荣在谈及美国的石油政治经济学时说:"美国人向来具有一种独特的商业心态,这是其'石油政治经济学'的根本所在。新教伦理教会了美国人如何凭借个人的才智和力量创造财富,实用主义启示如何通过简捷手段达成目标,扩张主义把创造

---

① 黄力颖:"石油重画全球政治经济版图",《东方早报》2007-11-7。
② 同上。
③ Henry A. Kissinger. Saving the World Economy. *Newsweek*, January 24, 1983.

主体从个人转变为国家和社会，而由宗教信仰演进的理想主义则为前三者罩上了一层温情脉脉的面纱。把这些元素与美国现在在伊拉克的作为相对应的话，跨国公司可以看作是新教伦理的产物，垄断经营是实用主义的目标，政治控制和军事占领是扩张主义的恶果，而推广民主的所谓'大中东计划'则是理想主义的口号。这些要素本来互相矛盾，但在美国的'石油政治经济学'里却莫名其妙地结合在了一起，也算得是世界上的一个奇观。""然而，自然界的奇观常常都不能持久，一旦人们的认识水平达到一定程度，其中的奥秘也就水落石出。"①

伊朗核计划及所表现出来的问题表明，伊朗已经认识到了后石油时代世人对科技的新追求和对和谐世界秩序的希望。拉赫曼·嘎黑尔·曼普尔在谈及全球化与认同时说："全球化最重要的方面之一是一般意义上的认同和特殊意义上的民族认同。从历史上看，民族是西方资本主义发展的产物。随着第二次世界大战以后西方走向成熟，超国家的趋势正在威胁着民族认同，其结果，超民族的新认同开始出现。""如果我们把 20 世纪 70 年代中期的一系列事件作为全球化历史转折点的话，将坚持把石油和伊斯兰主义作为全球化时代中东的两个重要特点。"② 印度防务研究与分析协会（Institute for Defence Studies & Analyses，简称 IDSA）研究员色班蒂·雷·达德沃（Shebonti Ray Dadwal）说："从本质上来说，尽管伊朗的石油供应中断不会给全球的石油供应带来主要影响，但如果考虑到伊朗每天出口 250 万桶石油这一情况，对价格投机的影响将是破坏性的。"③

我们应该看到，世界石油储备有两种：一种是目前我们能看到的美国式的石油储备，它只能在心理上暂时平息国民在石油危机出现时的恐慌心理，而不能从根本上解决国际石油危机；一种是制度上的石油储备，即在国际政治中通过共同制定的游戏规则办事，减少矛盾和冲突，将潜在的石油危机消除在萌芽状态。由前者向后者的过度是一个漫长的过程，但要真正使人类福祉在生产力发展面前实现最大化，人类必须做到这一点，不然的话，只能意味着科技越发达，冲突越惨烈，人类承受的痛苦越大。

---

① 沁荣："稳赚不输的'美国石油政治经济'"，http://news.xinhuanet.com/world/2007-01/25/content_ 5650234.htm。

② Raheman Gaher Manpour, Globalization and the No. of Identity in the Middle East, *Foreign Policy*, No. 2, Summer, 2002: 331 – 354.

③ Shebonti Ray Dadwal. Iran Standoff: Repercussions for the Global Oil Market. *Strategic Analysis*, Vol. 31, No. 3, 2007: 543 – 567.

从石油政治学可以看出，自由市场是虚假的，背后是一个个"黑手"，这些"黑手"为了个人的或民族的私利，想方设法搞乱世界市场秩序，瓦解着世界经济，从而使人们的生活水平不能达到应有的高度。目前，摆在世人面前的重要问题是如何建立合理的世界经济秩序。

第二节　西方金融危机原因探析

2009年1月29日，美国前总统克林顿在世界经济论坛中的瑞士达沃斯年会上坦承，美国是这场全球经济危机的祸首，美国要走出危机，不能没有中国等国家的支持。① 2010年3月初，伊朗总统艾哈迈迪－内贾德在会见穆斯林发展中八国集团代表时发表谈话说，西方资本主义特别是美国，是导致全球各种经济和金融问题的罪魁祸首。他强调说，西方国家应该正视这一事实：资本主义的贪婪已将世界推到了崩溃的边缘。2010年6月30日，土耳其阿拉伯语电视频道报道，黎巴嫩前总统拉胡德称，是犹太人制造了世界金融危机。毫无疑问，政治家是戴着政治眼镜看问题。还有不同背景的经济学家给出了危机原因的不同解读。本节主要围绕凯恩斯主义、自由主义和马克思主义经济学家对此次金融危机原因的概述，以便更清楚地认识此次金融危机的根源。

一、凯恩斯主义经济学家对危机的诊断

早在2003年，美国经济学家、2008年诺贝尔经济学奖得主保罗·克鲁格曼（Paul R. Krugman，1953年—）在其专栏文章合集《大破解》中抨击布什政府的经济和外交政策。他认为，从长期看，布什政府减税、增加公共开支产生的巨额财政赤字和发动伊拉克战争将使美国经济发展不可持续，并引发严重经济危机。② 他认为此次金融危机，根源在于美国政府近30年来奉行的新自由主义政策；当前这场危机不是次贷问题，是数十年来美国自由放任政策的结果，自由主义滥觞才是危机的真正元凶，这次危机标志着以自由放任为特征的"里根主义"彻底破产。③ 在他看来，政府借

---

① Davos Annual Meeting 2009 – Bill Clinton. http：//www.celebritynetworth.com/watch/rlU23K3ZBNo/davos–annual–meeting–2009–bill/.
② 黄继汇："克鲁格曼：危机预言者"，《中国证券报》2009–5–12（7）。
③ 李志辉、王飞飞："美国金融危机研究综述"，《经济学动态》2010（2）。

金融政策进行经济干预是抵消家庭和企业缺陷的唯一有效方法。① 2008年10月13日,在获诺贝尔经济学奖的当天,克鲁格曼就救市问题在《纽约时报》上撰文,嘲讽布什政府的"两个凡是"——"市场总是对的,政府总是错的"。他提出:"我们要以不惜一切代价扭转形势的精神来应对当前的危机,如果我们做得还不够,那就加大力度,改变方法,直到信贷开始流动,实体经济开始恢复。"② 美国经济学家、诺贝尔经济学奖得主、世界银行副总裁和首席经济师约瑟夫·斯蒂格利茨（Joseph E Stiglitz, 1943年—）指出,美国的金融危机是由于美国人自以为是,脱离国际货币基金组织的监管造成的;③ 危机与金融体系和全球储备体系直接相关;④ 国际货币体系放大了整个系统的风险,美国量化宽松货币政策造成全球流动性泛滥,全球储蓄没有配置到最有效的地方,这些问题都与国际货币体系的缺陷密切相关;⑤ 危机的主要原因是银行的行为,在很大程度上是邪恶的动机缺乏有效规则监管的结果。他认为,政府政策应对全球金融危机负责,尤其是由国内利益驱动的总需求的崩溃,是由美联储的纵容政策一手造成的,这主要表现在2000—2004年这段时间美国极低的利率水平上。⑥

在美国哥伦比亚大学教授莫里斯·奥布斯菲尔德（Maurice Obstfeld, 1952年—）和哈佛大学教授肯尼斯·罗格夫（Kenneth Rogoff, 1953年—）看来,此次金融危机是美国多年来所实施经济政策的结果,具体来说是美国为避免经济衰退而于20世纪80年代实施的"大稳定"（the Great Moderation）政策,具体内容包括政府通过货币政策稳定经济,加大中央银行的独立性,减少或稳定政策规则和税收,改善库存控制和供应链管理等。这样,美国在不考虑通货膨胀威胁和全球实际利率,放松对金融创新管制和

---

① Paul R. Krugman. The Road to Global Economic Recovery. *Revista de Economía del Caribe*, No. 4, 2009: 1-18.

② 李志辉、王飞飞:"美国金融危机研究综述",《经济学动态》2010 (2)。

③ Joseph E. Stiglitz. TSR External Commentary—A Short Note on Surveillance and How Reforms in Surveillance Can Help the IMF to Promote Global Financial Stability. Paper for International Monetary Fund, July 22, 2011: 1-2.

④ Joseph Stiglitz. The Future of Globalization: Lessons from Cancún and Recent Financial Crises// Ernesto Zedillo. The Future of Globalization: Explorations in Light of Recent Turbulence. New York: Routledge, 2008: 74.

⑤ 谭小芬、李勤习:"未来全球货币体系改革方向和前景",《经济参考报》2011-5-6 (8)。

⑥ Joseph Stiglitz. The Global Crisis, Social Protection and Jobs. *International Labour Review*, Vol. 148, No. 1-2, 2009: 1-13.

金融市场监管薄弱的情况下，实施宽松的货币政策，这加剧了金融危机的风险。① 罗格夫在与卡曼·莱因哈特（Carmen M. Reinhart，1955 年—）合写的专著中，通过对战后工业化国家 18 次危机的比较研究，得出结论，此次次贷危机与以往危机有很多不同之处，美国政府债务低于过去危机的平均水平，通货膨胀也低于过去危机前的通膨水平，但是，美国经常账户赤字要比过去危机时严重得多，从而得了结论：美国经常账户的巨额赤字导致了危机。②

在美国学者波斯纳（Richard A. Posner，1939 年—）看来，此次西方金融危机是萧条而不是衰退，因为衰退是资本主义经济的正常特征，是对外来意外事件（比如石油价格飙升）或者国内事件（比如技术革新淘汰行业和工人）的偶然性反应。但在萧条中，整个经济陷入螺旋向下的轨道，投资和革新完全停止。此次危机是由经济学家和政府忽视了对金融的关注引起的。波斯纳把危机归咎于缺乏足够的管理，认为解决办法是更多的管理，并提醒，忽略市场的管理带来的危害是严重的。他建议美国应该成立金融方面的中央情报局来保护市场免受重大威胁的损害。③ 哈佛大学经济系教授理查德·库珀（Richard Cooper，1934 年—）认为，抵押贷款证券化、长期低利率和借贷标准宽松化三大因素导致了此次金融危机。美联储曾先后 13 次降息，"9·11"事件发生时的 6.5% 降至危机来临时的 1%，强行向市场注入流动性资金，虽然扼制住了经济衰退，但导致了美国房地产市场泡沫的不断加剧。为了抑制泡沫，美国又采取紧缩政策，导致房价不断下跌，利率上升，房贷者的利息负担加重，进而导致房贷违约率不断攀升，最终导致了次贷危机的爆发。④ 另外，国际货币基金组织存在的缺陷也是导致此次金融危机的原因之一。⑤ 英国央行行长金恩（Mervyn King，1948 年—）称，"全球失衡"是 2008 年金融危机的主要原因。⑥ 美国学者迈克尔·胡德森（Michael Hudson，1939 年—）指出，次贷危机是使用法

---

① Obstfeld, M and K Rogoff. Global Imbalances and the Financial Crisis: Products of Common Causes. Federal Reserve Bank of San Francisco, 2009: 131 – 172.

② Carmen M. Reinhart, Kenneth S. Rogoff. *This Time Is Different: Eight Centuries of Financial Folly*. Princeton: Princeton University Press, 2009.

③ Richard Posner. *A Failure of Capitalism: The Crisis of '08 and the Descent into Depression*. Harvard University Press, 2009.

④ 高志敏："当前国际金融危机原因综述及思考"，《中国证券期货》2009（10）：84—87。

⑤ Richard N. Cooper. Reform of the International Monetary System: A Modest Proposal. Harvard University, May 2011.

⑥ Richard N. Cooper. How Serious Are Global Imbalances? Sept., 2010: 1.

律和明目张胆欺诈行为的寄生金融引起的，而政府支持有害债务和量化宽松货币政策，促成了房地产膨胀，并把银行的损失转嫁到美国的劳工、纳税人和国际社会。在他看来，美国的"量化宽松"和"恢复稳定"政策只是美联储和美元主导世界，用金融侵略取代先前所需要的军事征服的一种委婉表达。① 已经虚拟化的美国经济从全世界工人和产业资本那里吸走收入并日益加重其债务负担，美国金融垄断资本给全球工人带来的沉重债务和失业是真正的通往奴役之路。新自由主义为了掩盖金融垄断资本主义的不劳而获，而主张不再区分生产性收益和非生产性收益，这是人类历史上的一个巨大倒退。② 在一些问题上，胡德森和斯蒂格利茨看法相同。

美国经济学家、波士顿大学教授凯文·加拉格尔（Kevin P. Gallagher）和2007年诺贝尔经济学奖得主埃里克·马斯金（Eric S. Maskin, 1950—）认为这场危机是美国政府对金融行业的监管不力造成的，如果监管有力的话，这场危机是可以避免的。③ 美国经济学家李嘉图·J. 卡瓦列罗（Ricardo J. Caballero, 1959年—）和阿文德·克里希纳穆尔蒂（Arvind Krishnamurthy, 1954年—）指出，世界其他国家对美国无风险资产的过度需求是导致这场危机的重要因素，新兴市场国家利用证券市场的繁荣，把大量资本输入到了美国，结果导致全球经济的不平衡，引发了本次金融危机。④ 美国联邦储备委员会主席本·伯南克在本次金融危机的分析中指出全球经济项目失衡的最关键原因是全球储蓄过剩，并认为全球储蓄规模过剩的根源在于产油国和新兴市场经济体的储蓄率较高，这些地区的资金近年持续流向了美国等低储蓄率的工业化国家。在危机对策上，他提出美国应该增加储蓄的政策建议。

美国学者比伦特·埃杰（Bülent Gökay）和达雷尔·惠特曼（Darrell Whitman）指出，以外汇自由化、资本自由化和贸易自由化为主要内容的布雷顿森林体系，随着苏联和东欧国家的加入而实现了全球一体化，任何地方发生危机都会蔓延到全球。近年来，随着格拉斯－斯蒂格尔法（Glass-Steagall Act）被格雷姆－里奇－比利法（Gramm-Leach-Bliley Act）

---

① Michael Hudson. New ＄600B Fed Stimulus Fuels Fears of US Currency War. *Democracy Now*, Nov. 5, 2010.

② [美] 迈克尔·赫德森著，嵇飞译："虚拟经济论：金融资本与通往奴役之路"，《国外理论动态》2009（1）：13－21。

③ Kevin P. Gallaghe. Losing Control: Policy Space to Prevent and Mitigate Financial Crises in Trade and Investment Agreements. *Development Policy Review*, Vol. 29, No. 4, 2011: 387－413.

④ Ricardo J. Caballero, Arvind Krishnamurthy. Musical chairs: a comment on the credit crisis. *Financial Stability Review* (*Special No. on liquidity*), No. 11, Feb., 2008.

所取代，美国经济自由化程度大大加快。美国的金融现代化法案把赌场资本主义（casino capitalism）推向全球，目前的危机正是赌场资本主义的崩溃。① 印度裔美国经济学人、科罗拉多大学教授拉玛·瓦苏德万（Ramaa Vasedevan）也提出了相同看法。② 沙特阿拉伯伊斯兰发展银行伊斯兰研究和训练所的欧默尔·恰博拉（M. Umar Chapra, 1933 年—）认为，美国次贷危机的首要原因是在金融体系中缺乏足够的市场纪律，这促进过度借贷、高杠杆、投机和不可持续的资产价格上涨。③ 联合国经济和社会事务前副总裁、哥伦比亚经济学家何塞·安东尼奥·奥坎波（Jose Antonio Ocampo, 1952 年—）和经济学家何塞·加布里埃尔·帕尔马（Jose Gabriel Palma）称此次金融危机的根本原因是因为房地产泡沫的破裂。④

二、自由主义经济学家对危机的诊断

现代奥地利学派的代表罗斯伯德（M. Roth‑bard）通过分析大萧条前后的经济情况，得出结论：近年来美国个人储蓄率的急剧下降、通货膨胀率的不断攀升，导致了此次金融危机。"9·11"事件后，美联储将银行利率降至1%，无限量向金融机构放贷，促使美国人超前消费，不再储蓄。它表面上刺激了美国的经济增长，但它是以美国人的过度负债为前提的，世界向美国大量出口，换得美元后又通过投资或购买美国国债借给美国人，美国人借此换取更大的住宅、更新的汽车、更多的娱乐，过奢华的生活。这种建立在他人财富增长基础上的消费扩张，必然导致消费和储蓄比例的严重失衡，一旦借贷链条中的某个环节断裂，必然引发危机。美国经济学家、1992 年诺贝尔经济学奖得主加里·贝克尔（Gary S. Becker, 1930 年—）认为，政府行为促成并延长了危机。危机发生的前几年，美联储人为的低利率政策导致了危机。房利美（Fannie Mae）和房地美（Freddie Mac）两个半官方机构得到国会议员强有力的推动，鼓励不负责任的抵押

---

① Bülent Gökay and Darrell Whitman, Mapping the Faultlines: A Historical Perspective on the 2008-2009 World Economic Crisis. Cultural Logic, 2009: 3.

② Ramaa Vasedevan. The Credit Crisis: Is the International Role of the Dollar at Stake? *Monthly Review*, Volume 60, No. 11, April, 2009; Ramaa Vasedevan. Dollar Hegemony, Financialization, and the Credit Crisis. *Review of Radical Political Economics*, No. 41, Sept., 2009: 291-304.

③ M. Umer Chapra. The Global Financial Crisis: Some Suggestions for Reform of the Global Financial Architecture in the Light of Islamic Finance. *Thunderbird International Business Review*, Vol. 53, No. 5, September/October, 2011: 566-579.

④ Kevin P. Gallaghe. Losing Control: Policy Space to Prevent and Mitigate Financial Crises in Trade and Investment Agreements. *Development Policy Review*, Vol. 29, No. 4, 2011: 387-413.

贷款，这些借款只需要很少的首付，利率低，不考虑低收入家庭的不良信用和不稳定收入。此时，银行的监管机构却成了银行的拉拉队。[①] 美国学者杰弗瑞·弗里德曼（Jeffrey Friedman，1954 年—）和弗拉基米尔·克劳斯（Wladimir Kraus）认为，此次金融危机是由于管理者认识上的失误导致的体系风险和监管不到位造成的，与道德沦丧无关。[②] 美国南加利福尼亚大学公共管理学院院长杰克·H. 可奴特（Jack H. Knott，1947 年—）认为，在总统和国会的民主政治制度与私营公司和监管机构之间的互动导致了这场金融危机。这种经济治理机制未能抑制过度乐观的金融市场反而促成和增强了这一发展势头。政治道德风险削弱了制度在监督和调节经济规则中的制衡作用，促成了政治意识形态收敛和总统、国会、政党和专家的政策偏好。在这些发展过程中出现了重大金融创新，使系统中危险的增长难以预见。[③]

伦敦政治经济学院风险分析和管理中心教授朱莉亚·布莱克（Julia Black）称，基于条例监管、风险监管、中继调控和准入这 4 项新治理技术导致了此次金融危机。[④] 埃瓦尔德·英格伦（Ewald Engelen）等人认为，"危机是由那些对自己相对无害的小决定累积而成的。"[⑤] 法国经济学家拉杜·弗兰恰努（Radu Vranceanu）认为，此次金融危机主要是由于金融机构私人代理的信誉迅速恶化，并导致资产价格急剧下降造成的。[⑥] 在他看来，这场金融危机打破了 4 个神话：高收入国家像低收入国家一样受多重均衡的诅咒，资产泡沫是政策制定者和监管者应足够重视的问题；忽视抵押贷款风险；金融部门与实体经济部门的分离；国家无用论，正是央行和政府促成了经济的恢复。瑞典斯德哥尔摩大学经济学教授安德斯·C. 约翰森（Anders C. Johansson）与多数经济学家一样，将原因归之为过度借贷和

[①] Gary S. Becker. The Great Recession and Government Failure. *The Wall Street Journal*, sept. 2, 2011.

[②] Jeffrey Friedman, Wladimir Kraus. Engineering the Financial Crisis: Systemic Risk and the Failure of Regulation. (Philadelphia: University of Pennsylvania Press, 2011). *Economic Affairs*, Volume 32, No. 3, Oct., 2012: 115 – 117.

[③] JACK H. KNOTT. The President, Congress, and the Financial Crisis: Ideology and Moral Hazard in Economic Governance. *Presidential Studies Quarterly*, March, 2012: 81 – 100.

[④] Julia Black. Paradoxes and Failures: "New Governance" Techniques and the Financial Crisis. *The Modern Law Review*, Vol. 75, No. 6, 2012: 1037 – 1063.

[⑤] Ewald Engelen, Ismail Erturk, Julie Froud, Sukhdev Johal, Adam Leaver, Michael Moran, Adriana Nilsson and Karel Williams. *After the Great Complacence: Financial Crisis and the Politics of Reform*. Oxford: Oxford University Press, 2011: 9.

[⑥] Radu Vranceanu. Four Myths and a Financial Crisis. *Thunderbird International Business Review*, Vol. 53, No. 2 March/April, 2011: 151 – 171.

复杂金融产品的滥用。①

1997 年，由两位诺贝尔经济奖得奖人创办的长期信贷市场公司（Long Term Credit Market，简称 LTCM）涉足对冲基金和衍生工具，却输得几乎倒闭。美联储暗地逼各大银行注资 36 亿美元，才拯救了这家由学术界精英和金融业奇才发起和合组的公司。1998 年 10 月，为了稳定市场，美联储紧急减息，但是，该公司还是于 2000 年收盘。2002 年，美国的网络经济泡沫破裂，到 2002 年 10 月，总共缩水 78%。美国央行为了刺激经济，把利率从 6.5% 渐渐降低到 1%。在利率极低的情况下，人们开始投资和投机房地产，一栋栋地买房，从小套到大套，消费人的债务像滚雪球一样越滚越大。银行争着赚取利息，为了更多利润，想尽办法放贷，甚至连没有收入、没有职业、没有资产（No Income, No Job and No Assets）的"三无人员"也能贷款，从而为美国的金融危机埋下了隐患。当银行发现越来越多的人由于背了还不清的房贷而不得不倒账，从而给自己带来巨大损失时，为时已晚。

三、西方马克思主义经济学家对危机的诊断

英国苏塞克斯大学社会学教授、《新左派评论》前编辑罗宾·布莱克本（Robin Blackburn, 1940 年—）是最早预见到美国次贷危机的马克思主义经济学家。2007 年春，他在美国的《反击》（CounterPunch）上撰文提出："最近几个月，'次贷'违约大幅攀升……不仅会给那些眼睁睁失去他们家园的受害者带来巨大不幸——它也将损害住房市场，增加经济低迷的几率。"② 几个月后，美国大规模次贷危机爆发了。2008 年春，他在《新左派评论》上发表文章称，目前资本主义经济已经金融化，跨国公司的金融投资成了最赢利经营领域。目前危机的根源是资产的泡沫化，金融系统通过对资产价格的不断不切实际的拔高，造成经济的虚假繁荣。这种繁荣不可能永远持续下去，这是由利润决定于生产性劳动的创造这一原则决定的。鉴于此，目前的危机实际上是价值法则的强制恢复。③ 伦敦大学东方与亚洲学院的拉帕维查斯（Costas Lapavitsas）认为，自 20 世纪 70 年代以来，实体经济的利润一直在下降，在高额利润率的驱使下，银行对生产企业的放贷失去了兴趣，转而向个人和家庭提供消费信贷，向其发放大量信

---

① Anders C. Johansson. Financial Markets in East Asia and Europe during the Global Financial Crisis. *The World Economy*, Vol. 34, No. 7, 2011: 1088 – 1105.
② Robin Blackburn. Toxic Waste in the Subprime Market. *CounterPunch*, 22 March, 2007.
③ Robin Blackburn. The Subprime Crisis. *New Left Review* 50, March/April, 2008: 63 – 106.

用卡，通过手续费和透支罚息获取高额利润。这种以消费者为剥削对象的新的直接剥削形式，其前提是经济系统能给工人提供可靠的收入，一旦失去这个前提，危机势必发生，美国次贷危机就是这样发生的。[1] 英国著名马克思主义学者克里斯·哈曼（Chris Harman, 1942年—）认为，这次蔓延全球的危机是由于20世纪70年代中期以后，与金融资本相比，工业资本利润率的持续低迷造成的。一系列金融衍生产品对资本的吸引，世界范围内剥削率的提高阻碍了资本的充分投资。同时，世界范围内的剥削率的增加减少了全部产出中工人购买消费品的部分，产品要想全部出售，对投资的依赖性更强。危机发生前，在利润最大化的驱动下，资本并没有投向生产领域，而是投向了更具冒险性、投机性的金融领域，最终引起发了经济泡沫。[2] 2009年4月，美国著名马克思主义经济史学家罗伯特·布伦纳（Robert Brenner, 1943年—）在接受《韩民族日报》记者郑城津（Songjin Jeong）采访时说，必须从更深层次上理解当前的金融危机，危机的根源是20世纪70年代以来全球制造业的产能过剩，眼下包括新凯恩斯主义方案在内的救市政策都不能从根本上解决危机。[3] 他还认为，当前的危机表明新自由主义经济组织模式已经破产，资本主义正处在前所未有的意识形态真空之中，这给左派提供了一次机会。[4]

美国马克思主义经济学家瓦迪·哈拉比（Wadih Halabi, 1946年—）认为，"这个金融危机可以追溯至资本主义制度下生产能力和收入之间以及生产商和消费者的需求之间的内在的深刻的不平衡。"[5] 在美国马克思主义学者约翰·贝拉米·福斯特（John Bellamy Foster, 1953年—）和弗雷德·马格多夫（Fred Magdoff, 1942年—）看来，当前的经济危机是资本主义长期存在的结构性矛盾的结果。这种结构矛盾是指成熟资本主义的实体经济中存在着投资不足、失业和资本利用效率低下等倾向。鉴于此，此次金融危机不能理解为金融系统错误调节的结果，而应该理解为经济体系

---

[1] Costas Lapavitsas. Financialised Capitalism: Crisis and Financial Expropriation. Soas, *Research on Money and Finance working paper*, 15 February 2009, available from WWW. soas. ac. uk. rmf.

[2] Chris Harman. From the credit crunch to the spectre of global crisis. *International Socialism*, No. 118, Spring, 2008.

[3] Songjin Jeong. The Economy in a World of Trouble" — Robert Brenner on the Crisis. *Hankyoreh*, 22 January 2009.

[4] 复旦大学国外马克思主义与国外思潮研究国家创新基地：《国外马克思主义研究报告·2010》，人民出版社2010年版，第7页。

[5] [美]瓦迪·哈拉比著，王维平、张番红译："当前世界金融危机的政治经济学分析"，《国外理论动态》2008（4）：36—39。

本身的危机。① 美国著名马克思主义学者大卫·科茨（David M. Kotz，1959年—）认为，此次金融危机是新自由主义的资本主义制度危机的表现。新自由主义的资本主义制度削弱金融监管，造成了金融市场的不稳定。同时，带来了严重的贫富分化，工薪家庭收入水平停滞或下降，从而导致借贷与负债消费，引发次贷危机。次贷危机进一步引发金融危机。② 印度学者钱德拉塞卡尔（C. P. Chandrasekhar）认为，这次金融危机是由在新自由主义指导下，主宰全球经济的金融公司及实体贪图利益，盲目扩张金融资本，且政府监管不力引发的投机潮所引起的。③

法国著名经济学家热拉尔·杜梅尼尔（Gérard Duménil，1941年—）和多米尼克·莱维（Dominique Lévy，1964年—）撰文指出："当前世界经济失衡的加剧与金融危机的源头……产生在以霸主自居的美国。主导美国经济的新自由主义也难辞其咎。""引发此次金融危机的体制因素，除了有效的金融法制监管的缺失之外，还包括美国经济采取的新自由主义道路。""新自由主义把美国经济带上了一条'奇怪'的轨道：大力推行超前消费，不重视生产性投资，主要依赖进口。"④ 美国的生产已经"去疆域化"，国内消费越来越依赖于从劳动力成本低的国家大量进口。美国经济失衡日益恶化，极少数人通过金融衍生工具变得越来越富，并导致美国金融泡沫越放越大，最终导致金融危机。

2008年4月，希腊左翼经济学者考斯达斯·拉帕维查斯（Costas Lapavitsas，1942年—）在接受《工人自由》（Workers' Liberty）记者采访时说，新金融工具的使用使企业不必通过银行可直接与私人资本结合，使资本主义的剥削不必通过劳动，而变成了赤裸裸的掠夺。这也导致了银行利润来源枯竭，它不得不向消费信贷和住房信贷扩张，寻找新的利润来源，这种做法使其进一步远离生产性企业和生产性投资。在企业和银行高利润的内

---

① John Simoulidis. Foster, John Bellamy and Fred Magdoff: The Great Financial Crisis: Causes and Consequences. *Socialist Studies*, Vol. 6, No. 1, Spring, 2010: 199-202.

② David M. Kotz. The Current Financial and Economic Crisis of 2008: A Systemic Crisis of Neoliberal Capitalism. *Review of Radical Political Economics*, Volume 41, No. 3, Summer, 2009: 305-317.

③ ［印］钱德拉塞卡尔著，房广顺、徐明玉译："当代资本主义经济危机背景下的美国次贷危机（上）"，《国外理论动态》2009（10）：17—20；［印］钱德拉塞卡尔著，房广顺、徐明玉译："当代资本主义经济的增长与危机（下）"，《国外理论动态》2009（11）：34—37.

④ ［法］热拉尔·杜梅尼尔、多米尼克·莱维著，张春颖译："美国金融道路必须终结"，《国外理论动态》2009（3）：11—13.

在动力推动下,金融机构制造出泡沫,使危机不可避免。[1] 2006年4月4日,日本著名的马克思主义经济学家伊藤诚(Makoto Itoh,1936年—)在上海市世界经济学会与上海社科院世界经济研究所联合承办的报告会上称,新自由主义不能避免资本主义自身出现的问题。[2] 他将次贷危机的原因归为大型非金融企业强化了脱媒趋势,新经济泡沫破灭后,美国的各种金融机构不得不将其贷款重点放在扩大住宅金融上,以便为过剩资金寻找国内运用的出路。并且与政策性管制的废除、促进性政策方针的作用以及金融领域的技术创新一道成为次级贷款膨胀的重要原因。可以看出,伊藤诚的观点与拉帕维查斯和克里斯·哈曼的观点有相似之处。

英国马克思主义学者、《国际社会主义》杂志副主编约瑟夫·库纳拉(Joseph Choonara)认为,冷战时期,资本主义靠战争经济为过剩资本寻找投资渠道,以维持较高水平的投资。随着冷战的结束,资本不得不为自己寻找新的出路,金融资本主义成了军事资本主义的替代品。与军事资本主义一样,金融资本主义也包含着大量的非生产性浪费。依赖于资产泡沫和个人借贷消费来维持的资本主义最终要走向崩溃。从这一意义讲,资本主义危机是真实积累的危机与金融危机的相互交织。[3] 英国学者、美国纽约州立大学教授大卫·哈维(David Harvey,1935年—)认为,这场金融危机的根源是过度积累危机。"过度积累指资本主义现有的剩余找不到出路的情况下出现的情况,不论是面临着劳动的约束、市场的约束、技术的约束,还是其他情况。"石油危机带来的石油和能源价格的上涨使资本主义经济陷入滞胀,撒切尔夫人和里根等新保守主义采取的反劳工政策,用抑制工资来保障利润,势必造成社会需求不足,资本主义体系通过信用卡或消费信贷鼓励负债消费,最终导致危机的发生。[4] 2009年春,大卫·哈维在接受太平洋电台(Pacifica Radio)民主正此时节目主持人艾米·古德曼(Amy Goodman)采访时说:"自20世纪70年代以来,我们已经看到了不平等在急剧扩大,不只是在这个国家,而是全世界。其结果,世界上的财产正越来越向少数人手上积累。当你看到救助计划、刺激计划以及其余部

---

[1] Martin Thomas. Marxists on the capitalist crisis: Costas Lapavitsas – A new sort of financial crisis. *Workers' Liberty*, 14 April, 2008.

[2] 秦伟:"日本马克思主义经济学家伊藤诚谈——当代资本主义的新特征",《社联通讯》2006(5)。

[3] Joseph Choonara. Marxist accounts of the current crisis. *International Socialist*, No.123, June, 2009.

[4] 复旦大学国外马克思主义与国外思潮研究国家创新基地:《国外马克思主义研究报告·2010》,人民出版社2010年版,第6页。

分的实质,他们真正做的是要尽量保持资产完整,而代价由我们来承担。所以,我认为是我们停止它的时候了,并说,'实际上,我们应该得到更多的资产和更大的平等'。"[1] 日本中央大学教授高田太久吉认为,危机是由当代资本主义结构性矛盾及其历史局限性决定的,他将产生原因概括为以下5个方面:货币资本过剩与经济金融化;风险管理中空化和次贷膨胀;实体经济恶化;大型金融机构间合作机制坏死;原油、商品市场的投机化。[2] 斯洛文尼亚卢布尔雅那大学社会学和哲学高级研究员斯拉沃热·齐泽克(Slavoj Zizek,1949年—)认为,任何落后的社会制度都有两次死亡,一次是悲剧,一次是喜剧。"9·11"事件标志着自由民主政治乌托邦的死亡,2008年危机标志着福山式市场经济乌托邦的死亡,第一次死亡以悲剧形式出现,第二次以喜剧形式出现。[3] 在此次危机中,资本主义国家的政府出台了各种救市措施,如收购有毒资产、为金融机构和企业提供流动资金或信用担保。人们错把这些政策误认为资本主义的社会主义化。其实,这些政策不是帮助穷人,而是帮助富人;不是帮助借贷者,而是帮助放贷人。左派应认识到,"对华尔街好的未必对大街好,但如果华尔街生病,大街是不可能健康的,这种非对称性给了华尔街先天的优势。"当左派高喊"救大街,而不是华尔街!"时,他们应该明确,"在资本主义社会下大街就是华尔街。"齐泽克认为,"只要我们仍然处在资本主义秩序之下,其中包含着真理即是,伤害了华尔街确实会伤及一般的工人。"[4] 埃及马克思主义经济学家萨米尔·阿明(Samir Amin,1931年—)认为,当前的危机,既不是金融危机,也不是多种系统性危机的总和,而是寡头垄断的帝国主义资本主义危机,独享的和至高无上的权力正冒着被整个大众和被统治边缘化民族斗争再次质疑的风险。同时,这场危机也是美国霸权的危机。综合来看,资本主义寡头垄断、政治权力的寡头化、野蛮的全球化、金融化、美国的霸主地位、为垄断寡头服务的全球化方式的军事化、民主的衰落、对地球资源的掠夺以及放弃南方的发展等,存在着千丝万缕的联系。[5]

---

[1] David Harvey. The Financial Crash and the Right to the City. *Race, Poverty & the Environment*, Spring, 2009:12-14.

[2] [日]高田太久吉著,武萌、张琼琼译:"国际金融危机与现代资本主义的困境",《国外理论动态》2010(7):20—25。

[3] Slavoj Zizek. *First as Tragedy, Then as Farce*. London:VERSO, 2009:1.

[4] Ibid., pp.13—15。

[5] Samir Amin. Seize the Crisis. *Monthly Review*, Vol.61, No.7, Dec., 2009:1-16.

英国威斯敏斯特商学院（Westminster Business School）经济学教授奥拉朗（Ozlem Oraran）认为，此次金融危机本质上是分配危机，工资份额的下降和剥削率上升是危机的主要原因。① 当前经济危机源于二战后形成的劳资社会公约在跨国资本主义全球化背景下的瓦解。战后劳资公约促进了资本主义经济的持续增长，使普通劳动者也能分享到生产力提高带来的收入增长。其终结意味着利益天平倒向了资本和高收入阶层，而普通劳动者不但不能分享经济增长带来的收益，反而因物价上涨而不得不承受日益增长的家庭负债压力。由于有效需求不足，个人信贷业务的扩张为金融泡沫埋下了隐患。②

美国全南州立大学（Chonnam National University）社会学教授乔治·卡西亚飞卡斯（George Katsiaficas，1949年—）将危机归咎为战后布雷顿森林体系的必然结果，他说："关键是要认识到，真正的邪恶轴心是由世界贸易组织、世界银行和国际货币基金组织构成的。像他们的先人在殖民地一样，这些国际机构假装能给人们带来更多的自由。""自由"贸易、国际货币基金"救助"和世界银行"援助对世界体系被边缘化的人来说，意味着更加贫穷，而不是更多的自由。历史上，世界体系的核心繁荣和民主与第三世界国家的贫穷与专制是一种反比关系，欧美进步的背后意味着被边缘化国家更为悲惨是一个辩证关系"。③

西班牙经济学家纳瓦罗则认为，把此次经济危机归罪于金融监管不力和金融衍生品的滥用是不正确的，用于破解金融危机的一揽子计划也无法彻底解决资本主义的经济矛盾，金融危机只是经济危机的征兆，是经济危机决定了前者的爆发，而不是相反。④

捷克文学家古斯塔夫·雅努施在其《卡夫卡对我说》中称："我们巨大无比的贪欲和虚荣，我们的权力意志的罪孽。我们争夺并没有真实价值的价值，结果，我们就漫不经心地毁坏了我们整个人类生活所系的

---

① Ozlem Oraran, From the Crisis of Distribution to the Distribution of the Cost of the Crisis. The University of Massachusetts: Political Economy Research Institute *Workingpaper Series*, No. 195, March, 2009.

② Ozlem Oraran. Fiscal Crisis in Europe or a Crisis of Distribution? The University of Massachusetts: Political Economy Research Institute *Workingpaper Series*, No. 226, June, 2010; Ozlem Oraran. Crisis of Distribution, not a Fiscal Crisis. *Global Labour Column*, Number 23, June 2010.

③ George Katsiaficas. The Real Axis of Evil. The speech given at an international peace conference in Seoul, June 21, 2002: 8.

④ 复旦大学国外马克思主义与国外思潮研究国家创新基地：《国外马克思主义研究报告·2010》，人民出版社2010年版，第5页。

事物。"① 美国杰出思想家丹尼尔·贝尔曾说:"危机的产生是因为个人的恶习和现在已经大写的公众利益将陷入周期性发生的困境之中。根本的解决办法只能是:调节经济增长和社会消费的比例使之均衡,在合理分配的规范性问题上达成一致的见解。但是,经济能够有所增长吗?"② 早在100多年前,马克思就针对这样的"均衡"理论提出了质疑。怎样实现科学社会主义的均衡,参见第九章第二节第二个小问题"从意识形态看亚洲未来"。

法国著名经济学家、调节学派代表人物米歇尔·阿格利埃塔(Michel Aglietta, 1938年—)在《新的增长机制》一文中谈道:"我认为,如同其他使资本主义历史发生转折的事件一样,20世纪90年代的亚洲金融危机和中国加入世界贸易组织是资本主义分化的重要转折点。全球化进程在柏林墙倒塌后加快。柏林墙倒塌被认为是西方资本主义对非资本主义世界的胜利,其指导政策被灌装在'华盛顿共识'中,弗朗西斯·福山的口号'历史的终结'是其象征。但从1997年到2002年,由经济自由主义表面上的胜利带来的惯性撞上了金融危机的暗礁,然后在伊拉克终止。"③ 美国学者伊曼纽尔·沃勒斯坦说,资本主义世界"正在迎来美式社会主义"。欧元太平洋资本总裁施夫说,美国"救市行动代表着这个国家迈向社会主义最大步伐,标志着美国曾经引以为自豪的自由市场的终结"。前德意志银行高官罗杰·依伦伯格说:"美国政府对这次金融危机的历史性反应将我们置于一个几代人也没有看清的一个位置:我们已经正式地跨越了从资本主义到社会主义的红线。"④

面对西方金融危机,自由市场与政府干预之争又起。自凯恩斯国家干预理论诞生以来,这一争论一直没有中断,只不过是激烈程度强弱不同而已。未来的经济学重要主题之一是在自由市场与政府干预之间寻找平衡点。自由市场经济不是政府不作为的借口,政府干预也不是少数人垄断资源和财富的理由。一西方著名经济学家曾说,谁解读了中国30年改革开放取得的成就,谁就能拿到诺贝尔经济学奖。在全球化的今天,谁能在自由市场经济和政府干预找到既能使发展最大化又不至于出现危机的平衡点,

---

① [捷] 古斯塔夫·雅奴施著,赵登荣译:《卡夫卡对我说》,时代文艺出版社1991年版,第76页。
② [英] 丹尼尔·贝尔著,赵一凡、蒲隆、任晓晋译:《资本主义文化矛盾》,生活·读书·新知三联书店1989年版,第294—295页。
③ [法] 米歇尔·阿格利埃塔著,车艳秋、房广顺译:"新的增长机制的诞生——对罗伯特·布伦纳危机理论的反驳",《国外理论动态》2009(5):13—18。
④ 李志辉、王飞飞:"美国金融危机研究综述",《经济学动态》2010(2)。

即使拿不到诺贝尔经济学大奖,仍可称为世界上最优秀的经济学家。

《世界是平的》作者托马斯·弗里德曼提出,金融危机需要全球化来拯救,目前的金融危机体现了全球化的核心真相:我们彼此相关,但没人负责。他呼吁在全球化的过程中,用多边外交和多边治理解决当前危机。它不再是一种选择,而是一种必需。[①] 当前的危机最重要后果是重新唤起人们对人类前途的反思。2009年4月2日,大卫·哈维在电视访谈中认为,当前的资本主义是"非理性地合理化的体制","现在该是我们挑战整个基础的时候了"。[②] 加拿大学者莱伯维茨(Michael A. Lebowitz)在《人类发展之路:资本主义还是社会主义?》[③] 一文认为,"如果我们相信人民,如果我们相信人类社会的目标必然是'确保人类的全面发展',那么我们面对的选择就再清楚不过了:社会主义或是野蛮。"在这里,"社会主义或是野蛮"这一口号的回归是意味深长的。

早在1843年,恩格斯在《国民经济学批判大纲》中批判资产阶级投机时说:"供给总是紧跟着需求,然而从来没有达到过刚好满足需求的情况;供给不是太多,就是太少,它和需求永远不相适应,因为在人类的不自觉状态下,谁也不知道需求和供给究竟有多大。""只要你们继续以目前这种无意识的、不假思索的、全凭偶然性摆布的方式来进行生产,那么商业危机会继续存在;而且每一次接踵而来的商业危机必定比前一次更普遍,因而也更严重,必定会使更多的小资本家变穷,使专靠劳动为生的阶级人数以增大的比例增加,从而使待雇劳动者的人数显著地增加——这是我们的经济学家必须解决的一个主要问题,最后,必定引起一场社会革命,而这一革命,经济学家凭他的书本知识是做梦也想不到的。""由竞争关系造成的价格永恒波动,使商业完全丧失了道德的最后一点痕迹。至于价值就无须再谈了。这种似乎非常重视价值并以货币的形式把价值的抽象推崇为一种特殊存在物的制度,本身就通过竞争破坏着一切物品所固有的任何价值,而且每日每时改变着一切物品相互的价值关系。在这个漩涡中,哪里还可能有建立在道德基础上的交换呢?在这种持续地不断涨落的情况下,每个人都必定力图碰上最有利的时机进行买卖,每个人都必定会成为投机家,就是说都企图不劳而获,损人利己,算计别人的倒霉,或利

---

① 托马斯·弗里德曼:"全球化加剧金融危机需要有人负责",《广州日报》2008-10-22。

② David Harvey, The Financial Crisis and Neoliberalism, http://www.democracynow.org/2009/4/2/marxist_ geographer david_ harvey_ on_ the.

③ Michael A. Lebowitz. The Path to Human Development: Capitalism or Socialism? Monthly Review, Vol. 60, No. 9, Feb. 2009: 41-63.

用偶然事件发财。投机者总是指望不幸事件,特别是指望歉收,他们利用一切事件,例如,当年的纽约大火灾;而不道德的顶点还是交易所中有价证券的投机,这种投机把历史和历史上的人类贬低为那种用来满足善于算计或伺机冒险的投机者的贪欲的手段。"[1] 今日之美国,一个固定的经济财团已经形成,它实现了金融家、政治家和不良学者的三角联盟,他们在贪婪地盯着普通人口袋里的钱,并想尽办法将钱据为己有,同时在舆论上将其视为正当的和合法的。正是他们的贪婪使美国这个生产力高度发达的国家的人们并没有感觉到真正的幸福,而是在恐惧中过日子。

美国密苏里大学社会主义学者弗里德里克·李(Frederic Lee,1938年—)称:"比较困难,但绝对必要的是发展出一个真正的替代——一种实用的、基于现实生活的、发展的政治经济学,致力于社会和经济问题的分析,挑战现存的资本主义制度及其意识形态,成为我们政治实践的一个组成部分。"[2]

中国学者俞吾金(1948年—)称:"与当前普遍流行的见解不同,我们倾向于把目前仍然在继续的危机理解为'综合性危机'。所谓'综合性危机',也就是说,这场危机不是单纯的'经济危机',更不是单纯的'金融危机',它同时也是'治理危机'、'文化危机'、'价值危机'乃至'哲学危机'。因而我们坚决反对旁观者式的'危机外的反思',主张当事人式的'危机内的反思'。"[3] 伊朗核问题是一场"大剧",全世界的劳动者以为自己在免费观看,其实,付出了高昂的代价。全球化竞争的时代,没有演员和观众之分,人人都是演员,只不过是角色不同而已。人与人之间如此,民族与民族之间亦如此。传统的"森林法则"应让位于公共准则的时代已经开启。在未来的国际斗争中,将是传统观念与现代观念的斗争。迄今为止,没有哪一个国际事件有伊朗核问题这样具有讽刺性,由于一些人正在利用热点问题达到自己投机的目的,使抱着事不关己,高高挂起或看热闹不怕事大心态的人突然间发现,自己也成了事件的参与者,自己已不自觉地被卷入了事件之中,而且自己的利益受到了一定的损失。

---

[1] 《马克思恩格斯全集(第3卷)》,人民出版社2002年版,第460、461、462页。
[2] Frederic S. Lee. Conference of Socialist Economists and the Emergence of Heterodox Economics in Post-War Britain. University of Missouri-Kansas City, July, 2001: 15.
[3] 复旦大学国外马克思主义与国外思潮研究国家创新基地:《国外马克思主义研究报告·2009》,人民出版社2009年版,第2页。

第三节 经济全球化与国际货币选择

俞吾金先生在谈及金融投机分子、政客和媒体共同以利益最大化名义对一般民众进行剥夺之时说："人们潜在的消费欲望也不是直接被这些金融政策或与之相应的金融衍生物激发起来的，而是通过电视、电台、报刊、城市道路两旁和上空的铺天盖地、色彩缤纷的广告而刺激起来的。""正是这些无处不在的广告……对人们的消费策略和消费行为产生了至关重要的影响。"[1] 早在 1919 年，著名经济学家凯恩斯（John Maynard Keynes, 1884—1946 年）在其《和平的经济后果》一书就谈道："据说列宁曾宣称，破坏资本主义制度最好的方法就是使其货币贬值。通过持续不断的通货膨胀，政府可以秘密地、不为人知地没收公民财富的一部分。用这种办法，他们不仅仅是剥夺，而且是任意剥夺人民的财富，在这一过程中，多数人陷入贫穷，它使一些人暴富。这种可以看得见的武断的对财富的再分配打击的不仅是安全，还有现存的公正分配财富的信心。对于该制度能够带来横财的人来说，对于这种制度使那些一夜之间出乎意料甚至连想都不敢想的暴富者来说，他成了通货膨胀政策使其变穷的中产阶级仇视的对象，更不用说无产阶级了。随着通货膨胀的继续和货币价值的日益波动，构成资本主义基础的债务人与债权人的所有关系将变得混乱不堪，毫无意义。取得财富的过程将蜕变成赌博和抽奖。"[2] 列宁说得对。伊朗核问题对伊朗来说，是其推行外交政策的工具，对于西方的金融寡头来说，则是其制造动荡局势，为其赚钱的工具。这也正是近年来人们有关世界货币话题增多的原因。

一、货币的两种价值

人在自我塑造中逐渐认识到自身受两种关系制约：自然对人的制约和人与人之间的相互制约，这两种制约是辩证统一，互相影响的。人与自然的关系被概括为经济关系，人与人之间的关系被概括为政治关系，然而，

---

[1] 复旦大学国外马克思主义与国外思潮研究国家创新基地：《国外马克思主义研究报告·2009》，人民出版社 2009 年版，第 3 页。

[2] John Maynard Keynes. *The Economic Consequences of the Peace*. New York：Skyhorse Publishing, 2007：140.

人类历史上，没有脱离经济关系的政治关系，也没有脱离政治关系的经济关系，这种辩证关系使政治经济学成了一门永恒的学问。正如人们征服自然离不开人际关系一样，人际关系在征服自然的发展中离不开交换，交换发展到一定阶段，势必产生货币。货币是人与自然之间和人与人之间两种关系的总概括。货币本身存在着两个价值，一个是交换价值，一个是哲学价值。在人与自然的关系问题上，货币有5大职能：价值尺度、流通手段、支付手段、储藏手段和世界货币，这些职能通过数字符号来实现。在人际关系问题上，货币反映人的哲学价值，透过货币去诠释人生价值。如秦始皇统一中国后，将秦半两确定为全国的法定货币，其形状为圆形方孔，在当时人们的观念里，天圆地方，隐喻为秦王朝从秦始皇开始，要像天地一样长久。在古代西方，统治者往往把自己的头像雕刻在货币上。受其影响，当今世界各国的货币，多把对民族价值形成影响比较大的人物的头像印在本国的货币上，以达到两种货币价值的统一。西晋文学家鲁褒在其《钱神论》中谈道："大矣哉！钱之为体，有乾坤之象。内则其方，外则其圆。其积如山，其流如川。动静有时，行藏有节。市井便易，不患耗折。难折（有用'朽'，引者注）象寿，不匮象道。故能长久，为世神宝。亲之如兄，字曰孔方。失之则贫弱，得之则富强（有用'昌'，引者注）。无翼而飞，无足而走。解严毅之颜，开难发之口。钱多者处前，钱少者居后。处前者为君长，在后者为臣仆。"[①] 这是对货币的两种价值的高度概括。

  这次金融危机的根本原因是在社会发展面前货币的哲学价值的缺失。在传统社会，人的活动是围绕着"人之为人"这一主题展开的。由于人们对美好生活的渴望，促使社会对物质财富增长的追求，这代表了社会的发展方向。但是，在发展中不应忽视物质财富的增长是为了人的全面发展这一主题服务的。由于资本主义发展中人的丢失，使其成了单纯追求物质增长的畸形发展状态，资本主义制度企图通过市场经济或国家干预的办法来解决这一问题，却发现不论是自由市场或是国家干预都解决不了问题，美国金融危机正是这种畸形发展的结果，是资本主义追求经济的片面发展而非人的全面发展价值观的必然，具体来说是作为世界货币的美元失去了货币的哲学价值的结果。

[①] 萧清：《中国古代货币思想史》，人民出版社1987年版，第103页。

二、国际货币体系的历史演变

货币体制（Monetary System）是指以法律形式规定货币流通的结构与组织形式，通过一定的法律法规、规章条例以及行业公约和惯例对货币使用予以规范。作为价值尺度与流通手段统一的世界货币一开始就体现在了贵金属之上，如黄金、白银等。随着近代化的发展，世界市场的形成，主要工业化国家试图通过金本位制建立起一套国际货币体系，以利于世界经济的发展。在英国工业革命的发展和对外贸易不断扩大的过程中，1717 年，牛顿建议将黄金价格定为每金衡盎司（纯度为 0.9）3 英镑 17 先令 10 便士，多数人认为这是金本位制的开始。但其正式实施则是 100 年以后的事了，1816 年 6 月 22 日，在英国新任首相利物浦伯爵主持下，英国议会通过法案，规定沙弗林金币用 22 开（11 盎司或 91.67% 的纯度）标准金铸造，重量为 123.27447 格令，含纯金 113.0016 格令。以后，德国、美国、法国、荷兰、俄国、日本等发达国家或自愿或被迫先后确立了金本位制，以法令形式规定本国货币的含金量。各国通过货币的法定含金量确定了不同货币间的比价，自发形成了国际货币体系。1931 年和 1933 年，英国、美国先后宣布废除金本位制，这一自发的国际货币体系结束。

1944 年 7 月，在英美推动下，同盟国在美国布雷顿森林召开国际货币金融会议，通过了《国际货币基金组织协定》，规定 1 盎司黄金等于 35 美元（1 美元等于 0.888671 克黄金），参加国政府和央行可按此比价用美元向美国政府兑换黄金。各参加国货币按比价直接盯住美元，汇率波动上下限各为 1%，不能随意更改，参加国汇率变动接受国际货币基金组织统一安排和监督；美元作为主要国际储备货币，美国保证提供足够的美元用于国际储备和国际支付。这就确立了美元的世界货币地位。

1960 年 10 月，伦敦黄金市场价格猛涨至 41.5 美元/盎司，超过官价 20%，美元大幅贬值，作为布雷顿森林体系所规定的储备货币——美元第一次显示出信任危机。1968 年 3 月，美元危机再次爆发，半个多月中，美国的黄金储备就流失了 1134 吨，仅 3 月 14 日一天，伦敦黄金市场的成交量就高达 350—400 吨。在两次美元危机的打击下，1971 年，美国总统尼克松宣布用停止美元兑换黄金，布雷顿森林国际货币体系出现了重大变化。1973 年，尼克松总统重新确定黄金与美元的比价为每盎司黄金等于 42.22 美元，从而结束了 20 多年每盎司黄金等于 35 美元的法定价格。1975 年，法国不再遵守每盎司黄金等于 42.22 美元的比价，率先在国际货币基金组织成员国中打破官价。1983年,美国、法国、西德、意大利和瑞士5个官方储备黄金最多的国家中,只有美国的黄金定价仍沿用每盎司黄金等于42.22美元的定价,其他国家皆放弃这一定价。至此,在向国际货币基金组织报告的106个国家中,只有尼泊尔、斯里兰卡、拉丁美洲和加勒比海地区的20个国家与美国一道坚持该定价,33个国家由市场定价,53个国家实行价格的双轨制。①

布雷顿森林国际金融会议确定的美元与黄金的固定价格被打破了,但美元的世界货币地位被保留下来。由于失去了固定价格的约束,这就使美元失去了控制的抓手。作为世界货币,它在继续为世界经济发展做出贡献的同时,也成了投机分子、奸商、政客搞乱世界经济秩序的工具。正是在这样的背景下,人们开始探索国际货币体系新机制。

三、改革国际货币体系的尝试

1960年,美国著名经济学家特里芬(R. Triffin,1911年—)出版《黄金与美元危机》,提出了著名的"特里芬两难"(Triffin Dilemma),即布雷顿森林体系中存在的美元流动性与美元币值稳定性之间的内在矛盾,在他看来,由于这一内在矛盾,布雷顿森林体系最终必将走向崩溃。10年后,这一预言部分变成了现实。在此情况下,许多经济学家和国际组织纷纷提出改革建议,修补或改革国际货币体系。特里芬提出由世界中央银行发行的信用货币取代美元和黄金作为国际货币的改革方案。法国经济学家雅克·吕埃夫(Jacques Rueff,1896—1978年)和奥地利学者弗莱德·赫希(Fred Hirsch,1931年—)主张重新恢复国际金本位制,在他们看来,可以通过将黄金价格提高两倍,以便美国收回国际货币体系内的所有美元。然后,各国国际收支余额全部用黄金结算。② 英国经济学家罗伊·哈罗德(Roy Harrod,1900—1978年)和德国经济学家弗里德里希·A. 鲁兹(Friedrich A. Lutz,1901—1975年)提出,通过增加储备货币的种类,加强各国央行间的合作,推出由央行担保的用本币按固定汇率购买的黄金远期合约,以此作为新金本位制的国际货币,将布雷顿森林金融体系改造成

---

① 罗伊·贾斯特拉姆:"世界上的非流通手段和中央银行的黄金储备",《亚洲华尔街日报》1982-11-20。

② Jacques Rueff, Fred Hirsch. *The Role and the Rule of Gold: an Argument*. Princeton: Princeton University Press, 1965.

为一个"多种货币储备体系",以避免黄金产量对国际货币供应的限制。①② 美国著名经济学家爱德华·M. 伯恩斯坦(Edward M. Bernstein, 1904年—)提出,由各国将本国货币存入国际货币基金组织的一个特殊账户内,以换取其发行的国际货币——混合储备单位(Composite Reserve Unit, CRU)。CRU 由 11 种主要货币按照事先商定的比例构成,其价值由黄金决定,作为黄金的补充货币用于参与国际结算与支付。他主张继续维持美元的国际货币地位,但美国必须消除国际收支赤字。③ 美国经济学家罗伯特·V. 鲁萨(Robert V. Roosa, 1918—1993 年)提出,通过发行债券来维持和加强布雷顿森林金融体系。债券以外国货币为面值,销售对象为外国政府,时间为中期,具体操作为,美国政府承诺按照固定比价用黄金为这些债券的价值提供背书。债券旨在用以代替美元作为各国外汇储备的主要储备货币,以减少外国政府对美元需求和美国所持黄金被挤兑的压力。④ 美国经济学家埃米尔·德普雷(Emile Despres, 1909—1973 年)、查尔斯·P. 金德尔伯格(Charles P. Kindleberger, 1910—2003 年)、沃尔特·S. 萨伦特(Walter S. Salant, 1911—1999 年)和罗纳德·I. 麦金农(Ronald I. Mckinnon, 1935 年—)主张建立世界美元本位制,按其方案,美元与黄金的比价不再由官方决定,而由市场决定。各国通过汇率政策调节本币与美元的汇率,从而以国际收支差额的形式获取本国合意的美元储备。⑤⑥ 美国经济学家阿尔伯特·G. 哈特(Albert Gailord Hart, 1909—1997 年)提出用商品本位货币作为国际货币基础的方案,据此,以玉米、大豆、小麦、原油等大宗商品构成国际货币的商品篮子。这种货币的好处在于其价值能随着篮子商品价格的变化而变化,其价值有实物作为担保,与黄金产量受制于自然条件相比,其供给受自然条件的约束较小,从而使商品本位货币

---

① Roy F. Harrod. *Alternative methods for increasing international liquidity*. Brussels: European League for Economic Co - operation, 1961.

② Friedrich A. Lutz. *The Problem of International Liquidity and the Multiple - Currency Standard*. International Finance Section, Dept. of Economics, Princeton University, 1963.

③ Edward M. Bernstein. *A Practical Program for International Monetary Reserves*. Quarterly Review and Investment Survey, 1963: 1 - 8.

④ Robert V. Roosa. *Monetary Reform for the World Economy*. New York: Harper & Row, 1965.

⑤ Emile Despres, Charles Kindleberger, Walter Salant. The Dollar and World Liquidity: A Minority View. *The Economist*, Feb. 5, 1966: 526 - 29.

⑥ Ronald I. McKinnon. *Private and official international money: the case for the dollar*. Princeton University, 1969.

更能适应世界经济的增长需求。①

在改革呼声和现实金融动荡的背景下,1972 年 7 月 26 日,国际货币基金组织通过决议,成立一个有发达国家和发展中国家共同参与的国际货币制度和有关问题委员会（由巴黎俱乐部的美国、英国、法国、德国、意大利、日本、荷兰、加拿大、比利时、瑞典、瑞士"十国集团"和澳大利亚、印度、巴西、摩洛哥、埃塞俄比亚、阿根廷、墨西哥、扎伊尔、印度尼西亚和伊拉克 10 国,"二十国委员会"),讨论国际货币体系的改革问题。由于在如何制止因美元泛滥而造成国际金融形势动荡和如何取代美元的国际储备货币地位等问题上,美国与西欧国家间存在严重分歧,西欧国家要求美国恢复美元兑换黄金；美国则坚持要在其国际收支状况改善后再解决,主张创立一种由国际机构管理的固定的国际货币,使国际货币基金组织具有世界央行的地位和作用。西欧国家,特别是法国力主用黄金取代美元作为国际储备货币；美国则主张减少黄金的货币作用,实现黄金非货币化。1974 年 6 月,二十国委员会提出了一个原则性的"改革大纲"便草草收场,未能实现成立时原定在两年内提出货币改革方案的计划目标。同时成立了一个临时委员会代替二十国委员会继续就国际货币制度改革等问题进行研究。1976 年 1 月,临时委员会就取消固定汇率制,肯定浮动汇率制,各成员国可自行选择汇率制度、废除黄金官价、取消有关基金份额中的 25% 须以黄金缴付的规定,以及扩大特别提款权的使用范围等问题达成协议,即《牙买加协定》。1968—1987 年,77 个发展中国家（即七十七国集团）先后举行过 6 次部长级会议,提出了改革国际货币体系的行动纲领,并通过了《哈瓦那宣言》。该宣言主要内容为：制定一个解决发展中国家债务问题的新战略,把偿债额度与实际偿债能力挂钩；增加多边金融机构的资金来源；减免较穷国家所欠官方发展援助项目下的债务；通过官方发展援助、出口信贷和直接投资等各种渠道增加发展中国家的资金流入量；稳定货币汇率；增加特别提款权的分配,大幅度提高发展中国家在国际货币基金组织中的份额；设立一个发达国家和发展中国家共同参加的部长代表委员会,审议国际货币体系的改革等问题。这是一个发展中国家参与国际货币多边谈判较为统一而完整的指导方针。遗憾的是由于发达国家反对,一直未能实现。

1983 年 3 月,受石油价格下降影响,黄金价格也出现大跌。3 月 16 日,在苏黎世市场,黄金价格由前一天的每盎司 434.5 美元跌为 418.5

---

① Albert Gailord Hart. The Case for and against International Commodity Reserve Currency. *Oxford Economic Papers*, Vol. 18, No. 2, July, 1966：237-241.

美元。① 面对美元日益凸显的不稳定性，5月9日，法国总统密特朗向经合组织的24个成员国郑重提议，召开一次新的国际金融会议，以便找到一个新的稳定的国际货币。法国前总理、社会党第一书记若利昂内尔·若斯潘（Lionel Jospin，1937年—）曾说：大西洋联盟不应该仅仅建立在承担"军事义务"的基础上，还应该在伙伴之间遵守经济、货币和贸易方面的准则，但美国没有"承担其世界责任"。法国《人道报》以《美元的专制不能容忍》为题，批评说，"白宫领导人对所有资本主义国家说他不打算结束这种规定纯属一种掠夺性的货币体系。"

1985年1月24日，法国总理洛朗·法比尤斯（Laurent Fabius，1946年—）在来自11个主要工业国的财长和央行行长会议上提出了改变国际货币体系的建议：货币体系的改革应该建立在基于美元、日元和欧洲货币单位"三极"体系的基础之上。② 在石油和黄金对美元比价下降的同时，美元对其他货币出现了全面上涨。不论在伦敦对英镑，或是在法兰克福对德国马克，或是在苏黎世对瑞士法郎，美元都在涨价。③ 1987年，由于美元大幅贬值，沙特阿拉伯石油收入的纸面价值为217亿美元，而实际购买力只有186亿美元。1987年，欧佩克成员国石油总收入为919亿美元，而购买力只有788亿美元。这导致了石油输出国组织就美元与石油定价问题发生了争吵。11月中旬，石油输出国组织主席里尔瓦努·卢克曼在基多称，该组织将在12月9日的维也纳会议上讨论用多种货币来给石油定价的可行性。伊朗为使油价不再以美元标价，率先展开了一场大张旗鼓的攻势。沙特阿拉伯、巴林、阿拉伯联合酋长国、卡塔尔也一度计划把它们的货币和多种货币挂钩，以切断油价与美元的实际联系，出现政治考虑，它们把这一计划搁置了起来。④

1987年2月27日，马克·乌尔曼在《巴黎竞赛画报》上撰文《飞机里有驾驶员吗?》，其中谈道，自1945年以来，世界经济的命脉一直被美国操纵，但由于美国经济越来越走下坡路，如不改变现状，它将把灾难引向其他国家。如果美国的伙伴们胡乱地抗拒美国，可能挑起一场贸易战，且将把全世界拖入一场类似1929—1940年间的危机中去。唯一合理的出路是把问题摆到桌面上，要求共同分担责任，做出牺牲。在文章中，他把美国比喻为驾驶员，把日本和欧洲比喻为副驾驶员。1986年，美国的贸易逆

---

① 美联社伦敦1983年3月16日英文电。
② 路透社巴黎1985年1月24日英文电。
③ 合众国际社伦敦1985年1月28日英文电。
④ 路透社巴林1987年11月17日英文电。

差为 1700 亿美元，当年美国的出口总额为 2200 亿美元，美国的进口额为 3900 亿美元。"就这一数字来说，我们甚至不能再说这是逆差了。这是个真正的无底洞。"① 第二次世界大战后，美国曾慷慨解囊，帮助欧洲和日本重建，美国成了资本主义世界无可争议的霸主，美元也成了货币之王，其他国家把拥有美元视为一大幸事。这种情况随着约翰逊发动越南战争而改变。鉴于美元的特殊地位，约翰逊不需要美国人在黄油和大炮之间做出选择，他借大量发行纸币来解决战争经费问题，于是世界上多了一个问题，美元的通货膨胀及其带来的社会问题。受影响最大的石油生产国，1973 年，它们突然提高石油价格，把一场潜在的危机变成了现实的危机，从此以后，研究国际关系的人不得不考虑石油问题了。在世界经济停滞和衰退面前，美国人把存入美国银行的石油美元贷给穷国，加大了穷国的债务负担。就美国自身而言，由于缺乏政策上的连续性，出现了逆差、赤字、亏损现象严重的局面。就这样，美国国家和个人都靠赊账讨生活，把消费建立在依赖进口外国产品之上，从而决定了美国把繁荣建立在假象之上。

1989 年 5 月 31 日，在巴黎经合组织成员国部长会议上，法国总统密特朗在与会国未能达成稳定美元协议的情况下呼吁，建立国际货币新秩序，该新秩序不仅要求各大国担保对外汇市场进行干预，而且也要保证在需要时调整税收和货币政策。②

1990 年初，日本学者堺屋太一谈到美元的世界货币地位时说，在经济上，"尼克松政权在发生美元冲击时废除了黄金同美元的互换制。转瞬间，人类能够拥有无论到哪儿也不以任何物质为基础的货币了。由此可以看出，只要是不以任何物质为基础的货币，它就同生产成本没有关系。里根这位独特的总统上台后提出了一种不负责任的崭新的设想：国家财政和国际收支出现赤字也无妨，只要提高现实生活水平即可。""物价只根据需求关系来决定，与成本无关。对纸币社会加以理解，这将成为今后的重要问题。"③ 这可视为对下一轮有关世界货币新秩序讨论的提示。

四、金融危机背景下国际货币体系的改革之声

美元作为世界货币，其发行机构美联储实际上是世界银行，美国的货

---

① 马克·乌尔曼："飞机里有驾驶员吗？"，《巴黎竞赛画报》1987 - 2 - 27。
② C. C. 和 J. H. R.："经合组织：密特朗呼建立国际货币新秩序"，[法]《回声报》1989 - 5 - 31。
③ 堺屋太一："90 年代世界的变化"，[日]《呼声》1990 (1)。

币政策"连美国国会和政府都无权过问"。由于美元发行缺乏国家政府控制，可以随意发行，世界货币体系的紊乱在所难免。2008年美国金融危机爆发后，2010年美国政府发行2.5万亿美元国债，加上"两房"债券1万亿美元，共计3.5万亿美元的规模。① 人们不得不质疑，美国是谁的美国，美元是为谁服务的？正是在这种思考中，美国人走上了华尔街。

在美国金融危机背景下，人们开始新一轮的国际货币改革思考。2008年9月26日，法国总统尼古拉·萨科齐说："我们必须重新彻底考虑布雷顿森林体系下的金融体系。"② 10月13日，英国首相戈登·布朗称，世界各国领导人必须同意建立一个新的经济体系。他说："我们必须有一个新的布雷顿森林体系，为今后几年建立一个新的国际金融体系。"③ 其他政要也纷纷提出了自己的改革主张。印度尼西亚新光化工股份公司（PT Sunbeam Chemicals Indonesia）董事长杨钦松（1965年—，湖南永州人）称："金融危机的爆发已经证明现有的国际货币体系存在严重问题，已经不适应目前世界经济发展的格局，非改革不可。"④

与20世纪60年代相比，此次金融危机下的改革内容基本在其框架内，最大的不同之处主要是凸显了人民币在未来国际货币体系中的作用。2010年6月18日，德国经济学家阿德尔伯特·温克勒（Adalbert Winkler，1962年—）在德国马丁·路德大学举办的国际货币与金融研讨会上发言说："解决目前国际货币体系的最好办法是引入超主权储备货币，这既可以管理全球流动性，还可依据国际贸易平衡状况管理汇率波动。"⑤ 这是继20世纪40年代凯恩斯提出采用30种有代表性的商品作为定值基础，建立国际货币单位"Bancor"的设想和20世纪60年代爱德华·M. 伯恩斯坦提出的建立混合储备单位之后的又一尝试。英国经济史学者罗伯特·斯基德尔斯基（Robert Skidelsky，1939年—）强调，建立超主权储备货币体系应以

---

① 叶一戈：《人民币保卫战》，新星出版社2011年版，第15页。
② George Parker, Tony Barber and Daniel Dombey (October 9, 2008). Senior figures call for new Bretton Woods ahead of Bank/Fund meetings. Archived from the original on 14 Oct., 2008. http://web.archive.org/web/20081014072859/http://www.eurodad.org/whatsnew/articles.aspx?id=2988. Retrieved 16 Oct., 2008.
③ Agence France-Presse (AFP) (October 13, 2008). World needs new Bretton Woods, says Brown. Archived from the original on 18 October 2008. http://afp.google.com/article/ALeqM5 iqbjATskwxNr2tyDViM7bbz8J_ rg. Retrieved 16 Oct., 2008.
④ 杨钦松：《货币理论》，经济日报出版社2010年版，第73页。
⑤ A. Winkler, Exchange Rate Stabilization, Network Externalities and the Discussion on A New Key Currency, Linkages between International Trade and Financial Markets. *Conference Report*, 17&18 June, 2010.

黄金为基准点。① 2011年4月11日，加拿大经济学家、有"欧元之父"之称的1999年诺贝尔经济学奖得主罗伯特·蒙代尔（Robert Mundell，1932年—）在厦门大学的演讲中称，应在强国之间首先建立一种类似欧元的新国际货币体系——"美欧元"（dollareuro），该体系以欧元、美元为基础，二者保持固定汇率，其他货币与其挂钩，并逐步申请加入"美欧元"体系。② 菲律宾经济学家玛丽亚·索科罗·智朝叟-包蒂斯塔（Maria Socorro Gochoco-Bautista，1957年—）主张采用超主权储备货币。③ 也有人重新强调将国际货币基金组织1969年设立的特别提款权（special drawing right，简称SDR）发展为世界货币。建立起特别提款权与其他货币之间的清算关系，将其由只能用于政府或国际组织之间的国际结算发展为公认的国际贸易和金融交易支付手段；积极推动其在国际贸易、大宗商品定价、投资和企业记账中的使用；积极推动创立SDR计值的资产，增强其吸引力；进一步完善SDR的定值和发行方式。

本次改革之声中一个重要的音符是人民币受到了学者和有关人士的关注。世界银行行长罗伯特·佐利克（Robert Zoellick，1953年—，2007年7月—2012年6月在职）称："国际经济正在朝一种新的多级格局转变。目前，约一半的全球增长来自发展中经济体，这将改变实力关系。美元仍将是占主导地位的储备货币，但随着时间的推移，世界经济将需要应对一种包括多种主要货币的体系。我们必须实现多边主义的现代化，建立新的货币体系。"④ 美国、欧元区、日本和英国等国应该与国际货币基金组织一起举办一个特别提款权（SDR）论坛，审议货币和汇率问题，由这些国家的货币组成SDR这种储备资产。这些国家应鼓励中国加入论坛，并在采取措施将人民币国际化和逐步开放资本账户后，使人民币最终成为特别提款权的一种货币。美国经济学家维卡纳德·贾亚库马尔（Vivekanand Jayakumar）和巴巴拉·魏斯（Barbara Weiss）提出，在未来数十年间，由美元、欧元、人民币组成的三极货币体系将取代美元本位。⑤ 美国经济学家巴

---

① Robert Skidelsky. A Golden Opportunity for Monetary Reform. *Financial Times*, Nov. 9, 2010.
② 刘刚："90周年校庆活动——诺贝尔经济学奖获得者、'欧元之父'Mundell教授谈新国际货币体系"，http：//se. xmu. edu. cn/pm/viewNews. asp? id =115。
③ Maria Socorro Gochoco - Bautista. To What Extent Should Capital Flows be Regulated. *The Future Global Reserve System: An Asian Perspective*, Asian Development Bank, June, 2010: 3 - 5.
④ Robert Zoellick. A Monetary Regime for A Multipolar World. *Financial Times*, Feb. 17, 2011.
⑤ Vivekanand Jayakumar, Barbara Weiss. Global Reserve Currency System: Why Will the Dollar Standard Give Way to a Tripolar Currency Order? *Frontiers of Economics in China*, Vol. 6, No. 1, March, 2011: 92 - 130.

里·艾肯格林（Barry Eichengreen, 1952年—）提出，实体经济与以美元为主导的国际货币体系之间的失衡给国际货币体系带来了诸多问题。在未来10年间，美元的霸权地位将逐渐消失，其他几种货币将竞争主要储备货币的地位，参与竞争的货币将包括美元、欧元、人民币等，未来的货币体系将是由这些货币构成的多极储备货币体系。① 美国哈佛大学经济学教授伊曼纽尔·法尔希（Emmanuel Farhi）、加利福尼亚大学经济学教授皮埃尔－奥利维尔·古林查斯（Pierre-Olivier Gourinchas）和伦敦商学院经济学教授埃莱娜·雷伊（Hélène Rey）提出，国际货币体系改革的方向应促进国际储备货币多元化，鼓励其他货币和形式的资产替代美国国债成为主要储备资产。② 美国经济学家弗雷德·伯格斯滕（Fred Bergsten, 1941年—）称，国际货币体系正朝着美元、欧元两极化转变，并很快实现三极化，同时预言，一旦人民币实现完全自由兑换，中国政府取消保护性资本管控措施，人民币将成为世界货币。③ 2012年6月底在上海陆家嘴金融论坛上，英国皇家国际事务研究所国际经济学研究总监保拉·苏巴奇（Paola Subacchi）称，10—15年后，甚至更短的时间内，人民币完全可以兑换，人民币很可能成为世界货币体系中三大货币之一。④

五、伊朗改革结算货币的探索

早在1980年，美国南加利福尼亚大学教授乔纳森·大卫·阿伦森（Jonathan David Aronson）就谈道，伊朗等国家的局势对于美元和国际货币体系将产生重大影响，甚至导致国际货币体系的改革。⑤ 在伊朗核问题发展和西方对伊朗制裁过程中，伊朗先是主动，后来不得不改变贸易结算方式，这对国际货币体系的改革无疑有一定的借鉴意义。

2006年3月20日，伊朗政府宣布将成立石油交易所，并将以欧元作为石油定价和交易的货币单位。5月初，伊朗石油部正式批准成立该国第

---

① Barry Eichengreen. Managing a Multiple Reserve Currency World. *The Future Global Reserve System—An Asian Perspective* 2010, Asian Development Bank, June, 2010: 7-8.
② Emmanuel Farhi, Pierre-Olivier Gourinchas, Hélène Rey. Introducing a New E-Report: Reforming the International Monetary System, Sept. 19, 2011. http://www.voxeu.org/article/reforming-international-monetary-system-introducing-new-ereport.
③ Fred Bergsten. Why World Needs Three Global Currencies. *Financial Times*, Feb. 15, 2011.
④ Paola Subacchi: "10年后人民币或成世界三大货币体系之一", http://news.hexun.com/2012-06-29/143030726.html.
⑤ Jonathan David Aronson. Iran, The Dollar, and the International Monetary System. *Millennium - Journal of International Studies*, Vol. 9, No. 2, Sept., 1980: 122-134.

一个以欧元为交易计价货币的石油交易所。当时，纽约商品期货交易所、伦敦国际石油交易所的石油期货市场都是以美元为作价、交易和结算货币的。欧佩克一揽子平均价所监督 7 种原油也以美元作为交易计价货币，美元几乎使用于世界上所有最重要的石油现货交易市场。每年全球的石油贸易超过 6000 亿美元，占全球贸易总额的 10%。即使不考虑其他贸易，光是控制全球贸易总额的 10% 的货币结算，美国的收益也是不可估量的。分析人士指出，如果伊朗石油交易所能够成功运营，或者说伊朗要求买方用欧元支付，那么世界各地的央行将会减少美元储备，增加欧元储备，从而在一定程度上造成美元贬值。这就意味着美元作垄断货币的霸权地位的动摇。

继伊朗之后，2006 年 5 月 15 日，俄罗斯经济发展部副部长基里尔·安德罗索夫宣布，俄将在今后数月内建成本国石油交易所，拟以卢布结算。第二天，委内瑞拉总统查韦斯表示，他支持伊朗本月早些时候成立以欧元为交易计价货币的石油交易所这一做法，并且他本人也在考虑是否效仿伊朗，放弃美元，用欧元为该国的石油贸易计价。

2006 年 11 月 24 日，纽约汇市欧元对美元的比价大幅上升，一度达到 1∶1.311。11 月 30 日，又进一步上升为 1∶1.325。12 月初，伊朗财政经济部长贾法里宣布，伊朗政府在今后的对外贸易中将用欧元代替目前的美元作为结算货币。他说："美国对伊朗采取敌视政策，给我们使用美元造成了不少问题；另一方面，伊朗也打算降低自己对美元的依赖，而且欧洲银行是伊朗的主要商业合作伙伴，自然我们也应更多地使用欧元。"他还表示，伊朗计划使用欧元作为对外贸易结算货币已有一段时间。12 月中旬，伊朗媒体报道说伊朗已大幅度减少美元储备。伊朗出口银行前常务董事艾哈迈德·哈塔米—亚兹德说，美国对伊朗实施贸易和投资制裁，并试图迫使各国银行切断与伊朗的联系。为抗衡来自美国的压力和经济封锁，同时考虑到美元疲软，伊朗央行 3 年前就开始减少美元储备，现在 70% 的外汇储备是黄金和非美元外汇。12 月 18 日，伊朗政府发言人吴拉姆·侯赛因·伊尔哈姆对记者说："政府已经命令中央银行用欧元替换美元，减少行政部门在商业交易中的问题。我们还将在伊朗的海外资产中做出同样改变。"此外，伊朗的财政预算今后也将改为以欧元结算。2007 年 12 月，伊朗宣布，由于美元不断贬值，已经不再是可靠的货币，伊朗决定在石油贸易中用欧元取代美元作为结算货币。2008 年 4 月 30 日，石油部官员加尼米法德在接受伊朗国家电视台记者采访时说："伊朗在石油交易中已完全停止使用美元结算，我们已同所有客户就使用非美元货币结算达成一致。"在欧洲，伊朗出口石油用欧元结算，而在亚洲则用日元结算。① 2007年10月上旬，阿拉伯网络媒体报道称，日本最大石油公司新日本石油公司、位居第四位的COSMO石油公司，在购买伊朗石油时用日元结算，还有位居第六的新日本石油公司旗下的日本能源公司购买伊朗的部分石油也用日元结算。②

2012年5月7日，《金融时报》报道，由于美国就核计划对伊朗实施制裁，伊朗将接受人民币作为部分销往中国原油的结算货币。5月17日，《时代周报》记者刘成昆称，伊朗与中国之间用人民币结算石油、劳务和技术，是"美国'制裁'下的蛋"，将加速人民币实现国际化的进程。③11月，土耳其副总理阿里·巴巴詹（Ali Babacan）在议会预算委员会会议上被问及"为何土耳其黄金出口额突然增长"时，回答说："主要原因在于伊朗。当土耳其购买伊朗石油时，我们使用土耳其里拉付账。可是由于美国制裁的限制，伊朗无法将里拉转变为美元运回国，所以只能用这笔钱在我们的市场上购买黄金带回国。"④ 2012年2月上旬，伊朗央行与印度央行达成协议，两国的石油交易用卢比进行结算。我们可以看出，以美国为首的西方对伊朗的制裁为世界建构新的世界货币体系提供了一个借鉴，为探索新的国际货币体系起了一定作用。

六、国际货币选择与人民币国际化

中国学者向松祚（1965年—）先生把目前全球货币金融价格体系的传导机制概括为：美元储备货币价格决定全球信用价格，全球信用价格决定全球股权市场价格，全球股权市场价格决定全球战略资源价格，全球战略资源价格决定最终商品和服务价格。他明确提出："未来消除全球经济失衡的不利影响、摆脱贫困性增长困境、降低全球金融风险、争夺全球价格体系话语权，最重要的战略之一就是推进人民币国际化，将人民币变成重要的国际储备货币。"⑤

世界还需要金融中心吗？世界金融中心将是多元而非一元的，在这种情况下，国际金融将不得不坚持"原则至上"的原则。国际社会将围绕如何促进世界经济的发展来制定国际金融发展的规则，而不是像"占领华尔

---

① 沈本秋："美国的金融权力评估"，《世界经济与政治论坛》2011 (6)：1—12。
② 新华社开罗2007年10月9日电。
③ 刘成昆："中伊石油交易进入人民币结算时代"，《时代周报》2012-5-17。
④ Daniel Dombey. Turkey – Iran：Gold for Gas US Scrutiny. *Fianacial Times*, Nov. 28, 2012.
⑤ 向松祚："危机过后：国际货币体系亟需改革"，《金融博览》2012 (1)：13—15。

街"运动所反对的对象那样,去搞乱世界经济秩序。从某种意义上,美国和欧洲对伊朗的制裁,不管以什么借口实施,代表的都是少数金融寡头的利益,而损害的是世界上绝大多数劳动者的利益。在制裁中,受益的是少数人,危害的是世界经济。

国际金融中心从出现至今已有 300 多年的历史。19 世纪中期以前,国际金融中心在荷兰,随着英国工业革命的完成,伦敦成为国际金融中心,直到第一次世界大战。当时 40% 的国际贸易是以英镑结算的,英国的海外投资占西方对外总投资的一半以上。

随着美国的崛起,美国在一战后恢复金本位制,美元作为国际货币开始取代英镑,纽约成为世界重要的金融中心,与伦敦平分秋色。原为世界金融中心及世界霸主的英国,由于战争给经济带来的巨大破坏,出现严重衰退,被迫将世界金融中心的头衔让给了美国。第二次世界大战以后,随着布雷顿森林体系的建立,世界贸易的 90% 以美元结算,大量的国际借贷和资本筹措都集中于纽约,纽约成为世界最大的资本集散中心。

受西方金融危机冲击,加之美国原有的巨额贸易逆差,美元信用的动摇,相继出现的欧洲美元、亚洲美元。随着金融交易的日益扩大,除了纽约、伦敦、巴黎、苏黎世等原交易中心迅速扩张外,东京、新加坡、香港、芝加哥等城市陆续成为层次不同的国际金融中心。未来的国际金融中心将不再是唯一的,而出现分散的局面。这就需要原则和自律,把原来由国家、民族层面的东西提升到国际层面。所以,未来的国际金融中心将存在于有良好信誉和经济实力的多个地方。

2009 年 1 月 28 日,温家宝总理在世界经济论坛年会上谈及推动国际金融体系改革,加快建立国际金融新秩序时说,西方金融危机充分暴露了现有国际金融体系和治理结构的缺陷。要加快主要国际金融组织治理结构改革,建立合理的全球金融救助机制。增加发展中国家在国际金融组织中的发言权和代表性。鼓励区域货币金融合作,稳步推进国际货币体系多元化。要加强国际金融监管合作,防范金融风险积聚和扩散,扩大国际金融体系监管的覆盖面,特别要加强对主要储备货币国家的监督,建立及时高效的危机早期预警系统。2013 年 1 月 14—15 日,在香港特别行政区政府与香港贸发局携手举办的、主题为"亚洲:缔造全球新形势"的论坛上,香港科技大学经济系主任雷鼎鸣称,人民币国际化是大势所趋。中国应该把国际化推进一步,像美元和欧元那样,使人民币成为大家都接受的储蓄货币。

为了实现人民币成为世界储蓄货币,中国从告别资本主义经济发展模式，尤其是从虚拟经济入手，在脚踏实地做工作。自从1992年中国共产党第十四次全国代表大会以来，每逢党的全国代表大会之年，中国的股市将出现暴涨的情况，如1992年5月21日，上交所上证指数（即沪市综合指数）从前日收盘的617点一下升到1266点，涨幅高达105%。其中轻工机械涨幅更是达470%。这一年，上证指数创下了1429点的新高，深圳综合指数也创下了312点新高。十五大召开的1997年3—5月，在深发展、四川长虹的带领下，沪市指数从870点一路盘升至当年最高1510点。深成指创出6103点的历史最高点——此高点到2006年年底才被突破。十六大召开的2002年6月24日，国务院决定停止在国内证券市场减持国有股，证监会制定《关于进一步规范上市公司增发新股的通知》，提高增发门槛。在重大利好消息刺激下，大盘再现井喷。上证指数开盘涨幅达9.09%，全天震荡后涨9.25%收盘。2007年2—3月，出现全民炒股，居民银行存款大搬家现象。十七大召开的2007年5月9日，上证指数突破4000点。8月23日，上证指数站上5000点。10月15日，党的十七大开幕，当天上证指数突破6000点大关。当年，深圳成指上涨173%，上证指数上涨105%。随着中国对西方资本主义虚拟经济危害和实体经济重要性的认识，在2012年的十八大召开之年，中国避免了虚拟经济的危害，社会主义市场经济的优越性开始显露，它标志着中国向伟大和谐社会的真正起航。指导这次航程仍然是马克思主义的科学社会主义，同时，中华民族向中国的历史和其他文明吸取丰富的文化养料。十八大以后的中国，把反腐倡廉落实在具体行动之中，如反对"浪费"、"提倡节俭"等，把劳动价值观落到了实处。只有当信用保护劳动者积极性时，它才会长久，为大多数人所接受，做到"润物细无声"。

2007年1月22日，由纽约市长布隆伯格、参议员查尔斯·舒默委托起草，并得到了纽约州州长埃利奥特·斯皮策的支持，麦肯锡顾问公司在访问了50多名金融业总裁和商界领袖以及300多名金融界高级管理人员的基础上，撰写的一份名为《保持纽约及美国的全球金融领导力》的研究报告公之于世。这份长达134页的报告警告说，纽约在未来5年内将可能丧失4%—7%的全球金融服务市场，并失去3万—6万个工作机会，如果不改善相关法规以及市场管理体制，纽约将在10年内丧失金融霸主地位。

在解决伊朗核问题的过程中，以美国为首的西方国家对伊朗包括金融在内的单方面制裁迫使伊朗以易货贸易或直接使用黄金的形式进行国际支付，实际上是对国际金融体系的一种伤害，受害者是世界上的绝大多数民众，从中受益者是少数金融寡头、政客和媒体人。伊朗核问题折射出，以美元充当世界货币为主要内容的国际金融体系本应为世界经济良性互动发展服务，它已经被不良的金融寡头和贪婪自私的政客所绑架，与人们爱好和平发展的愿望背道而驰。世人要想从根本上解决危机，首先要解决意识形态中的核心价值观，因为制度是为核心价值观服务的。不论是国家制度，或是国际体系，价值观决定了制度指向。未来的世界货币将是坚信劳动价值观的人使用的货币。由于其价值观的导向，这一货币的使用和发行将不会公开地为少数人剥夺他人财富服务，将充分利用经济杠杆去实现人的全面发展。

美国不会甘心沦落为普通经济体，2009年4月9日，美国《政治周报》网站披露：3月17—18日，美国国防部在马里兰州劳雷尔市的战争分析实验室举行了美国历史上的首次"纯经济战"推演。与战争推演不同，参与人员均为对冲基金经理、经济学教授、金融机构高级管理人员，其中一名高管来自瑞士银行。五角大楼邀请他们模拟一场可能改变世界主要经济体间权力平衡的"经济世界大战"。身着制服的军官和美国情报人员在一旁密切观察和记录推演过程。推演模拟一系列具有全球影响的事件，如朝鲜半岛局势骤紧和俄罗斯影响天然气价格等。一名参与人员说："他们（国防部）希望了解谁会提供贷款帮助解决危机，每队会采取何种行动使其他国家也参与其中……"推演结果是，"美国"依旧为世界最大经济体，但因与"俄罗斯"发生一系列"金融战"，实力受到严重削弱。参与者耶鲁大学管理学院教授保罗·布拉肯说："这场推演是一个例子，反映出国际冲突性质正在变化。"他还说，这场推演反映出的一个重要问题是，美国需要整合可以用于经济战或金融战的资源与手段。他说，例如美国海军实际上正参与对伊朗的海上封锁，美国政府正以经济制裁对伊朗实施经济战，但这两种手段"相互间协调不足"。

美国社会学家丹尼尔·贝尔（Daniel Bell，1919—2011年）曾说："令人啼笑皆非的是，作为资本积累的果实，经济增长在经济上和文化上却使人们产生了一系列的期望。资本主义制度发现，要给这些期望降调十分困难。当这些期望与其他飘忽不定的因素（例如恶性的然而又是周期性发生的通货膨胀；它的渊源是突然兴隆起来的世界经济）结合起来时，它们就会为经济动荡和政治动荡创造条件，而政府则会发现这些动荡越来越难以对付。所有这一切导致了失落感和危机感，动摇了个人对社会的信任。"[1]

---

[1] ［英］丹尼尔·贝尔著，赵一凡、蒲隆、任晓晋译：《资本主义文化矛盾》，生活·读书·新知三联书店1989年版，第302页。

货币需要信用，国际货币更需要信用，资本主义正在把自身存在的信用消灭掉。只有建立在诚实劳动基础上的信用才是代表历史发展方向的。

罗伯特·蒙代尔展望说：到 2030 年，世界上流通的主要货币将是美元、欧元和人民币。[1] 孙兆东先生预测："30 年后人民币国际化将充分实现，全球主导货币为欧元、美元和人民币。伴随科技的进步和全球经济、金融一体化的进程，届时三大主导货币的统一将被提上议事日程，全世界呼唤'同一个货币'的时代将到来。"在他看来，欧元的地区代表性太强，美元则深深打上了"富人和发达国家的钱"的印记，"最终能被全世界最为广大的人民和国家所接受的应该就是'人民币'了，因为'人民的钱'才是全世界统一货币的最准确的涵义"。届时，"人们结账、购物都用这种称为'人民币'的统一货币，而统一货币发行量的大小则由一个叫'人民银行'的世界银行来负责统筹。到了那个时候，很少见到纸质的货币，人们无论走到世界的哪个地方都可以自由使用电子货币来支付。"[2] 中国农业银行总行高级专员、国内知名经济学家、国际金融市场高级分析师何志成先生从意识形态角度看人民币的未来地位。他说："在新经济时代，人类经济学思想受到来自两方面的严峻考验，一是创新劳动的兴起，创新劳动引领全球范围的劳动力价值交换，各国的劳动力价值交换需要跨越'空间'（人民币国际化和汇率自由浮动的理论基础）进行（等价）交换；二是人类平均寿命的大幅度增长，自然寿命与劳动寿命出现严重背离，'不劳动的'人越来越多，劳动力价值交换需要跨越'时间'（虚拟金融市场理论的基石）进行（等价）交换。这两个重要变化导致现代经济学的基础理论从逻辑的起点就发生异化，由此产生劳动异化和货币异化理论。"[3] 在他看来，要真正实现劳动力价值交换跨越时空，必须有一个代表劳动者利益的政治制度，实现货币的"公民化"。货币的公民化必须以维护劳动者利益为前提，也只有维护社会主义核心价值观的制度才能做到。

近年来，关于人民币国际化的讨论日益增多。范祚军、唐文琳提出了人民币区域化、亚洲化和国际化的实现路径。[4] 董志龙则为人民币崛起设计了如下路线：理性调整货币政策，化解人民币单边升值带来的风险，改革汇率形成机制，逐步推进人民币自由兑换，警惕国际热钱掌控中国经

---

[1] 赵锡军：《人民币崛起》，经济日报出版社 2011 年版，第 202 页。
[2] 孙兆东：《世界的人民币》，中国财政经济出版社 2010 年版，第 186—187 页。
[3] 何志成：《老何谈人民币》，清华大学出版社 2012 年版，第 3 页。
[4] 范祚军、唐文琳：《人民币国际化的条件约束与突破》，人民出版社 2012 年版，第 445—499 页。

济，抑制通货膨胀，加强金融监管。[1] 孙健等学者则认为，人民币国际化要让钱流出去，完善金融市场，建设好金融中心，实行货币替代，加强监控，严防投机。[2] 中国人民大学课题组的研究结果是："人民币国际化将是一个逐步推进的过程，需要数十年才能实现，决策者应避免人为拔高人民币国际化程度的做法。"[3] 宋敏等学者提出的人民币国际化路线图为，先实现两岸四地经济一体化，实现人民币的统一，然后扩大到东亚、东南亚国家，进一步扩大上海合作组织成员国家，再进一步扩大到整个世界。[4]

马骏等学者提出了人民币国际化的具体政策建议：简化贸易结算过程中的单据审核流程，降低业务成本，提高海外对人民币结算的需求；提高人民币跨境贸易的政策清晰度、透明度和连贯性；推动大宗商品交易以人民币计价和结算；鼓励东南亚银行进入中国，帮助其企业使用人民币贸易结算；消除人民币外国直接投资和海外直接投资的操作瓶颈；保证离岸市场人民币流动性的供给；进一步鼓励人民币债券、股票和其他金融工具的挂牌和交易；监管部门、行业协会和金融机构合作促进第三方使用人民币；放宽香港监管当局对香港本地银行人民币净头寸的限制；建立离岸人民币的利率和汇率的基准，发展人民币债券回购和期货市场；若干年（如两年）之后，以美国纽约清算所银行同业支付系统为借鉴，开始筹建以代理行为"接口"的"跨境人民币支付系统"，逐步替代清算行模式；提高境内个人和企业自由购买外汇的额度；扩大境外机构投资银行间人民币债券市场的额度和合格的境外机构投资者额度；允许非居民在境内通过发行股票、债券和借款3种方式融入人民币，重点发展熊猫债市场，允许非居民将在境内通过这些渠道所融得的人民币换成外汇并汇出；逐步向非居民账户开放人民币投资市场，包括理财产品、基金和债券等，其开放的速度应与香港人民币产品市场的发展基本协调；在5年之内将人民币兑美元的年化日均波幅从目前的2%左右提高到6%—10%，以帮助抑制过度的短期资本流动；着手研究今后将替代外汇管制的管理短期资本流动的经济手

---

[1] 董志龙：《人民币的崛起》，当代世界出版社2011年版，第90—129页。
[2] 孙健等：《人民币战略：我们的货币，我们的问题》，电子工业出版社2010年版，第157—174页。
[3] 中国人民大学国际货币研究所：《人民币国际化报告（2012）》，中国人民大学出版社2012年版，第177页。
[4] 宋敏等：《走向全球第三大货币——人民币国际化问题研究》，北京大学出版社2011年版，第106—175页。

段，比如对外资流入和境外人民币流入征收托宾税等手段的具体操作方案。①

  同时，我们还要看到，人民币国际化的步伐越来越快。2009年7月，中国人民银行等6部门发布跨境贸易人民币结算试点管理办法，人民币跨境贸易结算试点正式启动。2011年8月，人民币跨境贸易结算由试点扩大至全国。2011年3月30日，在南京召开的20国峰会国际货币体系改革讨论会上，各国财长和央行行长就人民币进入特别提款权的安排进行了热烈讨论。4月8日，"金砖五国"在海南三亚发表《三亚宣言》，决心推动"金砖五国"贸易与投资本币化进程，人民币备受关注。4月下旬，香港汇贤公司以人民币形式在香港挂牌上市，填补了香港人民币离岸市场股本产品的空白。5月初，中、日、韩三国财长会议议定进一步加快三国贸易与投资的本币化进程。2012年4月18日，汇丰银行在伦敦发行了第一支人民币债券，总规模为10亿元人民币。2013年11月5日，加拿大不列颠哥伦比亚省财政厅在北京宣布，该省已成功发行25亿元离岸人民币债券。这是外国政府发行的最大规模离岸人民币债券。

  2012年12月27日，中国人民银行批复《前海跨境人民币贷款管理暂行办法》，标志着深圳前海地区跨境人民币贷款业务正式启动。人民币国际化正加速推进，2013年前3个季度银行累计办理跨境贸易人民币结算业务3.15万亿元，同比增长50%，超过2012年全年跨境贸易人民币结算量。

---

  ① 马骏、徐剑刚等：《人民币走出国门之路——离岸市场发展与资本项目开放》，中国经济出版社2012年版，前言，第6—7页。

第八章 核不扩散机制与
世界政治秩序重建

2009年8月，一幅为世界野生动物基金会（WWF）设计的广告在网络上风传，并引起了人们的争议。广告画面中用大量的飞机冲向曼哈顿市区为背景，右上角是中国大熊猫的图像，并配上文字："丧生于海啸的人比'9·11'多了百倍。地球是如此无比的强大。尊重她，并且保护她。"（The Tsunami killed 100 times more people than 9/11. The planet is brutally powerful. Respect it. Preserve it.）人们对创作者对于"9·11"事件死难者的麻木不仁提出了批评，并质疑创作者基本科学知识的匮乏，因为动物消失、森林砍伐、温室效应与由于地震或者强烈的地壳运动所引起的海啸之间不存在必然联系。但这幅广告对时代脉搏的把握是非常准确的，也就是说，随着人类的发展进步，人们对和平的追求和幸福生活的向往，民智的提高，使得历史上人与人之间相互残杀的时代将远离人类，人类与自然的关系，人类如何在利用自然时将灾难减至最低等将越来越成为世人关注的焦点。它要求人们改变观念。亨利·基辛格曾借康德的预言说："或者是通过明智和道义的真知灼见，或者是通过多次混乱的经历，世界秩序才会最终建立起来。"[1] 本章将通过对人类进入核时代后围绕核安全的审视，看世界政治秩序的重构。

第一节 核能利用与核灾难

1901年，英国科学家弗雷德里克·索迪（Fredrick Soddy，1877—1956

---

[1] Henry A. Kissinger. Saving the World Economy. *Newsweek*, Jan. 24, 1983.

年）和新西兰裔的英国科学欧内斯特·卢瑟福（Ernest Rutherford，1871—1937年）一起发现了能够释放能量的放射性，并将原子的未来描述为：人类借此"将改造大陆的沙漠，解冻冰冷的两极，使整个地球变成微笑的伊甸园"。[①] 一个多世纪过去了，尤其是自从1945年8月美国在日本的广岛和长崎投下两颗原子弹，人类进入核时代以来的60多年里，两极的冰川在消融，但人类距理想中的伊甸园却渐行渐远。

一、核能利用概况

1986年6月26日，英国能源大臣彼得·沃克在总部位于伦敦的机械制造业雇主联合会发表讲话时说，21世纪，世界已探明的有限能源资源必定会枯竭。如果世界能源消耗量每年递增2%，已探明的或潜在的石油资源将在2040—2065年间枯竭。世界天然气资源在2056—2066年间将会枯竭，而煤炭资源则将于2066—2076年间耗尽。"按目前的能耗增长速度计算，欧洲的石油资源只能再使用10年，天然气只能再用38年，而煤炭按便宜价格使用大约只能再用90年。""最经济的和最干净的提供能耗办法就是发展核能。全世界核电站在头25年中在安全方面所取得的成就是可观的。"他警告说："放弃核能的使用或减少核能的使用给第三世界带来的后果将特别严重。"在欧洲，大约35%的电力来自核能，如果放弃核能，"欧洲共同体将会遇到巨大的能源危机"。[②] 面对着核这把双刃剑，是把人们引入伊甸园或是地狱，这正是人们关注伊朗及其他民族或地区核问题的关键。

1956年，苏联在坎布里亚郡科尔德霍尔建成全世界第一座商用核电站，开辟了人类利用核能的新时代。截止到2012年5月，全球共有30个国家运行着433台核电机组，总净装机容量为371.422吉瓦（GWe）；13个国家正在建设63台核电机组，总装机容量为62.174吉瓦；27个国家计划建设160台核电机组，总装机容量为179.7吉瓦；37个国家拟建设329台核电机组，总装机容量为376.3吉瓦。[③] 下表是1971年以来世界核电厂净装机容量的具体数据，从中可以看到核电的发展变化。

[①] Richard E. Sclove. From Alchemy to Atomic War: Frederick Soddy's "Technology Assessment" of Atomic Energy, 1900–1915. *Science, Technology, & Human Values*, Vol. 14, No. 2, Spring, 1989: 163–194.

[②] 马克斯·威尔金森："沃克细谈世界能源需求和资源，警告不搞核电将会出现危机"，《金融时报》1986-6-27。

[③] 伍浩松："2011年全球核电机组的变化情况"，《国外核新闻》2012（5）：6—9。

1971—2012 年世界核电厂净装机容量①

年份	容量（兆瓦）	年份	容量（兆瓦）	年份	容量（兆瓦）	年份	容量（兆瓦）	年份	容量（兆瓦）
1970	16000	1980	135000	1990	329000	2000	351718	2010	371000
1971	24000	1981	155000	1991	326000	2001	351327	2011	368186
1972	32000	1982	170000	1992	330650	2002	357000	2012	371422
1973	45000	1983	189000	1993	337000	2003	364000	2013	
1974	61000	1984	219000	1994	339000	2004	367422	2014	
1975	71000	1985	250000	1995	343000	2005	368000	2015	
1976	85000	1986	276000	1996	344500	2006	369000	2016	
1977	99000	1987	298000	1997	351795	2007	370000	2017	
1978	114000	1988	311000	1998	351000	2008	372500	2018	
1979	121000	1989	321000	1999	349063	2009	371927	2019	

目前，核能使用的地区分布极不平衡，主要集中在发达国家，占到了世界核电总装机容量的 80%，非洲、中东地区的核电为零。一些国家政府已经确定的核电开发计划为：美国到 2020 年新增核发电能力 5000 万千瓦，俄罗斯计划到 2020 年将核电占比从目前的 17% 提高到 25%；印度计划到 2052 年将核发电能力提高到 2007 年的 75 倍，达到全部电力供应的 26%；日本计划到 2030 年将核电使用占比提高到 40%，韩国似乎是要赶超法国，计划到 2035 年达到核电占 65%。②

二、核能利用中的重大事故及存在问题

1957 年秋天，苏联克什特姆一个装有 80 吨固态核废料容器的冷却系

---

① 资料来源：R. 斯皮格尔伯格，国际原子能机构核电处，未发表材料，1992 年 3 月 18 日；联合国国际经济和社会事务部，《能源统计年鉴，1955—1974 年》（1976 年）；国际绿色和平组织和世界观察研究所，《世界核工业现状报告：1992 年》；李盈安："天然反应堆与核燃料"，《华东地质学院学报》，1994 年第 1 期；Poong Eil Juhn 和 JürgenKupitz："切尔诺贝利事故后的核动力：变化中的国际展望"，《国际原子能机构通报》，1996 年第 1 期；张禄庆："世界核电发展状况（截止到 2008 年底）"，《走进核电》，2009 年第 1 期；陈元主编：《能源安全与能源发展战略研究》，中国财政经济出版社，2007 年；Earth Policy Institute：1950 - 1969 nuclear data, Signposts 2004, CD-ROM (Washington, DC: 2004)；1970 - 2004 nuclear data, Vital Signs 2005 (Washington, DC: 2005)。

② 伍浩松："2011 年全球核电机组的变化情况"，《国外核新闻》2012（5）：6—9。

统发生故障,容器爆炸,160吨的混凝土封盖被炸毁,近1万人撤离受影响地区,约27万人受到核辐射,至少有200人死于由核辐射导致的癌症,大约30座城市从此在地图上消失。直到1990年,苏联解体前夕,苏联政府才对外公布这场灾难的情况。美国中央情报局虽然早已知道这场灾难,但处于对美国核电站产生负面影响的担心,没有披露任何信息。1961年1月3日,在美国爱达荷州爱达荷福尔斯附近的一个军用实验性反应堆,人们错把控制棒从堆芯挪开,引起蒸汽爆炸,造成3名技术人员死亡。1986年1月4日,在俄克拉荷马州戈尔的克尔—麦吉发电站,1个六氟化铀圆柱加热不当导致1名工人死亡、100多名工人受伤,并有少量辐射溢出。4月28日,发生在乌克兰切尔诺贝利核电站的事故导致53人死亡,迫使33.5万人撤离疏散,另有数千人因受到辐射患上各种慢性病,给12.5万人带来了伤害。[1] 1987年9月13日,在巴西的戈亚尼亚市,一家私人放射治疗研究所乔迁,将铯-137远距治疗装置留在原地,未通知主管部门。两个清洁工进入该建筑,将源组件从机器的辐射头上拆下来带回家拆卸,造成源盒破裂,产生污染,14人受到过度照射,4人4周内死亡,约11.2万人接受监测,249人发现受到污染。1999年9月30日,由于人为操作失误,导致日本东海村铀处理设施发生事故,造成2名工人死亡,数十人受伤。2004年8月9日,日本美浜核电站涡轮所在建筑内连接3号反应堆的水管在工人准备进行例行安检时突然爆裂,蒸汽爆炸造成5名工人死亡,数十人受伤。2006年,该电站又发生火灾,导致2名工人死亡。2011年3月11日,日本发生9级大地震,地震引起的断电导致反应堆冷却剂泵停止工作,1号、3号和2号反应堆所在建筑物相继发生爆炸。接着,4号反应堆所在建筑内存储的燃料起火燃烧。

除了上述核灾难外,还有另一种差一点出现的人为核灾难。自原子弹问世以来,这样的核灾难不下10次,仅针对中国的就有5次。第一次发生在朝鲜战争中,"联合国军"总司令麦克阿瑟为挽救败局,建议杜鲁门总统动用原子弹,以遏制中朝军队的进攻。按其设想,用26颗原子弹,分别轰炸"敌人进攻部队"、"敌人空军的重要集结地"。[2] 1951年7月1日,杜鲁门下令秘密在关岛地区部署原子弹,在美国欧洲盟国的坚决反对和迫于苏联的双重压力下,杜鲁门未敢在朝鲜战场上使用,并做出了不使用核武器的承诺。第二次发生在1955年的第二次台海危机。美国担心大陆对金

---

[1] "切尔诺贝利的受害者究竟有多少?",[捷克斯洛伐克]《红色权利报》1995-9-5。
[2] "朝战时麦克阿瑟曾妄言:至少要投26颗原子弹",《人生与伴侣》2012(1):52—53。

门、马祖发起总攻,采取了两手策略,首先向中国发出核威胁。3月12日,美国总统艾森豪威尔在被问及美国在亚洲的全面战争中是否会使用核武器时说:"我认为没有理由不使用原子弹。"3月15日,杜勒斯再次发出核威胁,说如果台湾海峡发生战争,美国准备使用战术核武器。第三次发生于1958年第三次台海危机。9月4日,美国务卿杜勒斯再次提出对中国使用核武器。同一天,美国参谋长联席会议主席也向艾森豪威尔总统建议,授权第七舰队司令,必要时,可下令向中国大陆投掷原子弹。9月8日,毛泽东主席在最高国务会议上说:"美国侵略者的这一套,只能去征服那些时刻准备向美国原子弹、氢弹投降的机会主义者。"艾森豪威尔改口说:"对任何地区问题都不想使用核武器",并反对使用核武器。第四次发生在1963年中国核弹研制成功前夕。美国一直关注中国的核弹进展,1月22日,肯尼迪在国家安全会议上强调,禁止核武器试验条约的重点就是对付中国。7月14日,美国特使哈里曼赴莫斯科,带来了美国和苏联联手对付中国原子弹的计划。但是哈里曼碰了一鼻子灰。赫鲁晓夫拒绝把中国原子弹问题当作一个威胁,对与美国联手的计划不感兴趣。同时,美国也研究了单独破坏中国核计划的单边行动计划,其中包括对罗布泊试验场等目标,由美国实施公开的常规空中轰炸,或由台湾当局军队实施空中轰炸,或实施秘密的地面袭击,或空投特种兵破坏。鉴于政治风险和军事风险太大,美国未敢贸然行动。第五次发生于1969年,苏联准备动用远东中程弹道导弹,携带核弹头,对中国的军事、政治等重要目标实施"外科手术式核打击"。苏联领导人后出于全球主要战略对手是美国等多方面考虑,未敢轻举妄动。①

此外,1980年,美国差点发射出针对苏联的核导弹。1983年8月14日出版的一期《行列》杂志刊登了专栏作家杰克·安德森(Jack Anderson)的文章。安德森在文章中谈道,1979年,由于计算机失灵,引发了一次假的核袭击警报,负责导弹发射的所有军官都把钥匙插入了武器发射孔,这是发射前的预备措施。但是,13名工作人员拒绝把钥匙插入发射孔。美国导弹发射前,每个发射井中的两个人都把他们的钥匙放入发射孔,然后通过总统的密码指令下达给战略空军司令部和负责导弹发射的军官,才能发射。正是这些工作人员拒绝执行命令而避免一次核灾难。②1985年7月,美国前总统尼克松向《时代》杂志的记者坦言:在1973年

---

① 郑治仁:"针对中国的五次核危机",《报刊荟萃》2005(1):48—50。
② 路透社华盛顿1983年8月11日英文电。

第四次中东战争期间、中苏边界发生边界冲突期间、1971年印巴战争期间和越南战争期间，他曾4次考虑使用核武器。①

还有，1961年，法国的一批反叛将军一度控制了法国在撒哈拉沙漠中的试验场的一个核装置。② 这样就出现了一个新的名词"核继承"，指一旦国内发生混乱或政府在政治上垮台，即核武器最终落到极端分子手中。

如果说和平利用核能给人类带来的灾难是人类进步中不得不付出的代价的、利大于弊的副产品的话，那么，以广岛、长崎为代表的核灾难则是人为的，是强权政治强加给人类的百害而无一利的灾祸。正因为此，在广岛的纪念碑上刻下了这样的字眼："安息吧，错误不会重犯。"希望这一誓言式的警句伴随人们走向和平幸福。国际原子能机构前总干事布里克斯曾说："到目前为止，核能是技术发展最成熟、应用前景最广泛的清洁能源之一，如果人们可以对它善加利用，有一天你我讨论的就不再是核危机，而是核发展。这才是有核世界的未来。"③ 2011年日本大地震引发的日本福岛核灾难再次向人们敲响警钟。

目前核能利用中存在的主要问题包括两个方面：一是技术问题，二是社会问题。技术问题主要有三个：核资源利用率低，核电站用的是热中子反应堆，其发电成本低于煤电，但它以铀-235为燃料，天然铀中99.3%的铀-238得不到利用；燃烧后的乏燃料中的高放射性废液含大量"少数锕系核素"（MA）及"裂变产物核素"（FP），有的半衰期长达百万年以上，是生物圈的潜在杀手，需要完善的处理技术予以解决；核反应堆是临界系数大于1的无外源自持系统，其安全问题尚需不断监控及改进。社会问题主要是人为灾难问题，也就是在和平利用核能的同时，核废料处理不当或经过加工可以生产出核武器，给人类带来灾难。正因为如此，核能利用备受关注。

在伊朗核问题上，人们突然发现，人类自身是如此幼稚，偏见、盲从和草率仍然支配着人们的思维。早在40多年前，德裔美籍哲学家和社会理论家马尔库塞（Herbert Marcuse，1898—1979年）已提醒过人们："种种力图防止核灾难的努力，掩盖了对当代工业社会中核灾难潜在原因的研究。由于这些原因比起其他非常明显的外部威胁——东方对西方的威胁，西方对东方的威胁——来说，只居第二位，民众便未能识别、揭露和抨击这些原因。""我们屈从于和平地制造破坏手段、登峰造极地浪费，屈从于

---

① 美联社纽约1985年7月22日英文电。
② T. Aeppel. A – Bomb Technology Spreads. *Christian Science Monitor*，February 25，1987.
③ 雷达："要核发展，不要核危机"，《环球时报》2007 – 1 – 26（17）。

防御教育，而这种防御教育既扭曲了防御者，也歪曲了他们所捍卫的东西。"① 遗憾的是，近半个世纪过去了，这种情况不但没有改观，反而更为严重了。21世纪的世界，国内事件与国际因素相互作用并交织在一起。世界舞台上所发生的事情、冲突或热点问题，影响到了每一个国家的内部生活。加拿大学者托马斯·朱诺（Thomas Juneau）在为2009年3月30—31日在加拿大举行的一个有关伊朗问题的学术研讨会的综述中说：由于伊朗与伊拉克长期血腥的冲突，以重要的地区大国的姿态出现，支持邻国的各种运动，现政权对以色列的极端仇视以及被以色列称其为关乎民族命运的威胁，加之伊朗的核和导弹计划，这已经引起了世界一些国家的兴趣和焦虑，这些事态的发展又引出了全世界包括国际原子能机构和联合国安理会在内的各种力量采取各种各样的对策。中国学者陈传刚、谢永亮曾说："任何创造同时也是一种对原初平衡的破坏。人的创造性越强，破坏性就越大。核威胁、环境污染、生态恶化等日趋严重的负面效应，造成了一系列的全球性问题，只有经过全球合作与努力才能加以消除和解决。"②

第二节 核不扩散机制的历史演进

核不扩散机制是指为阻止核扩散而构筑的一个法律的、技术的、经济的、政治的广泛性国际网络。迄今为止，核不扩散机制仍处于探索阶段，现有机制受制于人类发展水平，虽然离人类对和平发展的要求还有一定距离，但它为未来科学可持续的核不扩散机制建设积累了经验，是一条由过去通向未来的桥梁。

一、美国"核威慑"下的核扩散

美国最早制造出核弹，也是世界上唯一使用过核弹的国家，核在美国战略中的地位极其重要，是美国推行霸权主义的重要工具。杜鲁门时期主要表现为核垄断，将其视为遏制苏联的最佳途径。就在美国向日本长崎投放原子弹的当天，杜鲁门发表讲话强调："在一个无序的世界里，放松对

---

① Herbert Marcuse. *One - Dimensional Man: Studies in the Ideology of Advanced Industrial Society*. London: Routledge, 2002. XII.

② 陈传刚、谢永亮：《网络时代的政治安全》，中原农民出版社2000年版，第5页。

原子弹的控制简直是太危险了。为了使掌握制造秘密的英、美两国和世界其他国家免受灭顶之灾,英、美两国将不会在尚未找到对原子弹的控制之前公开这个秘密。"① 1945 年 10 月 3 日,杜鲁门向国会提交了关于制订原子能国家政策法律的咨文。次年 8 月 1 日,美国的《原子能法》正式生效。据此,美国设立了一个由 5 名文官组成的原子能委员会(Atomic Energy Commission,简称 AEC),由总统任命,国会批准;一个由 9 名参议员和 9 名众议员共 18 人组成的两院原子能委员会(the Joint Congressional Committee on Atomic Energy,简称 JCAE);一个由海陆空三军各派 2 名代表和 1 名由军人或文官担任主席共 7 人组成的军事联络委员会(Military Liaison Committee,简称 MLC)。《原子能法》体现了杜鲁门总统的国家垄断、文官控制、总统决策三原则。借此,美国政府严格控制核情报,防止技术外泄;政府垄断核原料、设备与生产过程;美国原子能委员会(AEC)承担发展原子能的全部责任,总统掌控最终决定权,以达到美国核垄断的时间最长化。美国核垄断的目的是用以核威慑,借朝鲜战争,美国第一次将其运用于实践。1950 年 11 月 30 日,美国总统杜鲁门在回答记者的提问时说:"我们将采取任何必要的步骤以满足军事形势的需要,正如我们经常做的那样。""包括(使用)我们拥有的任何武器(包括原子弹)。""(我们)一直在积极考虑使用原子弹。我不希望看到使用它。这是一种可怕的武器,不应用之于与这场军事入侵毫无关系的男人、妇女和儿童——而如果使用原子弹,还就会发生那样的事。"② 我们可以看出,美国核霸权一开始就用冠冕堂皇的说辞来掩盖。美国艾森豪威尔政府随即推出了"大规模报复"战略。据此,一旦美国对苏联开战,即为全面核战争,只要苏联侵略"自由世界",美国就对苏联使用核武器。这是美国第一次明确使用核武器的背景、目的和方式,被认为是美国首个真正意义上的核威慑战略,也有人将其称为"纯威慑"。

  1945 年 12 月 27 日,在莫斯科召开的外长会议上,在英国支持下,美国提议建立联合国原子能委员会,以负责原子能引发的一系列问题。苏联表示同意,但明确要求其工作必须在安理会的指导下展开,美、英表示同意。1946 年 1 月 24 日,联大第一次会议通过了有关和平利用原子能以及全面消除大规模杀伤性武器,并正式成立联合国原子能委员会的决议。

---

① 王娟娟:"战后初期美国国家核管制政策分析——兼论杜鲁门时期美英核合作关系的中止",《南京政治学院学报》2010 (2): 67—72。
② 王松瑜:"美国要往中国扔原子弹朝鲜战争中的蘑菇云阴影",《文史参考》2010 (8): 36—39。

1949年9月，苏联核试验成功，成为世界上第二个拥核国，美国的核垄断被打破，该委员会终止了自己的工作。1951年秋，联合国大会撤销联合国原子能委员会，代之以联合国裁军委员会，这样国际上建立核不扩散机制的初次尝试宣告失败。

为了继续核威慑，减缓苏联制造核武器的速度，美国提出了和平利用核能的倡议。1953年12月8日，美国总统艾森豪威尔在联合国的讲话中称："为了做出这些重大的决定，美国向你们——因而也向全世界——保证，决心协助摆脱这个可怕的原子困境，全心全意找寻一条道路，使人类奇妙的创造力不是致力于消灭人类，而是用来为人类生活做贡献。"[①] 他呼吁建立一个国际性的原子能机构。

二、美国、苏联与英国联合垄断时期的核扩散

尽管美国人使出浑身解数垄断核技术，1949年，苏联还是试爆了第一颗原子弹。1953年，苏联又掌握氢弹技术，两年后氢弹试爆成功。随着美国、苏联和英国研制出核弹，三国开始在核问题上实行合作垄断，并致力于限制他国发展。

1954年5月1日，美国通知苏联，美国将致力于创建和平利用核能的国际机构。9月，美国向联大通报了其创建原子能机构和召开一个相关国际科学大会的计划。联大很快通过了该计划。10月，英国向美国务院递交了首个关于新机构规约的草案文本，美国作了修改。1955年初，美国、英国、法国、加拿大、澳大利亚、南非、比利时和葡萄牙8国专家聚集华盛顿，对美英草案展开讨论。1955年7月18日，苏联参加8国讨论，并派出科学家出席日内瓦科学大会。会后不久，美国、苏联、英国、加拿大、捷克斯洛伐克的专家聚会，讨论在制定安全保障体系时可能出现的技术性问题。这是自核武器诞生以来，国际社会首次严肃地讨论核控制问题。1955年秋，联大同意苏联提议，将八国集团扩大为12国，新增苏联、捷克斯洛伐克、巴西、印度，把国际原子能机构规约草案的修改版散发给所有联合国成员国及其特别机构。1956年底，联合国召开会议，复审并最后批准该规约。1957年7月29日，包括新加入的国家在内的26个国家批准了国际原子能机构规约，该规约正式生效。10月，国际原子能机构召开首次全体会议，正式成立。

[①] 杜威特·艾森豪威尔："在联合国大会第470次全体会议上的发言"，《国际原子能机构通报》2004（2）：62—67。

20世纪五六十年代反战和平运动在冷战的白热化中开始酝酿。面对美国与苏联核垄断下的核竞赛，一场由社会名流领头的反核运动首先在英国拉开了序幕。1958年1月，圣保罗大教堂牧师卡农·科林斯、英国著名小说家普里斯特利、《新政治家》编辑金斯利·马丁等经过慎重的考虑，反复商议，决定成立一个名为"核裁军运动"的全国性反战组织。该组织一成立，就得到了英国社会各界的支持，"冷战之父"、美国前驻苏大使乔治·凯南等许多社会名流都纷纷表示加入。为了扩大反战组织的影响力，"核裁军运动"组织推选著名哲学家罗素和科林斯共同担任主席。伯特兰·阿瑟·威廉·罗素（Bertrand Arthur William Russell, 3rd Earl Russell, 1872—1970年）生于英国贵族家庭，祖父约翰·罗素伯爵曾两度出任英国首相。罗素是一位积极的和平主义者，认为任何战争都是罪恶。他曾反对英国参与一战而被罚款，并被解除了在剑桥大学的教职。1918年，他又因反战活动而被判刑6个月。随着氢弹爆破成功，罗素进一步意识到核武器将给人类带来灾难。1954年4月，他与爱因斯坦（Albert Einstein, 1879—1955年）共同发表了著名的《罗素—爱因斯坦宣言》，号召全世界用和平手段解决所有争执。世界上许多著名的科学家都纷纷在宣言上签字。此时的罗素已86岁高龄，但反核热情丝毫未减。1958年1月28日，罗素指示执行委员会做出一系列声明，强烈要求英国政府停止进一步核试验，保证不再制造核武器，停止与苏联的军备竞赛。2月27日，5000多人在伦敦中央厅举行群众集会。当年复活节，上万名民众从伦敦前往英国核武器研究基地奥尔德玛斯顿，举行抗议活动。一时间，反战和平组织大量涌现，到1960年年底，全英以核裁军为目的的组织超过了500个。1961年，罗素组织反战者分别在英国国防部大楼、议会广场静坐。英国政府逮捕了800多人，并处以罚金。在国际上，迫于英国反战和平运动的压力，美苏两个超级大国被迫采取了一些停止核试验的承诺，并着手准备中止核试验的谈判。

在此背景下，为了塑造国际道义形象，实现三国间的核垄断，1958年，苏、美、英开始就全面禁止核试验条约进行谈判。在谈判期间，三国曾宣布在1958—1961年间，暂停核试验。1963年8月5日，三国正式签署《禁止在大气层、外层空间与水下进行核武器试验条约》，又称《部分禁止核试验条约》。条约规定，禁止在大气层、外层空间和水下进行核武器爆炸试验；签约国不进行条约禁止的核试验，不纵容其他国家进行核试验。条约把禁止当时只有美、苏有能力进行的地下核试验排除在外，让人们看到了美、苏维护其相对核垄断地位的本质，它标志苏联同美国在共同阻止其他国家发展核武器，维护其相对核垄断地位的正式开始。条约于1963年10月10日生效。此后，约有100个国家加入。

面对有核国家制造的核恐怖气氛，1959年和1961年，爱尔兰向联合国大会提出议案：有核国家不向无核国提供核武器和"防止核武器更大范围扩散"，这两项议案被通过，成为核不扩散条约的雏形。随着法国与中国先后成功试爆核装置，美、苏担心将会有更多国家拥有核武器。为维护核垄断地位，1965年8月，美国向日内瓦18国裁军委员会提出一项防止核武器扩散条约草案。9月，苏联也向联大提出一项条约草案。1966年秋天，美国和苏联开始进行秘密谈判。1967年8月24日，两国向18国裁军委员会提出了《核不扩散条约》联合草案，1968年3月11日，两国又提出联合修正案。1968年6月12日，联大核准该条约草案。1968年7月1日，美、英、苏等59个国家分别在华盛顿、伦敦和莫斯科在条约上签字，条约于1970年3月正式生效。条约旨在防止核扩散，推动核裁军，促进和平利用核能的国际合作。其主要内容为：核国家保证不直接或间接把核武器转让给非核国家，不援助非核国家制造核武器；非核国家保证不制造核武器，不直接或间接地接受其他国家的核武器转让，不寻求或接受制造核武器的援助，也不向别国提供这种援助；停止核军备竞赛，推动核裁军；把和平核设施置于国际原子能机构的国际监督之下，并在和平使用核能方面提供技术合作。

1981年2月，苏联主席勃列日涅夫向美国提出建议，冻结两国的核武器。1983年5月3日，美国天主教主教们以238票赞成，9票反对，通过一封致教友的公开信，呼吁停止核竞赛。5月4日，美国众议院以221票赞成，203票反对，通过一项要求美国和苏联冻结核武器的决议。这是对1982年初美国出现的要求冻结核武器的群众运动的响应。[①] 根据众议院的决议，在经过谈判达成决议后，核弹头、使用核弹头的防御系统和核运载工具将予以冻结，但由于弹道导弹被认为是发射台，不是核运载工具，将不在冻结之列。

1983年6月16日，苏联以最高苏维埃的名义呼吁联合国安理会其他4个常任理事国，"从数量上和质量上"冻结核武器。该建议立即招致法国和英国的批评。法外交部发言人称，这是把军备方面"现有的不平衡状态冻结下来"。法国感兴趣的是"在尽可能低的水平上实现（各种核武器的）

---

① 路透社华盛顿1983年5月5日英文电。

平衡"。① 法国《世界报》的社论称,"以法国为例,目前决定的这种'冻结'意味着要法国放弃预期在今后几年里实现的国家战略现代化。"② 英外交部发言人称,"这是苏联以前提出的美苏冻结核力量建议的扩大,完全是为它自己的私利服务的。""西方若同意冻结,那将是很危险的。"③ 10月24日,印度外长拉奥在印法举行的核能讨论会开幕式上发表讲话,他批评反对"横向"核扩散,鼓励"竖向"核扩散的主张说,"这样一种制度对于我们来说,在实践上和思想上都是一种殖民主义。正是这种思想上的殖民主义,我们认为是更难以接受的。"他主张一切国家都必须自我约束,"但是,我们认为一视同仁的原则也同样重要"。不对核大国进行任何控制是印度不再《核不扩散条约》上签字的原因。④

1984年1月11日,香港《明报》刊文《每日制8个核弹美军方全面核化》,其中谈到:美国推行加强核武器的大规模计划,每天制成8个新弹头,同时,报废5个旧弹头,计划到20世纪末制成2.8万个新型核弹头。1985年6月,美国核专家威廉·阿金和理查德·菲尔德豪斯共同出版了《核战场——武器竞赛的全球联系》一书,书中谈到至少5万多个核弹头储存在16个国家和世界各地的军舰上,其中美国有约2.6万个、苏联在2.2709万—3.2823万个之间、英国686个、法国514个、中国在251—331个之间。⑤ 1986年10月,法国核弹之父弗朗西斯·佩兰（Francis Perrin, 1901—1992年）曾说:在20世纪50年代的最后两年,法国和以色列实际上紧密合作共同研制原子弹。"当时我们认为我们能够向以色列提供制造核弹的秘密,假如他们不向别人扩散的话。"⑥

具有讽刺意味的是,到目前为止,已经拥有核武器的印度、巴基斯坦和以色列尚未在《核不扩散条约》上签字。不论是《部分禁止核试验条约》或是《核不扩散条约》,不但未能实现核裁军,其核武库反而进一步扩大了。苏联的战略核武器数量由1962年的75枚增加到了1972年的1530枚;战略核潜艇发射的潜射导弹由1965年的120枚增加到了1978年的

---

① 法新社巴黎1983年6月17日英文电。
② 莫斯科的"扩大的核冻结",[法]《世界报》1983-6-18。
③ 路透社伦敦1983年6月17日英文电。
④ 法新社新德里1983年10月24日英文电。
⑤ 路透社华盛顿1985年6月13日英文电。
⑥ Israel's Nuclear Weapon Capability: An Overview. *The Risk Report*. Vol. 2, No. 4, Jul./Aug., 1996。

1015 枚；战略核弹头更是由 1965 年的 500 枚猛增到 1978 年的 4500 枚。①②美国的核弹头也由 1968 年的 4300 枚增加到了 1978 年的 1.1 万枚。③ 这样的防扩散机制取得的成效可想而知了。2008 年初，前国际原子能机构总干事巴拉迪（ElBaradei）曾说："世界上约有 40 个国家有能力生产核武器，如果他们愿意使用它的话。"④

在和平利用核能问题上，国际社会不应对美国寄予太大希望，不然的话，就是希望越大，失望越大。1983 年 8 月 21 日，苏联把关于禁止在宇宙空间使用武力条约草案提交给联合国大会第 38 届会议审议。条约草案规定，要防止宇宙空间的各种竞赛从而减少爆发威胁人类的核战争的危险性，并力求达到如下目标：研究和利用宇宙空间，包括月球和其他天体，应只为和平目的。条约禁止在宇宙空间、空中和地面使用武力和以使用武力相威胁，以及为此而利用在绕地球轨道上的、在天体上的或以任何其他方法部署在宇宙空间的宇宙设施作为打击工具；还禁止对在绕地球轨道上的、在天体上的或以任何其他方法部署在宇宙空间的宇宙设施使用武力和以武力相威胁。⑤ 1985 年 8 月 20 日，美国白宫发言人拉里·斯皮克斯宣布，里根总统当天已通知国会，美国有必要在太空中进行反卫星系统试验。他说："我们必须实验，而且现在就试验。"⑥ 当天，他又致电参加核武器研讨会的美国科学家，说美国决心继续研究"星球大战计划"。1986 年 8 月 18 日，针对苏联宣布延长停止核试验期限，美国国务院发言人雷德曼称："就美国而言，我们认为，暂停核试验不符合我国的安全利益，也不符合我们的朋友和盟国的安全利益。"当天，白宫发言人拉里·斯皮克斯称："美国需要试验，以便确保我们的核威慑力量的持续可靠性、经受核打击的能力以及有效性。"⑦ 这就是美国的所谓"不扩散"。

2002 年，美国退出《反弹道导弹条约》引发了世界上新一轮的核竞赛。伊朗核问题也正是在这一背景下出现的。伊朗人通过核计划清楚地向世界表明，是和平或是动荡，是文明交往或是文明冲突。当这个世界化剑

---

① 岳汉景："苏联的核政策与国际核不扩散机制的演变"，《西伯利亚研究》2010（3）：9—17。
② 王斯德、钱洪：《世界当代史（1945—1991）》，高等教育出版社 1993 年版，第 335 页。
③ 同上。
④ Symposium, Iran's Strategic Concerns and U. S. Interests, Middle East Policy, Vol. 15, No. 1, Spring 2008：2.
⑤ 塔斯社莫斯科 1983 年 8 月 21 日电。
⑥ 美联社加利福尼亚 1983 年 8 月 20 日英文电。
⑦ 美联社华盛顿 1986 年 8 月 18 日英文电。

为犁，相互学习之时，才能真正实现核不扩散。通过伊朗核问题，人们可以看到，霸权主义是当今国际社会核扩散的总根源，只要霸权主义存在，核扩散只是速度问题，方向不可改变。世界格局将随着伊朗核问题的解决而出现新的发展趋势，这就是由原则定秩序，传统霸权下以武力说话的"森林法则"将让位于共同协商、共同制定、共同遵守游戏规则的新时代。

在核问题上，美国最担心伊朗的是什么？不是核武器，而是伊朗的发展模式。社会发展围绕人的发展而进行，在人的发展中强调法治的他律与道德的自律的有机结合，重在人自我觉悟的提高，从而避免以美国为首的西方文明在发展过程中，社会越发展，人的幸福指数越低情况的发生。在未来的社会发展中，人类将从历史中寻找文化养料，一些有文化积淀的文明将从自身的发展与吸收其他文明成果的基础上建立有自己民族特色的文化，这种对帝国主义文化的背离将导致帝国主义的最后死亡和在人类历史上的终结。

2008年12月，由美国科学促进会（American Association for the Aduancement of Science）、美国物理学会（the American Physical Society）和战略与国际问题研究中心（the Center for Strategic and International Studies）的学者组成的联合工作组提交的报告称：冷战期间，美国核武器的目的是阻止主要来自苏联对美国的核威胁。冷战后，尤其是"9·11"事件后，对美国最迫切的核威胁不是来自某个大国，而是来自非国家恐怖主义行为，或区域扩散至不可靠者的手中。[1] 反恐要从根本上清除恐怖主义，必须找到滋生恐怖主义的源头。爱因斯坦曾说："我相信，在战争外衣下的杀戮只不过是一种谋杀行为。什么都不会结束战争，除非人自己拒绝去打仗。世界是一个危险的地方，不是因为人的邪恶，而是因为人对此无动于衷。"[2]

早在20世纪60年代，美国学者谢尔顿·威廉姆斯（Shelton L. Williams）就提出，美国的防核扩散政策旨在建立一种与扩散正相反的政治氛围。[3] 中国学者郑治仁也说："针对美国多次威胁要对中国实施原子

---

[1] A Joint Working Group of AAAS, the American Physical Society, and the Center for Strategic and International Studies. *Nuclear Weapons in 21st Century U. S. National Security*. Dec., 2008: 1.

[2] David Krieger. US Policy and the Quest for Nuclear Disarmament. http://www.wagingpeace.org/articles/2004/07/00_ krieger_ us-policy-quest.htm.

[3] Shelton L. Williams. *The U. S., India and the Bomb*. Baltimore: The John Hopkins Press, 1969: 4-5.

弹攻击,中国于 1955 年初决心开始研制原子弹。"① 迄今为止的核不扩散机制与其说是防扩散,不如说是核垄断。它利用的是民众的恐核心理,而民众的核恐惧来自何处?恰恰来自部分有核国家为了威慑他国或民族而宣扬出来的。以美国为例,作为世界上唯一使用过核武器的国家,至今也没有向世人承诺不首先使用核武器,还时不时要对他国进行"先发制人"的打击。正是美国的核战略促成了当今的世界核态势。美国的核威慑促使一些发展中国家拿过来当做提升国际地位的工具,无原则的反扩散使美国的霸权主义与发展中国家的民族主义发生了碰撞。

三、国际上的反核运动

国际反核运动是目前核不扩散机制的重要组成部分。20 世纪 80 年代初,针对华沙条约组织国家拥有约 3000 架飞机或发射器,北约只有约 800 个类似系统,华约与北约的核弹头之比为 3 : 1;炸药吨位为 10 : 1 的情况,② 美国决定从 1983 年 12 月开始,在北约组织的西德、英国、意大利、比利时和荷兰 5 个国家部署 108 枚潘兴Ⅱ型发射器和 464 枚陆基巡航导弹。由此引发了西欧各地的禁止核武器运动。在英国,520 个郡中的 156 个宣布为无核区。荷兰约 71 个地方当局宣布他们用一切手段去制止在其领土上部署核武器。西德 30 多个市区议会声称他们所在的区是"无核区"。③ 英国反核运动的参加者试图用破坏手段、购买相关公司股票和突击从国营银行大量提款等方式达到目的。1983 年 10 月,西欧国家发生大规模反核示威游行。10 月 22 日,英国爆发有史以来最大规模的反核示威游行,参加者达到 40 万人。④ 西德 130 多万人参加示威游行,是二战后西德规模最大的。葡萄牙、荷兰、丹麦也发生了大规模的反核示威游行。葡萄牙示威者打出的标语为:"我们要和平,不要炸弹","就业、健康和面包","不要核武器","我们不去打仗,我们要无忧无虑地发展","立即冻结核武器"等口号。⑤ 荷兰公主伊雷纳在示威中发表讲话说:"人民为什么要被迫在恐惧中生活呢?我们社会的注意力似乎全部都集中于军备、防务和保护问题上了……我们不能再犯错误了,因为那将意味着整个世界、我们的地球被

---

① 郑治仁:"针对中国的五次核危机",《报刊荟萃》2005 (1):48—50。
② 德鲁·米德尔顿:"一位专家断言,在武器问题上不存在均势",《纽约时报》1983 - 1 - 15。
③ 路透社波恩 1983 年 4 月 25 日英文电。
④ 路透社纽伯里 1983 年 10 月 31 日英文电。
⑤ 新华社里斯本 1983 年 10 月 29 日葡文电。

毁灭。"① 瑞典首相帕尔梅参加斯德哥尔摩举行的示威游行，并发表讲话。他在讲话中说："唯一能制止这种疯狂行动的是打破国界，广泛动员人民。"② 帕尔梅还提出在欧洲建立宽度约为300公里的"无战术核武器"区建议，即从华约和北约的正切线各自向后延伸150公里。③ 这次反核运动不仅限于欧洲，还在其他地方展开。10月26日，在马尼拉，东南亚国家召开了第一次反核大会，并在美国驻菲律宾大使馆门前举行了示威游行。

1983年1月27日，由英国工党防务政策顾问、历史学家格温·普林斯（Gwyn Prins）主编，包括诺贝尔和平奖得主马丁·赖尔爵士在内10名剑桥大学的学者参与写作的新书《防卫到死亡：核军备竞赛研究》（Defended to death: A Study of the Nuclear Arms Race, Harmondsworth, Middlesex, 1983）谈道，英国走上核能源计划是"错误的"，它可以通过让4艘携带核武器的"北极星"潜艇退役，逐渐淘汰英国的核电站，美国撤走其在英国领土上的核武器来实现英国的无核化。针对美国在欧洲部署新的核武器一事，他们提出北约不应该再增添新的核武器；美国撤走在欧洲的核武器；北约和华约签订不首先使用核武器条约，从而建立一个从波兰到葡萄牙的欧洲无核区。他们还建议成立一个国际裂变库，将各国囤积的钚和浓缩铀储存在那里，禁止核技术出口。1984年7月3日，德意志联邦共和国的3000名自然科学家在美因茨举行的大会上要求"立即冻结东西方的核军备"。同年11月11日，全世界包括33名诺贝尔物理奖得主在内的1.2万名物理学家，也发表了同样的呼吁书。④

正是在一浪高过一浪的反核示威游行的背景下，1983年10月27日，北约宣布，美国打算在未来5—6年内，从欧洲撤出1400枚核弹头。10月31日，美国总统里根发表广播讲话说："北约留下的核武器比近20年来任何时候都少。"⑤ 11月2日，苏联《消息报》发表评论文章称，美国这样做的目的是将过期老化的旧弹头替换下来，代之以更先进的核弹头，美国的意图是用最新式导弹和中子武器充实西方的核潜力，"也就是说，美国和北约打算加快在欧洲部署对欧陆更富有危险性的武器，使西欧国家成为

---

① 美联社荷兰海牙1983年10月29日英文电。
② 合众国际社波恩1983年10月22日英文电。
③ 新华社索菲亚1983年2月4日电。
④ 汉斯·维尔纳·克滕巴赫："会由于疏忽而发生核战争吗？"，《科隆城新闻报》1983-12-22。
⑤ 塔斯社莫斯科1983年11月2日俄文电。

美国的核武库"。①

1987年5月中旬,苏共中央监察委员会主席哈伊尔·索洛缅采夫在希腊共产党十二大上发表讲话,评价保加利亚、罗马尼亚和希腊等国提出的关于巴尔干无核区的建议具有重大意义。他说:"在目前情况下,不仅是拥有核武器的国家,而且所有其他国家,无论是大国还是小国都对解决核裁军问题负有责任。所有国家都可能为共同努力拯救文明使其免于毁灭贡献自己的一份力量。"②

美国总统约翰·肯尼迪曾预测:到20世纪70年代,世界上拥有核武器的国家将达到10个或15个,到1975年将达到20个,但到70年代末,世界上拥有核武器的国家仅限于联合国的5个常任理事国。③ 虽然原因是多方面的,但不能否认核不扩散机制发挥的作用。这一机制的主要内容不是强权政治下的条约草案,而是民智提高及其表现出来的反核运动。1990年,国际原子能机构副总干事乔恩·杰尼肯斯（Jon Jennekens,1932年—）在总结核不扩散机制取得的成就时写道:"对核武器有可能扩散到许多国家的种种担心,很幸运没有成为现实。"④

四、后冷战时代美国的无核主张

20世纪90年代初,随着苏联解体,美国出现了一股无核化思潮。美国洛斯阿拉莫斯国家实验室和国际战略研究中心学者帕特里克·加里蒂（Patrick Garrity）曾说:"像货币一样,核武器在国际关系中正在贬值,至少在今日大国关系中。"⑤ 1991年,美国卡托学会（the Cato Institute）负责国防和对外政策研究的副会长特德·盖伦·卡彭特（Ted Galen Carpenter）称:"随着冷战结束和共产主义的崩溃,核遏制也进入了一个转折期,过去,我们实验所集中力量研究保卫美国和自由世界的手段。但是,从现在开始我们要在能源、环境、教育等民用部门做出重要的贡献。"⑥ 美国军备

---

① 塔斯社莫斯科1983年11月2日俄文电。
② 塔斯社雅典1987年5月13日俄文电。
③ George W. Rathjens, Marvin M. Miller. Nuclear Proliferation after the Cold War. *Technology Review*, Vol. 94, No. 6, August/September, 1991: 25 – 32.
④ Jon Jennekens:"国际原子能机构保障:1970—1990年的回顾和展望",《国际原子能机构通报》2010（1）:42—43。
⑤ Patrick J. Garrity. The Depreciation of Nuclear Weapons in International Politics: Possibilities, Limits, Uncertainties. *Journal of Strategic Studies*, Vol. 14, No. 4, Dec., 1991: 463 – 514.
⑥ Ted Carpenter. The Policy for U. S. to Reduce the Nuclear Threat to Minimum. *The Christian Science Monitor*, Feb. 22, 1993.

控制和裁军署前署长保罗·沃纳克（Paul Warnke，1920—2001年）称："1992年，很难想象美国或其欧洲盟友或其他地方可能成为核或者大规模常规侵略的牺牲品。"① 美国绿色和平组织核信息负责人威廉·阿金（William Arkin，1956年—）、助理研究员达米安·达兰特（Damian Durrant）和汉斯·克里斯滕森（Hans Kristensen，1961年—）提出，"毫无疑问，社会将要经过一段'最低威慑'时期是很重要的，但一旦放弃核武器的主导地位，继续对其投资将受到质疑。"② 美国海军研究生院国家安全事务部的大卫·约斯特（David Yost）称，核威慑正失去合法性。这种非法化（至少在某些圈子里）可被界定为在现实中减少信心，在核威慑安排上降低安全性，在实际应用，战略必要性和（或）道义上核威胁对手的合法性上降低确定性。③ 麻省理工学院物理学教授和国际技术安全计划执行主任科斯塔·西帕斯（Kosta Tsipis）看到，对核武器的依赖正在发生变化，核威慑将随着民族国家政治领袖们的自律性增强和自我利益的重新界定日益弱化。美国和苏联将放弃战争，这不只是因为核威慑的结果，很可能是因为经济或共同的地缘政治利益使然。④ 美国学者理查德·A. 保尔森（Richard A. Paulsen，1956年—）将对主张废除核武器者背后的原因进行了归纳，在他看来，主要有以下4个方面：对平民使用或威胁使用核武器在道德上是错误的；由于军事基地和工业园区往往与社区比邻而居，攻击这些目标不可能不给平民生命带来巨大损失；核战争是不能控制的，这将不可避免地带来大规模屠杀，还可能导致世界的毁灭；冷战已经结束，应该完全消除毫无用处的核武器。⑤

主张消除核武器的人几乎一致呼吁立即停止核试验，停止核武器燃料的生产，停止发展核武器。在如何处置现有核武器问题上存在分歧，有些人主张立即采取行动，在这部分人看来，俄罗斯与西方关系的缓和是暂时的，一旦在独联体内出现强硬的共产主义，将不利于核缓和，此外，迅速

---

① Paul C. Warnke. Missionless Missiles. *The Bulletin of Atomic Scientists*, Vol. 48, No. 4, May, 1992: 36–38.

② William M. Arkin, Damian Durrant, Hans Kristensen. Nuclear Weapons Headed for the Trash. *The Bulletin of Atomic Scientists*, Vol. 47, No. 9, Dec., 1991: 15–19.

③ David S. Yost. The Delegitimization of Nuclear Deterrence?. *Armed Forces and Society*, Vol. 16, No. 4, Summer, 1990: 487–508.

④ Kosta Tsipis. Me Future of Nuclear Deterrence. // Michael T. Klare and Daniel C. Thomas. *World Security: Trends and Challenges at Century's End*. New York: St. Martin's Press, Inc., 1991: 65.

⑤ Richard A. Paulsen. *The Role of US Nuclear Weapons in the Post-Cold War Era*. Maxwell Air Force Base: Air University Press, 1994: 65.

消除核武器将减少第三世界国家的压力,打消其在本土生产或从独联体国家购买核武器的努力,因此,应抓住机会,迅速消除核武器。有些人主张逐渐减少,继续保持威慑状态,以阻止核攻击。美国防务和裁军研究所所长兰德尔·福斯伯格主张分3步走:通过5—10年的时间,将核武器减少到约1000枚,接着再减少到约100个核弹头,最后彻底消除所有核武器。①

1996年12月,布鲁金斯学会对外政策研究负责人理查德·哈斯(Richard Haas,1951年—)在《纽约时报》上撰文称:"来自十几个国家的60多位海陆空军将领已签署一项声明,要求废除核武器。他们的理想主义应该受到赞扬,但是其主张应予以拒绝。"② 科学家哈罗德·A.费微逊(Harold A. Feiveson)和普林斯顿大学公共和国际事务教授弗兰克·N.冯·希普尔提议,无需在所有核国家之间维持平衡,而是减少美国和独联的核武库,将美国的核弹头减少到最低限度的2000枚"有限威慑"水平,不涉及其他核国家。他们建议,如果美国和俄罗斯愿意将核弹头降低至2000枚的水平,则法国,英国,中国应维持在200—500枚核弹头的范围之内。③ 学者兼外交官查尔斯·L.格拉泽(Charles L. Glaser)同意将核弹头维持在这一级别,并说,确保摧毁能力将需要不到2000件核武器,也可能不到1000件,这取决于核武器的生产、抗毁性和渗透性,以及美国是突然袭击或事先警告。④ 从中可以看出,霸权主义核优势思想仍然存在。

2005年,伊朗总统内贾德在联合国大会发表讲话时,倡议建立无核世界,所有国家都销毁核武器。2009年4月5日,美国总统奥巴马在布拉格的"无核武器世界"讲话中承诺,美国将为实现无核世界采取一些具体措施,包括愿意在年底前与俄罗斯签署有关削减核武器的新条约,并敦促英国、法国和中国等其他核国家也加入该条约。他还承诺,他将推动美国会尽快批准《全面禁止核试验条约》。该条约于1996年在第50届联大上通过,美国虽然在上面签了字,但迄今尚未被国会批准。国际社会期待着美国说到做到,而不是只说不做。2010年,美国发布核弹头态势报告,提出

---

① Randall Forsberg. Keep Peace by Pooling Armies. *The Bulletin of Atomic Scientists*, Vol. 48, No. 4, May, 1992: 41-42.

② Richard Haass. Disarmament is dangerous. *New York Times*, Dec. 11, 1996.

③ Harold A. Feiveson, Frank N. Von Hipple. Beyond START: How to Make Much Deeper Cuts. *International Security*, Vol. 15, No. 1, Summer, 1990: 154-180.

④ Charles L. Glaser. Nuclear Policy without an Adversary: U.S. Planning for the Post Soviet Era. *International Security*, Vol. 16, No. 4, Spring, 1992: 34-78.

了 5 个目标：保证美国的国家安全和利益安全；防止核扩散和核恐怖主义；降低核武器在美国家安全战略中的地位和作用；进一步巩固美国的战略安全系统；强化区域威慑；保证安全、可靠有效的核武器。[1] 中国人民解放军军事科学院研究员姜春良博士称："美国是世界上核安全形势最主要的规则制定者、最主要的核力量的使用者和最主要的核威慑战略的实践者。"[2] 从行动上来看，美国的无核主张只是在新形势下应付舆论压力，并非从世界和平着眼。

五、从伊朗核问题看目前核不扩散机制的局限性

目前的核不扩散机制不是一个有效的机制，它既没有防止核扩散，也没有在和平利用核能上实现国际间真正的合作。

1984 年 10 月，卡内基基金会完成了一项题为《今日核扩散》的报告，其中谈到 8 个新兴核国家想获得核武器，它们是印度、巴基斯坦、以色列、利比亚、伊拉克、阿根廷、巴西和南非。这 8 个国家在 1983—1984 年间几乎都采取了重要措施建立和扩大生产核武器的能力。以色列已经制造了约 20 件核武器，或者至少制造了容易组装成这些核武器的部件。1984 年 10 月，意大利破获的一起武器走私案件表明，伊拉克试图从国际武器走私集团手中购买到浓缩钚，在过去的几年间，它与一个武器走私组织签订了购买 34 公斤钚的合同，这个走私组织中有叙利亚人、土耳其人、意大利人。巴基斯坦和印度展开了一场大规模的核武器竞赛，日本毫无疑问具有制造核武器的能力，并正在发展可观的后处理和浓缩能力。但是，由于日本是原子弹袭击的第一个受害国，公众对这种武器强烈抵制，它至少在目前没有核扩散的威胁。[3]

同时，美国会的一项研究报告坦言，当时已有 16 个国家被迫要制造核武器。报告说，利比亚、以色列、伊拉克、伊朗、古巴、南非、印度、巴基斯坦和阿根廷面临的要求拥有核武器的压力最大。影响这些国家的因素包括国际威望、国内政治利益、对邻国的担心和作为其核活动方面的结果。报告认为，阿根廷、巴西、古巴、印度、以色列、巴基斯坦和南非 7 国成为核扩散国的可能性最大。这些国家除了古巴外到 1995 年都可能具备较为强大的核工业基础，即"大体上各个国家即使现在不能但也只用很短时

---

[1] 姜春良："国际核安全形势与核武器管理浅析"，《中国减灾》2012 (3)：14—16。
[2] 同上。
[3] 美联社华盛顿 1984 年 10 月 30 日英文电。

间就能试验和生产核弹头"。报告还说,"一般认为,一个决心十足和财源充足的名副其实的工业化国家在不受外国干扰的情况下也许3—5年内就能生产出核武器。"①

核扩散未能禁止,核合作又怎样呢？荷兰前首相路德·鲁伯斯（Rund Lubbers,1939年—）在谈到多边核合作时称:"以往的多边核合作倡议没有产生任何实际效果。"② 这一局面是由以下原因促成的:

1. 核不扩散问题的政治工具化

如果说战争是政治的延续的话,作为战争工具的核武器,则是战争工具的一部分,它也是政治工具。从伊朗核问题的历程来看,核不扩散问题也成了政治工具,不再是世界的安全问题。

《核不扩散条约》签订40年后,它受到了多种质疑。一方面,《核不扩散条约》有助于民用核能的利用；另一方面,由于伊朗核计划的影响,其地位受到了损失。现在的关键问题是怎样使其在和平利用核能的同时,避免一些国家追求核武器。这就需要有核国家与无核国家、少数核国家、核门槛国家、大多数对核技术少有或没有兴趣的国家之间建立起联盟,使整个国际社会在核国家数量不再增长中获得利益。现有的《核不扩散条约》有两个缺陷:它不能使仲裁者确定一个国家的核计划是否是和平目的；它也不能够提供像铀浓缩这样的敏感技术。以伊朗核计划为例,很难在小型重水反应堆中发现其合法民用铀浓缩和钚生产的目的。如果外部世界保证伊朗的铀供应,伊朗就不需要铀浓缩工厂,更不需要进行铀浓缩来生产燃料棒的工厂,进而进行钚的分离。由于外部世界在和平利用核能问题上对伊朗施压,使双方互不信任感日益增强,伊朗人用"不要用邻居家的炉子烤面包"来回应核燃料在外部生产的建议,但为了世界和平,最后还是答应了。罗尔夫·林扣尔曾说,《核不扩散条约》的未来取决于伊朗自愿放弃其军事核野心。③ 其实,它的未来取决于文明交往时代各文明国家间的互信。我们要看到,在人们仍然把核武器视为政治工具的情况下,"不让别的国家获得实现自己的强权地位的工具,也就是说,垄断强权工具一向是国际强权政治的一个标志"。④ 国际社会真想实现和平的话,应该

---

① 合众国际社华盛顿1984年10月30日英文电。
② Rund Lubbers. Path towards the Future. *IAEA Bulletin*, Vol. 50, No. 2, 2009: 5 – 9.
③ Rolf Linkohr, Conference Summary of The Nuclear Fuel Cycle From Uranium Enrichment to Final Disposal From Problems to Solutions Brussels, hosted by Centre for European Energy strategy, 12 – 13 Oct., 2009.
④ 施特凡·冯·魏尔克:"太空和世界大国",《欧洲文献》1986 – 1 – 10。

考虑一个民族的安全与技术获得。在伊朗核问题上，显然没有这样的考虑。

2. 美国霸权主义政策对民族国家利益的践踏，以及由此引起的世界局势动荡

伊朗前外交官兼国际政治评论员纳赛尔·萨格菲—阿米里曾说："核国家正在通过强调其军事力量中的核武器来破坏目前的核不扩散机制。从某种意义上来说，像伊朗这样的无核国家取得核技术成了问题。通过简单对伊朗的核计划施压来维护核不扩散机制是不公平和不公正的。"[1] 理查德·A. 保尔森评价美国主导的核不扩散机制说：理论上，防扩散可以通过消除供给，或者消除需求，或两者兼而有之来实现。目前，美国防扩散的重点在供应商，而有的供应商是可以通过收买取得货物的，即使收买不了，也可以通过走私、盗窃获得技术和硬件。[2] 赫尔辛基大学硕士生马可里塔·拉赫帝（Makreeta Lahti）在分析美国在南亚的核不扩散成效时说："美国的政策还没有达到所期望的效果，因为他们没有找到扩散的真正原因。美国政策另一个不成功的原因可能是其他国家不同意美国的目标和实现目标的手段而不支持它。如果其他国家发现美国的观点和行动不公正，他们可能会变得更加同情印度和巴基斯坦。"[3] 他还谈道："美国相当大的注意力集中在试图断绝核技术和材料获得的途径上，而多边国际不扩散安排中大部分是供给措施，而对核武器的需求尚未纳入国际体系建设的思考之中。"[4]

1983 年，美国、英国和德国的前国防领导人在要求加强传统军事力量的同时，建议美国保证不首先使用核武器。美国 41 个诺贝尔奖获得者表示赞成这一呼吁，但立即遭到了美国总统里根的拒绝。[5] 他认为，简单地声明不首先使用核武器或非核武器不能在危急时刻威慑华沙条约组织。美国务院副发言人龙伯格说："我们认为，不首先使用核武器的保证会破坏威慑力量，使苏联用常规武器侵略我们的欧洲盟国的危险上升。"[6]

---

[1] Nasser Saghafi – Ameri. Iran's Nuclear Program: The Question of Non—Proliferation. *Discourse*, Vol. 5, No. 2, 2003: 63.

[2] Richard A. Paulsen. *The Role of US Nuclear Weapons in the Post – Cold War Era.* Maxwell Air Force Base: Air University Press, 1994: 138.

[3] Makreeta Lahti. *The Policies of the United Stated towards the Indian and Pakistani Nuclear Weapons Programs.* Helsinki: University of Helsinki, 2002: 23.

[4] Ibid.: 76.

[5] 合众国际社华盛顿 1983 年 2 月 1 日英文电。

[6] 美联社华盛顿 1983 年 2 月 1 日英文电。

"9·11"事件后，布什政府公开将阿富汗、伊拉克、朝鲜、伊朗等国列入"邪恶轴心"和"暴政国家"的黑名单，将朝鲜和伊朗列为美国潜在的核打击目标，并对阿富汗和伊拉克连续发动了"先发制人"的战争。美国在对朝鲜、伊朗实施经济制裁和封锁的同时，还调整军事部署，加强对伊朗和朝鲜的军事侦察和战争准备，企图通过经济制裁、外交孤立和军事威慑，数管齐下逼其就范。这些措施加剧了伊朗和朝鲜的民族安全压力。《原子科学家公报》（Bulletin of Atomic Scientists）前主编斯蒂芬·施瓦茨（Stephen Schwartz）曾说："如果你想成为或希望维护民族主权，你将保留你已经拥有的核武器，针对美国对你的进攻，缺少什么，你将尽可能快地补上什么。当然，这是一种假设，并不能说美国的行为和政策是其他国家行动的借口或理由，但美国的行动和计划正在加剧核扩散的危险趋势是再清楚不过了。"[①]

3. 美国的核扩散政策

美国打着维护国际和平与安全旗号的核垄断，反映的是霸权主义与民族主义的实质，是核扩散的又一重要原因。截止到 2010 年底，美国在德国、土耳其、意大利、荷兰、比利时 5 个国家境内部署了约 150—200 件核武器。[②] 1985 年 11 月 18 日，土耳其《自由报》报道，据原子能科学家说，美国在土耳其部署了 500 枚核弹头，其中有 300 枚可以由飞机携带和发射。这些核弹头自 1983 年以来，一直处于戒备状态。[③] 1955 年，美国在韩国的军事基地部署了核导弹。1991 年 11 月，美国宣布它将所有核武器撤出韩国，但它拒绝检查其基地，从而引发了朝核问题长期僵持的局面。[④]

1993 年 12 月 7 日，美国能源部公开的一系列文件表明，1945—1993 年，美国政府隐瞒了 252 次核试验，其中 204 次是在内华达试验基地进行的，48 次是从 1945—1990 年间在太平洋进行的。美国政府宣布从 1945—1993 年底，其核试验为 826 次，但民间研究人员认为这个数目超过 940 次。[⑤] 在 1980—1984 年的 5 年间，美国在绝对保密的情况下进行了 10 多次地下核试验。[⑥] 根据自然资源保护委员会的统计数字，进入 20 世纪 80 年

---

① Hans Blix. US Should Give Iran a Security Guarantee. *NPQ*, Spring, 2006：45.
② 王海丹："2010 年全球核武器部署情况"，《国外核新闻》2010（5）：17.
③ 新华社安卡拉 1985 年 11 月 18 日英文电.
④ Paul White. The life – and – death Struggle between Cats and Rats. *Morning Star*, April 25, 1994.
⑤ 美联社华盛顿 1993 年 12 月 7 日英文电.
⑥ "美国民间机构调查得悉：美国在绝对保密的情况下试验小型核武器"，[日]《朝日新闻》1986 – 2 –21.

代后，美国每年都要进行约 17 次核试验。① 1995 年《华盛顿季刊》载文称："从 1954 年到 1979 年，将近 1.3 万名外国人在美国接受了核培训，其中 1/4 来自《核不扩散条约》非成员国。""1989 年，单是美国就发放了近 12 万个双重使用技术出口许可证。"②

《核不扩散条约》明确要求有核国家停止军备竞赛，推动核裁军，但事实上美国不断研发新型核武，甚至公开声称必要时首先发动核打击，这怎能令无核国家信服？就连巴拉迪也愤然指出，"一些国家继续依赖核武，甚至发展新型武器，却同时告诉别国核武对它们无益，这根本不合逻辑。"③ 格温·普林斯等在《防卫到死亡：核军备竞赛研究》中称，核军备竞赛中的每一次重大的螺旋上升都是由美国引起的，美国最先拥有了原子弹、氢弹、潜艇发射导弹和多弹头分导运载工具。美国为了军事扩张不惜制造假情报，迫使苏联做出回应。核问题是一个全球性问题，不能以某一国或某几国的意志来解决，而应该放在国际大家庭建设中去解决。

4. 在核扩散问题上实行"双重标准"

根据解密的尼克松总统的档案资料，1969 年 7 月 19 日，国务卿基辛格呈交尼克松一份核备忘录，它详细地记录了美国决策层对以色列核问题的讨论过程。1960 年，以色列总理古里安公开承认以色列已建成核反应堆，这使美国难以接受，肯尼迪政府力图劝以色列放弃核研究。肯尼迪遇刺后，为缓和关系，约翰逊总统不再提及这一敏感问题，以色列趁机跨过了核门槛。当约翰逊总统获知以色列核计划取得突破后，他选择了沉默，并命令中情局对此事严格保密。1969 年 1 月，尼克松入主白宫后，面对以色列基本成功的核计划，为保持中东相对平衡，他竭力制止以色列发展核武器。基辛格在备忘录中称："我们判断以色列向中东引进核武器不符合美国的利益，但以色列公开宣布持有核武器也有不利后果——这将让阿拉伯国家更依赖苏联。"鉴于此，基辛格在备忘录中提出："在我们无法阻止以色列实际拥有核武器的情况下，我们至少也要争取让以色列加入《核不扩散条约》，让外界知道以色列没有获得核武器，同时让其他国家了解美国的和平意图。"9 月，以色列飞行员开上了新购进的 F-4 战斗机，尼克松对来访的以色列总理梅厄夫人（1969—1974 年任职）做出重大让步：只

---

① Peter Greer. Why US Keen on Nuclear Tests. *Christian Science Monitor*, March 27, 1986.

② Brad Roberts. 1995 and the End of the Post - Cold War Era. *Washington Quarterly*, Vol. 18, No. 1, Winter, 1995: 71-90.

③ 王恬："多米诺'核'牌倒下的危险"，《人民日报》2006-11-13 (3).

要以色列不公开其核计划，也不公开核试验，美国就不会对以色列进行核查。就这样，美国默认了以色列的核国家地位，在签署《核不扩散条约》问题上，没有再向以色列施压。①

1982年9月，美国认为国际原子能机构大多数成员国对以色列采取了不公正的歧视态度，它停止了参加该机构的一切活动。1983年2月22日，美国务院发表的一项声明中说："里根总统已经决定，我们将在某个适当的时候早日重新加入该机构。"②

1987年8月，据华盛顿情报部门的人士说，以色列正在研制"杰里科"导弹，并于当年的5月16日在内格夫沙漠进行了试射，打到了地中海。被指控为间谍的以色列原子能技术专家莫迪凯·瓦努努提供了以色列正在制造尖端热核弹头，可能是中子弹的证据。他还揭露，以色列从1967年在迪莫纳的核反应堆开始生产以来，以色列已制造了100—200件核武器。美国情报部门估计，以色列拥有45—65个"杰里科"导弹。③

2007年，以色列历史学家迈克尔·巴尔－佐哈尔（Michael Bar－Zohar，1938年—）撰写的《佩雷斯传》出版，书中谈道，1957年，佩雷斯在巴黎与法国签署了制造核弹的秘密核协议。在法国技术支持下，以色列建立了自己的核反应堆，当时就可以生产多达200枚核弹头，但迫于美国压力，法国数年后取消该协议。④ 12月，美国防部长罗伯特·盖茨在巴林说，以色列的核武器不会给中东地区带来威胁，引起了当地官员的大笑。第二天在迪拜的一个智囊会议上，美国驻国际原子能机构大使格雷戈里·舒尔特（Gregory L. Schulte，1951年—）说："以色列从来没有在《（核）不扩散条约》上签字，所以，（它）也不存在践踏《核不扩散条约》问题。"⑤

伊朗借核问题揭露和批判以美国为首的西方在核问题上的双重标准。2004年11月，伊朗安全监督委员会外交政策委员会秘书侯赛因·穆萨维在接受记者采访时说："以色列是联合国的成员国，它应该签订国际条约，

---

① 刘国伟："档案解密：以色列发展核武　美国无可奈何"，《青年参考》2008－2－21。
② 合众国际社华盛顿1983年2月23日英文电。
③ 伊恩·马瑟："以色列计划为新火箭配备核弹"，《观察家报》1987－8－23。
④ Michael Bar－Zohar. Shimon Peres: The Biography. New York: Random House, 2007: 126.
⑤ News Agencies, "Gates: Israel Doesn't Pose Nuclear Threat Like Iran," Haaretz, Dec. 8, 2007, www.haaretz.com/hasen/spages/932361.html; AFP, "US Wants Nuclear－free MidEast on Conditions," Khaleej Times (Dubai), Dec. 13, 2007, http://www.khaleejtimes.com/DisplayArticleNew.asp?xfile=data/middleeast/2007/December/middleeast_December205.xml&section=middleeast.

它拒绝这样做,没有招致任何反应。世界面对的是西方的双重标准。""以色列正在犯下最可恨的罪行,却高兴地从西方得到武器供应。"①

美国的双重标准更是遭到了其他国家的反对。2006年4月18日,阿拉伯国家联盟秘书长穆萨在开罗发表声明指出,伊朗最近宣布掌握浓缩铀技术后引起了海湾地区、阿拉伯国家和国际社会的不安,阿盟也对整个中东地区核问题不断升级的状况感到极度担忧。他说,中东地区核问题不断升级的主要原因是,处理这一问题时采取了双重标准,导致了政策上的混乱,而非仅仅是由伊朗和以色列两个国家造成的。穆萨强调,必须重新对中东地区的核问题进行全面审视,停止那些混乱的政策,以防中东地区核问题进一步升级。5月22日,在埃及出席世界经济论坛的穆萨在会议闭幕的新闻发布会上说,中东不需要用于军事目的的核计划,"伊朗、以色列,或者其他任何中东国家都不例外"。美国对伊朗企图制造核武器的指控不可信,除非国际原子能机构拿出证据。他质疑美国和西方国家在中东实行双重标准,对以色列的核计划"睁一眼闭一眼",却不断向伊朗施加压力。尽管伊朗没有参加此次论坛,可以看出伊斯兰世界对伊朗态度的变化。俄罗斯也多次指责美国在核政策上执行双重标准。

阿根廷政治学教授马里奥·卡兰扎(Mario E. Carranza)说:"布什政府喜欢的单边外交安全政策及其在限制敏感技术上采取的双重标准,否认美国的核裁军义务破坏了《核不扩散条约》并危及了该条约。小布什政府的安全战略和为了力量平衡而接受有选择的扩散可能导致一批核能力的国家悄然兴起。"② 毫无疑问,美国在防止核不扩散上有更大的余地,但我们也要看到,国际政治中的"美国时代"正在退色,一个新的世界秩序正在建设之中。问题的关键是怎样通过世界秩序重建来落实人类所期望的和平与发展。把这一考虑放在防止核扩散考虑的前面,才能真正实现核不扩散,而不是把核当做一种外交工具。2012年12月12日,美国原子时代和平基金创始人大卫·克里格(David Krieger,1940年—)针对美国领导人对朝鲜发射卫星的指责称:"我们谴责包括朝鲜最近发射的所有远程导弹试验,但我们要看到朝鲜的核计划和弹道导弹计划的试验与其他8个拥有核武器国家的试验没有什么区别。为什么美国将朝鲜的远程导弹试验描述为'严重挑衅',而美国的远程导弹试验,如定期从范登堡空军基地发射

---

① Mehdi Mohammadi. Iran Bracing for Referral to UN (PART. III). *Kayhan*, No. 18092, Nov. 9, 2004:12.

② Mario E. Carranza. Can the NPT Survive? The Theory and Practice of US Nuclear Non-proliferation Policy after September 11. *Contemporary Security Policy*, Vol. 27, No. 3, 2006:489-525.

照常进行？这种双重标准是没有意义的，是不能接受的。"① 这是他多次反对美国在核问题上实行"双重标准"政策的一例。德国学者哈罗德·穆勒（Harald Muller，1949 年—）等人批评美国在核问题上使用"双重标准"，美国对以色列的核武器能力长期纵容和默许，而巴基斯坦却受到美国会专门的法律制裁，这样违背法律公正原则的事实，在理性上不利于核不扩散政策落实。② 中国军事科学院战争理论和战略研究部研究员王新俊在谈及核危机原因时说："当今国际政治中的强权主义、干涉主义以及某些国家采取双重标准是导致核危机的首因。"③

5.《核不扩散条约》的局限性

《核不扩散条约》的签订标志着人类远离核武的自制和对集体安全的认同，但它并无强制力，对游离于其体系之外的国家无可奈何，如 1998 年印度、巴基斯坦的成功"闯关"和以色列对核武的事实拥有，均已为国际社会所默认，客观上鼓励了更多的国家寻求核武。在为期 25 年的《核不扩散条约》即将到期之时，伊朗借助不结盟运动成员国反对延期，阿拉伯国家则反对国际社会对以色列拒绝在条约上签字听之任之。1995 年 2 月初，埃及、叙利亚、沙特阿拉伯、卡塔尔、巴林、阿曼、科威特和阿拉伯联合酋长国的外长在埃及首都开罗举行会议，并发表声明说："全面和平必须实现各方平等和平衡的安全……以色列仍然不受《核不扩散条约》的约束，这同在该地区实现安全、和平、稳定和发展（的目标）不一致，使该条约不具有普遍性和效力。因此，八国外长要求以色列签署条约，并将其核设施置于国际原子能机构保障制度的监督之下。"④

1986 年 2 月上旬，苏联教师开始向美国总统里根寄明信片，上面大多写着："这一代人和未来许多代人的命运要求您，总统先生放弃新的核爆炸并仿效苏联暂停核试验。这样的决定将是向持久和平迈出的一步。全世界所有儿童都需要持久和平。"还有人写道："天空永远是和平。"到下旬，参加者已达 10.8 万人。⑤

---

① David Krieger. North Korean Missile Test Reveals U. S. Double Standard. http：//www.wagingpeace.org/articles/db_ article.php? article_ id = 426.

② Harald Muller, David Fischer and Wolfgang Kotter. *Nuclear NonProliferation and Global Order*. New York：Oxford University Press，1994：8 - 9.

③ 王新俊："2006 年：两核危机跌宕起伏"，《人民日报》2006 - 12 - 22（7）.

④ 路透社开罗 1995 年 2 月 6 日英文电.

⑤ 塔斯社莫斯科 1986 年 2 月 18 日俄文电.

在伊朗核问题上，人们一直处在霸权主义思维下，不要认为霸权主义思想只存在于推行霸权主义的国家和国民身上。作为一种意识形态，在霸权主义思想的宣传下，很多弱小国家的国民脑海中仍然存在着霸权主义。在这一问题上，如同当皇帝思想不只存在于皇帝本人一样，地主与农民脑海中想的也是有朝一日当上皇帝。有些人一直在想着怎样强大了去役使他人，甚至越是贫穷落后的国民这种想法越强烈。直到今天，美国也没有向世人承诺不首先使用核武器，在霸权主义心态支配下，这并不是问题，但站在和平的岸上看，这是一个世界发展方向问题，世界的和平取决于大国对和平的认识。

民智的提高是防止核扩散的最好途径。怎样提高民智？残酷的战争是提高民智觉悟的最好办法。以欧洲为例，正是两次世界大战给欧洲和世界带来的沉重灾难，使欧洲人觉悟的提高，使欧洲彻底终结了上千年的欧洲人之间的战争。今天，虽然欧洲人还在战争，但不是在欧洲，而是为了自己的利益，把战火烧到欧洲以外的国家或地区。二战后，欧洲唯一的一场战争——科索沃战争，是美国强加给欧洲的。两次世界大战争使欧洲获得了长期和平，这要比长期处于小规模的冲突和对峙之中，人们怀着惴惴不安的心情讨生活要好得多。大卫·约斯特称，核威慑非法化的观点不是来自群众，而是来自社会精英阶层，但民众的呼声正越来越受到政府决策者的重视。① 在核不扩散机制问题上的误区是希望通过剥夺一些国家的正当权利实现世界的和平，世界真正的和平是基于信任的文明交往之上的。

实现无核世界存在两个主要障碍：实现彻底消除核武器的世界共识和实施核查计划以确保无作弊现象。② 1983 年 11 月 26 日，德国著名哲学家、物理学家和时事评论家卡尔·弗里德里希·冯·魏茨泽克（Carl Friedrich von Weizsccker，1912—2007 年）在奥地利《新闻报》上撰文《光害怕是最糟糕的建议者——论我们大家所处的危机的性质》中谈道："核威慑只能保证我们有一个喘息机会，从长远来看，不是技术而只有政治才能巩固和平。"③

---

① David S. Yost. The Delegitimization of Nuclear Deterrence?. *Armed Forces and Society*, Vol. 16, No. 4, Summer, 1990: 487 - 508.

② Richard A. Paulsen. *The Role of US Nuclear Weapons in the Post - Cold War Era*. Maxwell Air Force Base: Air University Press, 1994: 65.

③ 卡尔·弗里德里希·冯·魏茨泽克："光害怕是最糟糕的建议者——论我们大家所处的危机的性质"，[奥地利]《新闻报》1983 - 11 - 26.

第三节　世界格局重建的理论与实践

诺姆·乔姆斯基在谈及美国主导的二战后世界秩序时说，"近来人们热衷于谈论'世界新秩序'，其中隐含着正在变化着的'老世界'的假设。世界秩序体系建立于第二次世界大战后，此时，美国的权力地位是史无前例的。它拥有世界一半的财富，卓越的安全地位。政治和经济精英们都认识到了这些实事，尽管他们也认识到了一些冠冕堂皇词语对宣传是有用的，建立一个有利于其利益的世界体系也就不足为奇了。"他把苏联解体后世界的新变化概括为三个方面："三极世界"（Tripolar World）的出现动摇了战后美国的主导权，尽管美国在军事上仍然保持着主导权，但其经济主导权大大降低；独联体国家的"拉丁美洲化"（Latin Americanization），即提供资源、廉价劳动力、市场、投资机会和其他第三世界的标准，美国和英国不再具有领导优势；随着苏联的解体，威慑的消失，美国比以前更热衷于使用武力了。[①] 美国政治家罗伯特·F. 肯尼迪（Robert F. Kennedy, 1925—1968 年）曾说："核战争可能永远也不会发生，但认为它不会发生的原因是因为人这一理性生物认识到了它带来的毁灭性，是最愚蠢和无知的。"[②] 在他看来，只有"理智的核平衡"才能避免核战争的爆发。遗憾的是，美国追求的核平衡使这个世界在核问题上越来越不平衡，最后只得用帝国主义的办法来解决存在的问题。

一、世界格局的形成与演变

公元 732 年 10 月 4 日，阿拉伯军队在普瓦提埃与查理·马特统率的法兰克军队交战，阿拉伯轻骑兵不敌法兰克重骑兵，阿拉伯军队失败，从此阿拉伯征服者向欧洲进军的势头被遏制，阿拉伯帝国向西征服达到了地理极限。751 年，在中亚恒罗斯城（今哈萨克斯坦共和国的江布尔城），唐朝大将高仙芝率唐军与阿拉伯帝国军队相持 5 天。在此确定了阿拉伯人向东征服的地理极限。从某种意义上来说，这两场战役奠定了今天世界格局的

[①] Phyllis Bennis, Michel Moushabeck. *Beyond the Storm: A Gulf Crisis Reader*. New York: Olive Branch Press, 1991: 75-76.

[②] Robert Kennedy. *To Seek a Newer World*. New York: Doubleday & Company, Inc., 1967: 151.

大致轮廓。基督教文明、伊斯兰教文明与儒学文明互相借鉴、冲突、融合的格局。英国学者梅格纳德·德赛（Meghnad Desai，1940年—）曾说："在前一个一千年来到的时候，欧洲正处在'黑暗时代'。那个时代的动力，是伊斯兰教征服世界的力量。中国是一个技术上最先进的国家，而且也许是最繁荣的国家。开罗和巴格达的大学正在保存、传输和增添源于古希腊和同时代印度的知识。""哥伦布在1492年，瓦斯科·达·伽马在1498年，揭示了资本主义作为一种世界体系的序幕。这开创了现代帝国主义的时期。帝国是一直存在着的，但是过去主要是以陆地为基础的扩张。现在，我们首次有了海上帝国。"[1] 在这番话里，就包含世界体系由文明多元向资本主义一元转变的含义。

在恒罗斯之战中，有部分唐军被俘，其中有造纸工匠，将中国的造纸传到了撒马尔罕。造纸术又从这里到了西亚的其他地方，进一步传到了欧洲，使人们看到了近现代文明的曙光。恒罗斯之战确定了国际和平竞争的新范式，主要表现在以后中亚部族代表阿拉伯人帮助唐朝宫廷平定安史之乱，找到了大国由军事对抗到文明合作的路径。恒罗斯战役前后，世界的经济、政治中心主要有3个：唐都长安、阿拉伯帝国都城巴格达和东罗马帝国都城君士坦丁堡，虽然它们都在亚洲，但代表了3种文化：儒家文化、伊斯兰文化和基督教文化。代表三种文化的三大帝国都未能避免衰落的命运，它们都没有创造出一种文化可持续发展的机制。在三大帝国，文化带动了帝国的繁荣，在繁荣背后没有培养出积极进取的精神，而是滋长出消极的享乐主义，这种消极的享乐主义与自私相结合，又衍生出了贪婪、尔虞我诈，从而造成整个社会人与人之间互不信任，离心倾向增强。在这种背景下，内部的或外部的、人为的或自然的因素极易成为导火索，引发社会动荡与分裂。由于阿拉伯和唐帝国的衰落，这种代表人类发展方向的文明交往范式并没有扩展开来，而是由上升中的西方在经过了一系列战争灾难，尤其是两次世界大战后才使人们看到了和平与发展的曙光。[2]

基督教虽然没有能使东罗马帝国摆脱衰落的命运，但基督教的改革则为资本主义的发展提供了意识形态支持。随着新航路的开辟，资本主义在西欧的发展，人们逐渐认清了这个完整的世界，世界格局观念最早出现在西方人的脑海之中，表现为欧洲中心论或西方中心论也就不足为奇了。有

---

[1] ［英］梅格纳德·德赛著，汪澄清译：《马克思的复仇——资本主义的复苏和苏联集权社会主义的灭亡》，中国人民大学出版社2005年版，第330页。

[2] 王桂兰：《文化软实力的维度》，河南人民出版社2010年版，第244页。

学者把世界格局的源头追溯到结束德国"新教同盟"与"天主教"同盟间"三十年战争"(1618—1648年)的《威斯特伐利亚和约》,称条约确立了以民族国家为国际关系的行为体和国家主权原则,开创了以国际会议形式解决国际争端和结束国际战争的先例,在欧洲大陆确立了一个相对均衡的多极格局。

在以后的世界格局演变中,西方学者先后将大规模战争后形成的暂时均衡状态归结为维也纳体系、凡尔赛—华盛顿体系、雅尔塔体系等。在这些体系的背后是什么?是在"森林法则"支配下的强权政治,实际上可以概括为一个体系,那就是西方人对东方和整个第三世界的侵略、殖民和奴役。美国学者迈克尔·H. 亨特(Michael H. Hunt)批评雅尔塔体系下以乔治·凯南为代表的所谓精英人物开辟冷战局面时说:"他们也许多多少少能创立并支撑住一种患有精神分裂症的政策,名义上是美国的政策,实质上不代表美国人的基本愿望。"①

不可否认,上述在大规模战争后确立的世界秩序只起到了暂时稳定的作用,突出了强权政治的作用,并忽略了民众意识提高和思想觉悟提升在世界秩序维护中的作用。中国反战口号最常说的一句话是"神仙打架,百姓遭殃",意即在各自意识形态旗号下的利益争夺,受损失的是人民群众。正是民智觉悟的提高,使得历史上借助战争达到目的的政治家不敢轻言战事。在宣传反战思想的过程中,美国著名作家欧内斯特·海明威(Ernest Hemingway, 1899—1961年)功不可没,他的《太阳照常升起》(1929年)、《永别了,武器》(1929年)等名著向人们展示了战争给人们带来的灾难,反对人们参加战争。他曾说:"往昔写为祖国而死,心情舒畅是适宜的。可是在现代战争中没有一件能称得上为其战死而心犹酣畅的。各位,像狗那样去死吧。"② 作为反战的影视作品,《魂断蓝桥》(Waterloo Bridge, 1940年)所表达的反战思想达到了一个新的高度。它告诉人们,走过"滑铁卢桥"的人没有胜利者,要么在战场上死去,要么活着忍受失去亲人和家庭破裂的痛苦与折磨。再看看"fragging"一词,指美军士兵用手榴弹等炸弹杀伤军官的行为,人们自然也就能够理解美国在越南战争中失败的原因、第二次世界大战后美苏冲突以"冷战"形式出现的原因、美国发动阿富汗战争和伊拉克战争得不偿失的原因。传统的世界格局框架设

---

① [美]迈克尔·H. 亨特著,褚律元译:《意识形态与美国外交政策》,世界知识出版社1998年版,第9页。

② 文汇、刘爱荣:《佳句秀语大辞典》,海洋出版社1991年版,第1039页。

定在观念上给人们设下了陷阱,在宣扬武力和强权政治,而忽略了民众的真正需求。

后冷战时代是人们重视交往文明化的时代,伊朗核问题与其说是伊朗与美国或以美国为首的西方的博弈,不如说是西方当权的政治家与爱好和平民众之间的博弈。冷战在人类历史上有着特殊的地位和作用,与战争相比,它避免了很多灾难,但冷战对峙下的军备竞赛和紧张状态直接影响了大众生活的提高,影响了人们的身心健康。和平与发展是大势所趋,但冷战思维不会自己消失,它需要世界上爱好和平者为其送行。伊朗核问题给了人类告别帝国主义的巨大推动力,使人们看到了和平与发展这一不可抗拒时代潮流。

有人说,21世纪是太平洋世纪,实际上它是千余年来经济、政治重心转移的交汇。一千多年来,受巴格达和君士坦丁堡的影响,随着资本主义在地中海沿岸的崛起,世界经济、政治重心由亚洲向西转移到了地中海沿岸;随着尼德兰革命的完成,又转移到了北欧;随着英国工业革命的完成,又转移到了大西洋东岸;随着美国独立战争的胜利,它又到了大西洋西岸。经济、政治重心向东转移则显得有点缓慢,在中国,除了少数几个大城市在近代帝国主义的侵略下发展起来外,中国太平洋沿岸的崛起是改革开放以后的事了。整个太平洋西岸的发展除了起步较早的日本外,其他地区多是二战以后的事。随着亚洲的崛起,发端于亚洲的主要意识形态将重新受到重视,其重视和平、发展的理念将逐渐深入人心。

二、发达国家的新世界秩序理论

(一) 极权理论

1985年10月,联邦德国总理办公厅负责安全政策的顾问乌尔里希·魏塞尔(Ulrich Wessel, 1946年—)在《莱茵信使》报上撰文指出:"太平洋地区的地缘战略意义有地区的和全球的两个范畴。在世界政治力量的平衡中,太平洋盆区政治平衡起着一种决定性的作用。影响这种平衡的首先是这个地区的经济活力、作为世界海上强国的两个世界大国的海上地位以及中国在世界从两极向三极转化的过程中所扮演的角色。"[1] 11月,日本记者小川明雄在《读卖新闻》上撰文《美中苏日欧——世界的五极结构》。文中谈到两个超级大国实力对峙的时代大致结束,以1985年11月19—20日苏联和美国首脑在日内瓦的会谈为开端,"形成了新的竞争原则,

---

[1] Ulrich Wessel. Asiatische Herausforderung. *Rheinbote*, Oct. 19, 1985.

美、中、苏三极结构,再加上日、欧的五极结构重新组成,针对中东及非洲等展开的争夺主导权的斗争将更加活跃。今后的世界,在紧张局势再度出现缓和的情况下,不管东方或西方,将围绕经济运行的优劣而展开竞争,将会出现以尖端技术为中心的经济战争"。① 1991年10月,日本东京大学教授田中明彦在《读卖》月刊上撰文指出:随着苏联的解体,世界上存在着1个"军事中心"和3个"经济中心"、5个"维护正统性中心"。1个"军事中心"即美国,3个"经济中心"是指美国、德国和日本,5个"维护正统性中心"是指美国、苏联、英国、法国和中国5个常任理事国。在田中明彦看来,这个"一三五体系"在海湾战争中发挥了协调作用,在苏联政变事件之后仍然发挥作用。

极权论的底色是什么?是"森林法则"和强权政治,与传统不同的是,由美、苏对峙的强权政治发展成为多极并立的强权政治,没有考虑到中小国家的利益,没有看到全球化时代需要的准则怎样产生,怎样坚守。1984年9月28日,德国物理学家、哲学家卡尔·弗里德里希·冯·魏茨泽克(Carl Friedrich von Weizsäcker,1912—2007年)在瑞士巴塞尔举行的"预测公司——欧洲实用经济研究中心"成立25周年研讨会上,作了题为《明天的世界——下一世纪的模式》的报告。他认为,实现罗马帝国统治下的那种和平,即一个称霸国家得胜,这是可以设想的,但这可能造成的浩劫,是任何人都不希望看到的;建立一个联邦制的世界国家,是理想主义的梦想。社会要生存,就必须较为彻底地进一步发生变化。"迄今我们已在科学技术和经济方面彻底改变了人们的意识和社会结构,如果继续用这些新工具为外交上的争权斗争的旧意识、旧结构服务,人类就不能生存。"解决人类的未来生存问题可以用"合作的理智"来解决。如果各国人民自己真正要求这种理智,在实行强权政治的国家,他们可以迫使政治家遵从"合作的理智"。当选的政治家自觉表达选民的愿望。因此,人们意识的转变是改变争权斗争旧结构的先决条件。这种意识转变要求凡能做到的人做出智力上高度的努力。而没有深深的惊恐,就不可能出现这种转变。这种惊恐就是人们意识转变的开端,没有恐惧,人们就不会思考真正的问题。②

(二)东方复兴理论

德怀特·博格达诺夫(Dwight Bogdanov)和弗拉基米尔·洛厄尔

---

① 小川明雄:"美中苏日欧——世界的五极结构",[日]《读卖》1985-11-19。
② [德]卡尔·弗里德里希·冯·魏茨泽克:"明天的世界——下一世纪的模式",[德]《经济周刊》1984-12-18。

(Vladimi Lowell) 在其《世界史》中谈道: 21 世纪成为"灾难频仍的世纪",直到 23 世纪,今天的民主制国家总邦联才有可能重新崭露头角。"然而,现在能够看到,一个更加根深蒂固的分裂原因正隐藏在经济对抗下面产生效力。20 世纪末,'先进'国家司空见惯地声称,至少它们自己,已经克服称为民族主义的病症。它们夸大了自己的痊愈程度。在 18 世纪和 19 世纪产生的民族主义的力量现已转移到一个较大的舞台。通过标出自己同别人的界线,即区别'我们'和'你们'来形成一种特殊的欲望已经从单个国家蔓延到了一个个地区。没有任何共同的政治或哲学信仰强烈到足以抵制它的程度。超级民族主义出现了。人们所盼望的世界新秩序分裂成为欧洲复兴、中日合作和新的崇美主义。""在这一混乱中有两个新的大国崛起。它们共同主宰了 22 世纪和 23 世纪。第一个大国是人们可以料到的,它就是中国,尽管及时认识到统计数字所显示的方向的人并不多。"他在谈到中国时说,由于中国的经济高增长率,又是世界上人口最多的国家,"所以到 21 世纪 20 年代,它成为一个经济大国;由于它已经拥有核武器,现在又有保持庞大非核武装力量的支付能力,所以它又成为一个政治大国"。"中国必须决定 21 世纪它应当同另外那个新强国保持什么样的关系。这支力量象 1400 年前一个类似现象差不多同样具有爆炸性地突然出现在世界上;它来自长期以来发展缓慢的穆斯林世界;它就是新哈里发国……""穆斯林……毕竟拥有获得过辉煌成就的历史;在近代,他们当中的许多人在科学和艺术上显示出了巨大的才华;而且,从 20 世纪初起,他们的国家蕴藏着工业发达世界绝大部分的能源。看来,他们万事俱备,只欠东风,将自己组织成一个结构严谨的强国。"2011 年,穆斯林们认为,他们终于有机会发泄自己由来已久的对现已四分五裂的西方世界的怨恨。世界到了重新调整的时候,需要在人类头脑的分析部分和本能部分之间,在理智和感情之间建立一种新的平衡;只有这样,人类才能较为自如地应付世界。必须在个人的自由要求和全球道德的要求之间进行一场新的讨价还价;只有这样,法律和自由才能实现平衡。[①] 2011 年"阿拉伯之春"可以视为这一预言的实现,但人类的全球秩序则需要一个长期的建构才能实现。

1991 年 10 月,英国学者西瓦南丹(Ambalavaner Sivanandan,1923 年—)提出,"帝国主义不再是资本主义的最高阶段,而是它的合作者、伙

[①] Dwight Bogdanov, Vladimi Lowell. Looking back from 2992: A World History, Chapter 13: the Disastrous 21st Century. The Economist (US), Dec. 26, 1992.

伴、朋友。没有帝国主义，资本就无所作为，因为技术已经打破了资本的国家范围。扩张一向是资本的绝对需要。""技术革命现在加剧了以前从未有的扩张并使资本主义变得更加机动，使它可以任意移动工厂，在全球设厂和生产线，使其能够把工厂迁到第三世界中拥有越来越廉价的劳动力地区，从每个地区获取最高利润。因此，帝国主义是进行这种扩扩张的工具。""世界新秩序就是帝国新秩序。""我们的第三世界国家已经进入又一个不平衡发展的阶段，一个依赖资本主义的阶段，由于对资本主义的依赖，一切自身的发展都取消了。"[①] 在1991年《美国国家安全战略》中，总统布什称："新世界秩序不是实事，它是一种期望和机会……根据我们的价值观和意识形态建立新的国际体系。"[②]

（三）美国衰落论

有人认为，美国正在从霸权地位上衰落下来，它所能做的唯一事情是如何减小这一过程的负面影响。其代表人物有美国耶鲁大学著名学者沃勒斯坦（Immanuel Wallerstein，1930年—），2002年夏，他在《外交政策》上撰文称，虽然美国当今的鹰派人物推行强硬的对外政策，但美国的衰落已经不可避免。他追溯了美国霸权的形成，指出，它始于1873年的全球性经济衰退，到1914年，美德取代了英法在世界的地位。随后的30年可视为德国"千年帝国"与美国"自由世界"之间的较量。较量的结果是除了美国以外的所有大国均受重创。只是由于雅尔塔体制对美苏势力范围的政治性划分和共产主义意识形态在全世界的一度流行，才出现长达数十年的"恐怖平衡"。战后美国霸权所取得的成功同样为结束霸权创造了条件。4个重要的事件标志着美国霸权地位的丧失，它们是越南战争、1968年爆发的反战运动、柏林墙倒塌和"9·11"事件。在未来10年，美国将在是继续执行强硬政策，害人更害己或在意识到单边主义的负面作用后调整政策之间进行选择。不管怎样，今后10年美国在世界事务中的决定性地位将继续下降。因此，问题不在于美国的霸权地位是否在衰退；而在于美国是否能体面地从那个位置上下来，并使这个过程对自己和世界的伤害最小化。[③]

有学者提出了相反观点，认为美国的世界霸权地位在可预见到的未来

---

① Ambalavaner Sivanandan. Whatever Happened to Imperialism? *New Statesman and Society*, Oct. 11, 1991.

② President George Bush. *National Security Strategy of the United States*. Washington, D. C.：The White House, 1991：v.

③ Immanuel Wallerstein. The Eagle Has Crash Landed. *Foreign Policy*, Vol. 81, No. 4, Jul. / Aug., 2002：60 - 68.

受到真正挑战的可能性微乎其微。其代表人物有美国达特茅斯学院政治系两名副教授斯蒂芬·布洛克（Stephen G. Brooks）和威廉·沃尔夫斯（William C. Wohlmfoith）。他们在《外交》季刊上撰文称，从军事、经济、科技以及这三个方面的研发潜力来看，美国都远远超过其他国家。其无与伦比的霸权地位在人类历史上是空前的。这明确无误地说明世界正处在美国霸权之下。这种霸权能够持续多长时间，它对美国的对外政策会产生何种影响。从传统的世界政治游戏法则来看，强国招致较弱国家的联合抵抗，使强国走向衰亡。不过，基于以下原因，冷战后的美国很可能改变这一历史规律。这些原因有：与以往的霸权国家相比，地理位置使美国更难受到攻击，对其他国家的威胁也较小；历史上的合纵连横都是为了阻止潜在霸权的崛起，而美国的统治地位已经是现实。最后，"大且富"（big and rich）规则是美国霸权能够持续下去的关键。美国的潜在挑战者要么大而不富，要么富而不大。因此可以得出结论，在可以预见的未来，不会出现对美国霸权的真正挑战。[1]

美国人对自己的单边主义政策可能带来的后果也进行了反思，美国中央情报局国家情报委员会前副主席詹姆士·R. 希勒辛格（James R. Schlesinger, 1929 年—）曾说："美国在全球空前的富于特色的单边主义当然是一个慎重选择，反映了使华盛顿摆脱令人厌烦的、挑剔的和充满障碍的与世界上其他玩家协商的强烈愿望。它按预设的愿望简化了做出决定的程序并准备行动。特别是盟国成为主要目的服务的外交橱窗并希望拿一些订单。但是，对美国单边主义的较大冲撞以及它给华盛顿带来的孤立和孤独的后果还没有完全预料到。"[2] 早在 2002 年 12 月，来自中东和欧洲的 400 名代表签字发表《开罗宣言》，反对美国的霸权主义，宣言并没有把巴勒斯坦问题作为重点，而是重点批判美国在"资本全球化的框架内"进行权力垄断，"恢复殖民主义"，阻止"向多极化方向发展的力量的出现"。总之，美国应该对阿拉伯世界的苦难负责，其次才是以色列。[3] 当美国认识到了其政策正在对中东民族造成伤害后，试图通过战略性政策调整，或转移来摆脱这一状况，只要不改变其受"森林法则"支配的价值观，继续实行霸权主义政策，它只会得到更大的仇恨和进一步的孤立。

---

[1] Stephen G. Brooks, William C. Wohlmfoith. American Primacy in Perspective. *Foreign Affairs*, Vol. 81, No. 4, Jul./Aug., 2002: 20–33.

[2] Yashar Keramati, The Odd Couple: Iran and Venezuela's Union through Anti–U. S. Imperialism and Oil, *Nebula*, 3.4, Dec. 2006: 95–96.

[3] Josef Joffe. A World without Israel. *Foreign Policy*, Jan./Feb., 2005.

中国学者鲁勒智对美国相对衰落的原因一语中的："当今的美国在世界上已举不起有号召力的旗帜"，"美国践踏了'人权'和'反恐'旗帜"，"美国已成了威胁世界和平的消极力量"。① 2013 年底，盖洛普一项对包括土耳其和希腊在内的 68 个国家受访的民意调查表明，24% 的受访者认为，美国是世界和平最大的威胁国家。②

三、发展中国家的世界新秩序理论

（一）资本主义依附理论

伊朗学者比坚·加扎尼说："新殖民主义是通过帝国主义垄断剥削被控制民族的最高级形式，也是掠夺社会（宗主国）与被掠夺社会（殖民地）关系的最高点。这种现象是两种社会经济发展的结果。导致这种关系成为必要的原因是两种社会共生关系的出现，所以，要想了解新殖民主义背景下的一个社会而不去了解另一个社会是不可能的。"③ 很多学者，包括所谓的国际级学者，为什么在国际问题上屡屡犯错误，主要原因是没有去研究这种关系的两个方面，而是只着眼于一方。

资本主义依赖是如何产生的？当殖民主义强加于被控制的国家（从 16—19 世纪），在殖民主义者进攻面前，封建主义是最发达国家的社会经济形式。此时，宗主国的资本主义尚未发展到帝国主义阶段。鉴于此，掠夺是建立在宗主国向殖民地出口产品和从殖民地进口原材料及其他可消费品来实现的。这一时期，封建主义及其官僚阶层，还有旧的地方"中产阶级"是奢侈品和其他商品的主要消费者。进口的是适合宗主国生产方式相对简单的工业品。在殖民地，外国掠夺对象主要承担者是农民和传统手工业者，其产品被外来产品所取代。19 世纪，随着被殖民国家中产阶级的成长和外部资本的进入，外部资本主要投资于原材料的生产。在这一阶段，殖民势力不再为掠夺其资源向殖民地正式支付费用，因为殖民地已为其公开控制，殖民地的劳动力以可能的最低价被剥夺。④

随着苏联的解体，资产阶级早已宣传的资本主义思想观念的依附得以大大强化，从而造成政策上对经济发展的过分张扬，而对社会其他方面的问题大大忽视。

---

① 鲁勒智：《西沉日》，世界知识出版社 2013 年版，第 201—210 页。
② U. S. the Biggest Threat to World Peane in 2013: Pall. Tehran Times, 2014 - 1 - 1 (1).
③ Bizhan Jazani. *Capitalism and Revolution in Iran*. London: Zed Press, 1980: 70.
④ Ibid., pp. 70—96.

(二) 伊斯兰整体复兴思想

伊斯兰原教旨主义思想家哲马鲁丁·阿富汗尼（Jamal al‑Din al‑Afghani, 1838—1897 年）认为，复兴伊斯兰社会需要乌里玛重振精神，提高伊斯兰学者独立判断的能力。他呼吁伊斯兰各族人民捐弃前嫌，团结一致，共同反对西方殖民主义的侵略。他的名言是："只有伊斯兰才是我的祖国"，宣称所有穆斯林都是一个民族。① 在政治倾向上，阿富汗尼支持民族主义、反对殖民主义和君主专制，呼吁全世界的穆斯林团结起来，建立"统一的伊斯兰世界"。阿富汗尼的思想主张对埃及的民族主义运动、土耳其的坦齐玛特改革、伊朗立宪运动及后来的伊斯兰革命都有一定影响。

叙利亚思想家、政治家和社会活动家穆罕默德·拉希德·里达（Muhammad Rashid Rida, 1865—1935 年）认为，伊斯兰国家比非伊斯兰国家落后的根本原因在于广大穆斯林失掉了他们的民族灵魂，或者说失掉了他们的民族真理——伊斯兰教，政府却对此置若罔闻。里达曾说，真正的伊斯兰关注两件大事：一是对真主的绝对顺从，一是在国家大事上的共同商议。他批评说，专制政府力图使穆斯林放弃前者而忘记后者。他特别强调阿拉伯穆斯林的统一。他认为，阿拉伯的复兴离不开"乌玛"复兴，伊斯兰的繁荣离不开阿拉伯的繁荣，而伊斯兰的繁荣要从语言的统一入手，使阿拉伯语成为所有阿拉伯人都能使用的统用语言。强调伊斯兰在阿拉伯统一中的作用。在他看来，历史上，阿拉伯人创造了伊斯兰教，从另一个角度来讲，又是伊斯兰创造了阿拉伯，它给阿拉伯带来了统一，给阿拉伯提供了法律，赋予阿拉伯人以文化，所以说，伊斯兰教是阿拉伯团结的纽带，其载体则是阿拉伯语。对穆斯林世界的挑战来自欧洲。受其影响，埃及最早出现了伊斯兰原教旨主义组织——穆斯林兄弟会。阿富汗尼被穆斯林兄弟会誉为"精神之父"，其创始人哈桑·班纳则被视为 20 世纪 20 年代的阿富汗尼。

阿亚图拉鲁霍拉·穆萨维·霍梅尼（Ayatollah Ruhollah mollsavi Khomeini, 1902—1989 年）是伊朗伊斯兰革命领导人之一，他更强调穆斯林团结。他说："伊斯兰教是最伟大的宗教，也是世界上最纯洁、最神圣的宗教"。② 他非常强调伊斯兰制度特色，把伊斯兰视为一种制度，同时，他不排斥其他宗教和意识形态。他说："伊斯兰是全人类的宗教，而不只

---

① Bassam Tibi. *Arab Nationalism* (second edition). Macmillan Publishers Limited, 1990, p. 91.
② 《阿亚图拉霍梅尼·伊马姆阿亚图拉霍梅尼箴言集》，德黑兰：伊马姆阿亚图拉霍梅尼著作整理与出版机构 1997 年版，第 17 页。

是穆斯林的宗教，也不仅仅是伊朗人的宗教。众先知是为了全人类而派遣的，伊斯兰的先知也是为了全人类而派遣的。"[1] 在这里，我们可以看到，阿亚图拉霍梅尼把每一宗教文化创始人看成了全人类的共同精神财富。这说明，他既看到了宗教在创立过程中的群众性、先进性，也看到了这些群众性基础不是一成不变的，是可以互相吸收借鉴的。阿亚图拉霍梅尼坚持伊斯兰，是针对帝国主义的殖民侵略而言的，是针对殖民主义将殖民价值观强加给第三世界被殖民国家的反应。同时，它也是针对统治者的腐败而言的。在《教法学家治国》一开始就是从犹太人反对伊斯兰教讲起，在《古兰经》里，真主对以色列人是予以肯定的。如："我曾以那部经典为以色列后裔的向导。"（32：23）"我确已使以色列的后裔摆脱了凌辱的刑罚。"（44：30）通篇则贯穿了对巴列维暴政和腐败的批判，所以，有人说《教法学家治国》是讨伐暴政的檄文。我们要看到，在其伊斯兰普世性的背后隐藏的是面对全球化，他们对自己民族文化命运的忧思。他们要借自己的民族传统文化来抵御新殖民主义的侵略，用伊斯兰价值观来否定西方殖民主义的价值观。他们的伊斯兰独特性的背后隐藏的是对自己民族传统文化表现出的一种自信、自豪。这是当他们看到西方的价值观在自己的国土上不能结出像西方那样的果实后所表现出来的本能反应。他们要从自己的民族传统文化中去寻找变革社会的动力。

伊朗伊斯兰共和国的建立正是伊斯兰复兴运动的重要内容和组成部分，它在短短几十年间所取得的成就是有目共睹的，它不同于西方的发展道路使西方一向标榜和推崇的意识形态光芒锐减。在穆斯林世界，尤其是阿拉伯世界崛起过程中，西方一直想引导其走西方的发展之路，欧洲人比较隐晦地提出通过建立地中海经济圈来实现。1994年10月底，在卡萨布兰卡召开的中东—北非经济峰会上，欧洲委员会主席德洛尔强调说："我们要争取建立一个拥有30多个国家和8亿人口的世界最大的经济合作圈，这并不是梦想。"[2] 他的话描绘出了建立一个由欧洲联盟、东欧和地中海沿岸各国组成的自由贸易圈的蓝图。美国则在小布什任内提出"改造中东民主计划"。在"阿拉伯之春"的事态演变过程中，他们更多的是参照伊朗，强调伊斯兰认同与发展道路。

在拉美，2012年4月的美洲峰会上，委内瑞拉、厄瓜多尔、玻利维亚

---

[1] 《阿亚图拉霍梅尼·伊马姆阿亚图拉霍梅尼箴言集》，德黑兰：伊马姆阿亚图拉霍梅尼著作整理与出版机构1997年版，第17页。

[2] 祐三："欧盟探讨与伊斯兰共处试图建成巨大的经济圈"，[日]《产经新闻》1994-11-15。

和尼加拉瓜等国正式发表公报称,将集体抵制今后"没有古巴参加的峰会"。玻利维亚总统莫拉莱斯抨击奥巴马不让古巴参加美洲峰会的做法是"搞独裁",并声称这是他最后一次参加美洲峰会。反美斗士查威斯的身体状况受到拉美国家领导人的广泛关注,从侧面反映出拉美人对霸权主义和强权政治的厌恶。

四、走进无核的世界格局

二战结束后,有人曾问爱因斯坦,第三次世界大战会使用什么武器?爱因斯坦说:"我不知道第三次世界大战用什么武器,但我知道第四次世界大战用的武器是石头。"① 他的话暗示,在高科技面前,人类经不起另一场新的世界大战。早在20世纪80年代,苏联学者就曾谈道:"人类如今面临的形势是科技发展每前进一步都使人类更接近全面毁灭的威胁。今天的现实给人类留下的选择余地是极其有限的——要么一道生存下去,要么一道毁灭。""华盛顿的战略家们接连拒绝苏联提出的一个又一个禁止原子武器和氢武器的建议,他们开始准备核战争。"② 中国学者汤闯新在其博客中谈道:现代人类正面临着由大量核武器存在、先进化学武器存在、网络黑客攻击、无度石油天然气开发、美元滥发和宗教敌视带来的毁灭。③ 上述言论,涉及了高科技的双刃剑问题,人类正处于是可持续发展或是自我毁灭的十字路口。

在截止到2004年的22年间,伊朗人口增长率为2.3%,而能源消费却增长了3倍多,其GDP一直受石油收入影响。以2003—2004年度为例,GDP增长率为4.84%,石油占90%,70%左右的外汇收入是由石油出口赚取的。有人预测,到2033年,伊朗的电力消费将达到1410794千兆瓦时,高峰负荷将为253275兆瓦。如此大的缺口,核电是一有效解决办法,到2033年,伊朗的核电将占到总发电量的6%。④ 伊朗核问题向世人提出了一个世人必须面对也必须找到答案的问题,即在怎样的世界格局或秩序中去实现人类的福祉。目前,伊朗核问题的症结在于主导目前世界格局的价值追求背离了人类的发展目标,需要由代表人类历史发展方向的价值追求

---

① 王恬:"多米诺'核'牌倒下的危险",《人民日报》2006-11-13 (3)。
② "新的政治思维——当代的无上命令",[苏联]《世界经济和国际关系》1986 (10)。
③ 汤闯新:"现代人类面临自我毁灭的几种威胁",http://blog.sina.com.cn/s/blog_604588750100oe1t.html。
④ Amir Hossien Ghorashi. Prospects of nuclear power plants for sustainable energy development in Islamic Republic of Iran. *Energy Policy*, Volume 35, No. 3, March, 2007: 1643-1647.

决定的新格局取而代之。新的世界格局即放弃敌视政策，在多方参与，共同努力下，制定大家都能接受的游戏规则。就核不扩散问题而言，在国际社会的监督下使发展中国家和平利用核能。

2008年，18位专家为国际原子能机构撰写的报告中称："为了应对21世纪满足能源需求和减少气候变化的威胁这两项最大挑战，选择利用核能的国家获得了发展核能的重大机遇。但伴随这种机遇的还有复杂而广泛的安全和安保问题，对此，必须有效地加以解决。"[1] 同年秋，在维也纳国际原子能机构第十一届科学论坛会议上，路德·鲁伯斯提出："所设想的复兴在很大程度上取决于国际合作和方案的成功，并因此取决于原子能机构，特别是在建立信任、与公众和政府进行交流以及通过全球讨论建立共识方面尤其如此。核能的光明未来不仅有赖于各个国家的政策，而且还有赖于所有那些希望时时刻刻正确利用核能带来好处的人们，因此，世界需要齐心协力干好核事业。"[2]

伊朗核问题的实质是美国传统霸权主义与伊朗寻求复兴的民族主义之间的冲突。斯皮克曼在他的《和平地理学》一书中谈道："只有采取一种外交政策使欧亚大陆不可能潜伏一个有压倒优势的统治势力，我国的安全与独立才能保持。"[3] 第二次世界大战后，不论是与苏联的冷战或是美国对其他势力的遏制，目标都是实现美国的绝对安全。其实，斯皮克曼还提醒说："同时，我们也一定不要怀轴心国家领袖的丑恶信条，他们念念不忘的只是如何扩张势力和最后统治世界。"[4] 从美国的外交实践来看，美国越来越重视前者，而忽视后者，它把美国引上了传统帝国的老路。

在伊朗核问题的演变过程中，人们提出了各种建议。前国际原子能机构总干事巴拉迪第一个提出生产过程的多国循环建议。根据该建议，现有的浓缩铀和铀浓缩转化设备由民族控制转变为多国控制。另有10多个来自不同国家的建议，欧盟的建议是核工业由非政府组织实施。有意向的国家达成协议，跨国机制不应干预国际市场，一步步发展，不要求整齐划一。俄罗斯提出了全球核工厂基础设施计划（the Global Nuclear Power Infrastructure），据此，在国际原子能机构的控制下，在非歧视性原则的前提下，建立一个国际中心向所有核能利用国提供一套完整的核燃料循环服务。为此，俄罗斯已经在安戈斯克（Angarsk）建立国际铀浓缩中心（In-

---

[1] Lothar Wedekind. How Long to 2020. *IAEA Bulletin*, Vol. 49, No. 2, 2008：3.
[2] Rund Lubbers. Path towards the Future. *IAEA Bulletin*, Vol. 50, No. 2, 2009：5 – 9.
[3] [美] 斯皮克曼著，刘愈之译：《和平地理学》，商务印书馆1965年版，第108页。
[4] 同上，第112页。

ternational Uranium Enrichment Centre，简称 IUEC）。美国提出了全球核能合伙计划（the Global Nuclear Energy Partnership），据此，由少数几个供应国通过新技术提供服务。奥地利提出了核燃料循环多边计划（Multilateralisation of the Nuclear Fuel Cycle），据此，所有的铀浓缩、设施及核燃料供应都由跨国控制。[1] 法国的建议是由联合国安理会出面组织一个由中立国家组成的原则评判国际组织，判断一些国家是否违背了国际原子能机构的义务和《核不扩散条约》。亨利·索科尔斯基进一步提出，国际原子能机构拒绝向发现没有全面履行其义务的国家提供核援助，也不能从其他国家进口核材料，直到原子能机构理事会向其颁发合格证书为止；国际原子能机构对发现没有服从其原则的国家应该进行突击检查并禁止其至少在10年内不从事核燃料的生产；根据国际法，事先没有申明践踏行为而退出《核不扩散条约》的国家仍然要对践踏条约的行为负责；退出《核不扩散条约》的国家在退出前必须退还或拆除所有从任何第三国得到的核设施、材料、设备和技术；任何不退还其从国外得到的核资产就先退出的国家或被发现违背国际原子能机构的规定的国家将被视为对国际安全的威胁，也就是说，它将丧失国际权利，遭到国际制裁。[2] 2009年9月，前国际原子能机构总干事巴拉迪在国际原子能大会上发表讲话说："国家应该扩大和增强国际原子能机构核查的权限。充分的核查和透明度是核裁军和其他军备控制措施的前提。"[3] 上述建议的落实，前提是转变以美国为首的大国的价值观，放弃霸权主义和强权政治，用文明交往的心态，使自己融入和平发展的时代大潮之中。

在全球化与民主化已成为人类社会发展潮流的今天，问题的解决还要放在国际社会共同制定游戏规则和共同遵守上。社会秩序再也不能像过去那样，由强权政治来决定。透过伊朗核问题，我们可以看到，世界和平要在社会发展中以代表全人类的利益的方式来维护，而不是由某几个国家或几个国家领导人凭自己的实力把少数人或国家的利益强加于人。陈传刚、谢永亮在其《网络时代的政治安全》中谈道："历史事实告诉我们，历史

---

[1] Rolf Linkohr, Conference Summary of The Nuclear Fuel Cycle From Uranium Enrichment to Final Disposal From Problems to Solutions Brussels, by Centre for European Energy strategy, 12 – 13 Oct., 2009.

[2] Henry Sokolski, Preparing for a Long – term Competition with Iran, Transatlantic Institute's "U. S. – European Cooperation on the Iranian Nuclear Program", Brussels, Belgium, March 16, 2006: 9.

[3] Mohamed ElBaradei, Looking to the Future, Statement in IAEA General Conference, Sept. 14, 2009. http://www.iaea.org/NewsCenter/Statements/2009/ebsp2009n011.html.

上从来没有哪一个国家实现过绝对安全；任何追求绝对安全的行为，其结果一定与其初衷背道而驰，一个国家可能会赢得一场战争的胜利，却无法赢得真正的和平，每一个国家都时时处在战争威胁之下，真正意义上的世界政治安全长期得不到实现。"[1]

在谈到伊朗计划时，设在柏林的德国国际事务和安全研究所的分支机构中东和非洲研究所领导人约翰尼斯·雷斯纳尔（Johannes Reissner）称，制裁代替不了外交谈判，支持冲突应该考虑伊朗的反击和回应。进攻伊朗的主要后果之一将是进一步促使本已不稳定的该地区更加动荡。2008年2月，英国会下院外交事务委员会的报告提出，"我们的结论是伊朗核计划的基本挑战是政治上互不信任……我们进一步的结论是该问题的长久解决需要通过最终确立伊朗与国际社会的关系，尤其是与美国和欧盟的关系，从对伊朗核计划的约束中解脱出来。"[2]

在全球化的今天，世界和平的根本出路在于世界道德的构建。中国学者高中建曾说："人本质上是道德存在，是价值存在。道德关系蕴含在对价值意义的追求过程当中。"[3] 道德是维系社会秩序的基础，就单个人来说，不存在有无价值问题，判定有无价值观的前提是有无社会性。今日之世界，不应跟着美国人一起困惑。尽管美国一直想把自己的价值观推向世界，但它忽略了人类存在的最基本的东西：人是什么？从"摩西十戒"到儒学的为人评判标准，再到马克思的劳动检验，都离不开现实性和社会性，而美国的意识形态旗号还停留在18世纪的意识形态幻想之中，所以，它解决不了21世纪高科技面前人类的精神需求，换句话说，它不再适应全球化时代文明交往的需求。在全球化的当今世界，人类的行为准则必须建立在基于人类普世价值之上的价值准则，它是世界格局转换的基础。

---

[1] 陈传刚、谢永亮：《网络时代的政治安全》，中原农民出版社2000年版，第1—2页。

[2] Authority of the House of Commons, *Global Security：Iran*, (Fifth Report of Session 2007 - 08), London：The Stationery Office Limited, March2, 2008：109.

[3] 高中建、孟利艳：《德育走向与德育接受——现代性德育研究》，光明日报出版社2011年版，第57页。

第九章　人类走向美好未来的路径选择

1990年9月11日，美国总统乔治·布什宣布："在这个多事之秋，将诞生一个新的世界秩序，这个新秩序以联合国创始人设想的方式运行。我们正处在一个非常关键的时刻。波斯湾地区的危机很严重，但也给我们迈向具有历史意义的合作时期提供了难得的机会。今天这个世界新秩序正在艰难中产生。对我们来说这是一个全新的世界。"[①] 11年后的同一天，恐怖分子以自杀方式袭击了象征美国政治、军事和经济中心的重要建筑。这是预谋或是巧合，随着本·拉登等人的死亡而成为历史之谜。

第一节　透过伊朗核问题看美国

在推翻萨达姆政权后，小布什对伊拉克占领当局新长官说："下一步你想做伊朗长官吗？"[②] 对美国人来说，伊朗核问题只是美国征服伊朗的借口。在伊朗核问题的发展过程中，起初，美国人的红线是伊朗人压根就不能有核技术，面对21世纪的民族复兴，连美国人也觉得这行不通，美国不可能不让伊朗人知道核物理。接下来，美国又说，无论如何，伊朗人不应该拥有核电站，为此，美国做了大量努力。最后，美国人发现，有人将核电站卖给了伊朗，这就是俄罗斯为伊朗建设的布什尔核电站。面对两个计划的失败，美国不得不制定新的红线，这就是铀浓缩。最终，美国发现，

---

① [美]威廉·恩道尔著，赵刚等译：《石油战争：石油政治决定世界新秩序》，知识产权出版社2008年版，第206页。

② [美]布热津斯基著，陈东晓等译：《第二次机遇：三位总统与超级大国美国的危机》，上海人民出版社2008年版，第108页。

美国真正想做的是不让伊朗发展核武器。① 现在的关键问题是,伊朗一再强调和平利用核能,不发展核武器。美国不但自己,而且还把其他国家纠结在一起,围绕一个不存在的问题,耗费大量人力、物力,而置本国的发展于不顾,它既影响了自身的发展,也影响了世界的和平稳定,更不符合全球化时代文明交往的历史发展方向。社会变化寓于正在进行的事件之中,从伊朗核问题可以看到很多变化,本节重在看美国在伊朗核问题过程中的变化。

一、美国将进入后帝国主义时代

对美国来说,在伊朗核问题上,美国取得的最大胜利是借联合国安理会和一些国际组织,报了与伊朗的私仇,这无疑给相关组织带来了巨大的负面影响。更重要的是美国与其盟国关系发生了微妙变化。在许多国际问题上,欧洲与美国的想法总是有分歧,但最后又不得不按照美国的标准进行"统一",这让欧洲许多政客"耿耿于怀"。2006 年 9 月初,英国首相布莱尔曾说,目前欧洲政坛流行着一种"疯狂的反美主义"。② 联合国维和问题专家霍尔特认为,如今有"一种对美国失望、不满的情绪正向全世界扩散"。美国务院中东问题专家韦恩·怀特也表示:"'9·11'后,美国曾得到了许多国家的支持。但由于美国政府采取过激行动,我们以前拥有的支持如今就像一口即将干枯的水井。"③ 长期研究中东问题的美国专家达贾尼指出:"一旦美国在政治上不再是其他国家崇拜和效仿的对象,人们就会做出另外的选择,而这些选择往往与美国的价值观对立。"④ 2007 年 2 月 19 日,伊朗革命卫队举行了一年中的第五次军演。如果单从安全的角度考虑,这场军演似乎是多余的。但就伊朗所要达到的目标——跻身政治大国,实现"积极安全"而言,应该说是必要的。两天后,英国首相布莱尔称,英国要在 2007 年 5 月底以前撤出在伊拉克巴士拉的 1500 名英军,到年底再撤出 1500 名,到 2008 年年底,英国军队将全部撤出伊拉克。考虑到美国与英国传统的铁杆盟友关系,在伊朗核问题的关键时刻,布莱尔的言行无疑成了英美关系的又一个重要转折点。2008 年 9 月 23 日,美国总统布什在第 63 届联大一般性辩论会上大谈伊朗对恐怖主义的支持,伊朗总

---

① Symposium, Iran's Strategic Concerns and U. S. Interests, *Middle East Policy*, Vol. 15, No. 1, Spring 2008: 2.
② 杨磊等:"查韦斯内贾德嬉笑怒骂 反美大腕成世界焦点",《环球时报》2006-9-28。
③ 同上。
④ 同上。

统内贾德用一个拇指向下的动作来表示对"宿敌"的不屑。布什这次22分钟的演讲只换来了约2000名与会者不到10秒钟的礼貌性鼓掌。法国社会形态学家奥利维尔·罗伊（Olivier Roy, 1949年—）曾说："反对帝国主义在实践上变成了反对美国主义。"① 美国与伊朗在核问题上的博弈为完成这一转变起了重要作用。英国学者艾瑞克·霍布斯鲍姆（Eric Hobsbawm, 1917—2012年）批判美国的中东政策说："此刻，我们正投入一场大业，一场由强权国家有计划重整世界秩序的大业。它们想在借由'传播民主'来创造世界秩序，而它们在伊拉克与阿富汗发动的战争，只是这项全球大业的一部分。这不仅是堂·吉诃德式的狂想，还是非常危险的举动。围绕着这场十字军行动的一些说法，暗示着这套制度可以用标准化的（即西方化的）形式施行，在任何地方都能成功，可以治疗目前的跨国难题，并可以带来和平而非播下混乱的种子。不，它不可以。"② 在伊朗核问题演变的过程中，美国在人们心目中的地位每况愈下。2006年秋，英国《卫报》、加拿大《新闻报》和《多伦多星报》、以色列《国土报》，以及墨西哥《改革报》联合发起，分别在这四国专业民意调查站点举行的一个有关全球危险人物的调查，最后结果显示，布什在全球人物危险榜中位居第二（75%的民众认为其危险），仅次于"基地"组织头目本·拉登（87%）。在英国受访者看来，布什要比朝鲜劳动党总书记金正日（69%）、真主党领袖纳斯鲁拉（65%）和伊朗总统内贾德（62%）更危险。③ 在著名的皮尤（PEW）调查机构2007年的一项涉及33个国家的大型民调中，与2002年时的结果相比，多达26个国家的民众减低了对美国的好感。在以穆斯林为主的中东和亚洲国家中，对美国有好感的比例分别占被调查者的9%（土耳其）、13%（巴勒斯坦）、15%（巴基斯坦）、20%（约旦）、29%（印尼）。美国在欧洲的长期盟友德国只有30%的支持者。④ 而上一年的调查结果还是：土耳其12%、约旦15%。在2006年调查结果中，法国民众对美国的支持率已跌至39%，西班牙23%，因为伊拉克和阿富汗战争的缘故，英国对美国的支持率从2000年的83%下降为56%。布热津斯

---

① Olivier Roy. *The Politics of Chaos in the Middle East*. New York：Columbia University Press, 2008：130.

② ［英］艾瑞克·霍布斯鲍姆，吴莉君译：《看21世纪》，中信出版社2010年版，第104页。

③ Julian Glover. British Believe Bush is more Dangerous than Kim Jong–il. *The Guardian*, 3 Nov., 2006.

④ 吴旭："'反恐'是'新美国世纪'的广告语"，http：//www.cssm.gov.cn/view.php?id=19707。

基提出疑问:"柏林墙倒塌约 15 年后,一度自豪的、在全球赢得赞誉的美国在全世界广泛受到强烈的敌视,它的合法性信誉摇摇欲坠,它的军事力量陷在从苏伊士到中亚新的'全球巴尔士干'的泥潭中,它曾经忠心耿耿的盟友们正在疏远它,而在世界各地的民意调查却记录了对美国的普遍敌意。这是为什么?"①

1817 年,法国空想社会主义思想家圣·西门发表了他的《给一个美国人的信》,其中谈道:"在这个国家,信教自由达到了登峰造极的程度,而且绝对不受限制";"不存在任何特权集团,没有贵族阶层,没有封建制度的残余,因为这里从来没有存在过封建制度";"没有一个家庭连续几代占据显要的公职,所以谁也不把官职看做是自己的世袭领地";"这个民族在本质上是和平的、勤劳的和节俭的";"在美洲,最伟大的政治活动家,则是能够尽量设法减少人民负担而又不使公益受到损害的人";"我感到美国人的想法与此完全不同,他们认为公职人员越不豪华铺张,越平易近人,生活越朴素,才能越受人尊敬";"在美洲,人们认为就任公职是出于尽义务和服从公众意志而接受重任"。② 1835 年,法国政治社会学家夏尔·阿列克西·德·托克维尔(Charles Alexis de Tocqueville, 1805—1859 年)出版了他的《论美国的民主》上卷,其中写道:"当今世界上有两大民族,从不同的起点出发,但好像在走向同一个目标。这就是俄国人和英裔美国人。""这两个民族在神不知鬼不觉中壮大起来。当人们的视线只顾他处的时候,它们突然跻身于各国之前列,而全世界也几乎同时承认了它们的存在和强大。"③ 托克维尔的预言实现了,在经历了两次世界大战的洗礼,数十年的冷战以及苏联解体等一系列变故之后,美国在由世界大国到世界超级大国,再变为世界大国之后,俄罗斯与美国的世界强国地位仍然无法否认。

1941 年,《时代》周刊和《生活》杂志创办人亨利·卢斯(Henry Luce, 1898—1967 年)出版《美国世纪》一书,提出 20 世纪是美国的世纪,要由美国担当起领导世界的责任。1943 年 4 月,美国学者雷斯特·戴维斯发表了《罗斯福的世界蓝图》一文,提出了通过美国、英国和苏联三大国合作,建立美国在世界的统治地位的设想。"罗斯福的世界蓝图"有

---

① [美] 布热津斯基著,陈东晓等译:《第二次机遇:三位总统与超级大国美国的危机》,上海人民出版社 2008 年版,第 15 页。
② [法] 圣西门著,王燕生、徐仲年、徐基恩等译:《圣西门选集(第 1 卷)》,商务印书馆 1979 年版,第 147—149 页。
③ [法] 托克维尔著,董果良译:《论美国的民主(上)》,商务印书馆 1997 年版,第 480 页。

两大支柱：一个是全球性的国际组织联合国，另一个是国际货币基金组织和世界复兴开发银行。1999年10月，《经济学家》载文称："美国犹如雄踞于世界上的巨人，它控制着世界的经济、商业和通讯，其经济发展是世界最成功的，其军事力量无敌于天下。"①

10年后，美国汉普夏学院研究世界和平与安全的教授、《崛起的大国和枯竭的地球：新的能源地缘政治》一书的作者迈克尔·T.克拉雷（Michael T. Crawley）在西班牙《起义报》上撰文称：2009年9月24—25日，二十国集团匹兹堡峰会后，代表工业化发达国家说话的七国集团首脑一致认为，要把监督全球经济的责任转交给一个更庞大的集团，即二十国集团；中国、俄罗斯、日本、巴西和其他海湾地区产油国等一些拥有庞大贸易额的国家都正在考虑引进"欧元"或其他多种外币作为新的贸易支付手段；外交上，美国为寻找其他国对伊朗施加国际压力，阻止其核计划的支持所做努力遭到了俄罗斯和中国的反对；中国与伊朗关系的升温；美国在阿富汗问题上遭受的挫折；国际奥委会将2016年夏季奥运会的举办地选择在里约热内卢，等等。这些具有象征意义的事件表明美国作为唯一超级大国地位的削弱。② 恩道尔在其《战争世纪》中谈及美国衰落时称："美国，一个曾经是全世界大多数人心目中纯粹的自由国家，正一步一步地滑向自由的对立面。特别是在20世纪70年代和80年代期间，这一过程正在加速，尽管她仍然保留了一张'自由'的美丽面孔。"③ 早在20世纪80年代，基辛格就曾说："工业民主必须同意遵守自由贸易的原则，否则他们将生活在一个采取单方面行动和双边交易的重商主义世界上。同时，自由贸易制度在一个出现长期衰退的世界上是维持不下去的。除非世界回到经济增长的道路上，否则就没有希望能抵制保护主义的潮流。"④ 2008年秋的联合国代表大会成了对美国的声讨会，华尔街金融危机成为热点议题，美国因为金融监管不力成为众矢之的。联合国秘书长潘基文在联大开幕致辞中说道："我们需要重新理解商业道德和监管机制，多一些怜悯，少一些对所谓市场'魔力'不加鉴别的信仰。"⑤ 他呼吁反省商业道德，加强金融监管

---

① America's World. The Economist, Oct. 23, 1999: 15.
② ［美］迈克尔·T. 克拉雷："美帝国将提前消亡的六大迹象"，［西班牙］《起义报》2009 – 11 – 5。
③ ［美］威廉·恩道尔著，赵刚等译：《石油战争：石油政治决定世界新秩序》，知识产权出版社2008年版，第176页。
④ Henry A. Kissinger. Saving the World Economy. Newsweek, Jan. 24, 1983.
⑤ Ban Ki – moon. A Call to Global Leadership. 23 Sept., 2008. http：//www.un.org/apps/news/infocus/sgspeeches/statments_ full. asp？ statID = 322.

机制。不少国家代表发言指出，美国房地产行业的不良债务发展成为威胁全球经济的金融风暴，与华尔街投资者道德缺失不无关系。巴拉圭总统费尔南多·卢戈指责说，美国陷入次贷危机是"不道德投机罪有应得"，"忙着致富是这种投机行为的唯一动机"。如果说次级住房抵押贷款这些不良债务是引爆次贷危机的导火索，那么，华尔街盲目追求高额利润回报的投机行为是导致危机蔓延的催化剂。巴西总统卢拉指出，如今威胁全球经济的次贷危机是华尔街无节制的贪欲所致。他说："我们不允许让所有人分担由少数人无尽贪婪带来的负担。"

对美国"双重标准"的批判进一步扩大到了美国政府新出台的金融援救计划。不少国家领导人认为，美国一直向发展中国家推销自由市场经济理念，却出手7000亿美元干预市场，奉行双重金融标准。联合国前常务副秘书长马克·马洛赫·布朗认为，关于次贷危机，不少发展中国家确实可以在"政治上出出气"。他提醒说，这些国家全都记得，"美国金融机构向他们提出严酷、毫不宽恕的建议：紧缩你的经济，让你的银行倒闭。"当华尔街遭遇危机时，美国却用巨额资金救之，这是美国金融政策的双重标准。更为明显的是法国和德国等传统盟友也对美国金融体系心怀不满。法国总统尼古拉·萨科齐用"荒唐"形容当下的金融体系，并提出"重建资本制度"的主张。在德国财长佩尔·施泰因布吕克看来，次贷危机将使"美国失去其在世界金融体系中超级大国的地位，世界金融体系将变得更加多极"。

国际社会对伊朗的制裁违背了自由贸易精神。正是这种违背给了投机分子可乘之机，成了金融危机的诱因。在伊朗核问题上，以美国为首的西方暴露出来的矛盾是现有体制无法解决的，这就是生产的社会化与生产资料私人占有之间的矛盾。历史上，美国借帝国主义政策来实现少数金融寡头、资本财团和政客的利益，而给广大民众带来的是生产力高度发达，物质财富极大丰富下的惴惴不安和痛苦。随着整个世界的觉醒，美国人发现帝国主义政策不再符合其利益时，告别帝国主义将是美国人迟早的选择。

2008年11月23日，智利《信使报》发表文章，题目为《未来10年的15大趋势》，其中谈到的第一个趋势就是美帝国的终结，美国正在渐渐丧失其在国际政治舞台上的优势地位。其他分别为：谁能领导能源革命，谁就能主宰世界；我们正在经历地球变暖、人口增加和自然资源枯竭的困境，不采取行动就只能坐以待毙；我们已经对暴力的历史极度厌倦，对自己也已经了如指掌，因此战争必将消亡；慈善资本主义，等等。需要指出的是，慈善资本主义是资本主义吗？少数人能对世界产生巨大影响，他们不仅仅是亿万富翁，也不仅仅是慈善家，而是"慈善资本家"。他们希望自己的付出能够推动公共福利事业的发展。比尔·盖茨夫妇、安吉丽娜·朱莉和乔治·绍罗什等都被列入"慈善资本家"的行列。经济学家马修·毕晓普和迈克尔·格林在《慈善资本主义》一书中指出，这些人正在改变世界。一个更专业、更自律、更透明的慈善产业将成为世界经济力量中的主角。这里的慈善资本主义实质上是不折不扣的社会主义。当这些人追求财富积累时，是资本主义，当他们把财富还给社会的时候，就完成了由资本主义向社会主义的升华。社会主义首先是一种价值观，它与封建主义和资本主义的区别是前者是限制发展，后者是强调发展，而社会主义则强调发展成果的社会共享。社会制度是为维护核心价值观服务的。

2008年11月，马萨米（Masami）撰文指出：假如伊朗正在发展核武器，目的是什么？最重要的目的就是在外部国家（尤其是美国）的颠覆面前维护伊朗政权的生存。自克林顿政府以来，美国一直贯彻双重遏制政策，将伊朗和伊拉克视为敌人。2003年，萨达姆政权被美国以拥有大规模杀伤性武器为由推翻。这一切使伊朗得出结论，即使消除了大规模杀伤性武器，如果其他国家怀疑其真的正在进行，仍然存在着被军事推翻的可能性。所以，继续保持大规模杀伤性武器作为一种威慑是安全的最好保证。鉴于此，国际社会要想使伊朗停止大规模杀伤性武器的研制，必须给其以安全保证作为回报。伊朗最需要的是安全保证。[1] 换位思考是全球化时代文明交往的重要原则，但帝国主义只强调自身利益，不可能做到这一点。

中国学者刘波曾说："在过去的将近30年时间里，也许很少有哪个政权能像伊朗一样，在现实政治与意识形态两个阵线上如此长久地与美国抗争。今天，美国与伊朗之间尖锐的对抗仍在继续，这种对抗时常表现为对道德高地的争夺。多年来，双方都将对方描述为世界上罪恶的渊薮。在这方面，我们既可以想到是美国总统布什提出的'邪恶轴心'论，也可以想到伊朗总统艾哈迈迪·内贾德对他的反唇相讥——'我们不久就会把你拖上万国设立的审判席'。"[2]

二、美帝国主义衰落的原因

2011年7月中旬，大型国际评级机构标准普尔（Standard and Poor's）

---

[1] Masami, The Nuclear Situation in the Middle East: Iran, Israel and Nuclear Terrorism, *The National Institute for Defense Studies News*, No. 126, Nov., 2008.

[2] 刘波："走出历史的迷雾，摆脱对伊朗认识的成见"，《经济观察报》2008-8-3（1）。

指出，如果美国国会不能通过一个有实质意义的减赤方案，可能在未来3个月，降低美国评级。8月2日，穆迪投资者服务公司（Moody's Investors Service）宣布确认美国主权信用评级为 AAA，但同时将评级前景确定为"负面"。同一天，惠誉（Fitch Ratings）首席美国分析师也指出，该机构8月底将复审该国评级，届时可能将其 AAA 评级前景置于负面观察名单。标准普尔多次表示，4万亿美元的减赤规模才能让美国公共财政恢复秩序，但国会8月份批准的减赤幅度仅为2.1万亿美元。

前面已经谈到了美国全南州立大学社会学教授乔治·卡西亚飞卡斯对国际货币基金组织和世界复兴开发银行的评价，称其为"真正的无赖"。那他又是怎样看待美国政府与美国当权者的呢？他说："当我说到布什和国会时，我不只是指这个人和他的政府。它是一个有问题的系统。不管谁坐在白宫，不管是乔治·布什或戈尔，军国主义早已在那里存在了很长时间——在我们改变它以前——将继续是美国外交政策和经济输出的核心。美国国会比布什好不到哪儿去：不说别的，它拒绝了由164个国家签署的禁止核试验条约。目前，国会拨款，美国现在141个国家布下了超过25万人的部队，他们正在乌兹别克斯坦和塔吉克斯坦寻求新的基地，派驻更多的军队。在东北亚地区，10万美军驻扎在那里。"[①]

2005年，美国皮尤研究中心（the Pew Research Center）的一项民意调查表明，印度尼西亚、巴基斯坦、尼加拉瓜、土耳其、俄罗斯、黎巴嫩、约旦、科威特的大多数人害怕美国对其国家采取军事行动。民意调查结果指出，"在国外的大多数人更倾向认为美国领导的反恐战争旨在控制中东石油，掌控世界，而不为了捍卫自己的价值观和在全球实现民主化。"[②] 当世界这样认识美国的时候，意味着过去大多数国家唯美国马首是瞻的时代已经结束。

1970年，康奈尔大学政治学教授安德鲁·哈克（Andrew Hacker，1929年—）的《美国时代的终结》（The End of the American Era）出版，从此以后，探索美国衰落的文章和图书日益增多。1980年，美国的《商业周刊》以《美国的再工业化》为总题的特辑指出："美国如果要在未来20年中维持经济上的任何地位的话，其经济必须进行根本性的改革；如果要保住领导地位的话，就更不用说了。目标必须是美国的再工业化，有意识地

---

① George Katsiaficas. *The Real Axis of Evil*. The speech given at an international peace conference in Seoul, June 21, 2002: 2.

② Yashar Keramati. The Odd Couple: Iran and Venezuela's Union through Anti – U. S. Imperialism and Oil. *Nebula*, 3.4, Dec. 2006: 98.

重建美国的生产力是唯一的出路。"人类的福祉不是建立在虚拟经济之上，而是建立在实体经济之上。1987 年，芝加哥大学教授布姆出版其《美国的封闭心灵》，赫希出版其《文化文盲病》，两本书从文化的层面，批判美国教育的失败。教育中缺乏先进价值观和基本能力的培养，将制约美国上新台阶。

1988 年，耶鲁大学历史系教授保罗·肯尼迪出版其《大国的兴衰》，他在书的最后一章谈道：美国主宰天下的局面已经不再，相对于其他权力中心而言，美国的国势正日趋衰落，必须面对"后超级大国"时代的挑战。美国像历史上的西班牙、荷兰、法国和大英帝国等强国一样，由于帝国战线拉得太长而在全球各地负起了庞大的军事义务，但在国内经济收缩之下，已经捉襟见肘，如果美国仍然坚持不愿削减其海外军事力量的话，终有一天会将自己拖垮。在历史上，一个帝国因过度扩张而终于灭亡的例子屡见不鲜，美国应引以为鉴。这本书一连 17 周被列入《纽约时报》的畅销书，足见其对美国人的震撼。美国助理国防部长理查德·阿米蒂奇多次发表讲话，称"保罗·肯尼迪关于美国的论述是错误的"。[①] 布热津斯基则提醒美国人："全球化时代已经启动，一个主导性的力量除了执行一项真正体现全球主义精神、内涵和范围的外交政策之外，将别无选择。对美国乃至整个世界而言，再也没有比如下情况更糟糕的了：美国的政策被全世界视为在一个后帝国时代仍显示傲慢的帝国主义特征，在一个后殖民时代却仍深陷殖民主义窠臼，面对一个史无前例的相互依存的世界却仍自私自利、冷漠无情，在一个宗教多元的世界中却对文化问题自以为是。如此，这场美国超级大国危机将会成为终结美国力量的终点。"[②]

美国的真正危机是价值观的危机，是全球化时代文明交往理念取代敌视观念下，美国人转变观念迟缓带来的衰落危机，这是所有帝国病的表现和其难以克服的。美国人内部的观念之争给美国人带来的痛苦不亚于一场死亡前痛苦挣扎。同时，美国人的痛苦还会在一些追随美国太紧的民族中产生连锁反应。1992 年初，新加坡公务员纪梭·马布巴尼（Kishore Mahbubani，1948 年—）在波士顿参加一个高层委员会会议时说："国与国之间和各国人民之间已经更加紧密地联系在一起。发生在非洲和亚洲的事件

[①] Jim Man. The Book Saying US in Decline Makes the Officials Unhappy. *Los Angeles Times*, May 31, 1988.

[②] [美] 布热津斯基著，陈东晓等译：《第二次机遇：三位总统与超级大国美国的危机》，上海人民出版社 2008 年版，第 4 页。

影响美国人的生活,因此,美国必须学会适应。"① 没想到,他的话招致了一位美国学术权威的异议。这位美国人坚持认为,美国制订规则,它仍然不受境外事件的影响。这使得马布巴尼不得不通过文章系统论述自己的观点。1993年,他在《外交》季刊上发表文章提出:"西方价值观念并不构成一个天衣无缝的网。其中一些是好的,一些是坏的。旁观者清,必须从西方以外的角度才能看清楚西方是怎样给自己带来相对衰落的。"② 他又在1994年的《华盛顿季刊》上发表文章,进一步阐述自己的观点,其中写道:"美国社会像它之前其他的每个社会一样,成了骄傲自大的受害者。它确信自己是无法受到伤害的。"③ 威廉·恩道尔则称:"20世纪70年代两次惊人的石油冲击和随后发生的恶性通货膨胀,创造了美国新的'土地贵族'。在危机过程中,那些拥有财产的人突然发现他们一夜暴富,成为百万富翁。而成为百万富翁的原因,根本就不是经营企业和投资制造业或科学发明,而仅仅是由于拥有土地和房产。"④

从20世纪70年代后半期到80年代前半期,美国出现了以下自嘲式的论调:"英国世纪持续了100年时间,但美国的统率力持续的时间却较短,只有25年,充其量也只有半个世纪。"⑤ 在20世纪90年代中期,有人预言,21世纪也是美国世纪。但联合国大学副校长、东京大学教授猪口孝则认为:"21世纪是美国的世纪,其意思绝不是说美国前途一片光明。虽说美国是实力最强大的国家,但其背后却存在着严重的国内调整问题。被迫进行调整、付出最大艰辛的大多数国民,正谋求在政治上得到补偿。"⑥

法国《费加罗报》记者曾问:"以警察自居的美国会不会因太自以为是而走向反面?"美国前国务卿基辛格回答说:"美国的态度有矛盾。它想成为世界的传道士,但又不打算为它当世界领导人付出代价。它想依靠其纯洁的看法来统治一切。"⑦ 当问及"在共产主义没落之时,您认为今天的

---

① "亚洲之道——亚洲地区的思想家们向世界展示本国思想",香港:《亚洲周刊》1994-3-2。
② Kishore Mahbubani. The Dangers of Decadence: What the Rest Can Teach the West. *Foreign Affairs*, Vol. 72, No. 4, September/October, 1993: 10-14.
③ Kishore Mahbubani. The United States: "Go East, Young Man". *Washington Quarterly*, Vol. 17, No. 2, 1994: 5-23.
④ [美]威廉·恩道尔著,赵刚等译:《石油战争:石油政治决定世界新秩序》,知识产权出版社2008年版,第176页。
⑤ 猪口孝:"美国维持世界大国地位的难题",[日]《世界周报》1996-10-15。
⑥ 同上。
⑦ 弗朗茨-奥利维尔·吉埃斯伯尔:"基辛格说:克林顿厚颜无耻,但不完全是",《费加罗报》1996-11-7。

最大威胁何在?"他回答说:"首先是原教旨主义和恐怖主义,其次是中国。"①

定义20世纪后半期的美国是由多种元素构成的,苏美争霸无疑是重要的元素之一。美国并没有认识到,借世界人民反法西斯的第二次世界大战的胜利,美国与苏联共同建立了一个国际价值体系,并由此形成了"冷战"局面。美国的伟大在很大程度上依赖于这一体系。苏联解体,可视为国际政治价值体系的崩溃。美国被"战胜"苏联的喜悦冲昏了头脑,而对苏联为何解体反思不够。苏联在短短的几十年间,由一个欧洲的三流国家发展成为两个超级大国中的一个,其中有很多合理因素存在。苏联解体表明世人觉悟的提高,对世界和平的期盼在增强,和平与发展已经成为了时代的潮流。冷战结束后,美国没有审时度势地改变自己以适应新的世界变化,而是希望由美国来引领世界的变化。从而奠定了美国走下坡路的基础。美国没有认识到,苏联的解体是自身问题导致的,受价值观的限制,如果不从中看到时代的变化,美国的最终衰落只是时间问题。20世纪强大的美国主要是靠与苏联对峙来定义的,苏联的解体对美国来说失去了参照物,更为重要的是两个超级大国对峙时建立起来的国际价值体系正在为人们所抛弃。美国本应在苏联解体后审时度势,改变自身以适应新的世界变化,但它没有这样做,而是用自己的标准去衡量这个纷繁复杂的世界,看不到世界文明的多样性,不考虑其他民族的感受。它要用实力担当世界警察,但在权利界限不明,不考虑合法性的情况下,警察和强盗往往被模糊为一体,美国看自己是警察,在别人的眼中却是强盗,遭到世界的痛恨在所难免。美国少数人看到了这一点,但阻挡不了一个民族在惯性推动下沿着传统老路下滑的态势。1993年3月,法国学者居伊·西特邦称:"我们大概还没有充分认识到下述问题:慈善帝国的漫不经心与那个罪恶帝国的垮台是相对应的。而正是莫斯科的危险性才使前者得到了巩固。因此,可以说,没有苏联人就没有西方人。当两个超级大国中的一个消失后,人们以为只有一个超级大国的时代来到了。二减一是否等于一呢? 不是,因为二减一等于零。""由布什精心导演的海湾战争给人的印象一个世界新秩序建立起来了,法律将得到遵守。可后来,人们不知不觉地发现上当受骗了,他们明白,美国捍卫的不是法律,他们所捍卫的是他们认为是属于他

---

① 弗朗茨-奥利维尔·吉埃斯伯尔:"基辛格说:克林顿厚颜无耻,但不完全是",[法]《费加罗报》1996-11-7。

们自己的利益。"①

更为重要的是，美国人以钱的多少来定义人的才能，使美国难以培养出公正看待问题的真正学者，虽然美国有一大批从事中东和第三世界研究的学者，但这些学者的价值观是经济效益为先，为提供经费者说话，有时为了得到经费，在金钱的驱使下，甚至不惜混淆黑白，颠倒是非，急功近利，缺乏洞见和深谋远虑，从而造成美国政府决策上的重大失误。如，为了孤立伊朗和打通中亚通道，美国一度支持"基地"组织和塔利班。1994年10月，当巴基斯坦内政部长到阿富汗的坎大哈去会见塔利班人士的时候，美国驻巴基斯坦大使陪同前往。在1996年以前，美国从未对塔利班进行过任何谴责。美国负责亚洲事务的助理国务卿罗宾·拉斐尔曾建议通过一项对阿富汗的武器禁运方案，这对要通过机场获得武器的马苏德的军队是不利的，而靠巴基斯坦的公路来运输的塔利班却不会受到影响。② 为学者传达声音的媒体亦一样，早在20世纪80年代，美国就有学者看到了其存在的问题，威廉·杜尔曼在谈及美国媒体时指出，"记者被证明很容易患民族中心主义病，只为华盛顿的政策目标服务。"③ 在这一背景下，美国文化的批判精神衰退了，日本东京大学教授本间长世评价美国文化时说："思想千篇一律化，评论杂志的目录每月都差不多，就连批评精神也变得越来越有礼貌了。处在这种状况下……议论美国文化的衰退，这是不可能的。"④ 由于判断的失误，美国分不出当务之急的事情和以后要办的事情。早在20世纪80年代，苏格兰阿伯丁大学教授戴维·格林伍德就曾警告说："我们不应花太多的钱去打我们明天将会遇到的敌人，因而使我们败给我们今天遇到的敌人。"⑤

美国的衰落是美国霸权主义的衰落，更精确地说，是霸权主义政策及其实践对美国的拖累。早在500年前，"霸权主义"一词尚未出现，对国际政治中出现的类似现象用"骄狂"一词表达时，杰出的空想社会主义思想家托马斯·莫尔曾说过："骄狂所据以衡量繁荣的不是其自身的利，而是其他各方的不利。骄狂哪怕能成为女神，也不愿做这个女神……这条从

---

① 居伊·西特邦："整个世界再次处于混乱状态"，[法]《新观察家》1993-8-5-11。
② 帕特里克·德圣-埃克萨佩里："奥利维耶·罗伊说华盛顿开了绿灯"，[法]《费加罗报》1996-9-30。
③ William A. Dorman. *The U. S. Press and Iran.* Berkeley and Los Angeles: University of California Press, 1987: 2.
④ 本间长世："文化——自由和环境的多样性产生出活力"，[日]《世界周报》1988（新年号）。
⑤ Scott Sullivan. Rethinking the Conventional War. *Newsweek*, June 24, 1985.

地狱钻出的蛇盘绕在人们的心上,如同鲫鱼一般,阻碍人们走上更好的生活道路。"① 资本主义在追求经济发展过程中所培植起来的自私、贪婪、尔虞我诈等,在更高的生产力面前,被越来越多的人看到,它正在成为人类走向更美好明天的障碍。进入新世纪,美国在国际政治中的所作所为,使包括美国人在内的一些人看到,美国已经失去了对世界发展方向的引领作用。在伊拉克和阿富汗战场,美国机密文件屡屡曝光,正是人们反对美国现行政策的一种表现形式。

美国德雷克大学(Drake University)经济学教授伊斯迈克·胡赛因扎德(Ismael Hossein zadeh)分析奥巴马上台伊始对伊朗政策言行不一的原因时说:"总统真的计划与伊朗真诚对话,与其建立睦邻关系;但是,要落实这一计划,他不得不在策略上围绕伊朗问题发表一些讲话,以安抚他强大的反对者,以防止他们破坏他的全部计划。所以,他的话前后不一。"② 在他看来,奥巴马的政策受制于美国的两大利益集团势力:一个是军费支出和战争津贴受益者的军工联合体,一个是以以色列院外集团著称的"大以色列"计划倡导者。它们都认为中东的战争和紧张的地缘政治更符合他们的利益。这两股势力的联合是心照不宣的。第二次世界大战以来,美国的战争受益者对国际合作和局势缓和总是抱冷淡的态度,也就容易理解了。

阻碍美国政府与伊朗对话的主要因素来自美国借战争和对峙维护自身利益的军工集团。为了维护自身利益,在 20 世纪 70 年代,美国与苏联进行缓和关系的谈判时,围绕在诸如"现实危机委员会"(the Committee on the Present Danger,简称 CPD)之类的"冷战分子"(Cold Warrior)的代表成功破坏了讨论。他们成功地强化了自二战以来一度缓和的苏美间的紧张关系,使得在 20 世纪 80 年代初"重整军备"。随着苏联的解体,美国缓和的呼声威胁了军工集团的利益,其代表又发明出"新的威胁美国利益的外部资源",并成功地用它们代替冷战时期的"共产主义威胁"。这些新的、后冷战时代的威胁所说来自"不可预测的、不可靠的第三世界的地区大国",来自所谓的无赖国家,"来自全球恐怖主义",来自"伊斯兰原教旨主义",更近一点就是来自伊朗"日益迫近的核武器"。③ 除了军工集团,还有一心想实现大以色列计划的犹太复国主义者,在他们看来,以色列与

---

① [英]托马斯·莫尔著,戴镏龄译:《乌托邦》,商务印书馆 1982 年版,第 118 页。
② Ismael Hossein - zadeh. Obama's Doublespeak on Iran. *Counterpunch*, Sept. 28 - 30, 2012: 34.
③ Ibid.

其阿拉伯邻居之间的和平将影响其实现边界野心,因为按联合国决议,以色列应退回到 1967 年以前的边界以内。他们把动荡的中东视为扩张边界的绝佳机会。尽管美国的军工集团和以色列院外集团没有达成正式协议,事实上,这两个军国主义利益集团形成了不光彩的利益联盟。两大集团建立智囊机构,并积极给予财政支持,这些机构包括美国企业研究所(the American Enterprise Institute)、新美国世纪计划(Project for the New American Century)、安全政策研究中心(Center for Security Policy)、中东媒体研究所(Middle East Media Research Institute)、华盛顿近东政策研究所(Washington Institute for Near East Policy)、中东论坛(Middle East Forum)、国家公共政策研究所(National Institute for Public Policy)和犹太民族安全研究所(the Jewish Institute for National Security Affairs)。在这些研究所里,充斥着新保守主义战争贩子。自 20 世纪 40 年代末以来,没有哪位总统敢与这两个集团挑战,奥巴马也没有表现出例外,尽管他提出,与伊朗"重新开始"的和平之音和形式上主张在巴勒斯坦建立两个国家的方案。美国学者弗兰西斯·福山(Francis Fukuyama,1952 年—)在其《历史的终结》中谈道:"科学和技术是进步的基础,对于这种主张,20 世纪的经验已显示相当值得怀疑,因为技术能否改善人的生活,跟与之平行的道德进步程度有密切关系。如果道德不进步,技术的力量就只有奔向邪恶的目的,人类将被投置于更恶劣的境遇。如果没有钢铁、内燃机或飞机这类工业革命的基本发展,20 世纪的总体战不可能出现,而且,广岛以后的人类已生活在最可怕的技术进步——既核武器的阴影之下。"[1] 他借卢梭的话说:"人要获得幸福,必须逃离近代科技所带来消费的无限扩大,及由此所生的匮乏与充足的无限反复,以夺回自然人纯真的人性。"[2]

此外,还有维护现存秩序的大亨们。世界 500 强占据了世界贸易的 80%,世界投资的 75%。[3] 1984—1990 年,约 1800 亿美元从第三世界国家流入西方商业银行。一双耐克鞋在美国的售价为 80 美元,而在印尼的耐克鞋厂中,一个女工一双鞋只挣 12 美分。在发展中国家的市场上,烘焙过的咖啡每公斤 10 美元以上,其田头价格每公斤为 1 美元,第三世界国家的咖啡农每公斤的所得为 25—50 美分,绝大部分被经合组织成员国中的国际贸

---

[1] [美]弗兰西斯·福山著,本书翻译组译:《历史的终结》,远方出版社 1998 年版,第 21 页。

[2] 同上书,第 105 页。

[3] 同上书,第 226 页。

易商、分销商、批发商和零售商所瓜分。① 伊朗核问题背后的真正原因是代表美国大亨的政治家们，为了维护自身的经济利益，限制第三世界的发展，使目前的经济不平等局面继续维持下去。

美国克林顿政府时期的国家情报委员会主席和助理国防部长约瑟夫·奈（Joseph S. Nye Jr, 1937年—）曾说："9月11日使一切都改变了。""恐怖主义攻击是世界正在发生深刻变化的标志。"② 与恐怖分子的恐怖袭击相比，恐怖主义背后反映出来的深层的反美情绪更为可怕，它对美国在全球化时代的交往产生了重要的负面影响。比如，在仇美情绪下对美国包括精神、文化在内产品的排斥，这将是美国更大的损失。尤为重要的是，在对恐怖主义产生的根源的探索中，人们逐渐认识到美国价值观主导下的军事同盟、军事扩张，特别是利用第三世界国家政府所进行的这些活动，将会激起这些国家国民对美国的抵触情绪，培养出新的反美情绪，从而使美国不得不在"是继续站在世界人民的对立面或是迎合世界和平发展的潮流而改变战略之间"做出选择。在文明交往的时代，对本民族优秀传统和其他民族优秀文化成果的借鉴吸收将逐渐让位于排斥和对峙。

早在20世纪80年代，穆斯林学者阿卜杜勒·卡里姆·阿布·纳斯尔（Abdul Karim Abu Nasr）在分析伊朗新政权与外界的关系时曾说：伊朗伊斯兰共和国建立之初提出了"不要东方，不要西方，只要伊斯兰"，"伊朗不需要世界，世界需要伊朗"的口号。这一口号不仅仅是出于伊朗领导人知道他们国家的战略和政治重要性，也不是出于他们感到"它应该在它是一个超级大国的基础上同别人打交道"，而是出于伊斯兰共和国渴望保卫它自己和它的目标免受其他国家的影响，这就是促使它坚持不向其他国家做出任何根本性让步的原因。做出根本性让步就意味着导致伊朗改变革命的目标、本质及其为在中东地区建立几个伊斯兰共和国的努力。在这些口号的指导下，伊朗在国际上几乎完全孤立。1984年秋，阿亚图拉霍梅尼指示伊朗领导人，必须"在国际上开展活动，努力同世界上大多数国家建立较好的关系"。"鉴于此，大国也就不能'说服'伊朗或'促使它'接受国际社会的准则和懂得国际角逐的规律，而伊朗革命一直是按照一种特殊的概念和原则行事的，这种概念和原则同指导世界其他国家间关系的准则常常是相悖的。这些国家未能像过去'了解'中国革命和苏联革命并同这

---

① [美]弗兰西斯·福山著，本书翻译组译：《历史的终结》，远方出版社1998年版，第228页。

② [美]约瑟夫·奈著，郑志国等译：《美国霸权的困惑：为什么美国不能独断专行》，世界知识出版社2002年版，前言，第3—4页。

两个革命建立起以明确原则为指导的关系那样完全'了解'伊朗革命,这就是他们在同伊朗打交道时失败的原因。"同时,他提醒说:"如果伊朗在过去几年已经知道如何同大国交往并利用它们的矛盾和它们之间的竞争的话,那么,大国还不知道如何同伊斯兰共和国打交道。"[1]

迈克尔·H. 亨特评价美国一个多世纪以来的外交政策时说:"追求海外市场对国内的稳定与繁荣是至关重要的。它还曾被说成是头脑清醒的现实主义者与头脑糊涂的道德主义者、悲观主义的政客与反复无常的民众间的斗争的延伸。这些探讨各有它的价值,但都不完整,因为他们未能恰当地找到美国政策最重要的特点之一,这就是植根于 18 世纪、19 世纪的意识形态的深远与广泛的影响。"[2] 他还说:"美国外交政策意识形态的无能,还表现在它令美国无法理解、更不必说去同情那些同我们在文化上差异很大的国家了。在意识形态中占中心地位的民族优越感产生了死板的观点,夸大其他民族看起来是负面的生活面貌,贬低他们的技能、成就与情感,贬低其价值。把其他民族的文化贬低为落后或顺从,使美国人心目中形成僵化的假象,认为诱导这些民族进行政治改革与发展经济是件很容易的事情。在遇到顽固不化,或抗拒、抵制时,美国人自然就感到受挫与遗憾,更极端地也许会沉溺于把对方看作是非人性,有可能求助于强迫或暴力手段。这种模式,首先用于同黑人与土著美洲人的关系上,后来便用到了'第三世界'各民族的身上。"[3]

美国学者墨子刻(Thomas A. Metzger, 1933 年—)曾说:"民族主义和对帝国主义的仇恨遍及第三世界。"[4] 美国为什么遭人忌恨?它的价值观和霸权政策正在把越来越多的民族拉下水。把一些国家本该用于提高民众生活水平的钱用在了扩军备战上。一个日本学者曾形象地比喻军力与综合国力的关系:一个穷武士想买一套漂亮的盔甲,但没有钱,于是他就每天减少食量,终于攒够了钱,买了一套漂亮的盔甲。战争爆发了,他勇敢地挺身而出参加战斗,但由于多年的半饥半饱,使其身体极度虚弱,连盔甲

---

[1] 阿卜杜勒·卡里姆·阿布·纳斯尔:"面对国际封锁的伊朗:停战还是全线出击",《未来》(黎巴嫩阿拉伯文周刊) 1987 - 8 - 1。

[2] [美] 迈克尔·H. 亨特著,褚律元译:《意识形态与美国外交政策》,世界知识出版社 1998 年版,第 131 页。

[3] 同上书,第 189 页。

[4] [美] 墨子刻著,颜世安等译:《摆脱困境——新儒学与中国政治文化的演进》,江苏人民出版社 1996 年版,第 208 页。

的重量都承受不了，在战场上很快就被敌人杀死了。① 美国的新亚洲政策将会使越来越多的亚洲国家，富的变穷，穷的变死。由于美国积极插手亚洲事务，使近年来亚洲成为世界武器的最大买主，仅 2012 年短短一年内，印度政府就向法国、英国、美国、俄罗斯、瑞士等国签订了 6 个军购大单，总价值超过 200 亿美元（约合人民币 1240 亿元），成为世界武器装备进口榜上的冠军。2012 年，韩国 3 个购买军备订单共斥资 10.65 万亿韩元（约合人民币 610 亿元），成为继印度之后的第二大武器买家。2013 年，日本军费达到 4.7 万亿日元（约合人民币 3200 亿元）。2012 年 12 月，菲律宾总统阿基诺三世签署法令，未来 5 年，菲斥资 18 亿美元（约合人民币 110 亿元）。泰国也向美国提出了 10 亿美元（约合人民币 62 亿元）的军备采购计划。2011—2012 年，印度仅空军的采购订单就达 20 亿美元（约合人民币 124 亿元）。如此高的军购，对于 2011 年人均 GDP 仅为 1389 美元的印度、1374 美元的越南、2223 美元的菲律宾来说，让美国挑起的亚洲紧张局势将其绑架在扩军备战的快车上，当这些国家的民众认识到美帝国主义的危害后，将会使世界上仇美队伍迅猛壮大。美国历史学家沃尔特·拉塞尔·米德（Walter Russell Mead，1952 年—）曾说："没有一个国家拥有一个类似的全球基地网，没有一个国家的海军争夺美国的海洋控制权，没有一个国家甚至于想同美国争夺蓝天。这都很好，这使设计美国武器的人（其中也有许多日本人）以及非常有效地使用了这些武器的战士大为增光。但是，各国已从整个历史认识到，军事实力不是国际生活的全部内容。""既有战争艺术，也有和平艺术，在经过 50 年的战争后，美国已失去其对和平时期外交的机敏。"② 1985 年，美国《新闻周刊》编辑斯科特·沙利文借北约总部的一位英国高级官员的话说："军事原则正在某种程度上受某些咄咄逼人的美国制造商想出售的东西的支配。"③

应该看到，用先进的军事技术引领民族科技发展的时代已经结束。在现代化的过程中，人类社会的科技进步在很大程度上是靠先进的军事技术引领的，民族经济的发展寄托在军转民的技术转化。而军事技术的发展是在政府所谓的追求安全的口号下进行的。早在 20 世纪 80 年代，德国人克滕巴赫就指出："导弹的命中率越高，威胁就越大——如对敌人的导弹库

---

① ［美］兹比格涅夫·布热津斯基著，潘嘉玢等译：《大失控与大混乱》，中国社会科学出版社 1995 年版，第 131 页。

② Walter Russell Mead. U. S. Now Regrets It Sought Rich and Powerful Allies. *Los Angeles Times*, July 21, 1991.

③ Scott Sullivan. Rethinking the Conventional War. *Newsweek*, June 24, 1985.

的威胁就越大,敌人必须保护它不受损害,因为如果不这样做,它就会丧失其反击的能力,也就是对进攻者威慑的能力。武器技术的进步,军备和追补军备都不会减少而只会增加战争的危险,因为它们会'动摇'威慑的作用,总之这是许多科学家的论点。"① 在这一逻辑中,只有拥有了核武器的国家才是强大的,显然这是不符合第三世界广大发展中国家利益,因为过分追求军事装备将大大影响百姓的福祉,美国的军国主义者就是要制造出这样一种国际氛围。伊朗核问题迫使国际社会做出选择:是在承认民族权利平等,赋予中小国家以尊严,还是在高科技时代紧张对峙。最后,世人终于会认识到,美国是美国人的美国,它的目的是美国人利益的最大化,只有把世界搞乱,美国围绕军事发展的一切才具有价值,一个和平的世界是不符合美国目前利益诉求的。

伊朗核问题不但使帝国主义政策陷入了理论与政策的两难境地,更加速了美利坚帝国衰落的进程。在 21 世纪全球化的过程中,美国传统的霸权主义将寿终正寝,一个新的适应全球化的新美国将取而代之。美国传统霸权主义消亡不会缺少陪葬者或殉葬者,它们可能来自美国的对立面,也可能来自美国的朋友。这不是靠"猜猜它是谁"来决定的。面对伊朗取得的进步,美国人不得不调整对伊朗甚至穆斯林世界的态度。2009 年 1 月 26 日,美国总统奥巴马在接收阿拉伯电视台专访时称,美国不是穆斯林的敌人。这是奥巴马宣誓就职后首次接收媒体正式采访,表明白宫将"积极修复"受损的美国与阿拉伯世界的关系。奥巴马在谈话中特别提到自己具有一些"穆斯林背景和亲戚",这也是他首次公开承认此事。他承认美国在穆斯林问题上过去犯了错误,并希望能把双方的伙伴关系恢复到历史上"最好的水平"。②

当今世界,在和平与发展的时代主旋律中,不需要一个多余的"离岸平衡手"。建立互信至关重要,土耳其外长达武特奥卢(Ahmet Davutoglu,1959 年—)称,"在伊朗核问题的谈判中,60% 是心理上的,20% 是方法上的,更实质性的只占 20%。"③ 布热津斯基曾将全球化时代美国的使命定义为:"美国成为世界最强大的国家,也使华盛顿的领袖角色承担着三项

---

① 汉斯·维尔纳·克滕巴赫:"会由于疏忽而发生核战争吗?",《科隆城新闻报》1983 - 12 - 22。

② Mark Tran. Obama Seeks to Repair Damage in Middle East Diplomacy Drive. *The Guardian*, Jan. 27, 2009.

③ Jonny Dymond. Turkey FM Davutoglu embraces mediation role. *BBC News*, Dec. 3, 2009. http://news.bbc.co.uk/2/hi/8393516.stm.

重要的使命":"在一个地缘政治平衡变化不定、民族国家愿望上升的世界中管理、指导和塑造中心力量之间的关系,以便形成一个更加合作的全球体系";"遏制和中止冲突,预防恐怖主义和大规模杀伤性武器扩散,以及促进被内部冲突撕裂的地区的集体维和行动,以使全球暴力下降而不是进一步扩散";"更有效地处理人类现状中令人日益无法容忍的不平等现象,以适应'全球良知'这一新现实,并推动共同应对新的环境和生态问题对全球福祉的威胁"。① 如果美国不改变自己的价值观,它能做到这一点吗?我们要看到,美国作为一个超级大国已风光不再,但作为一个世界大国它毅然具有魅力。这又是美帝国与其他帝国的不同之处。大英帝国通过对美帝国的依附维护自身的利益,而美国的特殊情况则要求其以独立身份参与国际事务。美国的衰落实质上是一个价值系统中引领时代潮流的核心价值观的过时。

第二节 亚洲的崛起

世界和平看亚洲。人类数千年的文明史,伟大的思想出自亚洲,重要的战争多发生于亚洲。今日之亚洲;是和平或是战争,对于世界来说,意义重大。1850年初,马克思和恩格斯在《新莱茵报》的时评中谈道:"世界贸易中心在古代是推罗,迦太基和亚历山大里亚,在中世纪是热那亚和威尼斯,在现在以前曾经是伦敦和利物浦,而现在则是纽约和圣弗朗西斯科、圣胡安—德尼加拉瓜和莱昂,查格雷斯和巴拿马。世界交通枢纽在中世纪是意大利,在现代是英国,而目前则是北美半岛南半部。"② 几个月后,他们又谈道:"(加利福尼亚金矿的发现)的意义在于加利福尼亚丰富的矿藏对世界市场上的资本起了推动作用;使整个美国西海岸和亚洲东海岸都活跃起来,使加利福尼亚和所有受加利福尼亚影响的国家形成新的销售市场。"③ 1857年,恩格斯在《波斯和中国》一文中预言说:"过不了多少年,我们就会看到世界上最古老的帝国作垂死的挣扎,同时我们也会看

---

① [美]布热津斯基著,陈东晓等译:《第二次机遇:三位总统与超级大国美国的危机》,上海人民出版社2008年版,第171页。
② 《马克思恩格斯全集(第10卷)》,人民出版社1998年版,第276页。
③ 同上书,第590页。

到整个亚洲新纪元的曙光。"① 在这里,马克思和恩格斯预见了太平洋世纪的到来和亚洲的崛起。

一、不同文化背景下学者们对亚洲崛起的预见

1984年11月中旬,美国威斯康星大学经济系教授,中国台湾《天下》、《远见》月刊社社长高希均为香港《信报》撰文称:"从多种重要经济指标来看,当前的美国与欧洲依然富裕,但其富裕的程度在下降中。渐渐取而代之的不是苏联及东欧共产党国家,也不是中东石油输出国,更不是'第三世界'的发展中国家,而是东方的日本、四小龙,以及不可轻视的中国大陆。""在这样明显的趋势下,眺望21世纪,'太平洋世纪'一词随之而起。事实上,如果真要指陈东方国家愈来愈重要的地位,'亚洲纪元'应当是一个更明确的名词。"② "面对1992年欧洲单一市场的成立,美加自由贸易协定的签订,亚洲的日本、四小龙与中国大陆相互之间应该如何制定竞赛规则,培养东方人共识,以及调适台湾与大陆对峙,将决定21世纪是否真会是'亚洲世纪'。"③ 1986年美国成了第一大债务国,日本成了第一大债权国。1987年夏天,总部设在纽约的《美国银行家日报》的调查结果表明,30年来,在按储蓄排名的世界十大银行中,第一次没有美国银行,按资产排名的10大银行中,美国唯一进入前10强的是花旗银行,拥有资金1459亿美元,并从1985年的第六位降至1986年的第九位。不论按资产或储蓄排名,世界10大银行中,日本皆占7家,且占前7位。1988年12月1日,美国亚洲传统基金会举行新闻发布会,介绍由该基金会起草、供布什政府和第101届国会参考的政策性文件《领导者的使命(第3辑):90年代的政策战略》。其中谈道:"新总统面对的是越来越强大和生机勃勃的亚洲太平洋地区。承认亚洲压倒一切的经济和战略重要意义,新总统就会正式把美国的主要重心从大西洋转移到太平洋,开创太平洋世纪。"

1992年3月,德国前驻华大使埃尔温·维克特在《法兰克福总汇报》撰文称:"在日本、东盟各国和在'四小虎'或'四小龙',无人怀疑2000年将开始太平洋世纪,在这之后不久先是世界经济重心,然后是政治

---

① 《马克思恩格斯全集(第12卷)》,人民出版社1962年版,第234页。
② 高希均:"亚洲的纪元将来临",香港:《信报》1984-11-17。
③ 高希均:"培养共识迎接'亚洲纪元'",香港:《信报》1984-11-18。

重心将转移到太平洋。"① 约翰·奈斯比特（John Naisbitt，1929年—）称："90年代末，当澳门回归中国的时候，西方占据主宰地位的最后篇章将写完。500年来第一次，亚洲的每一寸土地都将由亚洲人控制和管理。""事情不会一帆风顺——将有挫折、冲突和失望。但是从现在起50年后，人们将清楚地看到，90年代及至下个世纪具有世界意义的最轰轰烈烈的事件就是亚洲的现代化。""亚洲曾经是世界的中心，现在，这一中心即将回到亚洲。"②他在其《亚洲大趋势》中又谈道："近150年间，当西方人享用他们创造的进步和军事计划时，大多数亚洲人还生活在贫困之中。现在，亚洲踏上了富强发展之路，经济的复苏使东方人有机会重新审视传统文明的价值。随着技术和科学的引进，亚洲向世界展示了现代化的新型模式，这是一种将东、西方价值观完美结合的模式，一种包容自由、有序、社会关注和个人主义等信念的模式。东方崛起的最大意义是孕育了世界现代化的新模式。亚洲正在以'亚洲方式'完成自己的现代化，它要引导西方一起迈入机遇与挑战并存的21世纪。"③奈斯比特并预言："东、西方两种文化、经济交融之时，世界将会更加生机勃勃。"④

2005年2月13日，美国中央情报局（CIA）的智库机构——国家情报委员会（NIC）发表了一份名为《展望2020描绘全球未来》的报告。报告预测：再过15年，中国和印度几乎肯定成为全球性大国，令美国面临更大竞争压力。报告的撰写历时一年，参与者博采众家之言，对美国以及海外1000多位外交和国际事务专家的观点和理论进行总结，还在全球召开了30场会议进行讨论，最终形成。报告的结论有："大国之间的冲突引发全面战争（的几率）……在过去一个世纪中降低到比以往任何时候都要低"，尽管"自西方联盟体系1949年形成后，从来没有像过去10年这样，在形式和本质上具有如此变化性"。该委员会主席罗伯特·哈钦森在公布这份报告时强调说，2020年将发生急剧变化，最新崛起的大国将具备淘汰旧世界格局能力，但这些国家究竟会和国际社会合作或竞争，对美国而言是一个极重要的不确定因素；日本在15年内可能进入危机时期，阻碍其经济复苏，迫使该国重新评估其在世界所扮演的角色；美国的国力在此期间呈下

---

① 埃尔温·维克特："赶上日本人和美国人将是困难的——太平洋世纪，中国和欧洲"，《法兰克福汇报》1992-3-4。
② John Naisbitt. Global Forces Shape Asia. *Far Eastern Economic Review*（50th Anniversary Commemorative Edition: Telling Asia's Story），1996：192-3.
③ 约翰·奈斯比特著，蔚文译：《亚洲大趋势》，外文出版社等1996年版，第275页。
④ 同上书，第274—275页。

降趋势，但其全球唯一霸权的地位可维持到2020年；到2020年，中国的国民生产总值将居全球第二，仅次于美国，印度将超过多数欧洲经济体，且两国都很可能成为世界的科技领袖；美国的对华政策要在对抗或合作之间做出选择；中、印崛起成为世界强国，"将改变地缘政治面貌，可能带来的冲击将和原先的两国（德、美）一样充满戏剧性"。① 报告关于中国国民生产总值居全球第二的预言在现实中提前了整整10年，由15年变为5年。这从一个侧面使人们看到了亚洲发展速度之快。

新加坡原驻联合国大使许通美认为，新加坡国家建设取得成功是"亚洲的价值"在其政策中得以反映的结果，其中包括重视家庭、勤奋、教育和积蓄，尊重人权，以及社会利益优先于个人利益等等。他强调，"现在，美国应该向亚洲学习。"② 新加坡国际问题研究所负责人拉奥·泰克森也说："亚洲已进入重新发现传统价值的'文艺复兴时期'。"③ 亚洲的崛起主要表现在亚洲文化对世界文化吸收的特性。不论是从传统意义上的伊斯兰文化、佛教文化、儒家文化，或是现代的中国文化、伊朗文化、印度文化、韩国文化、日本文化等，都表现出来具有高度的消化和吸收功能。

进入21世纪后，经过美国发动的两场战争，人类社会进一步认识到和平发展符合绝大多数人的利益。2007年9月，史蒂芬·赞斯在接触过伊朗总统内贾德后，谈到他对伊朗与美国总统的看法："艾哈迈迪－内贾德和乔治·W. 布什皆用他们的原教旨主义诠释自己的信仰传统，用摩尼教的标准衡量世界的善与恶。他们坚定自己的立场，从不考虑对方，自我神圣使命感强烈。他们成功地操纵着他们虔诚的宗教信徒，把两个民族置于危险的对抗之中。"④

我们要看到，亚洲的崛起不再是单纯经济意义上的崛起，是文化上的崛起，是亚洲价值观在文明交往中的再发现，是全球化时代价值观的认同和传播。今天，世界上能够传承下来的主要信仰皆起源于亚洲，从三大一神教到多神教，从宗教到世俗的中国儒学。在今天的亚洲，不同文明之间的交流与接纳正在向世人展现一种现代人全新的观念和生活方式。尤其是

---

① 钟和、世锋："中情局报告详情披露：15年后中印挑战美霸权"，《扬子晚报》2005－1－16。

② 尾崎春生："'亚洲价值观'抬头——探索新的国家理念"，[日]《经济新闻》1994－9－6。

③ 同上。

④ Stephen Zunes. My Meeting with Ahmadinejad. FPIF (foreign Policy in Focus), Sept. 28, 2007. http://www.fpif.org/articles/my_meeting_with_ahmadinejad.

新中国，从建立到改革开放，将以劳动为核心价值观的马克思主义引入中国，使中华民族充满了活力，并充分展示了亚洲人包容进取、吃苦耐劳、善于合作的特点。在当今的世界上，要么过分强调形而上的东西而使意识形态与现实脱节，要么太注重现实物质性的东西而忽视人的精神需求，劳动价值观把物质和精神、理论与实践有机结合，借此可以实现社会财富的最大化，更为重要的是在劳动中去创造财富，共同分享劳动成果，在劳动中建立合作互助的新型人际关系，这不但是中国的曙光，也是亚洲的曙光，更是世界的曙光，特别是人类文明在经历了高科技带来的痛苦之后，人类看到了可持续发展与和平的曙光在劳动之中。

在意识形态问题上，我们要看到意识形态有先进性与契合性的特征。先进性是指代表历史发展方向，契合性是指人的自身素质对意识形态的领会与贯彻落实程度，或者自身对所信仰意识形态的感悟，即人用行动对信仰的表达。在历史上，一些意识形态被人们放弃了，这并非说这些东西不代表历史发展方向，不具先进性，而是由于一些人挂羊头，卖狗肉，从而造成人们对信仰的失望和宣传者的绝望，从而导致信仰的丢失。

同时我们也要看到，西方经济发展已经由实体经济过渡到虚拟经济的新阶段，在这一阶段上要把劳动价值观深入人心更加困难。但是，任凭虚拟经济下贪婪、虚伪、自私、欺骗等恶魔任意发展，人类将迟早被带入毁灭的深渊。

亚洲的和平崛起不会一帆风顺。在欧洲，通过两次世界大战的洗礼，欧洲人民，特别是战争的始作俑者德国认识到了和平的重要性，德国历届政府都把扼制极右势力作为主要任务之一，从而实现了欧洲的长期和平。在东亚，日本对外发动的侵略战争给亚洲一些国家和日本人民带来了巨大灾难，还有美国向日本投放的两枚原子弹给广岛和长崎民众带来的核灾难，但日本的极右势力并没有从战争灾难中吸取教训。日本民智的提高很可能需要一场更大规模的战争，让日本人民从战争的灾难中看清军国主义是整个人类的大敌，从而将其拒绝于大众意志之外，一劳永逸地解决困扰亚洲数千年的战争问题。

亚洲人民应该看到一些大国正在将人类引向灾难，在人类走向和平发展的当今世界，虚拟经济正在培养人的自私和贪婪；各种借口下的战争正在把一些民族推向灾难，并造成这些民族所在地区的动荡与不安；民主和自由已经成了推行霸权主义的工具；有的国家以其他民族保护神的面目出现在亚洲等地区，正在使一些国家劳民伤财地扩军备战，既影响了人民生活水平的提高，又加剧了世界的动荡。随着世人觉悟的提高，凡是逆世界历史发展潮流，与世界人民背道而驰都要改弦更张，融入世界和平发展的潮流之中。这对于个别国家来说是件脱胎换骨、倍感痛苦的事情。

我们还要看到美国的"精英"们正在用廉价的文化垃圾，如宣扬暴力和色情的东西来赢得金融或 GDP 增长，从某种意义上来说，这是与虚拟经济和金融衍生工具的使用相一致的，这种靠外界刺激物来维持兴奋的做法只是强化了短暂兴奋后的空虚和失落，使幸福指数越来越低，而不能达到一个民族在核心价值观指导下，通过内省和内敛来实现的快乐层面。

德怀特·博格达诺夫和弗拉基米尔·洛厄尔在其《世界史》中曾说："需要在人类头脑的分析部分和本能部分之间，在理智和感情之间建立一种新的平衡；只有这样，人类才能较为自如地应付世界。必须在个人的自由诉求和全球道德的要求之间进行一场新的讨价还价；只有这样，法律和自由才能实现平衡。由于没有及时处理这些问题，民主国家从 20 世纪胜利的高峰直接走入突降。"[①]

在亚洲崛起中，我们要看到，国家制度在建立民族道德上起着重要作用。面对国际社会对国际道德的需要，从制度层面上来看，国家突然发现自己处在两难境地，在国际道德层面，它退居到了国家道德层面的"个人"的地位。布热津斯基曾说："要获得成功，美国的外交政策必须来源于道德信念，并通过对历史进程中难免模棱两可的难测之事进行清晰的，是非分明的辨别来加以落实。只有普通百姓才能公开表明自己的困惑，折衷是不可知论者的缺陷，而[对事情]不确定则是因为知识分子做得不够好。"[②] "西方文化越来越显得失去了道德指针，人们怀疑这样的文化的长久生存能力。"[③]

二、从意识形态看亚洲未来

2004 年底，新加坡国立大学公共政策学院院长马凯硕（Kishore Mahbubani, 1948 年—）在美国《新闻周刊》上撰文指出，21 世纪初有两件大事：首先，亚洲将在全球发挥越来越重要的作用；其次，1945 年创建的国际机构将不得不为适应新世纪需求而改组。如果历史发展遵循一定的逻辑，那么，亚洲国家将为建立世界新秩序发挥领导作用。他自问自答说：

---

① Dwight Bogdanov, Vladimir Lowell. Looking back from 2992: a world history, chapter 13: the disastrous 21st century. *The Economist* (*US*), See all results for this publication.

② [美]布热津斯基著，陈东晓等译：《第二次机遇：三位总统与超级大国美国的危机》，上海人民出版社 2008 年版，第 28—29 页。

③ 同上书，第 32 页。

"我们是希望这类机构继续成为强国俱乐部,还是希望使它们为全球60亿人服务?1945年制订的规则能延续到2045年吗?如果不能,何时及怎样改革?""如果能从现有秩序中获益甚多,西方不会自找麻烦。亚洲有能力在不经历全球危机情况下带头创建世界新秩序吗?可悲的是,还没有迹象表明亚洲做好了准备。"① 曾为美国空军和美国几届政府工作过、现已退休的空军上校、乔治·华盛顿大学政治学博士、战略家罗伯特·羌德勒(Robert Chandler)在其著作《阴暗世界》(Shadow World: Resurgent Russia, The New Global Left, and Radical Islam, 2008 年由 Regnery publishing, lnc. 出版)中称,美国的危险来自全球左派、激进伊斯兰、复兴的俄罗斯。

意识形态是什么?比克胡·帕雷克(Bhikhu Parekh,1935年—)在其《马克思的意识形态理论》(Marx's Theory of Idelolgy)中谈道:"意识形态是对一个社会集团生存状况和思想形式的普遍化或绝对化,它把某一社会集团的需要变成整个社会或人类的规范,它所赖以建立的假设不过是这一社会集团生存状况的学术摹本。"②

在《共产党宣言》中,马克思和恩格斯将社会主义区分为三种:"反动社会主义"、"保守社会主义"和"空想社会主义"。如果将两位经典作家创立的科学社会主义也算进去的话,社会主义至少有4大类。科学社会主义是什么?它是人类的解放理论,主张人在劳动中实现自我解放,把劳动作为人的第一需要,通过劳动实现社会财富的最大化,在劳动中互相关心,互相爱护,建立互助合作的新型人际关系,从而实现人生幸福。当一个社会将其作为目标追求时,那些贪婪、自私的金融寡头、投机政客、不法商人将发现自己越来越没有生存空间,所以,帝国主义者害怕"左派社会主义",而不是其他社会主义。

马克思的一生是寻找实现人生幸福路径的一生,少年马克思在其中学作文中就立志为所有人谋取幸福。由于出生于犹太教学者世家,受家庭影响,少年马克思把人的幸福寄希望于宗教救赎。随着学识的增长,他把幸福观由唯心主义转向了唯物主义,围绕核心价值的构建去实现人的幸福。在构建中,马克思的核心价值观经历了三次飞跃:由宗教转向自由,由自由再转向现实社会中人的解放,最后落脚点到人在劳动中的自我解放,并

---

① Kishore Mahbubani. A New Asia Finds Itself. *Newsweek International*, Dec. 27, 2004.
② 鲁克俭:《国外马克思主义研究的热点问题(4)》,中央编译出版社2006年版,第164页。

形象地将其比作围绕太阳旋转。现将三次飞跃的具体情况予以梳理。

1837年11月，马克思在给父亲的信中写道："帷幕降下来了，我最神圣的东西被毁掉了，必须用新的神来填补这个位置。"① "如果说神先前是超脱尘世的，那么现在它们已经成为尘世的中心。" "我想再度潜入大海，不过有个明确的目的，这就是要证实精神本性也和肉体本性一样是必要的、具体的并有着坚实的基础。"② 在这里，马克思把精神提升到了与物质一样的地位。他借伊壁鸠鲁的话说："要得到真正的自由，你就必须为哲学服务。凡是倾心降志地献身于哲学的人，用不着久等，他立即就会获得解放，因为服务于哲学本身就是自由。"③ 在这里，他告诉人们人的真正解放是思想观念的解放，是价值观的解放。大学阶段和刚大学毕业的马克思把自由视为人的最大解放，或核心价值。他说："你们不仅要把金钱，而且至少同样也要把自由理性当作世界的统治者；'自由理性的行为'我们就称为哲学研究。"④ 在此，我们也可以看到马克思哲学理解中的科学精神。对中文第一版《马克思恩格斯全集》第1卷统计表明，从1842年到1844年，马克思的著作中使用"自由"一词达663次之多。写于1842年6月的《第六届莱茵省议会的辩论（第一篇论文）》，在62页（中文全集版）的文章中，使用"自由"一词多达364次。可以说，此时的马克思对自由达到了狂热的程度。反映马克思重视自由或者说把自由视为核心价值观的是下面一句话："在宇宙系统中，每一个单独的行星一面自转，同时又围绕太阳运转，同样，在自由的系统中，它的每个领域也是一面自转，同时又围绕自由这一太阳中心运转。"⑤ 这是马克思第一次用围绕太阳运转作比。不过，在经过一段对自由的痴迷之后，马克思发现，自由是个形而上的概念，具有两面性，剥削者剥夺被剥削者也是一种自由。于是，他的思想开始转向现实，考虑人在实现社会中求得解放的路径。

所谓人的社会现实性诚如马克思所说，不再用虚幻的、抽象的概念看人，而是在现实社会的交往中看人，在考虑个人利益时与社会整体利益一并加以考虑，使个人与社会协调统一。1843年下半年，马克思在《〈黑格尔法哲学批判〉导言》中说："对宗教的批判使人不抱幻想，使人能够作为不抱幻想而具有理智的人来思考，来行动，来建立自己的现实；使他能

---

① 《马克思恩格斯全集（第47卷）》，人民出版社2004年版，第12页。
② 同上书。
③ 《马克思恩格斯全集（第1卷）》，人民出版社1995年版，第24页。
④ 同上书，第224页。
⑤ 同上书，第191页。

够围绕着自身和自己现实的太阳转动。"①这是马克思第二次用围绕太阳转动作比。通过马克思这一时期的著述，我们可以看出，他指的是以人而不是以神为中心的现实人本主义，也就是在现实社会中成就人。马克思在《1844年经济学哲学手稿》中明确指出："自然界的人的本质只有对社会的人来说才是存在的；因为只有在社会中，自然界对人来说才是人与人联系的纽带，才是他为别人的存在和别人为他的存在，只有在社会中，自然界才是人自己的人的存在基础，才是人的现实的生活要素。只有在社会中，人的自然的存在对他来说才是自己的人的存在，并且自然界对他来说才成为人。因此，社会是人同自然界的完成了的本质的统一，是自然界的真正复活，是人的实现了的自然主义和自然界的实现了的人道主义。"②从上述表达中，我们可以看出，马克思人的现实社会性是人的本质，人的自然性与社会性是辩证统一的。怎样培养人的社会性呢？马克思在《论犹太人问题》中已看到："政治解放当然是一大进步；尽管它不是一般人的解放的最后形式，但在迄今为止的世界制度内，它是人的解放的最后形式。不言而喻，我们这里指的是现实的、实际的解放。"③马克思的现实社会人思想是要在现实社会中去建立新型社会制度，在此基础上，培养新型的人际关系。这一思想实现了马克思主义人观由唯心主义向唯物主义的转移，奠定了科学人观的基础。然而，在马克思看来，人受制于两个方面：一是人与人之间的约束，一是自然对人的约束。社会人只解决了人与人之间的关系，没有解决人与自然的关系。再者，人的真正解放不能停留在制度解放层面，必须上升到自我解放层面。为此，马克思继续寻找人类解放的新支点。

封建社会把人从奴隶主阶级对奴隶的压迫下解放出来，资本主义社会把人从封建主对农奴的压迫下解放出来，社会主义社会要结束整个人类历史上的阶级压迫和剥削，必须实现人的自我解放。马克思的劳动异化理论论述了资本主义制度下生产力越发达，人越感到痛苦这一"异化劳动"对人的社会发展方向的背离。马克思在《费尔巴哈——唯物主义观点和唯心主义观点的对立》的片断中谈道："如果他们（聪明哲学家）把哲学、神学、实体和其余一切废物消融在'自我意识'中，如果他们把'人'从这些词句的统治下——而人从来没有受过这些词句的奴役——解放出来，那

---

① 《马克思恩格斯全集（第3卷）》，人民出版社2002年版，第200页。
② 同上书，第301页。
③ 同上书，第174页。

么,'人'的'解放'并没有前进一步;只有在现实的世界中并使用现实的手段才能实现真正的解放……当人们还不能使自己的吃喝住穿在质和量方面得到充分供应的时候,人们就根本不能获得解放。"① 他又在边注中加了"劳动"等词汇。在马克思看来,只有劳动才能促使人的全面发展和人的真正解放。1854年3月9日,马克思在《给工人议会的信》中谈道:"大不列颠的千百万工人第一个奠定了新社会的真实基础——把自然界的破坏力变成了人类的生产力的现代工业。英国工人阶级以不懈的毅力、流血流汗、绞尽脑汁,为使劳动本身成为高尚的事业并使劳动产品增加到能够实现普遍丰富的程度创造了物质手段。""英国工人阶级既然创造了现代工业的无穷无尽的生产力,也就实现了劳动解放的第一个条件。现在它应当实现劳动解放的另一个条件。它应当把这些生产财富的力量从垄断组织无耻的枷锁下解放出来,使它们受生产者共同监督,这些生产者直到今天还在听任自己亲手创造的产品本身转过来反对自己,统统变成镇压他们自己的工具。""工人阶级征服了自然,而现在它应当去征服人了。"② 在马克思看来,未来共产主义社会不仅要在社会主义公有制的基础上大力发展生产力,达到消灭阶级和阶级差别,而且需要"全面发展"的人。造就全面发展的人只有一种手段,这就是生产劳动同智育和体育相结合。马克思在《资本论》(第1卷)中说:"未来教育对所有已满一定年龄的儿童来说,就是生产劳动同智育和体育相结合,它不仅是提高社会生产的一种方法,而且是造就全面发展的人的唯一方法。"③ 那"一般人的解放的最后形式"是什么呢?在这里,我们可以看到,人的最终解放不是制度解放,是价值观上的自我解放,制度解放只是思想观念上自我解放的前提。马克思曾在《〈黑格尔法哲学批判〉导言》中说:"只有这样的情况下,即整个社会都处于这个阶级的地位,也就是说,例如既有钱又有文化知识,或者可以随意获得它们,这个阶级才能解放整个社会。"④ "德国人的解放就是人的解放。这个解放的头脑是哲学,它的心脏是无产阶级。哲学不消灭无产阶级,就不能成为现实;无产阶级不把哲学变成现实,就不可能消灭自身。"⑤ 在马克思看来,在过去和正在经历的阶级社会中,任何一个阶级的解放都意味着剥削和奴役对象的转移,只有无产阶级在价值观念上的解

---

① 《马克思恩格斯全集(第42卷)》,人民出版社1979年版,第368页。
② 《马克思恩格斯全集(第13卷)》,人民出版社1998年版,第134页。
③ [德]马克思:《资本论(第1卷)》,人民出版社2004年版,第556—557页。
④ 《马克思恩格斯全集(第3卷)》,人民出版社2002年版,第210页。
⑤ 同上书,第214页。

放,才能实现全人类的解放。

用劳动消灭阶级。马克思和恩格斯在《共产党宣言》中指出:"原来意义上的政治权力,是一个阶级用以镇压另一个阶级的有组织的暴力。如果说无产阶级在反对资产阶级的斗争中一定要团结成为阶级,如果说它通过革命使自己成为统治阶级,并以统治阶级的资格运用暴力消灭旧的生产关系,那么它在消灭这种生产关系的同时,也就消灭了阶级对立的存在条件,消灭了阶级本身存在的条件,从而消灭了它自己这个阶级的统治。"① 这只有通过劳动价值观来实现。劳动还是解决社会发展中不平衡性的关键所在。19 世纪中期,西欧经济学界已经认识到资本主义生产和分配的不均衡是导致资本主义一系列问题的根源。在马克思看来,实现均衡的是劳动。1870 年 7 月,马克思在《国际工人协会总委员会关于普法战争的第一篇宣言》中说:"人们可以展望更加光明的未来……同那个经济贫困和政治昏聩的旧社会相对立,正在诞生一个新社会,而这个新社会的国际原则将是和平,因为每一个民族都将有同一个统治者——劳动!"② 1875 年年初,他又在《揭露科伦共产党人案件》一书第 2 版的跋中明确表示:"只要社会还没有围绕着劳动这个太阳旋转,它就不可能达到均衡。"③ 这是马克思第三次,也是最后一次用围绕太阳旋转作比。同年,他在《哥达纲领批判》中说:"因为劳动是一切财富的源泉,所有社会中的任何人不占有劳动产品就不能占有财富。"④ 他批评资本主义制度,"随着劳动的社会性的发展,以及由此而来的劳动之成为财富和文化的源泉,劳动者方面的贫穷和愚昧、非劳动者方面的财富和文化也发展起来"。马克思称其为"这是直到目前的全部历史的规律"。⑤ 马克思正是要用劳动价值论来打破他称之为"铁环"的规律。所以说,马克思主义的劳动价值论不只是政治经济学层面,而是要上升到哲学层面。⑥

在马克思看来,要在以劳动价值观为核心价值观的社会中去实现社会财富的最大化,克服资本主义的周期性动荡,在极大丰富的物质财富面前实现所有社会成员财富共享,并培养起友爱互助的新型人际关系,从而使

---

① 《马克思恩格斯文集(第 2 卷)》,人民出版社 2009 年版,第 53 页。
② 《马克思恩格斯选集(第 3 卷)》,人民出版社 2009 年版,第 19 页。
③ 《马克思恩格斯全集(第 18 卷)》,人民出版社 1964 年版,第 627 页。
④ 《马克思恩格斯全集(第 25 卷)》,人民出版社 2001 年版,第 13 页。
⑤ 同上书,第 14 页。
⑥ 吴成:《社会主义核心价值与当代中国社会思潮》,河南人民出版社 2013 年版,第 64—90 页。

人的物质和精神需要都得到最大满足。马克思的剩余价值学说从政治经济学层面来说找到了资本主义社会资本与劳动对立这一资本主义社会无法克服的基本矛盾，为打碎资产阶级统治找到了力量；从哲学层面来说，又为维系新社会找到了精神力量和价值基础。马克思的劳动价值观把理论与实践有机结合，做到了二者的高度统一，为可持续发展提供了强有力的理论保证。鉴于此，德国社会主义活动家李卜克内西在马克思的葬礼上评价他说："卡尔·马克思最讨厌空话。他不朽的功绩在于他把无产阶级、劳动人民的党从空话下面解放出来，并给了党一个坚实的牢固的科学基础。他是科学上的革命家，是运用科学的革命家，他登上了科学的最高峰，是为了从那里走向人民，使科学成为人民的共同财富。"[1]

科学社会主义的劳动价值观要解决的是人类在生产力高度发达背景下产生的精神危机，使社会摆脱财富越发达，人变得越痛苦这一局面，使劳动生产力的发展给人类带来真正的幸福。马克思的劳动价值论与过去所有价值论的最大区别在于其现实性和可检验性。它不再是一种简单的宣传口号，可以通过无产阶级的价值理想与实践追求相统一予以证明。所以，吕贝尔称赞他说，"马克思从根本上说不是学者或幻想家，而是社会革命的伦理理论家。"[2]

同时，我们也要看到，马克思在《哥达纲领批判》中所谈到的："我们这里所说的是这样的共产主义社会，它不是在它自身基础上已经发展了的，恰好相反，是刚刚从资本主义社会中产生出来的，因此它在各方面，在经济、道德和精神方面都还带着它脱胎出来的那个旧社会的痕迹。"[3] 社会主义理想已有数千年的历史，作为一场运动也历经了一个漫长过程。马克思在共产主义社会中人的自我解放理论中找到了实现这一人类理想的路径。他在《1844年经济学哲学手稿》中说："共产主义是私有财产即人的自我异化的积极的扬弃，因而是通过人并且为了人而对人的本质的真正占有；因此，它是人向自身、向社会的即合乎人性的人的复归，这种复归是完全的，自觉的和在以往发展的全部财富的范围内生成的。这种共产主义，作为完成了的自然主义＝人道主义，而作为完成了的人道主义＝自然主义，它是人和自然界之间、人和人之间的矛盾的真正解决，是存在和本质、对象化和自我确证、自由和必然、个体和类之间的斗争的真正解决。

---

[1] 《马克思恩格斯全集（第25卷）》，人民出版社2001年版，第600页。
[2] 鲁克俭：《国外马克思主义研究的热点问题（4）》，中央编译出版社2006年版，第122页。
[3] 《马克思恩格斯全集（第25卷）》，人民出版社2001年版，第18页。

它是历史之谜的解答,而且知道自己就是这种解答。"① 很清楚,马克思要通过共产主义来解决历史上存在的"铁环"。他还说:"我们已经看到,在被积极扬弃的私有财产的前提下,人如何生产人——他自己和别人;直接体现他个性的对象如何是他自己为别人的存在,同时是这个别人的存在,而且也是这个别人为他的存在。但是,同样,无论是劳动的材料还是作为主体的人,都既是运动的结果,又是运动的出发点(并且二者必须是这个出发点,私有财产的历史必然性就在于此)。"②

对于人类社会来说,和平发展是其主要目标,要实现和平,既要有核心价值观主导下的道德自律,也要用核心价值观主导下的法制他律;既要有物质财富的增长,又要有精神财富的丰富;还要把不可预期的风险降至最低处,以期望幸福的生活。人类最大的痛苦是不可预测的突如其来的风险带来的不堪忍受,这种突如其来的风险既可能来自人,也可能来自自然。劳动价值观的树立从人与人的关系或从人与自然的关系上保证了和谐与幸福,为使人的幸福指数的最大化和痛苦指数的最小化提供了前提条件。清华大学人文学院韦正翔博士曾说:"国际经济全球化带来了国际政治的全球化,而国际政治全球化又使建立在原来的国际政治体系之上的国际道德发生了危机。这种危机导致了对建立新的全球伦理体系的需求。"③全球伦理体系的基础在哪里?在马克思主义的劳动价值观之上。不管是国际的或是国内的真正发展,必须建立在劳动之上,只有建立在劳动之上的发展才是恒久的。左派之所以给美国带来威胁,不是给整个美国,而是给美国的金融寡头、投机政客、不法商人和不良学者带来了威胁,因为像科学社会主义这样的价值观将使其贪婪、自私的本性暴露无遗。

伊斯兰亦如此,以伊朗为例,核问题带给人类的最大思考也是价值观或意识形态的思考。自伊朗伊斯兰革命以来,伊斯兰原教旨主义在伊斯兰世界成为新的时代主题,并借此确定着新的秩序。在伊朗核问题的演变过程中,穆斯林世界重新看到了伊斯兰之光,这对全球化时代文化的多元化提供了有力的支撑。近代以来,在穆斯林在与基督教徒的接触中,他们一直处于守势。伊朗核问题对以伊朗为代表的穆斯林来说,变守为攻,这对提振穆斯林的信心起到了至关重要的作用。这背后是什么?是伊斯兰价值观。面对美国当今世界的疲惫不堪、腐败堕落、专制独裁和只说不做的种

---

① 《马克思恩格斯全集(第3卷)》,人民出版社2002年版,第297页。
② 同上书,第300—301页。
③ 韦正翔:《国际政治的全球化与国际道德危机:全球伦理的圆桌式构思》,中国社会科学出版社2006年版,第287页。

种承诺,已经厌倦了的人们在没有更好的出路面前,只得求助传统。尤其是在资本主义的大发展面前人们越来越紧张,幸福指数日益下降,四种类型的社会主义混为一谈,缺乏明确的价值目标指向,新的系统理论尚未被多数人接受的情况下,传统成了人们追求的对象。伦敦东方和非洲研究学院的查尔斯·特利普曾说:"对普通人来说,伊斯兰教是理所当然的求助对象。它作为既不是资本主义也不是社会主义的第三种途径吸引着人们。"[1] 美国学者弗雷德里克·杰姆逊(Fredric Jameson,1934年—)称:"那些前社会主义国家看起来大多数都不可能产生出一种新颖的文化和独到的生活方式,以作为美国化之外的选择。此外,正如我已经提到的,在第三世界里,历史较久的传统主义也同样弱化、僵化了,似乎只有宗教原教旨主义有力量同时也愿意抵制美国化。"[2] 伊斯兰原教旨主义的盛行是新的形势下人类价值观重塑需求的一种表现。面对着资本主义发展过程中出现的虚伪、张扬和堕落,传统社会价值观中的纯朴、节俭和社会责任在社会实现和谐中的作用日益为人们所认识,而这些寓于几乎所有的传统文化之中。这就是当今世界各种各样的原旨主义盛行的重要原因之一。伊斯兰运动盛行的另一个重要原因是在压制性的一党制和绝对君主专制的背景下,世俗反对派难以形成,伊斯兰运动成为为数不多的政治组织。更为重要的是对自身特色政治模式的追求。有人问阿尔及利亚伊斯兰拯救阵线领导人阿巴西·迈达尼,沙特阿拉伯和伊朗是不是他的榜样,他回答说:"两国都不是。我们的榜样是先知(穆罕默德),你提到的那些制度对我们没有用。我们尊重他们,但我们有我们自己的模式,那就是存在法国人摧毁之前的那种阿尔及利亚国度。"[3] 伊朗核问题使人们看到了以美国为首的西方在价值追求上的虚伪性。长期以来,美国以及其他西方国家与中东的君主制国家关系较好,其对中东国家的专制和保守也有深刻的了解,但当这些国家开启社会政治变革的大门时,美国等西方国家又以各种理由加以反对。

自苏联解体后,俄罗斯在意识形态上含混不清,原因是很长一段时间里,苏联把僵化的列宁主义而不是把鲜活、科学的马克思主义作为意识形态。然而,一个民族之所以称其为一个民族,不可能脱离意识形态,尤其是决定一种意识形态区别于其他意识形态的核心价值观。随着俄罗斯的进

---

[1] 美联社塞浦路斯尼科西亚1991年6月24日英文电。

[2] [美]弗雷德里克·杰姆逊、三好将夫著,马丁译:《全球化的文化》,南京大学出版社2001年版,第70页。

[3] 同上。

一步发展，解决意识形态问题是大势所趋。一个民族的经济发展必须伴随着一个民族的价值观、精神和文化一同发展。随着俄罗斯的发展走上新台阶，2009年12月，反映劳动价值观的苏联标志性雕塑《工人与集体农庄女庄员》，经过多年修复后，又回到了莫斯科全俄展览中心门口。俄罗斯文化部长何夫杰耶夫说："这座独一无二的雕塑是国家意志和发展的象征。"[1] 若干年后，人们将会发现，亚洲国家将出现两种模式：一种是追求和平发展的国家，这一类国家将以民族发展为目标，积极加强与邻国的睦邻合作关系；一种是在帝国主义观念指导下，扩军备战，四面树敌，唯恐天下不乱的国家。前一种国家把民族引向繁荣富强，而后一种国家则劳民伤财，因违背历史发展方向而被历史淘汰出局。美国学者罗伯特·卡根称："欧洲大概已经是明日黄花，我们已经进入了亚洲世纪。"[2]

第三节　中国的和谐理念与世界格局转型

21世纪谁执牛耳？中国学者党建军曾说："在不同的时期，只有那些根据自己的国情和时代的需要做出了正确战略判断的国家，才能获得历史的青睐。但历史的胸怀并不像人们想象的那样慷慨，它总是让那些在第一时间适合它的规则，并拥有那个时期的核心竞争力的国家，来充当世界的主角。"[3] 1973年，美国著名外交家、历史学家和政治家基辛格在获诺贝尔和平奖时发表讲话说："我们今天生活在如此复杂的一个世界里，我们甚至不能只是忍受；人必须战胜——战胜正在加速发展的技术，这技术威胁着要逃出他的控制；战胜冲突的习惯，这习惯遮掩了他的和平天性。""我们寻求一个稳定的世界，但稳定并不是它的结束，稳定是通往实现人类对安定与和谐的崇高理想的桥梁。""所有国家的领导人必须记住：它们关于战争或者和平的政治决定，将由他们人民的苦难或者幸福来评说。"[4] 世界和平靠亚洲，亚洲和平靠什么？中华民族在科学社会主义指导下，吸

---

[1] 周昌璐："苏联社会主义雕像重现莫斯科"，《东方早报》2009-12-10（A17）.
[2] ［美］罗伯特·卡根著，刘若楠译：《美国缔造的世界》，社会科学文献出版社2013年版，第24页.
[3] 党建军："大国崛起的'成长秘密'：答案不只在历史中"，《广州日报》2006-11-29.
[4] 徐新、宁立宏：《犹太人告白世界——塑造犹太民族性格的22篇演讲辞》，中央编译出版社2006年版，第158页.

纳所有人类的精神和物质成果，是照亮世界和平的最佳火炬之一。

一、正确理解"韬光养晦"

中国大多数学者认为，所谓"韬光"，是指把志向和才华掩藏起来；所谓"养晦"，则为卧薪尝胆、蛰伏待时。[①] 一些学者认为，"韬光养晦"是一种沉着的态度和老练的智慧，是中华文化的一种存在方程式。[②] 具体到邓小平的外交策略，一些学者认为"韬光养晦"就是一种对世界权力和权力分配的基本态度，"韬光养晦，有所作为"规定了我们在外交上该做什么，不该做什么。[③] "中国不要在国际上去论证社会主义比资本主义如何优越，不要去进行意识形态的论战。"[④][⑤] 而其他一些学者则认为，"韬光养晦"是指"谦虚谨慎，不说空话，多做实事，不事张扬，不当头，不称霸"。[⑥] 冯昭奎先生认为，"韬光养晦"，有所作为的核心就是追求"和平与发展"这个时代主题。"韬光养晦，有所作为"归根到底是突出一个"和"字，就是突出东方文明中的有关"和为贵"的思想。[⑦] 陶季邑先生认为，邓小平的对外战略"韬光养晦"不能理解和翻译为"待机而行"或"等待时机"，而应该理解和翻译为"抓住时机，发展自己"，"少管别人的事"。[⑧] 之所以会出现上述不同的争论，主要在于对"韬光养晦"一词的理解不同。

先看中国典籍有关"韬光养晦"的使用情况。遍查《十三经》、《二

---

① 参见：黄磊："全面准确把握'韬光养晦'国际战略思想"，《党政干部论坛》2003（7）：40—41；"再论邓小平的'韬光养晦'国际战略思想"，《前沿》2003（11）：22—24；虞云耀："韬光养晦的时代意义"，《瞭望》2003（11）：42—43；李丹："'韬光养晦'是中国'和平崛起'的前奏和根基"，《江西广播电视大学学报》2004（4）：8—10；余丽："试析邓小平'韬光养晦'的外交战略思想"，《郑州大学学报》（哲社版）1997（4）：23—25；季岸先："邓小平韬光养晦的外交策略"，《湛江师范学院学报》（哲社版）1998（4）：36—38；李爱华："韬光养晦 有所作为——论冷战后邓小平的外交战略方针"，《山东师大学报（社科版）》1997（2）：9—14。

② 梁归智："说'韬光养晦'——华夏文化的存在方程式"，《山西大学学报（哲社版）》1994（2）：46—48。

③ 谭再文："'韬光养晦，有所作为'的理论思考"，《国际观察》2005（1）：68—73。

④ 曲星："坚持'韬光养晦、有所作为'的外交战略"，《中国人民大学学报》2001（5）：13—17。

⑤ 谢莉娇："论'韬光养晦，有所作为'战略对新世纪中国外交的借鉴"，《乌鲁木齐职业大学学报》2003（4）：52—55。

⑥ 杨成绪："韬光养晦有所作为——邓小平外交思想浅议"，《光明日报》2004-8-9。

⑦ 冯昭奎："争取实现'和谐社会'之策——也谈'韬光养晦，有所作为'"，《世界知识》2005（20）：52—53。

⑧ 陶季邑："邓小平对外战略'韬光养晦'的含义及其译法"，《九江师专学报（哲社版）》2003（2）：3—5。

十六史》、《资治通鉴》、《续资治通鉴》、《全唐诗》、《全宋词》《全元曲》，皆没有成语"韬光养晦"。在所有上述典籍中，除了人名外，"韬光"共有 18 处使用。其所要表达的意思大致分为以下几种：（1）避乱世而自我修养，过一种与世无争的生活，如"太祖既下集庆，所至，收揽豪隽，征聘名贤，一时韬光韫德之士，幡然就道"（《明史·列传第 16》）。（2）掩藏锋芒，等待时机，如："盛韬光于九二，渐发迹于三分"（《旧唐书·志第 8》）。（3）停止杀伐，如："（慕容）宝以浮誉获升，峻文御俗，萧墙内愤，勍敌外陵，虽毒不被物而恶足自剿。盛则孝友冥符，文武不坠，韬光而夷仇贼，罪己而逊高危，翩翩然浊世之佳肩矣"（《晋书·载记第 24》）。（4）隐藏光芒，如"玉兔韬光，万古长生"（《全元曲·散曲·小令》）；"桂兔韬光云叶重，烛龙衔耀月轮明"（《全唐诗》第 682 卷）。在上述所有经典中，共有 4 处使用"养晦"，它们分别是：《宋史》卷 439 有"邢恕字和叔……王安石亦爱之，因宾客谕意，使养晦以待用，恕不能从，而对其子雱语新法不便"；《清史稿》卷 148，志 123 中有"养晦堂文集十卷，诗集 2 卷，刘蓉撰"；《全唐诗》第 83 卷在陈子昂的诗中有"七雄方龙门，天下久无君。浮荣不足贵，遵养晦时文"，第 138 卷储光羲的诗中有"金丘华阳下，仙伯养晦处"。从这 4 处使用情况来看，"养晦"之意为"学习提高"之意。《全元曲》第七处提到的"韬光"是与"隐讳"一起使用的。在《全元曲·戏文·幽闺记》中有"但孜孜有志效鸿鹄，似藏珍韫匮，韬光隐讳，待价沽诸"。这里的"韬光隐讳"正是等待时机，一展宏图之意。恐怕这正是误读"韬光养晦"一词的原因。

《佩文韵府》、《辞源》、《辞海》工具书中皆没有"韬光养晦"一词。这样，我们就要用汉语成语的构成特点来看其含义。要正确理解"韬光养晦"，先看两个名词"光"和"晦"。"光"，太阳、火、电等放射出来耀人眼睛，使人感到明亮，能看见物体的那种东西，如阳光、月光、火光、刀光、光辉，引申为"荣誉"，再转义为"使显赫"，如"光宗耀祖"，引申为值得示人的东西。"晦"，本义为阴历每月的最后一天。《说文》解释为"月尽也"，引申为夜、晚。《汉语大字典》解释为"隐晦"，引申为晦暗，不值得声张的东西。《左传·成公 14 年》："《春秋》之称，微而显，志而晦，婉而成章，尽而不汙，惩恶而劝善，非圣人，谁能修之？"由此看来，"光"指长处，是可以拿出来示人、炫耀的东西，同时，也是"刀光剑影"的"光"；"晦"则是指短处，是阴暗的，不宜示人的东西。再来看两个动词"韬"和"养"。"韬"，《说文》解释为"剑衣也"。陆德明《经典释文》解释为"弓衣也"。《康熙字典》解释"韬弓"为"纳弓于衣谓之韬弓"。由此可知，"韬"即"掩藏"，"容纳"。"养"，《说文》解释为"供养也"。《康熙字典》解释为"炊烹者曰养"，"与癢同，疾养……"。其原意为"供养"、"疾养"，引申为培养、贮藏。《易·蒙》中有，"蒙以养正，圣功也"。孔颖达疏为"能以蒙昧隐默自养正道，乃成至圣之功"。由此看来，与"韬"相对的"养"即在完善自我的过程中，克服自己的坏毛病。"韬光养晦"的完整意思应是停止杀伐，学习别人的长处，克服自身的缺点。

"韬光养晦"具体到邓小平的外交战略思想，意即去除杀伐之气，吸收先进文明的文化成果，克服中华民族自身的缺点，使其成为一个对世界和平发展有所贡献的民族，从而与世界人民一道建立世界政治经济新秩序。1986年6月18日，在会见荣氏亲属回国观光团部分成员与内地的荣氏亲属时，邓小平说："拿出国民生产总值的5%办教育，就是500亿美元，现在才七八十亿美元。如果拿出5%去搞国防，军费就可观了，但是我们不打算这样搞，因为我们不参加军备竞赛，总收入要更多地用来改善人民生活，用来办学。有了本世纪末的基础，再花30年到50年时间，人均国民生产总值再翻两番，我可以肯定地说，中国将更加强大，对世界和平就更加有利。"[1] 在这里，我们可以看出，邓小平强调的是民族整体素质的提高，而不是军事力量的畸形增长。1984年2月22日，邓小平会见美国乔治城大学战略与国际问题研究中心代表团时说："世界上有许多争端，总要找个解决问题的出路。我多年来一直在想，找个什么办法，不用战争手段而用和平方式，来解决这种问题。"[2] 正是在这次谈话中，他第一次提出了和平解决中国统一问题的"两种制度"构想，体现了我党理论联系实际的优良传统和作风。10月1日，他在庆祝中华人民共和国成立三十五周年庆典的讲话中说："我们坚决主张维护世界和平，缓和国际紧张局势，裁减军备，首先是裁减超级大国的核军备和其他军备，反对一切侵略和霸权主义。"[3] 1985年4月15日，邓小平会见坦桑尼亚副总统姆维尼时说："我们的对外政策是反对霸权主义，维护世界和平。我们把争取和平作为对外政策的首要任务。争取和平是世界人民的要求，也是我们搞建设的需要。"[4] 1989年3月23日，他在会见乌干达共和国总统穆萨维尼时说："中国革命胜利后，一直奉行反对霸权主义、维护世界和平、支持一切被压迫

---

[1] 邓小平：《邓小平文选（第3卷）》，人民出版社1993年版，第162页。
[2] 同上书，第49页。
[3] 同上书，第70页。
[4] 同上书，第116页。

民族独立和解放斗争的政策。这个任务还没有结束,可能至少还要进行一个世纪的斗争。反对霸权主义不是一件容易的事。"① 10月26日,他在会见泰国总理差猜时说:"最近一个时期,我多次向国际上的朋友们说,应该建立国际经济新秩序,解决南北问题,还应该建立国际政治新秩序,使它同国际经济新秩序相适应。""政治上,我们共同为世界的和平、首先是亚洲的和平而努力。"②

再从"冷静观察、稳住阵脚、沉着应付、善于守拙、决不当头、韬光养晦、有所作为"28字方针来看,从静到动,层层递进,其中突出一种全新的政治文化。这种政治文化就是在和平与发展中实现中华民族的腾飞。正如冯昭奎先生所说,"韬光养晦"突出了东方文明"和为贵"的思想。要去除杀伐之气,这还不够,还要吸收先进文明的文化成果,克服自身的缺点,实现民族的繁荣富强,这样才能与世界人民一道建立国际政治经济新秩序。针对国际政治大背景,在邓小平看来,人类文明从古至今都充满了杀伐之气,这种杀伐之气既表现为数千年的热战,也表现为近几十年来的"冷战";既表现为扩军备战,也表现为意识形态上的口诛笔伐。"韬光养晦"也是学习他人之长的另一种表达,这是中国儒学的精华所在,也是科学社会主义的精华所在。同时,邓小平的"韬光养晦"战略思想在告诉世界,中国反对霸权主义,不是用中国的霸权主义代替目前正在世界上肆虐的霸权主义,而是致力于在世界上根除霸权主义。霸权主义不是固定不变的,所以,要反对一切形式的霸权主义。不管反对何种形式的霸权主义,都只能用和平的方式进行,否则,正好陷入几千年人类历史发展中形成的霸权主义和强权政治的循环怪圈——文明崛起到文明扩张,再到文明衰亡。所以,中国的和平崛起不是一时的,是与世界的发展潮流一致的。邓小平还看到了人类思想观念转型的漫长性,在他看来,至少需要100年。

"韬光养晦"战略的伟大意义在于:首先,反映的是民族价值观的转变。它反映的是中国和平崛起的理念。这一理念深藏于中华民族的文化传统之中,在世界五大文明区中,唯有中华民族的儒家文明经受住了时间的检验而没有中断,这表明中国儒家文化本身有极强的生命力和内在合理因素。价值观是文化的内核,儒家文化思想的内核是"仁"。"仁"是什么,是"两个人",它告诉人们,在这个世界上,不只有自己,还有他人。既然有他人,就要学会与他人相处,在爱心基础上去理解、宽容,并实现互

---

① 邓小平:《邓小平文选(第3卷)》,人民出版社1993年版,第289页。
② 同上书,第328页。

助互爱,从而使社会走向和谐,否则,人们之间只能是冲突,是战争。社会主义的本质是借劳动发展生产力,共同富裕,互相仇视只能是两败俱伤。邓小平的"韬光养晦"战略思想反映的中华民族由孩童时期蒙昧的价值观向成熟民族价值观的转变,中国对世界美好图景的向往和引领。如果一个民族不能从蒙昧的价值观中解放出来,单纯追求科技的发展,借此称霸世界,这样的科技发展不会给人类带来福祉,而是导致人类自我毁灭或在痛苦中挣扎的灾难。所以,只有"和谐世界"才是人类的未来和归宿。

其次,"韬光养晦"符合全球化时代所有和平爱好者的利益。中华民族坚持在和平共处五项原则基础上,发展同包括第三世界国家在内的所有国家的友好合作关系,这是符合和平与发展这一时代主题的,也是保障全世界人民的利益之所在。中国"作为第三世界的一员,要尽到我们自己的责任"。[①] 但是我们决不把自己放在第三世界的特殊地位,只是以第三世界普通一员的身份发挥我们应有的作用。这种作用就是致力于构建和谐世界。为实践中国"构建和谐世界"的外交理念,在印尼、巴基斯坦、日本等国的大海啸、地震发生后,中国第一时间送去了救灾物资,并派出救援队。在朝鲜核问题、伊朗核问题上,中国积极参与国际政治经济新规则的制定,中国人民将此视为自己义不容辞的责任。但是,我们也要看到,维护世界和平是世界上爱好和平的人民共同参与的事业。世界新秩序既要有适合国际社会通用的游戏规则,又要有爱好和平的民族和人民与违背这些规则的现象进行斗争。人们正期待着世界多极化的到来,我们也应该看到,世界的多极化是摆脱不合理的世界政治经济旧秩序的手段,而不是目的,目的是在多极参与下,制定出符合国际大家庭共同利益的游戏规则,借此实现国际社会的和睦相处与和谐发展。

再次,在"韬光养晦"和"构建和谐世界"外交战略指导下的中华民族正在威胁着世界和平的破坏者。随着中国的和平崛起,"中国威胁论"随之甚嚣尘上。从"军事威胁"、"经济威胁",到"技术威胁",再到"环境威胁",可以说,花样翻新。遗憾的是,中国人正在"威胁",却不敢承认。我们看一看抛出"中国威胁论"的都是些什么人,就知道是否给他们带来威胁。不论是哪一种"威胁论",其提出者无一不受"冷战"思维的束缚。"冷战"观念就是"遏制"观念,是霸权主义、强权政治和军……自奴隶社会以来各种剥削思想的残留。在人类通向共产……就是要铲除这一残留,可以说,科学社会主义中国的崛

———
……平文选(第 2 卷)》,人民出版社 1994 年版,第 416 页。

起，要的是剥削思想的"命根子"。我们应该承认具有"冷战"观念的人比战争的发动者要进步得多，他们不再把生灵涂炭的战争作为达到实现自己政治目的的主要手段，当然，这也是民众觉悟提高所致。但是，在"冷战"观念下的扩军备战和紧张局势，给民众带来的仍然是生活水平不能达到应有的高度，心理上的不安和紧张。当世界人民发现在共同参与的世界中，通过协商，达成大小民族都能接受的"游戏规则"，更符合世界历史发展方向时，国际政治转变观念的时代也就到来了。在这种情况下，强权政治、霸权主义、军事对抗等观念将进入历史的垃圾箱。在这一过程中，受"冷战"观念支配的某些政治家，包括为其服务的学者会发现其生存空间越来越小，他们面临的威胁越来越大。中国的和平发展意味着一种全新的价值观正在为世界上爱好和平的民族所接受，正在给唯恐天下不乱，借世界乱局出售军火，从他人的悲剧中得到好处的人带来威胁。怎能否认中国的和平崛起给这些人带来的威胁呢？世界上爱好和平的人则把中国和平崛起的模式视为实现世界和平的一大机遇。

二、科学社会主义中国与世界未来

日本学者沟口雄三（1932—2010 年）曾说："世界上许多经济问题专家已预测：21 世纪无疑将是亚洲及太平洋地区的，尤其是中国的世纪。"[1]但他没有分析产生这一现象的原因。美国经济学家弗里德曼（Milton Friedman，1912—2006 年）曾说："谁能正确解释中国改革和发展，谁就能获得诺贝尔经济学奖。"为什么非得解释的人得奖，而制定经济政策背后的学者就不能得诺贝尔经济奖呢？从中也使我们看到了诺贝尔经济学奖的意识形态因素。作为一个中华民族的学者，能够拿国际大奖固然好，说明中华民族为世界文明做出的贡献得到了承认，但也不能因为没有拿到奖而气馁，自己看不起自己。奖牌的背后不仅仅是获奖者的能力，还有很多附带因素。遗憾的是西方国家的学者面对中国的和平崛起，不是从人类和平发展、文明交往的角度探讨其中包含的有利于自身发展的因素，而是在冷战思维的支配下，用自身的价值观看问题，如形形色色的"中国威胁论"。沟通、理解、宽容、互助这是中华民族的传统美德，而马克思主义的交往理念则是以文明交往为特征的，更为重要的是马克思主义的劳动价值观，在中国，它对人的生产劳动积极性的调动、社会财富最大化的实现，在劳

---

[1] 沟口雄三："儒学在未来世界文化中的位置"，《中国孔子基金会·儒学与廿一世纪：纪念孔子诞辰 2545 周年暨国际儒学讨论会会议文集》，华夏出版社 1995 年版，第 27 页。

动中建立新型互助的人际关系的实践,这一切使社会主义的中国充满了活力,更为重要的是在社会主义新型人际关系中实现了社会财富增长的最大化和人的幸福指数的最高化。

与科学社会主义相对的是资本主义的腐朽,丹尼尔·贝尔在分析现代资本主义社会人紧张的原因时说:"现代社会紧张局势的结构根源:它存在于官僚等级制的社会结构和郑重要求平等参与的政治体系之间,存在于依据角色和专业分工建立的社会结构与迫切希望提高自我和实现个人'完美'的文化之间。"① 他还说:"现代主义的真正问题是信仰问题。用不时兴的语言来说,它就是一种精神危机,因为这种新生的稳定意识本身充满了空幻,而旧的信念又不复存在了。"当我们面对美国人"占领华尔街"运动之时,不得不承认贝尔对资本主义的深刻理解。他在批判资本主义社会人们缺乏信仰时说:"人们企望从文学艺术中寻求刺激和意义,以此顶替宗教的作用。这种努力已使现代主义变成了当今的文化模式。然而现代主义也已衰竭。"他预言说:"西方社会将重新向着某种宗教观念回归。"这是因为"宗教能够重建代与代之间的连续关系,将我们带回生存的困境之中,那是人道与友爱的基础"。② 他指出了资本主义文化的矛盾所在,"严肃艺术家所培育的一种模式——现代主义,'文化大众'所表现的种种乏味形式的制度化,以及市场体系所促成的生活方式——享乐主义,这三者的相互影响构成了资本主义的文化矛盾"。③ 在他看来,现代社会的良性运转有赖于"经济领域的社会主义、政治领域的自由主义、文化领域的保守主义"。④ 作为美国社会学元老,他恰恰忽视了一个社会灵魂性的东西,或实质的东西。当资本主义把社会主义的核心价值观作为自己的核心价值观时,它还是资本主义吗?

雷蒙·潘尼卡(Raimon Pannikkar,1932—2010 年)曾说:"世界已经到了生死关头:'生存或是死亡'——早在莎士比亚几个世纪前就被表述为 astitinastiti,这要求所有文化通力合作。解决世纪诸问题不能单靠一种文化,也不能在单一文化中得到解决。"⑤ 潘尼卡的和平呼吁代表了世界上

---

① [英]丹尼尔·贝尔著,赵一凡等译:《资本主义文化矛盾》,生活·读书·新知三联书店 1989 年版,第 60 页。
② 同上书,第 74—76 页。
③ 同上书,第 132 页。
④ 同上书,第 2 页。
⑤ [西]雷蒙·潘尼卡著,思竹、王志成译:《文化裁军》,四川人民出版社 1999 年版,第 57 页。

所有和平爱好者的心声。他还说：“和平既不是为自己争来的，也不是向别人强加的。和平是被接受的，也是被发现被创造的。”"胜利通向胜利，不通向和平。我们都明白长期'胜利'的致命后果。"① 中国学者赵光贤称：“在20世纪末到21世纪，我们面对的严重问题是要和平还是战争，这不仅是我国的问题，而是全世界的问题。如果全世界的人民都诚心真意要和平，不要战争，那就有必要以孔子学说作为指导。我认为不按孔学说行事，和平就会成为一句空话。"② 他还引用1988年全世界诺贝尔奖获得者在巴黎的宣言中的一句话："如果人类要在21世纪生存下来，必须回头2500年，去吸取孔子的智慧。"③ 我们要看到，在维护世界和平问题上，孔子学说过于忍让，不能对恶势力进行有效的扼制，这是不能实现真正和平的。美国学者里奇拉克（Joseph F. Rychlak, 1928年—）在评价儒学思想与世界和平的关系时说："人们最希望达到的则是大同，即阴阳之间的辩证平衡。尽管比其他人更接近于'道'的中国圣贤不愿公开显示出力量，因而被西方的智性认为太过于被动。"④ 马克思主义的制度解放与自我解放则为我们解决困扰当今世界问题指明了方向。

每一种文化都有自己的盲点，这种盲点是导致自身走向衰落的原因。在历史上，所有的帝国都未能逃脱衰落的命运，这说明它们存在着共同的盲点。随着世界上最后一个大帝国——美利坚帝国向现代文明国家的过渡，一个多种文明竞争的世界正在出现。以军事力量为特征的"硬实力"的竞争虽然让位给了以"软势力"为特征的竞争，但竞争是不会停止的。未来的民族文明建设将更注重用其他文明的优秀成果来填补自身民族的盲点。早在文艺复兴之初，法国学者贝尔纳曾用"站在巨人肩上的小侏儒"来形容他那个时代的人。索尔兹伯里的约翰将其解释说："我们常常知道的更多，这不是因为我们凭自己的天赋有所前进，而是因为我们得到了其他人的精神力量的支持，拥有从我们祖辈那里继承来的财富。"⑤ 其实，任何时代的人对于人类文明积累起来的精神和物质财富来说，都是"侏儒"，

---

① ［西］雷蒙·潘尼卡著，思竹、王志成译：《文化裁军》，四川人民出版社1999年版，第22、24页。

② 赵光贤："孔子学说在21世纪"，《中国孔子基金会·儒学与廿一世纪：纪念孔子诞辰2545周年暨国际儒学讨论会会议文集》，华夏出版社1995年版，第125页。

③ 同上。

④ ［美］里奇拉克著，许泽民、罗选民译：《发现自由意志与个人责任》，贵州人民出版社1994年版，第187页。

⑤ ［美］马泰·卡林内斯库著，顾爱彬、李瑞华译：《现代性的五幅面孔·总序》，商务印书馆2002年版，第21页。

人类历史是由一个个善于学习的"侏儒"连接起来的。善于互相学习的"侏儒"们越多,人类历史发展的速度就越快。人类面临的最大挑战就是动荡对幸福和学习的挑战。前联合国秘书长科菲·安南（Kofi Atta Annan,1938年—）曾说:"安全和幸福取决于对人权和法治国家的尊重。在整个人类历史上,多样化使人类变得丰富多彩,不同的团体能够相互学习。如果我们想要和平共处,就必须强调将我们联系在一起的东西:我们共同的人性和通过法规保护人类尊严和权利的必要性。这对发展也是至关重要的。""国家必须遵守国家间的规范。没有一个团体因为一个国家过于法治而受损,恰恰相反,很多团体是因为国家法治不够而痛苦。这点我们必须改变。"①

在20世纪80年代中期,日本学者阿部康典在其《通向21世纪的新浪潮——加强日美韩中的相互合作》一文中就曾提出:"美国历来是同西欧携手统治世界的,现在,它着眼于亚洲未来的发展,不仅注视'大西洋',而且开始把目光投向'太平洋'。这就是'面向亚洲的美国'。""邓小平的中国为了实现四个现代化,提出了开放政策,开始引进西方的资本和技术。这就是'面向西方的中国'。""美国、日本、韩国和中国之间,对东亚的一种'向心力'已开始发挥作用。"② 遗憾的是,还有一些"魑魅"为了自身的个人或局部利益正在破坏这种"向心力"的形成,它的最后形成还有待该地区人们觉悟的提高。

杜维明（1940年—）在接受《国际先驱导报》记者采访时说:"儒学最强势的方面就是对话,对话很重要的一点是倾听,不是试图说服别人,而是通过倾听拓展自己的视野,增加自己反思的能力,反省自身的缺陷。'己所不欲勿施于人'是对话最基本的要求。"③ 中华民族的文明对话传统和马克思主义建立在劳动价值观上的文明交往理论的一致性将为全球化时代文明交往提供处理国际关系和社会关系的新理念。马克思和恩格斯在《共产党宣言》中称:"资产阶级,由于开拓了世界市场,使一切国家的生产和消费都成为世界性的了。""旧的、靠本国产品来满足的需要,被新的、要靠极其遥远的国家和地带的产品来满足的需要所代替了。过去那种地方的和民族的自给自足和闭关自守状态,被各民族的各方面的互相往来和各方面的互相依赖所代替了。物质的生产是如此,精神的生产也是如

---

① ［加纳］科菲·安南:"我的遗嘱",［德］《每日镜报》2006-12-13。
② 阿部康典:"通向21世纪的新浪潮——加强日美韩中的相互合作",［日］《产经新闻》1984-7-15。
③ 杜维明:"学习孔子,抛弃单边主义",［美］《国际先驱导报》2008-1-29。

此。各民族的精神产品成了公共的财产。民族的片面性和局限性日益成为不可能,于是由许多种民族的和地方的文学形成了一种世界文学(这里的文学泛指科学、艺术、哲学、政治等方面的著作,引者注)。"① 他们在《德意志意识形态》中又说:"某一地域创造出来的生产力,特别是发明,在往后的发展中是否会失传,完全取决于交往扩展的情况。当交往只限于毗邻地区的时候,每一种发明在每一个地域都必须单独进行;一些纯粹偶然的事件,例如蛮族的入侵,甚至是通常的战争,都足以使一个具有发达生产力和有高度需求的国家陷入一切都必须从头开始的境地。在历史发展的最初阶段,每天都在重新发明,而且每一地域都是独立进行的。发达的生产力,即使在通商相当广泛的情况下,也难免遭到彻底的毁灭……只有当交往成为世界交往并且以大工业为基础的时候,只有当一切民族都卷入竞争斗争的时候,保持已创造出来的生产力才有了保障。"② 这就是马克思和恩格斯文明交往理论核心内容之一。科学社会主义经典作家的文明交往理念,胡锦涛在耶鲁大学的演讲中具体表述为:"一个音符无法表达出优美的旋律,一种颜色难以描绘出多彩的画卷。世界是一座丰富多彩的艺术殿堂,各国人民创造的独特文化都是这座殿堂里的瑰宝。一个民族的文化,往往凝聚着这个民族对世界和生命的历史认知和现实感受,也往往积淀着这个民族最深厚的精神追求和行为准则。人类历史发展的过程,就是各种文明不断交流、融合、创新的过程。人类历史上各种文明都以各自的独特方式为人类进步做出了贡献。文明多样性是人类社会的客观现实,是当今世界的基本特征,也是人类进步的重要动力。"③ 时代要求马克思主义中国化、时代化和大众化。作为中国化的马克思主义,它反映了中华民族热爱和平,善于吸取先进文明成果的民族特性;作为马克思主义的时代化,它既使人看到了人类社会在经历了各种血腥的战争和屠杀后,世界上广大爱好和平者的期望,也应验了马克思和恩格斯所预言的,当生产力发展到一定高度,人类社会向和平的转型;作为马克思主义大众化,其劳动价值观为实现人的自我解放找到了路径,文明交往的理念将是化解一切矛盾冲突的最有效方法,这些代表着大众的利益,将为越来越多的大众所接受。在文明多样的世界上,战争与动荡或和平与发展哪个代表了世界人民的利益和历史的发展方向?答案是不言而喻的。世界人民有理由在生产力

---

① 《马克思恩格斯文集(第2卷)》,人民出版社2009年版,第35页。
② 《马克思恩格斯文集(第1卷)》,人民出版社2009年版,第559—560页。
③ "中国国家主席胡锦涛在耶鲁大学的演讲",中国网,http://www.china.com.cn/chinese/news/1190794.htm。

高度发达的当今社会用自己的劳动去创造更多的财富,愉快地与他人分享劳动成果,在劳动中去沟通,在沟通中去互助,并学会理解,培养宽容之心,这既有利于在学习他人之长中培养提高自己,又有利和睦相处。数千年的人类文明发展为我们积累了丰富的精神财富,高度发达的生产力为我们拥有丰富的物质财富创造了条件,人类有理由通过自身的劳动去享受生活,在通向和平发展的道路上,自私自利的误导是暂时的。

中国香港大学亚洲研究中心研究员甘阳曾说:"回顾20世纪中国,孙中山的三民主义,20世纪40年代中国自由派知识分子谈自由主义都是强调经济领域必须走社会主义道路的,中国人在20世纪普遍选择了社会主义道路,不是偶然的,更不是错误的,而是正确的选择。"我们要看到,他的社会主义还不是从核心价值观上理解的社会主义,还是所有制意义上的社会主义。他还说:"社会主义是普世价值,社会主义在不同国家的具体表现形式可能各不相同,但其普遍的基本理念和基本价值观念就是要保护大多数普通劳动者的权利和利益。全球都需要用社会主义理念和社会主义价值观念来调节、规范现在的经济全球化,否则经济全球化的过程就可能变成只能是有利于少数大资本和跨国公司,而不能有利于反而有害于全球的普罗大众。"①

马克思主义的生命力是永恒的,诚如萨特所说:"对马克思主义的一种所谓的超越,在最坏的情况下是回到马克思主义以前的时代,在最好的情况下则是重新发现一种人们自以为超越的哲学中的思想。"② 加拿大学者迈克尔·哈特(Michael Hart,1944年—)预测社会未来发展方向说:"当今社会运动中所包含的社交行为网络与合作形成孕育了新的运动起点、新的争端方式和新的解放概念。这种社会实践团体(或许该称其为有形劳动力的自发组织)将会是对后公民社会统治的最有力的挑战,也许将会直接指向我们的未来社会。"③ 在哈特的潜意识里,劳动将在未来社会的建构中发挥更大作用。这是时代的要求,是人类意愿。

美国学者墨子刻曾说:"在中国,对实现人类最终愿望的威胁不是来自科学,而是来自传统形而上学基础和政治基础。科学的出现事实上大大消除了这种威胁。我们所面临的问题和解决这些问题的可行方法越来越不

---

① 甘阳:"社会主义传统是中国最基本的软实力",《天涯》2006(2):186—187。
② [法]萨特著,林骧华等译:《辩证理性批判(上)》,安徽文艺出版社1998年版,第10页。
③ 阿尔韦托·莫雷拉斯著,马丁译:《环球碎片:第二类拉美主义》,弗雷德里克·杰姆逊、三好将夫:《全球化的文化》,南京大学出版社2001年版,第92页。

相适应，对这一事态的认识，在西方加深了困惑和焦虑感，而中国人在上个世纪中却很大程度上体验了即将解决问题的日益强烈的威胁。"① 这里所包含的思想就是生产发展面前价值观的重塑。21 世纪是一个高科技的世纪、全球化的世纪、各种欲望膨胀的世纪，怎样把人们在高科技诱惑下的欲望限制在人类发展的良性互动之中，需要价值观的重塑。人类是在娓娓动听的欺骗中加剧冲突，还是在劳动中去实现社会财富的最大化，实现可持续发展，在劳动中建立团结互助的新型人际关系，这是一个思考了以后自愿接受的问题，而不是任意强加于他人的问题。

中国最大的困惑是在"特色"与"普世"之间找不到平衡点。讲"中国特色"的人看不到引领世界走向和平的公共性的东西，不知道怎样与世界接轨；看"普世"的人看不到真正的普世，而是把别人的一国特色或地区特色误认为放之四海而皆准的东西，而忽视了其自身所具有的优秀的东西。

美国专栏作家托马斯·弗里德曼（Thomas Friedman，1953 年—）在其《世界是平的》一书中曾说，在一个市场和知识紧密联系的世界，美国和欧洲将"不得不同跑得最快的狮子保持同样的速度……而那头狮子正是中国"。②《中国世纪》的作者奥迪德·申卡尔（Oded Shenkar）认为，中国的崛起是"改变全球布局的一个分水岭事件，它足以与一个世纪前作为全球经济、政治和军事强国的美利坚合众国相媲美"。③

世界在改变中国，中国也在改变世界。埃及学者谢里夫·海塔塔曾说："对抗全球经济和文化霸权的可能性正在于一种真正为各国、各族人民所共享的文化的出现。这种文化超越边境，兼济各国；它人道而普遍，但也尊重差异；它立足于统一性，但也保护多样性；在承认个人、社区、国家、文化、阶级、种族和性别等各种同一性时它探寻一致性。"④ 以劳动价值观为核心的科学社会主义以劳动创造财富为诣规，强调吸收所有文明先进的物质与精神成果，去实现人的全面发展。它让人看到了希望。

随着伊朗核问题的解决，美国战略向亚太地区的转移，中国将成为世

---

① [美]墨子刻著，颜世安等译：《摆脱困境——新儒学与中国政治文化的演进》，江苏人民出版社 1996 年版，第 209 页。

② Thomas L. Friedman. *The world is Flat: A Brief History of the Twenty - first Century.* New York: Farrar, Straus and Giroux, 2005: 127.

③ Oded Shenkar. *The Chinese Century—The Rising Chinese Economy and Its Impact on the Global Economy.* Upper Saddle River: Wharton School Publishing, 2006: 161.

④ [美]弗雷德里克·杰姆逊、三好将夫著，马丁译：《全球化的文化》，南京大学出版社 2001 年版，第 236 页。

人更加关注的焦点,这对中国来说,既是机遇,也是挑战。就中国先进的、爱好和平的、代表历史发展方向的意识形态而言,这将提供一个展示的机会。同时,中国人要学会与世界上爱好和平的人们一起去抓住机会,要在世人的觉悟中去为帝国主义送行。

在"9·11"事件十周年之际,正赶上中华民族的"三节"(教师节、中秋节和国庆节),在美国纽约时报广场,一幅巨大的孔子行教画像赫然而立。虽然它由山东出资,但鉴于美国的文化传统和广场的重要性,这明白无误地向世人宣布,在文明交往的全球化时代,美国不再是一个故步自封的、只会对其他文明指指点点的民族了,开始向世界上其他文明学习,并借此学会与其他民族和睦相处。孔子留给后人的经典《论语》开篇即:"子曰:学而时习之不亦说乎;有朋自远方来不亦乐乎;人不知而不愠,不亦君子乎。"①《论语》是儒家最主要经典,从中我们可以看出,它强调的是人在学习中发展,在交往中学习,用宽宏大度来化解交往中出现的矛盾冲突。如按此理念,人与人之间还有什么问题不能解决呢?这不正是儒家文化的魅力所在和全球化时代文明交往所需要的吗?今天,当中华民族的先贤走进纽约时报广场,这不但是中华文化得到了美国人的承认问题,更重要的是从中反映出美国广大民众已经认识到了文明交往的时代已经来临。孙兆东先生曾说:"当马克思和恩格斯在构想社会主义与共产主义的时候,世界上还未有这样的实体国家存在,但是他们从理论上构思,从逻辑上探讨,最终为部分国家指明了一条通往光明的道路,中国就是其中之一。"②

三、和谐:人类的永恒追求

2007年,中共十六届六中全会提出构建和谐文化的理念,标志着中国人为建立世界新秩序的独立思考。自西方殖民主义者开拓了世界市场后,人们开始思考建立什么样的世界新秩序问题。早在18世纪末,法国共产主义者巴贝夫第一个提出了"新世界秩序"这一概念。③ 1850年,德国哲学家格·弗·道梅尔(Georg Friedrich Daumer,1800—1875年)出版其《新时代的宗教:创立综合格言的尝试》,书中写道:"只有通过新的宗教才能

---

① 朱熹:《四书集注·论语》,巴蜀书社1986年版,第1—2页。
② 孙兆东:《世界的人民币》,中国财政经济出版社2010年版,第185页。
③ [俄]戈尔巴乔夫、[日]池田大作著,孙立川译:《20世纪的精神教训》,社会科学文献出版社2005年版,第390页。

产生全新的世界秩序和关系。"① 1989 年，苏联政治科学协会会长、科学院通讯院士格奥尔基·霍斯罗耶维奇·沙赫纳扎罗夫（1924 年—）为苏联《新时代》周刊撰文《又一次缓和，或者是向新世界秩序过渡的开端》，其中谈到国家管理体制的非集中化、非国家主义化、非军事化和社会关系的非意识形态化这四个方面的变化，将决定或正在决定未来社会的面貌。生产、劳动和产品的社会化是以多种形式实现的共同的历史进程，各种形式的差别不可能取消，随着时间推移，当代社会相似特点在增强。人民群众参与政治活动的加强将是东方民主因素和西方社会主义因素的积累，其结果可能是多种多样形式的民主社会主义。② 苏联解体后 30 年来民主社会主义的发展表明，过分强调形而上的社会主义应让位于强调以形而上和形而下结合的劳动价值观为核心的科学社会主义。2007 年 9 月 11 日，美国总统乔治·H. W. 布什在国会联席会议上发表讲话说："国家间的新伙伴关系已经开始，我们今天处于一个特殊的时刻……走出这纷繁困扰的时代……一个世界新秩序将会显现……在这一世界新秩序中，全世界的国家，无论是东方的还是西方的，南方的还是北方的，都可实现繁荣、和谐共处。"③ 布什的"世界新秩序"概念为这一老概念赋予了新内涵，他没有找到落实的路径，而是要建立美国领导的世界。

日本学者堺屋太一谈到苏联解体后的世界变化时说："冷战结构的终结和东方阵营的崩溃，同时也是西方阵营的消失。正因为有东方阵营才成立了西方阵营。如果东方阵营取消了，那么，西方阵营也就失去了存在的意义。因此，世界格局将发生改组。"地区一体化从现象上来看是经济统一，但其"基准是文化圈的统一"。"共同的文化圈的统一日益明显起来。"欧共体是欧洲基督教文明圈的重新统一。"由于是文化统一，所以当然会在文化相同的地区形成一堵墙。在其相同的文化中，还会因小地区的不同而又形成一堵墙。"④ 在这样的理念下，世界格局即使发生了变化，也是新瓶装老酒。代表人类共同利益的世界新格局将把文化多样性当做学习其他文明的先进经验，避免重蹈其他文明覆辙的宝贵财富，而不是强调以我为

---

① Georg Friedrich Daumer. Die Religion des Neuen Weltalters. Versuch einer Combinatorisch‐Aphoristischen Grundlegung（Vol.Ⅰ）. 2B‐de, Hamburg, 1850：313.

② 格奥尔基·霍斯罗耶维奇·沙赫纳扎罗夫："又一次缓和，或者是向新世界秩序过渡的开端？"，[苏联]《新时代》1989（49）。

③ [美] 布热津斯基著，陈东晓等译：《第二次机遇：三位总统与超级大国美国的危机》，上海人民出版社 2008 年版，第 35 页。

④ 堺屋太一："90 年代世界的变化"，[日]《呼声》1990（1）。

中心的文化垄断；强调的是文明交往中的互动，而不是以邻为壑。

日本学者田中明彦曾说，世界新秩序应包括国内秩序和国际秩序，国内秩序的政治原则就是建立在法制上维护人权，实行民主，经济原则应是开放的市场经济。国际秩序的政治原则是根据法制来诉诸武力，和平解决纠纷以及对违法的武力采取集体措施，经济原则是实行自由贸易。他说："假如美国的孤立主义倾向加强，世界上的许多问题就难以解决。如果美国的经济力量进一步衰退，世界就将失去一个万能的领导者。"① 这是典型的断不了奶的心态，反映了美国文化渗透的深度。符合人类利益的世界新格局必须把美国视为世界文化中的一种，而不是一种特殊的、高高在上的文化。

就国际政治的发展趋势而言，整个人类社会经过了漫长的以邻为壑以后，到20世纪下半叶，人们终于认识到了地区合作的重要性。20世纪以前，人类的最大人为伤害来自异族的入侵，发生在20世纪的两次世界大战是战争全球化的标志，它也让人们看到了战争的残酷和在战争中人权、人性的被践踏。同时，它也使人们开始反思，什么是人类的真正归宿？欧盟的建立，区域合作组织出现在世界各个大陆从主流上改变了"以邻为壑"的旧时代，但人类所期望的和平尚未真正到来。世界人民的觉悟避免了第三次世界大战，但世界并未完全按照各民族人民的愿望发展，"9·11"恐怖袭击、阿富汗战争、伊拉克战争等表明，世界人民与实现和平、和谐的目标还有一段很长的路要走。实现民族安全亦一样，只有把自身的民族安全融入国际社会的整体安全之中，才能实现自己真正的安全。联合国前秘书长科菲·安南曾说："在当今世界，我们所有人都对其他人的安全负有责任。没有一个国家能够借助相对于其他人的优势地位来保证自己不受核武器扩散、气候变化、全球性流行疾病或恐怖主义的威胁。只有我们同时为其他人带来安全，我们才会为我们自己获得长久的安全。"② 中国学者党建军说："无论是崛起为大国还是维持大国地位，已不可能再走那种依靠战争打破原有国际体系，依靠集团对抗来争夺霸权的老路。如果沿用传统大国的思维方式来构造今天的世界，如果以不切实际的征服幻想来鲁莽从事，都将是一种时代的错位。"③ 今天，在世界格局转型上，许多人的观念还停留在战争或冷战思维之中。

---

① 田中明彦："世界新秩序趋于明朗"，[日]《读卖新闻》1991（10）。
② 科菲·安南："我的遗嘱"，[德]《每日镜报》2006 – 12 – 13。
③ 党建军："大国崛起的'成长秘密'：答案不只在历史中"，《广州日报》2006 – 11 – 29。

实现和谐需要观念突破。印度学者吉塔·卡普尔（Geeta Kapur，1943年—）批判为帝国主义扩张服务的全球主义说："全球主义这一术语不知廉耻地意味着一种市场意识形态，它由国际货币基金组织、世界银行和G7（七国集团）执委会所支配，通过关贸总协定而登峰造极；它也指代一个全球市场，在其中'赢得'冷战的美国充任道义上的总管。它规定了自由贸易的原则，并且（还以同样普遍的模式规定了）人权的标准以及历史和文化研究的准则。所以，正在被全球化的乃是美国风格的资本主义，及其固有的世界观而已。"他还说："尽管饱受中伤，民族国家体制仍旧可能是唯一可以保护第三世界国家的人民免遭寡头垄断既得利益集团的极权主义体制之害的政治结构——具有讽刺意味的是，这种极权主义体制是通过发达国家的巨大国家实力实现的。"[1]

巴基斯坦学者塔里克·阿里（Tariq Ali，1943年—）批评潜藏在流行文化中的剥削价值观说："'市场现实主义'把文学当成一种供人崇拜的商品，既无需有意蕴，又无需有指向。高档商场里的精品用来塑造一种宗教替代品，低档市场里粗制滥造品则用来流行。然而，商品流通的加速用不了多久就会突破这种划分，于是文学臣服于传媒巨头的脚下，哪还会去抨击权贵的傲慢与腐败？"[2] 在白乐冲看来，塔里克·阿里称多数文学作品为"市场现实主义作品"。"'市场现实主义作品'正在取消文学对现实的批判性与创造性介入，而这种介入正是歌德与马克思所共同珍视的。"[3] 布热津斯基批评资本主义媒体对社会道德伦理的破坏时说："在一个文化上强调最大限度获得个人满足和最小限度实施道德制约的社会里，公民自己常常被提高到一种可以自我确认的绝对程度。"[4] 他批评美国缺乏社会伦理对人类的影响时说："可以毫不夸张地说，好莱坞影片和电视制作厂家已成了文化的颠覆者，正是他们——毫无顾忌地利用美国宪法第一修正案所提供的保护——一直不断地传播自我毁灭的社会伦理。"[5]

英国哲学家以赛亚·伯林（Isaiah Berlin，1909—1997年）曾说："我觉得历史上虚伪的积极自由所造成的危害比现代虚伪的消极自由所造成的

---

[1] ［美］弗雷德里克·杰姆逊、三好将夫著，马丁译：《全球化的文化》，南京大学出版社2001年版，第132、133页。

[2] 同上书，第168页。

[3] 同上书，第167页。

[4] ［美］兹比格涅夫·布热津斯基著，潘嘉玢、高瑞祥译：《大失控与大混乱》，中国社会科学出版社1995年版，第79页。

[5] 同上书，第82页。

危害更大。"在这里,他触及到了一个重要问题,那就是意识形态是走向玄学或是走向实践。这一问题不论在西方或是在中国都早已解决,这就是马克思主义劳动价值观。在马克思这里,通过劳动把价值观与实践有机结合从而使价值信仰有了可检验的把手,在中国则强调实践是检验真理的唯一标准。最后,他对帝国主义的批判还是非常到位的,可谓入木三分。他说:"我相信,对于人类生活破坏严重的,莫过于那种迷信了:凡美好的生活都是跟政治或军事力量相联结的。本世纪已经为这个真理提供了可怕的证据。"[1] 帝国主义已经成了"死孩子",它带给人们的不再是希望和梦想,而是负担。整个世界的美好未来,需要放下帝国主义这个"死孩子"。

四、文明交往是通向和谐世界的桥梁

世界秩序的维护与转变是传统大国与新兴国家间在利益分割上博弈的产物。伊朗核问题反映的是以美国为首的传统大国与新兴国家或复兴国家间的一场分割利益的博弈。在这场博弈中,以美国为首的大国代表了旧秩序的既得利益者和维护者,伊朗则代表了正在崛起的新兴力量。伊朗核问题是新旧秩序转换中综合实力的较量,是新兴大国地位得到承认的过程,是传统大国逐渐认识到世界正在发生变化的过程。伊朗核问题久拖不决正是由观念变化的相对迟缓性所决定的。我们还要看到,在现代化的今天,人们观念上的变化比历史上过去任何一个时期都要快得多,以美国为例,10年前,有谁会认识到有黑人背景的人会入主白宫?但这很快变成了现实。

2006年下半年,由包括伊朗前总统哈塔米,南非前大主教图图,法国、印尼、塞内加尔等国的前外长和中、美、俄等国的20位知名人士组成的联合国"不同文明联盟"高级专家小组向秘书长安南提交了一份研究报告,报告指出:"西方国家与穆斯林世界之间的矛盾和冲突,既是现实,又是历史,不仅存在于当今世界,而且持续了数十年、数百年甚至千年以上。一个颇为流行的解释是,双方之所以发生矛盾和冲突,是由于彼此之间的宗教、意识形态存在致命的分歧。美国学者亨廷顿的'文明冲突论',似乎成了冷战后关于西方国家与穆斯林世界之间矛盾冲突根源的所谓'权威解释','9·11'事件更是让'文明冲突论'甚嚣尘上。""世界上许多有识之士都曾指出,西方国家与穆斯林世界之间体现在宗教、意识形态方

---

[1] [伊朗]拉明·贾汉贝格鲁著,杨祯钦译:《伯林谈话录》,译林出版社2002年版,第34—43页。

面的对立和冲突仅仅是表象而已，其背后的真正根源是赤裸裸的利益，其中最主要的是经济利益。""政治是经济的集中表现"，"政治才是西方国家与穆斯林世界冲突的原因，一语中的。它揭示了被'宗教争端'和'文明冲突论'等所掩盖的矛盾的实质：美国发动伊拉克战争之目的是为了控制这个石油资源丰富的穆斯林国家；西方在民主、人权等问题上实行双重标准，是为了维护其既得利益……"① 包括基督教和伊斯兰教在内的许多宗教的教义，都有主张"和平"、"宽容"和"劝人为善"等方面的内容。任何以宗教之名发动的非正义战争，其本身就是对宗教的不敬和亵渎，它企图以宗教来掩盖掠夺利益的实质。事实上，人类历史早已证明，不同宗教信仰者之间完全可以和睦相处，许多多民族、多种族、多种信仰和多元文化的国家和社会从未发生过所谓"宗教战争"。

在谈及伊朗核问题的出路时，美国著名核武器问题专家、卡内基国际和平基金会副会长乔治·佩尔科维奇曾说："美国军队在伊朗周围的存在不仅没有改善伊朗的安全状况反而在伊朗的前后都插上了匕首。如果有一个国家需要用核武器来遏制一个比它强大的对手，那么这个国家就是伊朗。"在美国看来，"正是非选举产生的领导者决定着伊朗是否要谋求核武器或是否要承认以色列的存在权等一系列重大问题……如果要在现在解决一些重大关键性国际问题，有关方面几乎没有选择，必须与伊朗国内很有权势的人打交道"。这是摆在美国人面前的第一个"两难境地"，美国希望通过改变伊朗政权走出"两难境地"。这又引出了一个伊朗领导人的"两难境地"，"如果这些人无论如何都会推翻我们，我们为什么要对美国做出让步，包括放弃我们合理享有的研制核武器的能力？"② 两个"两难境地"又形成了一个大的"两难境地"。伊朗与美国之间是给伊朗以安全承诺或是在紧张局势下让其继续其核计划。他最后得出结论："只有外交手段才能够解决目前的导致局势不稳的美国—伊朗安全难题。"这里的外交就是文明对话，文明交往。

2008年圣诞节来临之际，英国第4频道播发了预先录制好的伊朗总统内贾德的讲话全文。内贾德出其不意地称赞耶稣说："如果耶稣现在还活着，毫无疑问，他会高举正义和爱的旗帜，反对好战者、占领者、恐怖分子以及恃强凌弱的强权；如果耶稣现在还活着，他肯定会站在伊朗这边，而不是西方那边；如果耶稣还活着，他也会为改革全球经济及政治体系而

---

① 王南："利益冲突是本质"，《人民日报》2006-12-7 (3)。
② George Perkovic. Iran: Not Just the No. of Nuclear Weapons. *The Straits Times*, Oct. 30, 2003.

斗争，犹如他终生为之奋斗的目标一样。""我们相信，耶稣基督将会与伊斯兰的使者一起领导世界走向公正，并建立一个兼容博爱、关系和睦和正义永存的世界。所有基督和真主信徒的责任就是为实现这个神圣的目标抓紧准备，迎接一个快乐、和平而神奇的时代。我希望在不久的将来，所有国家能够团结起来，阳光将普照整个世界。希望你们每个人都能成功，我将为世界能够过一个快乐、和平的新年而祈祷。"①

诺贝尔委员会将2009年的和平奖授给了美国总统奥巴马，并对他的当选做了这样的评价："只有奥巴马能够引起世界的注意并给他的民众带来美好的希望。他的外交政策建立在这样的理念之上：要成为世界的领军人物必须把自己的行为建立在世界上大多数人的价值观和意见之上。"② 围绕他该不该获得此殊荣在国际上展开了一场争论。前诺贝尔和平奖得主乔迪·威廉姆斯（Jody Williams，1950年—）就提出质疑：当他把4万美军送往阿富汗战场之时赢得了诺贝尔和平奖，这是明显的矛盾。美国前副总统戈尔则认为，奥巴马获奖是"绝对理所当然的"，"用历史的眼光看，他所做的应该得到更高的评价"。③ 对奥巴马的提名是他入主白宫不到两周后做出的。诺贝尔委员会领导人塔比让·亚格兰（Thorbjoren Jagland，1950年—）称：在奥巴马总统一上台就让他赢得诺贝尔奖是基于委员会对其致力于世界无核化的目标。美国人选择奥巴马不为别的，只是想在全球化和生产力高度发展的今天，引领美国人民与世界爱好和平的人民一道，共同建设人类美好的未来。所以，奥巴马所肩负的使命是终结"人类历史上帝国"的历史。奥巴马能否成为"历史的终结者"还有很长的路要走，靠的是全世界人民的共同努力。

奥巴马的政策之变是否能跟上美国民众求变的愿望是一回事，美国民众已经在变了。不过，我们也要看到，在美国，民众的期望与政府的政策之间还有很大差距，特别是在美国唯利是图的官员、贪婪自私的金融寡头和不良学者结成铁三角联盟的背景下，从整体上扭转美国乾坤还需要时日和外部世界的帮助。外部世界，尤其是有深厚文化积淀的民族，要学会做耐心的老师。美国文化以基督教自名，我们知道基督教经典的核心是"摩西十戒"，正是用这"十戒"，使一个自然人在成长的过程中，按照公共意志约束自己，使其成为社会人，从而使人在互助中充满快乐，创造社会财

---

① Ahmadinejad gives festive speech. *BBC News*, 14：03 GMT, Wednesday, 24 Dec., 2008.
② Melissa Cupovic, Is President Obama Nobel Prize worthy? *The Cold*, Oct. 15, 2009：9.
③ Ibid.

富，培养出幸福感。今天的美国，把对金钱的崇拜置于上帝之上；把自己当做自己的偶像，从而培养出一代自私、贪婪和掠夺成性的权贵，使得美国民众不得不走上街头，"占领华尔街"；"不可妄称耶和华的名字"表明，不要以上帝的名义去强迫他人做自己不愿做的事情，美国没有以上帝的名义，但却用所谓的"自由"、"民主"去搞乱其他民族；"当守安息日为圣日"对美国人来说更是早已忘得一干二净，不管是外部势力强加给美国的战争或是美国人自己发动对其他民族的侵略战争，战场上的士兵有过安息日吗？战死在伊拉克和阿富汗战场上的士兵，他们怎么去孝敬自己的父母？反而不得不去杀人。美国国内的一系列性侵案件，还有驻外国军事基地士兵的性侵案件，使"不可奸淫"变成了空文；"占领华尔街"的民众高呼的口号之一就是反对金融寡头和政府官员联合盗窃他们的资产；再看看美国政府为了发动伊拉克战争和阿富汗战争而捏造的一个又一个假情报，这不是做伪证陷害个人，而是陷害一个民族……这一切又恰恰出于对他人一切的贪婪。有人说美国人没有信仰，这是少有的巨大错误之一。美国人，至少是美国现有政治体制下产生的官商集团的唯一信仰是金钱和权力，为此创造了一个又一个有关金钱和权力的"神话"。

更为可怕的是美国对经济利益的追求已经由实体经济转向了虚拟经济，人们不再把提高生产效率和增加产品数量作为经济发展目标，而是将虚拟数字作为追求目标，从而培养出了整个民族的贪婪和自私，其结果将是继资本主义发展史上的个人破产和政府破产后的一个民族的破产。沃纳（R. E. Warner）批判资本主义说："资本主义对文化已经没有进一步的用处。一方面，资本主义的物质停滞致使对生产过程中所需的学者、科学家和技术人员的需求量越来越少；另一方面，由于不再能以进步力量的面目出现，因而资本主义再也得不到文化和进步等普遍理想的支持。"[1] 伊朗核问题折射出了美国的"民主悖论"。富兰克林·罗斯福曾说："我们知道，我们不能孤立地和平生活；我们的生存永远都要建立其他民族的生存之上。我们知道，我们必须像人，而不是像鸵鸟、笼中的狗那样生活。我们知道世界上的民众是人权的享有者。"[2] 美国的"民主外交"可追溯到卡特时代，但其中隐藏的悖论，至今美国人，至少是美国的政治家们也没有认识到。一个外来者能给一个国家带来民主吗？今天第三世界国家政局动荡

---

[1] [英]雷蒙德·威廉斯著，吴松江、张文定译：《文化与社会》，北京大学出版社1991年版，第344页。

[2] Emergency Manager's Weekly Report, *IAEM*, 8-21-2009: 1, http://www.iaem.com.

的一个重要原因之一就是民族的民主化进程被外来势力的干预打乱了，把西方的三权分立演变成了民族的"政治百慕大"。

随着伊朗核问题尘埃落定，美国与西方将会成为两个有明显区别的概念，不论美国怎样在传统意义上的西方世界寻找共同点，美国在国际事务中，尤其是在第三世界的眼中，将是一个有别于其他国家的政治、经济和社会实体。美国的地位则取决于自身的转变和努力。奥巴马的支持率每况愈下再次提醒人们，美国民众所需要的不是演说和口号，而是实实在在的变革。

伊朗核问题是伊朗人为自己创造出来的一个机会，借此实现了跻身政治大国的梦想。同时，伊朗还利用了国际社会现有的矛盾和潜在的矛盾以及世界追求和平发展的时代潮流。伊朗核问题的和平解决表明，人类将告别以军事手段"塑造"地区政治版图的时代。世界政治格局在经历了两次世界大战的战胜国对战败国处置基础上建立的凡尔赛—华盛顿体系和雅尔塔体系不再是新的世界体系建立的新模式，通过各方参与制定出游戏规则，并要求所有参与者共同遵守将成为新国际秩序的重要特征之一。美国进步中心副主席尼娜·哈奇格恩（Nina Hachigian）和石桥国际咨询中心前总经理莫娜·萨特芬（Mona Sutphen，1967年—）指出："为了挽回一个更稳定、更团结的世界将是'少一点统治权'（按理查德·哈斯的说法），少一点控制权。美国将不得不同意受制于关键大国一道确认的同一方案、政策、体制和规则。美国让自己的力量对世界安全时，世界对美国也将更安全。"①

世界和谐秩序构建绝不是一件轻而易举的事情。马基雅维里（Niccolò Machiavelli，1469—1527年）曾说："再没有比着手率先采取新的制度更困难的了，再没有比此事的成败更加不确定，执行起来更加危险的了。这是因为革新者使所有在旧制度之下顺利的人们都成为敌人了，而使那些在新制度之下可能顺利的人们却成为半心半意的拥护者。"② 世界和平机制的建立更是如此。我们要看到，和平不是乞求来的，和平是和平爱好者用和平的方式斗争得来的。

中华民族的一代伟人毛泽东在其《念奴娇·昆仑》（1935年10月）一诗中写道："安得依天抽宝剑，把汝裁为三截，一截遗欧，一截赠美，一

---

① ［美］尼娜·哈奇格恩、［美］莫娜·萨特芬著，张燕、单波译：《美国的下个世纪》，社会科学文献出版社2011年版，第237页。

② ［意］尼科洛·马基雅维里著，潘汉典译：《君主论》，商务印书馆1996年版，第26页。

截还东国。太平盛世，环球同此凉热。"毛泽东是一个彻底的反帝国主义者，对东方的崛起充满信心，但从上面的诗句可以看出，他对西方的国际地位看得还是比较高的，三分天下有其二。现在，距毛泽东写这首诗的时间已经过去了 80 多年，国际局势发生了巨大变化，在世界大格局中，西方三分天下有其二变成三分天下有其一，东方则三分天下有其二。面对世界格局的巨变，传统帝国主义者当务之急要做的是调整心态，顺应时代的潮流，融入到和平对话和文明交往的世界潮流之中。

跋

  呈现在读者面前的拙作是笔者为完成2011年教育部人文社会科学研究项目"伊朗核问题与世界格局转型"的阶段性成果。自2006年以来，笔者一直以"伊朗核问题与世界格局转型"为题申报国家哲学社会科学基金项目和教育部人文社会科学研究项目，由于笔者的执著，终于在2011年以该题目获得了教育部课题立项。2011年8月课题立项时，笔者正在为2009年立项的河南省哲学社会科学基金项目"用社会主义核心价值体系引领和整合多样化社会思潮研究"的结项做准备。为了完成河南省的这一项目，笔者用两年多的时间在马克思主义研究的"大田"里走了一圈，其最终成果是20多万字的《社会主义核心价值与当代中国社会思潮》，已于2013年11月与读者见面。

  本人把能否拿到科研基金项目作为社会需要的重要标准，当然另一个标准是科研者的水平，在水平已定的情况下，拿到了，说明社会需要，拿不到，说明社会不需要。包括发表文章，亦如此。在原本看来，中国不需要太多的伊朗研究，可没想到，社会还真需要，课题立项了。随着河南省课题接近尾声，2011年，本人报了两个项目：一个是本书用于结项的教育部项目；一个是以"《全唐诗》整理"为题的全国高等院校古籍整理研究工作委员会的重点科研项目。完成后一个课题不需要太多的思考，只要有一份坚守和执著就行了。在文化日益受到重视的当今世界，繁盛的唐朝不但在中华民族的历史上地位显著，在世界文明史上也占有重要地位。唐诗既是其见证，也蕴藏了解读中华民族历史的大量信息密码。随着中华之崛起，将会有更多的中外学者通过唐诗走进中华民族的历史。遗憾的是我们所看到的《全唐诗》不但不"全"，还有大量的重复现象，甚至把不是唐诗的也收了进去。从重复角度来看，张说的《舒和》、宋之问（一说沈佺期）的《巫山高》、刘皂（一说齐浣）的《长门怨》、无名氏的《得体歌》（又名《得宝歌》）等各重复出现了4次，重复出现3次的诗约87首；由于卷10—29和卷890以内容编排与整部《全唐诗》其他部分以作者统领所带来的结构性重复，使重复成为普遍现象。一部编排严谨的《新编全唐诗》不但为相关研究者提供一部完整的资料，更有助于彰显中华民族长期以来养成的严谨治学精神，基于这一考虑，笔者觉得借助现代科技手段，整理出一部既完整又不重复的真正的全唐诗值得花上3—5年时间。由于"伊朗核问题与世界格局转型"的立项，只得放弃整理《全唐诗》的想法。随着本书的结稿，在新的课题立项之前，本人又有时间整理《全唐诗》了，线装书局的朋友也问过几次，但资金问题是主要的，希望有意赞助中国古籍整理者伸出援助之手。

最后，感谢夫人弓梅叶为我营造了一个温暖的后方，使我能够潜心治学，并有所收获。

2014年春节

图书在版编目（CIP）数据

伊朗核问题与世界格局转型/吴成著．—北京：时事出版社，2014.8
　　ISBN 978-7-80232-700-9

　　Ⅰ．①伊…　Ⅱ．①吴…　Ⅲ．①核武器问题—研究—伊朗　Ⅳ．①D815.2

　　中国版本图书馆 CIP 数据核字（2014）第 039891 号

出 版 发 行：时事出版社
地　　　　址：北京市海淀区巨山村 375 号
邮　　　　编：100093
发 行 热 线：(010) 82546061　82546062
读者服务部：(010) 61157595
传　　　　真：(010) 82546050
电 子 邮 箱：shishichubanshe@sina.com
网　　　　址：www.shishishe.com
印　　　　刷：北京昌平百善印刷厂

开本：787×1092　1/16　印张：26　字数：451 千字
2014 年 8 月第 1 版　2014 年 8 月第 1 次印刷
定价：78.00 元
（如有印装质量问题，请与本社发行部联系调换）